新时代地方立法的理论与实践探索

◎湖南省立法研究会 编著

湘潭大學出版社
XIANGTAN UNIVERSITY PRESS

图书在版编目（CIP）数据

新时代地方立法的理论与实践探索 / 湖南省立法研究会编著. -- 湘潭 : 湘潭大学出版社, 2022.12
ISBN 978-7-5687-0996-5

Ⅰ. ①新… Ⅱ. ①湖… Ⅲ. ①地方法规－立法－湖南－文集 Ⅳ. ① D927.640.0-53

中国版本图书馆 CIP 数据核字 (2022) 第 258193 号

新时代地方立法的理论与实践探索

XINSHIDAI DIFANG LIFA DE LILUN YU SHIJIAN TANSUO

湖南省立法研究会 编著

责任编辑：刘文情
封面设计：张 波
出版发行：湘潭大学出版社
社 址：湖南省湘潭大学工程训练大楼
电 话：0731-58298960 0731-58298966（传真）
邮 编：411105
网 址：http://press.xtu.edu.cn/
印 刷：长沙印通印刷有限公司
经 销：湖南省新华书店
开 本：710 mm×1000 mm 1/16
印 张：34.75
字 数：685 千字
版 次：2022 年 12 月第 1 版
印 次：2022 年 12 月第 1 次印刷
书 号：ISBN 978-7-5687-0996-5
定 价：138.00 元

序　言

湖南省立法研究会自2015年初成立，至今已经七年。

汇聚省内从事和热心立法工作实践和理论研究的同志，来组成此一专门的立法研究学术平台，是省人大常委会领导班子为适应全省所有设区的市均开始行使立法权这一新形势，为推进科学立法所采取的务实举措。七年来，来自全省各级人大、政府及政府部门的立法工作者，来自各高等院校、科研院所的法律专业教研人员和学生，来自律师事务所、企业法务界热心立法研究的专家，大家齐聚在这个专事立法研究的平台上，积极参与地方立法理论和实践问题研究，从各自不同的观察视角，以不同的思维方式提出问题、分析问题并寻求答案，就如何促进地方科学立法、民主立法提出意见和建议，写出了一批有实际、有理论、有见解的好文章。这些论文虽然多系围绕研究会每次年会征文选题展开，但实际的讨论范围并未局限于此。它们覆盖了地方立法所有的重要方面，包括立法权限、立法程序、立法机制、立法技术、立法创新和立法保障等。透过这些论文人们不仅可以见识过去七年里湖南地方立法人的思考与探求，而且还可以从一个侧面感受湖南地方立法实践内在的“脉动”。

本书文章，是从上述论文精选出来的，其中主要部分是研究会历次年会的获奖论文，此外基于全书结构均衡的考虑，也纳入了若干篇当年未能获奖、但内容符合需要并且质量符合要求的论文，一共51篇文章。为了突出立法研究内在的机理，编者没有简单地按各次年会设定的主题归类，而是在综合七年研讨成果的基础上，依照立法工作的内在逻辑，将全部文章分编为五个篇章。

第一篇，地方立法经验与挑战。主要包括对地方立法工作以往经验的讨论，以及对新时期地方立法所面临挑战的分析；设区的市地方立法面对的新问题；地方促进型立法经验和未来发展；协同立法作为地方立法实践中的新经验，正面对怎样的挑战等。

第二篇，地方立法权限与规制。主要包括地方立法在国家立法体制中的定位；地方立法权的权限配置；地方立法内部的阶层关系。

第三篇，地方立法技术与效能。主要包括立法技术规范在地方立法实践中的运用与完善；立法的成本效益分析和治理效能提升等。

第四篇，地方立法机制与创新。主要包括湖南地方立法在落实科学立法、民主立法要求，提升立法质量方面所做的各种努力和尝试，如人大主导、公众参与、委托立法、立法专班支持，以及立法后评估、规范性文件备案审查等。

第五篇，地方立法保障与促进地方治理。主要包括湖南地方立法在湖南经济社会发展中，如何为提升地方治理效能服务。“三高四新”是习近平总书记2020年9月来湘视察时为湖南明确的战略定位和使命任务，这是湖南未来发展的大者，地方立法如何服务此大者，湖南立法研究者和实践者及时贡献了自己的智慧。此外，围绕乡村振兴、中小企业发展、营商环境完善等湖南经济社会发展中的热点、难点问题，研究会论文的作者们也都作了深入的讨论。

受本文集篇幅的限制，收录其中的论文只是研究会七年研究成果中很小的一部分。为了更全面地展示研究会七年研究成果，本书编者特意将所有参与研讨的论文，以题录的形式一并汇齐展示在这里，作为湖南省立法研究会七年研究成果首次集结。浏览这些题录，不仅可以帮我们回顾过去七年湖南立法研究界热烈讨论的情形，同时也可以从中看到，在一个特定的历史时期内，中国地方立法理论与实践探索的一个缩影。

谢勇

2022年10月9日于长沙

目　录

第一篇　地方立法经验与挑战

第二篇　地方立法权限与规制

第三篇 地方立法技术与效能

第四篇 地方立法机制与创新

第五篇　地方立法保障与促进地方治理

第一篇

地方立法经验与挑战

现行立法体制下省、市两级立法项目科学统筹的思考

——基于湖南省地方性法规的分析*

李　丹　罗　华**

摘要：2015 年《立法法》赋予设区的市、自治州人大立法权，各市州积极探索，围绕“城乡建设与管理、环境保护、历史文化保护等方面”制定了许多有地方特色的法规。但是囿于省、市两级人大立法权限范围界限存在包含关系，各市、自治州在立法选项中，重复选项、立法趋同的现象比较突出。本文通过对地方性法规的实际分析，提出省市、市市之间在立法项目的选择上，要坚持全省统筹，合理分配省、市之间的立法权限，根据设区的市、自治州本地实际，选择突出本地特色立法项目的建议。

关键词：立法项目；地方立法；科学统筹；地方特色

我国是统一的、单一制的国家，根据宪法“遵循在中央的统一领导下，充分发挥地方的主动性、积极性的原则”，立法法确立了我国统一的、分层次的立法体制。全国人大及其常委会行使国家立法权，享有非常广泛的立法权限。国务院为适应执行法律和行使行政管理职权的需要，可以依据宪法和法律，制定行政法规。对全国人大及其常委会专属立法权以外、国家尚未制定法律或者行政法规的事项，地方人大可以制定法规。地方性法规的制定主体包括省级、设区的市和自治州人大两个层面，依据 2015 年修正的《立法法》第 72 条第 2 款的规定，设区的市、自治州人大的立法权集中在“城乡建设与管理、

---

* 此文收录于 2020 年湖南省立法研究会论文集。

** 李丹，湖南省人大常委会法工委审查指导处副处长；罗华，湖南省人大常委会法工委备案审查处副处长。

环境保护、历史文化保护等方面”。这条关于设区的市、自治州人大立法权限的规定，也是省、市两级人大之间立法权的区分标准。由此可知，有的项目，既可以由设区的市、自治州人大制定，也可以由省级人大制定。唯一不同的是，设区的市、自治州的地方性法规需要报经省级人大批准。立法法规定的省、市两级人大立法权的配置模式，从纵向上来看具有自上而下的“包含关系”，因此，省、市两级人大之间，市级人大之间的立法项目和内容均可能存在交叉、趋同的情况。立法选项作为立法的第一个环节，决定和影响着立法的内容，为有效发挥省、市两级立法资源的效益，首先需要对省、市两级的立法项目进行科学统筹，才能将有限的立法资源用在“刀刃”上，避免立法资源的浪费。

一、湖南省省、市两级立法项目的现状分析

《立法法》赋予设区的市、自治州立法权后，我省省、市两级人大认真履行立法职责，制定、修改了一批有特色、可操作的法规。据统计，2017 年至 2020 年 11 月，湖南省人大常委会通过省级地方性法规及有关法规修改、废止决定 119 件，其中制定法规 19 件，修改法规 25 件，打包修改法规 66 件、废止 9 件，其中立法项目涉及教育科学、环境保护、经济发展、民生保障等各个方面。为了适应经济社会发展的实际需要，省人大常委会选定了一批比较有特色的立法项目，比如说：《长株潭国家自主创新示范区条例》《现场救护条例》《实施中医药法办法》《实施反家庭暴力法办法》《饮用水水源保护条例》《实施非物质遗产法办法》《物业管理条例》《实施固体废物污染环境防治法办法》《城市综合管理条例》《通信条例》等。

2015 年《立法法》修改，全面赋予设区的市、自治州地方立法权。截至 2019 年底，我省 14 个市州人大及其常委会结合本地实际，共制定、修改地方性法规 103 件，2016 年出台 10 件，2017 年出台 18 件，2018 年出台 20 件，2019 年出台 20 件，2020 年出台 35 件。市、自治州的立法总量呈逐步上升趋势。在出台的法规中，城乡建设与管理类 47 件，环境保护类 34 件，历史文化保护类 8 件，其他类 14 件（立法条例、修改废止决定），这几类法规所占比重分别为 45.6%、33%、7.8%、13.6%，城乡建设与管理类的法规所占比重最大。十四个市、自治州针对一些社会矛盾集中的亟须立法予以规范的方面进行了立法尝试和探索，如《株洲市工业遗产保护条例》《岳阳市机动车停车条

例》《常德市城乡生活垃圾管理条例》《衡阳市三江六岸滨水区域规划条例》等。同时，由于各地区所需调整和规范的社会关系具有一定的相似性，在立法项目的选择上也存在一定的趋同，特别是在城市市容和环境卫生管理、绿化管理、城市公园管理等方面的立法项目，受到了多数市、自治州的青睐。

二、湖南省省、市两级立法选项中存在的问题分析

《立法法》赋予设区的市、自治州立法权以后，省、市两级人大在各自权限范围内为推进地方治理能力现代化提供了重要的制度保障。但从前文的统计数据来看，省、市两级人大虽然有各自的立法权限范围，但是在立法选项中，重复选项、立法趋同的现象比较突出，主要表现如下：

（一）从省、市两级的立法选项来看，存在一定程度的跟风现象

虽然从数量上来看，省、市两级立法选项重合的概率并不是很高，但在城乡建设与管理、环境保护、历史文化保护三个领域，一般省本级在这些领域出台某部法规以后，部分设区的市、自治州也会选择出台相同或者相近的地方性法规，比如说《湖南省城市综合管理条例》出台以后，有 5 个设区的市、自治州先后出台了相同或者类似的法规。又如《湖南省大气污染防治条例》出台后，为了落实全国人大常委会大气污染防治立法要求，有 7 个设区的市先后围绕大气污染防治出台了相关法规。设区的市、自治州人大在立法项目上与省人大保持一致，初衷是为了细化省人大出台的地方性法规，增强其在本地区的操作性，但片面强调立法的一致性，不可避免地会出现照抄照搬和重复，令设区的市、自治州通过立法“承接顶层制度设计和上层制度设计，达到制度落地的目的”① 难以达到。

（二）从设区的市、自治州人大立法选项来看，市、自治州之间重复选项的问题比较突出

目前各市、自治州在立项时“一哄而上”的现象比较突出，对本地区的立法需求缺乏深入的调研和思考，立法选项多扎堆在已经“试验”过的立法规范、立法技术等相对成熟的领域或者事项，对一些新的领域或者事项探索不够，立法选项缺乏新意，凸显本地区特色的立法项目并不多。从近 2015—

① 郝永伟：《设区的市立法立项精准化的实现路径》，载《人大研究》2018 年第 6 期。

2019年全省各市、自治州人大及其常委会出台的立法项目的统计中，可以发现各市、自治州在立法项目的选择上存在较为明显的趋同现象，比如：2015—2019年的立法选项中，各市、自治州相同或者相近的立法项目有46个，约占立法项目总数的一半；特别是在城市市容环境和卫生管理、爱国卫生、文明行为促进、大气污染等方面，各市、自治州相同或者相近的立法项目较多。由于各市、自治州在立法的第一个环节上就具有较大的重复性，因此，其后续在内容设置上的重复也在所难免，导致有些市、自治州的立法千篇一律，本地的立法特色无从体现。

三、科学统筹省、市两级立法项目的思考

2015年修正的《立法法》赋予所有设区的市、自治州立法权限以后，省、市两级之间的立法权限总体上是清晰的，但由于对某些领域省、市两级人大均具有立法权，在实践中存在前文所述的立法跟风、立法项目及内容重复、趋同等问题。针对上述现象，有的学者认为，地方立法相互复制、大同小异，实际挤占了立法规划的空间，浪费了立法资源①，要对省市之间、市市之间的立法项目进行事先审查和分流。笔者认为，立法项目的确定应当进行统筹，避免无意义的重复立法。2015年《立法法》赋予设区的市、自治州人大立法权，其意义在于更好地发挥地方在立法方面的积极性和主动性，解决好法治通达群众、通达基层的“最后一公里”问题。因此，要科学地对省、市两级的立法项目进行统筹，坚持省人大在立法项目上的统筹、指引作用，坚持省、市两级人大在立法选项上各有侧重，鼓励、支持各市、自治州在选项时凸显其地方立法特色。具体来说，省市、市市之间在立法项目的选择上，应当注意以下两点：

（一）要坚持全省统筹，合理分配省、市之间的立法权限

根据《立法法》的规定，省、市之间的立法权限存在一定的重合，因此，省、市两级要按照纵向立法权的配置，找准立法定位，在确定立法项目时各有侧重，避免重复立法。具体来说要坚持以下两点：

1. 在省、市两级确定立法项目时，省级立法要发挥好立法管全局基本的功能，主要侧重“面”上的立法；设区的市、自治州立法要发挥管具体落实

① 刘松山：《地方人大立法规划的十个问题》，载《地方立法研究》2020年第4期。

的作用，主要侧重“点”上的立法。如果属于对某一领域各方面的关系进行全方位规范和调整的项目，原则上由省级人大立法为宜；而属于对某一领域某个具体方面关系的规范和调整的，则宜由设区的市、自治州进行立法调整为宜。比如，城管、绿化两个立法事项涉及各个方面和各种关系，这种综合性的立法，适合由省人大统一制定地方性法规；而设区的市、自治州人大则可在省人大确定的立法大框架下针对其中的某一个或者几个具体方面进行立法。

2. 在省、市两级确定立法项目时，省级立法应主要侧重针对“共性”问题进行立法，而设区的市、自治州则应主要侧重“个性”进行立法。由于省级立法要在全省范围内适用，要为所辖各个市、自治州普遍遵守，因此，省级立法要针对全省范围内突出的共性问题进行研究，对这一类的“共性”事项，省级立法主要确定基本原则、基本标准和主要制度等。① 而设区的市应当根据国家和省级立法确定的基本要求和主要制度，结合本地区的实际需要，选定一些本地区所独有的事项开展立法。

（二）要鼓励设区的市、自治州根据本地实际，选择突出本地特色的立法项目

地方特色是地方立法的生命，是衡量地方立法质量的主要标志。从立法项目的选择来看，有特色就是要求在立项上，要选择能充分体现各地区个性与特殊性，充分反映各地区政治、经济、社会、文化、生态、风俗、民情等立法需求，解决地方实际问题的项目。湖南有 14 个设区的市、自治州，每个市、自治州的经济、社会发展情况各有不同，在立法选项上避免趋同性，首先就要结合本地区的实际情况，因地制宜选定立法项目，具体要做到以下几点：

1. 应当适当增加自主性或者先行性立法项目的比重。《立法法》第 73 条对自主性立法和先行性立法进行了规定，为地方发挥立法主动性提供了高位阶的法律授权。自主性立法主要就地方性事务进行立法，是地方立法的自留地，比如说某地所特有的风景名胜、山川湖泊、区域性灾害防治等事项；先行性立法是对全国人大及其常委会专属立法权之外的事项，国家尚未制定法律或者行政法规的，可以由地方性法规发挥先行先试作用的立法。自主性立法和先行性立法或具有较强的地域特殊性，或具有较强的创新型、开拓性，在设区的市、

① 王腊生：《新立法体制下我国地方立法权限配置若干问题的探讨》，载《江海学刊》2017 年第 1 期。

自治州人大立法权限受到一定限制的情况下，增加上述两个范畴的立法项目，既可以突出地方立法特色，也可以在一定程度上防止设区的市、自治州在立法选项上趋同一致。

2. 特别关注“小切口”立法。《立法法》赋予的设区的市、自治州在城乡建设与管理、生态环境保护、历史文化保护三方面的立法权限，其范围实际上是比较宽泛的。立法符合地方实际，就是要求地方要以立法的形式创制性地解决应由地方自己解决的问题，以及国家立法不可能解决的问题。① 因此，各市、自治州在确定立法项目时，要注意解决本地突出、而上位法没有立法或不宜立法解决的问题，而并不要求像国家法律或者省本级法规一样面面俱到。因此，设区的市、自治州在立法选项时，针对本地区的突出问题，可适当将《立法法》规定的三方面的调整范围进行限缩，只针对其中一个方面或者几个方面进行规范。这样既能减少省市之间立法项目和内容的“撞车”的可能性，也能集中精力解决本地区的突出问题。

3. 不断探索新的立法形式。对于涉及大气污染防治、水污染防治、跨区域的河流湖泊保护、风景名胜保护等方面的立法，由于其立法需求以及要解决的问题在一定的区域范围内具有普遍性，且需要跨区域协调，如果由各市、自治州自行立法，不仅浪费立法资源，还可能无法有效解决问题。近几年来，京津冀、长三角、珠三角等地都在纷纷试水区域协同立法，因此，省人大应当鼓励、支持、帮助设区的市、自治州人大在上述领域探索协同立法的形式；设区的市、自治州也应打破地域、观念的束缚，将跨区域的同类立法项目尽可能地整合，以达到节约同类立法资源的目标，实现立法价值的最大化。

① 王琼雯：《地方立法的地方特色及其实现之道》，载《行政与法》2008年第6期。

地方立法四十年的实践与思考

——以湘西自治州地方立法为例*

何学智**

摘要：回顾湘西自治州四十年以来的主要立法实践，其立足民族区域自治、民族经济、文化特点、生态优势、民族医行医难的现实状况，积极探索开展有针对性的立法，同时也成功进行了跨行政区协作立法的尝试，促进了民族区域自治和经济社会发展，积累了一些宝贵的立法经验做法。未来将继续从立法特色、针对性、及时性、关键需要方面继续努力，争取立法变通。

关键词：立法实践；地方立法；立法探索；民族区域自治

地方立法是我国立法体制的重要组成部分，是中央立法的补充，发挥着实施性、补充性、探索性功能和作用。2019 年，是地方立法四十周年，回顾总结四十年地方立法经验和教训，启迪引领地方立法工作走向新高度，全面提升地方立法质量和水平意义重大而深远。本文结合湘西自治州地方立法实践，进行回顾总结和思考，以期对地方立法有些许的启示。

一、湘西自治州四十年主要立法实践

湘西自治州依法享有制定自治条例、单行条例和地方性法规的立法权。1980 年启动，1986 年 9 月 20 日起施行的自治条例，是湘西自治州地方立法的开篇。1991 年 10 月 1 日起施行的国土资源开发保护条例，是湘西自治州地方立法的第一个单行条例。2017 年 1 月 1 日起施行的白云山国家级自然保护区

---

* 此文收录于 2019 年湖南省立法研究会论文集。

** 何学智，湘西自治州人大法制委员会主任委员，常委会法制工作委员会主任。

条例是湘西自治州地方立法第一个地方性法规。截至2019年1月1日，湘西共完成立法41部（次），其中，制定28部（自治条例1部、单行条例23部、地方性法规4部），修改修订13部（次），废止4部。

（一）立足民族区域自治，湘西地方立法的开篇

制定自治条例，是落实民族区域自治制度，保证民族区域自治地方依法行使自治权，保障少数民族合法权益，巩固和发展平等、团结、互助的民族关系，促进政治经济社会发展的需要。湘西自治州1980年启动立法工作，历经湘西自治州五届、六届、七届人大，用时7年，先后3次到全国人大民族委员会汇报，省委、省人大常委会、省人民政府2次听取汇报和研究，集聚全州人民智慧的自治条例于1986年7月完成。七年铸一剑。七年的时间里，从一味地向上争取权利和实惠，扩大条例所调整社会关系范围，到对土家族苗族联合自治的政治特点准确把握，推动民族平等团结实现联合自治的制度安排和措施保障；从照抄民族区域自治法一些条款的立法技术的失当，到对本民族政治、经济、文化特点深入研究和准确把握，着重调整本民族本地方内部关系以及各行业、各部门之间的相互关系的制度安排，科学确立民族区域自治条例的立法定位。

（二）立足民族经济特点，湘西开展的针对性立法

湘西自治州是典型的多山地区，地理环境恶劣，交通十分闭塞。在“国家八七扶贫攻坚计划”引领下，村民投工投劳，集资集料，掀起了通村公路建设高潮。随着村级公路的快速发展，管理养护任务越来越重，村级公路一度严重失管失养，事故高发，严重威胁群众的生命财产安全。针对湘西自治州经济不发达，村集体经济空白，乡镇财政有名无实，山区农村公路建设难管理难养护难的现实问题，及时制定的村级公路管理养护条例于2009年7月1日起施行，是全国单行条例中唯一一个针对村级公路的专门立法。条例规定了州、县两级财政的投入，解决了养护资金来源、村级公路养护形式等急切需要解决的问题，条例用6个条款，逐项细化明确三级政府、村民委员会、两级交通行政主管部门的职责，落实养护责任。条例施行在一段时期内大大促进了村级公路的管理和养护水平。立足湘西自治州矿产资源丰富制定的矿产资源管理条例，立足于三乱（乱收费、乱摊派、乱罚款）严重制定的个体工商户和私营企业生产经营权益保护条例，都较好地突出针对性和现实需要，在一定的时期发挥了作用。

（三）立足民族文化特点，湘西开启的立法探索

湘西自治州民族文化遗产丰富，种类繁多，底蕴深厚，是土家族苗族文化的瑰宝，更是不可再生的珍稀资源。随着现代化进程的加快，民族文化遗产遇到了前所未有的威胁。湘西自治州2006年6月10日起施行的民族民间文化遗产保护条例，这在全国有立法权限的市、自治州中首开民族文化遗产的保护立法，比2011年6月1日施行的非物质文化遗产法早了5年。这一立法具有明显的探索性，在没有上位法的情形下，针对民族文化的实际，在民族民间文化遗产的界定、抢救与保护、认定与传承、管理与利用等方面发挥了作用，促进了民族文化的繁荣。之后，湘西自治州又把保护的视角对准了土家医药苗医药和历史文化名城名镇，全州1个国家历史文化名城，4个国家历史文化名镇保护立法全覆盖。中国传统村落蕴藏着丰富的历史信息和文化景观，湘西自治州拥有中国传统村落总数位居湖南省第一，全国第四，为了保护这批珍贵的历史文化资源，在没有上位法的情形下，在湖南省率先制定传统村落保护条例，于2019年6月1日起实施。在历史文化保护立法中，湘西自治州有一个观点，贫困一些不可怕，发展慢一些不可怕，怕的是这些不可再生的好东西在不珍惜中丢失了。

（四）立足生态优势特点，湘西持续发力环保立法

湘西自治州是国家重要的生态功能区，生物资源极其丰富，堪称野生动植物资源天然宝库和生物科研基因库，有一大批国家级自然保护区、地质公园、湿地公园、森林公园、风景名胜区、水利风景区 。湘西山区的地理劣势造就了生态优势，如何保持和放大自然生态优势 ，服务当地经济社会的发展，湘西自治州地方立法对环境保护持续发力。1996年制定颁布环境保护若干规定，2000年制定颁布吉首市城区饮用水水源保护条例，2001年制定颁布河道管理条例，2005年废止环境保护若干规定，制定颁布环境保护条例，2017年制定颁布酉水河保护条例等，其他涉及生态环境的立法还有3个自然保护区条例和风景名胜区保护条例等，生物多样性保护条例也进入了审议阶段。坚定生态优先的战略定位，践行习近平生态文明思想，是湘西自治州地方立法的不懈实践。

（五）立足民族医行医难，湘西首开立法变通

土家医药苗医药保护一个重要环节就是传承利用，试想，一个没有传承利用的保护，无疑是无源之水，无本之木。然而，民族医执业准入的“高门

槛”，把民族医挡在了合法行医的门槛之外。1999 年 5 月 1 日起施行的执业医师法规定了执业医师的考试和注册制度，其中，对考试资格作出的规定，对于民族医诊疗技术依靠祖传师授获得，显然是无法满足考试资格规定的条件，在此情形下，湘西自治州依照“单行条例可以依照当地民族的特点，对法律和行政法规的规定作出变通规定”的规定，参照国务院乡村医生从业管理条例进行了立法变通，在《湘西州土家医药苗医药保护条例》第 10 条作出规定：“没有取得执业医师或者执业助理医师资格，确有独特诊疗技术的土家医药苗医药从业人员，经本人申请，县级卫生行政主管部门推荐，州卫生行政主管部门组织专家委员会考核确认，并根据《乡村医生从业管理条例》注册取得执业证书。”这一带有变通条款的立法施行后，湘西自治州人民政府经过多年努力，于 2016 年 4 月，采取“疗效评估 + 现场考核”的方式举行了首次民族医资格考试，194 人参考，考核合格 165 人。截至目前，全州已有 635 名民族医通过考核执证上岗。一个变通，为民族医执业搭建了舞台，推动了土家医药苗医药保护事业。

二、跨行政区协作立法的尝试

我国行政事务管理是以行政区划划分的，实行的是分级的属地管理。我国的地方立法也是按照行政区划授权，这就使得一些公共事务管理出现边界问题的困扰，如水土保持、动植物疫病防治、大气污染防治、水污染防治等，这种边界问题有时会导致行政治理的失灵。在现行体制下，解决边界问题的办法就是寻找共同上级，但是，有的边界问题共同上级的层级太高，如跨省的边界问题共同上级是国务院，显然，一般性的事务管理是到达不了国务院的，这就有了边界行政区相互协商协作的问题，立法亦是如此。

酉水河流经湘、鄂、渝、黔四省市 11 个县（湘西自治州 5 县，恩施自治州 2 县），互为上下游左右岸，犬牙交错。长期以来，由于各自的产业布局、利益取向、执法力度等的差异，导致酉水河水污染防治不尽人意，水事纠纷时有发生。为此，湘西自治州与恩施自治州尝试酉水河流域跨行政区域协作立法，以两州人大常委会法工委为工作联络班子，以协作会议为交流协作平台，以全流域自治州、自治县各自启动立法为手段，以跨行政区域联动协调为基本制度，以全流域水污染防治为目标，经过 2 次联席会议和 3 年的工作，2017 年湘西自治州、恩施自治州酉水河保护条例分别施行，其他自治县的立法在推进之中。

随着经济社会的快速发展，行政区域的边界矛盾也会越来越多，跨行政区域治理协作会有更多需求，这也就给跨行政区域的地方立法协作提供空间和舞台。跨行政区域立法协作要义在于，社会治理事项、制度措施、目标任务，法律责任在各自的地方立法中调整，立法内容基本一致，发挥立法引领和推动跨行政区域的协作落实，以分块的属地治理效果最终实现跨行政区域的整体治理效果。

三、地方立法实践的思考

湘西自治州地方立法四十年，充分利用自治条例、单行条例、地方性法规的立法权限和特点，开展了大量的立法实践和探索，促进了民族区域自治和经济社会发展，积累了一些立法经验。回顾总结湘西自治州地方立法，有以下一些思考：

（一）抓住地方特点，增强立法特色

地方立法所以要体现地方特色，是由地方立法的特性决定的，没有地方特色，地方立法就失去其存在的价值，这也是中央授权地方立法的要义，就是要用地方立法的形式，补中央立法之不足，反映地方立法需求。地方立法要有特色，就必须抓住地方特点。特点就是指事物内在、外在的独特的地方。地方特点表现在地域特点、资源特点、民族特点、经济特点、风俗习惯等各个方面，只有对当地特点准确把握，围绕地方特点立法，才能彰显地方立法特色。

（二）抓住关键问题，增强立法针对性

地方立法针对性越强，特色就越突出，就越能解决实际问题，法规的实施效果也越好。增强地方立法针对性，一方面要在立法立项上有针对性，确定立什么？另一方面要在怎么立上有针对性。地方立法中普遍存在着大而全，小而全的现象，真正管用的就那么几条，但为了追求系统性、完整性，篇幅就弄大了，针对性就不强了，地方立法质量大大缩水。要增强针对性，就要坚持问题导向，抓住关键问题，解决关键问题。

（三）抓住前瞻关键，增强立法的及时性

相对于中央立法而言，及时性是地方立法的优势所在，也是地方立法的生命力。及时性既表现在立法效率上，急事急立，提高立法效率。也表现在立法的选项上，根据地方立法调整的范围对象及时前瞻发现立法需求，及时保障立

法供给。及时性也最能反映立法效果，一些事后的立法往往事倍功半。立法的及时性也要体现到立法修改和废止，不及时的修改和废止不适当的地方立法，损害的是地方立法的严肃性和权威性。

（四）抓住关键需要，争取立法变通

单行条例的立法具有两个最显著特点，就是“民族性”和“变通性”。单行条例依照当地民族的政治、经济和文化的特点来制定，依照当地民族的特点，对法律和行政法规的规定作出变通规定。但在地方立法实践中，单行条例立法体现“民族性”和“变通性”还有很大差距。最根本的是如何理解和把握民族特点的问题。民族特点应该体现在民族地域、民族语言、民族经济、民族心理、民族素质、民族风俗习惯等方面。只有立法制定机关和审批机关达到对民族特点的认识统一，单行条例的变通才能更好地实现。现实工作中变通难是不争的现实，所以更需要抓住关键需要、关键少数争取变通。

怀化地方立法的困惑及对策

——2016—2018 年两年立法实践的回顾与思考*

李纯光**

摘要： 回顾怀化市 2016—2018 年两年的地方立法实践，工作中遇到的难点、热点问题。分析原因，主要是因为价值取向差异、工作机制缺失、立法权限错位和主体能力不足，未来需要从明确地方立法概念及特征等理论层面，建立党委领导的立法决策机制等工作层面和拓宽立法项目征集途径等技术层面来解决以上问题。

关键词： 地方立法；立法困惑；解决路径；立法实践

一、地方立法实践简要回顾

（一）怀化市基本概况

怀化市位于湖南省西南部，区域面积 2.76 万平方公里，是湖南省面积最大的地级市。全市总人口 525.5 万人，是交通枢纽城市、中国抗战胜利受降地、杂交水稻发源地、红军长征战略转折地和全国侗民族生活的主体地带，又是“国家生态示范区”。

（二）立法实践体会

2015 年修订后的《立法法》赋予设区的市地方立法权，该法第 72 条规定设区的市可以对城乡建设与管理、环境保护、历史文化保护等方面的事项制定地方性法规，根据《立法法》要求，怀化市于 2016 年 3 月底获得地方立法

---

* 此文收录于 2018 年湖南省立法研究会论文集。

** 李纯光，怀化市人大法制委副主任委员、常委会法工委副主任。

权。两年来共立市容条例、立法条例、公园条例3部地方性法规，完成3个立法调研项目，制定了5年立法规划和年度立法计划。回顾两年立法实践，主要有五点体会：

1. 党的领导是根本。我国《宪法》第1条规定“中国共产党领导是中国特色社会主义最本质的特征”，怀化市地方立法中重大问题坚持向市委汇报，立法项目列入市委工作要点，立法规划和年度计划经市委常委会批准，法规草案定稿前由人大常委会党组专题向市委汇报，保证立法方向。

2. 依法立法是前提。坚持依法立法，这是所有立法主体都必须遵循的一条宪法原则，怀化市严格按照《立法法》规定开展地方立法，所立的3部地方性法规均未超越权限。

3. 人大主导是关键。党的十八届四中全会《关于全面推进依法治国若干重大问题的决定》和十九大报告对人大主导立法工作有明确要求，怀化市立法各环节都由人大组织协调，把握立法进度主导和决策主导，防止部门利益法制化。

4. 政府配合是基础。怀化市充分保障政府提案权，人大不包揽地方性法规草案起草，大量的立法基础性工作由政府去做，完成的3部地方性法规有2部是由政府起草并提请审议的。

5. 公众参与是保证。公众参与立法是推进立法公开，提高立法科学化、民主化的重要途径。怀化市坚持立法为民，通过召开座谈会、听证会和论证会等形式，多层次征求公众意见，确保公众知情权和参与权，使立法更接地气。

二、工作困惑及问题的提出

（一）地方立法的难点

1. 项目难征集。法工委成立后就开始征集立法项目，通过各种方式，向13个县市区、政府部门和社会征求立法建议，但应者寥寥，能进入立法项目库、具有立法价值的项目不多，目前进入本届人大五年立法规划的项目都是领导布置的“命题作文”。

2. 法规难起草。怀化市采取政府起草为主，人大和第三方起草作补充。但实际操作中存在职责不清现象，一是人大与政府间、政府部门间起草主体难确定；二是自主起草与借鉴外地经验把握不够好，“天下法规一大抄”，简单照搬，千规一面，没有地方特色。

3. 利益难协调。无论是国家上位法缺位的创设性、自主性地方立法，还是有直接上位法的补充性地方立法，行政机关之间、相对人之间、行政机关与相对人之间都有利益冲突，难以平衡协调，让立法机关处于两难境地。

4. 关系难处理。在地方立法各环节，要处理好人大与政府、专门机构与人大代表、常委会组成人员与社会力量、法制委与其他专委会、审议机构与工作机构、下级与上级人大常委会、人大立法工作与其他工作的关系，实际操作中存在五个“不集中”：选项不集中、议题不集中、发言不集中、时间不集中、精力不集中，要达成共识，需要运用高超智慧进行综合协调。

5. 效果难保证。由于初次获得立法权，怀化市地方立法无任何经验，完全凭热情摸索，无论是制定规划、立法选项，还是调研论证、审议协商，创造性主动性发挥不够，贪大求全、机械照搬、抄袭雷同痕迹明显，缺乏地方特色，效果难以得到保证。

（二）立法讨论的热点

1. 谁来立法（who?），解决立法主体问题。谁来组织立法活动，谁来参与地方立法各环节工作，各主体地位作用如何，这些问题都必须加以明确。笔者我认为地方立法是多主体的活动，设区的市立法至少可以分为八个主体：（1）立项主体，指市人大及其常委会、市政府和社会公众三方；（2）起草主体，怀化市是政府起草为常态，人大起草为特例，第三方起草为补充；（3）议案主体，代表大会和常委会立法各不相同，《立法法》及相关法规有具体规定；（4）审议主体，代表大会和常委会审议地方法规主体不一样；（5）修改主体，笔者分为法定修改主体和修改建议主体，后者应包括社会各方面；（6）通过主体，即本级人大及其常委会；（7）批准主体，系上一级省、自治区人大常委会；（8）公布主体，即本级人大常委会。

2. 立什么法（what?），解决立法项目问题。《立法法》第6条规定，“立法应当从实际出发，适应经济社会发展和全面深化改革的要求，科学合理地规定公民、法人和其他组织的权利与义务、国家机关的权力与责任。”地方立法项目选择要根据各地实际需要，既不要一哄而起盲目跟风，也不要随意动议浪费立法资源，立法立项必须经过科学论证，避免“凭感觉或者经验立项、凭长官意志立项、仅凭重要性立项或仅凭必要性立项、凭起草单位的立法积极性立项、凭工作关系立项等”①，避免“唯政策化、唯问题化、唯创新化”②，根据怀化市的实际，笔者认为地方立法立项范围应包括：（1）行政管理类。提升现有政府规章、规范性文件法律效力，或者增加法律手段，变信奉“口头”（领导指示）、“笔头”（领导批示）和“红头”（政府文件），为崇尚法律法规。用稳定性强的地方性法规来代替文件，规范政府行为。（2）民生保障类。立法应当体现人民的意志，人民群众对美好生活需要、符合地方立法权限的项目，应成为地方立法立项首选。（3）生态改善类。习近平总书记说“绿水青山就是金山银山”，保护美好家园，立法人义不容辞，因此，生态环境立法应成为重要选项。（4）文化传承类。作为古城古镇古村集中的侗苗民族聚住地，怀化市历史文化资源丰富，保护传承好祖先留下来的文化遗产，也是地方立法的重要任务。（5）冲突救济类。地方立法要聚焦社会热点难点问题，在法律授权范围内，以问题为导向，寻找利益救济途径，发现并尽力解决问题，找准切入点和突破口，自觉回应社会关切的问题。

3. 何时立法（when?），解决立法时机问题。由于中国社会差异性大，地方性事务繁多，而地方立法资源有限，不可能一下子解决所有问题。因此，什么是急需的、什么是不太急的，什么法先立、什么法后立，要有个轻重缓急，要解决立法时机问题。笔者认为评价地方立法时机是否成熟主要有五个标准：（1）社会关系稳定。探索性、阶段性、临时性规范不列入地方立法。（2）矛盾问题突出。一般问题、个别问题、矛盾不尖锐不列入地方立法。（3）群众呼声很高。要求不迫切、呼声不高、反映不集中不列入地方立法。（4）改革发展急需。非全市性地方经济社会工作大局、不急的议题一般不列入。（5）立法唯一选择。现行政府规章、规范性文件能有效规范社会秩序，则无立法必要。地方立法一般要成为解决地方问题最后的唯一的手段，要珍惜地方立法资源，确保地方性法规的权威性、有效性和稳定性。

4. 何处立法（where?），解决立法权限问题。《立法法》一个重要的指导思想是，既要有利于维护国家法制的统一，又要有利于提高各立法主体在立法工作中的积极性。③ 要正确区分中央专属立法权与设区的市地方性法规的权限

① 张宁生：《地方性法规立项论证问题探讨》，载《中国人大》2005 年第 9 期。

② 黄良林：《论地方立法权限和范围》，载《地方立法研究》2017 年第 2 期。

③ 乔晓阳：《在新的起点上加强地方立法工作》，载《地方立法研究》2016 年第 1 期。

范围。

关于设区的市三大块立法权，“城乡建设与管理”界定较难，学术界和实务界对“城市管理”范围争议较大：

从国际视野角度，大陆法系和英美法系国家规定各不相同：大陆法系的法国，地方“城市管理”主要由大区、省、市镇议会管理。大区议会的主要职能如下：（1）负责对地区问题的研究，反映选民主张；（2）参与并从事本地区的经济发展和领土整治工作；（3）负责高中校舍修建；（4）负责修建公路、交通和环境保护；（5）负责在职教育和学徒培训；（6）与国家签订计划合同。日本的“城市管理”范围包括：（1）保存、维护和使用属于自治体财产；（2）处理地方的社会服务性事务；（3）制定地方预算、征收地方税、管理户籍及指挥地方警察。

英美法系的英国对“城市管理”的范围大约规定了5类50项职能：（1）保护性的职能；（2）环境方面的职能；（3）个人方面的职能；（4）社会和娱乐性的职能；（5）贸易性的职能。美国地方政府“城市管理”范围主要包括3类：（1）卫生与治安职能；（2）福利职能；（3）“管家”职能，即地方政府的行政职能。为了履行上述职能，地方议会可依法制定不与国家法律相抵触的条例。①

从国内研究角度，国内学者对“城市管理”的概念也众说纷纭，比较有代表性的观点有：（1）“城市管理”基本等同于市政管理，主要是指政府部门对城市的公用事业、公共设施等方面的规划和建设的控制、指挥。②（2）“城市管理”是指以城市基础设施为重点对象，以发挥城市综合效益为目标的综合管理，是一个综合概念，包括城市经济管理、城市社会管理、城市环境管理和城市基础设施管理四个方面。③（3）“城市管理”是指对城市公共事务的管理活动，基本使命是提供公共产品和公共服务，满足公共需求，提升城市竞争力。④ 上述三种观点分别代表“城市管理”的狭义、中义和广义说⑤。

笔者认为，作为地方立法实务工作者，对于国外经验和学者观点只能供参

① 吴开松：《比较城市管理》，科学出版社2004年版，第34页。

② 范志伟：《城市管理概论》，上海交通大学出版社2012年版，第6页。

③ 胡刚：《城市管理》，知识产权出版社2012年版，第17页。

④ 杨宏山：《城市管理理论与实务》，中国人民大学出版社2016年版，第2页。

⑤ 黄良林：《论地方立法权限和范围》，载《地方立法研究》2017年第2期。

考，学理解释不能作为立法依据。地方立法只能根据人大立法解释和中央有关文件规定执行，“城市管理”的范围明确界定为：市政管理、环境管理、交通管理、应急管理和城市规划管理等。我们在立法实践中要坚持在立法权限范围内确定什么法能立，什么法不能立，对遇到确实可能超越地方立法权限的问题，可以与省人大常委会法制部门沟通，取得指导，仍不清楚的，可以通过省人大常委会向全国人大常委会法工委咨询。①

三、立法困惑的原因分析

怀化市在推进依法治市、开展地方立法过程中为何会产生“五难”和一些争议，笔者认为主要有以下几方面原因：

1. 价值取向差异。（1）在治理方式上存在差异，《立法法》赋予设区的市地方立法权，是建设社会主义法治国家需要，现实中，人治与法治、政府立法与人大立法、依政策办事与依法办事存在矛盾；（2）在项目选择上存在差异，政府习惯自己主导地方立法，喜欢选择扩大行政权的立法项目，人大及其常委会则相对超脱，常以限权作为选项；（3）在利益调整上存在差异，上下级间、政府与部门间、地方之间都有利益冲突，人大在立法时要平衡很难。

2. 工作机制缺失。（1）信息通报不畅，政府与人大、部门与部门、法工委与专委会、立法机关与社会公众信息沟通不畅；（2）立法配合不够，立法各环节工作配合缺乏制度保障，未形成良性循环；（3）跟踪评估脱节，地方性法规制定后，立法机关与执行机关未及时沟通，立法后评估落空。

3. 立法权限错位。（1）诉求有冲突，有限的立法权与无限的立法诉求扩张有矛盾，地方政府想立的法规立不了，影响积极性；（2）罚则有困惑，不抵触原则使《行政处罚法》《行政强制法》捆住地方手脚，想创设罚则行不通；（3）特色存迷茫，地方特色是地方立法的生命，怀化市现有两部地方实体法规与兄弟市选项雷同、文本内容大同小异，基本没特色。

4. 主体能力不足。（1）专业脱节，怀化市县两级人大法制委法工委77人中，从事过法律工作（包括司法、行政执法、法律顾问）的26人（占33.8%）、受过法学教育的39人（占50.6%），一半以上无法律背景；（2）经

---

① 乔晓阳：《在新的起点上加强地方立法工作》，载《地方立法研究》2016年第1期。

验欠缺，目前从事立法工作的77人中，来自党政机关57人（占74%）、来自企业11人（占14.3%）、来自学校社区9人（占11.7%），无一人有人大立法经验；（3）培训不足，只有市人大法工委参加过全国人大常委会组织的专业培训，区县人大法制委负责人参加过省人大常委会培训一次，且存在时间短、次数少、针对性不够强等问题。

四、解决问题的路径选择

（一）理论层面的路径

1. 明确地方立法概念及特征。地方立法，是指地方国家权力机关和地方人民政府依据宪法和法律规定，结合其行政区域内的具体情况和实际需要，依照法定职权和程序，分别制定修改和废止地方性法规和地方政府规章的活动。① 地方立法对中央立法具有补充的性质，具有从属性和自主性，在实践中要防止两种片面性：一是缺乏应有的主动性、积极性，二是过于强调地方的特殊性或地方特色。②

2. 明确地方立法价值及功能。地方立法有利于调动中央和地方两个积极性，有利于完善我国社会主义法制建设，“自下而上”的制度设计，特别是设区的市地方立法具有四个方面的价值和功能定位：（一）弥补上位法不足并为之“拾遗补缺”；（二）提供立法试验与制度创新的场所；（三）实现地方治理结构的改善与优化；（四）更为凸显现代立法的民主价值。③

3. 明确地方立法原则及权限。从事地方立法应当遵循依宪立法、依法立法、民主立法和科学立法四个原则，严格限定立法的事项范围为四类：城乡建设与管理、环境保护、历史文化保护及其他事项（法律对设区的市制定地方性法规的事项另有规定的，从其规定）。

4. 明确地方立法程序及制度。立法是精细活，程序性强，各环节缺一不可：项目征集、计划确定、立法起草、提交议案、立法一审、二次审议、三次审议、表决通过、批准备案、公告归档都要依次进行。要建立立法论证、立法咨询、立法项目库、立法规划计划编制、公开征求意见、立法听证、立法评估

---

① 李培传：《论立法》，中国法制出版社2011年版，第239页。

② 乔晓阳：《在新的起点上加强地方立法工作》，载《地方立法研究》2016年第1期。

③ 封丽霞：《认真对待地方法治》，载《地方立法研究》2016年第1期。

及立法联系点等相关制度，确保工作规范有序。

（二）工作层面的路径

1. 建立党委领导的立法决策机制。经济社会发展重大立法、编制立法规划和年度计划、立法中重大体制和政策调整要由党委决策，健全人大党组向党委报告制度，党委管大事，人大做具体事。

2. 建立人大主导的立法协调机制。地方立法从立项、起草、审议、修改、表决等各环节都由人大组织协调，这种协调是全面的、刚性的、贯穿始终的，人大要当立法主角。

3. 建立上级牵头的业务培训机制。立法专业性强，需要加强培训交流。各级人大法制工作部门是培训主体，实行上管一级培训体制，采取集中教学、现场交流、外地考察等形式，集中与分散、理论与实务、跟班与指导相结合。

4. 建立本级部门的立法联动机制。人大与政府、政府与部门、部门与部门，要利用现有信息平台，搭建立法网络，建立联动机制，实行信息资源共享，提高立法科技水平。

（三）技术层面的路径

1. 拓宽立法项目征集途径。征集主体要多元，人大不要唱独角戏；征集方法要多层，网上网下立体化；征集手段要多样，传统现代一起上。

2. 压实草案起草主体责任。地方性法规草案一般由法规案提出主体负责具体起草工作；综合性、全局性、基础性的重要法规的起草，可以由市人大有关专门委员会、常委会有关工作机构组织；专业性较强的法规草案，可以全部或部分委托起草。

3. 科学规划立法调研活动。立法必要性、可行性、指导思想、框架结构、文本内容、争议焦点等都应成为调研选项，立法各环节调研内容不同，要分层次、有侧重、有针对开展立法调研，提高调研质量。

4. 精细把握立法审议关节。要处理好代表大会与常委会、主任会议与常委会、法制委与其他专委会、审议机构与工作机构在审议活动中的关系，把握好关键节点，法制委和法工委要发挥穿针引线作用。

5. 全面体现立法技术规范 。地方性法规从起草到公布全过程，法规名称、法的结构、常用条款、立法语言都要严格遵守《立法技术规范》要求，做到严谨、科学、无歧义。

五、结语

本文基于怀化市立法实践，谈了五点体会、提出五点困惑、讨论了四个热点问题，并作了原因分析，从理论、工作、技术三个层面提出个人对策和看法。由于笔者系立法新兵，看问题不够客观全面，难免认识浅薄。立法是一项专业性、科学性、技术性很强的系统工程，它着眼于解决社会生活中最重要、最基本的问题，要求规范严谨、程序严格、制度合理严密。[①] 设区的市地方立法是新事物，在今后还会碰到许多新情况新问题，按照“不抵触、有特色、可操作”（省人大常委会法工委要求），精细化打磨每一部地方性法规，使所立法规在本行政区域“立得住、行得通、真管用”（全国人大常委会法工委要求），是每一位立法人追求的价值目标，我们将为此继续努力。

① 王波：《精准立法：新时期提高地方立法质量的基本路径》，载《地方立法研究》2016 年第 1 期。

地方促进型立法的产生、发展及启示*

陈倩欣　肖巧平**

摘要：大体而言，地方促进型立法经历了以执行性立法为主、执行性立法与自主性立法相结合以及自主性立法为主的三个发展阶段。从执行性立法阶段的起步到自主性立法时期的逐步发展，地方促进型法凭借其特有的价值在地方立法占有一席之地。通过法律激励，强调公众参与，成为公共治理的基本手段之一的地方促进型法与地方管理型法相得益彰，共同实现社会的发展。

关键词：促进；治理；激励

一、地方促进型立法的产生、发展状况

近年来新出现了一类法律法规，从立法功能的角度看概括为促进型立法。① 这类立法主要以促进、引导某一项事业或事项的发展为目的，以促进、鼓励、引导、支持为主要调整手段，强调公众参与，以肯定性法律后果为主，政府及公共组织是其主要的责任主体。目前无论是在国家层面还是在地方层面，促进型立法都较为常见。尤其地方的促进型法占有很大比重，数量也在逐步增长。在北大法宝中检索促进一词筛选出现行有效的地方性法规达到458部。大体而言，地方促进型立法经历了以执行性立法为主、执行性立法与自主性立法相结合以及自主性立法为主的三个发展阶段。

---

* 此文收录于2019年湖南省立法研究会论文集。

** 陈倩欣，湖南师范大学2017级宪法与行政法学研究生；肖巧平，湖南师范大学教授。

① 张丽娟，王玉：《浅析促进型立法的意义和方法——以〈北京市非物质文化遗产条例〉为例》，《北京人大》2019年第5期。

第一阶段（1997—2004 年）：以执行性立法为主。该阶段的地方促进型法主要是为了实施有关科技发展的上位法，1993 年国家制定了《科学技术进步法》，1996 年颁布了《促进科技成果转化法》。这两部法律都属于促进型法。为了实施这两部法律，地方出台了相应的实施细则。例如，从 1997 年开始山西、云南、包头、新疆、重庆、汕头、河南等制定了促进科技成果转化的地方性法规，1999 年海南发布了《促进科学技术进步条例》，2002 年沈阳市制定的《民营科技企业促进条例》，1999 年山西、2002 年沈阳颁布实施的《促进民营科技企业发展条例》以及 2004 年吉林的《促进科技企业发展条例》，虽然名称和上述法规不完全一样，但都是为了推动科技服务于经济建设和科技发展。地方促进型立法以执行性立法为主开始起步，该阶段涉及的促进法数量和种类较少，还处于探索期。

第二阶段（2005—2010 年）：执行性立法与自主性立法相结合。这一时期国家颁布了《民办教育促进法》《清洁生产促进法》《中小企业促进法》《农业机械促进法》《就业促进法》以及《循环经济促进法》。这一时期的地方立法一方面是为了实施这些上位法，比如，贵州省出台了《民办教育促进条例》、云南省发布了《清洁生产促进条例》、浙江省制定了《促进中小企业发展条例》、河南省出台了《农业机械化促进条例》、大连市出台了《循环经济促进条例》等。另一方面，现实的发展需要和国家政策的催化，促使地方自主性促进法涌现。2006 年国家提出①要努力建设创新型国家，促进改革创新、科技创新是提高自主创新能力的应有之义。党的十七大第一次把建设生态文明作为实现全面建设小康社会奋斗目标的新要求提出来，这些都转化为了地方自主性的立法。地方出现了促进生态文明建设的立法，如促进新型墙体发展应用、散装水泥和预拌混凝土发展、绿色转型等有利于生态文明。据不完全统计，2005 年到 2010 年期间地方的自主性促进型法占 44.7%，与执行性立法齐头并进。

第三阶段（2011 年至今）：自主性立法占绝大比重，地方促进型立法以自主性立法为主。由于地方立法比较“接地气”以及地区差异的现实需要，自主性地方立法有其存在的必要性，自主性地方立法在解决地方性事务上有着重

---

① 2006 年 1 月 26 日中共中央、国务院作出《关于实施科技规划纲要增强自主创新能力的决定》，提出增强自主创新能力，努力建设创新型国家。

要的作用，自主性立法将成为地方促进型立法的主流。通过统计从2011年开始自主性立法的比例已经超过了执行性立法，占比达到60%以上，最多的甚至占92.3%，由于国家层面制定的促进法数量有限，现实中又出现许多地方事务需要立法来调整，因此自主性立法在逐步增加。自主性立法也离不开国家政策作指导，2010年4月1日中共中央、国务院制定《国家中长期人才发展规划纲要（2010—2020年）》，同年7月8日印发了《国家中长期教育改革和发展规划纲要（2010—2020）》。人才和教育事项有了明确的方向，涉及人才发展、终身教育、学前教育、社区教育、家庭教育、职业教育以及少数民族教育等地方事务均需要自主性立法来调整。党的十八大提出要积极培育和践行社会主义核心价值观，从2015年开始断断续续有地方制定了文明行为促进条例，2016年12月，中共中央办公厅、国务院办公厅印发了《关于进一步把社会主义核心价值观融入法治建设的指导意见》，从2017年开始各地纷纷制定文明行为促进条例，目的是弘扬社会主义核心价值观。自主性立法保障了各项促进事项有法可依，对实现地方促进型法的价值具有重大意义。

从横向上来看，地方立法中促进型立法的数量和种类在逐步增加。例如，在山西省2018—2022年地方性法规立法规划中，促进型立法约占21%，除山西省之外，在各地方人大官网上检索到2018—2022年地方立法规划中促进型立法所占比例的情况，见表1。

表1　2018—2022年地方立法规划促进型立法所占比例情况表

地区	地方促进型法举例	所占比例
北京市	促进科技成果转化条例、志愿服务促进条例、文化创意产业促进条例、人才发展促进条例、信息化促进条例等	15%
山西省	健康产业促进条例、乡村振兴促进条例、林果业促进条例、小杂粮产业促进条例、促进科技成果转化条例、家庭教育促进条例、慈善事业促进条例、矛盾纠纷多元化解促进条例、全民健身促进条例等	21%
江苏省	知识产权促进条例、促进科技成果转化条例、中小企业促进条例、海洋经济促进条例、质量促进条例、保护和促进台湾同胞投资条例、促进华侨投资条例、民宿业促进条例、文化产业促进条例、职业教育校企合作促进条例、家庭教育促进条例、民办教育促进条例、就业促进条例、基本公共服务促进条例等	19%

续表

地区	地方促进型法举例	所占比例
安徽省	促进科技成果转化条例、中小企业促进条例、促进皖江城市带承接产业转移示范区发展条例、质量促进条例、文化产业促进条例、全民阅读促进条例、多元化解纠纷促进条例、民办教育促进条例、促进乡村振兴条例、促进大别山等革命老区发展条例、家庭教育促进条例等	17%
湖北省	人才发展促进条例、基本医疗卫生与健康促进条例、乡村振兴促进条例、农业机械化促进条例等	20%
海南省	经济特区人才发展促进条例、文明行为促进条例、经济特区投资促进条例、经济特区会展业促进条例等	10%
重庆市	民用航空促进条例、文明行为促进条例、科技创新促进条例、专利促进与保护条例、文化产业促进条例等	13%
贵州省	生态文明建设促进条例、乡村振兴促进条例、就业促进条例、中小企业促进条例、民办教育促进条例等	20%
云南省	促进科技成果转化条例、慈善事业促进条例等	11%

二、地方促进型立法的产生发展的实践基础

（一）政府由管理型向服务促进型转变

从统治背景下的统治者到管理时代下的管理者再到服务语境下的服务者，政府所扮演的角色随着职能的转变而同步变化着。从服务型政府的理念来看，提供公共服务，实现公共利益是政府义不容辞的责任。政府在服务型政府中的身份定位理应是服务者，而不是掌控者。注重公民权利和公共服务，强调以人为本是服务政府追求的价值目标。针对一些基础薄弱领域的发展，政府不能简单地运用行政强制、命令的方式进行规范，而应耐心引导、积极服务，采取较为柔和的方法推动相关领域的发展，否则将会和服务型政府的价值背道而驰，不利于市场的稳定和发展。地方涉及基础薄弱领域的面更广，针对这些领域的发展，立法者希望运用法律进行干预来促进和引导相关领域的发展。但是，通常采用管控、约束、强制的手段进行调整的管理型法显得较为严苛。地方促进型法采用引导、鼓励的柔性治理方式正好符合服务型政府对基础薄弱领域发展的要求。

（二）重视公众在社会治理中的作用

在公域之治转型过程中，公共治理模式逐步取代国家管理模式和公共管理模式。① 治理是一个上下互动的管理过程，它主要通过合作、协商、伙伴关系，确立认同和共同的目标等方式实施对公共事务的管理。② “治理”强调政权的所有者、管理者和利益相关者等多种力量的合作治理，更加强调治理主体的多元化。③ 随着知识经济、信息社会这个转型时代的到来，复杂社会事务的网络化治理以及信息之间的交流互动离不开政府、团体、个人的参与，公众的参与是确保决策的正确性以及决策广泛参与的必要条件。公共的参与也有利于基础薄弱领域和解决社会基础建设问题。这些问题既与人民的生活息息相关，也同发挥政府的经济职能有关。因此，公众的参与能使政府和公众实现共赢。④ 地方促进型立法大多规定政府鼓励公众参与，有些还有专章规定，公众参与被视为原则性的规定存在于促进型法中。地方促进型立法涉及的面更广泛、更普遍，其为更多主体积极主动参与到社会治理中提供了契机，地方促进型法有效地保障了公民的广泛参与权。

三、地方促进型立法的启示

（一）法律激励是地方促进型立法的基石

法律激励是地方促进型立法的基石，促进经济的发展、实现社会治理都需要地方促进型立法发挥其作用。地方促进型法充分发挥法律的激励作用，引导人们按照法律所规定的那样行为，达到实现促进某项事业发展的效果。政府在市场中主要是发挥其引导的作用，而不是为了打击或替代市场。市场秩序本身就是通过激励机制来运作的，用激励来引导资源的流动方向。需要从法治的角度来思考解决市场问题的方法，地方促进型法调整市场也是法治治理，运用其激励性来激活市场。真正的法治经济需要促进和管理双管齐下，而不是单打独斗。促进型法的激励价值在市场经济的发展中得到有效体现。因此，需要发挥

① 田齐煜：《公域之治转型中软法价值的实现》，云南民族大学2017年硕士学位论文。

② 喻可平：《治理理论与中国行政改革》，载《新视野》2001年第5期。

③ 徐凤：《国家治理现代化与法制转轨——从“管理法”走向“治理法”》，载《首都师范大学学报（社会科学报）》2017年第3期。

④ 陈昶屹：《论“促进型立法”的形成背景》，载《北京行政学院学报》2005年第1期。

法律的激励作用，从而实现法律促进经济发展的目的。人们逐渐意识到，在当下社会治理理念的语境下，法治社会不能仅仅依靠管理型法来管控社会，也需要促进型法发挥作用使得社会依据法律进行自我治理，进而实现自治。法治是自治而不是他治，他治往往包含强制的因素，自治包含的成分更多的是自我激励。① 实现自治离不开法律发挥其激励作用，他治转向自治的社会治理下亦需要运用促进型法进行调整。

治理注重各种力量合作治理，具有多元的治理主体，治理主体的多元性表明治理不可能由政府完全包揽，而是一种公私合力的治理。公众不应一味地作为被管制的对象，变被动为主动，把公众定位于合作伙伴，鼓励公众积极主动地参与到治理中。共治模式决定了在调整手段和采取的方式上，不能只依靠强制命令等硬性管理手段，随之而来的是柔和的激励性治理方式。治理强调从控制命令性的硬法管理转变为具有协商合作特性的软法治理。党的十八届三中全会提出，要推进国家治理体系和治理能力的现代化，党的十九大报告进一步明确要打造共建共治共享的社会治理格局。要求政府要从自上而下的单向治理，向政府、社会、公民多元主体协商共治转变。②

地方促进型立法的特点和价值恰好与治理的要求相契合。首先，地方促进型法作为一种公众参与型法，强调治理主体的多元化，政府鼓励社会公众参与被作为地方促进型立法中的一项基本原则，引进社会因素，实现政府和公众的有机配合共同治理。分析地方促进型法数量最多的广东省发现，广东省 73.6% 的地方促进型法规定有公众参与。其中广州市关于促进科技创新的地方性法规中规定要建立公众参与制度和社会资金参与投入体系，知识产权交易活动也需要引导各类科技主体有序地参与其中；珠海市关于促进生态建设的地方立法规定要遵循全民参与的原则；深圳市关于促进改革创新条例中专门一章规定了公众参与；广东省关于促进社会力量参与救灾条例中 31 处出现公众参与，50% 的条文中均规定公众参与。不仅是广东地区的促进型法有这样的情况，各地方的促进型法也大力倡导公众参与。地方促进型法尊重社会，强调政府、社会和公众的共治，注重发挥主

---

① 丰霏：《从立法技术到治理理念——中国语境下法律激励理论的转向》，载《法商研究》2015 年第 3 期。

② 张丽娟，王玉：《浅析促进型立法的意义和方法——以〈北京市非物质文化遗产条例〉为例》，载《北京人大》2019 年第 5 期。

体之间的平等协商作用，其本质是法治治理。其次，大部分地方促进型法中规定资源共享原则，地方促进型法中的促进工作遵循共建共享的原则，符合时代的发展要求。地方促进型立法作为公共治理的基本手段之一，通过采取促进、引导的调整方式，发挥法律的激励功能，强调社会公众参与，为社会治理目标的实现、治理能力的提高贡献力量。

（二）地方促进型法与需与管理型法相得益彰

促进型法以倡导性规范为主，管理型法以管理性规范为主，但地方促进型立法与地方管理型立法并不是截然分离的，管理型法中具有倡导性规范成分，促进型法中也有管理性规范因素。由于促进行为需要依靠一定的管理措施进行推进，在促进型法中难免会存在一些管理性规范。虽然地方促进性立法和地方管理型立法分属于两种不同的立法模式，但它们相得益彰、互为补充，都是地方进行有效调控的手段。地方促进型立法是运用引导的方式鼓励发展，通过提供优惠措施等方式推动基础薄弱领域的发展，这些领域往往需要耗费更多的精力，具有较高的风险，回报却比较低，但这些领域或产业关乎社会的长远利益，政府在促进这些关系到社会发展全局的基础薄弱领域的发展需从引导、服务的角度出发。地方管理型立法采用控制、命令的方式使发展有序的运作。某一薄弱的领域在地方促进型法的引导、鼓励下得到发展以后，将由地方管理型立法对其进行调整，管理将会取代促进，因为这些产业或行业已经发展到一定成熟的程度，无需运用法律对其给予特别的待遇。由此看来，某项薄弱事业或领域的发展前期，由于其特性不适宜运用管理型法予以管控，需要促进型法进行引导、支持，但后期当促进的对象逐渐成熟后，将由地方管理型法对这些范围进行调控。① 这并不意味着地方促进型立法因此而消失，依旧会存在一些符合社会发展的先进生产、生活方式等但不适宜采用强制命令的方式进行调整的新领域，地方促进型立法继续在这些领域发挥引导的作用。这样就形成了一个“促进型—管理型—新的促进型—新的管理型”的地方发展模式。②

四、结语

作为一种全新的治理模式，促进型法逐渐发挥着和管理型法一样不可或缺

① 李艳芳：《“促进型立法”研究》，载《法学评论》2005年第3期。

② 郝红燕：《促进型环境立法研究》，中国政法大学2012年硕士学位论文。

的作用。运用促进型法调整社会关系体现了治理的时代精神，能够满足变化多样的社会需求。促进型法既是时代发展的产物，也能满足时代发展的要求。促进型法采用引导、鼓励的柔性治理方式，同时注重公众参与，是与时俱进的法治治理。

破解地方立法理论困境的探索*

谢　勇**

摘要：我国的地方立法长期遵循着"不抵触、有特色、可操作"的理论指导，但在我国所有设区的市均获得地方立法权后，地方立法工作原已存在的不足和短板日渐突出，如"不抵触"的机制宽严失度、"有特色"的表现流于平庸、"可操作"的程度大打折扣等。因此，地方立法理论亟待更新。在一元多层的立法体制下，我国的法律规范实际上呈现出立体结构，正是该特色立法技术的合理运用，可解决"一元"统合之下上位法与下位法之间的有效衔接问题；而将地方立法的特色理解为地方立法在分配管理资源（立法成本）的方向和力度上形成的区域特点，既可以避免地方立法选题追求表面的"特色"，又可以引导地方立法更加聚焦可操作性，并为中央立法向地方立法合理放权提供理论参照。

关键词：地方立法；"不抵触"；"有特色"

一、"不抵触""有特色"：地方立法面临的理论困境

我国作为统一的、单一制的国家，为了适应地域广阔、地方传统文化习惯差异以及各地经济社会发展不平衡这一基本国情，按照宪法所确定的"在中央的统一领导下，充分发挥地方的主动性、积极性"的原则，在中央和地方立法工作中确立了统一而又分层次的立法体制，俗称"一元多层立法体制"。

---

* 此文原题目为《概念的成长：破解地方立法"不抵触""有特色"的理论困境》，刊登于《求索》2017 年第 12 期。

** 谢勇，湘潭大学法学院教授、法治湖南建设与区域社会治理协同创新中心成员、博士生导师，湖南省人大常委会副主任。

在此立法体制之内，相对于中央层面的立法，地方立法处于下位、从属的地位，因此，不与上位法抵触是地方立法总体的、首位的要求。在此前提之下，着力追求和突出地方特色，则是地方立法安身立命的根基，是地方立法价值之所在。地方立法不得与上位法相抵触，实际上就意味着地方立法要执行和实施上位法规定或精神；而强调地方立法要有地方的特色，无疑也是为了保障上位法的规定或精神在地方治理中落地，能与地方治理实际相吻合，这也就给地方立法提出了所立条文要能够实际操作的要求。① 多年来，“不抵触、有特色、可操作”遂成为地方立法工作的原则和要求②，共同构成了具体指导地方立法工作的基本理论遵循。

自地方立法工作（自治地方的自治条例、单行条例立法除外）重新启动以来，“不抵触、有特色、可操作”理论指导、引领地方立法工作取得了有目共睹的成绩，不仅为建成有中国特色的社会主义法律体系作出了重要贡献，而且为各个地方实现依法治理提供了必不可少的法制保障。2014 年 10 月，党的十八届四中全会通过《中共中央关于全面推进依法治国若干重大问题的决定》，作出了赋予所有设区的市人民代表大会及其常委会立法权的部署，2015 年 3 月全国人大常委会对《立法法》作出修改时，明确规定所有设区的市人大及其常委会都可以根据本地的具体情况和实际需要，在不同宪法、法律、行政法规和本省、自治区地方性法规相抵触的前提下，针对城乡建设与管理、环境保护、历史文化保护等方面的事项制定地方性法规。至此，我国一元多层立法体制将立法主体扩充到了所有设区的市，地方立法工作迎来了新的重大的发展机遇。正是在这样的背景之下，地方立法工作原已存在的一些不足和短板日渐突出，成为制约地方立法工作进一步发展、满足地方依法治理新需要的严重障碍。其中，地方立法理论研究滞后，尤为引人关注。面对全面依法治国的新要求，地方立法原有的理论观念不仅无法为地方立法拓展新空间提供有效指引，而且其自身隐含的内在逻辑矛盾也在进一步限制其理论指导作用的发挥。本文将对地方立法理论面对的这种困境做初步的分析，以便为地方立法理论的更新探明方向和途径。

---

① 阮荣祥，赵恺：《地方立法的理论与实践》，社会科学文献出版社 2011 年版，第 83－84 页。

② 全国人大常委会法工委研究室编：《全国地方立法研讨会讲话汇编》，中国民主法制出版社 2017 年版，第 31 页。

分析首先从讨论地方立法理论内在的逻辑矛盾开始。这个逻辑矛盾源自“不抵触”与“有特色”之间潜在的、可能的冲突。关于这种潜在的冲突给地方立法工作已经带来的实际不利影响，会在后文描述，这里先从理论的逻辑关系层面对此间的矛盾做一推演：地方立法理论的“不抵触”原则要求地方立法不得与上位法相违，与此同时，还要求地方立法要有特色。那么，一个“有特色”的地方法规应该是怎样的？从逻辑上来看，无非有两种情形。一是法规调整的对象本身有某种独特性，从而使与其相关的地方立法具有了某种特色；二是非因调整对象的特殊性，而是因为法规本身的法律规范有特点，而使得地方立法有了特色。在第一种情形之下，因为调整对象的特殊性而致地方立法有了特色，那么调整对象的这种特殊性需要有多“特殊”？相对于上位法所规范的同类一般性事物，地方立法调整的对象难道不都是特殊的吗？按此逻辑推理下去，地方立法所要求的“有特色”又还有多少实际意义？在第二种情形之下，地方立法的“有特色”不在于所调整的对象，而在于法规所创设的法律规范有特点。可是，存在于法律规范中的这种特点与上位法规范是什么关系？无疑应该服从“不抵触”原则，但这样一来，这种法律规范上的所谓特点还有多大的展示空间？

地方立法理论中“不抵触”与“有特色”之间的上述内在矛盾，从一开始就存在，人们也一直在试图加以解决。1982 年《宪法》第 100 条规定：“省、直辖市的人民代表大会和它们的常务委员会，在不同宪法、法律、行政法规相抵触的前提下，可以制定地方性法规。”这是宪法中对地方立法的最早规定，也是不抵触原则的宪法表述。值得注意的是，宪法未提到地方立法的“特色”问题。但是，在此前和此后的《地方组织法》中，均有地方立法须根据本地的“具体情况和实际需要”的要求，可以视为地方立法理论中“有特色”原则的源头。在国家法律中对地方立法“有特色”首次作出完整表述的是 2000 年出台的《立法法》。该法第 64 条对地方性法规可以规范的事项作出如下划分：（一）为执行法律、行政法规的规定，需要根据本行政区域的实际情况作具体规定的事项；（二）属于地方性事务需要制定地方性法规的事项；（三）除全国人大专属立法权规范的事项外，其他事项国家尚未制定法律或者行政法规的，省、自治区、直辖市和较大的市根据地方的具体情况和实际需要，可以先制定地方性法规。对于地方立法理论研究来说，这里特别值得注意的是，针对地方立法的特色问题，国家法律层面首次出现了“地方性事务”这一概念。《立法法》2015 年进行修改后，于第 73 条仍保留了与此基本相同的表述。那么，何谓“地方性事务”呢?《立法法》或其他法律对此均没有明确的界定。但根据对修改后的《立法法》最新文本的权威性解读，所谓“地方性事务”应该是指与全国性的事务相对应的、具有地方特色的事务。“一般来说，不需要或在可预见的时期内不需要由全国制定法律、行政法规来作出统一规定。例如，对本行政区域内某一风景名胜、某种地方特色非物质文化遗产的保护，就属于地方性的事务，一般来说不需要国家作出规定。又如，禁放烟花爆竹，在有些城市中被认为是必要的，因此需要制定禁放烟花爆竹的地方性法规，而有些城市认为燃放烟花爆竹不应当受到限制。这类事项显然不必要由国家统一立法”。① 从这一段权威解读文字里我们可以读出以下两项重要含义：其一，“地方性事务”，即具有地方特色的事务。在此作者试图为地方立法理论中的“有特色”原则提供新的、更明确的理论解析。其二，这种“具有地方特色的事务”，只不过是在特定时期内不需要由中央立法来进行统一规范，并非某种必定不受中央立法规范的事务。根据粗略的文献检索可以发现，一段时期以来，国内立法学研究者力图对“地方性事务”这一概念作出清晰的界定，为地方立法规范的特有空间划出明确的边界，从而为地方立法的所谓“有特色”作出更深入的理论说明。遗憾的是，这些努力至今鲜有成功。② 与这些努力遭遇失败紧密相关联，存在于地方立法理论中的“不抵触”与“有特色”之间的内在矛盾也未能得以清除。

不仅如此，随着中国特色社会主义法律体系如期建成，国家治理与经济社会管理活动中无法可依的状况于中央立法层面基本得到解决。在此背景下，地方立法理论中“不抵触”与“有特色”之间的内在紧张关系更加凸显，给地方立法工作实践带来的困惑与日俱增，理论发展落后于实践需要的现象已不容忽视。具体来说，主要表现在以下三个方面。

（一）“不抵触”的机制宽严失度

在一元多层立法体制之下，确保地方立法不与上位法发生抵触，是整个立法体制有效运转的重要前提。为此，现有立法工作制度中建立有一系列机制，防止和纠正地方立法中可能出现的与上位法抵触的情况。如《行政处罚法》

① 乔晓阳：《〈中华人民共和国立法法〉导读与释义》，中国民主法制出版社2015年版，第249－250页。

② 高浩峰：《地方立法的范围与界限——以“地方性事务”为切入点》，载《中国特色社会主义立法理论与实践论文集（中）》，中国法学会立法学研究会学术年会资料2016年版，第265－271页。

《行政许可法》《行政强制法》等法律，对地方性法规向行政机关赋予行政处罚权、行政许可权和行政强制权的种类、内容作了明确的严格限制，防止地方立法作出与上位法相关规定不相一致的规定；又如建立了各个层级的规范性文件备案审查机制，以便对可能出现的地方立法抵触上位法的情况及时进行纠正。但是，由于对何谓地方立法“特色”、何谓“地方性事务”把握不准、看法不一，上述维持“不抵触”的工作机制，实际运行中表现出宽严失度两个极端。有的很严，将地方立法的手脚绑得太死。不仅对上位法已经规范的事务，不给地方立法留足必要的因地制宜的规范空间；而且，对上位法并未明确的事项，也给地方立法设立了过严的、不尽合理的限制。这方面最典型的表现是《行政处罚法》第 11 条的规定，以及立法工作实践中对该项规定的实际把握。《行政处罚法》第 11 条规定，“法律、行政法规对违法行为已经作出行政处罚规定，地方性法规需要作出具体规定的，必须在法律、行政法规规定的给予行政处罚的行为、种类和幅度的范围内规定”。而对于法律、行政法规虽然规定了义务性规范，但未作出行政处罚规定的，实际立法工作中禁止地方性法规自行规定。① “而我们的上位法许多是在几十年前制定的，处罚所设定的违法成本现在已经远远低于违法实际所得收益，在一些经济发达地区这种差距更大。遇到这种情况，地方治理常常感到使不上劲”。② 有的又过宽，对地方立法中表现出来的抵触上位法规定的做法，或者“视而不见”，或者“视而未见”。如长期以来地方立法实践不仅有所谓的“良性违法”、甚或“良性违宪”现象未得到及时制止，而且一些立法上的地方保护主义行为也曾大行其道。③ 又如，一些地方立法对于上位法已经作出规范的事项，或因为上位法未规定法律责任而想增设相关责任，或虽上位设定了法律责任，而地方立法想加重责任，考虑不与上位法直接抵触，便设法在法规条文表述中做文章，对上位法业已规范的行为模式另作描述，使其表面上看去是一种新的、因而属上位法尚未规范的行为，从而为地方立法对其进行规范争得“合法空间”。类似做法在局

---

① 全国人大常委会法工委国家法行政法室编：《〈中华人民共和国行政处罚法〉释义》，法律出版社 1996 年版，第 28 页。

② 谢勇：《全面深化改革需要细心谋划“配套安排”和“梯次推进”》，载中共中央组织部干部教育局、中共中央党校教务部编《武装头脑、指导实践、推动工作》，党建读物出版社 2014 年版，第 287－288 页。

③ 封丽霞：《中央与地方立法关系法治化研究》，北京大学出版社 2008 年版，第 457－478 页。

部地方甚至成为“经验之谈”。

（二）“有特色”的表现流于平庸

至今，对地方立法理论中“有特色”这一概念的界定，均是从地方立法所规范对象的特征着眼，并由此演化出“地方性事务”的概念。但是，由于对所谓“地方性事务”与“全国性事务”的确切边界始终难以真正划清，在这种概念指引下的地方立法，对所谓地方“特色”的追求，常常不免显得肤浅和表面。这些年里，一些地方立法“产品”，除了法规的名头挂有某个特定地方特定事务的名称，“南方的与北方的差不多，西部的与东部的难区别，根本看不出本地与异地在政治、经济、文化、社会生活等方面有何差异，一些规定也大同小异，因而不仅法规的针对性差，而且实用性、可操作性也差”。[①] 其实，作为地方立法理论上具有方法论意义的概念，对“有特色”如果仅从立法规范对象角度去理解，所带来的更致命的缺陷是有可能引导地方立法走上猎奇的平庸之路。一个特定地方有其特定的事物，或为某山某水，或为某园某址，或为某事某业，这本来是寻常事，而不管它们在整个地方经济社会发展中究竟占有何种地位，也不顾地方治理资源条件和现实需求情况，仅仅是因为“本地有外地没有”，或“本地先行外地尚未行”，便抢着立法，抢先立法，还自以为如此就是“有特色”。正是在这样的立法理论引导下，一些标题新鲜、内容平庸的地方立法“产品”，挤占和浪费了宝贵的立法资源，延误了地方依法治理的进程。

（三）“可操作”的程度大打折扣

地方立法理论中“不抵触”与“有特色”之间的矛盾，对地方立法的消极影响，最直接的后果是地方性法规可操作性不强问题始终未能解决。在一元多层立法体制之下，相对于中央立法，地方立法最突出的特征或价值，应该在于其可操作性。地方立法无论是实施性的立法产品，还是创制性的立法产品，无非都是为了贯彻执行上位法的具体规定或一般精神。因此，在地方依法治理过程中，本地的地方性法规可不可行，能不能在实际的依法治理活动中得到广泛运用，能不能把上位法的规定或精神在地方治理中贯彻落实，既是衡量地方立法产品质量的最终标准，也是考量地方立法真正价值之凭据。但长期以来，地方性法规的可操作性不强，是地方立法广受社会各界诟病的老大难问题。这

---

① 夏宏根：《地方立法缺乏地方特色的成因及其对策》，载《人大研究》1997年第6期。

期间最突出的表现就是大量简单重复中央立法内容的做法。地方在立法过程中过多地移植法律、行政法规的条文，照抄、照搬上位法的内容，下法抄上法，子法抄母法，一法抄多法，似乎是为了立法而立法，以至形成“三世同堂”甚至“四世同堂”的立法膨胀现象。在一些地方，这种重复的条文“一般要占到全部条文的三分之二左右，有的甚至占到地方立法内容的80% ~90% 左右”①。地方立法大量重复上位法内容的现象，实际上是“不抵触”与“有特色”之间紧张关系的外显；是地方立法实践中，为应对“不抵触”机制宽严失度，适应“有特色”表现流于平庸的必然后果。人们现在可能会问：地方性法规简单抄袭上位法的现象普遍存在，这就意味着地方性法规未能结合本地实际对上位法规范作出具体的细化，那么地方治理中贯彻上位法的规定实际依靠何种途径呢？答案是要依靠各种各样的红头文件。政府的红头文件，尤其是政府各个部门的红头文件，跟地方性法规相比，往往更具体、更贴近本地的实际执法活动、更具有可操作性。然而，这无疑给地方的依法治理带来了隐患。地方性法规在地方依法治理实践中实际发挥的作用不大，从另一个侧面也能得到印证。有研究者对地方司法机关依法处理民事、行政纠纷时，适用地方性法规的情况进行了大样本的调查分析，得出的结论是：总体上来看，地方性法规被法院判决书引用的情况很少。一是地方性法规被引用的频次极低，仅占全部样本判决书引用法律、法规总频数的0.19%；二是被引用的地方性法规不多，只占全部样本地方性法规的39.13% ，大部分地方性法规未进入司法适用。②鉴于可操作性本应是地方性法规的最突出的特征，因此地方性法规在地方依法治理过程中实际的失能和缺位，便更加显得有待重视，这实际上已对地方立法的存在价值提出了挑战。

地方立法及其理论存在的前述问题和困惑虽然早已有之，但在中国特色社会主义法律体系建成之前，由于中央立法层面立法空白尚多，地方立法在此空白处先行先试的空间还较大，“不抵触”与“有特色”之间潜在的紧张关系因此尚不突出。随着中央立法层面法律体系渐次周全、法律规范更加细密，“不抵触”的红杠杠更加鲜明；随着全面依法治国的历史进程向纵深推进，对地

① 封丽霞：《中央与地方立法关系法治化研究》，北京大学出版社2008年版，第450-451页。

② 李红军：《地方立法的司法态度——基于18个城市地方法规判决书引用现状的实证分析》，载《中国特色社会主义立法理论与实践论文集（中）》，中国法学会立法学研究会学术年会资料2016年版，第427页。

方立法“有特色、可操作”的客观需求也越来越高、越来越紧迫。这样一来，地方立法理论中“不抵触”与“有特色”之间原来就有的紧张关系日益突显，对当前的地方立法工作形成了制约。事物的发展往往如此，当挑战到来的时候，解决问题、推动发展的机遇也随之降临。在地方立法理论研究中，认真解决“不抵触”与“有特色”之间的矛盾，推动地方立法理论更新的任务就此提上了工作议程。

二、发现和揭示“不抵触”“有特色”的新内涵

地方立法理论在指导地方立法实际工作时所面临的问题和困境，源自理论内部的矛盾；潜伏于“不抵触”与“有特色”相互关系之中的那些隐忧和冲突，在当前的历史条件下暴露得更为充分。仔细观察之后可以发现：这种冲突和矛盾最初表现出来的，似乎是与“不抵触”原则所施加的压力有关，无论是“良性违法”，还是照抄照搬上位法以及立法选题猎奇，都是地方立法在遵循“不抵触”原则的前提下，追求“有特色”的结果；但是，在这种最初的表象背后，我们能够深刻感受到的，是现有地方立法理论对“有特色”这一概念的理解，失之于浅、失之于虚，没有说清地方立法“特色”的真正来源。

因此，下面将从立法技术和法理根据两个层面做一些更深入的讨论，力图揭示和梳理我国立法实践活动中那些业已出现、但尚未受到足够重视的经验和理念，用以丰富现有的地方立法理论，缓解和消解“不抵触”与“有特色”之间存在的紧张和争突，促进地方立法理论更新。

（一）法律规范的立体结构：新的理论分析工具

多年来我国的立法活动中有一个现象并未引起足够的重视，那就是中央立法层面有相当一部分法律、行政法规，有义务性规范，但缺少相应的法律责任规定。有研究者对 1979 年至 2011 年总共 32 年中央立法层面所颁布的法律、行政法规进行了分析，其中现行有效的法律 340 部、行政法规 706 部，设定了法律责任的法律 224 部，占 65.9%，行政法规 541 部，占 76.6%。也就是说，在这 32 年里，总体来看有近三分之一的法律、四分之一的行政法规没有设定法律责任。① 对于这种立法现象，以往流行的解释有二。一是认为，改革开放

① 李亮：《我国立法中法律责任条款设置的现状与问题分析——基于现行立法的实证考察》，载《完善以宪法为核心的中国特色社会主义法律体系论文集（下）》，中国法学会立法学研究会学术年会资料 2015 年版，第 798 页。

之初，国家立法工作尚需积累经验，宜粗不宜细，法律责任条款的设定也同样如此，一时把捏不准的，就暂先不设定。这种解释有一定道理。前面有关1979年至2011年法律、行政法规设立法律责任情况的定量分析成果，也在一定程度上印证了这种解释。该项研究表明，从1979年到2011年，越到后面的年份，法律、行政法规设定法律责任的比例便越高。1979年至1985年期间，有26.2%的法律、48.7%的行政法规设定了法律责任；1991年至1995年期间，相关比例就分别上升到了76.1%和73.3%；2006年至2011年期间，90.1%的法律、94.6%的行政法规设定了法律责任。①

关于中央立法层面法律责任条款不周全、不具体的现象，还有另一种比较流行的解释，即认为在中央立法层面，一些规定了义务却没有设定相应的法律责任的条款，实际上是属于宣示性、倡导性条款，没有必要明确相应的法律责任。显然，这里涉及对法律规范的理解，在下文将对此做更进一步的讨论。这里先讨论另一个问题，同样涉及对法律规范的理解。近几年里立法实践中出现了一个新动向，即强调设立法律规范要"能细则细"。今天把"能细则细"作为立法质量标准提出来，一则反映了立法者对法律规范可操作性的关切，二则也表明经过几十年的立法实践，立法经验在积累，有了"能细则细"的底气和自信。但是，在一元多层的立法体制下，在追求"能细则细"的目标时，显然不仅仅需要本层级的立法经验的支撑，还应当考虑各个不同层级立法之间的相互对接。从立法技术的角度来看，上述这些问题都涉及对法律规范结构的理解。

在立法技术理论层面，任一法律规范均应有一个完整的逻辑结构。关于法律规范逻辑结构的理论描述，传统的"三分法"认为，完整的法律规范，由"假定+处理+制裁"三部分构成。后来有观点认为，前述公式中的"假定"和"处理"两个要素实际上是紧密相连的，共同构成法律规范所设定的行为模式，即一组权利义务规定；而老公式中的"制裁"也过于狭隘，只包括了消极的、否定的评价后果，没有包括积极的、肯定的评价后果，故也应予以修正。据此提出了法律规范逻辑结构的"二分法"："行为模式+法律后果"。再后来的观点主张，对行为进行评判须依赖一定的条件，因此传统"三分法"

① 李亮：《我国立法中法律责任条款设置的现状与问题分析——基于现行立法的实证考察》，载《完善以宪法为核心的中国特色社会主义法律体系论文集（下）》，中国法学会立法学研究会学术年会资料2015年版，第798页。

将“假定”单列为法律规范逻辑结构中的独立要素有其必要。据此，法律规范逻辑结构仍为三部分组成：“条件假定 + 行为模式 + 法律后果”。以上三种观点，尽管各有不同主张，但有一点是共同的，即都主张没有“制裁”或“法律后果”就没有法律规范。前文谈到，在我们的立法实践中，过去有、今天仍然有一些法律文本没有法律责任条款，换句话说，其中的法律规范在逻辑结构上出现了缺陷，只有条件假定和行为模式，没有法律后果。一些论者对此类立法现象的解释，是认为这些都属于宣示性、倡导性条款，不必具备完整的法律逻辑结构。这样的解释可以说明一些立法现象，如宪法性文件中的条款文本。但是，那些明显属于具体的国家和社会事务管理性质的法律文件，法律规范缺乏完整的逻辑结构，用“宣示性”“倡导性”来解释是难以服人的，尤其在全面推进依法治国的今天，在强调科学立法、严格执法、公正司法、全民守法的形势下，这样的理论说明显然已经落伍。因此对立法实践中客观存在的这类现象应有更全面的观察、更具实质性的解释。

本文认为，立法实践中存在的那些没有法律责任的法律条款，有些是属于宣示性、倡导性的条款，主要存在于宪法性文件里。至于在具体事务管理法律文件中存在的那些没有具体罚则的条款，不是不应该设立罚则，而是因为我国地域广阔，不仅经济社会发展水平地区差异大，而且各地域之间历史文化传统也各具特色，由此导致各地对同一类事务管理所需要投入的管理资源（或称“立法成本”）也是不同的。因此，法律规范中的罚则，除了必须全国统一的部分（如刑法规范的罚则等），还有一部分应该允许各地方因地制宜，以便各地方更有效地使用有限的管理资源（立法成本），达成各个地方具体的治理目标。正是因为有这样的客观限制和由此产生的需要，所以我国作为单一制国家，立法体制并不单一，而是一元多层。这样的立法体制必然要求有相应的立法技术与其相适合。根据观察，在我国过往的立法实践中，法律规范的逻辑结构不仅是平面的，同时也是立体的。平面的逻辑结构就是前文提到的“三分法”结构，或“二分法”结构。在一元多层的立法体制下，同一层级法律文本中多数法律规范都具有这样类型的逻辑结构。但也有一些法律规范，其完整的逻辑结构在某个特定的立法层面（通常是处于上位的立法层面）体现不出来，而需要将一元多层立法体系作为一个整体来观察，这时法律规范的完整逻辑结构方能呈现。换句话说，对于这些法律规范，其逻辑结构不是平面的结构（即呈现于同一立法层级的法律文本之中），而是立体的结构（即需对多个立法层级的法律文本进行综合考量才能发现其完整的结构）。这种立体结构正是应一元多层立法体制的客观需要而发展出来的一种特殊的立法技术。分析平面结构的法律规范，运用传统立法学上的“条件假定 + 行为模式 + 法律后果”分析框架即可；但分析立体结构的法律规范，上述分析框架略显粗疏，需要引入新的分析工具或者概念框架。

本文认为，分析立体结构的法律规范，适当的概念框架或许应该是“入法—定向—设标—明责”。下面不妨以立法机关对烟花爆竹燃放一事的立法反应为例，对这一概念框架的大致涵义做一说明。燃放烟花爆竹本是一种民俗行为，长期以来一直由习惯或者道德在规范。《大气污染防治法》第 119 条出台后，这一民俗行为整个地被纳入了法律调整的范围，这就是所谓的“入法”。一种行为一旦纳入法律调整范围，立法者对其必有一个基本的态度，许可或者鼓励、命令或者禁止，这就是所谓的“定向”。而这一基本态度如果进一步具体化为某种管理措施或者责任形式，就是“设标”。国家《大气污染防治法》第 119 条是这样规定的，“违反本法规定，在城市人民政府禁止的时段和区域燃放烟花爆竹的，由县级以上地方人民政府确定的监督管理部门依法予以处罚”。在这里，立法者如果只是说“燃放烟花爆竹应当依法进行管理”，那么法律规范只是停留在“入法”层面；如果立法者进一步说“燃放烟花爆竹应当依法进行管理，必要时应予以限制”，这时法律规范便进入了“定向”层面；而上述法律第 119 条显然不仅限于表达基本态度，而是规定了具体的措施（“城市人民政府禁止的时段和区域”），因此该法对燃放爆竹这类行为的管理，实际上已经具体到了“设标”的层面。但是也应该注意到，该法对于违反该条规定应产生何种法律后果并未明示，而是笼统规定“依法予以处罚”。这显然是适应一元多层立法体制的客观需要，为地方立法针对不同地方情况权衡处置留出了必要的立法空间。如果地方立法在此再进一步具体明确违反法律规定燃放烟花爆竹的法律后果，就是所谓“明责”。按照这样的逻辑进路看来，我们就会发现，如果单从中央立法层面来看，《大气污染防治法》对燃放烟花爆竹行为的规范是不完整的，法律责任不明确，但如果考虑到地方立法将会在上位法规定的基础上进一步明确法律责任，将多个层 次的立法文本综合起来看，则法律规范是完整的。值得注意的是，因调整对象的不同，或立法时机的选择，上位法介入的规范层次是有不同的，有的只会止于“入法”层面，有的则会具体到“定向”“设标”层次，还有的会覆盖所有层次，包括“明责”。事实上，这就是为什么在以往的一些非宪法性法律文件中，也会出现所谓“宣示性”“倡导性”条文的更具实质性的缘由。

因此，一元多层立法体制下的立法实践表明，在我国的法律法规文本中，既有在同一个立法层次上即可呈现完整逻辑结构的法律规范，也有须综合多个立法层次法律文本方可呈现出完整逻辑结构的法律规范。法律规范的立体结构现象，是我国一元多层立法实践在立法技术上的一个特色。这一特色技术解决了“一元”统合之下，上位法与下位法之间的有效衔接问题；而过往中央层面非宪法性法律文件中存在的“宣示性”“倡导性”条文，实际上不过是具有立体逻辑结构的法律规范在“入法”或“定向”规范层面的部分呈现。循此思路，换一个角度来看，作为下位的、实施性的地方性法规，如果至今仍写一些所谓的“宣示性”、“倡导性”条款，即使是从立法技术上看也是不可取的。遗憾的是，在地方立法实践中此类情况至今仍不在少数，而个中缘由当然不仅是立法技术上的缺陷，更重要的还是地方立法实践在其理论根据问题上亟待新的、更深入的思考。

（二）管理资源配置：界定地方立法“特色”的新视角

长期以来，我国地方立法所依赖的理论根据就是“特色论”，即认为：地方立法之所以必要是因为各个地方均有其与众不同的经济社会事项需要依法治理。正如本文第一部分里所描述的那样，在国家立法中这些事项最初称之为地方“具体情况和实际需要”，之后在《立法法》中扩展为“地方性事务”概念。但无论是“具体情况和实际需要”，还是“地方性事务”，要据其界定地方立法理论中的“有特色”，划出地方立法有别于中央立法的明确界限，似乎都不易做到。于是人们退而求其次，将所谓“有特色”感性地与地方特殊事务直接画等号。譬如湖南有张家界、四川有九寨沟、云南有洱海，各地各自立个相应的法，就是地方立法的特色了。在这种理论指引下，多年来各地方制定了一大批以特色山川、特色产业、特色事业、特色职业等冠名的地方性法规。这些地方立法实践，对于保障地方依法治理无疑不同程度地发挥了作用，但是也不能不承认，这些地方立法的所谓特色，除了其指向的调整对象冠有地方特殊的名头外，其法规文本的核心内容，和上位法、与邻近地方的类似法规多是大同小异，并无特色。这样评价，并无指责之意。因为在一元多层立法体制之下，就地方立法调整的对象而言，从总体上来看本来就无一不处于国家上位法的调整范围之内，这本就是地方立法不抵触原则的必然要求。但也正是因为这个道理，所以地方立法的所谓“特色”，不应该也不会在调整对象方面真正得到体现，在单一制国家内部就没有不受国家上位法调整的纯粹的地方性特色事务。那么，作为地方立法理论根据的“特色论”是否应该抛弃呢？回答是否定的。“特色论”不应放弃，但需要作出新的解释和说明。地方立法的所谓“特色”，主要不应是指调整对象本身有什么与众不同，而应该是指在地方治理过程中，各地方立法机关在有限管理资源（立法成本）的约束之下，根据不同地方实现治理的特定需要，相对集中使用管理资源（立法成本）而形成的特定的法律规范和法律机制。简而言之，一个地方在立法上的“特色”，主要不是指立法选择的调整对象本身有什么特色，而是指该地方立法在分配管理资源的方向和力度上形成了某种区域特点。湖南就张家界立法，其特色不在于张家界这一世界范围内是独一份的自然遗产，而是湖南地方立法机关基于地方经济社会发展的具体需要，向该区域的治理相对集中地投入更多的管理资源。从管理资源分配的角度来理解和界定地方立法“特色”，对于指引当前地方立法工作至少有以下益处：

1. 避免地方立法选题追求表面的所谓“特色”。为了表明立法有特色，最省事的做法就是猎奇，此处地方有别处没有的事项，不管是否有必要，也不管时机是否成熟，都拿来做立法的题目，而治理规范却是照抄照搬，了无新意，也未真正解决什么问题，浪费了有限的立法资源。

2. 引导地方立法更加关注法律规范可操作、真管用。在一元多层立法体制之内，地方立法本质上是实施性立法，这就要求地方立法机关必须正视管理资源的有限性，必须关注有限管理资源的合理高效配置。因此，从管理资源优化配置的角度理解和把握地方立法“特色”，可以引导地方立法自觉地把科学立法的关注重点放到管理资源的科学配置上来，从而提高地方性法规的可操作性，真正解决实际问题。显然，所谓“管理资源”理应包括人、财、物这类硬资源；但此处更强调管理活动中的那些软资源，如简洁有效的程序设计、合理易行的法律行为模式、稳定可靠的组织权威或群体压力等。

3. 为中央立法向地方立法合理放权提供理论参照。从有限管理资源优化配置的角度来理解和把握地方立法的“特色”，实际上便告诉我们，地方立法要体现实施性，就必须为执行和落实上位法规范努力集合必要的管理资源，并尽可能用好这些资源；也正是因为不同地方集合和使用管理资源的能力和选择偏好是不一样的，这才形成了地方立法的所谓“特色”。基于这样的实际情况，在一元多层立法体制下，上位法制定机关在草拟法律规范时就应该注意，对那些虽然需要纳入法律调整，但暂时不必全国统一的事务，可以先在“入法”层次立规，而将“定向”“立标”等层次的规范制定工作留给各个不同地方因地制宜；对于那些需要进一步表明中央立法机关管制取向、但还无须统一具体管理标准的事务，上位法可以在“定向”层面立规，而向地方立法机关放开“立标”“明责”层面的立法权；对于那些需要进一步统一行为标准，但仍无须统一规定违法后果的事务，则可继续向地方立法机关开放该法律规范“明责”层面的规范权。循此路径，地方立法与中央立法之间的有效对接，或可谋得一种更加稳定可期的机制。

综上所述，立足有限管理资源（立法成本）更优配置的立场，从法律规范立体结构的视角，重新解释“不抵触、有特色、可操作”地方立法原则，促使相关概念内涵加快成长，地方立法理论将可展开更丰富的内容，对地方立法实践也将更具针对性和指导性。

我国设区的市地方立法热的冷思考*

杨文玢　李　沫**

摘要： 我国设区的市地方立法权建立在国家单一体制基础之上，是中央集权式立法改革的产物。自设区的市地方立法权正式确立后，相关地方性法规的数量大幅增长，然而其立法实效却并未达到预期，其具体原因可从立法和实践两个角度进行反思。就立法层面而言，我国设区的市地方性立法存在“等”字定义不明、限制事项含义不清、抵触性原则和审查标准的争议等问题。就实践层面而言，我国设区的市地方性立法存在冲击、竞合和滥用等矛盾。为促进我国设区的市地方立法权的发展，应从出台立法解释、完善事前审查、细化立法权限和建立正当程序四个路径予以完善。通过夯实设区的市地方立法权的理论基础，以期支撑该立法权的现实应用，从而推动地方立法制度的改革，助力我国法治化的历史进程。

关键词： 设区的市；地方立法；立法权；实践

2015 年《立法法》修订之后，我国设区的市即享有了地方立法权。设区的市地方立法权的设立，实为赋予地方更多自主权，满足地方立法的需求，有利于实现地方治理的法治化，这与我国全面推进依法治国的基本方略相契合。我国作为单一体制的国家，这种中央立法权逐步下放的路径，反映出我国分权体制改革的决心，在处理中央和地方的关系、调动地方的积极性方面有着积极的意义。设区的市地方立法是对中央立法权的细化和选择，其不但是维护地方的社会秩序和保障公民福祉的治理措施，更是地方权力机关优化行政、监督行

---

* 此文收录于 2018 年湖南省立法研究会论文集，后刊登于《人大研究》2019 年第 6 期。

** 杨文玢，中南大学法学院硕士研究生；李沫，中南大学法学院副教授。

政的重要现实工具，其也有益于促进社会和公民的发展进步。

自我国设区的市地方立法权确立后，设区的市立法热情高涨，相关地方性法规的制定呈井喷态势①，引发了社会的关注。一方面，“一拥而上”的设区的市的地方立法实效性如何？有没有真正解决地方的实际问题？会不会形成类似于规范性文件滥觞的问题？另一方面，设区的市地方立法如何把握确保“法制统一”底线，如何处理授权与限权、中央立法与地方立法之间的关系？目前我国对设区的市地方立法权的法律规定相对模糊，理论基础相对薄弱，设区的市地方立法数量虽多，但仍存在立法质量上的质疑，难以实现限制公权和保障人权的根本要求。是以，总结我国设区的市地方立法权的立法实效，厘清其立法困境的具体成因，完善设区的市地方立法权的理论基础，为立法实践提供必要的理论支撑，这对于进一步完善地方立法具有重要意义，也更能促进地方治理的法治化进程。

一、我国设区的市地方立法的依据与实践

（一）立法依据

党的十八届四中全会决定提出，明确地方立法权限和范围，依法赋予设区的市地方立法权。2015 年 3 月，十二届全国人大三次会议修改了《立法法》，赋予所有设区的市地方立法权。可以说，设区的市地方立法权源自于法律的规定，除了《立法法》外，2015 年 8 月修改的《地方各级人民代表大会和地方各级人民政府组织法》也规定了设区的市的人民代表大会的这一职权，但当时设区的市的人大及其常委会的该项职权仍缺乏宪法依据，当时的宪法只赋予了省级人大及其常委会制定地方性法规的权力，而对设区的市人大及其常委会行使地方立法权的情形却未作规定。直到 2018 年《宪法修正案》被通过后，设区的市地方立法权的合宪性困局才得以消解。自此，设区的市人大及其常委会享有经宪法、法律规定的地方立法权，可自行制定地方性法规，同时仍须履行事前审批的立法程序。

以我国宪法和法律修改的时间前后为分界点，该地方立法权存在不同阶段

① 根据《立法法》的修改，设区的市的人民代表大会及其常务委员会根据本市的具体情况和实际需要，在不同宪法、法律、行政法规和本省、自治区的地方性法规相抵触的前提下，可以对城乡建设与管理、环境保护、历史文化保护等方面的事项制定地方性法规。据全国人大常委会法工委统计，截至 2016 年 12 月，98% 设区的市被确定可以开始制定地方性法规，270 件地方性法规已经出台。

的法律形态，大致可分为以下三个阶段。一是“较大的市”拥有地方立法权阶段。《立法法》尚未修改之前，虽《宪法》未规定地方人大及其常委会制定地方性法规的依据，但《地方各级人民代表大会和地方各级人民政府组织法》等相关法律间接承认了较大的市的立法权。此时地方性法规的立法主体除省级人大及其常委会外，还包括较大的市人大及其常委会。自立法权首次放宽至地方后，各较大的市对地方立法的基础制度和理论建设作了有益的贡献。二是《立法法》确立“设区的市”地方立法权阶段。为尽快落实地方立法制度的改革，我国通过法律确立设区的市地方立法权，取代了原有较大的市的表述。各设区的市地方立法权具有了明确的法律依据，在较大的市地方立法的经验之上，设区的市地方性法规和申请确权的数量与日俱增。但此阶段《宪法》对设区的市地方立法权仍未有规定，仅规定了省级人大及其常委会的地方立法权。三是《宪法》确定“设区的市”地方立法权阶段。有关设区的市地方立法权是否合宪的争议，在《宪法》正式确权后得以解决。设区的市地方立法权得到《宪法》和《立法法》的明文规定，可在权限范围内针对特定事项制定地方性法规。

（二）具体实践

自我国设区的市地方立法权确立后，各地方立法需求加大，制定地方性法规的数量增长，正式拉开了我国地方立法热的序幕。到2018年9月，我国地方立法主体增加到354个，包括31个省区市、289个设区的市、30个自治州和4个不设区的地级市。在全国范围内，设区的市地方立法已全面铺开，就湖南省地方性立法情况而言，自《立法法》修改后3年来，各市、自治州人大及其常委会结合当地实际，共制定了40余件地方性法规，内容主要涵盖了城乡建设与管理、环境保护和历史文化保护等三个领域。① 同时，贵州省的地方立法主体也逐步扩容，自2016年1月1日起，9个市州均开始了依照立法权限对城乡建设与管理、环境保护、历史文化保护等方面的事项制定地方性法规。② 目前各省设区的市普遍开始制定地方性法规，立法主体资格逐步放开，立法频率和数量进而攀升，这意味着设区的市地方立法权已成为地方立法的重

① 刘文韬，蒋海洋，彭之舸：《全省市州人大交流地方立法经验：3年制定地方法规40余件》，载《人民之友》2018年11月25日。

② 贵州省人大常委会法工委：《贵州省改革开放40年地方立法概述》，载中国人大网，2018-09-18。

要组成部分。

根据《立法法》的规定，除省、自治区的人民政府所在地的市，经济特区所在地的市和国务院已经批准的较大的市以外，其他设区的市开始制定地方性法规的具体步骤和时间，由省、自治区的人民代表大会常务委员会综合考虑本省、自治区所辖的设区的市的人口数量、地域面积、经济社会发展情况以及立法需求、立法能力等因素确定，并报全国人民代表大会常务委员会和国务院备案。《立法法》修改一年时，经省级人大常委会批准的新赋权的设区的市的法规仅有6部。截至2017年12月底，共制定设区的市地方性法规595件，法规数量年均以翻一番的速度增加。① 各设区的市地方性法规的数量超速增长，然而其立法实效却不佳。如广东省河源市制定的《河源市农村生活垃圾管理条例》是该市首次起草法规，但因缺乏地方立法经验等原因，导致法规草案提请市人大常委会会议初审的时间一再推迟。② 另外，省、市两级立法主体在立项重合范围内缺乏分工指引，如浙江省人大常委会2017年7月出台了《浙江省房屋使用安全管理条例》，仅仅4个月后，温州又出台了《温州市危险住宅处置规定》，专门就危险住宅处置做了特别规定。③

二、我国设区的市地方立法的立法反思

我国对设区的市地方立法权的规定主要包括限制性条款④和事前审查要

① 闫然，毛雨：《设区的市地方立法三周年大数据分析报告》，载《地方立法研究》2018年第3期。

② 李鹏章：《新获得地方立法权的市提高立法质量——以河源市立法工作实践为视角》，载《地方立法研究》2018年第3期。

③ 黄昭作，黄良林：《设区的市地方立法的困境与突围——以温州地方立法实践为视角》，载《人大研究》2018年第7期。

④ 我国《宪法》第100条第2款规定，设区的市的人民代表大会和它们的常务委员会，在不同宪法、法律、行政法规和本省、自治区的地方性法规相抵触的前提下，可以依照法律规定制定地方性法规，报本省、自治区人民代表大会常务委员会批准后施行。我国《立法法》第72条第2款规定，设区的市的人民代表大会及其常务委员会根据本市的具体情况和实际需要，在不同宪法、法律、行政法规和本省、自治区的地方性法规相抵触的前提下，可以对城乡建设与管理、环境保护、历史文化保护等方面的事项制定地方性法规，法律对设区的市制定地方性法规的事项另有规定的，从其规定。设区的市的地方性法规须报省、自治区的人民代表大会常务委员会批准后施行。省、自治区的人民代表大会常务委员会对报请批准的地方性法规，应当对其合法性进行审查，同宪法、法律、行政法规和本省、自治区的地方性法规不抵触的，应当在四个月内予以批准。

求，以期作为限制和监督地方立法权的依据。设区的市人大及其常委会制定地方性法规时应在法律规定的范畴内进行，且须经过省级人大及其常委会的事前审批。因我国设区的市地方立法权的法律规定不明确，主观解释空间较大，导致立法标准未能统一，实践中存在立法混乱。

（一）“等”字定义不明

根据我国《立法法》第72条规定，设区的市地方立法可对城乡建设与管理、环境保护和历史文化保护等事项进行立法。该法条中“等”字的定义和范围不明，对“等”字可以从不同的角度进行解释，这都会影响设区的市地方立法的事项和范围，甚至使得实践中各设区的市制定地方性法规的范围大相径庭。对“等”字的解释，主要的观点有二：一是应作“等内等”解释，全国人大法工委主任李适时认为此处应该是“等内”，不宜再做更加宽泛的理解。① 有学者认为此处应对设区的市地方立法权范围持保留态度，限制该立法权对限制事项的扩张，其制定地方性法规的领域不应超越“等内”的范畴。二是应做“等外等”解释，如章剑生教授、刘小冰教授等学者认为，按照法律解释技术，此“等”应解释为“等外”，应属列举未尽之事项。② 笔者认为，该第72条仅是通过法律对设区的市地方立法作出一般性规定，该规定具有概括性、原则性和灵活性，其中城乡建设与管理、环境保护、历史文化保护这三项列举除了能使设区的市地方立法事项更为具体和明确外，还具有提示性的作用。而该法条中的“等”字应被理解为“列举未尽之事项”，且未尽事项应与该三项事务性质类似。因法律条文本身具有滞后性，难以完全满足现代化立法的需求，实践中突破限制性事项作“等外等”解释的地方性立法已然存在，如《贵阳市大数据安全管理条例》《成都市体育条例》等，这也表明实践中“等外等”的解释方法获得了立法部门的支持和肯定。

（二）限制事项含义不清

我国《立法法》通过列举的形式明确规定了城乡建设与管理、环境保护和历史文化保护三个限制事项属于设区的市地方立法权的权限范围。学界曾就三个限制事项本身的定义加以评述，诸多学者认为该限制事项的含义不清，解释空间较大，内涵和外延相对模糊，且存在内容重叠。因对设区的市地方立法

① 李适时：《全面贯彻实施修改后的立法法——在第二十一次全国地方立法研讨会上的总结》，载《中国人大》2015年第21期。

② 章剑生：《地方立法权的范围及限制》，载《浙江社会科学》2017年第12期。

权的限制事项语义本身颇有争议，对该法条可从不同角度进行分析，如莫于川教授认为，三项限制事项中的“管理”及“保护”，都应当理解为“治理”的概念。① 而有学者则认为“建设与管理”与“保护”所涉内涵有重叠，无论是“环境保护”还是“历史文化保护”，“保护”所涉内涵必然部分复合于“建设与管理”。② 因法律依据存在模糊性，学者对该限制事项又各有解释，因此无法形成立法实践的统一标准，造成设区的市地方立法权的实际运用存在歧义。设区的市地方立法权的限制事项，应是地方性立法须首先考量的重要因素。然而相关立法规定不明，无疑加剧地方立法过程中各方主体的矛盾，实则无益于设区的市地方立法工作的开展。而从全国范围内来看，各设区的市或各省对该等事项认定的不统一，必将使得各设区的市制定地方性法规范围的不统一，这无疑会影响国家法制的统一。

（三）不抵触原则理解各异

2018 年修订后的《宪法》第 100 条第 2 款规定了设区的市的人民代表大会和它们的常务委员会，在不同宪法、法律、行政法规和本省、自治区的地方性法规相抵触的前提下，可以依照法律规定制定地方性法规，报本省、自治区人民代表大会常务委员会批准后施行。该条确立了不抵触原则在地方立法制度中的适用。不抵触原则旨在维护国家主权和法制统一，是设区的市进行地方立法时必须遵循的底线，然而目前对该原则的判断理论尚未形成足够权威的意见③，实践中各省制定立法条例时，对抵触事项的规定或是缺乏有效依据，或是对上位法或行政法理论的照搬与重复。从整体上来看，对判断标准的规定仍较为抽象。如，湖南省、广东省、甘肃省、山东省等不少省份并未在其制定的地方立法条例中对“抵触”的内涵外延予以细化，基本上只是重复了《立法

① 莫于川：《依法行使地方立法权与充分发挥地方主动性》，载《苏州大学学报》2017 年第 5 期。

② 方洁：《设区的市地方立法的范围之解释》，载《浙江社会科学》2017 年第 12 期。

③ 乔晓阳：《〈中华人民共和国立法法〉导读与释义》，中国民主法制出版社 2015 年版，第 300 页。该学者认为抵触的情形包括：（1）上位法有明确的规定，与上位法的规定相反的；（2）虽然不是与上位法的规定相反，但旨在抵消上位法的规定的；（3）上位法没有明确规定，与上位法的立法目的和立法精神相反的；（4）违反了立法权限的规定，越权立法的；（5）下位法超出上位法规定的行政处罚的种类、幅度的，下位法超越权限设定行政许可的，下位法超越权限设定行政强制措施种类的。

法》中的相关表述。而《浙江省地方立法条例》① 《河南省地方立法条例》② 《贵州省地方立法条例》③ 等对何为“抵触”进行了细化规定，这些规定基本认同超越立法权限和违法上位法规定，可以认定为“抵触”，但在“违背上位法立法目的和立法精神”“违反上位法的基本原则”和有无兜底条款方面存在一定分歧。这样的分歧可能导致实践标准的不统一，各省人大及其常委会对不抵触原则加以适用时，可能仅凭借自身立法需要予以判断，并据此审批设区的市有地方性法规的合法性问题，这势必造成立法实践的混乱，而立法上的混乱又将影响司法过程中对于法律依据的适用。

（四）事前审查标准存在争议

我国设区的市地方性法规应经过省级人大及其常委会的批准程序，法律明确规定了对报请批准的设区的市地方性法规，省级人大及其常委会应当对其合法性进行审查。省级人大及其常委会据以审批设区的市地方性法规的审查标准，对设区的市地方性立法具有重大且深远的影响。省级人大及其常委会审批设区的市地方性法规时，除合法性标准外，是否需要结合合理性等其他标准予以审批，近来成为学者争议的焦点，呈现出两种对立的观点。

一种观点是，应当将合法性标准作为审批设区的市地方性法规的唯一标准。狭义的合法性标准即不抵触原则的适用，应指不与宪法、法律、行政法规和本省、自治区的地方性法规相抵触，符合上位法的相关规定。有学者认为，应只进行狭义的合法性审查，不应扩大解释合理性审查和立法技术，也不应将重复立法纳入审批与否的因素中考虑。④ 另一种观点是，不应将合法性标准作为审批设区的市地方性法规的唯一标准，还应当结合合理性、政策性等其他标

① 《浙江省地方立法条例》第 69 条规定，报请批准的地方性法规的规定有下列情形之一的，为抵触：（一）超越立法权限的；（二）违反上位法规定的；（三）违背上位法立法目的和立法精神的；（四）其他违反法律、法规规定的情形。

② 《河南省地方立法条例》第 65 条规定，报请批准的地方性法规的规定有下列情形之一的，为抵触：（一）超越立法权限；（二）上位法有明确规定的，违反该规定；（三）上位法没有明确规定的，违反上位法的基本原则。

③ 《贵州省地方立法条例》第 41 条第 2 款规定，报请批准的地方性法规的规定有下列情形之一的，为抵触：（一）超越立法权限；（二）违反上位法规定；（三）设定的行政处罚超出法律、行政法规规定给予行政处罚的行为、种类和幅度范围；（四）其他违反法律、法规规定的。

④ 庞凌：《论省级人大常委会对设区的市地方性法规批准制度中的审查范围和标准问题》，载《江苏社会科学》2017 年第 6 期。

准予以考量。合理性标准的内涵多样化，并无统一的定论，较合法性标准更为抽象。学者评判该合理性标准的内容也不同，包括立法技术、立法能力、立法质量等要素都可成为审查报请批准的设区的市地方性法规的标准之一。

三、我国设区的市地方立法的实践反思

自我国《立法法》正式确定设区的市地方立法权以来，各地制定地方性法规数量大幅增长，但囿于法律相关规定不明，地方立法制度不完善，理论与实践的标准尚未统一，导致大量设区的市地方性立法引发诸多现实问题，各地方人大及其常委会的立法实效未能达到预期。

（一）设区的市地方立法权存在滥用可能

虽然我国《立法法》对设区的市地方立法权作出限制性规定，且明确了设区的市的地方性法规须报省级人大常委会批准后才能实施。但地方立法权的滥用尚未得以有效的遏制，这主要表现为：一是地方保护主义，地方立法主体逐步扩容，却缺乏有效的监管机制，导致权力机关与社会主体达成利益交换，继规范性文件之后，地方性法规也存在向庇护地方主义保护伞发展的趋势。二是维护部门利益，立法主体层级越低，规定越具体，利益俘获的可能性也就越大①，这使地方立法权产生功能异化，地方性立法的根本宗旨本应是保障公民基本权益，却转而成为设区的市立法主体实现自身利益最大化的工具。三是立法质量不佳，设区的市地方立法主体受缺少健全的立法机制、专业的人才队伍等因素的制约，获得立法权后不经过立法能力评估就贸然尝试地方性立法，实际上大量存在重复上位法规定、立法规定歧义等现实问题，制定地方性法规的质量难以满足社会治理的需求。

（二）设区的市地方立法权的行使冲击现行法治秩序

我国中央集权式立法奠定了稳定的法治秩序，面对立法权逐步下放至设区的市人大及其常委会，势必对现有的法治体系造成冲击：一是地方治权与主权的关系，设区的市人大及其常委会作为宪法、法律授权的立法主体，虽地方立法权与主权存在一定关系，其享有的权利是地方治权并非主权，但大量应用具备区域特色的地方性法规，仍会不可避免地对国家主权造成冲击。二是设区的市地方性法规与社会规范的关系，地方性立法相对局限却又普遍设立，冲击了依赖于乡规民约、风俗习惯等社会规范进行治理的法治秩序。虽然民间规范作

① 秦前红，李少文：《地方立法权扩张的因应之策》，载《法学》2015年第7期。

为地方立法的重要资源，但法律未对设区的市地方立法主体吸收与变通民间规范的做法予以明确规定，相关理论基础亟待建设和完善。三是因设区的市地方性法规数量的大幅增长，学界普遍对“法出多门”、法治碎片化等问题存有疑虑，中央立法权的重新配置，扰乱了中央集权立法的固有模式，必然导致法治秩序失衡，加强对设区的市地方立法权的法律控制则尤为关键。

（三）设区的市地方立法权与中央立法权等存在竞合

我国作为单一体制的国家，采取中央—地方两级立法的模式，地方立法权的扩张是原有中央集权立法的分工和延伸，有关立法权的竞合问题为学界所关注：一是与中央立法权的竞合，有学者提出，我国是单一制国家，不存在只能由地方立法而中央不能立法的情况①，而我国台湾地区学者则认为，基于共同任务造成竞合立法权的，在立法目的、规范对象不同时，存在只能由地方立法而中央不能立法的立法空间。② 鉴于我国台湾地区的政治体制相对特殊，其赋予地方立法主体的权限更为自由，在地方与中央立法权竞合时可优先选择地方立法，但其立法经验不应直接复制，仅可为我国大陆立法提供参考。该理论争议涉及设区的市地方立法权与中央立法权竞合的情形，焦点在于中央与地方两级权限的划分，这意味着应就现实国情具体划分立法权限，全面细化立法权的分工制度。二是与本省、自治区立法权的竞合，有学者认为设区的市地方立法权是本省、自治区地方立法权所附带的半个立法权，学界对该权力是否具有完整性和独立性具有争议。因设区的市地方立法权与本省、自治区地方立法权在内容范围存在一定程度的竞合，设区的市地方立法空间较小，就该两者立法权存在竞合的问题，在理论和实践中并未达成一致。

四、我国设区的市地方立法的完善路径

自我国宪法、法律确立设区的市地方立法权以来，设区的市制定地方性法规热度持续上升。但是，立法权下放到设区的市仍存在诸多问题，设区的市地方性立法相关制度缺少明确的法律依据，立法权的行使和相关审查程序存在弊

---

① 陈国刚：《论设区的市地方立法权限——基于〈立法法〉的梳理与解读》，载《学习与探索》2016 年第 7 期。

② 陈清秀：《地方自主立法权之范围与合法界线》，载《月旦法学杂志》2014 年第 234 期。该学者认为：地方团体的立法空间包括：1. 中央法令处于空白状态；2. 地方法令所规范事项与中央相同，但立法目的不同；3. 地方法令与中央法令的立法目的相同，但规范对象不同。

端，立法效果尚未达到中央立法权下放的预期和要求。本文认为，设区的市地方立法权值得肯定，但须冷静反思其在立法和实践层面的问题，针对我国设区的市地方立法权行使中存在的现实问题，进一步健全地方立法的相关制度，以此推进地方立法事业和法治事业的发展，从而落实依法治国方针，加快建设法治国家的进程。

（一）出台立法解释

我国法律对设区的市地方立法权的相关规定不明确，这是理论与实践存在争议的主要原因，应当尽快通过立法解释予以解决：一是对设区的市地方立法权应做“等外等”解释，对该权力边界的划分须考虑地方立法主体的立法空间，过度干预地方权力机关立法，固然可达成对地方性法规的有效监管，但实质是对设立地方立法权初衷的错误解读。二是应对设区的市地方立法权的限制事项应予以不完全列举的立法解释，设区的市地方性法规是否符合法律的规定，取决于对限制性事项内涵和外延的理解，实践中仅以文义解释或主观解释予以释明的做法并不具有权威性，实而容易加剧对限制性事项的误解。三是尽快通过立法解释确定设区的市地方立法权不抵触原则的判断标准，列举抵触事项的具体表现形式，从而制定抵触事项的全国最低标准。同时，应当允许省级人大及其常委会在职权范围内加以细化，对各省审批设区的市地方性法规形成指导意义。四是应仅以合法性作为设区的市地方性法规的审查标准。设区的市地方立法权受国家法制和上位法的制约，其立法空间本就有限。批准程序作为监督和制约设区的市地方立法权的手段，其审查标准不可盲目提高，否则将掣肘设区的市地方立法权的自主和独立，无益于该权力的良性发展。

（二）完善事前审查机制

我国对设区的市地方立法权的行使规定了事前审查程序，以期监督和限制地方立法权的滥用。但法律对事前审查机制的规定尚不明确，导致各省在对设区的市报批的地方性法规进行审查时，未能确立全面的审查程序。为进一步完善事前审查机制，可结合目前我国其他相关制度予以路径建设：首先，应与备案审查制度相衔接，逐步形成规范化的事前审查程序。可参考备案审查制度的相关规定，制定事前审查的专门委员会等工作机构，细化审查主体、审查事项、审查标准等内容，形成与备案审查对应的事前机制。其次，应与法律法规数据库相互动，鉴于事前审查程序缺少有效的数据共享平台，事前审查主体难以事无一漏的审查设区的市地方性法规。因此，应共享全国范围内法律法规的数据信息，建立本省事前审查的数据平台，从而对抵触事项、重复立法等因素予以审查。同时可对法律法规数据库形成数据反馈，加快更新和公开各设区的市地方性法规，实现事前审查平台与数据库的积极互动。

（三）细化立法权限

设区的市地方立法权承继自中央立法权的权力分化，但法律仅就立法事项予以权限划分，实则难以应对设区的市地方立法权与中央和省级两级人大及其常委会的立法权竞合问题，还需要对其权力分工予以细化：首先，坚持法制统一和中央领导的原则，以功能最适理论对中央立法权进行再次划分。设区的市地方立法权是地方治权，但基于维护国家主权的根本需求，其不应逾越国家主权的底线，这是研究该地方立法权的理论基础。而功能最适理论指以中央与地方之能力作为基准，以最能发挥功能之统治团体以作为权限划分之基准。① 以该理论对划分中央和地方立法权限，仍是在国家主权范围内予以规制，但可根据中央与地方的立法能力，选择立法效果最优，功能最适的主体，进而细化中央立法权分权的程度。其次，设区的市地方立法权是完整的立法权，其立法空间虽受本省、自治区地方立法权的限制，与其在权限范围内存有竞合，但因其更为贴近社会需求，较更高位阶的法律、法规更为细致具体，仍有其独立存在的必要性。

（四）建立正当程序

设区的市地方立法权是立法权资源的重新配置，其设立的核心目的应当是为实现社会治理和公民福祉提供契合地方特色的法律依据。正当程序原则作为行政法的基本原则，是保障人权和限制公权的重要手段，但目前过度强调设区的市地方立法权应受法律保留原则的约束，而忽视正当程序原则的做法却普遍存在，实则不利于实现其核心目的。曾有学者提出公众参与立法等措施，从而对设区的市地方立法权予以社会监督，这是正当程序在设区的市地方立法中的一种履行方式。但从法理及实践的角度进行分析，社会监督的能力相对有限，事前审查仍是对设区的市地方性法规最为直接和有效的监督方式，其相关制度应当尽快建立和完善。

首先，设区的市地方立法权多以干预行政形式参与社会治理，与公民的基本权益存在紧密的联系，应当受到公法的有效监督和管理。统一建立省级人大及其常委会审批设区的市地方性法规的正当程序制度，是保障人权的重要手段。其次，省级人大及其常委会在经过事前审批程序后，可决定设区的市地方

① 蔡茂寅：《论中央与地方权限划分问题》，载《月旦法学杂志》2003 年第 93 期。

性法规是否可以颁布实施。省级人大及其常委会是设区的市人大及其常委会的上级机关，设区的市地方立法权可成为借以实施上级立法意志的工具。且设区的市地方立法权与本省、自治区的地方立法权存在竞合，导致设区的市地方性法规的“通过率”更低。因此，事前审查的正当程序除维护公民权利外，也可保证合法的设区的市地方性法规得以顺利批准。

五、结语

我国设区的市地方立法权受限已成为我国立法趋势，这与我国学界普遍的批判和担忧具有趋同性。然而过度限权将导致对设区的市地方立法权的不当干预，其自治立法的能动性也将逐步削减。因此，设区的市地方立法权未来应以放权和监督为发展方向。通过拓宽设区的市地方立法权限，将完善的监管机制作为地方立法的主要手段，从而满足地方实际的立法需求，加快实现国家法治化管理。同时，设区的市地方立法权还应顺应现代行政法的革新，结合我国现实国情和立法需要，可通过开展民营化、合作治理等形式，构建多元主体合作立法的路径，设立公私合作的新型立法模式，以期促进地方立法制度的革新，推进我国立法的现代化发展。

设区的市提升立法质量的路径*

滕晓丹　席灵芝**

摘要：《立法法》修改后，各设区的市在较短的时间内陆续启动了地方立法工作，带来了我国立法工作格局和社会主义法律体系的新变化。然而，设区的市地方立法工作毕竟刚刚起步，在提高立法质量方面仍然任重道远，面临着主观、客观方面等因素的制约。其中，客观方面的制约因素包括体制机制、人员编制等，而主观方面的制约因素主要是指立法工作者自身的素质、思路。对体制机制的完善需要经过复杂的程序和长期的酝酿，同时也是各种研究的热点。相对而言，观念的转变更加灵活机动、便于施行，却又未能得到足够的重视。当前，设区的市立法工作普遍存在着立项方向把握不准、对量化分析方法运用不足、对技术性规范重视不够等问题。而要解决好上述问题，就需要切实转变立法工作的观念和思路，把握好立项的方向，运用好量化分析方法，发挥技术性规范的作用，处理好严格与灵活的关系，增强民主立法的实效。

关键词：设区的市；地方立法；立法质量

“不是什么法都能治国，不是什么法都能治好国；越是强调法治，越是要提高立法质量。”习近平总书记说：“人民群众对立法的期盼，已经不是有没有，而是好不好、管用不管用、能不能解决实际问题。”随着经济社会的发展，设区的市根据本地实际制定地方性法规的需要是普遍的，把立法权限向设区的市一级放开，是适应我国法治建设的需要，也是让地方政府在治理过程中

---

* 此文收录于2016年湖南省立法研究会论文集，后刊登于《地方立法研究》2017年第2卷第2期。

** 滕晓丹，湖南省诉讼法研究会理事、原张家界市人大常委会法工委备审科副科长。席灵芝，永州市人大常委会法工委综合科科员。

用法律手段解决发展中的实际问题的重要举措。一年多来，实务界和学术界对设区的市地方立法工作中的各种实务、理论问题进行了广泛而深入的研讨，为设区的市进一步改进地方立法工作提供了有益的借鉴，但其中也有若干重要问题尚未得到足够的重视，在此，笔者将从五个方面对设区的市提高立法质量进行分析。

一、把握立法最初的方向性

立项是立法的基础环节，也是把握立法最初方向性的关键部分。对于设区的市立法权的范围，《立法法》已经有了明确规定（即城乡建设与管理、环境保护、历史文化保护等方面）。但对于设区的市立法工作哪些应该立，哪些不应该立，应该怎么立，还存在许多分歧，出现了所谓的“大小”与“粗细”之争，主要包括以下两个方面：一是在立法项目的选择上，设区的市的立法是否应仅仅就立法权限范围内的“大事”进行立法抑或是将“小事”也要纳入立法；二是设区的市立法对条文的粗细尺度应当如何把握。

关于第一个问题，根据西方法谚“法律不理琐事”的原则，似乎已经可以得出明确的结论。然而，遍查西方国家立法，却能够发现大量关于“琐事”的立法。在澳大利亚，甚至连车上禁止抽烟、禁止吃东西、禁止站立说话以及乘客必须系好安全带，司机必须及时记录工作时间和汽车的行驶状况，这样的小事都由法律来规定。之所以作出这样的规定，是因为上述要求都关系到乘客的生命和健康安全，因而“琐事”也就成了大事，值得用法律手段予以规范。① 有鉴于此，设区的市一级的立法应当怎样对待所谓的“琐事”便值得重新认真加以研判。例如，最近某市人大常委会在征集2017年立法项目时收到了一份关于对该市红绿灯设置进行立法的建议。对此，既有肯定的意见也有否定的意见。持否定意见的一方的主要理由就在于法律规范的调整对象具有抽象性、一般性和非个别性，类似于红绿灯设置这样具体的琐事，不宜用立法的方式加以调整。对于这种否定意见，我们完全可以引用前文所提及的澳大利亚立法的事例加以反驳。红绿灯的设置看似是小事，但其实这件小事当中的任何一个具体的细节（例如红绿灯设置的位置、红绿灯时间的长短等）都会关系到车辆、行人的安全，完全值得也十分需要用法律的手段来规范。此外，设区的市一级的立法在整个法律、法规体系当中处于相对底层的位置，加之立法经验

① 王利明：《法理不理琐事吗?》，载《法治晚报》2012年12月27日，第A58版。

尚浅，在立法项目的选择上更要避免贪大求全，从小题目开始就是很好的选择。对于小题目的立法，首先在内容上可以只列关键管用的几条，在立法形式上可以采用决定、决议的方式，而不拘泥于用条例作为名称。实际上，“小”不仅可以成为设区的市立法工作的起点，更应当成为亮点。

关于第二个问题，在设区的市的立法实践中，每每涉及条文的粗细问题，往往会有这样一种意见，认为法律条文应当相对抽象和原则，一些太具体的问题不应当写到法律条文中来，而应当由相关职能部门制定具体的实施细则，以免法律文本看起来过长或者过于“低级”。也有一种意见认为，如果法规写得太详细会给人带来阅读的疲劳感，不利于法规的宣传学习。这两种意见看似有道理，却忽略了对设区的市而言，现行的国家立法、省级立法之所以作出一些原则性规定，就是为了给下级立法留出足够的空间，因此设区的市进行地方立法还是应当找准自身在整个立法体系中的定位，将法规制定得尽量详尽完备，要尽量确保公民所需要解决的问题能够在法规当中找到答案。目前，一些设区的市确定了“一山一水一条例”的立法目标，并将其作为精细立法的典范。而实际上，这只是形式上的精细，在实质的精细立法方面设区的市还需要多向国外借鉴。例如，德国法律对钓鱼的规定不仅精细到对钓鱼者的年龄有明确要求，而且还规定钓鱼必须随身携带尺子，所钓到的鱼必须达到一定的长度，否则就要放生。相比之下，设区的市精细立法还有很长的路要走。

二、关注立法背后的数目字管理

立法工作是一项文字性很强的工作，立法离不开文字，但是有文本更要有账本，立法要培育对数字的敏感性。从逻辑上来看，文字是表达思想最主要的工具，也是必不可少的载体。从形式上来看，立法的最终产品是一条条具体的条文。正如孔子所言：“为命，裨谌草创之，世叔讨论之，行人子羽修饰之，东里子产润色之。”① 在整个立法工作中，无论是实质内容的删减、修改还是立法技术方面的文字打磨，最终都无不通过文字的形式体现出来。然而，也必须看到文字存在着模糊性强、容易造成误解和难以定性描述等局限性。相比之下，数字具有精确、客观的特性，能够有效弥补文字在这方面的不足。近代以来，随着科学研究方法的兴起，甚至开始有学者认为，一门学科只有将它的理论成功地放入数学公式才能成为一门成熟的学科。诚然，立法工作并不需要数

① 张燕宴译注：《论语》，中华书局2007年版，第207页。

字、公式来证明自身的价值和意义，但数字所体现的量化分析的方法无疑应当为立法工作所吸收借鉴。然而，反观现实，立法工作在数学方法的应用和量化分析方面做得还远远不够。例如，在调研阶段，往往过度依赖文字材料，对数据的收集整理分析还停留在较为粗浅的层次，从而使得对问题的分析把握不够全面深入。又比如在起草、审议阶段，主要也是围绕文字方面（当然文字方面既包括实质性问题也包括立法技术问题）进行，至于文字背后的定量分析则较少涉及。这种仅凭个人和集体的经验和智慧进行立法的做法，有其特殊原因，也具有一定的科学性，但其感知的直观性、认识的表面性及分析的非定量性特点，都无助于作出科学的立法决策，进行科学的立法。①

下面试举一例作为说明。在某城市的地铁站，乘客A刚刚购买了一张交通卡，可在闸门检票的时候，机器却提示该卡无效。乘客A来到售卡窗口与工作人员交涉，工作人员确定乘客已经成功给交通卡充值100元，但检票机仍然无法识别这张交通卡，于是工作人员开始打电话反映情况，可是电话无人接听，于是她一遍一遍地重拨。此时正值下班高峰，买卡的乘客排起了长队，乘客A请求工作人员先给他换一张卡，并留下自己的联系方式，之后再慢慢解决这个问题。对此，工作人员严词拒绝，理由是如果把新卡给了乘客A，出了问题没有人负责。工作人员的逻辑，对国人而言再熟悉不过。与之相类似的是，在立法当中也常常为了许多仅仅在理论上存在的、可能性极小的“出问题”的可能，而在法律、法规当中规定各种烦琐而并无必要的手续或者作出种种限制性、预防性规定。例如，教育部规定：“遗失学位证书或毕业证书，一律不能补发，可以申请补办学历证明书，学历证明书由教育部统一印制，内容与毕业证书基本相同，贴本人免冠照片，盖学校印章并编号。”这一规定的出台，其初衷无非是担心补办的学位证、毕业证与原先的学位证、毕业证会不一致，由此造成混乱，至于造成混乱的可能性具体有多大，或者说不能补办学位证和毕业证是否就是最好的或者唯一的预防办法，或许规则的制定者并未进行过认真的量化分析。

概而言之，目前立法存在的突出问题之一在于立法的起草、审议都仅仅着眼于过文字关，而没有意识到立法还需要过数字关。所谓过数字关，并不是要在法律条文当中增加数字所占的比例，而是要求立法要经得起精确的推敲、量化的检验。而要做到这一点，就要具备以下三种意识。

① 宋方青：《立法质量的判断标准》，载《法治与社会发展》2013年第5期。

其一，要有概率意识。对于立法所要解决的问题、所要预防的情况，其发生概率有多大，立法规定的解决措施，在实际操作中发挥作用的可能性有多大等概率性问题要尽可能进行估算，即使无法估算也要确定一个大致的范围。要深入实际，把问题研究透彻，不能总是坐而论道、闭门造车，用自己的臆想代替客观的实际。其二，要有成本意识。公正是法律最核心的价值，但立法者除了坚守公正这条底线以外，同时还必须要有成本与效益的意识。这里的成本主要包括两个方面，一是为了监管、惩治违法行为，执法部门所要付出的执法成本。如果执法成本过分高于法益的价值，则应考虑是否要放弃这种法益或者用其他保护方式来保护。二是公民、企业、其他组织为了遵守法律规定而要付出的守法成本。这一点往往在立法中被忽视或者没有得到足够的重视。根据中央简政放权的精神，立法中一方面要尽量减少不必要的行政许可，另一方面在必须设定行政许可的情况下，要对该许可带来的守法成本进行充分的评估，尽量简化程序、降低成本。其三，要有大数据意识。大数据技术尽管兴起时间不长，但在社会生活的各个领域已经得到了广泛的应用。在立法当中引入大数据方法，其含义主要有两方面。一是要多维度地收集数据。大数据并不在于数据体量之大，而在于数据维度之全。目前立法调研中对数据的收集不仅体量不大，维度更是不全。因此要拓宽思路、加强调研，从立法、执法、守法，过去、现在、未来，全国、全省、全市等各个维度加强对数据收集整理。二是要加强对数据的比对与分析。目前，立法中对数据的处理大多停留在简单罗列展示这样一个静态的水平上，缺少对各种数据之间的计算和处理，导致对数据背后的事实真相挖掘不够。目前的互联网金融不需要贷款申请者填报各种复杂的表格资料就能够在一天甚至几个小时之内发放额度在万元以上的贷款。其原因就在于贷款方不仅对贷款申请者在互联网上留下的消费、借贷、身份、通信等各种维度的信息做了充分的收集整理，并且对各种数据做了详尽的比对分析，因此，能够在很短时间内对贷款申请者的信用状况作出较为准确的判断。推及至立法，在立法工作措施方面也需要加以改进，要建立条文说明机制，将条文背后的各种数据以及对各种数据的评估、计算、比较整理成正式的资料，供人大代表、常委会组成人员参阅。

三、注重立法手段的技术性

技术、道德、行政是立法中的三个要素。立法中既会有技术性规范，也会体现道德的要求和行政管理的需要。然而，目前的立法对后两者过分看重，而对技术性规范不够重视。有些立法未能划清法律与道德的界限，道德色彩过于浓厚；有些立法过于迷信行政权力，将许多复杂社会问题用简单的行政管制方式加以解决。前一种情况，由于缺乏可执行性和可救济性，因此最终往往停留于纸面。后一种情况虽然可以执行，但是却因过多减损了公民的权利，成本很高而效果欠佳。相比之下，一些注重运用技术手段的立法却往往能取得较好的执法效果。例如，2014 年修订的《成都市饮用水水源保护条例》规定："新建、改建、扩建集中式饮用水供水工程项目的，应当采用封闭式管道引水方式，缩短径流引水距离，降低原水污染风险。"这条规定既不同于笼统的道德要求也不同于简单的行政管制，而是一种纯技术性的规定。尽管为了落实这一规定，成都市的管道工程建设成本将增加 30 亿元，但这一举措能够在源头上极大地减少污染饮用水水源的违法行为发生的可能性，从长远来看，所节省的执法成本、治理成本和后续补偿费用，以及由此给成都市民带来的饮水收益远远大于前期的投入。再譬如，道路拥堵已经成为困扰我国城市的一个突出问题。对于这一问题，许多城市采取了车辆限行和限购的措施，尽管能够在一定程度上缓解拥堵问题，但由于这一措施会对公民的权利造成限制，在执行中遭到了一定的质疑。实际上，可以探索更科学的方式进行替代。例如，在立法中鼓励倡导网络约车的出行方式，并积极引导其进一步精细化发展（如从预订车辆发展到预订车辆上的某一个座位），而后再配以相应的管理措施（例如可以规定私家车出行只有座位坐满才能上快车道，否则只能上慢车道，并在某些特定地点进行检查），如此便能通过调节来代替管制，收到更为良好的执法效果。

以上分析对设区的市提高地方立法质量的启示在于：首先，立法中要充分意识到道德与行政管制的局限性。道德是一种原则性的社会规范，无论面对怎样的具体事实，道德的基本原则都不会变，这一点固然使得道德能够具有广泛的适用性，但同时也决定了道德无法深入某一具体的事实当中进行精确的调整和规范，加上道德本身的强制力远不及法律、法规，因此在立法中对道德只能倡导而不能依靠。而行政管制的手段虽然能解决一部分问题，但同时也会增加其他方面的成本，因而从社会整体运行效率来看，并没有实质性的提高。因此，对行政管制手段，可以运用，但是要严格加以限制，更不能对其产生迷信和依赖。

其次，要重视技术手段在立法中的应用。尤其要注重相关行业最新技术的研究和在本地的实际运用，把技术手段当成法律、法规中的干货，增强立法的可执行性和管用性。例如，针对张家界旅游市场商业回扣盛行，造成价格混乱的突出问题，市政府没有用简单的围追堵截的管理手段，而是变堵为疏，出台了《张家界市旅游经营者收受佣金管理暂行办法》，将旅游佣金由暗变明，进行统一的管理监督，取得了良好的效果，尽管当中还存在一些问题，有关部门曾提议市人大常委会对旅游佣金进行立法，但由于该项立法超出了张家界市的立法权限，因此只能向湖南省人大常委会提出建议，在全省范围内建立统一的旅游佣金管理制度。

再次，要注重技术与道德、行政的配套。技术手段的应用并不是对道德手段和行政手段的代替而是补充，同时，技术手段的落实也离不开道德手段和行政手段的支持和保障。只有充分用足、用好以上三种手段，使得三者之间能够充分发挥出相辅相成的作用，才能更有助于立法质量的提高。

最后，在立法保障方面也需要相应的加强。立法技术手段的应用需要强大的数据信息系统作为支撑，然而，目前在设区的市一级，由于立法工作刚刚起步，各方面的工作千头万绪，在信息数据化建设方面还未能及时跟进。具体而言，目前立法信息建设面临的问题有：在国内，全国人大、省人大、市以及区县、乡镇人大未能建立内网系统，许多系统内的文件材料必须通过电话联系或者私人关系才能找到；而对知网、万方、北大法意、法宝等专业数据库的资料通常由于没有购买相关账号，也不能访问查询。在国外方面，由于缺少相应的数据平台，对国外的立法资料更是难以获取。因此建议：一是建立覆盖五级人大的内网系统，供立法工作者查阅相关的立法资料；二是建议以省为单位，统一购买知网、万方以及北大法意、法宝、WESTLAW 等专业的数据库，为立法工作提供更为强大的数据支持。三是建议借鉴司法系统发布指导案例的做法，由全国人大、省级人大定期发布一些具有代表性的立法例，对省内省外、国内国外值得学习借鉴的立法例进行推荐和介绍。

四、增强立法环节的灵活性

对立法的评价不能局限于立法自身，而应当从执法的角度来看立法，才能得出有价值的结论。而关于我国目前的执法状况，应当承认执法不严是当前人民群众反映强烈的突出问题。而执法不严的 问题之所以出现，除了有执法者自身和执法体制方面的问题以外，也存在着立法方面的原因。具体而言，在某些情况下，正是由于立法过严，无法适应复杂多变的社会现实，所以才不得不在执法环节加以变通，概而言之，也就是“严格立法，灵活执法”。例如，

2014年3月1日正式实施的《深圳经济特区控制吸烟条例》被称为“史上最严控烟条例”，规定所有室内公共场所和工作场所禁止吸烟。尽管“史上最严禁烟条例”充分体现了政府对控烟禁烟工作的重视，但实际执行效果却并不理想。即使在禁烟工作走在全国前列的深圳，长期以来都处于“有条例无执行”的状态。与之相类似，号称“史上最严交规”的公安部第123号令《机动车驾驶证申领和适用规定》当中的“闯黄灯处罚”条款引起很大争议，并引发了诸多追尾事故，公安部只能在条例实施4天后召开新闻发布会宣称会慎重处罚，初期以教育为主，使得该条款成为一纸空文。①

如前所述，设区的市一级的立法处于立法体系中相对底层的位置，最靠近执法末端，情况也最为复杂，《立法法》赋予设区的市地方立法权也正是为了设区的市一级可以根据自身经济社会发展的实际情况，制定切实可行，便于操作的法律，这就要增加地方立法的灵活性，而这里的灵活性不是指一味地宽松立法或者赋予执法者过大的自由裁量权，而是指为确保法律法规的严格执行，增加更多的尊重相对人的灵活性规定。具体而言，应该从以下两个方面入手：

其一，改变一概从紧从严的立法理念，避免“一刀切”式的规定。受我国重刑主义法律传统的影响（同时也由于刑法本身具有谦抑性），我国刑事法律在整个法律体系中最为成熟，目前“宽严相济”已经成为刑事立法、司法领域的普遍的共识，并且已经形成了相应的司法制度和司法政策，取得了良好的执行效果。然而，在其他领域的立法中，“宽严相济”的理念远未形成，设区的市地方立法工作要发挥后发优势，充分借鉴已有的立法经验，处理好灵活与严格的关系。

其二，立法要尊重人，给人以选择的空间。德国法律规定，无论有没有对他人造成伤害，酒驾者都会被起诉，至少吊销驾驶证9个月，并处1年以下有期徒刑和罚款，但同时又规定酒驾者如果有特殊事由，可以在1个月内自行确定从何时开始执行徒刑。这种将严格执法与尊重相对人意愿相结合的基础上的立法便充分地体现了灵活性。只有立法具备了足够的灵活性才能够保证执法的严格，只有法律先尊重人，人才会尊重法律。

① 李向东：《行政立法前评估制度初探——从新交通法规“闯黄灯”条款谈起》，载《中国行政管理》2013年第3期。

五、严守立法之中的民主性

纵观国内外，一个国家的法治只有依赖体现正义的法律才能得到保障。而要确保法律的正义，就必须做到科学立法、民主立法。科学立法具有较强的结果导向性，强调立法的最终成果要有较高的质量并能够经得起实践的检验；民主立法则更加强调要在立法过程中的立项、起草、审议等各个立法环节充分听取、吸纳各方面的意见建议，做到开门立法、集思广益，体现立法的人民性、民主性。对于设区的市而言，科学立法、民主立法都是永恒的追求，但相比之下，科学立法是更为长期、更难实现的目标，因此设区的市在立法工作初期，应当更加重视对民主立法各项要求的贯彻落实。然而，从实际情况来看，设区的市在民主立法方面仍然面临着诸多普遍性的问题。

首先，民主立法的形式有待进一步拓展。目前人大代表、政协委员、各社会团体、行业协会等群体参与立法的方式和渠道单一，大多采取听证会、座谈会的形式，缺少其他参与平台和有效的参与方式。

其次，公众参与立法的热情不高。公众参与立法目前大都停留在网上征求意见和个别召开座谈会的层面，问卷调查、实地走访、网络调查等便民形式不多，征求意见也通常仅限于公布条例草案文本，公众缺乏对立法过程中其他第一手资料的了解。再加上征求意见的人员覆盖面不广，实际参与的公众十分有限，能提出有建设性建议的则更少，公开征求公众意见的效果不甚理想。除了涉及自身利益的法规外，很少有人会对与自己无直接相关性或者关系不大的法规积极参与，草案公布后有时会出现“无人问津”的现象。总的来说，社会公众参与立法方面，依然存在立法机关和社会公众一头热一头冷的问题。① 长此以往，在实践中往往形成相对固定的思维模式：主要由立法工作者和相关单位参与征求意见座谈会，对于公众参与立法方面的重视也逐渐减弱，这也更大程度上消减了公众参与立法的热情度，形成非良性循环。

再次，对法规的审议环节重视不足。法规质量的好坏，审议环节至关重要。如果把一部好的法规出台比喻成学校培养一个学生，法规草案质量的好坏好比一个学生进入一所学校时的基础，而常委会审议好比一个学生最终从该所学校毕业时的水平。如果“出口关”没有把好，法规质量自然上不去。目前，

① 顾榕昌，李永政：《人大立法协商民主的实践与探索——以广西为例》，载《广西社会主义学院学报》2013 年第 5 期。

在设区的市一级的人大常委会会议法规审议期间，往往对法规审议环节不够重视，部分常委会委员事先并没有对法规草案做深入的研究，在会议期间要么没有意见，要么也是凭借自己的主观经验加会上短短的一两个小时形成零碎的几点意见，法规审议往往容易沦为走过场，使三审制流于形式。

为此，应当严守立法过程中的民主性，要从以下几个方面入手：

第一，拓宽民主立法的有效形式。进一步加强对常委会委员、人大代表的培训，提高人大作为立法制定机关的责任意识和专业水平，积极探索人民政协参与立法协商的机制。例如，2004 年以来，南京市政协社法委与市人大法工委、市政府法制办先后出台了《关于加强南京市地方立法协商工作的意见》和《关于加强南京市政府立法协商工作的意见》，对立法协商的项目、重点等作出规定，并建立了三方联席会议制度。①

第二，推进公众参与立法的合力。加强党委对立法工作的领导，提高各级党员干部对公众参与立法工作的认识，形成各部门共同推进公众参与立法的合力。立法工作仅仅依靠人大或者起草部门来完成不仅有闭门造车之嫌，很难调动起相关部门的积极性，更是很难凝聚民心民智。要建立完善人大法制委、政府法制办，以及住建、城管、环保、文体广新、宣传、民政、财政等各部门、各机构各司其职、各负其责，公众积极参与的地方立法工作机制。比如各部门可以为联系相对紧密，又与法规有相关性的公众提供更多更加全面准确、及时对称的立法相关信息，为公众参与立法提供更多的资料。又比如可以搭建公众互动平台，利用宣传部门已有的微博、微信公众号等便利形式收集意见建议，等等。

第三，完善审议机制。为了避免三审制流于形式，可以从审议的时长、程序以及方式上进行改进。目前设区的市地方立法的审议机制不尽相同，有的分组审议，有的集中审议，有的审议时间长，有的审议时间很短，有的提前半个月就把法规草案送至常委会组成人员手中，有的草案文本则在 7 日左右送至常委会组成人员手中。各设区的市应当根据本市的实际情况，合理确定审议机制，但是原则上应当规定每件法规草案审议时间一般不得少于两个小时，并对法规草案进行逐章逐条宣读审议，在时间允许的情况下尽可能提早把要审议的法规草案送至常委会组成人员，为审议做更加充分的准备，提高审议的效率和效果。

---

① 庄红蕾，王丛中：《设区的市立法流程研究》，载《连云港职业技术学院学报》2016 年第 3 期。

设区的市地方立法权行使的调查与思考

——以县级人大常委会的积极主动参与为完善路径*

高 岚 陈群华**

摘要：为完善设区的市地方立法权，本文首先考察了设区的市地方立法权的运行现状，包括立法的积极性普遍较高、数量逐年快速增长、立法针对性较强、议题相对集中、立法机制逐步完善5个方面。之后，解析了其4个不足之处，包括立法的特色性不强，部分地区存在“贪大求全”现象，立法的前期调研不够、立法项目的征集欠缺广泛性，立法评估结果的运用不足、评估带有随意性，立法的技术性较为欠缺。最后，在充分分析的基础上，本文提出从县级人大常委会积极参与立法的角度出发，其一，要提出立法建议，增强立法的特色；其二，要加强立法调研，完善立法项目的征集；其三，要参与立法评估与结果的转化利用；其四，要完善相应机制，提升立法技术含量。

关键词：设区的市；地方立法权；县级人大常委会

随着《立法法》的修改，设区的市在一定时间内相继开始了地方立法的实践工作，从而带来了现有立法格局和社会主义法律体系的新变化。然而，这一工作毕竟刚起步，在权力的行使上还存在着诸多不足。为完善这一地方立法权的行使，本文选择部分设区的市地方立法情况为样本，全面梳理与分析现状和不足，并提出对策性建议，以期为决策提供参考性意见。

---

* 此文收录于2018年湖南省立法研究会论文集。

** 高岚，津市市人民法院研究室副主任；陈群华，津市市人大法制委主任委员。

一、实证考察：设区的市地方立法权运行状况

（一）立法积极性较高，数量逐年增长

自《立法法》赋予设区的市地方立法权以后，地方立法的热情日渐高涨，以数据统计为例，从2015年3月至2017年12月底，可以行使地方立法权的272个设区的市中，经省级人大常委会所批准的地方性法规共计595件，其中立法条例197件，城乡管理、环保、历史文化保护398件。[①] 从趋势上来看，2015年，经省级人大常委会批准的地方性法规仅有4件；而进入2016年，数量呈快速增长，批准的地方立法条例为132件，批准的地方性法规增至278件；2017年以来，批准的地方立法条例增至为197件，地方性法规则增至398件。这些立法数据充分体现出设区的市地方立法的工作积极性较高，表明设区的市立法权的行使在推进各地依法治理的过程中发挥着愈加明显的重要作用。

（二）立法针对性较强，议题相对集中

根据修改后的《立法法》规定，设区的市可以在城乡建设管理、环境保护、历史文化保护等方面制定地方性法规，在实践中这一规定得到充分的体现。从272个可以行使地方立法权的设区市来看，2015年3月到2017年12月底，在595件地方性法规中，城乡建设管理、环境保护、历史文化保护法规为395件，占总数的66.38%。进一步分析，在207件城乡建设管理的法规中，市容环境卫生管理、园林绿化管理占前2位，共有93件；134件环境保护的法规中，水环境保护、风景名胜区保护占前2位，共有89件；54件历史文化保护法规中，则分别是文物保护45件、非物质文化保护9件。此种态势，集中反映出当前地方立法主要集中在污染防治、城乡规划、文物保护等事项，且针对性较强，大多结合了当地实际管理工作的需要。

（三）立法机制逐步完善

在地方立法的过程中，各地都相继建立了立法专家咨询顾问制度、立法听证制度、公众参与立法制度、立法评估工作等制度，配套体系正日趋完善。以专家咨询顾问制度为例，从某省10个设区的市来看，都相继建立了专家库，人数最多的为该省A市（34人）、人数最少的为该省E市（9人）（具体见表1）。从专家人员的构成来看，多是来自于人大、政府及组成部门、法检系统、

---

① 相闫然，毛雨：《设区的市地方立法三周年大数据分析报告》，载《地方立法研究》2018年第3期。

政协、高校等部门。

表1　某省10个社区的市专家顾问人数表

A市	B市	C市	D市	E市	F市	G市	H市	I市	J市
34	22	25	20	9	30	19	22	19	16

在立法需求意见征集机制上，各地多是利用人大法制委或政府法制办，向社会各界进行征集，先期通过电视台、网站、报刊、微信等各类媒体进行宣传，而后再收集相关意见。征集意见经过进一步筛选与分析，进行汇总、归类与提炼后，形成概括性意见，从而作为立法规划决策的依据。

至于委托第三方立法方面，部分地区也已经开始尝试，对于这一事项，各地都表现出浓厚的兴趣，毕竟设区的市的地方立法工作是一项系统性工程，而现有的机构无论在专业人士，还是在立法能力方面都较为欠缺，故希望通过委托第三方立法，借助专家学者来应对这一难题。① 这些机制的建立，大大提高了地方的立法质量，使地方性法规的可执行性和可操作性更强。

二、透视解析：设区的市地方立法权行使之现实不足

虽然设区的市地方立法工作取得了很大成效，但在实践中还存在着一些不足之处。

（一）立法的特色性不强，部分地区存在“贪大求全”现象

“有特色始终是地方立法保持生命力的基础，也是衡量地方立法质量的标准，更是检验地方立法水平高低的试金石。”② 虽然现有的法规在特色性上已经有所显现，但就特色而言，依然存在着一些不足，比如，法规的精细化程度不够，有些法规甚至还要求政府再出台相应的配套实施细则，依据“多次立法”才能进行明确的权利义务分配；③ 又比如，对于有特色的理解也存在片面，认为特色就是局限于一个地方特定的事物，或为某山某水或为某事某业，而没有过多考虑其在当地社会治理中的地位，局限于“本地有而外地无”。

此外，在立法体例上，很多设区的市地方立法普遍追求法规体例的完整

① 这部分结论，是笔者通过走访一些设区的市级人大常委会，实地调研得到。

② 李适时：《扎实推进社区的市地方立方工作为“四个全面”战略布局提供坚实法治支撑》，载《地方立法研究》2016年第1期。

③ 郑清贤：《反思与突围：设区市地方立法特色探寻——以福建省7个设区市立法为分析样本》，载《福建行政学院学报》2017年第5期。

性，在体例上较多用“条例”，而没有采用“若干规定”“实施办法”，在一定程度上忽视了从法规体例上凸显对上位法的补充、细化功能。

在 398 件地方性法规中，体例在六章及以上的件数为 216 件，占总数的 56%。这集中反映出部分地区立法存在“贪大求全”的现象，有的过多引用甚至照搬上位法，一定程度上存在重复立法的问题，从而影响了立法质量。

（二）立法的前期调研不够，立法项目收集欠缺广泛性

立法是一项文字性很强的工作，立法离不开文字，但立法更要培育对数字的敏感度。文字虽然是传递思想的工具，但同时也存在着模糊性、难以精准描述的局限，而相比之下，数字却具有高度量化、精准的特征，因而具有特殊优越性。① 在科技高速发展的现今，数字尤其是大数据的思维正日益深入人们工作、生活的方方面面，这就要求立法工作不仅要过文字关，也要过数字关。然而，反观现状，立法工作的数字量化思维还做得不够，尤其是在前期调研阶段，许多地区虽然进行了广泛的调研，但往往过于依赖于文字性材料，而数字的思维还尤为不足②，如此也影响了立法的精确度。

另外，在立法项目的收集上，当前地方的立法项目主要由地方有关部门和下一级人大常委会报送，而下一级人大常委会所报送的立法项目也是来源于政府部门，大多缺乏公众参与，很难体现群众需求，因而地方立法项目大多集中于行政事务部门，社会公众在立法中发挥的作用较为有限，社会公众参与的渠道还比较窄、参与过程还有待进一步顺畅。③

（三）立法评估结果的运用不足、评估带有随意性

立法的评估，在推进地方立法的科学决策、增强立法的民主性以及法规的可操作性方面具有非常重要的作用，而当前评估工作还存在一些不足，主要体现为评估带有随意性和评估结果转化不足。

评估带有随意性，主要是由于立法工作对于设区的市而言，尚属首次，因而在具体操作中不好把握。比如评估的主体，究竟由何种主体实施，是人大自

① 席灵芝，滕晓丹：《设区的市提升立法质量的路径》，载《地方立法研究》2017 年第 2 期。

② 比如笔者实地访谈过数位人大工作人员，其均表示当前的立法调研只是广泛走访、座谈，而对于调研问卷的设计、问题设置、概率的计算、数据筛选等数字性的思维很少展开。

③ 赵静波：《地方立法特色的缺失及其规制——以地方立法“抄袭”为视角》，载《地方立法研究》2017 年第 6 期。

身的机构，还是第三方机构，如果是第三方机构那选定的标准又是什么？又比如评估的标准，究竟应坚持什么原则、尺度如何？凡此种种，都要求评估工作进一步完善。

评估结果的转化与应用，主要是转化与应用的精细化还不足，一些地区往往过分关注评估工作本身，聚焦于评估报告的撰写①，没有对报告的结论性意见进行精细化分析，忽视结果的转化与应用，更缺乏转化与应用的制度机制，致使评估的成效发挥受到限制，进而影响到立法质量的提升。

（四）立法的技术性较为欠缺

技术、道德与行政是立法中三个重要因素。② 立法既要有技术性因素，也要有道德与行政的要求，但纵观目前的情况，许多地方立法对于后两者关注的过多，而对于技术性要素则关注较少。这点在笔者实地调研中得到了印证，比如说一些地方对于立法涉及的技术标准、行业规则、风俗习惯等因素还不甚了解。其实，这三者都是不可或缺的，道德调整固然具有广泛适用性，但却无法具体深入某一行业领域的内部进行精准调整，行政能解决一些问题，但也会增加一些社会成本，而技术由于注重专业的视角，往往较少涉及其他方面，因而能取得很好的执行效果。在实际中，如饮用水保护、汽车尾气排放、交通红绿灯的设置、网约车预定、噪声污染的隔离等，都涉及技术性的因素，倘使在这些方面投入更多，相信能起到事半功倍的效果。

受制于专业技术性的因素，设区的市人大常委会工作人员中大多从事行政管理，立法中精通相关专业技术的人才较少，因而在立法能力上还需进一步提升。

三、路径视角：从县级人大常委会的积极参与入手

完善设区的市地方立法权的行使，是一项系统性工程，需要方方面面的配套措施，在此本文仅从县级人大常委会的角度出发，结合县级人大常委会的工作实际，谈一些具体的实施意见，以期为推进科学立法、民主立法作出贡献。

（一）提出立法建议，增强立法特色

由前探讨所知，当前许多地方对于立法的特色理解有偏差，将所谓的

---

① 杜承秀，朱云生：《地方立法评估的实践审视与制度完善》，载《地方立法研究》2018 年第 1 期。

② 席灵芝，滕晓丹：《设区的市提升立法质量的路径》，载《地方立法研究》2017 年第 2 期。

“特色”直接与地方的特殊事务画等号，殊不知以特色产业、特色职业等冠名的法规，其实在文本的核心内容、法条的相似度上并无太大差别。应该说“特色性”的地方立法，并非仅指调整对象的与众不同，更应是在地方治理中，依据不同治理需要，相对集中的使用管理资源而形成的特定法律规范。① 所以，地方立法特色的实现必须逐步建立精细化的模式，多一些量化、细化的规定，坚持有效管用的原则，有几条定几条，重在解决实际问题，提倡简易体例的形式。②

依据上述理念，县级人大常委会应积极参与地方立法的选题，尤其是要结合本地经济社会发展的情况，依据代表议案相对集中，群众普遍反映强烈的事项，提出立法建议。在立法建议上，选择本地区重点特色领域，倡导“小而精”“精而准”的“点子式”，善于通过小题目来做大文章。③ 在实践中，一些地区已经作出了有益的尝试，如《某省关于少数民族计划生育的若干规定》只有6条，《某省台湾同胞投资企业登记管理办法》只有10条，这些法规简洁明了、一目了然，操作性强，体现了特色，取得很大成效。④

（二）加强立法调研，完善立法项目征集

立法要过数字关，是指立法必须具有大数据思维，要经得起精确的推敲、量化的检验，在立法项目征集时，要进行深入的调研，通过问卷调查、问题访谈、个性谈话等，来实现对立法项目论证的分析。目前，立法调研所收集的数据量还不大，故应扩大数据的收集范围，从领域、职业、层次等方面全方位收集。收集完数据以后，必须进行精准化的对比分析，立法对数据的处理决不能停留在简单的罗列上，需要进行深度加工，挖掘出数据背后隐藏的事实。

基于上述要求，设区的市人大在自身任务繁重的情况下，较难单独完成这一任务，需要其他方面的助力。而县级人大常委会在此方面又具有贴近基层、

① 谢勇：《概念的成长：破除地方立法“不抵触”“有特色”的理论困境》，载《求索》2017年第12期。

② 沈春耀：《适应全国依法治国形势 进一步强化加强和改进立法工作》，载中国人大网，http://www.npc.gov.cn/npc/lfzt/rlyw/2017-09/13/content_2028782.htm，2018年10月23日访问。

③ 这点在外国有比较好的借鉴，比如德国法律对钓鱼的规定不仅精细到钓鱼者年龄的要求，而且对钓鱼的工具以及鱼的长度都有明确的规定。

④ 郑清贤：《设区的市增强地方立法特色研究》，载《地方立法研究》2017年第6期。

便于收集相关数据的优势，为此，可尝试从以下几方面入手（见表2）。

表2　相关举措实施意见例举

1	可在各乡镇、街道以及城管、医疗、环保聘请相关专业、热心本地法治建设的人士，尤其是相关领域的人大代表、政协委员作为调研员，收集相关数据资料
2	与一些职能部门建立调研联系，在平时进行问卷调查、调查访谈，收集意见
3	一定时间内组织开展几次立法专项调研活动，进行较大范围内问卷调查、座谈访问、实地查看等调研，收集数据资料
4	通过搭建公众的互动交流平台，激发公众参与立法工作的热情，利用微博、微信公众、论坛等方式收集相关公众的意见建议
5	对收集到的数据资料进行深度加工，包括意见的分类、问题的列举、对策的建议，可适当加入图形、表格的精细化分析

（三）参与立法评估，搞好结果转化利用

地方立法评估，是地方立法实现科学性、民主性的重要环节，也是实现良法善治的重要手段。当前，必须在评估标准上进行规范，包括实质与形式要件，前者是指是否定位准了重点与难点事项、相应的规定是否合理可行、具体的成效如何等；后者主要为体例是否恰当，是否体现了特色、条文数量是否与体例相匹配等。① 此外，在评估的步骤与方法上，也应尽快统一明确。

在评估中，县级人大常委会应积极配合市人大常委会，做好立法评估工作。可将评估与监督工作相结合，如适时开展执法检查了解法规的贯彻落实情况；也可将评估与代表活动相结合，通过代表小组主题活动，进行实地走访、座谈调研、意见交流等，全面了解法规实施情况。当然，这种评估最好分几次进行，初次评估，再进行意见上报与反馈，之后进行第二次评估，用阶段性的目标来适时跟踪相关数据。

在结果的转化与利用上，县级人大常委会必须做好跟踪与检查，及时发现一些新情况、新问题，做好意见的上报与反馈，适时提出修改、废止、清理等建议，确保法规效果。

（四）完善相应机制，提升立法技术含量

技术是立法的重要因素，在提升地方立法的技术方面，各地要尤为注重行

① 涂青林：《论地方立法的特色原则——以立法法修改后广东立法为例》，载《地方立法研究》2017年6期。

业的最新技术标准，为此，县级人大常委会在调研中，要重视收集本地区法规在技术执行方面的一些意见与建议，尤其是一些本地区的特殊细节，为市人大常委会的立法提供参考。

对此，可尝试建立立法与执法部门的常态化法律实施交流机制。执法部门处在执行法规的第一线，对于法规的实施效果尤其是技术性问题，往往有着最为直观的感受，因此适时听取其执法的反馈性意见，相信能在较大程度上提升立法的技术水平。

同时，对于县级人大常委会来说，参与设区的市的地方立法工作是全新领域，协助立法的经验不足，因此必须建立工作人员的定期培训机制，加大工作人员的培训力度，进一步提升参与立法的能力与水平，从而在协助立法方面发挥更大的作用。

此外，鉴于立法工作的繁重与复杂，建议适当增加县级人大相关职能部门的编制，在人才的招录与引进上走专业化道路，建立健全立法技术专业化人才准入机制，从而以提升立法的技术水平。

协同立法的思考*

王汉连**

提要： 协同立法是社会发展到一定阶段的产物，是近年来地方立法一种全新的模式，它区别于现行的立法体制，打破了传统的立法理念和思维方式。由于协同立法是一种新事物，有必要对其从理论上进行认识和在实践中完善。

关键词： 协同立法的概念；背景；现状；模式；建议

协同立法是近年来地方立法出现的一种新的立法模式。这种立法模式，它区别于现行的立法体制，是现行立法体制之外的一种崭新的立法模式，它打破了传统的立法理念、立法思想和立法方法，赋予了新时代地方立法全新的思维方式。由于这种新的立法模式还处在全国各地探索实践之中，有待于我们进一步研究和完善。

一、协同立法的概念与特征

（一）协同立法的概念

什么叫协同立法？在弄清这个概念之前，首先弄清“协同”二字的含义。从“协”的字体结构来看，由“十”和“办”组成。十，为数量词，表示“多”的意思，“办”表示“同力”和“跟”的意思。“协”和“同”合起来，表示多人、多方就同一事项同心协力、相互配合、步调一致的意思，泛指组织中多人完成一个或多个事物的行为方式和结果。

那么“协同立法”，是指两个或两个以上立法主体按照各自的立法权限和立法程序，根据立法协议，对跨行政区域或跨流域的法律主体、法律行为或者

---

* 此文收录于2022年湖南省立法研究会论文集。

** 王汉连，湖南省立法研究会会长。

法律关系等法律调整对象分别立法，相互对接或者承认法律调整对象法律效力的立法行为。

（二）协同立法的特征

从协同立法的概念可以看出，协同立法在立法主体、立法模式和立法机制等方面，都与现行立法有着明显的区别。它具有以下特征：

①协同立法的主体是地方人大及其常委会或者人民政府；

②必须是两个或者两个以上的地方人大及其常委会或者是人民政府；

③立法主体必须是层级相同的立法机关，如省级或者是设区的市级；

④立法的事项，必须是两个或者两个以上行政区域或者是同一流域内同一公共事务；

⑤规范的主要内容，必须高度一致；

⑥审议通过的时间，必须在同一时段（一个月之内）；

⑦实施日期，必须是同一时间（同一天）；

⑧签订协同立法合作协议；

⑨成立协同立法协调机构，定期或者不定期召开联席会议，协调、沟通协同立法相关事务，充分表达和反馈各自的利益诉求、相互通报和跟进立法动态、有效交换和借鉴经验成果，打破空间距离，互通共享、联合攻关，实现高度协同，为协同立法提供必要的保障。

从目前全国现有协同立法情况来看，协同立法的主体，主要是区域地或者流域地的省级人大及其常委会或者是设区的市人大及其常委会。

二、协同立法理念的提出

协同立法是社会发展到一定阶段的产物，先前并没有协同立法这一概念，他是随着经济社会发展而发展，是社会实践的需要，是建立在协同发展观的基础上的，协调发展是协同立法的前提和催生物，没有协调发展就没有协同立法。反之，协同立法是协调发展的重要保障，通过协同立法，协调发展才能健康发展，稳步推进。因此，他们之间是一种相互依存、相互作用的关系。协调发展促进协同立法，协同立法为协调发展服务，保驾护航。

（一）协同立法产生的背景

协同立法源自于协调发展的需要，是在协调发展的大背景下形成的。2002年11月党的十六大报告首次提出“促进人的全面发展”。2003年10月，党的十六届三中全会提出：“坚持以人为本，树立全面、协调、可持续的发展观，促进经济社会和人的全面发展”。党的十七大报告指出，科学发展观的基本要求是“全面协调可持续发展”，即全面发展、协调发展、可持续发展。党的十七大报告还提出要“突破行政区划界限”“推动区域协调发展”。至此，协调发展理念正式形成，并向前推进。2018 年党的十八届五中全会提出“坚持协调发展”必须牢牢把握中国特色社会主义事业总体布局，正确处理发展中的重大关系。党的十九大报告提出了创新、协调、绿色、开放、共享的新发展理念，其中协调是最重要的一条。党的十九大报告同时还提出“实施区域协调发展战略”“建立更加有效的区域协调发展机制”。以上这些阐述，为后来的协同立法做了指引和铺垫，打下了基础。

（二）协同立法的提出

协同立法的提出，最早见于 2018 年 11 月中共中央、国务院在《关于建立更加高效的区域协调发展新机制的意见》（以下简称《意见》）中，其提出，要建立健全区域协调发展法律法规体系，要求“研究论证促进区域协调发展的法规制度”。《意见》还指出，要建立区域协调发展法律法规体系和法规制度。根据《意见》要求，2019 年 9 月，全国人大常委会委员长栗战书在省级人大立法工作交流会上则明确指出：“要抓好协同立法，依法保障和推动区域协调发展战略落实落地”。从此，协同立法在全国正式展开。2020 年 1 月，中共中央印发的《法治中国建设规划（2020—2025 年）》对协同立法再次给予肯定。该规划在第 10 条，加强地方立法工作中提出，“……建立健全区域协同立法工作机制，加强全国人大常委会对跨区域地方立法的统一指导”。该规划还指出，加强京津冀协同发展、长江经济带发展、粤港澳大湾区建设、长三角一体化发展、黄河流域生态保护和高质量发展、推进海南全面深化改革开放等国家重大发展战略的法治保障。这里的“跨区域地方立法”，指的就是协同立法。

上述文件和讲话，为协同立法提供了根本遵循、注入了强大动力。协同立法在全国各地迅速展开。

三、协同立法的现状与实践

协同立法目前尚处于发展阶段，还需要探索实践，用时间来证明。

从我国协同立法情况来看，最早见于京津冀三地人大常委会分别于 2020 年 1 月 17 日、1 月 18 日、1 月 11 日制定的《机动车和非道路移动机械排放污染防治条例》，2020 年 5 月 1 日起同步施行。通过协同立法，齐抓共管，从根本上、制度上、法律上解决机动车流动性及属地化管理给三地联防联治车辆污染排放带来的困难。这是我国诞生的首部协同立法，为全国省级层面区域协同立法提供了制度范本。它首次打破了现行立法体制，开创了我国协同立法之先河。

2020 年 9 月 24、25 日，沪苏浙三地人大常委会又先后表决通过了《关于促进和保障长三角生态绿色一体化发展示范区建设若干问题的决定》，同年 10 月 1 日正式实施。这部法规秉持“不破行政隶属、打破行政边界”的理念，就示范区建设同步作出法规性问题决定，在关键条款和内容的表述上保持高度一致。

2021 年 1 月 25 日，福建省十三届人大常委会第二十五次会议分别批准厦门、漳州、泉州、龙岩四市人大常委会关于加强九龙江流域水生态环境协同保护的决定。决定批准后，由四市人大常委会分别发布，同时生效。福建为全国流域协同立法提供了范本。

武功山位于江西省中西部，地跨萍乡、宜春、吉安三个设区的市，因为行政区划原因，导致长期以来三地各自管理，形成了“一山三治”的割裂局面。为推进大武功山品牌建设和全域保护开发，在江西省人大常委会协调下，三地协同立法。出台了《江西武功山风景名胜区——萍乡武功山景区条例》《江西武功山风景名胜区——宜春明月山景区条例》《江西武功山风景名胜区——吉安武功山景区条例》，三部法规于 2021 年 9 月经江西省人大常委会批准，于 2022 年 1 月 1 日起同时施行。

资江，是湖南四水之一、第二大河流，流经邵阳、娄底、益阳，三市同源一条河，同饮一江水。为保护资江水质，防治水污染，发挥资江水资源效益，三地人大协同立法，制定了资江保护条例。2021 年 12 月 3 日，经湖南省十三届人大常委会第二十七次会议审议批准。该条例在我省尚属首次协同立法，具有里程碑的意义。

四、协同立法的范围与模式

（一）协同立法的范围

从目前已经出台的协同立法项目来看，协同立法的范围主要集中在以下领域：一是大气污染防治。随着我国车辆的增多，汽车尾气的超标排放，给城市居民生产生活带来严重的影响，为保卫蓝天、保证空气质量，防治大气污染，提高居民生活质量和幸福指数，各地均在采取措施联防联控，如京津冀人大常委会制定的机动车和非道路移动机械排放污染防治条例。二是水流域的保护、水污染的防治。由于水流动的属性，水质的好坏直接影响到上下游、左右岸人民群众的生产生活。因此保护好水环境，防治水污染非常重要，如川渝的嘉陵江流域水环境协同保护的决定和福建省的九龙江流域水生态环境协同保护的决定，以及湖南省的资江保护条例等。三是渔业资源的保护。我国许多江河、湖海大多数是跨行政区域、跨流域的，由于水生动物游动的特点，保护好渔业资源等水生动物是十分必要的。如沪苏浙皖四地人大常委会审议通过的《关于促进和保障长江流域基本要求禁捕工作若干问题的决定》等。四是生态资源的保护。如沪苏浙三地人大常委会通过的《关于促进和保障长三角生态绿色一体化发展示范区建设若干问题的决定》，江西三地武功山风景名胜区保护条例等。五是道路交通和地铁。由于道路、地铁、城铁跨行政区域和车辆流动的特征，实行联防联控，齐抓共管，效果更加明显，如佛山市地铁管理条例等。

除此以外，还可以在基础设施快捷联通、公共服务共建共享、产业布局合理分工、试点平台政策共享以及区域应急、对外开放等领域探索协同立法，为协同发展提供有力法治保障。

（二）协同立法的模式

协同立法模式从层级划分，有两种：一是省级（省、自治区、直辖市）之间协同立法。如前面提到的京津冀、沪苏浙皖、云贵川，黑吉辽等。二是设区的市之间协同立法。如吉林省的白山市、通化市和辽宁省的本省溪市、丹东市，广东省的广州市和佛山市，湖南省的邵阳市、娄底市、益阳市等。

需要注意的是，协同立法必须是相同层级，如省级之间或者是设区的市级之间。不是相同层级之间不能交叉协同立法，如省级和设区的市级之间。县市区之间需要协作的，可以签订合作协议，但不具有法律意义上的效力。如某一公共事务确实需要立法的，可由其共同的上级——设区的市立法。如果县与县是跨市级行政区的，可以协同立法。

五、协同立法需要完善的问题和建议

协同立法是新生事物，是立法体制外的一种新型模式，有些问题还需要进一步研究和解决。

（一）法律依据缺位

在我国现有立法体制框架下，协同立法明显区别于现有立法制度，这种跨区域立法，区域所在地立法机关很难形成共识，达成一致意见。以流域为例，处于下游的地区立法的积极性更高，而处于上游的地区，立法的渴求就没有那么强烈。为了达成一致意见，上级机关还要做许多协调工作。出现这种现象，主要原因是，现行法律体系没有对协同立法给予正式的法律定位，对其性质、权限和程序等均没有规定，更多的是采取自主协商和合作的方式推动。这种自主协商和合作的方式很难持久，十分敏感和脆弱。再者，从科学立法、民主立法、依法立法的要求来看，协同立法也需要有法可依、依法立法，需要法律对立法的主体、权限、程序等作出具体规定，以便遵循。

（二）协调难度大

由于区域之间、城乡之间发展不平衡，就会造成发展定位和路径的差异，产生理念和观念的分歧，带来利益冲突。要解决区域差异和利益冲突，需要行政手段强制干预，在缺乏上级机关介入的情况下，平等主体之间形成共识的难度很大。目前，湖南省的长株潭就是最好的说明，省人大常委会领导组织召开三市人大常委会领导和法工委负责人会议，推动三市协同立法，进展缓慢，效果不明显。

（三）立法成本高

协同立法是一项浩大工程，既涉及多地、多个立法主体，又涉及具体的人、财、物等，其立法成本要远远高于一个立法主体的立法成本。以沪苏浙皖四省市协同立法为例，动用的人力、物力和财力是四比一，是一个省的四倍。如果把四变为一，由四省市的共同上级——国家立法。这样，就可以省去省与省之间诸多环节，减少多套机构和人员立法，节约大量人力、物力和财力，降低立法成本；同时还可以避免法律文本内容的雷同。当然，一个区域或者流域（除长江和黄河之外）的立法，要上升到国家层面立法的难度很大，因为国家立法资源和人力有限，要立的法很多。同样，设区的市之间协同立法项目，要上升到他们的共同上级（省级）来立法，虽然比起国家层面立法要容易一些，但也有一定的困难，同样存在立法资源和人力有限的问题。立法应当考虑成本效益，不计成本、不问过程，只要结果的做法是不可取的。

（四）名称欠严谨

法规名称严谨、准确是立法技术的基本要求。目前，协同立法项目名称普遍存在不严谨、不准确的问题。以邵阳市、娄底市、益阳市三市制定的资江保护条例为例，条例名称分别为：《邵阳市资江保护条例》《娄底市资江保护条例》《益阳市资江保护条例》。如果只看条例名称，不看适用范围，就会使人产生误解。如《邵阳市资江保护条例》，从名称来看，资江是邵阳市的，与娄底市、益阳市无关。其实不然，资江属邵阳市、娄底市、益阳市三市共有，各有一段。那么，该条例名称准确的表述应当是：《资江邵阳段保护条例》《资江娄底段保护条例》《资江益阳段保护条例》，这样就不会产生歧义。又如，沪苏浙皖人大制定的《关于促进和保障长江流域基本要求禁捕工作若干问题的决定》，长江是我国的母亲河，流经包括沪苏皖在内的11个省市，不是其中哪一个省市能统管的。就是在长江同一江段，左右岸还牵涉不同的省市，如湖南和湖北、江西和安徽等。因而，名称笼统冠以“长江流域”也欠妥。类此这样问题，其他协同立法项目同样存在。立法无论形式和内容，还是词组和标点符号等，都要求严谨，表述准确，经得起文字的推敲和历史的检验。

（五）起草方式不一

目前，协同立法项目法规文本的起草方式有两种：一种是统一起草，确定一方为起草主导方，成立专班，其他各方配合，形成统一文本，交由各方讨论，进行补充和完善；另一种是分头起草，在指导思想、原则和主要内容统一后，由各区域立法机关分头起草。以上两种起草方式各有千秋，第一种方式简单省事，但内容雷同较多；第二种方式复杂烦琐，但有自身特色。哪种方式最好，认识不一。无论是统一起草，还是分头起草，但都要注意相互吸收彼此意见、照顾彼此关切，实现磋商共同。特别是需要各方共同遵守的行为，内容上必须保持高度一致。否则，就很难达到协同立法的目的。

在积极推进协同立法的同时，尽早完善协同立法的机制和制度，规范协同立法行为，使协同立法健康发展。建议如下：

1. 给协同立法正名。协同立法面临的最大问题是，缺乏明确的宪法法律依据，在现有的立法体制下，没有协同立法的空间。建议由全国人大及其常委会尽快立法，将协同立法纳入宪法法律范畴，做到有法可依、依法立法。

2. 建立协同配套制度。可以尝试区域之间协同立法文本互换、信息互通、联动评估等方式，推进协同立法项目的实施。

3. 定期清理规范性文件。协同立法各方内部制定与协同立法内容不相符、不适应、相冲突的规范性文件，要定期进行清理、修改或者废止，切实保证协同立法项目在各自区域内贯彻执行。

4. 降低立法成本。建立立法成本与效益分析制度，降低立法成本，发挥立法效益的最大化。建立信息共享沟通平台，在网上能够沟通的网上沟通；网上不能沟通的，也要尽量减少不必要的环节，节省立法资源。

5. 切忌攀比。协同立法尚处于探索实践阶段，还没有十分成功的经验，有些问题还需要进一步调研论证，切忌跟风、互相攀比、一哄而起，做到成熟一个立一个。

关于长株潭一体化协同立法的一些思考*

李　伟**

摘要：2007 年，长株潭城市群获批为全国资源节约型和环境友好型社会建设综合配套改革试验区，成为中部六省城市中全国城市群建设的先行者。2020 年，长株潭三市人大常委会主任联席会议原则通过《关于建立长沙、株洲、湘潭三市人大工作协作机制的协议》，开启了长株潭一体化协同立法的新征程，为加快长株潭法治一体化奠定了制度基础。本文以近年来协同立法实践为例，回顾总结了全国各地协同立法工作的探索与创新，对需要重点关注的问题进行了深刻剖析，并着重从立法项目选题、协同方式方法、立法机制保障上、政府协同立法等方面提出了推进长株潭一体化协同立法的对策建议。

关键词：长株潭；一体化；协同立法

2018 年 11 月，中共中央、国务院发布的《关于建立更加高效的区域协调发展新机制的意见》提出，要建立健全区域协调发展法律法规体系，要求“研究论证促进区域协调发展的法规制度”。2021 年 12 月，全国人大常委会委员长栗战书在第二十七次全国地方人大立法工作交流会上发表重要讲话指出，从立法形式来看，形成了一些体现地方特点、符合立法规律的立法模式和经验。这实际是对立法理论和实践的探索，成效也十分显著，并充分肯定了区域协同立法等立法形式，并指出京津冀、长三角已形成了比较固定的立法协同工作机制。这些对新时代协同立法作出重大部署、提出明确要求，为协同立法提供根本遵循、注入强大动力，给各方面对协同立法在区域协调发展中扮演的重要角色、发挥的重要作用有了更深的认识和理解。

---

* 此文收录于2022 年湖南省立法研究会论文集。

** 李伟，湘潭市人大常委会法工委备案审查科科长。

一、协同立法的概念、特征及主要方式

协同立法是指两个或两个以上立法主体按照各自的立法权限和立法程序，根据立法协议，对跨行政区域或跨法域的法律主体、法律行为或法律关系等法律调整对象分别立法，相互对接或承认法律调整对象法律效力的立法行为。

2015 年 3 月，十二届全国人大三次会议对《立法法》进行了修正，完善了立法的体制和机制，其中一个标志性成果是普遍赋予设区的市地方立法权。修正后的《立法法》赋予更多地方权力机关行使立法权。我国的地方立法的主体通过这次修法增加了 274 个，力度前所未有。立法主体的扩大为近年来协同立法的发展和推进奠定了基础。随着区域经济社会的发展，协同立法也成为各地推动区域共同治理，提高治理能力和现代化的现实需要。作为立法领域的新生事物，协同立法兼具传统立法的因素，更具有自身的特质。当前，协同立法与传统立法相比，主要有以下几个特征：

一是在立法主体方面，协同立法主要是相同层级的省级或设区的市之间具备同等性质的立法机关。当前，从实践和理论界来看，协同立法的主体主要是指省级、地市级人大及其常委会。各区域并没有建立新的联合性立法主体，一般是各自人大常委会审议通过相关协同立法项目。如 2021 年底，山东的青岛、烟台、潍坊、威海、日照五市分别在各自的人大常委会上通过该市的海洋牧场管理条例，再由山东省人大常委会集中批准，五市共同确定统一的实施时间。

二是立法事项方面，协同立法的事项一般是涉及区域整体发展中的重大共性问题，或是涉及某一领域的区域一体化事项，或者是需要进行立法保护的对象跨越行政区划，尤其是涉及生态资源和环境保护等的事项。如长三角区域三省一市人大常委会围绕大气污染防治立法协作达成共识，由三省一市共同协商确定一个大气污染防治条例的示范性条款文本，具体到本地立法的表述时则可有个性化差异，最终形成各自的地方性法规，由各地人大常委会分别审议通过，在本行政区域内施行。

三是在立法机制方面，由于立法权职能在各自行政区域内行使，由各个相互独立的立法主体间进行合作。从立法主体关系的确定、立法内容的确定，到立法程序的确定，都需要建立健全立法协同机制。通过建立协同立法机制，形成相对统一的区域制度框架和实施细则，最大限度地达成利益平衡和立法共识，实现地方性法规的最终出台并实施。我国部分区域已经对立法协同机制进行了积极的探索，并取得了很好的成效。例如，长三角地区的立法协同机制包

括联席会议机制、立法规划计划协同机制、沟通协调机制、征求意见机制、重大立法项目联合攻关机制、学习交流机制、立法后评估机制等。京津冀地区除以上制度外，还建立了法规清理常态化机制等。

目前，从实践层面来看，当前的协同立法主要是按区域来分的，包括省级协同立法和地市级协同立法。

从省级协同立法来看，主要有以下几个地区：一是京津冀地区。2015 年，三地人大先后出台《关于加强京津冀人大立法工作协同的若干意见》，加强立法协同工作机制和保障制度建设，加强立法沟通协商和信息共享，选择交通、生态环保、产业三个重点领域率先突破，带动其他领域立法协同稳步推进，并由立法向立改废并举协作延伸。作为落实京津冀协同发展战略的首个协同立法项目，京津冀三地已同步出台了机动车和非道路移动机械排放污染防治条例。二是长三角地区。建立了地方人大立法工作联席会议制度，确立了协同立法的基本制度框架，2018 年，上海、江苏、浙江、安徽三省一市人大作出《关于支持和保障长三角地区更高质量一体化发展的决定》，着重在大气、水、土壤、固体废弃物污染防治、海洋生态环境保护等方面加强协同立法，建立健全跨区域污染联防联治机制。2020 年和 2021 年，又分别共同作出《关于促进和保障长三角生态绿色一体化发展示范区建设若干问题的决定》和《关于促进和保障长江流域禁捕工作若干问题的决定》，成功进行了跨区域协同立法。三是粤港澳大湾区。2019 年，广东省人大常委会分组审议关于围绕粤港澳大湾区建设发挥人大职能作用的调研报告，建议广东省抓紧清理涉粤港澳大湾区建设的有关地方性法规、规则，以规划衔接为重点，协调推进珠三角九市建立立法协同机制，着重关注和研究发展规划、营商环境建设、生态环境保护、基本公共服务等方面的立法协同。四是成渝地区。2020 年，四川省人大常委会、重庆市人大常委会签订《关于协同助力成渝地区双城经济圈建设的合作协议》，确定两地将通过区域协同立法，共同研究破解区域发展中的共性难题。两地人大常委会先后在阆中市、重庆市召开嘉陵江流域生态环境保护协同立法工作座谈会，并就建立合作机制等方面达成共识。两地人大常委会将共同开展关于加强嘉陵江流域水生态环境协同保护的立法。

从地市级协同立法来看，近几年，尤其是 2021 年，地缘相近的地市级人大常委会在流域环境保护、大气污染防治等生态环保领域，通过协同立法统一生态环境违法惩治标准，联防联控环境污染，实施环境污染综合跨区域治理日益增多。主要有以下地区：一是广西的百色市人大常委会加强与贵州黔西南州的沟通联系，正在推进万峰湖水域协同立法工作。二是福建的厦漳龙三市在《关于加强九龙江流域水环境保护的共同决定》和关于共同推进九龙江流域水环境保护共识的基础上，由厦门牵头，漳州、泉州、龙岩三地参与，联手推进九龙江流域保护协同立法。三是2021年山东的青岛、烟台、潍坊、威海、日照共同出台海洋牧场管理条例，明确需采取协同措施的“显性条款”，包括编制海洋牧场规划时相互衔接，建立海洋牧场管理信息沟通和重大事件通报制度，建立执法联动响应和协作机制，协同提供科技支撑等。并且，在鼓励措施、监管要求、处罚标准等方面保持了基本一致。四是2021年广东的潮州、汕头、揭阳三地分别表决通过了各自的潮剧保护传承条例。三部条例于2022年1月1日起施行。为保护一个地方剧种，三个地级市开展区域协同立法，这在地方立法史上尚属首次，也开创了全国在文化领域协同立法的先例。五是2021年江西萍乡、宜春、吉安三市就武功山保护和管理共同立法，分别通过《江西武功山风景名胜区——萍乡武功山景区条例》《江西武功山风景名胜区——宜春明月山景区条例》《江西武功山风景名胜区——吉安武功山景区条例》。这是江西省首次开展探索协同立法工作，也是全国首次山岳型协同立法。六是2021年湖北的武汉、黄石、鄂州、孝感、黄冈、咸宁、仙桃、天门、潜江九市人大常委会经协商，就区域协同立法工作达成协议。根据协议，武汉城市圈区域协同立法实行联席会议制度。在省人大常委会统筹协调指导下，联席会议由九市人大常委会轮流负责召集和组织，一般每年召开一次，共同协商协同立法的重要制度安排和具体立法项目、协调解决工作中的困难和问题。

二、长株潭一体化协同立法的重要意义

一是通过长株潭一体化协同立法，有利于推动长株潭地区社会治理一体化发展。区域协同发展是一项浩大工程，既涉及人、财、物等各种资源，也涉及经济、政治、文化、社会、生态文明建设，还涉及制度、体制和机制，以及经济社会的方方面面。法治是区域治理体系和治理能力现代化建设的基本方式和重要依托，法治建设本身就是区域协同发展的重要方面，依法治理更是其深厚支撑。区域协同立法是适应区域一体化发展的立法体制创新。通过区域协同立法，实现从政策优惠到法律授权，促使从地方先行到区域平衡，推动区域内部各方“错位布局”和“抱团发展”。区域协同立法能够给区域内部各方提供相互协商的机会，通过民主的方式就区域内公共事务达成一致，充分发挥立法工作对区域协调发展战略实施的保障、规范、引领、推动作用。

二是通过长株潭一体化协同立法，有利于促进长株潭地区资源的有效利用。区域合作往往意味着有的地区需要付出更多成本，如果没有切实可行的法律制度保障作出更多贡献的地区能够得到奖励或补偿，则该地区就难以继续执行区域协同目标的内在动力，也难以保障区域协同目标的真正实现。通过区域协同立法，可以有效地对资源“受损方”进行补偿，以促进区域间良性互动格局的生成。例如，在长株潭“绿心”生态治理方面，需要开展区域协同立法，以确保经济发达地区对因其发展而生态受损的地区予以补偿，推动区域内成员共享经济发展和环境保护的成果。

三是通过长株潭一体化协同立法，有利于克服地方立法存在的弊端。长株潭一体化建设作为湖南“三高四新”战略、推动高质量发展超越的战略性安排，经过15年的发展，从基础设施快捷联通、产业发展合理分工、试点平台政策共享、公共服务共建共享、生态环境协同保护五大领域发力，一体化建设持续深化、取得新进展，一些政策性事实亟待上升为法律性事实，一些实践经验也有待上升为法律规范。对推进过程中出现的一些不协调、相分离的问题，更是需要立法作出价值判断和进行利益平衡。在以往发展实践中，由于政绩考核要求，有的地方相互竞争大于相互合作，使得资源不能被合理有效利用。通过区域协同立法，探寻协同各方的利益交汇点和共同利益，以此规范协同各方的权利义务，明晰各自的履约方式，有利于保证各地区的平衡发展，促进资源利用最大化。

四是通过长株潭一体化协同立法，有利于长株潭地区经济更好更快的发展。1997年，湖南成立长株潭经济一体化发展省级协调机构，开始推进长株潭三市一体化。1998年，成立长株潭经济一体化协调领导小组及办公室，编制实施交通同环、电力同网、金融同城、信息同享、环境同治五个网络规划。2000年，编制《长株潭经济一体化“十五”规划》，世界银行把长株潭作为在华首批试点，开展长株潭城市发展战略研究。2007年，长株潭城市群获批为全国资源节约型和环境友好型社会建设综合配套改革试验区。2012年，《长株潭城市群国土规划》通过专家评审。2014年，长株潭国家自主创新示范区获批。2016年，长株潭城际铁路长沙站以南段正式运营。2019年长株潭城市群“三干两轨”项目开工建设。2020—2021年三市人大常委会已在烟花爆竹安全生产与转型发展立法、生活垃圾管理立法、机动车和非道路移动机械排气污染防治立法、农村住房建设管理立法、养犬管理立法等项目上进行了协同立法的初步探索。2022年要共同做好三市平安建设条例的立法工作，不断总结经验，形成制度规范。

三、推进长株潭一体化协同立法的对策建议

一是在立法项目选题上，围绕“十同”开展立法。2021 年，湖南省委办公厅、湖南省政府办公厅印发《长株潭一体化发展五年行动计划（2021—2025 年）》的通知，提出推动长株潭规划同图、设施同网、三市同城、市场同治、产业同兴、生态同建等，打造中部地区高质量发展核心区、全国城市群一体化发展示范区、全国生态文明建设先行区。在立法项目的选题上，可以围绕“规划同图、设施同网、三市同城、市场同治、产业同兴、生态同建、创新同为、开放同步、平台同体、服务同享”的“十同”开展协同立法。如在产业同兴上，开展立法调研，可以制定《长株潭产业一体化发展条例》，进一步强化长沙中心地位、龙头作用和集聚功能，加快打造国家级智能制造中心，充分发挥株洲、湘潭比较优势，协同打造产业走廊和科创走廊。又如在生态同建上，强化共保联治，就绿心保护、水污染、大气污染、土壤污染防治等环境问题进行协同立法，争创长株潭国家生态文明试验区。

二是在协同方式方法上，首先是立法计划协同。长株潭三市人大常委会制定五年立法规划或者年度立法计划时，要注意互相通报有关编制情况并彼此征求意见，优先安排推进长株潭一体化协同发展的立法项目。其次是立法项目协同起草。可以借鉴长三角、京津冀等区域协同立法的经验，加强具体立法项目的协同。对长株潭一体化发展中具有重要影响的地方立法项目，可采取一方起草、其他方配合或者联合起草、共同修改或者双方商定基本原则、分别起草的方式，在各自起草过程中，主动征求另外一方意见。再次是立法进度协同推进。对长株潭三市人大年度立法计划中相同或者相近主题的立法项目，三市人大法制工作机构可以同步推进工作进度，及时通报项目进展情况和立法研究成果，并就有关问题征求意见或者建议。最后是立法信息交流共享。以信息化为依托，针对协同发展中不同区域间的法规冲突，建立统一的区域性法律信息网，运用“互联网 +”进行网络功能的扩容和优化，以此构建长株潭一体化协同立法的主要工作平台。同时，加强三市人大法制工作机构的信息交流，共享协同立法中的经验与成果。

三是在立法机制保障上，协同立法是不同法域的立法主体之间协商相关立法内容，并分别根据各自的权限以立法形式体现协商内容的一致行为。自 2014 年起，京津冀三地人大先后出台了《关于加强京津冀人大协同立法的若

干意见》《京津冀人大立法项目协同办法》《京津冀人大法制工作机构联系办法》《京津冀人大立法项目协同实施细则》等协同立法规范性文件，借助于这些规范性文件，京津冀三地形成了建立联席会议机制、协商沟通机制、立法规划协同机制、法规清理常态化机制、学习借鉴交流机制等内容的立法协同机制。2021 年 12 月，四川省成都市、德阳市、眉山市和资阳市出台《关于加强区域协同立法推动成德眉资同城化更高质量发展的决定》（以下简称《规定》），这份由四市同步研究、同步审议、同步出台、同步实施、内容一致的《决定》是以地方人大常委会“重大事项决定”的形式，对区域协同立法实践进行总结提升和总体谋划，形成一个层级更高、效力更强的区域协同立法制度引领，这种出台形式在全国属首次。《决定》规范内容强调“七大协同”。主要包括：协同目标原则、协同平台建设、协同重点领域、协同规划计划、协同项目推进、协同法规实施、协同能力提升。

第二篇

地方立法权限与规制

央地分权制衡视角下《立法法》的完善*

吴玉姣**

摘要：《立法法》基本遵循了央地分权制衡的法治精神。一方面，基于法律是地方性知识的理念，扩容了地方立法主体，明确了央地立法主体的分权权限；另一方面，为平衡中央与地方利益，防止立法权膨胀，规定了央地立法主体间的四种权力制衡组合。然而，《立法法》现有架构，忽视了每一层级地方立法主体的多元性以及地方立法主体间的协作，因而缺失了抗衡上一级立法主体不平等分配立法权的权力以及区域协作立法的相关制度，且市级立法主体扩容、省级立法主体权限扩大后，市级立法主体间不仅未建立起横向制约关系，还缺乏制约省级立法主体的权力。故此，《立法法》还需进一步完善。

关键词：央地分权制衡；《立法法》；立法主体；立法权限；区域协作立法

2015年《立法法》的修改使得地方立法主体急剧扩容，且近来新增的地方立法主体已开始行使立法权。然而，现有《立法法》架构未能有效解决立法主体多元化、立法主体权限扩大化以及立法主体间关系复杂化等问题。故此，有必要对《立法法》央地立法主体的分权权限以及制衡关系进行详细梳理，对《立法法》尚需完善之处进行探究，以防止立法权力任性。

一、《立法法》明确了央地立法主体的分权权限

从《立法法》的文本来看，我国享有立法权的主体纷繁复杂、似乎难以

---

* 此文收录于2017年湖南省立法研究会论文集，后刊登于《湖南社会科学》2018年第3期。

** 吴玉姣，湘潭大学法学院博士研究生。

理清，但如果从纵向视角进行划分，可以较为简单地将之分成中央层面的立法主体即中央立法主体和地方层面的立法主体即地方立法主体。

首先，基于以下原因，将下列机构排除于立法主体之外：第一，《立法法》第9条规定了在法律缺位的情况下，国务院可以作为被授权机构行使部分立法权，第65条规定了国务院为执行法律或者行使职权而享有的立法权。然而国务院并不是我国《宪法》所规定的立法机关，其属于行政管理单位，行使的是行政权力。且通过对《立法法》的分析也可知地方人大及人大常委并不是国务院的下属单位，不构成纵向分权。故此排除国务院作为中央立法权的主体。第二，国务院各部、委员会、中国人民银行、审计署和具有行政管理职能的直属机构行驶行政权，中央军事委员会、中央军事委员会各总部、军兵种、军区、中国人民武装警察部队行使军事权，这都是与立法权不同质的权力形态，故而将以上主体都排除在中央立法权主体以外。第三，按照职权，省、自治区、直辖市，省、自治区的人民政府所在地的市，经济特区所在地的市和国务院已经批准的较大的市以外，其他设区的市、自治州的人民政府，同样属于行政范畴，故不将其认为是地方立法主体。①

故此，本文所指的中央立法主体包括全国人民代表大会及其常务委员会，其立法权限主要见于《立法法》第7条、第8条。第7条规定全国人民代表大会的立法权限范围是基本法律，全国人民代表大会常务委员会的立法权限是除基本法律以外的其他法律以及针对基本法律的部分立法权限。第8条则说明了只能制定法律的有关事项、制度等。地方立法主体主要包含省级立法主体即省、自治区、直辖市的人民代表大会及其常务委员会，且因为拥有立法权的省会市、经济特区所在地的市和国务院已经批准的“较大的市”事实上也都是设区的市②，故此市级立法主体则包括设区的市、自治州的人民代表大会及其常务委员会。主要见于第72条、第73条。第72条规定省、自治区、直辖市的人民代表大会及其常务委员会可制定地方性法规，设区的市、自治州的人民代表大会及其常务委员会可针对城乡建设与管理、环境保护、历史文化保护等方面的事项制定地方性法规，只是得报省、自治区的人民代表大会常务委员会

① 笔者支持周冶陶教授不宜肯定“地方政府立法说”的观点，详见周冶陶，张明新：《“地方政府立法说”辨析》，载《华中科技大学学报》2000年第11期。

② 郑磊，贾圣真：《从“较大的市”到“设区的市”：地方立法主体的扩容与宪法发展》，载《华东政法大学学报》2016年第4期。

批准后才能施行。第 73 条规定了所应该制定地方性法规的事项，包括执行法律和行政法规的事项、地方性事务以及除必须制定法律外其他还未来得及制定成法律或行政法规的事项。此外还有些许例外情形①：第 74 条还规定了经济特区所在地的省、市的人民代表大会及其常务委员会可根据全国人民代表大会的授权决定，制定法规。第 75 条规定了自治区、自治州、自治县等民族自治地方的人民代表大会，还可制定自治条例和单行条例，只是得经过全国人民代表大会常务委员会或省、自治区、直辖市的人民代表大会常务委员会批准后才能生效（表 1）。

表 1　立法主体与立法权限关系表

<table>
<tr><th colspan="3">立法主体</th><th>立法权限</th></tr>
<tr><td rowspan="2">中央</td><td colspan="2">全国人民代表大会</td><td>基本法律</td></tr>
<tr><td colspan="2">全国人民代表大会常务委员会</td><td>除基本法律以外的其他法律、以及针对基本法律的部分立法权限</td></tr>
<tr><td rowspan="6">地方</td><td>省级</td><td>省、自治区、直辖市的人民代表大会及其常务委员会</td><td>制定地方性法规：包括执行法律和行政法规的事项、地方性事务、以及除必须制定法律外其他还未来得及制定成法律或行政法规的事项</td></tr>
<tr><td rowspan="2">市级</td><td>设区的市（包括四个不设区的市）的人民代表大会及其常务委员会</td><td rowspan="2">针对城乡建设与管理、环境保护、历史文化保护等方面的事项制定地方性法规</td></tr>
<tr><td>自治州的人民代表大会及其常务委员会</td></tr>
<tr><td rowspan="3">例外</td><td>省、自治区的人民政府所在地的市，经济特区所在地的市和国务院已经批准的较大的市的人民代表大会及其常务委员会</td><td>已经制定的地方性法规，涉及上述事项外的，继续有效</td></tr>
<tr><td>经济特区所在地的省、市的人民代表大会及其常务委员会</td><td>根据全国人民代表大会的授权决定，制定法规</td></tr>
<tr><td>自治区、自治州、自治县的人民代表大会</td><td>自治条例和单行条例</td></tr>
</table>

① 为了研究的方便，以下不予考虑例外情形。

自吉尔兹提出“法律是一种地方性知识”① 以来，我国法学界就出现了以朱苏力为代表的“本土资源学派”和以梁治平为代表的“法律文化学派”，旨在说明西方法律的非普世性，中国法治应该注重本国文化和实际。近几年来，一方面介于我国幅员辽阔、人口众多，一个省的面积和人口往往足够与欧洲一个国家相提并论，另一方面则是由于各省自然条件和人文地理的差异较大、风俗习惯、文化传统以及经济发展水平各不一样，故此学界开始借用法律是地方性知识这一认识角度和思考方法来研究地方立法与区域法治。学者们的探讨意在论证法律是规则体系和实践智慧的集合，在全国范围内无法整齐划一，因而理应适当扩大地方的立法权限，另外也说明在此基础上区域法治的发展势在必行。《立法法》顺应这一趋势，并未将立法权集于中央，而是在逐步放权。不仅赋予省、自治区、直辖市的人民代表大会及其常务委员会在执行法律和行政法规的事项、地方性事务以及除必须制定法律外其他还未来得及制定成法律或行政法规的事项等方面制定地方性法规的权力，并将针对城乡建设与管理、环境保护、历史文化保护等方面的事项制定地方性法规的权力扩容到设区的市、自治州的人民代表大会及其常务委员会，符合央地分权的基本法治精神。

二、《立法法》体现了央地立法权的制衡关系

《立法法》明确规定了中央与地方各立法机构的立法程序等相关内容，通过对其文本的梳理，央地立法权的制衡关系了然于目，主要分为以下四类。

第一，中央立法主体对地方立法主体的制约。总的来说，中央立法主体主导统筹立法工作，且其制定的法律效力高于地方立法主体制定的地方性法规。《立法法》在第 51 条和第 52 条规定了中央立法主体在立法工作中起主导作用，且详述了全国人民代表大会常务委员会通过立法规划、年度立法计划等统筹安排立法工作。第 88 条也明确了法律的效力高于地方性法规。除此以外，中央立法主体制约地方立法主体的方式还有：①第 13 条规定的授权暂停法律适用——中央立法主体可以决定在部分地方暂时调整或暂时停止适用法律的部分规定；②第 74 条规定的授权立法——根据全国人民代表大会的授权可制定经济特区法规；③第 75 条规定的批准立法生效——自治区的自治条例和单行条例，需经全国人民代表大会常务委员会批准后才能生效；④第 97 条规定的

① ［美］克利福德·吉尔兹：《地方性知识：事实与法律的比较透视》，梁治平主编：《法律的文化解释》，三联书店 1994 年版，第 73 页。

撤销立法——全国人民代表大会有权撤销不适当的自治条例和单行条例，全国人民代表大会常务委员会有权撤销不适当的地方性法规、自治州和自治县两级的自治条例、单行条例；⑤第 72 条和第 98 条规定规定的立法备案——设区的市、自治州开始制定地方性法规的具体步骤和时间，地方性法规、自治州和自治县两级自治条例、单行条例都得报全国人民代表大会常务委员会备案，且经济特区法规、自治条例、单行条例还应当说明作出变通的情况；⑥第 99 条规定的审查立法——常务委员会工作机构可以被动审查地方性法规、自治条例、单行条例，也可主动审查报送备案的规范性文件；⑦第 100 条规定的提书面审查研究意见——常务委员会工作机构有权向地方立法主体提出书面审查意见、研究意见，地方立法主体应当在两个月内研究提出是否修改的意见，若进行修改或者废止的审查终止，不予修改的则提出予以撤销的议案、建议，由常务委员会会议审议决定。

第二，中央立法主体之间的制约。由于中央立法主体仅包含全国人民代表大会及其常务委员会，制约关系相对比较简单，主要包括提法律案、改变或撤销立法两类。《立法法》第 14 条规定全国人民代表大会常务委员会可向全国人民代表大会提出法律案，且人民代表大会必须审议。第 97 条规定全国人民代表大会有权改变或者撤销其常务委员会制定的不适当的法律。

第三，地方立法主体对中央立法主体的制约。包括：①第 15 条、第 56 条规定的提法律案——一个代表团或者三十名以上的代表联名，可以向全国人民代表大会提出法律案，但是否列入会议议程还有待审议决定；若未获得通过的法律案，仍可以重新提出，由主席团、委员长会议决定是否列入会议议程。②第 17 条、第 18 条、第 21 条、第 28 条、第 36 条规定的审议法律案时的一系列相关权力——全国人大常务委员会审议法律案时，应当征求全国人民代表大会代表的意见；常务委员会工作机构进行立法调研，可以邀请有关的全国人民代表大会代表参加；常务委员会决定提请全国人民代表大会会议审议的法律案应在一个月前发给代表；由各代表团进行审议法律案；针对法律案召开各代表团团长会议，听取各代表团的审议意见；针对专门性问题，召集代表团推选的有关代表进行讨论；常务委员会会议审议法律案时，应当邀请有关的全国人民代表大会代表列席会议；法律案需要进行可行性评价的，应当召开论证会，听取全国人民代表大会代表等方面的意见；法律案需要进行听证的，应当召开听证会，听取全国人民代表大会代表的意见；常务委员会工作机构应当将法律草案发送相关领域的全国人民代表大会代表、地方人民代表大会常务委员会以及有关部门、组织和专家征求意见。③第 46 条规定的提法律解释要求——省、自治区、直辖市的人民代表大会常务委员会可以向全国人民代表大会常务委员会提出法律解释要求；④第 52 条、第 60 条规定的提出议案建议权——全国人民代表大会常务委员会编制立法规划和年度立法计划时，应当认真研究代表议案和建议；法律草案与其他法律相关规定不一致的，提案人应当予以说明并提出处理意见，必要时应当同时提出修改或者废止其他法律相关规定的议案。⑤第 64 条规定的法律询问——全国人民代表大会常务委员会工作机构可以对有关具体问题的法律询问进行研究予以答复，并报常务委员会备案。[①] ⑥第 73 条规定的先行制定地方性法规——除必须制定基本法律的事项外，其他事项国家尚未制定法律或者行政法规的，地方立法主体可以先制定地方性法规。

第四，地方立法主体之间的制约。主要包括批准立法实施、确定立法权、改变或撤销立法、提请立法审查。具体见以下条款：第 72 条——设区的市、自治州的地方性法规须报省、自治区的人民代表大会常务委员会批准后施行，且其开始制定地方性法规的具体步骤和时间，由省、自治区的人民代表大会常务委员会确定；第 75 条——自治州、自治县可制定自治条例和单行条例，且经过省、自治区、直辖市的人民代表大会常务委员会批准后才能生效；第 97 条——省、自治区、直辖市的人民代表大会有权改变或者撤销它的常务委员会制定的和批准的不适当的地方性法规；第 99 条——各省、自治区、直辖市的人民代表大会常务委员会可向全国人民代表大会常务委员会书面提出审查地方性法规、自治条例和单行条例的要求。不难发现，这四个制约关系可以分为两类，前三项批准立法实施、确定立法权、改变或撤销立法是省级立法主体与市级立法主体之间纵向的地方立法主体之间的制约，后一项提请立法审查由于地方性法规的制定主体包括省级立法主体和市级立法主体，因而比较复杂——既存在省级立法主体相互间的横向制约，又存在省级立法主体对市级立法主体的纵向制约关系（图 1）。

① 答复法律询问，即法工委对各省、自治区、直辖市人大常委会及中央和国家机关有关部门提出的有关法律方面问题的询问进行研究予以答复，并报常务委员会备案。褚宸舸：《论答复法律询问的效力——兼论全国人大常委会法工委的机构属性》，载《政治与法律》2014 年第 4 期。

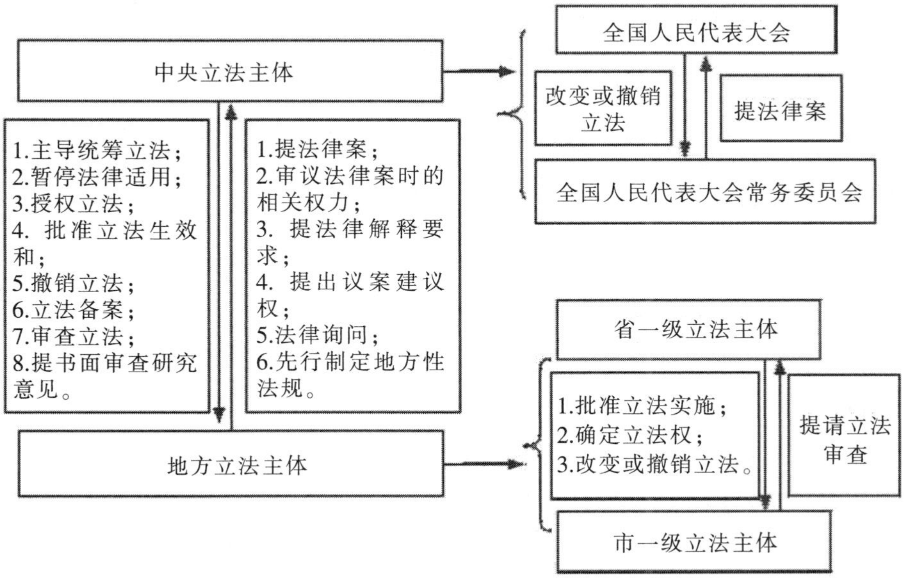

图1　立法主体之间制约关系图

立法主体作为我国民意的集中代表，体现的是人民的利益。然而，中央立法主体代表的是全体人民的共同利益，地方立法主体体现的是属于某一地方区域范围内民众的利益。人民的整体利益具有根本一致性，但地区居民的局部利益则有差异，并且还可能会与整体利益出现冲突。如“十五”期间，中央开始着手淘汰高耗能、高污染的小型电厂以节能降耗和保护环境时，山东省却违背中央意愿，以放弃长远的可持续发展为代价换取近期经济的增长，在2000—2003年短短3年时间内建设了总量高达515万千瓦的小型电厂，发电能力占全省全部供电能力的25%。中央与地方发生的此种矛盾冲突，最主要原因在于中央要从全社会利益考虑，保持宏观经济的稳定与经济的长期可持续增长，而地方则是为了获取自己的独立利益要摆脱中央政府对自身经济增长的束缚。① 从山东省的例子可以看出，有必要通过中央立法主体和地方立法主体的相互制约来平衡两者间的利益关系。

此外，“一切有权力的人都容易滥用权力，这是万古不易的一条经验，有权力的人们使用权力一直到遇有界限的地方才休止。”② 以地方立法权为例，

① 王建：《地方政府辨》，载《学习时报》2006年9月11日，第004版。

② ［法］孟德斯鸠：《论法的精神（上册）》，商务印书馆1961年版，第154页。

其膨胀事实如：珠海市试图通过让投资者享受港澳民商事法律服务来吸引外资以谋求自身发展的最大利益，2011 年在制定《珠海经济特区横琴新区条例》之时，就在草案中规定可以任命香港、澳门的法官为横琴新区民商事审判机构的人民陪审员。然而这与《全国人大常委会关于完善人民陪审员制度的决定》中法律专业人士不得担任人民陪审员的精神不相符。而要解决上述权力任性的问题，也许分权制衡是其关键可行的路径。分权制衡是人类社会普遍的政治规律。① 西方的分权制衡理论雏形最早可以追溯到亚里士多德时期，在《政治学》中其把议事机能、行政机能和审判机能视为一切政体都必须具备的三个要素。② 孟德斯鸠在《论法的精神》中系统阐述了由立法、司法、行政三权分立并制衡的近代分权制衡理论，这一理论最终在美国的建国实践中得以完善并享誉全球。当然，权力制约不仅是横向上的权力相互之间的制约关系，也包括纵向上的中央与地方之间基于国家权力的分配而形成的权力制约关系。③ 因而说，设立中央立法主体与地方立法主体的权力制衡以防止中央立法权和地方立法权的膨胀或失控，具有重大意义。

我国《立法法》规定了央地立法主体间的四种权力制衡组合，即：中央立法主体从主导统筹立法、暂停法律适用、授权立法、批准立法生效、撤销立法、立法备案、审查立法、提书面审查研究意见等方面对地方立法主体的制约；地方立法主体在提法律案、审议法律案时的相关权力、提法律解释要求、提出议案建议权、法律询问、先行制定地方性法规等方面对中央立法主体的制约；中央立法主体之间通过提法律案、改变或撤销立法的制约关系；地方立法主体之间包括批准立法实施、确定立法权、改变或撤销立法、提请立法审查的制约关系。《立法法》所体现的中央立法主体与地方立法主体相互间交错的制约关系，正是这一分权制衡法治理念的有力诠释。然而，《立法法》所体现的制约关系几乎全是纵向的制衡，虽然在第 99 条提到了省级立法主体相互间的横向制约，但其规定并不明确。且同一省份的市级立法主体、不同省份的市级立法主体之间的制约关系没有规定。再有，从图 1 中可以看出，市级立法主体对省级立法主体的制约也没有成文。最后，上一级立法主体不平等分配立法权

---

① 阮李全：《分权制衡：一条人类社会普遍的政治规律——〈联邦党人文集〉的启示》，载《重庆师范大学学报（哲学社会科学版）》2006 年第 1 期。

② ［古希腊］亚里士多德：《政治学》，商务印书馆 1965 年版，第 215 页。

③ 葛洪义：《地方法制的意义——中央与地方关系的法律化、制度化问题初探》，载《学习与探索》2010 年第 1 期。

时，下一级立法主体是否有权进行制约，这在《立法法》文本中也没有体现。

三、央地分权制衡视角下《立法法》现有架构的评析与完善

分权与制衡是法治的精神。一方面，基于法律是地方性知识的理念，《立法法》将地方立法主体扩容至设区的市（包括四个不设区的市），并明确了中央与地方立法主体的立法权限，形成了纵向分权的架构。另一方面，由于中央立法主体和地方立法主体所代表的利益各不同，且源于权力容易膨胀与失控的本性，《立法法》规定了中央立法主体与地方立法主体之间的四种组合制约关系，体现了央地立法权的制衡理念。《立法法》的现有架构既明确了央地立法主体的分权权限，又体现了央地立法权的制衡关系，可谓是基本遵循了央地分权制衡的法治精神。然而，具体制度层面还以下问题需要完善：

第一，《立法法》忽视了每一层级地方立法主体的多元性，因而当上一级立法主体不平等分配立法权时，受到不平等对待的同一层级其他立法主体没有相应的反抗机制。

《立法法》现有分权制衡架构，将中央立法主体和地方立法主体都视为是单一的，故而制约关系只存在于这两者之间。然而，《立法法》忽略了至关重要的一点，即我国的地方立法主体包括省级立法主体和市级立法主体，并且每一级地方立法主体的数量繁多，具有多元性。法的每个命令都决定着一种利益的冲突，法起源于对立利益的斗争，法的最高任务是平衡利益。① 每一个地方立法主体都代表着其利益，故而中央立法主体在对某一立法主体进行授权立法、批准立法生效、立法备案，或者暂停其法律适用等有关于分配立法权时，还牵涉其他地方立法主体的利益。然而地方立法主体对中央立法主体的制约仅针对中央立法主体制定法律这一领域，中央立法主体的上述分配立法权问题在《立法法》中并没有进行规制。同样，省级立法主体对市级立法主体所行使的批准立法实施、确定立法权、改变或撤销立法、提请立法审查等，在可能侵犯市级其他立法主体的利益时，也没有相应的制约机制。

王建学在《论地方性法规制定权的平等分配》一文中，从国家平等对待单个个人的义务推演出国家平等对待各地方单位的义务，并认为国家平等对待各地方的义务既可以存在于权利领域，也可以适当延伸至权力领域，故此各地

① 张文显：《二十世纪西方法哲学思潮研究》，法律出版社2006年版，第109页。

方具有平等的立法权。[①] 国家应当提供组织与程序保障，在向各地方自治团体分配立法资格时有义务适当考虑地方间的平等。[②] 受其启发，笔者认为，如果上一级立法主体对下一级立法主体行使某一或某些权力时（大部分情况下是有关立法权的分配），涉及其他立法主体的利益，那么同一层级的其他立法主体可以以上一级立法主体未能平等对待立法权为由，对上一级立法主体进行制约。即中央立法主体在对省级某一立法主体行使权力时，省级其他立法主体有权对其进行制约；省级立法主体对市级某一立法主体行使权力时，市级其他立法主体有权对其进行制约。当然，为避免混乱，对中央立法主体的这类制约只能由省级立法主体行使，而市级立法主体也只可以针对本省的省级立法主体行使上述权力。

第二，《立法法》分权制衡的现有架构只包括中央层面的立法和地方层面的立法两级结构，忽视了地方立法主体为协作立法而形成的区域协作立法这一层级，使得在实践中大行其道的区域协作立法缺乏相应的制度依据。

区域协作立法可以避免区域内各主体各自为战的局面，在消解行政壁垒的同时减少地方立法保护，另外还可以降低立法成本、减少重复立法和立法冲突，为区域发展提供和谐统一的法治环境。基于此，区域协作立法包含了地方立法主体之间的横向合作与制约，在实践中备受青睐，已然成了一种立法趋势，且随着时间的推移，区域协作立法已复杂化。

自20世纪80年代中后期“沿海地区发展战略”执行开始，我国一直贯彻区域协调发展的重大国家战略。各区域在推进经济一体化的过程中，逐步加强了地方立法协作。如长江三角洲、珠江三角洲、东北三省、中部崛起和西部大开发国家战略背景下的各区域[③]，以及京津冀等区域，都在积极进行地方立法协作探索。可见，我国区域协作立法涉及行政范围广。另外，区域协作立法所涉及的立法主体层级也比较复杂，主要存在以下两种类型：一类是同一省份内不同市级立法主体间的立法协作，如广东省人民代表大会常务委员于2011年制定了《广东省实施珠江三角洲地区改革发展规划纲要保障条例》，所规定的小珠江三角洲区域地方立法协作包括广东省内九个市级立法主体；另一类

---

① 王建学：《论地方性法规制定权的平等分配》，载《当代法学》2017年第2期。

② 王建学：《论地方性法规制定权的平等分配》，载《当代法学》2017年第2期。

③ 陈俊：《我国区域经济一体化中地方立法协调的模式及样本》，载《江汉大学学报（社会科学版）》2013年第5期。

是，省级立法主体间的立法协作，如京津冀三地人大常务委员会在 2015 年共同出台《关于加强京津冀人大立法工作协同的若干意见》，其中京津冀三地地方立法协作则包括北京、天津、河北省三个省级立法主体。但是，随着立法主体的扩充，不同省份的市级立法主体之间的立法协作很有可能也会应运而生。再有，区域地方立法可供协作的项目内容也在不断增多，之前的区域协作立法主要集中在产业布局等经济发展领域、大气和水污染等环境治理领域，而今慢慢扩张至交通等基础建设领域、地下水管理等基本公共服务领域以及国土资源的保护等领域，甚至以后历史文化方面也将纳入区域协作立法的范畴。正如孟庆瑜教授指出的“京津冀三地人大在地下水管理、水土保持、国土保护与治理等重点立法项目上在进行积极沟通，今后教育、医疗、社保、文化、体育等方面也要纳入协同立法的范畴”。

然而，由于区域协作立法在《立法法》文本中并没有明确的规定，各区域的立法协作仍处于摸索阶段。且各地政治、经济、社会、环境、文化等各方面能力都不对等，在没有法律作为依据的前提下，实践中相关区域协作立法条文的出台也比较艰难。2017 年 2 月 20 日，《京津冀人大立法项目协同办法》在京津冀人大协同立法工作会议上通过，至此，立法项目协同的目的、范围、原则、内容、程序、方式等方面都有了相应的规范，紧密型立法协同阶段开启。也许这为《立法法》中对区域协作立法的有关规定提供了参考样本。

第三，《立法法》规定了省级立法主体的横向制约关系，然而市级立法主体扩充后，市级立法主体自身权力膨胀以及侵犯市级其他立法主体权益的情形势必会随之上升，故此理应在市级立法主体间也设立这种横向制约关系。

《立法法》第 99 条规定对于与宪法或者法律相抵触的地方性法规，各省、自治区、直辖市的人民代表大会常务委员会可以通过书面的形式，向全国人民代表大会常务委员会提出进行审查的要求。究其本质，这一条旨在通过省级立法主体对地方性法规（主要是省级其他地方立法主体所制定的地方性法规）的监督，以制约其他地方立法主体，不仅可以防止其他立法主体权力膨胀，还可以避免其他立法主体侵犯其权益。这一法条主要体现了省级立法主体之间横向的制约关系，在《立法法》分权制衡方面有着重大意义。另外，在法院不具备审查地方性法规合理法性，且法院的独立性较差的我国，要设立专门独立的机构审查地方性法规，有一定的难度。立法主体之间横向制约机制的形成，为地方性法规的审查提供了一个较为客观的渠道。

然而，《立法法》第 99 条只规定了省级立法主体的横向制约关系，在

《立法法》修改之前有其合理性。在 2015 年《立法法》修正以前，我国仅 27 个省、自治区的人民政府所在地的市，4 个经济特区所在地的市和 18 个经国务院批准的较大的市，共 49 个市级的地方立法主体。① 这一时期，市级立法主体的数量不多，所制定的地方性法规也不会很多，因而彼此之间的利益牵连较少，故此可以不用赋予市级立法主体监督地方性法规的权力。然而，新《立法法》制定后，全国设区的市以及东莞、中山、嘉峪关、三沙等 4 个不设区的市被赋予城乡建设与管理、环境保护、历史文化保护等方面的地方立法权，共有 292 个②市级立法主体享有制定地方性法规的权力。另外，自治州的人民代表大会及其常务委员会也可以依照规定行使设区的市制定地方性法规的职权，我国一共有 30 个③自治州。由此可见，《立法法》修正后我国共有 322 个市级的地方立法主体。相应的，地方性法规的数量也会随之成倍增长。法律并不创造任何利益，法律的根本任务或作用就在于承认、确定、实现和保障利益。④ 可见，立法是各方利益的博弈。这时候，便不能再忽视市级立法主体对地方性法规的监督。市级的横向制约关系分为两类：第一类是，监督同一省份的市级立法主体制定的地方性法规；第二类是，监督不同省份的市级立法主体制定的地方性法规。

第四，《立法法》只规定了省级立法主体对市级立法主体的制约，然而随着省级立法主体权限的扩大，有必要赋予市级立法主体制约省级立法主体的权力。

《立法法》修改后，市级立法主体数量急剧增加。与此相对，在面向市级立法主体时，《立法法》又赋予省级立法主体众多权力，包括第 72 条规定的审查批准立法实施、确定立法步骤与时间，以及第 97 条规定的改变或者撤销立法。可想而知，当市级的地方立法主体急剧扩容至 322 个时，省级立法主体的权力相应地也得到扩张。如《立法法》第 72 条规定新增的市级立法主体，开始制定地方性法规的具体步骤和时间，由省级立法主体综合考虑本省、自治区所辖的设区的市的人口数量、地域面积、经济社会发展情况以及立法需求、立法能力等因素后加以确定。这一条旨在规制省级立法主体的权力，以稳步使

---

① 自治州制定的是单行条例等，不包括在市级的立法主体里。

② 程波，吴玉姣：《认真对待地方立法重复》，载《中国社会科学报》2017 年 8 月 9 日，第 5 版。

③ 谈振好：《中国区域差距与政治发展研究》，甘肃人民出版社 2012 年版，第 84 页。

④ 刘全德：《西方法律思想史》，中国政法大学出版社 1996 年版，第 236 页。

得市级立法主体开始行使其立法权。然而，截至 2017 年 1 月 1 日，新增的市级立法主体中就有 260 个①开始制定地方性法规的具体步骤和时间已确定。可见，省级立法主体在还不到两年时间内，行使这一项有关确定立法权的频繁性。翻阅《立法法》文本，却找不到市级立法主体对省级立法主体的制约，由此可见，在这一方面《立法法》的纵向分权制衡架构有待进一步完善。笔者认为，可以比照地方立法主体对中央立法主体的制约机制，建立市级立法主体制约省级立法主体的相关制度。如在《立法法》中明确规定市级立法主体可以向省级立法主体提有关议案、可以要求解释省级地方性法规等。

综上，《立法法》在央地分权制衡视角下较为完善的制约关系应该主要存在以下四类。第一类是中央立法主体与地方立法主体间的分权制衡关系；第二类是中央立法主体之间的制衡关系；第三类是地方立法主体间的纵向分权制衡关系，即省级立法主体与市级立法主体间的分权制衡关系；第四类是地方立法主体间的横向分权制衡关系，包括：①某一地方立法主体与其他地方立法主体通过区域协作立法而形成的横向制约关系；②省级立法主体之间的分权制衡关系；③市级立法主体间的分权制衡关系。其中市级立法主体间的分权制衡关系可以分为：同一省的行政区划间市级立法主体间的分权制衡关系、不同省的行政区划间市级立法主体间的分权制衡关系（图 2）。

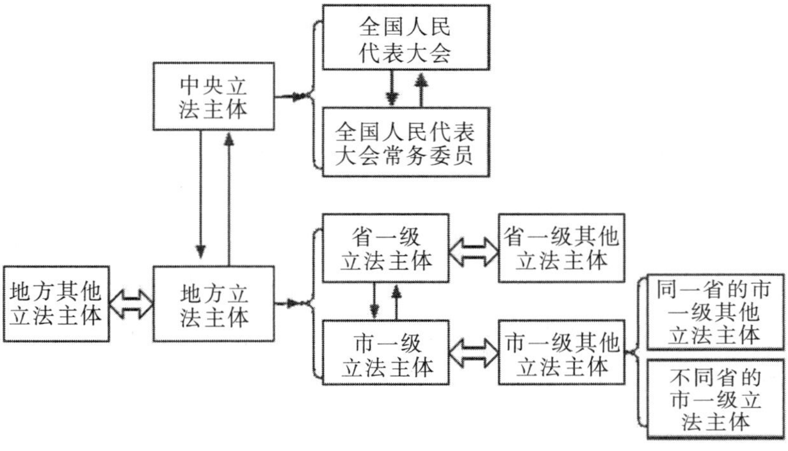

图 2　同一省的行政区划间市级立法主体间的分权制衡关系图

① 程波，吴玉姣：《认真对待地方立法重复》，载《中国社会科学报》2017 年 8 月 9 日，第 5 版。

我国地方立法权限配置缺陷及解决方法探析*

龚保华**

摘要：我国国家立法权和地方立法权的权限在我国宪法及立法法中有相应规定，地方立法应当服从中央立法的统一领导，遵从上位法优先于下位法的原则。我国法律赋予了地方立法权，以弥补中央立法只能遵从统一方向，而无法全面照顾地方法律适用不平衡的实际状况的不足之处。但是，我国立法体制赋予地方立法权，也造成立法权限配置的相关问题的出现，重复立法、越权立法、法律实施性差等问题也层出不穷。本文主要对国家立法和地方立法的权限配置缺陷进行探讨，目的是理清思路，提出相应解决方法，力求对建立和优化立法权限体系提供建议和思考。

关键词：国家立法；地方立法；权限配置；缺陷

根据我国于2015年新修订的《立法法》的修订内容中包括：赋予设区的市地方立法权，对部门规章和地方政府规章权限进行规范等。这些修改除了将地方立法主体范围进一步扩大，也表明国家对于立法权限是极其重视的，同时也在通过法律手段和政策手段对立法权限进行规范。我国的立法现状以及法律适用现状存在在地区差异和各地不平衡状况，对于法律资源较弱的中西部地区反映得更为明显。随着经济产业的不断升级，涌现了不少新兴行业，新兴行业的出现和发展极为迅速，国家立法很难在短时间内出台监管政策和法律，各地方制定了适应本地实际的相关政策和法规，存在差异性，但是解决了无法可依的问题。因此《立法法》关于扩大立法主体范围的规定，从一定程度上解决了地方立法的权限问题，可以看出国家是鼓励地方针对本地实际设立因地制宜

---

* 此文收录于2016年湖南省立法研究会论文集。

** 龚保华，法学博士研究生，湖南省永州市人民政府法制办公室立法科科长。

的地方性法规，以适应本地实际需要。

一、我国国家和地方立法权限简述

我国立法模式的发展历史经历了三个重要时期，分散立法模式时期（1949 年至 1954 年宪法颁布）、中央集权的立法模式时期（1954 年宪法颁布至 1979 年全国人大五届二次会议前）、集权的分权立法模式时期（1979 年全国人大五届二次会议至今）。如今，我国实行的全国法治统一的方针，对中央和地方立法权限进行了职权划分，由中央统一领导地方进行法制建设。我国的立法权属于全国人民代表大会，这在宪法中有明确规定，全国人大对于我国的基本法律拥有制定和修改的权力，全国人大在闭会期间，由全国人民代表大会常务委员会代为行使闭会期间的相关权力。而对于行政法规和部门规章的规定则是，国务院负责制定行政法规，国务院部门、国务院直属行政单位制定行政规章，这是对中央立法权限的简述。至于地方立法权限，由于我国是单一制国家，因此地方归中央统一领导，地方的立法权要受中央领导，宪法规定地方性法规由省市级、直辖市人民代表大会制定和修改，在省市级、直辖市人大闭会期间由省市级、直辖市人大常委会代为行使相关权利。自治区、自治州、自治县有权自治条例和单行条例，特别行政区拥有独立的立法权力。①

二、我国地方立法存在的问题分析

《立法法》对设区的市也赋予了立法权，这无疑是在扩大地方立法主体的范围。地方立法权限及主体范围的扩大化也导致不少问题的出现，如重复立法的问题、越权立法的问题、地方性法律规范实施较难的问题等。

（一）重复立法

我国地方立法一贯遵循地方服从中央，下位法遵从上位法的原则，对于国家已经出台相关法律的情况下，地方立法机构和地方政府在设立和制定地方性法律法规时，存在大量照搬上位法的情况。法律一般由三部分组成，包括假定条件、行为模式和法律后果。立法过程是一个任重而道远的历程，对于每条法律规定的假定条件、行为模式、法律后果都需要进行研究和论证，最终才会得出最适应实际的法律规定。然而，我国地方立法出现一个比较严重的弊病，就是照搬上位法规定，法律的制定从收集意见到起草再到草案的形成都需要耗费

① 程庆栋：《我国地方立法权的配置研究》，厦门大学 2014 年硕士学位论文。

物资和人力，照搬上位法并未减少立法成本，但同时也未制定出符合实际需要的地方性法规，这无疑是一种人力物力财力的浪费。[①] 除此之外，下位法遵循和照搬了很多上位法中缺乏实质实施意义的规定，导致地方没有具有针对性的适用性法规条文可用，在适用法律时仍然适用上位法而导致下位法成为虚空的尴尬局面。

（二）越权立法

我国赋予地方的立法权限及范围较大，国家法律没有规定，但是地方可以根据自身实际制定相应的规范，这不仅在地方性法规中体现，在很多部门法中均有体现。甚至一些法律是在地方先出台地方性法规的基础上，然后再经过国家立法程序立法，形成全国性的法律。我国对地方立法权限的设置，也出现一些隐患，地方立法时，出现了超越自身立法权限范围的立法现象。由于地方立法权限的扩大，越权立法的现象就越发严重，我国对中央立法和地方立法权限的界限越模糊，越权立法就会必然发生。越权立法引发的最严重的问题还是地方擅自出台法律规定，制定法律文件，同时又不需要遵循上位法的规定，在上位法无法可依的情况下，形成地方各自为政的现象，扰乱法治的统一性。[②]

（三）地方性法律规范实施难度大

地方性法律规定的因地制宜和实施，是法律法规制定过程应当重视的两个问题，这两个问题之间又存在必然的联系，若地方性法律法规缺乏因地制宜这一特性或者存在大量照搬上位法的现象，那么地方法律规定将很难在当地实施。法律的实施和普及本身是一个较难的过程，因此对于法律的适用性要求会很高，这也是为何国家在颁布法律之后，地方需要根据自身实际制定适用的下位法的原因，对于不切实际或没有实际实施性的地方性法律规范，实施将会更加困难。除此之外，上位法中很多不具有实质实施意义的法条原本是希望各地方按照本地的实际情况制定出具有实用性的规定，但被下位法照搬后使得原本就缺乏实用性的法律变得更加无法适用。

---

① 田自成：《我国地方立法不抵触原则在实施中存在的问题及对策》，湖南大学2011年硕士学位论文。

② 仁尔昕，宋鹏：《关于地方重复立法问题的思考——正确理解并遵循立法的科学原则》，载《法学杂志》2010年第9期。

三、我国地方立法权限配置缺陷及其原因分析

（一）国家立法和地方立法的界限不明确

我国目前已有的法律，如《宪法》《立法法》等法律条文对国家立法和地方立法的界限规定并非十分明确，致使地方立法机关在制定法规时并不十分清楚自己是否拥有相应的立法权力。我国对其他国家机关制定规章或者对地方性立法机关立法职权大多采用概括式和列举式的方式进行界定，概括式的方式无法做到明确清晰的界定，列举式的方式更无法做到完全列举，因此这些概括式和列举式的方式是十分粗泛的。地方立法权在无明确界定的情况下，因地方事务的多样性而导致立法涉及的内容十分多样化，而地方性法规的实用性和权威性却并非很强，除此之外，立法冲突现象也较为突出。①

（二）地方立法缺乏规制和监督

地方性法律规范因其地方性和多样性的特点，对其制定过程和实施过程都较难进行监督和规制。很多地方性法规的制定缺乏相关法律依据或者上位法参照，其内容的合理性仍待考证和研究，因此在适用时难免会出现难以适用或者不合理的情形。立法监督和法律监督在构建法治社会中占据举足轻重的地位，但我国目前对立法和法律实施等方面的监督仍不够健全，尤其是对于地方立法的监督。目前我国对地方立法职权的行使也没制定专门的监督程序，设置专门的监督主体，监督的内容和权限也未做详细规定，因此有必要加强对地方立法的监督，形成专门的监督体系。②

（三）地方立法权限过于扩大化

由于我国并未对地方立法权限进行明确的规制，各地经济、文化、财政、交通、环境、税务等涉及的事物十分广泛，立法范围也十分宽泛，对于涉及地方各类事务都可以行使地方立法职权，导致各地法律规定差异化明显，形成各自为政的局面。我国是单一制国家，由中央统一领导地方，在立法层面，地方立法必须服从中央的统一领导，应当在中央设定的范围内进行立法，但现实情况是，中央立法并非涉及方方面面，国家法律适用于全国但同时也过于概括，

① 仁尔昕，宋鹏：《关于地方重复立法问题的思考——正确理解并遵循立法的科学原则》，载《法学杂志》2010年第9期。

② 仁尔昕，宋鹏：《关于地方重复立法问题的思考——正确理解并遵循立法的科学原则》，载《法学杂志》2010年第9期。

无法适应地方实际需要，因此地方选择自行制定适合自己实际情况的法规，并在本地实施，这样的行为不利于法制统一，更不利于建立统一和谐的法治社会。2015 年修订的《立法法》，对设区的市也赋予立法权，更加扩大了地方立法主体的范围，导致地方立法权限的扩大化。

四、国外部分国家立法权限划分

（一）日本

日本是一个三权分立国家，国会是日本宪法中规定的最高权力机关，同时也是日本唯一的立法机关，除了日本宪法规定的例外情况外，全部法律由国会决议成立，同时日本的下位法只有通过法律明确授权才能由其他国家机关制定。但是日本宪法规定的例外情况中包括地方议会可以制定条例，但前提是不得违反法令，同时只能在管理事务的范围内制定相关规定。日本《宪法》第 92 条中有规定地方公共团体实施自治的原则，地方立法设计的范围还是比较广的，涉及地方财政、环境保护、社会福利和保障、社会治安、经济建设等，但是地方立法有几个要求必须遵守：必须符合立法程序要求，不允许超出法律规定的范围，地方法律规定的效力低于法律，地方法律规定不得与中央立法相抵触等。

（二）法国

法国作为一个单一制国家，立法实行中央集权是其一大特征。但由于中央集权过于严重，导致地方立法失去积极性和主动性，《权力下放法案》出台后逐渐改变了这种状况，地方议会开始按照法律规定，在宪法和法律允许的范围内，行使立法权。但是由于受法国浓厚的中央集权的深远影响，法国的地方立法自主权仍然受到很大的限制，地方必须完全服从于中央，受到中央的严格控制。在中央严格控制下的地方政府很难真正实现地方立法自治，因而法国的地方立法权限比较有限。①

（三）瑞士

瑞士的立法体制采用联邦制国家立法体制，但是又是以民主为基础，总体上来说瑞士属于大陆法系国家，但是由于立法体制的特殊性，瑞士的法律体系中又兼有普通法系的因素。

---

① 邓艺菊：《欧洲国家地方立法权配置的宪法模式研究》，西南政法大学 2015 年硕士学位论文。

瑞士的各州拥有立法权，可以根据联邦宪法制定州宪法，除了实体法外，各州可以自行制定诉讼法，这也造成各州的诉讼程序存在差异。在瑞士，隶属于各州的一些社区也有一定的立法权限，但大多是针对本社区的公共市政体系的改善以及公共福利等。瑞士这个国家联邦立法和地方立法权的权限划分明确，在立法方面又极大地体现民主原则，因为这个原因，瑞士的立法独具瑞士特色和风格。

五、我国地方立法权限设置的建议

（一）明确地方立法权限

明确立法权限首选要求对立法主体范围进行设定，明确哪些地方机关拥有立法权力是十分重要的。我国《立法法》虽然对法律位阶进行了规定，但是仍然存在很多法律冲突的现象，尤其是地方性法规和国务院部门规章之间的冲突，地方性法规和地方政府规章之间的冲突等，这些都是需要解决的问题。如果对立法权限进行明确划分，并将法律效力进行分级，将可以解决部分法律冲突的问题。对于立法权限可以在专门的法律中进行规定，将拥有法律制定权和修订权的机关固定下来，形成专属的国家立法权，地方需要制定相应规定的，必须取得立法机关的授权方可进行，这样有两个好处：一是可以将立法权限界定清楚，明晰职权和职责；二是可以加强对地方立法的监管。

（二）完善立法监督体系

我国立法监督体制仍需不断完善，目前我国还未设立专门的立法监督机构，针对法律、行政法规、行政规章、地方性法规、地方规章等的合法性和合宪性进行审查。我国设立专门的立法监督机构，将会大大提高立法监督的有效性，立法监督机构的职权可以独立于全国人大，但其仍需要受全国人大统一管理，地方立法监督机构的职权也独立于地方人大，受地方人大管理。地方立法监督机构在行使职权时不受其他任何机构、任何人员的干扰，可以对地方性法规进行违宪审查，提出审查意见，出具审查报告，由法律评审委员会和立法监督机构一起对违宪问题进行处置，形成专门的审查体系。

（三）提高地方立法水平

为了避免地方不合理立法，应当提高地方立法的整体水平。随着地方立法权限和立法主体范围的扩大，对于地方性法规的可行性、合法性、合宪性应当更加重视，避免造成立法资源的浪费，因此应当从源头出发，提高立法主体的立法水平，从而提高地方法规的质量和可行性。除了立法主体，也应当优化地方立法的程序，从法律建议的收集、法律专家意见、民众意见，再到草案的形成、审查、试行，对整个立法程序进行优化。在制定地方性法规前，应当对本地已有法律资源和现有法规进行整体把握，做好立法规划，避免盲目立法，提高效率的同时也提高立法质量。为了保证法律的适用性，在法律制定前，应当对立法的必要性和可行性进行全方位的调查和论证，并对未来法规的实施效果进行合理预测，以求提高立法水平，并减少法律冲突现象，促进法律体系和谐发展。

六、结语

在我国立法体系的完善过程中，对于地方立法权限和中央立法权限的划分和配置仍然存在缺陷，亟待完善。地方立法权限的合理配置不仅可以提高我国整体立法水平和质量，避免法律体系混乱的出现，还有力地促进我国法制社会的发展，地方性法规的合理实施，各项事务有法可依，更有利于促进和谐健康社会的发展。但目前存在的缺陷，需要我们重视并采取措施解决，可参照国外相关优秀的典范，建立专门的立法监督机构，加强对立法过程的监督，防止地方立法权的过度膨胀，促进地方法制建设。

问题与对策：设区的市行使立法权探析*

肖迪明**

摘要：修正后的《立法法》全面赋予了设区的市立法权，这是我国立法体制的重大调整。伴随设区的市行使立法权工作的起步与发展，必然会面临一系列问题，而如何积极推进和保障设区的市立法权落地则是一系列问题的重中之重。从而，对设区的市立法权问题的关注与研究就具有较强理论价值与实践价值。本文试图从省与设区的市立法权限划分入手，继而探讨省级人大进行合法性审查过程中存在的若干问题，对此，提出科学厘清省与设区的市立法权限界限、准确把握审查的范围与标准以及优化设区的市法规审查批准程序均是保证设区的市立法权落地的对策。

关键词：设区的市；立法权限；审查范围与标准；审查批准程序

2015年3月，修正后的《立法法》全面赋予设区的市人大及其常委会制定地方性法规的职权，这是我国立法体制的重大调整，也是我国立法工作又一里程碑的事件，标志着我国地方立法工作进入到一个新的阶段。截至2016年7月底，自《立法法》修正一年多来，设区的市人大及其常委会认真履行法律赋予的职权，积极探索、稳步推进，立法工作取得了显著进展。全国目前已有123个市（州）人大及其常委会审议通过并经省（区）人大常委会批准的地方性法规147件，其中，立法条例115件，其他地方性法规32件①，获得地方立法权设区的市，已经迈出了行使地方立法权的第一步。

---

* 此文收录于2016年湖南省立法研究会论文集，后刊登于《地方立法研究》2017年第1期。

** 肖迪明，宪法与行政法学硕士研究生，湖南省人大常委会法工委主任。

① 该数据来源于2016年9月吉林长春第二十二次全国地方立法研讨会会议材料。

伴随着设区的市行使立法权的起步与深入，必然会面临一些理论问题或者实践问题，这些问题不容回避、不容忽视。

笔者作为多年从事地方立法的工作者，一年多来，在参与指导设区的市行使立法权过程中，注意到存在一些问题：关于对设区的市立法权限的理解（全国人大常委会法工委已在多个不同场合对此作出释疑，本文在此不再赘述）、省与设区的市立法权限的界限不够明晰、省人大进行合法性审查的范围与标准还存在理解上差异、审查批准设区的市地方性法规的工作程序的尚未形成统一、规范的做法等。对于这些问题，有的是法律未作出规定，有的是规定不够明确，但这些问题的解决又事关推进和保障设区的市立法权的落地，这就需要我们对这些问题进行深入探讨分析，结合各地在行使立法权过程中总结的经验和做法，找出解决问题的对策，才能保证设区的市立法权能落得实、用得好。

一、科学厘清省与设区的市立法权的界限

立法权限划分的讨论一直是立法学界研究的热点和难点，对此，笔者也多次撰文对此作出过探讨。① 理论界与实务界对于这一问题的关注及研究成果也多集中于中央与地方之间立法权限的划分。但对地方层级间立法权限划分的问题，在理论界与实务界均关注不多。在《立法法》修改前，其权限划分存在于省级地方立法权与较大的市立法权之间，而在《立法法》修改后，随着行使地方立法权的立法主体数量倍增，使得关注和探讨省级地方立法权限与设区的市立法权限边界就具有现实性和紧迫性。

《立法法》第 72 条、第 73 条对省级立法权限以及设区的市立法权限作出了明确规定，即省人大及其常委会对除全国人大及其常委会专属立法事项外的其他事项均享有立法权；而设区的市人大及其常委会的立法权限仅限于城乡建设与管理、环境保护、历史文化保护三个方面。从表面上来看，二者的立法权限清晰明了、界限分明，但仔细分析起来，特别在实践操作层面，至少存在以下两个方面的风险：

一是可能存在“架空”设区的市立法权的风险。从《立法法》第 72 条、

① 笔者曾连续三年关注此问题，撰写了《关于完善我国立法权限划分的思考》《较大的市立法权梳理与思考》《再论地方人大及其常委会与同级政府立法权限的划分》，分别于 2013 年、2014 年、2015 年向中国法学会立法学研究会年会提交。

第73条规定来看，省级立法权限的范围完全覆盖了设区的市立法权限，二者属于包含与被包含关系。换句话说，就是设区的市可以立法的事项，并不是其专属立法事项，不能当然排除省人大及其常委会也可以对城乡建设与管理、环境保护、历史文化保护等方面进行立法，即只要省人大及其常委会认为有需要，同样可以对设区的市属立法事项进行立法。如果省人大及其常委会对这三个方面进行立法时，不注意预留或者让渡空间给设区的市，反而事无巨细、面面俱到的话，就会导致设区的市立法根本没有空间，就会在一定程度上存在“架空”设区的市立法权的风险，从而导致《立法法》赋予其立法权的目的落空。

二是可能存在浪费立法资源的风险。具体来说，存在两种情况：第一种情况，从纵向来看，省人大及其常委会如果没有从立法选项上进行统筹，就会导致省、市人大在城乡建设与管理、环境保护、历史文化保护三个方面出现重复立法、交叉立法。比如，湖南省目前正在制定的《湖南省城市综合管理条例》，该项目在立项时，就引起争议，出现过不同意见，建议不作为省级的立法项目，应当交由设区的市去制定相应的地方性法规。后来，由于各方面因素的影响与考虑，还是将其列入了立法计划。最后导致的后果就是，针对城市管理同一立法事项，在省域范围内会出现多个相类似的法规，而其实质内容上并无太大差别。第二种情况，从横向来看，设区的市之间会就同一立法事项出现内容相似的地方性法规，而其真正区别只在于行政区域的不同，此时可能由省人大及其常委会进行立法更为妥当，而不应由设区的市进行分别立法，这也是造成立法资源的另一种现象。

笔者认为，要正确处理好省与设区的市立法权限的关系，要着重把握好以下三个关键点：

一是，为了充分发挥设区的市立法权的主观能动性，对属于设区的市立法权限范围内三个方面的立法事项，省级层面一般可以不去立法，由设区的市立法予以解决。换句话来说，省与设区的市之间重叠的立法权应当先由较低层级的设区的市来行使，在设区的市能够较好地进行规制时，省级立法主体可以不行使立法权；只有在设区的市依靠自身能力无法解决的情况下，才由省级立法主体行使立法权。① 比如以《湖南省东江湖水环境保护条例》为例，这是一个

① 程庆栋：《论设区的市的立法权：权限范围与权力行使》，载《政治与法律》2015年第8期。

省级层面的立法，其原因在于东江湖所属的郴州市在《立法法》修改前没有取得地方立法权，只能由省人大常委会进行立法。但《立法法》修改后，郴州市获得立法权后，对其辖区范围内的东江湖进行立法保护完全属于其立法事项范围内，省人大及其常委会就可以不再予以立法。

二是如果省级层面确需对设区市立法权限所属范围内事项进行立法时，一般仅限于省内不同设区的市面临共同的地方事务，此时，由省级层面进行立法，可以有效避免在一省之内就同一立法事项出现多个内容相近的立法。但也应当注意把握立法的角度和重点，要为设区的市立法留下空间。省级层面立法应当主要从立法的基本原则、基本制度和基本标准的把握入手，而对于具体制度措施，则由设区的市立法完成。

三是设区的市制定地方性法规时，在选项上要准确把握立法权限范围，如遇到把握不准时，要加强与省级人大沟通协调。要减少综合性立法，应坚持在“拾遗补缺”上做文章，更多地规范具体问题。不贪大求全，不片面追求体例完整和章节条款的一应俱全，而坚持“小而精”的原则，更多采取“一事一法”的体例。在具体内容及重要法律制度设计层面，不回避矛盾，注重其针对性和可操作性，能明确则尽量明确，能具体则尽量具体。

在此谈及上述关于科学厘清省与设区的市立法权限的界限时，我们有必要对自治州两种立法权并存与适用问题一并给予探讨分析。

其问题产生的来源在于修正后的《立法法》第 72 条第 5 款规定，“自治州人民代表大会及其常务委员会可以依照本条第 2 款规定行使设区的市制定地方性法规的职权。自治州开始制定地方性法规的具体步骤和时间，依照前款规定确定。”这一规定的出台，使得自治州获得了与设区的市享有同等的地方性法规制定权，从而自治州人大及其常委会的立法内容和形式显得更为丰富。自治州作为一个立法主体，同时拥有两种立法权，既可以制定单行条例，又可以制定地方性法规。这对于自治州来说，治理手段的多样化更有助于民族区域自治制度的贯彻落实。但笔者认为，自治州两种立法权的并存，如果不能正确加以区分，厘清二者之间的界限，在一定程度上就会给自治州立法带来混乱。最为突出的两个问题：

一是，如何厘清自治州人大制定的单行条例与自治州人大及其常委会制定的地方性法规的界限，即针对同一事项，在进行立法选择时，到底是制定单行条例还是制定地方性法规？

从表面上来看，笔者所提出的问题似乎是一个伪命题，因为无论从制定主体来看，还是从二者所规范的内容来看，似乎都是明确而清晰的，不会出现选择上的困难：比如单行条例的制定主体是自治州人民代表大会，而地方性法规制定主体则是自治州人民代表大会及其常委会；单行条例是自治州人民代表大会根据当地民族的政治、经济和文化特点，对某一方面具体事项进行立法，其立法权限的范围是比较宽泛的；而自治州地方性法规则必须限于在城乡建设与管理、环境保护、历史文化保护三个方面展开立法。但事实上是否真的如此，二者的界限是清晰的吗?

多年的理论争论以及立法实践经验告诉我们，二者之间并没有明确界限，是混沌不清的。特别是当前单行条例的制定并没有充分体现民族区域自治地方的特点和实际需要，对何谓民族区域自治地方的特点和实际需要，把握不准或者说根本未做考虑。比如以前湖南省湘西土家族苗族自治州制定的乡村公路条例、河道管理条例、环境保护条例等，都是以单行条例的形式出现的，但是否体现了自治州的特点，是不是实质意义上的单行条例，则很难作出判断。而在自治州人大常委会获得了地方性法规的制定权后，如果今后再就该方面的事项作出规范时，到底是以制定单行条例还是以制定地方性法规的形式出现，就很难预判了，这取决于立法决策者的选择。

笔者做一个大胆的猜想，可能会出现两种情况：第一，囿于立法成本以及立法程序的复杂程度考虑，如果是围绕城乡建设与管理、环境保护、历史文化保护三个方面的立法事项时，今后自治州人民代表大会制定单行条例的数量会急剧减少，转而由自治州人大常委会制定地方性法规，当然这也是立法者作出的有利于自己最优的选择，即“合法规避”。第二，而当其立法事项受制于制定地方性法规的立法权限时，其立法形式就会又作出有利于自己的选择，即制定单行条例来进行规范。众所周知，单行条例的立法权限是不受制于《立法法》第 72 条第 2 款的。前不久，笔者在参与指导湖南省湘西自治州制定的两部法规过程当中，即针对其行政区域内两个自然保护区进行立法，前一个以制定单行条例的形式出现，而另一个则以地方性法规的形式出现，但二者的内容并无本质上的区别，只是名称上不同而已。这就是立法主体在进行立法选择时，选择了一种更为经济、简便、高效的立法形式，而并没有细究二者之间的界限。这对于立法来说，是不严谨、不科学的。

笔者认为，自治州在进行立法选择时，应当遵循三个原则：第一，如果属于城乡建设与管理、环境保护以及历史文化保护三个方面的立法事项时，一般由自治州人大及其常委会制定地方性法规；第二，当不属于城乡建设与管理、环境保护以及历史文化保护等立法事项时，而需要以立法形式加以规范时，则只能由自治州人大制定单行条例；第三，当属于城乡建设与管理、环境保护以及历史文化保护三个方面立法事项，同时又需要行使变通权的，同样交由自治州人大制定单行条例。

二是，如何划分自治州单行条例与自治州人大常委会制定的地方性法规的效力层次？即两种法的形式出现不一致时，应当如何裁决适用？

修正后的《立法法》在第五章“适用与备案审查”，划分了宪法、法律、行政法规、地方性法规、自治条例和单行条例、规章等不同层级法的效力。但在自治州人大常委会获得制定地方性法规的权力后，衍生出来的问题：即如何划分自治州单行条例与自治州人大常委会制定的地方性法规的效力？即针对同一事项，单行条例与地方性法规作出不一致规定或者完全相左规定时，如何准确适用？

对此，《立法法》未作出规定。有的人认为，自治州单行条例系自治州人民代表大会通过，而自治州地方性法规则是自治州人大常委会制定通过，其效力层次必然是自治州单行条例高于自治州人大常委会制定的地方性法规。笔者认为，这种观点失之偏颇。应当来说，自治州单行条例与自治州地方性法规系两种不同“质”的法的表现形式，单行条例是根据民族区域自治特点和实际需要制定的，而自治州地方性法规则是严格依照立法法赋予的立法权限，就城乡建设与管理、环境保护以及历史文化保护等方面事项作出的一般性规定。无论从制定主体，还是制定程序上，均是两条并行的轨道，从而不会必然得出自治州单行条例的效力高于自治州人大常委会制定的地方性法规。但是，对于二者效力层次，如果发生冲突时，应当交由省级人大常委会作出裁决。这是因为自治州单行条例和自治州地方性法规的批准机关是一致的，即同为上一级的省级人大常委会。因此，交由省级人大常委会作出裁决是比较适当的。

二、准确把握对提请批准设区的市地方性法规进行审查的范围与标准

《立法法》第72条第2款明确了对设区的市报请批准地方性法规进行审查的主要内容，即对其进行合法性审查，这也是省级人大常委会审查的标准。应该来说，这对省级人大常委会的审查批准提供了明确指引。但笔者认为，从文义解释的理解上来说，可能存在两个方面的问题：

一是，《立法法》第72条所确立的合法性审查标准，是省级人大常委会进行审查时的主要审查标准，还是唯一标准？这一点是含糊不清的。笔者认为，从文义解释上来说，进行合法性审查是审查内容中必然不可缺失的，并不当然排除可以对适当性、立法技术等方面内容进行审查。

二是，根据对《立法法》第72条之理解，如果对报请批准的地方性法规，其合法性不存在问题的，省级人大常委会应当在四个月内予以批准。笔者认为，该规定不甚科学合理。既然提请省级人大常委会批准，就会出现批准通过或者未通过两种情形，特别是当其合法性不存在问题时，当出现提请批准未通过的情形时，是否意味着省级人大常委会违法？对此，《立法法》未就后续程序作出规定，是缺失的。建议应当修改为："应当在四个月内予以表决"。这也从反面进一步印证了对报请批准的地方性法规进行的合法性审查，并非唯一标准，应当只是其主要标准、必备标准。

综上所述，要做好对提请批准设区的市地方性法规审查工作，笔者认为，要注意把握以下几个方面：

一是，准确把握审查范围和标准。从前面分析来看，《立法法》第72条规定的审查范围及标准，应当主要是指进行合法性审查，并不当然排除其他方面的审查，只是应当将合法性审查作为审查重点和必备要素，而不应当将合法性审查作为唯一标准。在实践中有种观点认为，对其他方面，比如对于地方性法规的规定是否适当、立法技术是否完美、文字表述是否优美，不做审查或者无权审查，是失之偏颇的。

二是，准确把握合法性审查的内容。对设区的市地方性法规进行合法性审查，实际上包含了三个方面的内容：第一，对立法权限的审查，主要审查其是否超出立法法赋予的设区的市立法权限；第二，对立法程序是否合法的审查，即是否遵循统一审议原则，是否向社会公开征求意见等；第三，法制统一审查，主要审查地方性法规是否超出行政许可法增设行政许可、超越行政处罚法

增设行政处罚的种类和幅度以及关于行政强制措施的设定。

三是，正确处理好审查内容与审查工作方式的关系。在审查提请批准的地方性法规时，要充分尊重设区的市依法行使立法权，应当主要把握好“合法性”审查这个标准。但由于设区的市数量较多，地区差异较大，初期立法能力还比较欠缺，立法水平还参差不齐，如果仅就合法性问题提出意见和建议，立法质量很难得到保证。再加之实践中提请省级人大常委会批准时会期较短，很多问题并不能在短时间内解决，因此，这就需要在前期加强省级人大与设区的市人大常委会的沟通协调，加强立法指导，除对合法性问题提出意见和建议外，对法规的合理性问题以及立法技术问题提出中肯的意见和建议，将问题解决在正式提请省级人大常委会审查批准前，从而确保提请批准工作顺利进行。

在这里需要特别指出的是，笔者在参与指导设区的市行使立法权过程中发现，对于设区的市立法项目，虽然从立法题目上来看，未超出其立法权限，紧紧围绕城乡建设与管理、环境保护和历史文化保护三个方面的事项。但在实体内容以及具体法律制度设计时，有超出立法权限的嫌疑，掺杂私货，出现“文不对题”“文题相左”的现象，这种异化或者隐性超越立法权限的情形值得警惕。比如在对城乡建设与管理领域进行立法时，对旅游秩序、旅游安全、旅游经营等内容作出了规范；又如在环境保护方面，就涉及土地或者矿藏保护进行立法时，对土地权属、转让权以及探矿、采矿行为等方面进行了规范。这就给我们的审查批准工作带来了新的疑问，这些规定是否属于设区的市立法权限范围内，有没有超出立法权限范围嫌疑？笔者认为，在进行合法性审查时，要准确把握合法性审查的内涵，不但要关注立法选题，而且要关注实体内容以及具体法律制度设计，确保法制统一红线得以遵循。

三、合理优化设区的市地方性法规审查批准程序

修正后的《立法法》第72条第2款规定，“设区的市的地方性法规须报省、自治区人民代表大会常务委员会批准后施行。省、自治区的人民代表大会常务委员会对报请批准的地方性法规，应当对其合法性进行审查，同宪法、法律、行政法规和本省、自治区的地方性法规不抵触的，应当在四个月内予以批准。”这确立了设区的市地方性法规审查批准程序，对审查批准主体、审查批准主要内容以及审查批准时限三个方面作出了明确规定。但《立法法》对审查批准的工作模式和工作程序未作出任何规定，从而导致在实践中出现不同的做法。笔者经过不完全统计，发现各省、自治区人大常委会在审查批准设区的

市地方性法规时，其具体运行模式和工作程序存在一定差异。目前来说，在全国主要存在以下三种模式，即主要做法：

第一种模式，由常委会相关工作机构（法工委）进行前期合法性审查工作，征求相关专门委员会的意见，然后交由法制委提出审查结果的报告，全国绝大部分省、自治区采取该种模式。

第二种模式，其做法是常委会法工委和人大法制委不参与合法性审查，按照《立法法》第72条确立的三大块范围权限，交由相对应的相关专门委员会提出审查意见。

第三种模式，其做法按照《立法法》确立的三大块立法权限，先交由相对应的专门委员会进行审查，提出审查意见的报告，常委会法工委提前介入，进行前期合法性审查工作，最后由省人大法制委统一审议，提出审查结果的报告。

笔者认为，以上任何一种工作模式的选择，对于决策者来说，都非简单、草率的，均是决策者基于一定历史背景和现实条件下作出的，也是合法的。对于第一种模式来说，其优点是比较明显的，立法成本较低、报批程序简单便捷，由设区的市人大法制工作部门直接对口省级人大法制工作部门，易于沟通。对于第二种模式来说，其优点在于分工合理、明确，上下对口专门委员会沟通无障碍。但弊端在于：将人大法制机构予以排除，是否与立法法规定的统一审议制度相违背，且法制统一的红线能否得到较好遵守，值得研究。同时，有些设区的市地方性法规存在部门交叉的情况，在上报审查批准时，可能会出现省级人大相关专门委员会之间相互推诿的情形出现。对于第三种模式而言，其优点在于坚持分别审议和统一审议，把有关专门委员会“专”的优势和法制委员会“统”的功能结合起来，有助于提高立法质量。但其弊端也显而易见：审查部门过多，影响工作效率。

通过对以上三种审查批准模式优、缺点的考量，笔者认为，要做好设区的市地方性法规的审查批准工作，一是建议全国人大常委会法工委认真研究，出台指导性意见，统一全国做法，形成设区的市地方性法规审查批准程序的规范化、制度化。二是鉴于维护法制统一是《立法法》确立的基本原则，同时，考虑到设区的市刚开始行使立法权，维护国家法制统一难度加大，因此，在审查批准程序中省级人大法制机构不应当“缺位”，应当勇于担负起审查批准程序的最后一关。实践也证明，有一个位置比较超脱的综合部门来整合协调各方面的意见，有利于比较客观公正高效地解决重点问题和矛盾，使修改方案获得各方面认可，保证立法工作顺利进行。① 三是在审查批准设区的市地方性法规过程中，在保证立法质量的前提下，尽量简化审批程序。1986 年六届全国人大常委会第十八次会议修改地方组织法时，时任全国人大常委会秘书长兼法制工作委员会主任的王汉斌同志在修改说明中指出，“建议省、自治区简化审批程序，只要同宪法、法律、行政法规和本省、自治区地方性法规没有抵触，原则上应尽快批准”。这一论述对现在审查批准工作仍具有现实指导意义。

四、结语

在国家治理现代化与治理能力的需求下，在依法治国和推进社会主义法治国家的背景下，修改后《立法法》依法赋予设区的市立法权具有重要的现实意义。但设区的市如何行使好立法权则是地方立法工作面临的全新课题和全新事务，且随着设区的市行使立法权的进一步深入，其中存在的问题会逐渐显露。从发现问题，到解决问题，再到新的问题出现和找到解决方法，这也正符合人类认识事物发展螺旋式上升的基本规律。因此，设区的市行使立法权面临的问题，需要立法工作者在今后的立法理论与立法实践中不断去发现、不断去研究、不断去解决。

① 乔晓阳：《怎样做好统一审议工作》，载《中国人大》2016 年第 18 期。

设区的市地方立法谦抑性探析*

袁文勇**

摘　要：本文从设区的市地方立法谦抑性的角度，审视在地方立法实践中暴露出法规数量与立法能力严重失衡、同质化现象愈演愈烈、过度倚重行政处罚、大而全模式盛行不衰、“重立轻执”问题突显、多元治理形同虚设等种种问题，试图通过对各种问题的分析，提出加强省市统筹控制立法节奏、建立并完善立法机制、刚柔并济实现行政立法、践行“小快灵”立法模式、实行地方立法“回头看”常态化、坚持多措并举化解治理难题等路径探索地方立法谦抑性，以期实现设区的市以高质量地方立法推动高质量发展。

关键词：谦抑性；重立轻执；刚柔并济；小快灵；回头看

一、设区的市地方立法谦抑性问题缘起

“谦抑”一词有“谦让”“抑制”“审慎”“兼容”“节制”等意思。而“谦抑性”最早应用于刑法领域，典型成果如刑法谦抑性原则，又称必要性原则。指立法机关只有在该规范确属必不可少，没有可以代替刑罚的其他适当方法存在的条件下，才能将某种违反法律秩序的行为设定成犯罪行为，总的精神即要把握限度留有余地。在地方立法领域对谦抑性的研究较少，但谦抑性理念同样适用，并具有广阔的发展前景。学者吴玉娇综合各家论述，对地方立法谦抑性做过比较系统的研究和归纳，其认为，地方立法谦抑是指在地方立法领域，地方立法者以及地方立法参与者有必要秉承谦让、抑制、缜密、恭谨的宗旨进行地方立法活动，尽可能地达到地方性法规数量恰当以及地方性法规质量

---

* 此文收录于2022年湖南省立法研究会论文集。

** 袁文勇，怀化市人大常委会法工委综合科科长、一级主任科员。

良好的目的。①结合近几年设区的市地方立法实践，笔者认为地方立法谦抑性内涵除了数量与质量的要求外，还应拓展到治理能力现代化大格局中，融入多元治理与动态跟踪的元素，全过程、全领域把握整个地方立法活动。当前设区的市自获得地方立法权以来，在地方立法实践中不断暴露出很多有违谦抑性精神的问题，不得不引起人们的重视。

（一）法规数量与立法能力严重失衡

自2015年《立法法》修订以来，赋予所有设区的市和4个不设区的市地方立法权，我国地方立法主体数量达到350余个，湖南省13个地级市也全部获得立法权。如表1所示，根据北大法宝数据检索发现，截至2021年12月31日，不论是全国还是湖南省，设区的市地方性法规出台数量每年都在高位增长。

表1　设区的市地方性法规出台数量变化表

名称	2015年	2016年	2017年	2018年	2019年	2020年	2021年
全国	189	492	600	723	835	890	1027
湖南省	2	12	19	20	26	34	39

而与之相对的设区的市立法能力，以及省级人大审查指导能力是否也同样呈上升趋势值得商榷。实际上设区的市立法机构人员流动性较大，以湖南省2016年开展的第一期地方立法跟班培训为例，目前仍留在立法岗位的仅一人。岗位编制也长期处于非饱和状态，以笔者所在市为例，法制委、法工委刚组建时定编7人，目前仅5人在岗，且先后有5人流动。其间一人还被抽调参与为期三年的驻村脱贫攻坚，相当长时间段内仅有4人在开展立法工作。再加上县市区机构改革，县级法制委也由之前单独挂牌，演变为与监司委两块牌子一队人马，县市区配合支持设区的市地方立法的力度必然大幅缩减。同样，省级人大法规指导处也一直仅有2人在开展设区的市法规审查指导工作。立法数量与立法审议、指导能力显然呈失衡状态，且趋势愈发突出，显然违背了地方立法谦抑性要求。

（二）同质化现象愈演愈烈，在设区的市法规数量稳步攀升的同时，法规质量是否呈正比上升，同样令人质疑

表 2　湖南省 10 部以《文明行为促进条例》为标题的地方性法规对照表

条款内容	长沙市	张家界市	岳阳市	郴州市	邵阳市	益阳市	湘潭市	娄底市	常德市	衡阳市
目录	五章	六章	六章	五章	未分	五章	六章	五章	未分	五章
条文	41 条	51 条	43 条	41 条	33 条	36 条	38 条	32 条	25 条	35 条
立法目的	第 1 条	第 1 条	第 1 条	第 1 条	第 1 条	第 1 条	第 1 条	第 1 条	第 1 条	第 1 条
适用范围	第 2 条	第 2 条	第 2 条	第 2 条	第 2 条	第 2 条	第 2 条	第 2 条	无	第 2 条
基本原则	第 3 条	第 3 条	第 3 条	第 3 条	第 3 条	第 3 条	第 3 条	第 3 条	第 2 条	第 3 条
工作机构	第 4 条	第 4 条	第 4 条	第 4 条	第 4 条	第 4 条	第 4 条	第 4 条	第 3 条	第 4 条
政府职责	第 5 条	第 5 条	第 5 条	第 5 条	第 5 条	第 5 条	第 5 条	第 5 条	第 4 条	第 5 条
共同责任	无	第 6 条	第 6 条	第 6 条	第 6 条	第 6 条	第 5 条	第 6 条	第 5 条	第 6 条
行为规范	第二章	第二章	第三章	第二章	第 7 - 13 条	第二章	第二章	第二章	第 7 - 13 条	第二章
促进与保障	第三章	第四章	第四章	第三章	第 14 - 25 条	第三章	第三 - 四章	第三章	第 14 - 17 条	第三章
法律责任	第四章	第五章	第五章	第四章	第 26 - 32 条	第四章	第五章	第四章	第 18 - 24 条	第四章
附则	第五章	第六章	第六章	第五章	第 33 条	第五章	第六章	第五章	第 25 条	第五章

如表 2 所示，近两年内湖南省 13 个地级市中，有 10 个设区的市均出台了以《文明行为促进条例》为标题的地方性法规，且法规的体例结构、条文数量、工作机构、行为规范、促进与保障、法律责任等内容均大同小异。让人深思的是，这并不是个案。类似问题在各设区的市立法条例、城市市容和环境卫生管理、扬尘污染防治、村民建房等法规中均不同程度存在。各设区的市从立法项目的选择，到法规出台的时机也呈高度相似性。法规同质化问题愈演愈烈的另一个表征，就是立法特色的淹没。而地方立法特色，并不在于其规范对象的独特性，理应是指该地方立法在分配管理资源的方向和力度上形成了某种区

域特点。在地方立法实践中，囿于分配管理资源的方向和力度难以把握和运用，以及立法技术规则明确地方立法不得设置编制、经费等条款内容，导致相当一部分法规的立法特色淹没在山川、江河、湖泊、风景名胜本身的特色之中。

（三）过度倚重行政处罚

根据《立法法》关于设区的市地方立法权限的规定，设区的市地方立法实际上就是从事行政管理立法，在法规中设置行政处罚法律责任本无可厚非。但当处罚条款的设置缺少谦抑精神时，就会走向另一个极端。正如2018年出台的《北京市机动车停车条例》关于未缴纳停车费行为处罚条款的设定，引发“欠费1元，罚款200元!”的新闻热点事件，公民提出合法性审查建议，全国人大常委会法工委依法对该法规开展备案审查，2021年北京市人大常委会作出回应并启动修改程序，成为过度处罚的典型案例。古人所云法令滋彰，而盗贼多有。在地方立法实践中，为保障某项制度的落实，往往第一直觉就是要设置法律责任。

表3　湖南省内4部以城区养犬管理为主题的地方性法规对照表

类别	长沙市	株洲市	郴州市	常德市
条文总数	53条	27条	30条	22条
处罚条款	13条	8条	10条	4条
罚款	10条	7条	6条	4条
没收	6条	2条	3条	3条
警告	2条	5条	1条	4条
扣留	2条	1条	0	0
代处理	1条	1条	1条	0
行政管理者	1条	1条	1条	0
行政相对人	12条	7条	9条	4条

如表3所示，处罚条款设置高达法规文本总数的三分之一，其中罚款处罚更是稳居榜首，非处罚类柔性措施几乎未涉足。法律责任普遍针对被管理者设置，甚至所有法律责任都是为行政相对人量身打造。可以预见这样的结果还是经过省人大常委会法工委多轮指导，大刀阔斧删繁就简以后的成果，在法规起草阶段法律责任的篇幅还要更大。尽管在地方立法审议、审查的各阶段，参与各方都在极力去部门化去行政化，但“牧人”思维依旧明显，硬法之治仍大行其道。地方立法谦抑性要求建设法治国家，特别是法治社会，更要重申私法

精神倚重软法之治，而不是过多的行政处罚。现代法治应当寻求更多协商、可以运用更少强制、能够实现更高自治，注重平衡行政管理者与被管理者双方的责任。

（四）大而全模式盛行不衰

2020年，习近平总书记在中央全面依法治国工作会议上正式提出，要研究丰富的立法形式，可以搞一些“大块头”，也要搞一些“小快灵”，增强立法的针对性、适用性、可操作性。省级人大也多次在各种立法座谈会、研讨会上强调要坚持问题导向，实行“小快灵”立法。但实际执行的效果却不尽人意。

表4　湖南省5部设区的市地方性法规对照表

类别	娄底市资江保护条例	长沙市烟花爆竹安全生产与产业引导条例	益阳市资江保护条例	张家界市爱国卫生条例	常德市城乡生活垃圾管理条例
法规名称	条例	条例	条例	条例	条例
篇章结构	7章	6章	7章	8章	6章
条文数量	48条	47条	51条	45条	53条
施行时间	2022.3.1	2021.11.1	2022.3.1	2019.5.1	2019.1.1

如表4所示，相比《山西省禁止公共场所随地吐痰的规定》18条，《湖南省实施〈中华人民共和国慈善法〉若干规定》10条，以及《福建省儿童乘坐机动车使用安全座椅的规定》仅有4条，湖南省近期公布的5部设区的市地方性法规从标题、篇章结构到条文数量上来看，基本都是鸿篇巨制的“大块头”。根据北大法宝数据显示，湖南省设区的市从《立法法》修改截至2022年2月18日，已上网公布的142部地方性法规中，有134部法规名称用“条例”，仅有6部用“规定”，2部用“办法”，“大块头”立法基本占压倒性优势。在立法审议过程中，要求制定百科全书式法规的审议意见从未间断。在面向社会公开征求立法意见的过程中，要求一部法规包打天下的声音也不绝于耳。甚至针对“大而全”与“小快灵”模式之争，发生激烈的争辩。省级立法尚且能做到如此纯干货式立法，作为设区的市原本更应该注重“草根”立法，为何立出的法规不“草根”，让人反思。在“小切口”立法已然成为新时代立法的大趋势背景，设区的市“小快灵”立法之路道阻且长。

（五）“重立轻执”问题突显

各方对立法工作的重视，有了长足的发展，这一点有目共睹，但也存在一定问题。立法活动开展初期，部门起草各方参与，调研论证审议修改声势浩荡。法规批准公布后，召开新闻发布会热热闹闹。随后，进入下一轮立法活动，之前公布的法规渐渐成为遗落的树叶，躺在大数据的角落里，慢慢成为僵尸法规。执法部门早已习惯运用国字号法律法规开展执法活动，再加上草案中的“私货”被无情砍掉以后，更是动力全无。设区的市人大常委会每年都会把执法检查作为年度重点工作，但鉴于国家和省级人大基本每年都有执法检查项目，要求市级人大协同配合，以及地方性法规出台时间较短，设区的市人大针对自身制定的法规，另行开展执法检查的更是少之又少。“重立法、轻执法”的问题逐渐暴露，同时“运动式”执法、“一刀切”执法、“选择性”执法的问题也随即而来，严重违背地方立法谦抑性要求。

（六）多元治理形同虚设

党的十九大报告指出，打造共建共治共享的社会治理格局，并提出“要完善党委领导、政府负责、社会协同、公众参与、法治保障的社会治理体制”。国家治理体系和治理能力现代化，要求注重多元治理。这里的多元不仅指主体的多元，还包括平台和手段的多元，通过发挥各自优势，形成合力共同推动法治社会发展。

表5　湖南省10个设区的市地方性法规与政府规章出台表

类别	长沙市	株洲市	衡阳市	湘潭市	益阳市	郴州市	永州市	张家界市	常德市	怀化市
地方性法规	32部	7部	11部	13部	10部	11部	8部	8部	9部	8部
政府规章	7部	5部	1部	4部	5部	2部	1部	1部	3部	3部

如表5所示，根据湖南省人民政府官网和北大法宝数据显示，从《立法法》修改至今，10个设区的市出台地方性法规（含修改）数与政府规章出台数对比，可以发现基本是一边倒。众所周知，2015年《立法法》修改不仅赋予设区的地方立法权，同时还授予同级政府规章制定权。然而七年过去了，相比地方立法权被用好用足甚至用滥的情况下，设区的市政府规章制定权几乎被闲置。“人大热政府冷”现象得到生动诠释，地方立法谦抑的必要性再次彰显。另外，尽管全国人大对备案审查工作越来越重视，但设区的市人大常委会备案审查岗位一般仅有一人。在高速运转的立法节奏下，不得不要承担立法和常委会的其他工作。县级人大更是兼职开展工作，难以保障专业开展备案审

查，通过备案审查实现善治的目标大打折扣。

二、设区的市地方立法谦抑性问题解析

一是地方立法谦抑观的缺位。正如美国学者埃里克森所言：“法律制定者们如果对会促成非正式合作的社会条件缺乏眼力，他们就可能造就一个法律更多但秩序更少的世界。”法律的严苛必将吞噬自由，立法权如其他任何权力一样，存在被滥用的可能。思想作为行动的先导，一旦发生偏差，必然导致行为错乱，立法任性必将成脱缰野马。前文所述种种问题的根源，在于地方立法谦抑观的缺位，立法政绩观的扭曲，官本位思想和“牧人”思维根深蒂固，以立法数量论英雄，以罚代管意识深入人心。没有在国家治理体系和治理能力现代化大格局中，整体把握地方立法活动。缺少谦让、抑制、审慎、节制、兼容等意识，就立法谈立法，为立法而立法，逐渐迷失立良法促善治的初心和使命，把原本宽广的多元治理之路，越走越狭窄，必然导致应景之法、凑数之法、观赏型立法层出不穷。

二是省市立法活动统筹不科学。省级人大未出台任何指导意见控制立法节奏，基本上设区的市报批几部法规，省级人大就审查几部。设区的市从立法规划、年度立法计划开始到年终总结，就被一双无形的大手推动开启立法机器不停运转。各方均以高度的默契达成一致，认为每年总要出点成果立一两部法规，才算是众望所归。设区的市立法部门在如此强大的舆论面前，也不得不低头。甚至毫不犹豫地挪用备案审查岗位人员，开足马力保持立法机器的持续运转，立法数量的稳步攀升也就顺理成章。作为另半个立法权的实际掌控者，省级人大对设区的市立法活动的统筹科学与否至关重要。立法活动的各项程序规定，决定了每一部法规的出台都是一项耗费巨大的工程。对于立法程序、文明行为促进等普遍性地方立法事项的统筹研究不到位，导致各设区的市重复立法，浪费了宝贵的立法资源。

三是立法机制不完善。立法人职业共同体的缺位，导致立法岗位人员流动性过大。尤其司法改革后，“两官”甚至司法局工作人员在司法津贴加持下，法律人的待遇差距明显拉大。没有人心甘情愿做一辈子耐得住寂寞，守得住清贫的立法参谋助手和幕后英雄，立法工匠人才难以成就。设区的市立法部门人员进进出出，纵有法律专业背景，也不过是借此镀金到此一游罢了。当走完程序比听完意见更重要，立法质量可想而知。立法责任机制的不完善，有权无责间接助长了立法任性，甚至演变成“立法放水”严重事件。立法考核机制的

不完善，导致立法节奏越来越快，立法数量与立法能力的失衡形势日益严峻。立法监督机制的不完善，导致立法后执法检查和立法后评估工作一度处于空白状态。地方性法规终究沦为大数据中的几个数据、法规汇编中的几段文字而已，逐渐忘却为天下立规矩为社会定方圆的神圣使命。

四是民主立法开门立法不深入。相比于广州市针对停车场管理立法开展的一次网上立法听证会，参与人数高达150多万人次而言，大部分设区的市民主立法、开门立法还处于初级阶段。目前设区的市地方立法很大程度上为官员立法、部门立法或者精英立法。法规从起草由部门具体承担，到调研、论证、听证都离不开官员的身影。民众主动积极参与地方立法活动的微乎其微，笔者也曾参与过立法听证，自网上发布听证公告，结果仅有一人报名，参会人员最终还是由各部门指定。民主立法、开门立法不深入，听取意见建议的渠道传统老旧，意见采纳情况反馈制度的不完善，直接浇灭了星星之火，导致公众普遍对地方立法漠不关心。公众参与地方立法的热情没有被点燃，成为践行全过程人民民主在立法工作的一大漏洞，直接制约地方性法规的质量和实施效果。

三、设区的市地方立法谦抑性路径探索

（一）加强省市统筹控制立法节奏

省级人大应以身作则率先垂范，主动控制自身立法节奏发挥头雁效应。除了配合完成国家法律法规配套修改任务外，围绕中央、省委重大决策部署，加强立法规划和计划调查研究，找准找实本地突出问题，真正秉持急需先立原则，压缩不必要立法项目。加强对设区的市立法规划和计划的指导。根据国家和省重大工作变化，及时指导各设区的市对立法项目进行动态调整。加强对普遍性事项的统筹协调，针对共性问题突出事项采取统一立法，避免各设区的市重复立法浪费立法资源。由省级人大出台设区的市立法活动指导意见，明确控制年度立法数量，彻底打破设区的市以立法数量论英雄的错误立法政绩观，为设区的市开展地方立法活动提供遵循。

（二）建立并完善立法机制

全国人大常委会法工委法规备案审查室主任梁鹰曾指出："支持、推动有条件的地方探索立法人才职务序列改革、立法津贴职业保障机制、表彰奖励机制。"省级人大应发扬敢为人先的精神，敢于吃下第一只螃蟹。带头开展立法人才职务序列改革，组织打造立法人职业共同体，将立法人真正融入法律人朋友圈。对标司法改革机制，建立立法岗位津贴保障制度，解决立法人后顾之

忧，安心当好参谋助手。进一步完善交流机制，畅通上升渠道，探索立法工匠终身荣誉制度，使立法岗位工作人员真正能够实现耐得了、守得住、留得下。按照权利和义务相一致原则，探索建立立法责任追究机制，实现“谁立法谁负责”。根据地方立法工作环节，明确各阶段责任主体，防止立法任性，杜绝“立法放水”，对立法违法违规行为严肃追责，把地方立法权也关进制度的笼子。

（三）刚柔并济实现行政立法

地方立法谦抑性要求，在立法活动中要格外注重刚柔并济，不能过于迷恋硬法之治，动辄大面积设置行政处罚。美国学者爱波斯坦在《简约法律的力量》一书中指出：“我们尝试通过法律的干预，来解决越来越多的社会难题，几乎没有考虑通过自愿的方式以及非正式的惯例来解决这些社会难题。一种格雷欣法则（就是劣币驱逐良币的法则），已经亦步亦趋。”在埋头行走于字斟句酌的苦涩之路时，要不忘实现善治的终极目的，多一分恭谨与缜密，少一点非必要处罚条款。充分运用经济思维理性看待制度设计的付出与产出比，适时引入非正式惯例等非处罚性软法措施，以及注重预防违法结果产生的替代性措施，弘扬民法精神最大限度纠正“牧人”思维，树立软法亦法观念，充分尊重行政管理相对方的合法权利。

（四）践行“小快灵”立法模式

设区的市地方立法要坚持求真务实，把“小快灵”立法从口号转化成实际行动。从地方实际出发，围绕群众“急难愁盼”问题，找准找实关键症结，将有限的立法资源集中在解决关键矛盾上来，仅针对某一领域某一事项进行小切口立法。自觉摒弃所谓高大上的“条例”标签，大胆起用“规定”“办法”等草根名称，不再设篇章结构，有几条就写几条。并注意条文结构要精致、逻辑要严密，根据问题突出程度和解决规律依次设置，防止煮成大杂烩。条文设计力求短小精悍，可执行性、易执行性高。对原则性、宣示性、倡导性条款，重复雷同的条文尽量不写。同时，要避免对重复上位法的条款一概删除的极端思想，把重心放在解决实际问题上。围绕问题在当地发生的概率和破解难度，努力在上位法的现有规定与地方特色之间找准空隙拾遗补缺。确保所立之法个个是干货，条条能管用。

（五）实行地方立法“回头看”常态化

徒善不足以为政，徒法不足以自行。地方性法规颁布实施了，并不代表它就能自动发挥作用。有法而不完善，有法而不能严格执行，有法而落后于现实社会发展实际，都有违善治的初衷。在立法节奏日益加快，立法数量稳步攀升的背景下，要勇于按下“暂停键”。腾出时间回过头来重新审视已经出台的地方性法规。通过开展执法检查和立法后评估等方式，检验法规的实施效果。采用问题清单模式，对发现的问题要进行集中交办整改，并强化持续跟踪监督，确保问题清单逐个整改销号。重点整治执法部门“运动式”执法、“选择性”执法问题，加大地方性法规的适用和普及力度。同时，对法规本身存在的问题，要敢于亮丑不讳疾忌医，依法启动改、废、释程序，让地方性法规真正走出汇编走出大数据，走到阳光之下，走进每一个公民心底。

（六）坚持多措并举化解治理难题

党的十九大报告指出，面对社会利益格局深刻调整、社会矛盾纠纷和诉求表达日益多元的社会现实，要坚持用法治思维和法治手段化解矛盾问题。设区的市政府规章，作为市级人民政府行政立法的产物，有着制定程序灵活、执行效率高等地方性法规不可比拟的优势，在构建多元治理体系中不可或缺。必须激活设区的市政府规章制定权，加大政府规章制定力度，并加强与地方性法规的衔接，共同推进法治国家与法治社会的发展。全面贯彻落实党的十九大报告提出关于加强备案审查制度建设和能力建设的要求。推行备案审查岗位专职化、全职化，保障备案审查工作的专业性，避免成为地方立法工作的副业。坚持高站位、高标准、高要求，全力推进立法联系点建设。树立以人民为中心的立法理念，坚持问需于民、问计于民，通过新闻媒体、社交网络、电话、信件等多种渠道收集有关立法建议，组织召开广大民众意见采纳情况反馈座谈会，通过多种形式让广大民众积极参与到地方立法决策过程中来，大胆探索创新，不断丰富践行全过程人民民主的立法实践。

四、结语

设区的市地方立法谦抑性的引入正当其时，立法谦抑观的构建意义重大。地方立法活动的各方参与者，都应秉持谦让、抑制、恭谨、缜密、节制、兼容等理念，在立良法促善治之路上踔厉奋发、笃行不怠，不断推动国家治理体系和治理能力现代化迈上新台阶。

省级人大常委会批准市级地方性法规的权力属性探析*

周　伟**

摘　要：探析省级人大批准权的权力属性，利于全面把握省市人大关系，为国家完善人民代表大会制度尤其是立法体制提供理论支撑；为当前省级人大批准权的各类实施模式提供理论支撑；为国家备审制度完善提供新的视角。

关键词：批准权属性研究；地方立法体制

1986年地方组织法修改后，市级人大及其常委会的地方性法规制定权和省级人大常委会的批准权同步产生。在随后的三十多年中，无论是立法实务界还是学术界，对此制度设计均没有过多探讨和研究。笔者认为，关于省级人大常委会批准权的研究，不仅关系地方立法体制、备案审查制度，更关系宪法和相关法律的完善。本文着重探析省级人大常委会批准权的法律属性，并以此为基础提出相关建议。

一、厘清属性的意义

（一）事关地方立法体制的完善

从宪法、地方组织法和立法法的规定来看，我国目前实行的是中央、省、市三级立法体制，层级不同，相应的立法权限配置就不同。从立法权的运行来看，市级立法权不但权限最小，而且也没有省级立法权那样完整，原因是市级人大及其常委会虽然依法享有地方性法规的立项、起草、审议、通过等权力，但这一系列权力的行使并不能使其制定的地方性法规直接付诸实施，还有赖于

---

* 此文收录于2017年湖南省立法研究会论文集。

** 周伟，长沙市人大法制委员会主任委员。

省级人大常委会的审查批准，换句话说，只有依法获得省级人大常委会的批准，才完成了市级地方性法规的全部制定工作。随之产生的困惑是，市级地方性法规的制定主体究竟是提请批准的主体还是审查批准的主体或为共同的主体？按照谁制定谁负责的原则，生效后的市级地方性法规如果出现合法性、合理性问题，那么承担责任的主体是谁？再者，省市地方性法规特定事项上的效力也还需要进一步厘清。因此，对省级人大常委会批准权的法律属性进行研究，实质上关系到我国地方立法体制的完善。

（二）事关省级人大常委会批准程序的设计

通常说，人大及其常委会有“四权”，而每一权力都具有不同属性。权力属性不同，其运行的路径、程序自然也不同。关于省级人大常委会批准市级地方性法规的程序，《地方组织法》和《立法法》均没有规定，从实践来看，各省级人大常委会的批准程序不尽相同，有繁有简。但繁简只是表象，实质是这两种批准程序与省级人大批准权属性的模糊直接相关，也就是说，如果不厘清省级人大常委会批准法规权力的属性，那么必然难以设计出科学化的批准程序。《立法法》修改后，市级立法主体由原来的几十个骤增到现在的几百个，在此种情形下，省级人大常委会批准程序的完善不仅关系到其工作负荷和审批工作机制的完善，也关系到所有市级立法的效率和质量。从这个意义上讲，对省级人大常委会批准权属性进行研究，具有很大的现实意义。

（三）是完善人大制度的重要基础性工作

人民代表大会制度的完善，有赖于相关理论的研究和创新。目前，我国市级以上人大及其常委会均享有立法权、决定权、任免权和监督权，每项职权的法律属性和运行路径是清晰的。对省级人大常委会来说，其批准权显然不是任免权，那么毫无疑问就是立法权、决定权、监督权中的一个，但究竟是哪一个？通常说上下级人大之间是指导与被指导、监督与被监督的关系，但在立法工作上，上下级人大之间的关系却变得不够清晰。再进一步思考，由于市级地方性法规由省级人大常委会批准，对应的备案审查工作由全国人大常委会承担，不论全国人大常委会是否能够负荷，这种越级监督制度的合理性、科学性确有必要进行探讨。因此，深入探析“批准权”既是理论问题，也是立法实务问题。唯此，才能进一步夯实人大制度的理论基础，理顺省市之间的立法体制机制，进而促进国家、省、市三级人大常委会更好地履行法定职权。

二、“批准权”的属性分析

（一）“批准权”的宪法渊源

省级人大常委会批准权在《宪法》中没有明确规定，直接的法律依据是宪法性法律，即《地方组织法》和《立法法》。《地方组织法》第7条第2款和第43条第2款分别规定，设区的市的人民代表大会及其常务委员会根据本市的具体情况和实际需要，在不同宪法、法律、行政法规和本省、自治区的地方性法规相抵触的前提下，可以制定地方性法规，报省、自治区的人民代表大会常务委员会批准后施行，并由省、自治区的人民代表大会常务委员会报全国人民代表大会常务委员会和国务院备案。《立法法》第72条规定，设区的市的地方性法规须报省、自治区的人民代表大会常务委员会批准后施行。省、自治区的人民代表大会常务委员会对报请批准的地方性法规，应当对其合法性进行审查，同宪法、法律、行政法规和本省、自治区的地方性法规不抵触的，应当在4个月内予以批准。对于这样的制度设计，目前较为统一的观点是，宪法只规定了省级人大及其常委会在不同宪法、法律、行政法规相抵触的前提下，可以制定地方性法规，没有规定市级人大及其常委会可以立法，因此地方组织法和立法法赋予市级人大及其常委会立法权是缺乏宪法依据的；由于宪法修改难度较大，而市级立法权确实又有存在的必要，为了解决合宪问题，地方组织法和立法法没有赋予市级完整的立法权，而是规定市级地方性法规必须报请省级人大常委会批准后才能实施，即省级人大常委会的批准是市级地方性法规合宪、合法的根本保证。

（二）与决定权的运行程序不同

决定权的本质是对被决定事项的全方位掌控，具有一定的排他性，即一事应当只有唯一的决定主体。目前，市级地方性法规的立项、调研、起草、审议、通过都由市级人大及其常委会自主决定，将通过的法规提请省级人大常委会审查批准，其重点在于由省级人大常委会提高和认定其合法性。由此可见，市级地方性法规从立项到实施有以下几个独特之处：一是需要经由两个决定主体；二是两个决定主体不同步作出决定；三是两个决定主体有互相独立的决定事项；四是两个决定主体决定的事项必须共同作用，才能实现预期目标。经过上述分析，我们可以认为，省级人大常委会的批准权对市级地方性法规虽然有决定作用，但只限于某一个环节，不是全方位的，这和实质意义上的决定权的运行显然是不同的，因此，不能将省级人大常委会的批准权理解为决定权。

（三）与监督权的运行程序不同

人大及其常委会的监督权，既包括对“一府两院”的监督，又包括对下级人大及其常委会的监督，虽然这两种监督权的法理依据不同，但均是对法定主体依法作出决定行为的事后监督，也就是说，被监督主体对被监督事项的内容、形式有完全的自主决定权。具体到市级地方性法规，省级人大常委会对市级地方性法规行使批准权时，市级地方性法规尚不能实施，还只是已成型的“过程产品”，需经省级人大常委会批准才能成为可面世的“成品”，在制度路径上与省级人大常委会监督市级人大及其常委会作出的决定决议有很大不同。

另外，按照《地方组织法》和《立法法》的规定，市级地方性法规应当向全国人大常委会和国务院备案，而不是向省级人大常委会备案。由此可以得出，一是市级地方性法规的监督主体是全国人大常委会和国务院，而不是省级人大常委会；二是市级地方性法规接受的是跨级监督，和其他事项的监督明显不同。因此，省级人大常委会的批准权不能理解为监督权。

（四）“批准权”的实质是对报批法规合法性进行审查定性的立法权

按照《立法法》的规定，省级人大常委会批准权的内容是对市级地方性法规进行合法性审查，因此，省级人大常委会的批准权实质是对市级地方性法规的合法性进行审查定性，虽然涉及的事项不多，但对于市级地方性法规来说，又不可或缺。其一是可以进一步增强法规内容的合法性；其二是经历了省人大常委会的审查，法规制定程序才全部完成，法规才能颁布和实施；其三是保证了与宪法的衔接。从这一角度分析，市级地方性法规是由省、市两级共同行使立法权的结果，省、市两级构成共同制定主体。基于这一观点，在现实工作中，在法律没有相关规定的情况下，如何进行合法性审查？由于省级人大常委会行使的是立法权，当然可以自主决定审批工作程序，这也是各个省级人大常委会审批方式不尽一致的主要原因。

三、相关建议

（一）完善宪法规定，赋予设区的市完整立法权

不可否认，省级人大常委会批准权的存在有其法律意义和现实意义。从法律意义上来讲，省级人大常委会批准权解决了市级立法权的合宪性和客观需要之间的矛盾。从现实意义上来讲，当初《地方组织法》和《立法法》赋予市级人大及其常委会立法权，虽然顺应了经济社会的发展要求，但是当时我国的法律体系还不健全，全社会的法律素养还不够高，市级立法水平还有待提高，

由省级人大常委会审查把关有其现实必要性和合理性。但是，随着市级立法队伍力量的壮大、立法经验的丰富、立法水平的提高和立法相关制度的完善，从长远来看，适时修改宪法，赋予设区的市完整立法权，更有利于推进依法治国进程。一是解决《地方组织法》《立法法》《宪法》的统一和衔接问题，使国家的法律内部关系更加和谐；二是理顺我国现有的不够顺畅的“两级半”立法体制，使之成为权力配置更为明晰、运行效率更高的三级立法体制，也为省市人大间更为清晰的法律定位提供法律支撑；三是利于更多经济社会发展中的问题解决在市级层面。

（二）将省级人大常委会的参与制定权置换为监督权

如果《宪法》能够赋予设区的市完整立法权，那么省级人大常委会的工作重心就可以转到对市级地方性法规进行备案审查，即事后监督上。从保证市级立法质量的角度来看，这样的制度安排也是可行的，因为单纯的合法性审查难度并不大。如果市级人大及其常委会获得完整立法权，由于立法风险完全由自己承担，那么对合法性问题的把关只会更加审慎和严格，在此种情形下，再由省级人大常委会对市级地方性法规进行备案审查，无论从省市人大的法律定位还是从操作性来看，都更为恰当。

还有一个需要注意的问题是，虽然全国人大强调要加强地方性法规的备案审查工作，尤其是主动审查，但是在当前的立法体制下很难做到。无论是省级还是市级地方性法规，均向全国人大常委会备案，省市两级立法主体加起来有300多个，这意味着每年向全国人大常委会报备的地方性法规达到了千件左右，显然全国人大常委会难以有时间和精力对如此巨量的地方性法规都进行主动性审查，这也是为什么当前的审查以被动性审查为主的原因。但是，当省级人大常委会不再充当“共同制定主体”的角色后，其监督者角色可以进一步强化，市级地方性法规的备案审查可由全国人大常委会下放到省级人大常委会，即全国人大常委会只负责省级地方性法规的备案审查，而市级地方性法规的备案审查工作则完全由省级人大常委会负责，这样一级监督一级的制度安排显然更为科学、合理，也更有利于做实备案审查工作。

浅论地方性法规审查批准制度的规制*

周汉清**

摘　要：我国现行立法审查机制存在着审查标准不具体、审批程序不规范、形式不统一、反馈方式不严谨等诸多问题。对审查批准制度进一步完善无疑是提升地方立法积极性，破除地方立法障碍的最优选择。坚持地方立法审查标准和细化审批程序，完善审批制度的内部监督，对我国当前的审查批准制度加以修订和完善，使设区的市地方性法规逆发出更加旺盛的生命力。

关键词：地方性法规；审查批准制度；地方立法权；合法性审查

依据现行《立法法》，我国地方立法主体扩充到设区的市后已增至286个(截至2015年4月)，标志着富有中国特色社会主义的立法体系已日趋完善成熟。然而，“立法权是地方改革发展的制度竞争力”①，“法出多门”的地方立法如雨后春笋，良莠不齐的立法局面也颇受各界担忧。因此，对设区的市地方立法权进行科学分析，对其滥用权限进行有效规制，同时，对设区的市地方性法规进行审查批准严格制度规程，切实维护社会法治的统一已是大势所趋。在大多数情况下，对设区的市地方性法规的审查批准过程，并不是一个理论论证的过程，而是一种职业经验的判断。鉴于认知能力和程序性立法规范的限制，在实践中，待审查的地方性法规时常处于优与劣之间的模糊地带。仁者见仁，智者见智，由于省级人大及其常委会相关委室审查意见的不一致，致使设区的市人大及其常委会相关立法工作者左右为难，无所适从，沟通协调又费时费力，严重影响了立法的质效。因此，如何让省级人大及其常委会对设区的市地

---

* 此文收录于2017年湖南省立法研究会论文集。

** 周汉清，娄底市人大法制委副主任委员、常委会法工委副主任。

① 张洋：《地方如何用好立法权》，载《人大建设》2015年第5期。

方性法规的审查批准程序，既真正“授权”又落实好“限权”，实现设区的市地方性法规的自主性和社会可接受性是本文旨在论述的主题。

一、缘起：审查批准制度运行的实务审视

根据《宪法》第67条及《立法法》第五章的相关规定，我国当前已建立了一套相对完备的立法审查机制。但从立法现状来看，其运行并不令人满意，特别是近年来，随着设区的市立法数量的不断增加，审查批准制度存在的问题日益显露，一定程度挫伤了地方立法的积极性，阻碍了地方立法的步伐。

（一）立法理论层面的失范与滥用

审查标准不具体。《立法法》规定，省、自治区人大常委会对设区的市地方性法规进行合法性审查，可知审查标准为“合法性”，运行中合法性实则为不抵触原则，即地方性法规的制定不得超越权限、违反上位法、违背法定程序。众所周知，“宜粗不宜细”的立法理念，让相关法律规定较为笼统、抽象，何为“超越权限”、违反上位法的标准又是什么等，无法为省、自治区人大常委会审查批准时提供明确的可操作性标准。正如美国法学家杰罗姆·弗兰克所言，时代变化无常，梦想制造出一套包罗万象、解决未来可能出现的所有纷争的法律是痴人说梦。① 因此，我们可以容许法律不完备，但不能容许有漏洞。“不抵触原则”作为立法层面的首要固守之门，实则为“查找漏洞”之门，需要审查批准的补救功能为之开启，但能开这门的钥匙，其地位、作用及使命都很明确，实务中钥匙与锁之间的一一对应关系却并不具体，形成“疑罪从有”的局面，虽磨合多年，审查批准程序仍不免有削足适履之感。

审查批准程序不规范。由于《立法法》并未对具体的审查批准程序作出统一、明确的规定，导致各地章法不一。第一，报请的主体、时间、材料不统一。报请主体有以设区的市人大或人大常委会之区分；报请时间对于审议通过后的地方性法规应多久报请审查批准没有强制性规定，甚至存在故意不启动等不规范现象；报请材料，除了应提交法规案，还应提交其他哪些材料等，都没有明确规定，运行中变通空间过大，审查程序随意性过于灵活。第二，关于省级人大常委会履行并承办审查批准职能的部门不统一。在实践中有的由法制委员会统一履行，有的由其他专门委员会履行，有的由相关专门委员会先行审查

---

① ［美］杰罗姆·弗兰克：《美国司法中的神话与现实》，中国政法大学出版社2005年版，第304页。

后，再由法制委员会在人大常委会审查批准期间进行审查等，由于具体履职部门不一，产生了相互推诿责任的诟病。第三，审查批准形式不统一。有书面审查的，有召开专门审查会议进行审查的，甚至有翻阅之后口头提出审查建议的，审查性质似乎不可避免的被情绪化。第四，关于审查意见的反馈形式不统一，省、自治区人大常委会在审查批准前，一般会先经常委会分组会议和法制委审议，其间提出的审议意见，报经主任会议讨论。实践中有的省、自治区人大常委会并未就上述审议意见形成常委会的审查意见；有的省、自治区人大常委会则对上述审议意见再进行了审议，形成了常委会的审查意见。另外，对省级人大常委会的审查意见，有以书面反馈、口头形式反馈，要求设区的市人大常委会遵照执行，操作和运行机制极不严谨。

（二）实务操作层面的主观适用

省、自治区人大常委会对设区的市地方性法规进行审查时，至少会考虑以下因素：待审查地方性法规是否符合本市的具体情况和实际需要，是否与上位法相抵触或重复，涉及的事项是否属于城乡规划，城市建设与管理，环境资源与污染等内容。如前所述，我国并没有考量审查批准程序的特殊性，程序上与一般行政审查行为等而视之，实质上给予行使审查职责的人不当特权，滥用审查批准权。

对内维度受认知需求的限制。严格意义上的审查批准是指以论证立法条文是否规范为目的，由专门人员对立法材料进行分析，从合法性角度提出修改意见或建议。在制度设计中，论证是分析判断的最基本手段，但由于人的认识受个人性格、生活习惯、知识背景以及法律语言模糊性等影响，通过论证来判断事实会变得不确定。因此，要了解一个市的具体情况与实际需要，同样是一项充满挑战与风险的工作，如何剔除人为存在的种种干预因素，直接关系到审查强度、审查标准和审查力度的取舍。因此，受客观存在和认知需求的影响，如果把握不好审查批准的入口关，容易使审查批准制度陷入公信力弱化的泥潭。

对外维度受经济利益的驱使。内涵不断扩充、形式不断创新的各种地方立法，可为地方经济发展提供程序上的保证，彰显规则的法律价值，但这把双刃剑同样会带来风险，并在与社会主流价值相契合的改良中受到如舆论谴责等无法驾驭的现象。如准确确定城乡建设与管理、环境保护、历史文化保护的内涵与外延，杜绝操作中将其范围无限扩充或缩小，从而有效消弭立法过程中的地方保护主义，控制审查过程中的隐性限制地方立法权行使，不容小觑。再如，对城乡规划与管理的理解，扩大解释者认为包含城乡建设、城乡管理，甚至城乡道路，市政管网等基础设施建设，这一理解其实与立法本意是不太相符的。体现到审查批准层面，标准过严则有滥用职权之嫌，过宽则有越权立法之弊端，因此，稍有不慎，极易使审查批准的权威性大打折扣。

（三）合法性审查原则的异化

审查形式不统一，反馈方式不严谨，有书面、口头和信函等多种形式。从公布的相关法律法规中可知，省、自治区人大常委会根据不同情况可作出不同处理决定，“可以修改后，予以批准”“可以在批准时提出修改意见，制定机关根据修改意见进行修改后再予公布”等。在这些处理方法背后，有对某一条文的修改意见，有对某一立法事项的指导性意见，有对某几个条文的建议等情况，在实际操作过程中各类请示汇报材料互相矛盾，“官方气息浓厚”运行模式，严重影响立法效率。

审查内容呈扩张趋势，在实务中对于法规条文的顺序、语言文字的表述、语法逻辑等都有涉及，面对省级人大及其常委会提出的五花八门的各种“修改意见”，不管合法性与合理性如何，设区的市人大常委会的立法工作人员一般只能听从，被动接受，立法的主动性、积极性大打折扣，不利于形成良好的立法工作局面。

审查批准程序的承办部门履职不力时，责任承担方式缺失。当出现审查不力而导致立法绩效低下甚至出现负面效应，或因部门职责不明导致待审查地方性法规迟迟不予批准等现象时，没有相应的制度约束，容易出现审查批准权的滥用引发追责不明的现象，进而无法保证审查批准程序的公正、高效和透明。

二、追问：审查批准制度的价值考察

“一切有权力的人都容易滥用权力，这是一条万古不变的经验。有权力的人使用权力一直到遇有界限的地方才休止。”① 省级人大常委会对设区的市地方性法规的审查批准权，其实质是对地方立法权的补救、监督。但不能因噎废食，不能由于担心地方立法权有可能被滥用而无限扩张省级人大常委会的审查批准权。不难发现，省级人大常委会对设区的市地方性法规的审查批准程序具有以下价值。

维护法治权威功能。省级人大常委会对报送地方性法规进行合法性审查，

① ［法］孟德斯鸠：《论法的精神》，张雁深译，北京商务印书馆1964年出版，第154页。

只有在其不与本省、自治区的地方性法规以及更高级别的法律法规相抵触时才批准其生效，保证了法律体系内部的和谐统一。

补救监督功能。设区的市享有立法权以来，社会公众不免会有这样的担心，设区的市是否真正具备自主立法的人才与基础条件，能否制定出符合时代要求和社会经济相匹配的法规？如何有效防范设区的市立法权滥用就成了热点话题。对设区的市地方性法规审查批准制度最为重要的价值，在于对设区的市立法权的直接监督制约，是其生效前的检测关卡，关系到设区的市地方性法规能否符合规范及最终生效。

合宪性保障功能。《立法法》在赋予设区的市立法权的同时，建立了相应的审查批准制度，解决了设区的市立法权存在和行使的合宪性问题。简言之，这种现象可以看作是省级人大及其常委会立法权的延伸，从而也就消除了设区的市立法权的违宪嫌疑。

三、路径：审查批准制度的优化选择

（一）观念矫正：地方立法权的回归

尽管从1986年《地方组织法》授予较大的市人大及其常委会地方立法权以来，无论是理论界还是实务界对其性质和功能始终未能达成共识，其合宪性的质疑就一直没有停止过。① 直至到设区的市被授予立法权，未经省级人大常委会批准，所立地方性法规是没有生效的，其效力可以说是省人大常委会赋予的。② 为体现立法目的，充分发挥设区的市地方立法权的主动性和积极性，体现在审查批准制度中就要传递地方立法权回归地方的意识，只需坚持不抵触原则，不对具体条文进行修改或提指导性意见，对于地方性法规的规定是否适当、立法技术是否完美、文字表述是否优美，不做审查。③ 因此，在两者之间构建一种平等、双向、互动的沟通模式，使审查批准程序成为一项以互动性为特征、以专业化合法性审查为内容、以反映社会的价值诉求和规则为导向的法律制度。

---

① 刘志刚：《〈立法法〉修改的宪法学分析》，载《哈尔滨工业大学学报（社会科学版）》2015年第1期。

② 王正斌：《〈立法法〉对设区的市一级地方立法制度的重大修改》，载《中国法律评论》2015年第2期。

③ 全国人大常委会法制工作委员会国家法室：《中华人民共和国立法法释义》，法律出版社2015年出版，第7页。

（二）严格适用：审查批准制度的科学规制

明确审查标准。首先是合法性审查标准的明确，虽然各省、自治区通过制定或修订地方立法条例的形式，做了细化，但仍然较抽象。① 为便于操作，可借鉴学术上的一些观点进一步明确，如宪法、法律、行政法规允许的，而地方性法规却作出禁止性规定；或法律、行政法规明文禁止却作出允许性规定。增加、减少或变更了法律责任的种类、幅度、适用范围或适用条件。② 总之，法律人必须有更深远的眼光，看到地方立法权背后的因素。建议由全国人大常委会明确规定省级人大审查批准时的具体标准。

细化审查批准程序。全国各地进行了各种立法探索，尽管作法并不统一，成效亦各有千秋，仍为我们提供了思路。（1）关于报请审查的主体，均采用由设区的市人大常委会进行报请的模式，较为妥当。（2）关于报请审查的时间，为避免立法资源的浪费，探索建立省级人大相关工作机构先期介入指导，将有抵触、争议的问题解决在报送审查之前。但先期介入不应成为越权干预、代替包办；可为设区的市人大提供指导意见，并协助向省直机关向部委请示、协调，化解法规冲突，从而明确具体报请审查的时间不宜过长。（3）关于报请审查的材料，设区的市地方性法规在报送审查批准时，除了草案之外，应同时提交起草机构附具的详细说明、专家论证以及其他相关资料，应由全国人大常委会统一规定，细化报送标准。（4）关于审查批准程序，借鉴地方立法的经验，建议由省人大法制委员会统一接收审查材料，依其职责权限履行审查职能，并向主任会议报告审查情况，再决定是否列入人大常委会会议议程，作出是否批准的决定。（5）关于审查意见的反馈形式。对部门的审议意见，建议经常委会审议后形成常委会的审查意见，再以常委会的名义用书面形式反馈设区的市人大常委会。

审查批准的处理。对于没有与相关法律相抵触的情况，应当在4个月内作出批准的决定；对于存在抵触情形时，应作出不批准决定，应作出修改后重新报请审查。对省人大常委会对非抵触条款提出的修改建议意见，设区的市人大常委会决定是否采纳。对于不采纳修改建议意见的，可不予批准地方性法规，

---

① 如《河南省地方立法条例》第65条规定，报请批准的地方性法规的规定有下列情形之一的，为抵触：（一）超越立法权限；（二）上位法有明确规定的，违反该规定；（三）上位法没有明确规定的，违反上位法的基本原则。

② 苗连营：《论地方立法工作中“不抵触”标准的认定》，载《法学家》1996年第5期。

但不得间接限制地方立法权的行使。

（三）有效监督：阳光下的防腐剂

完善审查批准制度的内部监督。对于履职不力的，根据情节轻重，应承担相应的纪律、法律责任。建议引入审查批准程序流程公开制度，从设区的市开始立法之日，应将流程在媒体逐步进行公开，以社会各界看得见的方式进行立法，充分满足社会公众的知悉权。一方面以便公众了解立法的必要性和可行性，有利于地方性法规的贯彻实施；另一方面能限制立法机关“秘密活动的范围”，对审查批准程序的公开，即是对“合法性审查”内容的公示，又是对“合法性审查”程序的有力监督。

“立善法于天下，则天下治；立善法于一国，则一国治。”如果立法存在瑕疵，那么必然会引动执法者、司法者和守法者之间的冲突。对设区的市地方性法规的审查批准是地方立法中的一项重要制度，其既是对设区的市地方性法规立法质量的重要保障，又是实现科学立法、依法立法的必然要求。因此，唯有对我国当前的审查批准制度加以修订和完善，才能使设区的市地方性法规迸发出更加旺盛的生命力。

找准自治州人大及其常委会行使民族立法权和地方立法权的定位*

彭家银**

摘要：自治州人大及其常委会在具有制定单行条例和地方性法规的情况下，如何根据具体情况制定单行条例还是地方性法规，须准确理解二者的内涵和找准二者的区别，从而明确其定位。在立法实践中存在制定是制定单行条例还是地方性法规存在的困惑及如何解决。

关键词：民族立法权；地方立法权；单行条例；地方性法规

《立法法》修改后，自治州人大及其常委会在原有制定自治条例、单行条例的基础上，增加了行使制定地方性法规的立法权。在立法实践工作中，如何找准自治州人大及其常委会行使民族立法权和地方立法权的定位？如何在行使自治州人大及其常委会行使民族立法权和地方立法权之间找到平衡点？这就涉及如何找准自治州人大及其常委会行使民族立法权和地方立法权的定位问题。要精确找准二者的定位，必须深刻理解民族立法权、地方立法权的内涵，民族立法权中的制定单行条例和地方立法权中的制定地方性法规的联系与区别，找到实际困惑，然后准确实施对策定位，才能让民族立法权和地方立法权在自治州区域内发挥各自的作用，促进民族地区的发展。

一、民族立法权与地方立法权的内涵

民族立法权的内涵。就民族立法权而言，其内涵有广义和狭义之分，广义的民族立法权是指享有立法权的民族自治地方的国家机关创制规范性法律文件

---

* 此文收录于2016年湖南省立法研究会论文集。

** 彭家银，湘西土家族苗族自治州人大法制委副主任委员、常委会法工委副主任。

的权力。包括民族地区的人大及其常委会制定自治（单行）条例和地方性法规、政府制定政府规章等。狭义的民族立法权是指民族自治地方人民代表大会制定自治条例及单行条例的权力。包括自治区、自治州、自治县制定的自治条例和单行条例。根据《立法法》的规定，民族立法权中的制定单行条例权利是指自治州人民代表大会有权依照当地民族的政治、经济、文化的特点，制定自治条例和单行条例。在制定单行条例时，可以依照当地民族的特点，对法律和行政法规的规定作出变通规定，但不得违背法律或者行政法规的基本原则，不得对宪法和民族区域自治法的规定以及其他有关法律、行政法规专门就民族自治地方所作的规定作出变通规定。本文中分析的民族立法权仅指自治州人大制定单行条例（不含自治条例）的权力。

地方立法权的内涵。就地方立法权而言，其内涵有广义和狭义之分，广义的地方立法权是指享有地方立法权的地方国家机关制定规范性法律文件的权力，包括人大及其常委会、政府立法行为。狭义的地方立法权是指自治州地方人大及其常委会制定地方性法规的权力，仅指地方人大及其常委会的立法行为。根据《立法法》的规定，地方立法权中的制定地方性法规权力是指设区的市、自治州人大及其常委会可以行使设区的市在城乡建设与管理、环境保护、历史文化保护三个方面制定地方性法规的权力。虽然立法法从三个方面做了限制，但从立法实践及相关释义来看，范围比较宽。比如，从城乡建设与管理来看，就包括城乡规划、基础设施建设、市政管理等；从环境保护来看，就包括大气、水、海洋、土地、矿藏、森林、草原、湿地、野生动植物、自然人文遗址等，从历史文化来看，就包括民俗、（非）物质文化遗产、文物古迹、历史人文景观、宗教信仰等。本文中分析的地方立法权仅指自治州人大及其常委会制定地方性法规的权力。

二、自治州人大及其常委会行使民族立法权制定的单行条例与行使地方立法权制定的地方性法规的区别

为了使二者的比较具有针对性，本文从自治州人大及其常委会制定的单行条例和地方性法规在制定的主体、原则、规范事项、报批程序、审查标准、效力等级六个方面进行比较。（一）制定主体不同。单行条例的制定主体是自治州人民代表大会；地方性法规的制定主体是自治州人民代表大会及其常委会。二者的制定主体有相同的地方，即自治州人民代表大会，不同的地方即自治州人大常委会可以制定地方性法规，而不能制定单行条例。（二）制定原则不

同。单行条例的制定原则是依据自治州当地民族特点，对法律和行政法规作出变通性或补充性规定；地方性法规的制定原则是根据本行政区域的具体情况和实际需要的原则，不与宪法、法律、行政法规和本省的地方性法规相抵触，不能作出变通性规定。（三）规范事项不同。单行条例规范事项是依照自治州当地的民族政治、经济、文化的特点；地方性法规规范事项是城乡建设与管理、环境保护、历史文化保护三方面。前者的规范事项大于后者规范事项。（四）报批程序不同。单行条例须报省人大常委会批准后生效；地方性法规须报省人大常委会批准后施行。《立法法》的表述方式上前者是“报批后生效”，而后者是“报批后施行”。（五）审查标准不同。单行条例由省人大常委会进行合法性审查，同时审变通规定是否适当；地方性法规由省人大常委会仅进行合法性审查。（六）效力等级不同。单行条例的效力等级明显高于地方性法规，主要是因为二者在制定机关和制定程序上不一样，前者是人民代表大会，后者是人民代表大会或者常委会。前者需要人民代表大会通过，后者需要人民代表大会或者常委会通过。

三、准确定位自治州人大及其常委会制定的单行条例与地方性法规存在的现实困惑

（一）无法精准区分

虽然对自治州人大及其常委会制定的单行条例与地方性法规从六个方面进行了区分，在立法实践中仍缺乏可操作性。二者除了制定主体及有无变通性有明显的区别外，二者你中有我，我中有你，其区别由于缺乏具体的细则，无法界定二者内容。立法实践中哪些事项制定单行条例，哪些事项制定地方性法规，难以抉择，导致工作误以为“是否在自治州人民代表大会上通过”作为区分的唯一标准，显然无法发挥二者在各自领域的作用。未能有效区分二者应起到的作用，二者互相混淆，随意性大，立法缺乏民族特色和地方特色，民族区域自治的特惠性无法很好得到体现，影响自治立法的质量，阻碍立法自治水平的提升。

（二）批准程序不一

自治州人大及其常委会制定的单行条例与地方性法规均需省人大常委会批准，由于批准程序作为一种特殊的监督方式，有一定积极意义，但《立法法》对批准的含义、标准、程序都没有明确的规定，批准过程缺乏明确的法律规范，随意性比较大，过于烦琐、复杂。根据全国各省的做法，大致可以将省人

大常委会审批自治州人大及其常委会制定的单行条例和地方性法规的模式分为以下三种：第一种是按制定主体来划分，设区的市制定的地方性法规由省人大法制委集中审，自治州制定的单行条例、地方性法规由民侨外委审；第二种是按制定的对象来划分，地方性法规由省人大法制委审，单行条例由民侨外委审；第三种是混合式，所有均由省人大法制委审，征求其他相关专委及相关部门意见。由于各种批准模式不一，在没有进入正式审议前，都要向上级国家机关及其相关部门征询意见，对意见的采纳未规定必须采纳，但实践中只有经过其原则同意，才能正式进入审议程序，如果征询部门意见过多，立法主体疲于应付协调各方意见，导致立法的效率不高、成本加大。

（三）难以变通补充

变通规定是法律赋予自治州人大制定单行条例时的一项特别的立法自治权，在立法实践中，往往难以变通。一方面是相关法律规定对变通和补充规定没有作明确具体的规定，难以把握，为了稳妥起见，立法实践中不再考虑变通规定，即使起草时有变通规定，在多次征求意见的修改中，也会“修改”掉。比如《湘西土家族苗族自治州土家医药苗医药保护条例》中对“民族医药人员从业资格”的变通规定及《湘西土家族苗族自治州吉首市城市综合管理条例》中对“城市地下管廊”的“超前”规定，均争议颇多。另一方面是审批机关对变通的内容把握不统一。在审批时，对变通方面的单行条例从严控制，即使立法主体在立法初期有变通规定，在上级机关“提前介入”和“征求意见”中，被“消磨殆尽”。为了使条例审批顺利通过，起草条例以审批为立法的“指挥棒”，对制定变通性的规定的积极性普遍不高，最后导致制定的单行条例“不敢变通、不愿变通、不能变通”。

（四）民族色彩淡化

内陆的少数民族自治州民族元素，如少数民族的传统文化、语言文字、风俗习惯、宗教信仰等元素逐渐消失，缺乏民族元素的标签，与其他非少数民族地区趋向同质化。立法机关以及相关国家机关及其领导人员和工作人员民族区域自治意识缺乏，自治立法意识不强，自治更多地停留在字面上，缺乏具体的自治立法作为支撑，丧失自治立法在民族自治经济、文化、社会发展中的自治功能和法律功能，导致自治立法的民族性、自治性缺失，在《立法法》修改前所制定的单行条例与《立法法》修改后制定的地方性法规区别不大，没有很好地发挥各自的作用。

四、找准自治州人大及其常委会制定的单行条例与地方性法规定位的基本要求

（一）立足民族特色

在立法实践中，要立足于立法的内容是否突出亟须解决自治州当地主体民族的某一特殊的社会关系，要在民族自治州地方自然资源开发管理、环境保护、发展民族语言文字、民族教育等各项体现民族性、具有民族特色的自治权上下功夫。1. 要立足于为自治州的经济建设保驾护航。自治州地方立法对经济建设的作用首先要以立法的方式为加快自治州的经济社会发展保驾护航，要把管理全州的经济、发展生产、改善人民生活作为重要职责。由于历史原因、地理条件限制、发展基础薄弱、市场开发条件差、自身发展能力弱等原因，自治州地区大多属于“老、少、边、穷”地区，经济社会发展与发达地区存在一定差距。自治州的立法就要以法律的形式将国家给予的各种优惠政策和措施固定下来。如加大对少数民族企业的保护、扶持、发展的力度。2. 要立足于自治州的民族文化建设传承发展。自治州的民族文化遗产十分丰富，这些民族文化遗产是国家和民族生存、发展的内在动力，也是自治州民族的标签。自治州的民族立法就要为加强文化的保护和传承提供法制保障，对自治州少数民族文化的立法保护，不仅仅要注重物质文化方面的立法保护，而且尤其要关注其非物质文化的立法保护。从当前国内一些自治州民族立法来看，已经有部分自治州制定了有关自治州民族文化建设的立法，如湘西自治州在2006年也制定了《湘西土家族苗族自治州民族民间文化遗产保护条例》，就具有浓郁的土家族苗族特色。但总体来说，立法的范围比较窄，应扩大范围，形成系统的特色民族文化立法保护。3. 要及时制定地方性法规。虽然制定地方性法规不能有变通的规定，但是由于制定单行条例需要自治州人代会通过，自治州人民代表大会一年开一次，如遇换届，跨年度召开，间隔时间长，如制定单行条例立法时间长，效率低，无法适应当前自治州地方政治、经济、文化及社会发展的需要，更无法适应当前自治州立法服务于精准脱贫、全面小康的大环境。因此必须充分利用好自治州制定地方性法规的立法权，弥补单行条例立法时间长、效率低的不足，二者互为补充，相得益彰。

（二）规范批准程序

《立法法》修改后，全国各省都相继修改完善了立法程序条例，形成各种批准模式，无论何种方式，规范审批程序应该：坚持依法审、排除“非法审”，形成统

一审。1. 要严格依法审查。省人大常委会对自治州人大及其常委会制定的单行条例和地方性法规的审批程序应尊重自治州立法主体的意愿，严格依据《立法法》的规定，只进行合法性及变通的适当性审查，只要是依据自治州当地民族的政治、经济和文化特点制定，至于条例及法规的规定是否适当、立法技术是否完美、文字表达是否完美，不做审查。2. 要排除非必经程序的审查障碍。要排除和限制批准过程中“非法定程序”“不成文的惯例”“部分利益”因素渗透，拒绝“人治”，将有关机构的参考意见作为广泛听取意见、民主立法的一种途径和方式，不作为“必经程序”，参考意见仅“参考”而不“决定”，且在制定立法程序条例时，对批准程序的规定应予以明确，以“方便、简洁、高效、实用”为主。3. 要形成统一审查。归口到一个机构集中审查，不能“多头审”，根据目前国内的批准的三种模式，建议由省人大法制委统一审查，由其为主统一协调各相关专委及其相关机关的意见，改变过去由下级立法主体多头衔接、多方协调上级相关专委及其相关机关的意见的现状。总之，审批机关要适度放权，重视和尊重自治州立法主体意愿和完整的立法自治权，给予应有的关注和满足，并使之规范化，真正实现民族自治州地方立法的自治权。

（三）提升立法水平

立法是一项专业性、政策性非常强的工作，提升立法水平从不同的维度和不同的方面，有很多种途径和方法，我认为，从立法实践来看，要提升立法水平，至少在以下几方面给予重视。1. 加大立法人才的配备。要加大法制工作委员会、法制委员会、常委会组成人员的配备力度，须具有很强的文字功底和法律素养，挑选具备法律专业知识的人才，才能保证法制委员会在委员会全会上集中审议单行条例和地方性法规的专业性和常委会组成人员在常委会上集中审议单行条例和地方性法规的权威性。2. 成立立法研究机构。专业的立法研究机构开展立法学术研究，研究成果应用于立法实践，加强对立法的指导；对于重要的立法，可由立法研究机构承担起草工作，从而保障立法质量。3. 保证立法费用。成立立法专家库、智囊团，委托第三方立法，购买立法服务，均需要经费作为保障，建议财政部门能给予支持。4. 上级人大加大对立法主体的立法工作的指导。上级人大应加大对下级人大的立法指导，定期组织立法工作者开展立法学习和培训，提高其立法水平。

总之，要精确找准自治州人大及其常委会行使民族立法权和地方立法权的定位，是一个循序渐进的过程，不可能一蹴而就，自治州人大及其常委会的民族立法和地方立法，永远在路上。

设区的市制定地方性法规与省级政府制定规章的关系探讨*

廖桂元　谷　阳**

摘要：设区的市制定的地方性法规与省级政府规章从权限范围上来看，二者既有重合的部分，也有对方无法涵盖的部分。从效力等级上来看，设区的市的地方性法规在获得省人大常委会批准前，处于效力待定状态；在获得批准后，设区的市的地方性法规因获得了省级人大常委会的认可而比省级政府规章的效力更高。为减少二者立法上的抵触和重复，本文提出了三项建议。

关键词：设区的市；地方性法规；省级政府规章；关系探讨

设区的市制定地方性法规与省级政府制定规章是两个不同类型的立法主体进行的地方立法活动。《立法法》虽明确规定省级人大常委会是处理设区的市的地方性法规与省级政府规章发生抵触时的决定机构。但设区的市与省级政府在进行上述立法活动时究竟该如何处理彼此间的关系则并无明文规定。本文试图通过比较两种立法活动的权限范围、效力等级探讨二者关系，进而提出关系处理建议，以求提高设区的市制定地方性法规、省级政府制定规章时的预见性，提升立法体系的协调性，促进法制统一。

一、二者的权限范围比较

设区的市制定地方性法规与省级政府制定规章虽分属市、省两个不同层级，但二者有可能在立法内容上发生抵触。这种可能产生的抵触，就是二者关

---

* 此文收录于2019年湖南省立法研究会论文集。

** 廖桂元，衡阳市人大法制委主任委员、常委会法工委主任；谷阳，衡阳市人大常委会法工委干部。

系的一种表现。因此，要厘清二者关系，首先就要比较权限范围。

（一）省级政府制定规章的权限范围

省级政府制定规章的权限范围可归纳为执行性立法事项和自主立法事项两大类。执行性立法事项是：为执行法律、行政法规规定，需要制定规章的事项。自主性立法事项是：属于本行政区域的具体管理事项。此外，上述的权限范围还有一处限制，即在无上位法依据时，地方政府规章不得设定减损公民、法人和其他组织权利或者增加其义务的规范。①

（二）设区的市制定地方性法规的权限范围

设区的市制定地方性法规的权限范围可归纳为执行性立法事项、自主性立法事项、可先行立法事项三大类。执行性立法事项是：为执行法律、行政法规规定，需要根据本市的实际情况做具体规定的事项。自主性立法事项是：属于地方性事务需要制定地方性法规的事项。可先行立法事项是：除中央专属立法事项外，根据本地方的具体情况和实际，需要先行制定地方性法规的事项。此外，上述三种立法事项还有两处限制：一是只能对城乡建设与管理、环境保护、历史文化保护方面的事项立法。二是不能与宪法、法律、行政法规和本省、自治区的地方性法规相抵触。②

（三）相交的权限范围关系

从《立法法》的规定便可看出，二者的权限范围并非简单按照行政层级中省级大于市级的逻辑所推出的包含与被包含关系，而是相交关系。第一，二者均有对方不包含的权限范围。一方面，省级政府规章的效力范围覆盖全省，而设区的市制定地方性法规显然无法覆盖本市以外的地区。另一方面，设区的市制定地方性法规虽然仅限本市范围且仅有城乡建设与管理、环境保护、历史文化保护三个方面的立法权，但只要与上位法不抵触，便可根据具体情况和实际需要立法。而省级政府制定规章时如要设定减损公民、法人和其他组织权力或者增加其义务的规定必须有法律、行政法规、省级地方性法规的依据。甚至有观点认为“在没有法律、行政法规和地方性法规作为根据的情况下，地方政府一般是不能自主立法的”。③ 第二，二者的权限范围存在交集。在同一省中，设区的市制定地方性法规和省级政府制定规章在根据宪法、行政法规进行

① 参见《立法法》第82条。

② 参见《立法法》第72条、第73条。

③ 陈军：《地方政府立法权研究》，中国法制出版社2012年版，第114页。

涉及城乡建设与管理、环境保护、历史文化保护方面的立法时，可能产生交集。如果对同一事项规定不一致，便会发生抵触。

二、二者的效力等级辨析

由于两个不同立法主体的权限范围相交可能导致抵触的发生，省级政府和设区的市的人大及其常委会在各自立法时该如何处理彼此关系便成为必须解决的问题。如果能够明晰设区的市制定的地方性法规与省级政府制定的规章的效力等级，则不仅能在产生抵触时找到解决依据，还能指引今后双方的立法活动和关系处理。目前，关于设区的市的地方性法规与省级政府规章的效力等级问题在法律中并无明文规定，在学界中存有争议。

（一）观点一：省级政府规章的效力更高

部分观点认为，“省级政府规章效力高于设区的市的地方性法规效力。”① 其理由主要有两点：一是根据行政级别。省级政府的行政级别高于设区的市人大及其常委会。二是根据逻辑类推。由于国务院制定的行政法规的效力高于省级人大及其常委会制定的地方性法规。同理可推，省级政府制定的规章效力高于设区的市人大及其常委会制定的地方性法规。但这种观点存在明显漏洞。从实际的效力来看，省级政府规章不能像行政法规一样作为法院审判的依据，只能作为审判的参照，而设区的市虽然行政级别低于省级政府，但其制定的地方性法规却能作为人民法院的审判依据。由此可以看出：第一，分属国家权力机关和国家行政机关的两种不同类型的立法主体间不能简单根据其行政级别判定立法效力的高低。第二，设区的市的地方性法规与省级政府规章的效力等级不能机械比照行政法规与省级地方性法规的关系。

（二）观点二：设区的市制定的地方性法规效力更高

设区的市的地方性法规在获得省级人大常委会批准后，其效力高于省级政府规章。这一判断虽无法律明文规定作为依据，但从立法机关的权威读本中已

① 顾建亚：《法律位阶划分标准探新》，载《浙江大学学报（人文社会科学版）》2006年第6期。由于当时《立法法》并未赋予设区的市立法权，所以当时顾教授的表述是“省、自治区的地方政府规章高于较大的市的地方性规范”。由于2015年新《立法法》第72条第3款中已用“设区的市”取代了“较大的市”，因此在此将顾教授的观点进行了引申。

经能够找到明确答案。① 其理由主要是“批准升级”，即由于设区的市制定的地方性法规是经省级人大常委会批准的，故应将其视为省级立法权的延伸和组成部分，其法律效力应当同省级地方性法规相同。再根据“地方性法规的效力高于本级和下级地方政府规章”② 的规定，便可得出设区的市的地方性法规比省级政府规章效力更高的结论。这一观点是最高权力机关的权威解读，故在实践中适用不存在障碍。但新的问题是，在获得省级人大批准前，设区的市制定的地方性法规自然不能看作与省级地方性法规具有同等效力，那此时设区的市所制定的地方性法规和省级政府规章在效力上又是何种关系？

（三）笔者观点：批准前后二者的效力关系不同

通过对比上述两种观点，笔者认为观点二更具合理性和权威性。事实上，在操作层面，观点二也更加符合实际。设区的市的地方性法规在报请审批时被发现与省级政府规章发生抵触，是由省级人大常委会作出处理决定。因此，如果在发现二者抵触的情况下，省级人大常委会仍然批准了设区的市的地方性法规，自然也就说明省级人大常委会在两法相抵触时作出了支持设区的市的地方性法规的决定，而省级政府规章同时要面临被撤销的命运。故获得批准后的设区的市的地方性法规因获得了省级人大常委会的认可而比省级政府规章的效力更高。

但必须强调的是：笔者认为在获得批准前，设区的市的地方性法规和省级政府规章的效力关系是处于待定状态，并没有明显的高低之分。第一，设区的市的地方性法规在未获得省级人大常委会批准前不得施行，因此即使与本省政府规章发生抵触也不会产生实际的法律适用困惑。第二，省级人大常委会在审查报请批准的设区的市的地方性法规时发现同本省政府规章相抵触，既有可能支持省级政府规章也有可能支持设区的市的地方性法规。因此，在获得批准之前，设区的市的地方性法规与本省政府规章的效力关系处于待定状态。

三、二者的关系处理建议

研究设区的市制定地方性法规与省级政府制定规章间的关系，其最终目的是减少抵触和重复，构建协调、统一的法律体系。为实现这一目标，笔者在认

---

① 全国人大常委会法制工作委员会国家法室编著：《中华人民共和国立法法解读》，中国法制出版社2015年版，第267页。

② 参见《立法法》第89条。

真分析二者的权限范围和效力等级关系后，提出以下关系处理建议。

（一）属于设区的市制定地方性法规的权限范围内的事项，省级政府一般不制定规章

如前文所述，设区的市制定地方性法规与省级政府制定规章的权限范围是相交关系，相交的范围便是两法可能产生抵触的范围。为了减小抵触发生的概率，也为了避免重复立法造成资源浪费，建议对设区的市制定地方性法规与省级政府制定规章之间重叠的立法权优先由行政层级更低的设区的市行使，即对于城乡建设与管理、环境保护、历史文化保护三个方面的事项一般由设区的市制定地方性法规进行规制，只有当有必要在全省范围内统一立法且制定省级地方性法规尚不成熟时，才制定省级政府规章。

如此建议的理由有三。第一，城乡建设与管理、环境保护、历史文化保护这三个方面的事项均具有突出的地方性特色，需要因地制宜。让行政层级更低的设区的市一级优先行使该立法权不仅能够充分发挥设区的市在上述事项的立法主观能动性，也能增强其后续执法的责任感，还能使上述事项的立法更紧密地贴合各地的具体情况和实际需要。第二，针对上述三个事项进行立法，设区的市制定地方性法规比省级政府制定规章享有更全面的立法权。由于省级政府规章设定减损公民、法人和其他组织权力或者增加其义务的规定必须有上位法的依据，而设区的市只要不与上位法相抵触，即使无上位法依据也可以先行制定地方性法规，显然享有更全面的立法权，能够更好地结合地方实际作出全面规定。第三，在上述三个方面需要全省统一立法时，从立法力量和立法权限上考虑，都应优先选择立法权更大、立法力量更强的省级人大及其常委会制定地方性法规，只有当制定省级地方性法规尚不成熟，因行政管理迫切需要，才有制定省级政府规章的必要。

（二）省级政府制定规章不得与获得批准的设区的市的地方性法规相抵触

上文已经充分论证了获得省级人大常委会批准的设区的市的地方性法规较省级政府规章有着更高的效力。因此，省级政府在制定规章时，不能与已经获得批准的设区的市的地方性法规相抵触。否则，省级政府规章就会面临被省级人大常委会撤销的命运。当然，如果省级政府在制定规章时发现设区的市的地方性法规明显存在与上位法相抵触等不适当情形时，可以向省级人大常委会书面提出审查要求。但在获得批准的设区的市的地方性法规被改变或撤销前，省级政府仍应不与其抵触。

（三）在报请批准前，设区的市在制定地方性法规时已发现与省级政府规章相抵触，应认真研究，加强同省级人大常委会的沟通

如上文所述，设区的市制定的地方性法规在获得省级人大常委会批准前，效力处于待定状态，与省级政府规章无高低之分。此时发现与省级政府规章发生抵触，应通过认真研究、加强沟通的方式及时解决，尽量不要等报送审批时再交由省级人大常委会作出处理决定。理由如下：第一，报送省级人大常委会审批的地方性法规已经由设区的市的人大常委会会议甚至是人民代表大会表决通过，如果因与省级政府规章相抵触而被责令修改甚至不予通过，则会导致大量前期工作白费，工作陷入被动。第二，发现与省级政府规章发生抵触是一次很好地检视立法工作的机会，设区的市在认真研究同省级政府规章相抵触的内容时能够进一步提高制定地方性法规的质量，如果能够借此机会对法规进行完善，消除抵触，则有望更快地获得省级人大常委会的批准。第三，通过加强与省级人大常委会的沟通，设区的市能够更早地预判地方性法规与省级政府规章发生抵触后的处理决定。例如，省级政府规章均需报省级人大常委会备案。如果经沟通汇报，得知是与省级人大常委会已经进行了备案审查的省级政府规章相抵触，设区的市便应立刻对地方性法规中与规章相抵触的内容进行修改，不必将问题留待报送审批时交由省级人大常委会作出处理决定。

第三篇

地方立法技术与效能

地方立法中共性问题的规范表述

——以8件省地方性法规为例*

张建华**

摘要：地方立法的结构布局、文字表述，是决定地方立法质量的主要因素。本文以省人大常委会2017年3月至2018年7月颁布的8件地方性法规为例，对法规名称、条文数量和是否分章、立法目的、立法依据、管理方法律责任、法律责任兜底条文等共性问题的处理做了探讨。

关键词：地方立法；语言文字；规范表述

地方立法的语言文字要规范，是省人大常委会通过的《湖南省地方立法技术规则》提出的要求。大家应已体会到，每一件地方立法都存在几个与其他地方立法相同的问题，如法规名称是条例还是办法（此为两种常见名称），法规的条文数量和是否分章，立法目的、立法依据、管理方法律责任、法律责任兜底条文如何表述等问题。笔者认为，对相同的问题，有相同的处理方式或文字表述，这应是地方立法语言文字要规范这一要求的题中之意，对提高地方立法规范化水平有积极作用，也能避免立法过程中就这些问题引发的争论。为研究这个问题，笔者查阅了省人大常委会2017年3月至2018年7月颁布的8件地方性法规（见下文），就这8件地方性法规对前述几个相同问题的处理方式或文字表述做了比较。结论是：处理方式或文字表述不完全一样；有个别问题的处理，8件地方性法规有7种处理方式或文字表述。尽管这不是什么大问题，甚至根本就不是问题，原因是汉语语言文字本身就是丰富多彩的。但笔者认为，不宜把立法语言文字当作一般的语言文字看待，宜更多地强调其规

---

* 此文收录于2018年湖南省立法研究会论文集。

** 张建华，湖南省政府法制办副主任。

范性。

一、关于法规的名称

自主性立法（没有直接的上位法依据）的法规名称一般为条例，这已被大家遵循。本文所指8件地方性法规中有4件是自主性立法：《湖南省森林公园条例》《湖南省水上交通安全条例》《湖南省学校学生人身伤害事故预防和处理条例》《湖南省饮用水水源保护条例》。

但对实施性立法（有直接的上位法依据）的法规名称有时存在随意性，本文所指8件地方性法规中的其他4件应当认定为实施性立法，但只有2件法规的名称为实施办法，它们是：《湖南省实施〈中华人民共和国残疾人保障法〉办法》《湖南省实施〈中华人民共和国固体废物污染环境防治法〉办法》；其他2件法规的名称为条例，它们是：《湖南省大气污染防治条例》《湖南省物业管理条例》，而这两个条例分别都有直接的上位法依据，它们是《大气污染防治法》《物业管理条例》。

笔者主张实施性立法的名称均为实施办法。这样做，没有一丁点坏处。第一，从名称上将地方立法区分为实施性立法和自主性立法两类。既然实施办法和条例是地方立法两个不同的名称，就应当有各自使用的规则，不能随心所欲。第二，实施办法或者条例仅是法规的名称而已。前述提到的《湖南省大气污染防治条例》《湖南省物业管理条例》，分别改名为《湖南省实施〈中华人民共和国大气污染防治法〉办法》《湖南省实施〈物业管理条例〉办法》后，丝毫不影响它的内容、效力等。第三，可以避免大家在立法时就其名称做无谓的争论。真不明白有人为何坚持用条例作为实施性立法的名称。如：同为环保方面的两个实施性立法，为何固体废物污染防治立法的名称叫实施办法，而大气污染防治立法的名称叫条例？二者有何区别？其实没有什么区别，《湖南省大气污染防治条例》除起了个自主性立法名称外，其条文完全是按照实施性立法模式设置的，没有立法目的，没有适用范围，没有原则等与上位法重复的东西，完全是起错了名而已。当时有人认为大气污染防治太重要了，因此坚持用条例这个名称。这个认识显然不对，难道固体废物污染防治立法用实施办法做名称，是因为固体废物污染防治不重要吗？

有一种观点认为，省人大及常委会实施性立法只针对全国人大制定的法律，不针对国务院的行政法规，按照国务院《物业管理条例》制定湖南的物业管理法规，只能作为自主性立法看待，其名称只能称“条例”。这个观点值得商榷。《立法法》第72条明确规定，省人大及常委会是“在不同宪法、法律、行政法规相抵触的前提下”制定地方性法规，即法律、行政法规都是省人大及常委会立法的上位法，根据已有的行政法规制定地方性法规，同样属于实施性立法，宜按照实施性立法模式操作。

二、关于法规的条文数量和是否分章

前述8件法规中，有7件在40条以上，有6件分了章，只有《湖南省森林公园条例》（共40条）和《湖南省实施〈中华人民共和国固体废物污染环境防治法〉办法》（共36条）2件未分章。在立法工作中主张条文不要太多、没必要分章的声音大有存在。笔者不赞成此观点。

一是地方立法要讲究细。讲究细，条文就会多一点；只要不是废话、不重复上位法，条文多一点没什么不好。这是因为，立法是制定规则，规则应当是周密严谨的；规则要做到周密严谨，就要求立法越细越好。立法只有细化了，才不会让相对人找到漏洞、钻到空子，也不会让执法机关任意解释。

二是规则要让人容易弄明白。规则是让人遵守的。规则要让人遵守，首先要让人容易弄明白。这除了文字通俗易懂外，结构清晰很重要，按内容分章就是一个好办法，便于阅读、理解、查找。可以说分章对条文较多的法规来说没有一点坏处。反之，一个法规几十条、好几页文字，若不分章，学习或查找针对某项事情的条文都不方便。如《湖南省森林公园条例》有40条，包含总则、森林公园设立、森林公园保护与利用、监督管理、法律责任、附则等内容，未分章，学习起来觉得层次不清；想找某个方面的条文却不知从哪里下手，非要从头至尾翻过遍才行。这样，会影响人们学懂弄通的积极性，自然就会影响到法规的适用效果。因此，笔者认为，凡条文在30条左右、内容涉及几个方面、文字较多的法规，能分章的先考虑分章。

全国人大常委会2018年10月通过的《消防救援衔条例》对上述问题做了很好回答。消防救援衔应当说不是一件很复杂、很重大的事情，涉及面不广，但条例有28条，规定很细，对总则、消防救援衔等级的设置、编制、消防救援衔的首次授予、晋级、保留、降级和取消、附则等都作出规定，做到了面面俱到，还授予国务院制定相关细则，说明立法就是要把相关问题都规定清楚，能细化的尽量细化。同时，条例只有28条却分了7章，对每一个问题都设章表述，结构非常清晰，阅读起来很舒服。

另外，从8件法规来看，是否分章的标准不一。如《湖南省森林公园条例》40条未分章，而《湖南省大气污染防治条例》41条（仅多1条）分5章，《湖南省实施〈中华人民共和国残疾人保障法〉办法》44条分9章。从相近内容法规来看，《湖南省大气污染防治条例》41条分总则、防治措施、监督管理、法律责任和附则5章，其中法律责任一章只有3条（实质性条文只有1条，另两条为管理方法律责任、法律责任兜底条文）；而《湖南省实施〈中华人民共和国固体废物污染环境防治法〉办法》未分章，虽只有36条，但也包含总则、防治措施、监督管理、法律责任和附则等方面内容，若比照《湖南省大气污染防治条例》（同属于实施性立法）设5章是非常好的，且法律责任一章有6条，比《湖南省大气污染防治条例》法律责任一章更显科学。

三、关于实施性立法目的和立法依据

（一）关于立法目的

实施性立法不规定立法目的，这几年已基本形成共识，原因是上位法已经规定立法目的。上述4件实施性立法中有3件是这样做的，包括《湖南省大气污染防治条例》，该法规虽然起了一个自主性立法的名称，但第1条未规定立法目的。《湖南省物业管理条例》没有这样做，它规定了立法目的：“为了规范物业管理活动，维护业主和物业服务企业的合法权益，营造良好的生活和工作环境，促进社会和谐稳定”。这一立法目的与国务院《物业管理条例》的立法目的基本一致：“为了规范物业管理活动，维护业主和物业服务企业的合法权益，改善人民群众的生活和工作环境”。由此可以看出，实施性立法确实不宜规定立法目的。因为，照抄上位法规定的立法目的没有必要，不照抄即改变上位法规定的立法目的也没有道理。

（二）关于立法依据

对于立法依据的表述有多种模式。有的是在引用上法位名称后加“等法律、行政法规”，如《湖南省学校学生人身伤害事故预防和处理条例》的立法依据表述为：根据《教育法》《未成年人保护法》等法律、行政法规；有的是在引用上法位名称后加“和其他有关法律、行政法规”，如《湖南省实施〈中华人民共和国固体废物污染环境防治法〉办法》的立法依据表述为：根据《环境保护法》《固体废物污染环境防治法》和其他有关法律、行政法规；有的是在引用上法位名称后加“和其他有关法律、行政法规的规定”，如《湖南省饮用水水源保护条例》的立法依据表述为：根据《水污染防治法》《水法》和其他有关法律、行政法规的规定。笔者建议采用第一种模式，它比较简洁。

第二种模式中“和其他有关”几个字属于多余，不用说明，都知道是“其他”的、“有关”的，完全可以用第一种模式中的“等”字代替；第三种模式“和其他有关法律、行政法规的规定”后面“的规定”三个字也属于多余。

四、关于管理方的法律责任

在地方立法中对政府及部门法律责任的规定要尽量具体、明确，如列明违法行为的具体情形，以体现在追责问题上管理方与相对人一视同仁的理念，符合有权就有责、用权受监督的法治原则。对此湖南省已基本达成共识，走在国家和其他省立法的前面。在上述8件法规中，有6件是这样做的，如《湖南省实施〈中华人民共和国残疾人保障法〉办法》第40条列举了五项应追究国家机关、残疾人联合会责任的情形。但《湖南省森林公园条例》《湖南省物业管理条例》2件法规未这样做，只做了原则规定，期待以后改进。

此外，还有几个细节不统一：

第一，管理方法律责任摆放位置不统一。有的法规把它作为法律责任的第1条，有的则作为最后一条，还有的把它排在法律责任倒数第2条或其他位置。本人倾向于将其作为第1条，排在相对人法律责任前面，理由是正人先正己。先追究管理方责任，体现从严治党、从严治政要求。

第二，违法行为主体表述不统一。有的表述为“政府及其XX部门”；有的表述为“政府XX部门”，将“政府”排除在外；有的表述为“政府和XX部门及其工作人员”，将“政府和XX部门“并列，将“工作人员”列为违法行为主体。笔者赞成第一种表述，除非“政府”在本法规中无任何职责（一般无此种情况），否则均应追查“政府”的违法行为。“政府和XX部门”不能并列，应改为“政府及其XX部门”。“工作人员”不应与“政府及其XX部门”一并成为违法行为主体，因为“工作人员”是以政府或部门名义履行职责、作出行为，行为的主体只能是政府或部门。政府或部门违法，当然要倒查有关责任人的责任，这是后一句要表达的问题。同时，如果将“工作人员”并列作为违法行为主体，语法上也不妥，如《湖南省实施〈中华人民共和国残疾人保障法〉办法》第40条表述：“国家机关、残疾人联合会及其工作人员有下列行为之一的，对直接负责的主管人员和其他直接责任人员依法给予处分；构成犯罪的，依法追究刑事责任”。此表述中前面的“……工作人员”与后面的“……直接负责的主管人员和其他直接责任人员”产生歧义，好像违法的“……工作人员”本人不被追责，而是追究“……直接负责的主管人员和其他直接责任人员”。

第三，政纪责任表述不统一。有的表述为“……依法给予行政处分”，有的表述为“……依法给予处分”。前者如《湖南省森林公园条例》第38条规定：“县级以上人民政府林业等主管部门在森林公园管理工作中玩忽职守、滥用职权、徇私舞弊的，对直接负责的主管人员和其他直接责任人员依法给予行政处分……”。后者如《湖南省饮用水水源保护条例》第40条规定：“县级以上人民政府及其水行政、环境保护等其他负有监管职责的部门有下列行为之一的，对直接负责的主管人员和其他直接责任人员依法给予处分”。笔者赞同后一种表述，具有包容性；第一种表述仅限于行政处分，排除了其他处分，不符合实际情况。

第四，刑事责任表述不统一。多数法规表述为“构成犯罪的，依法追究刑事责任”；有的表述为“涉嫌犯罪的，移送司法机关依法追究刑事责任”；个别法规没有规定此内容，如《湖南省实施〈中华人民共和国固体废物污染环境防治法〉办法》第30条规定：“各级人民政府及环境保护主管部门和其他有关部门有下列情形之一的，对负有责任的主管人员和其他直接责任人员依法给予行政处分”。笔者赞成第一种表述，即对刑事责任只作指引性表述。第二种表述过于具体，地方立法不宜规定刑事诉讼程序；第三种表述易产生误会，因为对管理方追责情形中最后一项一般表述为：“其他玩忽职守、徇私舞弊、滥用职权的”，而一般人都知道这种情形严重时就需追究刑事责任，若法规中仅规定给予政纪处分，不规定刑事责任，易引起误会。

五、关于法律责任的兜底条款

在上述8件法规中，有6件法规有法律责任的兜底条款，但表述无一相同：1.《湖南省大气污染防治条例》规定：“违反本条例规定的其他行为，法律、行政法规已有法律责任规定的，从其规定”。2.《湖南省实施〈中华人民共和国固体废物污染环境防治法〉办法》规定：“违反本办法规定的行为，法律、法规已有法律责任规定的，从其规定”。3.《湖南省森林公园条例》规定：“违反本条例其他规定，有关法律、法规规定处罚的，从其规定”。4.《湖南省物业管理条例》规定：“违反本条例规定的其他行为，法律、法规规定处罚的，从其规定”。5.《湖南省饮用水水源保护条例》规定：“违反本条例规定的其他行为，有关法律法规规定处罚的，从其规定”。6.《湖南省水上交通安全条例》规定：“对违反本条例规定的其他行为，有关法律、法规、规章规定了法律责任的，从其规定”。另外2件没有法律责任的兜底条款，它们是：《湖南省实施〈中华人民共和国残疾人保障法〉办法》《湖南省学校学生人身伤害事故预防和处理条例》。

笔者赞成设置法律责任的兜底条款。因为地方立法不重复国家法律法规已设定的法律责任条款，即便是自主性立法，所有行为规则不可能全是新设立或独创的，多多少少有些是国家上位法的规定，有的上位法对违反这些规定的法律责任做了规定，地方立法不能照抄也不可能抄全。如果不设置法律责任的兜底条款，法律责任条款就显得不全。设置法律责任的兜底条款，除了是立法逻辑性要求外，还可以提醒公众，违反本法规不只是只依照本法规规定追责，还要依照国家法律法规追责，起到消除误会、提升法规震慑力的作用。

如何表述法律责任的兜底条款？上述6个法规的法律责任兜底条款中，只有“从其规定”四个字相同；第1部法规限于“法律、行政法规”，太死板，不符合实际，排除了其他地方性法规、规章；第2部法规的表述第一句少了“其他”两个字，逻辑上不严谨；第3、4、5部法规的“处罚”二字改为“法律责任”更准确，一是本条属于法规中“法律责任”部分的内容，设章的法规这一章的名称为“法律责任”，而不是“处罚”；二是“法律责任”的面宽于“处罚”，如“约谈”“恢复原状”等。有些法规“违反本条例规定的其他行为”的表述不简洁，处罚的肯定是“行为”，不会是“想法”。此外，第6部法规的兜底条款开头多了一个“对”字。笔者主张这样表述：“违反本条例（或办法）其他规定，有关法律、法规规定了法律责任的，从其规定”。“违反本条例（或办法）其他规定”的表述简洁明了，并与法规中前面设定的法律责任条文相呼应；“有关法律、法规规定了法律责任的”表述准确，“有关法律、法规”可以理解为包含法律、行政法规、地方性法规、自治条例、单行条例、规章等，只要规章等下位法未被宣布失效前均是要执行的。

设区的市地方立法若干问题刍议*

陈忠华　周鸿霖**

摘要：修改后的《立法法》全面赋予设区的市地方立法权，这对于完善地方法治，有针对性地处理地方事务具有重要意义。本文以某市地方立法实践为例，提炼其存在的诸如对地方性法规议案的过度修改、部门立法积极性出现逆转、社会公众参与立法不活跃等问题，剖析了问题根源，并提出规范法规草案的修改权限、完善考核机制、维护部门合法利益、引导社会公众有效参与立法等举措，试图探索解决当前问题的路径。

关键词：设区的市；地方立法问题；根源；路径

自 2015 年《立法法》作出修改以来，地方立法主体扩充到所有设区的市，地方立法工作也因此迎来了重大发展机遇。以某市为例，某市是湖南省首批行使地方立法权的设区的市，始终坚持“党委领导、人大主导、政府依托、各方参与”的科学立法工作格局，牢牢把握“不抵触、有特色、可操作、真管用”的地方立法工作原则和要求，严守地方立法权限，全面探索和推进地方立法工作。截至 2019 年 10 月，先后制定并公布施行 3 部地方性法规、1 部政府规章，另有 1 部地方性法规和 1 部政府规章制定正有序推进，计划 2019 年底出台。通过地方立法，有力地促进了地方经济和社会的发展。然而，虽然地方立法工作取得了一些成绩，仍然存在一些问题需要不断探索并逐步予以解决。

一、地方立法存在的问题

设区的市广泛开展地方立法活动，成效显著、亮点纷呈。但立法工作中还

* 此文收录于 2019 年湖南省立法研究会论文集。

** 陈忠华，郴州市司法局局长；周鸿霖，中级经济师，郴州市司法局立法科科员。

是存在诸多待解难题，困扰着地方立法的高质量推进。除立法力量缺乏、立法经验不足外，各主体之间在立法工作各阶段呈现的矛盾，也是地方立法实践中亟须解决的。

（一）对地方性法规议案的过度修改

在地方立法实践中，地方性法规议案的提出主体主要是设区的市人民政府。地方性法规议案呈报同级市人大常委会后，在后续的立法工作中，普遍出现较大修改的情况，有的修改比例超过原议案的60%，甚至更多。以某市已经出台的3部地方性法规为例。提请人大常委会审议的《某市风景名胜区保护条例（草案）》地方性法规议案文本草案共6章37条，正式出台的法规文本共6章41条，重要条文修改率超过45%；提请人大常委会审议的《某市房屋安全管理条例（草案）》地方性法规议案文本共8章52条，正式出台的法规文本共7章54条，重要条文修改率超过57%；提请人大常委会审议的《某市历史文化名城名镇名村保护条例（草案）》地方性法规议案文本共6章42条，正式出台的法规文本共6章39条，重要条文修改率超过38%。通观以上3部地方性法规审议情况，可见法规草案修改幅度之大。地方立法工作是一项复杂的事务，涉及不同群体的利益博弈和地方政策的落实等问题。对地方性法规议案文本的修改，是必要的，也是不可避免的。然而，需要引起注意的是，提请人大常委会审议的地方性法规议案，先后经过调研、座谈、公开征求意见、听证、专家论证等立法程序和部门集体讨论、政府常务会议审议等决策程序。在后续立法程序中出现反复修改、来回修改甚至另起炉灶式修改等问题，可能导致地方性法规议案失去其应有意义和作用。尽管地方立法普遍实行联合作业方式，即人大法制委、人大常委会法工委、司法行政部门、主管部门等单位全程参与立法工作，对重要条款内容的修改经过了反复征求意见、论证等程序，如果对地方性法规议案过度修改，事实上可能已经超出合法性和合理性范畴。

（二）部门立法积极性出现逆转

地方立法权主体扩容，对于推进地方法治化解决地方事务有着重要意义，但它同时也是一把双刃剑。某市获得立法权伊始，各部门对于制定地方性法规或政府规章的热情高涨，纷纷申报立项。据统计，全市2016年征集到立法建议项目34件，2017年征集到立法建议项目12件。而随着3部地方性法规和1部政府规章的陆续出台，2018年、2019年分别征集到立法建议项目8件、6件。在前述立法建议项目征集工作中，部门主动申报的立法建议项目逐年递减、立法热情逐渐衰退，履行立法工作职责积极性不高，甚至开始出现推诿现象。

（三）社会公众参与立法不活跃

习近平总书记指出，要完善立法工作机制和程序，扩大公众有序参与，充分听取各方面意见，使法律准确反映经济社会发展要求，更好协调利益关系，发挥立法的引领和推动作用。① 社会公众参与立法意义重大。然而，在实践中社会公众参与立法不活跃是地方立法工作普遍存在的问题。某市已出台的地方性法规和政府规章，包括正在有序推进的《某市城区农贸市场管理条例》《某市全域旅游促进办法》等立法项目，公开征集到的意见和建议大部分来自专家、学者、行政机关和立法机关委托村（居）民委员会遴选的村（居）民代表，来自自愿、主动参与立法的普通公众的声音较少。2016—2019 年社会公众提出的立法建议项目分别为 2、1、0、1 件；除立法座谈会、调研现场等程序之外，在立法项目公开征求意见程序中，普通社会公众主动反馈的意见和建议分别为 16、13、8、6 件，该类别意见和建议在单一立法项目征集到的全部意见和建议总额占比均未超过 20%。

二、针对存在问题的原因剖析

（一）对“人大主导立法”的理解不全面

如前所述，审议机关对提请审议的地方性法规议案文本进行过度修改，笔者认为主要原因是在对“人大主导立法”的理解方面未形成共识，以至于在立法实践中，事实上弱化其他立法主体参与功能。“人大主导立法”最早正式出现是在 2011 年 4 月《中共中央转发〈中共全国人大常委会党组关于形成中国特色社会主义法律体系有关情况的报告〉的通知》（中发〔2011〕7 号）文件当中。② 2015 年修订的《立法法》更是将之前提出“人大主导立法”的相关内容法律化了。经过几年的实践与探索，理论界与实践部门对人大主导立法问题的认识见仁见智。而在设区的市的地方立法中，因接触时间短、理论认识不深、实践经验不足，对于人大主导立法的认识相较于上级更容易产生偏差，从而导致在实践中影响其他立法参与主体参与立法的功能的发挥。

① 习近平：《习近平谈治国理政》，外文出版社 2018 年版，第 144 页。

② 封丽霞：《人大主导立法的可能及其限度》，载《法学评论》2017 年第 5 期。

（二）部门诉求难以实现

部门申报立项的态度从热情高涨到一落千丈，被迫参与起草工作中的个别部门赶鸭子上架，积极性不高，甚至存在推诿现象。诚如某地正在推进的政府规章《某市全域旅游促进办法》，部门积极性不高，委托第三方起草后，参与甚少。面对当前处境，司法行政部门作为政府立法工作的具体组织部门，推动立法特别困难。笔者认为有以下原因：一是部门意图难以实现，积极性较低。随着地方性法规及政府规章的出台和实施，各部门看到，通过立法不仅不能实现其意图，反而给自己套上“笼子”，扩大责任和义务；二是司法行政部门缺乏制约其他部门的权力和手段。就现状来说，一方面缺乏有效的考核制度，仅有的考核量化评分机制，立法工作占比仅有 5%。另一方面市政府分管司法行政的领导由之前的常务副市长改为副市长，这在一定程度上降低了政府立法工作的统筹力度。

（三）社会公众参与缺乏动力

公众参与立法是推进民主立法必不可少的环节，为此，始终坚持做到“法定立法程序一个不能少”是基本的立法要求。然而，社会公众实际参与立法情况并不理想，主要原因在于：一是因立法工作的专业化，普通民众囿于不具备相关的专业知识和能力，影响其参与意愿与热情；二是社会公众参与地方立法的主体意识不强。马克思在其《政治经济学批判 · 序言》中指出，人们在自己生活的社会生产中发生一定的、必然的、不以他们的意志为转移的关系。这些生产关系的总和构成社会的经济结构，即有法律的和政治的上层建筑竖立其上并有一定的社会意识形式与之相适应的现实基础。物质生活的生产方式制约着整个社会生活、政治生活和精神生活的过程。而我国当前发展正处于不平衡不充分的状态，在现代法律发展中具体表现为社会公众必须具备的权利意识和政治参与意识仍然不强。即使有相关知识储备、法律素养的社会公众，也认为立法属于公共事务，有立法机关行使即可，若是参与需花费自己一定的时间和精力，且法规、规章的出台并不能给自己带来直接的红利，在权衡“利弊”后，较宜选择以“沉默”对待。

三、解决问题的路径探索

习近平总书记指出，人民群众对立法的期盼，已经不是有没有，而是好不好、管用不管用、能不能解决实际问题；不是什么法都能治国，不是什么法都能治好国；越是强调法治，越是要提高立法质量①，深刻阐述了只有高质量立法才能满足人民群众期盼和国家治理的需要。正确处理当前地方立法工作中存在的问题，是追求地方立法高质量发展的基础性工作。

（一）进一步规范法规草案的修改权限

按照我国的政治体制，特别是我国《宪法》《立法法》等法律确立的立法体制和立法程序的要求，强调人大主导立法是必要的，但要妥善处理人大主导立法与其他主体依法参与立法的关系。一是尊重其他立法参与主体的职权。在立法活动中，人大是民意机关，代表人民意志。依据我国《宪法》的相关规定，人民政府作为重要的立法参与主体在不同侧面也代表了人民的意志，在立法活动中也是代表民意的。② 全国人大常委会法制工作委员会主任沈春耀在2017年地方立法工作座谈会上曾指出：发挥人大主导作用的同时，要发挥“政府在立法工作中的重要作用”。二是对地方性法规议案文本的修改应当建立在一定的规则之上，避免修改过度，违背立法初衷。比如：关于管理体制的调整，笔者认为，除非管理体制不顺造成社会管理成本居高，或者该管理体制形成将带给社会公众不便，否则审议修改法规草案时不宜大幅度调整政府管理体制；关于规范条文的修改，审议修改法规草案时，对条文的增删、修改应当合理审慎，不应以立法者的偏好而厚此薄彼。除非存在与上位法抵触或重复上位法规定、不合理减少行政相对人权利或增加其义务、部门权力或法定职责规定不合理、违反公平等情况。对于符合法的原则和精神，法规草案的审议不应草率删除。彭真同志当年说过“既不失职、也不越权”，应科学界定立法机关权力边界。

（二）完善考核机制，维护部门合法利益

一是完善考核机制。一方面，把基本的立法制度、立法理论列入党政考核、选拔、培训、学习的内容，提高地方党政领导干部对立法工作的认识，从而提高其对立法工作的重视。另一方面，将立法工作纳入地方政府政绩考核，同时提高立法工作对部门考核的占比，防止立法乱为或不为。二是正确对待“部门利益法制化”。事实表明，只要有部门就有部门利益，只是部门利益中有正当的利益和不正当的利益之分，立法活动中应当克服的是部门不正当的利

① 中共中央文献研究室编：《习近平关于全面依法治国论述摘编》，中央文献出版社2015年版，第43页。

② 刘松山：《人大主导立法的几个重要问题》，载《政治与法律》2018年第2期。

益。因此，不论是政府法制审查阶段，还是人大审议阶段，应正确对待关于部门利益的条文规定，而不是“一棍子打死”。对于不正当部门利益的条文，应删除、修改；对于正当利益的诉求应给予通过，以达到权力与责任均衡的效果。

（三）引导社会公众有效参与立法

伯尔曼在《法律与宗教》一书中说过：法律活动中更为广泛的公众参与乃是重新赋予法律以活力的重要途径。除非人们觉得那是他们的法律，否则就不会尊重法律。可见，公众参与是地方立法活力和创造力的源泉。姜明安教授也曾指出“公众参与和人民代表大会制度一道，构成中国现代民主的基本模式”。① 足见公众参与是地方立法坚持民主立法原则的具体体现。改变地方立法公众参与现状，提高参与实效，可以采取以下措施：一是广泛宣传发动。继续做好现有的宣传渠道，如门户网站、微信公众号、报纸等宣传方式。进一步拓展电视、电台等与公众更贴近的媒体领域。二是探索建立基层立法联系点制度。畅通立法机关与基层群众和组织之间的沟通渠道，“更接地气”地听取基层对法规草案以及立法工作本身的意见建议，进一步提高立法质量。三是有必要建立公众参与地方立法的激励机制。如上述分析，公众参与地方立法工作，提出合理建议，不仅需要一定的知识储备和专业素养，更需要投入一定的时间和精力，而这些付出往往不会有直接的回报。因此，人们往往本着趋利避害的心理，不愿参与其中。若相关部门能采取措施弥补公众参与所需的成本，对于积极参与的民众给予适当的物质奖励或精神奖励，以增加参与人的积极性，相信社会公众参与立法工作的程度会大大提高。

① 姜明安：《公众参与与行政法治》，载《中国法学》2004 年第 2 期。

从行政执法角度浅谈如何加强和改进设区的市的政府立法*

兰卫平　宋　芬**

摘要：法律的生命既然在于实施，那么就需要立法者换一个角度来思考：如何来增强立法的可操作性？既然中国特色社会主义法律体系已经形成，我们可以从行政执法实施过程中遇到的具体问题来检验已施行的行政法律的效果。设区的市地方政府要在《立法法》赋予的权限范围内，以问题为导向、从实践中总结经验，通过制定程序规范、操作性强的政府立法，从而进一步实现行政执法的公平、公正。

关键词：执法；实施；立法

2011年3月10日，全国人民代表大会常务委员会委员长吴邦国同志向十一届全国人民代表大会四次会议作全国人大常委会工作报告时庄严宣布：一个立足中国国情和实际、适应改革开放和社会主义现代化建设需要、集中体现党和人民意志的，以宪法为统帅，以宪法相关法、民法商法等多个法律部门的法律为主干，由法律、行政法规、地方性法规与自治条例、单行条例等三个层次的法律规范构成的中国特色社会主义法律体系已经形成。“天下之事，不难于立法，而难于法之必行。”如果有了法律而不实施、束之高阁，或者实施不利、做表面文章，那制定再多的法律也无济于事①。相反，如果我们能做到“立法，有犯而必施；令出，唯行而不返”，那么我们全面实现依法治国的理

* 此文收录于2017年湖南省立法研究会论文集。

** 兰卫平，永州市人民政府法制办公室党组书记、主任。宋芬，永州市人民政府法制办公室监督检查科科长。

① 《湖南省七五普法读本（2017）》，湖南人民出版社2017年版，第52页。

想亦不远矣。关于立法与执法的研究，多在于立法以后如何执行，少有反其道而行的，也就是说，执行法律的过程中遇到的诸多难题是否可以通过法律法规的“立、废、改、释”加以解决呢？本文就是想从行政执法的角度来谈谈如何改进和加强地方政府立法工作。

一、行政执法适用法律过程中遇到的几类问题

（一）法条的刚性规定滞后于实际

我国是成文法国家，需要防范法律的滞后和僵化，下面将通过几例具体行政执法案例来谈在行政执法中法律适用的问题。

1. 经济发展水平的快速提升与行政处罚的处罚上限的矛盾。如：《医疗机构管理条例》（国务院令第 149 号）1994 年 9 月 1 日起施行的。第 44 条：违反本条例第 24 条规定，未取得《医疗机构执业许可证》擅自执业的，由县级以上人民政府卫生行政部门责令其停止执业活动，没收非法所得和药品、器械，并可以根据情节处以 1 万元以下的罚款。这已是此条例中的最高处罚金额，其余违法情形仅处以 5000、3000、1000 元以下的罚款。相信大家都还记得“魏则西事件”，从法律角度来说，首先应该被直接追究问责的是北京武警二院背后这家莆田系民间医疗机构；其次我们声讨百度搜索的竞价排名“把良心都卖了”；最后我们应当深层次反思医疗监管体系的滞后，这其中处罚力度太低也是导致违法行为屡禁不止的一大因素。违法成本与其收益相比，明显违法带来的收益远超违法处罚付出的代价，那么在利益的驱动下，违法行为屡禁不止也就不奇怪了。目前，与之类似的还有《医疗器械监督管理条例》（国务院令第 276 号）自 2000 年 4 月 1 日起施行第五章罚则中最高的罚款额度仅为 5 万元；《计划生育技术服务管理条例》（国务院令第 309 号）自 2001 年 10 月 1 日起施行，最高罚款额度 2 万元；《母婴保健法实施办法》（国务院令第 308 号）自 2001 年 6 月 20 日起施行，最高罚款额度 2 万元；《医疗废物管理条例》（国务院令第 380 号）自 2003 年 6 月 16 日起施行，最高罚款额度 3 万元。这些领域里，其违法收益很容易就超过行政处罚的罚款上限，且其违法获利有证据证实的往往是少于其真实收益的，一旦违法获得的利益大于其可能承担的惩罚的，往往就意味着其不会遵循法律。医疗卫生领域与人民群众息息相关，之前列举的均为法规，地方立法权无法突破其有关规定，只能建议国务院对上述法规进行修订完善。

2. “放管服”改革与行政许可法的冲突。2015 年 5 月 12 日，李克强在全

国推进简政放权放管结合职能转变工作电视电话会议上首次提出“放管服”的概念，也就是：简政放权、放管结合、优化服务。在这个背景下，我国行政机关开始了轰轰烈烈的“放管服”改革。此项改革是一场“刀刃向内”的自我革命，截至目前，国务院已公布取消的行政审批事项410项，国务院已公布下放的行政审批事项115项，中央指定地方实施行政审批事项目录清单共取消283项，国务院已公布清理规范的国务院部门行政审批中介服务事项323项；国务院部门设置的职业资格许可和认定事项，削减比例达到70%以上。① 在这里我们不讨论行政审批与行政许可的概念的区别，也不探讨这些行政审批事项设立的合法性依据，我们仅就贯彻落实这些原来已经存在的行政审批事项及中介服务事项，要在如此短的时间内，取消、调整到位，对基层行政执法而言，是一项巨大的挑战。这不仅仅是因为，从中央到省、设区的市再到县（市区）每一级政府均开展了类似的取消和下放的行政审批项目的改革，在此过程中，难免有些数字游戏的小把戏；更是因为相对而言，越到基层制定相应文件的人的业务素质、法律素质越不能达到相应的要求，只贪图一味求“少”，至于是否与现实情况、法律规定相冲突，就不在其考虑范围内。“一个国家一旦不明法律规范与行政规范的区别，很容易于不知不觉中丧失它的自由和法律。”②

我们以医疗器械经营企业许可证（零售）的颁发作为实例，根据《医疗器械监督管理条例》（国务院令第650号）第30条：“第31条从事第三类医疗器械经营的，经营企业应当向所在地设区的市级人民政府食品药品监督管理部门申请经营许可并提交其符合本条例第29条规定条件的证明资料。”国家食品药品监督管理总局令第8号《医疗器械经营监督管理办法》和《关于扩大县（市）部分经济社会管理权限的决定》（湖南省人民政府令第249号）的附件《扩大县（市）经济社会管理权限目录》第216项“医疗器械经营企业许可证（零售）核发”这一行政许可被列为“委托下放、委托县（市）审批”。基于上述规定，永州市食品药品监督管理局制定了《永州市食品药品监督管理局关于委托下放医疗器械部分许可和备案事项的通知》（永食药监发〔2014〕14号）将部分第三类医疗器械零售经营许可事项委托下放，事实上第三类医疗器械零售经营范围仅限于：6815一次性使用无菌注射器；6815一次

① 数据均源自中国政府网，http：//www. gov. cn/zhuanti/2017fgfzt/index. htm，2017年9月4日访问。

② ［美］E·博登海默：《法理学》，潘汉典译，法律出版社2015年版，第77页。

性使用无菌注射针；6822 角模接触镜及护理液；6826 高压电位治疗仪（家用）。上述医疗器械均属于流通较多、不易出现医疗事故的器械。不难看出行政许可的下放是希望实现“简政放权、高效便民”的效果，但事实上操作起来如何呢？

假设 A 市 B 区某社区诊所需要申请一次性使用无菌注射器的医疗器械经营企业许可（零售），他可以向 A 市 B 区食品药品监督管理局提出申请、递交资料，但是 B 区食品药品监督管理局不能盖章发出申请，它只能审核，符合条件的再呈送 A 市食品药品监督管理局盖章。为什么？因为，根据《行政许可法》第 24 条：“行政机关在其法定职权范围内，依照法律、法规、规章的规定，可以委托其他行政机关实施行政许可。委托机关应当将受委托行政机关和受委托实施行政许可的内容予以公告。委托行政机关对受委托行政机关实施行政许可的行为应当负责监督，并对该行为的后果承担法律责任。受委托行政机关在委托范围内，以委托行政机关名义实施行政许可；不得再委托其他组织或者个人实施行政许可。”此行政许可为委托下放，事实上，A 市的食品药品监督管理局才是适格的主体，表面上看似乎还是便民了的，起码在区里就可以递交申请资料了，往下细究却完全不是那么回事。其一，其内部审批程序增加，区里审核完了还不行，必须市局盖章；其二，其权利救济途径未改变，由于是市局发的许可证，只能是向市人民政府或者省药监局申请行政复议或向市局所在的基层人民法院提起行政诉讼。《关于扩大县（市）部分经济社会管理权限的决定》（湖南省人民政府令第 249 号）共取消调整 260 项审批事项，其中关于委托下放的事项就多达 28 项，占到总数的 10.7% 以上。

不难看出，以政策、文件的形式、通过下达任务指标（譬如事先确定削减审批事项的比例和数量）、并以任务指标的完成情况作为考核依据，这种以行政手段推动的改革会使行政审批改革异化为完成上级政府的任务指标而改革，改革的短期性、低效性、形式化难以避免，甚至为了维护部门、地方的权力和利益而弄虚作假。要使改革真正取得成效，使权力清单的建构达到预期目的，必须将改革措施制度化、法律化。①

3. 制定在后的下位法与制定在前的上位法之间的适用的脱节。这里主要指的是不动产统一登记改革中遇到群众办事非但没简化反而复杂化的问题，主

① 王克穗：《行政审批（许可）权力清单建构中的法律问题》；载《中国法学》2017 年第 1 期。

要是《不动产登记暂行条例》（国务院令第656号）与《城市房地产管理法（修正）》（1994年7月5日第八届全国人民代表大会常务委员会第八次会议通过，根据2007年8月30日第十届全国人民代表大会常务委员会第二十九次会议《关于修改〈中华人民共和国城市房地产管理法〉的决定》修正）之间在具体行政执法过程中法律适用的衔接问题。房屋应该可以算是中国老百姓最重要的财产之一了，房屋产权登记应该算是与其息息相关的办事项目，就是这样一个万众瞩目的事项的改革效果却与初衷背道而驰。

假设市民张三卖房给李四，在不动产统一登记改革以前，张三、李四只需要去房产局申请房产变更登记即可。因为改革以前，房屋登记推行的是房屋交易监管与权属登记一体化管理，实行“一个窗口受理收件、一个窗口发证、一站式服务”，交易与登记两项业务相互融合、密不可分，房屋交易相关职责嵌入房屋登记流程。改革以后，实行不动产统一登记后，由于房产抵押交易职能仍属房产交易部门，市民办理此类不动产登记，须首先持不动产权证、身份证、户口簿、交易合同（抵押合同）到房产交易所申请，填写申请表并签字盖章，再从房产交易所领取抵押交易告知单；然后，市民再次持上述材料凭房屋交易告知单到不动产登记中心申请办理不动产转移登记或抵押登记。这也就是我们遇到的房产交易与不动产登记“两张皮”“办证群众两头跑”“办证难、办证慢”等问题。

究其原因，主要是以下几点：（1）房产局、不动产登记中心各有各的法律依据。房产局根据《城市房地产管理法》第61条第2款：在依法取得的房地产开发用地上建成房屋的，应当凭土地使用权证书向县级以上地方人民政府房产管理部门申请登记，由县级以上地方人民政府房产管理部门核实并颁发房屋所有权证书。第3款：房地产转让或者变更时，应当向县级以上地方人民政府房产管理部门申请房产变更登记，并凭变更后的房屋所有权证书向同级人民政府土地管理部门申请土地使用权变更登记，经同级人民政府土地管理部门核实，由同级人民政府更换或者更改土地使用权证书。要求进行变更登记，于法有据。不动产登记中心根据《不动产登记暂行条例》第3条：不动产首次登记、变更登记、转移登记、注销登记、更正登记、异议登记、预告登记、查封登记等，适用本条例。第21条：登记事项自记载于不动产登记簿时完成登记。不动产登记机构完成登记，应当依法向申请人核发不动产权属证书或者登记证明。第35条：本条例自2015年3月1日起施行。本条例施行前公布的行政法规有关不动产登记的规定与本条例规定不一致的，以本条例规定为准。《城市房地产管理法》是人大常委会通过的法律，是行政法规的上位法，不在《不动产登记暂行条例》约束的范围内。（2）房产局、不动产登记中心都是人员机构独立的行政机关，以永州市为例，永州市房产局是隶属于市住房与城乡建设局的正处级单位，永州市不动产登记中心是归口市国土资源局管理的副处级公益一类事业单位。尽管根据《不动产登记暂行条例》第24条：不动产登记有关信息与住房城乡建设、农业、林业、海洋等部门审批信息、交易信息等应当实时互通共享。不动产登记机构能够通过实时互通共享取得的信息，不得要求不动产登记申请人重复提交。但在现实操作过程中，由于行政机关内部的责权事未能理顺，特别是不动产行政监管与登记的职责关系未理顺，最后的结果是办事群众承担更多的义务，付出了更多的办事成本。那么如何建立权属清晰、分工合理、责权一致、高效便民的不动产统一登记体系？也可以成为我们地方政府立法积极探索的领域之一。

（二）法律规定较笼统或有争议的情形

1. 在行政执法和司法审判中，存在法律条文的不同理解。对违法的建筑物、构筑物、设施等强制拆除的具体行政行为实施过程中，适用法律的争议就是一个典型的情形。根据《城乡规划法》第66条、第68条规定：城乡规划主管部门对未经批准进行临时建设、未按照批准内容进行临时建设以及临时建筑物、构筑物超过批准期限不拆除的建设单位或者个人有权作出责令停止建设或者限期拆除的决定。对于当事人不停止建设或者逾期不拆除的，建设工程所在地县级以上地方人民政府可以责成有关部门采取查封施工现场、强制拆除等措施。上述条款赋予了市、县人民政府责成有关部门强制拆除违法建筑的职权。以湖南省为例《湖南省实施〈中华人民共和国城乡规划法〉办法》第50条违反本办法规定，城市、县人民政府城乡规划主管部门或者镇、乡人民政府作出责令限期拆除的决定后，当事人逾期不拆除的，建设工程所在地城市、县人民政府可以责成有关部门采取查封施工现场、强制拆除等措施。目前，在现实行政执法中，对强制拆违这一具体行政行为存在以下三个方面的争议：一是行为主体的争议，究竟只能是县级以上人民政府还是可以是城乡规划主管部门？从法条上理解，城乡规划主管部门只是作出责令停止建设、限期拆除等行政决定的主体，而对于直接实施强制拆除活动的主体，须由县级以上地方人民政府“责成有关部门”组织实施。此处的“有关部门”，实践中有各种情形，如城市管理局、综合执法局、城建部门所属执法大队乃至少数地方公安部门参与共同组织实施；此处的责成程序实践中也各有不同，有的以规范性文件加以明确，有的就个案作出责成决定，有的表现为内部行政程序，有的同时产生外化效果，有的直接以政府名义催告当事人或者作出带有责成内容的强制执行决定等等，实践操作中规范欠缺，操作不统一，情况较为复杂。二是行为性质的争议，究竟是强制措施还是强制执行？三是行为的救济途径，责成行为本身是否可诉？这些争议不仅在执法过程中存在，在司法过程中不同法院以及不同法官对上述条款的理解和把握亦存在不同认识。为此最高人民法院针对北京市高级人民法院的专项请示对外发布了《关于违法的建筑物、构筑物、设施等强制拆除问题的批复》（法释〔2013〕5 号，以下简称《批复》）。该《批复》于 2013 年 3 月 25 日由最高人民法院审判委员会第 1572 次会议通过，自 2013 年 4 月 3 日起施行。其主要内容是："北京市高级人民法院：根据行政强制法和城乡规划法有关规定精神，对涉及违反城乡规划法的违法建筑物、构筑物、设施等的强制拆除，法律已经授予行政机关强制执行权，人民法院不受理行政机关提出的非诉行政执行申请。"从这点上来看，强制拆除违章建筑的行为，倾向于认定为强制执行。只有在行政执法和司法之间形成相对一致的主体认定、程序规范、权利救济，才能实现立法、执法、司法的无缝衔接，只有立法、执法、司法三位一体高度统一，才能树立起法律的权威。

行政执法主体资格在《行政许可法》《行政处罚法》《行政强制法》里都有较为明确的规定，但是，有一类情形现实中已普遍存在，但法律上却不能严格认定其独立的主体资格，即：设区的市设立的未经过国务院批准的经济开发区、园区的执法主体资格的问题。根据《宪法》第 89 条国务院行使下列职权：……（十五）批准省、自治区、直辖市的区域划分，批准自治州、县、自治县、市的建置和区域划分……以及《地方各级人民代表大会和地方各级人民政府组织法》第 55 条第 2 款："全国地方各级人民政府都是国务院统一领导下的国家行政机关，都服从国务院。"第 68 条："省、自治区的人民政府在必要的时候，经国务院批准，可以设立若干派出机关。县、自治县的人民政府在必要的时候，经省、自治区、直辖市的人民政府批准，可以设立若干区公所，作为它的派出机关。市辖区、不设区的市的人民政府，经上一级人民政府批准，可以设立若干街道办事处，作为它的派出机关。"设区的市经省政府批准设立的经开区、园区等不属于派出机关，从法律上来看，仅仅是设区的市的派出机构。根据《地方各级人民政府机构设置和编制管理条例》第 9 条："地方各级人民政府行政机构的设立、撤销、合并或者变更规格、名称，由本级人民政府提出方案，经上一级人民政府机构编制管理机关审核后，报上一级人民政府批准；其中，县级以上地方各级人民政府行政机构的设立、撤销或者合并，还应当依法报本级人民代表大会常务委员会备案。”目前，在湖南省政府网站群中可以查询到的设区的市已设立的经开区、管理区共计44个，具体统计数据如表1：

表1　湖南省设区的市已开始的经开区、管理区情况表

市州	数量	名称
长沙市	8	宁乡经济技术开发区、隆平高科技园、天心经济技术开发区、雨花经济技术开发区、金霞经济技术开发区、浏阳高新区、浏阳经济技术开发区、暮云经济技术开发区
衡阳市	3	高新开发区、市白沙工业园、市松木经济开发区
株洲市	9	田心高科园、醴陵陶瓷产业园、炎陵九龙工业园、攸州工业园、禄口经济开发区、茶陵经济开发区、董家塅高科技园、金山科技工业园、建宁经济开发区
湘潭市	5	湘潭高新区、湘潭经开区、昭山示范区、天易示范区、湘潭综保区
岳阳市	4	南湖新区、屈原管理区、经济技术开发区、湖南城陵矶新港区
邵阳市	1	经济开发区
常德市	5	常德经开区、柳叶湖旅游度假区、西湖管理区、西洞庭湖管理区、桃花源管理区
益阳市	3	大通湖区、益阳高新区、益阳东部新区
郴州市	1	经济开发区
永州市	3	经济开发区、金洞管理区、回龙圩管理区
娄底市	2	经济开发区、万宝新区
湘西自治州	1	经济开发区

以某管理区为例，某管理区于2006年得到了湖南省编办批复，其中明确：“某管理区管理委员为A市人民政府的派出机构，行政级别为正县级，‘比照县级政府赋予职能职责，全面负责管理区域内的经济社会事务’。”《A市人民政府关于某管理区行政执法有关问题的通知》明确了：某管理区管委会作为市人民政府派出机构，比照县级人民政府在本管理区域内行使行政执法权和行政执法监督权。既然某管理区不是市政府的派出机关而是派出机构，那么从法律意义上来说，其没有独立的行政执法主体资格。但事实上其职能职责、人员编制均比照县级人民政府负责管理区域内的经济社会事务，如果事事均需要以市政府的名义对外发布，既不便于“简政放权、便民服务”，又不符合行政执

法实际。在全国各地设区的市中也都存在这类现象，即：名义上的主体和事实上的主体，如何统一，从法律角度如何实现逻辑的自洽？

2. 行政奖励的程序缺失。环境保护领域的法律法规有一个十分显著的特点，就是都规定了奖励制度，譬如：《环境保护法》第11条对保护和改善环境有显著成绩的单位和个人，由人民政府给予奖励。《水污染防治法》第11条第2款：县级以上人民政府及其有关主管部门对在水污染防治工作中作出显著成绩的单位和个人给予表彰和奖励。《固体废物污染环境防治法》第8条：各级人民政府对在固体废物污染环境防治工作以及相关的综合利用活动中作出显著成绩的单位和个人给予奖励。《噪声污染防治法》第9条：对在环境噪声污染防治方面成绩显著的单位和个人，由人民政府给予奖励。《水土保持法》第9条第2款：对水土保持工作中成绩显著的单位和个人，由县级以上人民政府给予表彰和奖励。上述法律湖南省均制定了相应的实施办法，但是实施办法中关于奖励的部分也基本与法律规定的雷同，没有任何细化。事实上，表彰和奖励各级环保部门均作了相应的工作，但奖励的标准、对象、程序、结果、异议救济等最基本的均没有相应的法律规定。我国长期以来，重惩罚轻奖励，《行政处罚法》约束了我们的行政处罚行为，但行政奖励一直都是被忽视的，事实上，奖惩、奖惩，奖励与惩罚都是与行政相对人的权利义务密切相关的行政执法行为，行政奖励执法面临着评价标准不清、程序不明确、过程不公开、结果不透明等诸多问题。实际上，行政奖励也是重要的行政管理手段，除环境保护领域外，普遍存在于政府各个部门之中，规范除行政审批、行政处罚、行政强制之外的具体行政行为，是下一步实现依法行政建设法治政府的重点工作，在全国暂未制定行政法法典及统一的行政程序法的前提下，通过设区的市的地方立法，来规范行政执法权，应当是能够立竿见影的。

（三）法律的空白地带

俗语有云："法网恢恢、疏而不漏"。如果把法律、法规视为法律之网的经线，把地方性法规、规章视为法律之网的纬线，那么设区的市制定的地方性法规、规章应当是最小的网洞，用我们通俗地说法就是其规定的内容应当是最管用、最具操作性、最紧也最灵活的法律。在经济社会蓬勃发展，科技日新月异的今天。各类新生事物层出不穷，最近大热的金融、PPP、"互联网+"等领域，以及虽不是大热点但与群众息息相关的农村土地流转、知识产权领域法律的空白地带不断出现，在实践还未成熟之前是不适宜进行全国性立法的，那么实践条件还不成熟、需要先行先试的，不妨就先让设区的市在授权范围内积极探索，为全省、全国的立法提供充分的实践参考。

二、设区的市政府获得有限的立法权后的积极影响

我们来看看修订以后的《立法法》对于设区的市的政府立法权是怎么规定的，第 82 条："省、自治区、直辖市和设区的市、自治州的人民政府，可以根据法律、行政法规和本省、自治区、直辖市的地方性法规，制定规章。地方政府规章可以就下列事项作出规定：（一）为执行法律、行政法规、地方性法规的规定需要制定规章的事项；（二）属于本行政区域的具体行政管理事项。设区的市、自治州的人民政府根据本条第一款、第二款制定地方政府规章，限于城乡建设与管理、环境保护、历史文化保护等方面的事项。已经制定的地方政府规章，涉及上述事项范围以外的，继续有效。除省、自治区的人民政府所在地的市，经济特区所在地的市和国务院已经批准的较大的市以外，其他设区的市、自治州的人民政府开始制定规章的时间，与本省、自治区人民代表大会常务委员会确定的本市、自治州开始制定地方性法规的时间同步。应当制定地方性法规但条件尚不成熟的，因行政管理迫切需要，可以先制定地方政府规章。规章实施满两年需要继续实施规章所规定的行政措施的，应当提请本级人民代表大会或者其常务委员会制定地方性法规。没有法律、行政法规、地方性法规的依据，地方政府规章不得设定减损公民、法人和其他组织权利或者增加其义务的规范。"

总结起来，设区的市政府行使立法权有严格的前提条件：1. 不得涉及只能制定法律来规范管理的事项；2. 不同宪法、法律、行政法规和本省、自治区的地方性法规相抵触。同时，又有比较"宽松的自由空间"：1. 根据本行政区域的实际情况执行已制定的上位法需要作具体规定的事项；2. 可以对城乡建设与管理、环境保护、历史文化保护三方面的事项制定地方政府规章。由此，我们可以看出，设区的市政府的立法虽然受到了严格的限制，但同时，由于它有效的范围仅在一市之内，其内容和空间的限制让它又成了天然的立法"试验田"。我们在前面阐述的行政执法适用法律过程中遇到的几类问题，有的是可以通过地方政府立法加以解决的。下面我们就重点谈一谈地方政府立法可以解决的一些问题。

三、设区的市政府立法解决行政执法困境的建议

改革开放以来，我国的社会关系、社会利益格局已经发生并且还将继续发

生深刻变化，目前我们正面临着一个过去不曾有过的各种社会矛盾多发、集中和交织叠加的矛盾凸现期，行政执法面临多元化的利益诉求、众说纷纭的网络舆情以及无处不在的社会监督，依法行政的考验前所未有地艰巨。站在新的历史起点上，更好地开展行政执法工作离不开立法特别是地方政府立法的支持。毫无疑问，作为新生事物的设区的市政府的立法将对设区的市的行政执法产生深远的影响。为了更好地解决行政执法中遇到的各类法律适用问题，笔者对设区的市政府立法提出以下几点意见和建议：

（一）政府立法服务于改革发展

改革为立法提供实践经验，立法为改革保驾护航。中国当代的“许多实质性的经济变革，都是在正式的制度没有改、正式的‘名称’没有变的情况下，人们首先在事实上采取了与正式规则相冲突的行动，改变了事实上的行为约束，创造出了各种新的经济关系，使人们得以捕捉获利的机会”①。与之类似的是我们行政体制改革，经开区、园区的行政执法主体资格问题，以及行政审批过程中对外发放的各种文书上五花八门的行政审批章所对应的行政主体问题，大家约定俗成，默认它的效力，没有人去细究其是否与现行法律规定相一致。“如果包含在法律规则部分中的‘应然’内容仍然停留在纸上，而并不对人的行为产生影响，那么法律只是一种神话，而非现实”。② 为了避免这种停留在纸上的法律对法律权威的侵害，最好的办法就是修改它，让它与实践相符合。以设区的市设立的经济开发区或者其他园区为例，可否通过设区的市的政府立法赋予其相对独立的行政执法主体资格？真正实现“比照县级政府赋予职能职责，全面负责管理区域内的经济社会事务”。事实上这些园区经开区也都具有独立承担法律责任的能力，如果能从法律角度上理顺关系，使行政执法“名符其实”，则更有利于设区的市的行政执法现实操作。

立法与执法也是相辅相成的。在全国上下行政执法改革轰轰烈烈、如火如荼的背景下，地方立法工作可以为其提供有力的保障。如：城市综合管理领域的综合执法探索。2017 年 8 月 1 日，《湖南省城市综合管理条例》（以下简称《条例》）正式实施，《条例》第 35 条、第 36 条和第 39 条分别对烟花爆竹的燃放管理、城市静态交通秩序管理和流动商贩的管理均只做了原则性规定。事

---

① 苏力：《法治及其本土资源》，中共政法大学出版社 2004 年版，第 68 页。

② ［美］E·博登海默：《法理学——法律哲学与法律方法》，邓正来译，中国政法大学出版社 2004 年版，第 255 页。

实上，烟花爆竹燃放、城市静态交通秩序管理、流动商贩的管理一直是城市管理中的难题，一方面责任主体、职责边界模糊；另一方面其执法的日常监管与处罚权是否剥离，实践中存在争议。《条例》妥善处理了省级层面立法与设区的市（自治州）立法之间的关系，给设区的市（自治州）立法保留了空间，设区的市可以根据自己的实际情况，进一步明确执法主体、职权边界、部门联动程序等内容。

改革与法治是辩证统一的关系无需我们赘述，我们要如何在立足客观实际、遵循客观规律的基础上最大限度地实现改革与法治的高度内在统一，才是我们需要深入思考并不断创新的。立法要适应改革的需要，改革又为立法提供鲜活的实践和可提炼的素材。设区的市的立法影响地域范围小，法律效力等级低（上级可以改变和撤销），可以为全省乃至全国的立法提供参考数据，在改革的过程中，它的立法可以更积极地探索前端和敏感领域。在暂时缺少法律明确规定的情形下，如果能制定出适合本地实际、切实可行的地方性规定，抑或能够成为三、四线城市通过法治方式获得制度红利、实现经济快速增长的法宝。

（二）进一步限制行政权力

“法律是自由和安全的指南针，而行政则促进效率与速断。法律的危险是僵硬和落伍；而行政的危险就是官僚与独裁。”① 在行政执法适用法律的过程中，我们看到了行政“官僚与独裁”的一面，正因为如此，我们需要通过立法的手段，将行政执法程序上升为地方性法规、规章，以此来限制行政权力，达到“简政放权、放管结合、优化服务”的目的。以环保领域行政奖励为例，均有法律上的笼统的规定，实践中各级环保部门也都有奖励行为，但现实中行政奖励既不公开也无从判断是否公平，更缺少行政奖励的程序性规定。英国丹宁勋爵所说的：“正义不仅要实现，而且要以看得见的方式实现。”一样可以套用在这里“惩罚和奖励不仅要实现，而且要以看得见的方式实现”，唯有如此，才能充分发挥惩罚和奖励的示范作用。行政处罚已经有了相对完备的程序，但行政奖励的程序却一直处于“隐身”的状态。建议设区的市可以制定统一的或仅适用于某一部门的行政奖励程序规定，以期进一步规范行政执法权。这也是笔者所主张的：从已有的法律法规在现实操作中存在的程序空白或裁量细化等角度进行设区的市政府立法，使其执法更公平、公正、公开。

① ［美］E·博登海默：《法理学》，潘汉典译，法律出版社2015年版，第80页。

我国漫长封建社会中逐渐形成了重礼轻法的文化传统，法治意识相对薄弱。一方面，人们在权力和法律面前，对权力充满敬畏和信心，对法律缺乏信仰。另一方面，我国行政法领域的立法此前很长一段时间都是由部门起草，其中不乏为谋取部门利益而做的规定，部分立法的管理色彩浓厚，服务意识淡薄，权力意识膨胀。要破解这两方面的难题，笔者认为关键还在于对行政执法程序作出刚性规定，以设区的市所获得的地方立法来制约它。以城市建设项目审批为例，其涉及发改、住建、国土、环保、城管、人防、消防、地震、气象等多个部门，其效率低一直为市民所诟病，各地也纷纷采取各种改革措施，以期实现简化流程、高效便民的效果。设区的市在此项改革中不乏卓有成效者，这样的市可以在总结实践经验的基础上提炼出适合本地的程序规定作为地方立法。再譬如，前面提到的对违法的建筑物、构筑物、设施等强制拆除法律条文理解的分歧，也应该可以通过设区的市的政府立法明确具体的执行程序，以此来避免此类分歧。

（三）提请上级立法部门通过法律的改、废、释予以解决的问题

设区的市的行政执法法律适用过程中，还存在许多哪怕其已获得立法权仍无法解决的问题，这些情形只能提请上级立法部门通过法律的改、废、释来予以解决。譬如前面提到的：法条的刚性规定滞后于实际；行政许可法与“放管服”改革在执法主体上的冲突；制定在后的下位法与制定在前的上位法之间的冲突，等等。总的来说，我们既要维护法制统一，又要解决地方实际需要，要坚守“不抵触”的底线，也要更积极地探索立法政策，以赋予地方更多的立法空间。

目前，设区的市政府立法还是应当坚守《立法法》给出的三大领域的范围限制，尽管金融、互联网产业、知识产权、产业转型升级、农村土地流转等方面存在空白，也不能轻易突破法律已有的规定范围。

总的来说，想要通过地方立法来解决一些行政执法中面临的问题，我们必须在运动与静止、保守与创新、僵化与变化这些彼此矛盾的力量之间谋求某种和谐。正如博登海默所说：法律必须巧妙地将过去与现在勾连起来，同时又不忽视未来的迫切要求。①

---

① ［美］E·博登海默：《法理学——法律哲学与法律方法》，邓正来译，中国政法大学出版社2004年版，第340页。

正确理解和适用我国的试验性立法*

黎　娟**

摘要：由于《立法法》第13条的条文表述简单，学界分别提出“授权立法”“授权法律修改”“授权法律实施”的观点，以理解和适用第13条。采用立法解释方法的分析表明，第13条的含义既不能被笼统纳入授权立法制度的范畴，也不能被片面理解为授权法律修改的一般立法行为，更不宜创设为“具有中国特色的授权法律实施制度”，而是从整体上确立了我国的试验性立法的模式。区别于以往改革中所形成的暂行法、试行法和地方先行先试等法律试行机制，试验性立法以试行之规则指导和引领改革，以试验之途应对改革中的未知和不确定性，以基于经验理性之方法收集信息并为立法提供事实和证据，从而将摆脱法律与改革的零和博弈困境，有效衔接立法决策与改革决策。正确适用试验性立法，需规范授权条件，以强化对试验性立法的合法性控制；明确试行规则的制定，以填补暂停法律实施后带来的法律适用的空白；完善报告和评估机制，以提升试验性立法的实施效果。基于其方法论特性，试验性立法不仅可适用于改革等现实场景，还有助于监管者应对在数字经济、大数据和人工智能等领域面临的监管梗阻。

关键词：《立法法》；授权决定；立法解释；试验性立法

2015年《立法法》增订第13条，规定全国人民代表大会及其常务委员会根据改革需要，可就特定事项授权决定在一定期限内在部分地方暂时调整或暂时停止适用法律的部分条文。“暂时调整或暂时停止适用法律”这一授权新类型，是我国首次从宪法性法律层面作出的明确规定。针对如何认识“暂时调

---

* 此文收录于2018年湖南省立法研究会论文集。

** 黎娟，中南大学法学院讲师，荷兰蒂尔堡大学法学博士。

整或暂时停止适用法律”这一立法现象，理论界众说纷纭。现有的研究主要体现了以下三种代表性观点。第一，“授权立法”论。此一观点认为第13条所规定的暂时调整或暂时停止适用法律的部分条文是“一项特殊的立法行为”，应归属于授权立法的制度范畴；① 也有观点认为应将全国人大常委会的授权立法视为一项常规性立法活动，这种授权立法活动与“立改废释”的科学立法形式相并列而形成“立改废释授”的多元立法形式。② 第二，“授权修法”论。有学者将第13条所规定的授权内容解读为“一种特殊的法的修改技术”；③ 也有学者认为全国人大常委会授权暂时调整法律实施从实质上改变了现行法律的效力，从而构成了“授权修法”。④ 第三，“授权法律实施”论。持此观点的学者将第13条的内容理解为具有中国特色的“授权法律实施制度”，并主张将该制度与授权立法制度进行区分。⑤

以上表明，为界定全国人大常委会关于“暂时调整或暂时停止适用法律”的授权决定行为的性质，研究者们分别提出“授权立法”“授权修法”“授权法律实施”的观点，从而产生了理解上的较大分歧。理解的分歧不仅源于学者不同的研究立场和主观认知偏差，也因为第13条条文的本身表述简单，而全国人大常委会并未通过立法解释对该条的含义予以明确。这就需要全国人大常委会依据宪法和法律赋予的权限对第13条作出立法解释，以进一步明晰该规定的含义，从而消除分歧统一认识。本文旨在研究如何运用立法解释的具体方法，发现现有解释性观点的不足并分析第13条的规范性含义，进而提出正确理解和适用我国的试验性立法的具体建议。

---

① 刘松山：《论自贸区不具有独立的法治意义及几个相关法律问题》，载《政治与法律》2014年第2期；徐亚文，刘洪彬：《中国（上海）自由贸易试验区与立法和行政法治——以全国人大常委会“调整法律实施”为切入点》，载《江西社会科学》2014年第1期。

② 郑磊，王逸冉：《国家机构现代化研究：全国人大常委会“试点授权”要素论——基于〈立法法〉第13条的规范性思考》，载《浙江社会科学》2017年第8期。

③ 蔡金荣：《授权国务院暂时调整法律实施的法理问题——以设立中国（上海）自由贸易试验区为例》，载《法学》2014年第12期。

④ 范进学：《授权与解释：中国（上海）自由贸易试验区变法模式之分析》，载《东方法学》2014年第2期；黄锐：《论权力机关授权新类型：授权修法——以中国（上海）自由贸易试验区的设立展开》，载《河北法学》2016年第10期。

⑤ 周成奎，刘松山，周伟：《以良法促善治，以监督护权威——人民代表大会制度三人谈》，载《中国法律评论》2018年第1期。

一、现有解释性观点所存在的局限

（一）解析“授权立法”论：体系解释的方法

2015 年《立法法》进行修改，决定在“立法权限”一节中增加对全国人大及其常委会的授权。从立法体例来看，“暂时调整或暂时停止适用法律”这一授权新类型也紧随授权立法的系列规定之后。据此，不少学者主张根据字面含义，将第 13 条的内容归于授权立法制度的范畴。然而，此一观点并未在学界达成一致。例如，蔡金荣指出，由于当前制度供给的不足，授权决定被错误地理解为授权立法；彭浩等认为授权决定在构成要件、法律后果上明显区别于授权立法，因而不能被笼统归于授权立法制度的范畴。① 以上质疑表明，授权试点决定与授权立法不可等同视之。然而，如何发现“授权立法”观点的不足，并合理划定第 13 条与“授权立法”论之间的界限呢？

尽管解释法律首先要尊重法条的文义或法律文本的字面含义，但以上质疑说明，仅仅遵循文义解释得出的结论值得商榷。这就需要超越文义解释，把第 13 条置于整部立法文件中，系统分析法律文本和结构，以明确第 13 条与《立法法》所规定的授权立法制度之间的联系和区别。通过采用这种体系解释的方法，可以发现二者间存在以下三个区别。

第一，被授权主体的差别。《立法法》第 9 条作出了授权立法中关于被授权主体的规定。根据该规定，“对于全国人大及其常委会专属立法权范围内的部分事项，被授权主体只能是国务院。”② 相对照而言，尽管第 13 条对被授权主体未做明确规定，但全国人大常委会作出的数十项授权决定表明，被授权主体包括了国务院、最高人民法院、最高人民检察院和中央军事委员会。由此，第 13 条所涉及的被授权主体超越了授权立法关于被授权主体的规定范围。这一新授权类型下，被授权主体并不限于国务院，还可涉及至其他机关或组织，部分情况下甚至缺位。③

第二，授权动因和范围的区别。授权立法起因于中央对专属立法的事项尚未制定法律，即存在法律空白，且授权内容限于制定行政法规。而第 13 条的

① 彭浩：《授权地方改革试点决定的性质与功能探析》，载《法制与社会发展》2018 年第 1 期。

② 全国人大常委会法制工作委员会国家法室：《中华人民共和国立法法释义》，法律出版社 2015 年版，第 59 页。

③ 王建学：《授权地方改革试点决定应遵循比例原则》，载《法学》2017 年第 5 期。

授权动因是，与授权事项相关联的法律法规不能适应改革的要求，需要对现行有效但过时的法律法规及时修改和废止，而不是填补法律的空白。从授权的范围来看，授权立法要求在遵循宪法、法律且不与它们相抵触的前提下进行，而第 13 条则要求立法机关在遵循法定程序的条件下，授权试点地区的规则性条文“偏离或者突破”现行法。从这个意义上来看，第 13 条的授权范围更广，其内容也颇具变革性。

第三，法律后果不同。《立法法》第 11 条规定，授权立法事项，经过实践检验，制定法律的条件成熟时，由全国人民代表大会及其常务委员会及时制定法律。法律制定后，相应立法事项的授权终止。与授权立法制度相类似，全国人大常委会在作出的授权试点决定中规定，被授权机关须及时总结试点工作经验，并就暂时调整实施有关法律规定的情况向全国人大及其常委会作出报告。然而，根据试点评估的结果，全国人大常委会的授权试点决定可能引发的法律后果为：对实践证明可行的，修改完善有关法律；对实践证明不宜调整的，恢复施行有关法律规定。因此，相对于授权立法制度下的法律制定后授权即终止的后果，第 13 条并不必然产生单一明确的后果，而可能产生不同的可能性。

概言之，第 13 条规定中的内容与含义与授权立法存在一定的交叉，但我们不能因此而忽略二者之间的显著差异，更不能仅凭立法体例和二者在授权外观上的相似性，便简单划定其类属关系，甚至将全国人大常委会所作出的授权试点的决定笼统归于授权立法制度的范畴。

（二）解析“授权修法”论：原意解释的方法

与“授权立法”论类似，学界也并未就“授权法律修改”的观点达成一致。尽管有研究将“暂时调整或停止法律实施”视为实质法律修改的观点，但也有学者认为并不能将第 13 条的内容概括地解读为“授权法律修改”。理由在于：形式上，该授权决定不符合法律修改的形式；效力上，法律的停止实施只是暂时性而非永久性的，授权决定并不足以产生法律修改的效力；① 后果上，法律条文在试验期间仍处于效力待定而非失效状态，经评估后的法律既存

① 刘志刚：《暂时停止法律实施决定的正当性分析》，载《苏州大学学报（法学版）》2015 年第 4 期。

在恢复施行的可能性，也有可能向法律修改或废止转化。① 尽管如此，需要追问的是，立法者修订《立法法》并增设第13条的意图是否真的在于“授权法律修改”？倘若答案是肯定的，为什么没有直接采用法律修改的形式？

为探寻立法者修法之意图和目的，不妨采用原意解释的方法对该条之规定进行解释，从而在还原法律规定的本来意义的同时，“防止解释法律时依现实对法律作随意发挥，从而确保法律的‘本来面目’和真实性”。②

全国人大常委会副委员长李建国曾在第十二届全国人民代表大会第三次会议上对立法法修正案（草案）作出说明：“党的十八届四中全会决定提出，实现立法和改革决策相衔接，做到重大改革于法有据、立法主动适应改革和经济社会发展需要。实践条件还不成熟、需要先行先试的，要按照法定程序作出授权。按照这一要求，总结近年来的实践，修正案草案增加规定，全国人大及其常委会可以根据改革发展的需要，决定就行政管理等领域的特定事项授权在部分地方暂停适用法律的部分规定。”

以上表明，《立法法》的修改意在妥善处理改革背景下的立法与改革、法律的稳定性与变动性的关系问题，而立法者则面临着如何运用法律修改的技术去解决法律与改革的关系问题。随着改革的全面深入，与授权事项相关联的法律法规出现了不能适应改革要求的情形。在这种情况下，倘若立法者在缺少事实或证据的情况下，仅仅运用理性建构思维自上而下地重新制定或者修改法律，可能带来诸多不良的后果，例如，建构思维下的制定法因与社会需要脱节而被规避、忽略或束之高阁，从而使“书本上的法”与“行动中的法”之间出现难以弥合的鸿沟。

为减少法律变革引发的风险，缓解法律与改革间的张力，第13条规定立法机关在遵循正当程序的前提下，授权试点地区有条件地偏离或突破现行有效但过时的法律。全国人大常委会法制工作委员会所编著的《立法法释义》做出说明：“暂时调整或者暂时停止适用法律的部分规定通常是试点性的改革措施，是为进一步全面改革积累实践经验。”尽管第13条的条文本身并没有包含相关报告和评估制度的内容，但全国人大常委会的授权决定则明确规定，对实践证明可行的，修改完善有关法律；对实践证明不宜调整的，恢复施行有关

① 傅蔚冈，蒋红珍：《上海自贸区设立与变法模式思考——以“暂停法律实施”的授权合法性为焦点》，载《东方法学》2014年第1期。

② 蔡定剑，刘星红：《论立法解释》，载《中国法学》1993年第6期。

法律规定。由此，立法者意在依据试点项目的评估结果对法律调整与否作出最终决定。换言之，如果经实践证明需恢复施行有关法律规定的，则自然不能将“暂时调整或停止法律实施”视为法律修改；倘若经实践证明可行，需要修改完善有关法律的，也不可简单地与法律修改相等同。因为从授权到法律修改，并非一蹴而就，而是需要在对试点结果进行科学评估、公布评估结果并收集民众意见后，由立法机关启动法定程序，对有关法律进行修改或废止。

（三）解析“授权法律实施”论：历史解释的方法

持“授权法律实施”观点的学者认为，基于授权法律实施内容具体时间集中、法律授权的类型与表述不同等特征，第 13 条实际上是全国人大常委会在法律修改实践中发展出来的有中国特色的“授权法律实施制度”。这种授权法律实施不同于现有立法中的立改废释的理论活动，它应与学说理论上的立法活动共同构成我国推行重大改革决策的法律支持体系。的确，从字面来看，第 13 条将全国人大及其常委会的授权类型表述成为“暂时调整或停止法律实施的部分条文”，也有不少学者依据文本表述将该条简化命名为“暂时停止实施”法律或“暂停法律实施”。不过，除此之外，持“授权法律实施”观点的学者意在主张把立法活动排除在第 13 条含义之外。那么，该主张是否站得住脚？

根据历史解释的方法，有些法律的含义，需要借助历史方法说明，即“从法律制定的历史背景，或通过与过去同类法律进行对照、比较，或运用过去曾经处理类似问题的习惯政策等，来阐明法律的含义”。这往往需要将“包括立法准备材料在内的各种反映立法者意图的历史材料归入法律解释对象的范围”。[①] 追溯《立法法》修订的历史背景，尤其是对立法者通过法律制定来妥善处理法治与改革互动关系的意图的探寻，可以发现“授权法律实施”的主张在解释力上的不足。

如何妥善解决改革与法治的关系，是我国自推行改革开放以来立法理论层面和实践层面的重大议题。在改革的很长一段时间里，由于法律体系不健全，部分法律规范缺位，各种“改革先行立法随附”下的试行法、暂行法和地方先行先试，是我国处理改革与法治关系的主要对策。随着中国特色社会主义法律体系的形成，国家和社会生活各方面总体实现了有法可依，立法者面临如何妥善应对现行有效却过时的法律与改革之间的关系冲突问题。在《立法法》

① 张志铭：《法律解释原理（上）》，载《国家检察官学院学报》2008 年第 1 期。

修正案公布施行之前，全国人大常委会针对上海自贸试验区等试点改革，尝试作出了6项授权暂停适用法律的部分规定的决定。然而，该授权决定的法律依据却遭到质疑，因为宪法和法律并没有赋予全国人大及其常委会这样的职权。在此一背景下，为满足十八届四中全会提出的“重大改革于法有据”的要求，立法者在“立法权限”一节中增设第13条，规定立法机关应遵循法定程序，对试点或先行先试项目所涉及的法律调整进行授权，为地方试点改革提供合法性依据。这一举措展现了立法者以创新的立法工具或技术为改革提供合法性和正当性的立法智慧，从而满足中央提出的“立法指导和引领改革，实现立法和改革决策相衔接”的要求。

因此，“授权法律实施”的主张虽强调了第13条在法律实施层面的特征和意义，却试图将立法的活动及其作用从该条中进行剥离。这一厚此薄彼（轻立法而重实施）的观点将割裂法律制定和法律实施之间的逻辑关系，困扰和阻碍法律的实施。学者周旺生曾对此种偏颇做法的后果及其原因作出精辟的分析，他指出，我国法律之不行或难行的根源在于立法环节所存在的典型症结，如立法实践往往极少依据立法理论，立法未被视为一门科学加以对待，以及决策者、运作者普遍缺乏对立法技术的重视和研究，等等。①

二、理解第13条应以立法解释为基础

（一）立法解释所具有的内容

我国《宪法》确定了全国人大常委会的法律解释权，《立法法》第45条则专门明确了全国人大常委会作为有权解释的主体，在法律的规定需要进一步明确具体含义，或者法律制定后出现新的情况，需要明确适用法律依据的情况

① 周旺生：《论法之难行之源》，载《法制与社会发展》2003年第3期。

下，须对法律作出基本的解释。① 由于《立法法》第 13 条文本的含混模糊，而《宪法》和《立法法》并没有对该条中的“暂时调整或暂时停止适用法律”的性质作出明确规定，因而，在启动宪法和法律修改前，全国人大常委会可依据宪法和法律所赋予的权限，对第 13 条作出立法解释，以进一步明确法律规定的含义。

立法解释是我国现行法律解释制度框架中的重要组成部分。释法者在进行立法解释时，应遵循一定的原则和方法。第一，法律解释应遵循一定的操作技术规则，而法律解释者应受到解释规则的约束。强世功指出，法律解释所应遵循的最基本的规则是：无论法律文本的内容本身是否自相矛盾，解释者必须假定法律本文的内容是自洽的，是内在连贯和统一的，不包含任何分歧和矛盾，而且法律解释不能得出荒唐的结论。② 在基本规则的指引下，解释者采用各种具体的解释方法进行操作，作出合乎法律精神的解释。第二，各解释方法之间并非互相排斥或相互孤立，而是存在着一定的关联性。各种解释方法的效用尽管不能相提并论，但从总体上说，并没有哪一种解释方法是绝对有效的。各种解释方法总是相互为用，我们很难说哪一种解释方法总是处于独立、主导的地位，而不具有辅助意义，哪一种方法则完全处于辅助地位。③ 全国人大常委会对香港基本法三次解释的经验显示，其立法解释包含着复杂丰富的法律解释的技艺，所采用的解释方法便综合运用了文本解释、结构解释和立法原意解释

---

① 值得注意的是，目前我国法学界对立法机关解释法律的做法仍存在较大争议，也有学者质疑法治发展过程中立法解释存在的必要性。而即便是主张立法解释的学者也认为，我国的立法解释制度仍不完善，实践中也存在偏差，因而须完善其运作机制。本文并不打算延续以上论争，而意在主张应以立法解释为手段，使法律条文的表述更准确化并充分阐明其含义。以上论述的代表性论文，可参见袁吉亮：《论立法解释制度之非》，载《中国法学》1995 年第 3 期；陈斯喜：《论立法解释制度的是与非及其他》，载《中国法学》1998 年第 3 期；魏胜强：《立法机关的法律解释权述评——从全国人大常委会的法律解释权说起》，载《浙江工商大学学报》2012 年第 1 期。关于“法治反对解释”命题所引发的多方论辩，参见陈金钊：《法治为什么反对解释?》，载《河南财经政法大学学报》2007 年第 1 期；范进学：《“法治反对解释”吗？——与陈金钊教授商榷》，载《法制与社会发展》2008 年第 1 期；魏治勋：《为什么法治必然要求法律解释》，载《求是学刊》2016 年第 6 期。

② 强世功：《文本、结构与立法原意——“人大释法”的法律技艺》，载《中国社会科学》2007 年第 5 期。

③ 张志铭：《法律解释操作分析》，中国政法大学出版社 1999 年版，第 107 页。

等。① 第三，释法者在运用具体的解释方法进行实际操作时，应注重不同方法之间的内在联系，避免采用单一或孤立的标准去理解和阐释法条的含义。同时，为保证法律解释的妥适性和合理性，应坚持法律解释的连贯性和统一性，避免因断章取义而引发歧义或矛盾。

相对照而言，已有解释性观点试图以“授权立法”“授权修法”“授权法律实施”的单一标准去理解第 13 条的含义，从而陷入了以事论事和以偏概全的误区。上述运用具体的立法解释方法的分析表明，第 13 条中的授权试点决定既不能被笼统纳入授权立法制度的范畴，也不能被片面解释为授权法律修改的一般立法行为，更不宜创设为“具有中国特色的授权法律实施制度”。那么，究竟该使用怎样的解释方法，才能全面正确地理解该条的含义呢?

（二）理解第 13 条的规范性含义：一个整体性的视角

尽管第 13 条的文本表述本身是简单含糊的，但结合全国人大常委会自 2012 年起所作出的数十项授权试点决定的具体内容，可进一步总结提炼出该立法条文更为完整全面的含义表达。② 具体而言，立法机关以遵循正当程序授权暂停法律部分条文为前提，通过将试点性的改革措施置于试点地区实施，意在经充分评估后，实现法律调整（修改废止或恢复施行有关法律规定）。为更直观地理解第 13 条以及全国人大常委会依照该条所作出的授权决定的含义，不妨将条文和决定的内容按阶段进行要素分解为：授权、实施、报告和评估、法律调整（如表 1 所示）。这四个关键性要素相互关联，共同构成了一个包括法律制定、法律实施和法律监督在内的连续性过程。

表 1　第 13 条含义的要素化

构成要素	授权	实施	报告和评估	法律调整
内容	在一定期限内在试点地区暂时调整或者暂时停止适用法律的部分规定	实施试点性改革措施，收集信息，为进一步全面改革积累实践经验	试点进行中，或当试点期限届满，应当对试点情况做出报告，并总结评估，以进行相应处理	对实践证明可行的，修改完善有关法律；对实践证明不宜调整的，恢复施行有关法律规定

① 全国人大常委会对香港基本法三次解释的经验显示，其采用的解释方法包括了文本解释、结构解释和立法原意解释等。

② 全国人大常委会自 2012 年 12 月 28 日起，针对地方性试点改革作出数项授权决定。授权决定的文本均公布于中国人大网，此处不逐一指明出处。对授权内容的总结，参见王建学文。

当然，根据试点改革项目的特定目标，立法和法律实施中某个（些）阶段可能被简化或省略。同时，各阶段并不总是呈现线性发展的趋势，也可能会出现循环往复的情形。例如，在对试点结果评估后，立法机关决定对已实现试点目标的项目提前终止授权；或者在授权试点项目到期后，立法机关决定延长授权期限，以便更充分地收集信息和更全面地累积改革经验，等等。然而，无论怎样，都不能将第 13 条仅仅理解为某一阶段中的某一种特定行为模式，如授权立法、授权法律修改或者授权法律实施等，或者肆意割裂阶段之间的关联性。

需要特别指出的是，当从整体性和连续性的视角去理解第 13 条所体现的规范性含义时，笔者发现，第 13 条的规定并不完整，甚至存在较大的瑕疵。尽管《立法法》增订第 13 条意在赋予地方试点改革的合法性，进而实现改革与法治间的良性互动，但是，第 13 条仅对暂停法律实施做了明确规定，并未明晰暂停后应否制定新的试行规则以指导试点改革的实施的问题。实际上，“暂时调整或暂时停止适用法律”只是通向试点改革的第一步，而同样重要的是，制定新的试行规则以填补法律暂停实施后所出现的法律适用真空，从而引导试点改革的成功实施。制定新的试行规则的现实意义在于，它不仅需要为试验项目本身提供规则指引，也要为改革的实施者提供行动指南并为其行为划定边界。否则，因规则缺位带来的法律空白会让试点地区的实施者无所适从，从而阻碍改革地向前推进。事实上，这种消极影响在我国部分地区的改革实践中已经开始呈现。以我国正在推行的农村“三块地”试点改革为例，尽管 2015 年全国人大常委会对国务院作出了授权试点改革的决定，但是，授权决定文件并没有明确在相关法律暂停实施后，试点地区应遵循什么规则进行改革。① 而学者对三块地改革的实证调研结果也表明，由于主管部门在“三块地”改革的关键问题上，没有给出清晰的界定和明确的做法，而各试点地区只能靠“猜测中央部门的主要官员和主管官员对改革内容认知的边界”来推进改革，从而增加了不必要的交易成本和时间损耗。

---

① 参见《全国人民代表大会常务委员会关于授权国务院在北京市大兴区等三十三个试点县（市、区）行政区域暂时调整实施有关法律规定的决定》。

三、试验性立法：一种法律发展的新模式

（一）试验性立法模式的确立

《立法法》第13条关于全国人大及其常委会授权暂时中止法律实施是我国首次从法律层面作出的规定。尽管这一立法创新引起了学界的广泛关注，但现有研究多基于本土视角将其视为一种法律现象或法律后果（甚至不乏学者否认其存在的必要性），并没有认为这是一个需要专门进行研究的领域，也尚未就这一领域发展出相对系统的理论体系或研究脉络。鉴于此，通过与域外的对比研究，笔者另文撰述讨论了《立法法》第13条的含义，认为该条文从整体上确立了我国的试验性立法的法律发展新模式。①

我国《立法法》第13条所确立的法律发展模式呈现出与域外的试验性立法相融合趋近的趋势。尽管西方国家没有对试验性立法形成统一的定义，从操作模式来看，立法者通过制定试验性规则或条款，授权行政机关将其置于实践中检验、调试和修改，最终将通过评估的试行规则上升为一般规则加以推广。② 涉及具体实施时，立法者采用限定试验性规则适用的时间、人群和区域的方式，以控制实施风险和应对不确定性。随着信息革命和科技创新的兴起，试验性立法成为欧盟及其成员国解决社会改革创新与法律规制之间矛盾的一种解决方案。在我国，《立法法》第13条是在总结本土经验并经改良革新而成，它沿用改革中摸索出来的经验主义立法路径，以立法机关按法定程序作出授权为前提，通过在一定期限在部分地方暂时调整或暂时停止适用法律的部分规定，赋予试点地区"破"法改革的合法性，最终视改革实效而定，决定修改、废止或将试点经验上升为法律。由是观之，全国人大常委会的授权暂停法律实施的决定行为与国外的试验性立法模式有很大的相似性。尽管如此，基于法治传统和政法体制的差异，我国的试验性立法模式在构成要件、操作模式等方面有自己的特点。结合第13条和授权决定文本的内容，可将我国的试验性立法的关键构成要件概括为：①对现行有效却过时的法律暂时偏离或突破；②试验的期限、区域、人群是特定的；③需要对试行规则进行评估；④视评估结果而

① 黎娟：《"试验性立法"的理论建构与实证分析——以我国〈立法法〉第13条为中心》，载《政治与法律》2017年第7期。

② Sofia Ranchordás, Constitutional Sunsets and Experimental Legislation: A Comparative Perspective, Edward Elgar Publishing, 2014, pp. 37-38.

定，将试行规则上升为法律，或恢复施行有关法律。

试验性立法所具备的规范性功能则强化了我国确立试验性立法模式的正当性。以授权暂停法律实施为特征的试验性立法是立法者为处理改革发展法律间的关系并寻求其动态平衡所提出的一种解决方案。笔者曾详细论述了试验性立法的规范性功能，经科学设计和规范实施，试验性立法将在社会改革和创新中发挥以下方面的独特功能，包括：以试行规则在实践中的试错收集信息与证据，帮助立法者应对因有限理性和信息不充分带来的不确定性；基于事实或证据的方法论，立法者可不断检测和修正规则，从而提升立法质量和提高治理水平；采用试验性的立法进路，可平衡法律变革过程中产生的利益冲突，易于获得多方认可并达成共识，等等。基于此，试验性立法将革新传统的立法理念，改变立法的角色定位，实现立法功能由单一、回应型向多元、引领型方向的转变。这一转变，符合十八届四中全会关于立法与改革关系的定位，有助于导向"实现立法和改革决策相衔接，做到重大改革于法有据、立法主动适应改革和经济社会发展要求"。

（二）试验性立法的类型辨析

当然，基于经验理性的试验立法进路并非新创也不独特。在我国，改革实践中摸索出包括暂行法、试行法和地方先行先试在内的各类法律试行机制；而域外以试验为特征的立法形式也有相当长的历史渊源。① 国外将立法涉及的试验性立法或条款、日落条款、立法试验和试点项目等统归于临时立法的范畴，与"永久或常规立法"相对照使用。② 这些临时性立法工具或手段都具有暂时性、探索性和试验性的特征，并且都存在向永久或常规立法转化的可能。③ 那么，如何基于试验性立法的特性，将它与其他临时性立法工具加以区别使用呢？

首先，试验性立法与"日落条款"不同。④ 日落条款一般用于应对临时性

① James Williams, Experiment in Legislation, Law Magazine Review, Vol. 14, 1888, p. 299.

② Soia Ranchordás, The Whys and Woes of Experimental Legislation, Theory & Practice of Legislation, Vol. 3, 2013, pp. 417 – 423.

③ Jacob E. Gersen, Temporary Legislation, University of Chicago Law Review, Vol. 74, 2007, pp. 247 – 298.

④ 需要说明的是，国外日落条款的内涵、外延与功能属性没有在我国现有的立法理论体系中得到体现。

问题，意在减轻给企业或产业带来的规制负担，日落规则在适用一段时间后即失效。① 而试验性立法一般用于应对存在较大不确定性且信息不充分的情形，立法者意图收集充分有效的事实或证据，在经评估证明可行后，试验性规则可上升为永久或常规性规则，加以推广适用。据此，二者之间最大的区别是，日落条款在出台之初，即被定位为到期便走向“陨落”（延期情形例外）；而试验性立法则可能导致法律修改，也可能使原有法律恢复实施。

其次，试验性立法区别于立法试验。立法试验是指在立法草案生效前，将其付诸检验和测试。在新法生效前，立法部门往往运用这些工具，检测立法措施的清晰度，预测新法实施的后果，以对新法的正式实施进行事前控制。与立法试验不同，试验性立法条款于正式适用前已经生效，法律实施仅对最终的法律修改或恢复适用等情形造成影响。

最后，试验性立法与试点项目也不同。二者明显的区别在于，前者需要偏离现行法，而规范化的试点项目应具有明确的法律依据，即在不得违背宪法和法律的前提下开展。

（三）试验性立法与我国以往改革中的法律试行机制的区别

值得注意的是，近期有学者立足本土（中国）视野，参照我国改革实践中发展起来的以试验为特征的经验主义立法模式，试图以“试验立法”“试验模式”“试验程序”的主张去理解第 13 条的含义。例如，彭浩认为第 13 条是我国法律修改的“试验模式”。周伟将第 13 条解读为修改或者制定法律的试验程序。与前者观点不同，杨登峰则提出广义“试验立法”的理论，主张将改革中产生和发展起来的各种试行法、暂行法、地方先行先试，甚至是国务院被授权制定的行政法规，统归入试验立法的范畴当中。② 以上观点与笔者所主张的试验性立法的法律发展模式产生了混同，尤其是在命名和外观的相似性上。因而，有必要阐明试验性立法与改革中发展起来的法律试行机制之间的差异。

诚然，第 13 条所规定的暂时调整或者暂时停止适用法律的部分规定通常也是试点性的改革措施，是为进一步全面改革积累实践经验。与以往改革中的

---

① Lewis Anthony Davis, Review Procedures and Public Accountability in Sunset Legislation: An Analysis and Proposal for Reform, Administrative Law Review, Vol. 4, 1981, pp. 393 - 413.

② 杨登峰：《我国试验立法的本位回归——以试行法和暂行法为考察对象》，载《法商研究》2017 年第 6 期。

暂行法、试行法和地方先行先试等法律试行机制类似，第 13 条也具有暂时性、试验性特征，且在一定程度上承继了经验理性的立法思维模式。因而，有研究者把第 13 条与改革中的各种法律试行机制相提并论，或将其归属于广义的“试验立法”。但实际上，第 13 条所确立的试验性立法模式与它们之间存在着很大的区别。

改革中的法律试行机制采用试验的立法手段或技术，经试点后积累实践经验，再制定正式的法律规范。该机制往往以地方“先行先试”的形式，在突破全国性法律的前提下，进行各种立法尝试或制度创新；中央则在总结各试点经验教训的基础上，进行修法并推广新的制度。虽然这种法律试行机制以实践性强和风险小等优势满足了社会需求，却往往存在本质违法的致命缺陷。另一缺陷则在于，它使法律的功能化约为记录改革经验的功劳簿，从而限制了立法在推动制度变革中的作用。正如学者所言，立法机关的修律活动，只不过将那些经过实践检验证明效果良好的改革措施给予规范化了。这显示出立法机关通过“修律”方式在推动制度变革方面具有很大的局限性。① 相比之下，试验性立法在一定程度上克服和解决了法律试行机制中的缺陷。首先，区别于以往地方先行先试中的“违法”改革，试验性立法遵循法定程序并获得了法定授权，从而强化了地方改革的合法性；其次，与授权立法必须“遵循宪法和法律”且与宪法和法律“不相冲突”的前提相对照，试验性立法可有条件地偏离或突破现行法，从而凸显其试验性和开创性；再次，以广义“试验立法”理论涵摄第 13 条规定的理由尚不充分且说明也不够有力，此种界定方式不仅会遮蔽第 13 条的独特功能和作用，也将忽略试验性立法在我国现有立法理论和立法实践中所产生的理论价值和现实意义。

四、试验性立法的适用

（一）试验性立法的适用条件

到目前为止，全国人大常委会已发布了数十项授权决定，用以指导地方改革试点。不过，学界就如何适用该规定仍存在较大争议，而实践中授权改革试点工作还远未实现规范化和法治化。为规范我国试验性立法的程序运作并促进其功能的发挥，有必要以第 13 条的适用条件为分析对象，从以下三方面探讨

① 陈瑞华：《制度变革中的立法推动主义：以律师法实施问题为范例的分析》，载《政法论坛》2010 年第 1 期。

适用中存在的问题并提出完善路径。

1. 关于授权

现代行政国家普遍采用授权立法的方式，在弥补议会立法的缺陷的同时，提高公共管理的效率。西方日渐勃兴的实验主义治理理论和实践，在一定程度上强化了立法机关授予行政机关行使部分立法权的正当性，尤其表现在通过制定临时规则（包含试验性规则）以提高公共管理的灵活性和效率性。① 遵循实验主义治理的逻辑，试验性立法以立法机关的授权为起点，委托行政机关制定临时规则，通过宪法审查或司法审查所授予的权力进行限制和监督。在我国，《立法法》第13条明确规定了全国人大及常委会可对地方试点改革作出授权。该授权使地方试点改革在形式上满足了“重大改革于法有据”的要求。然而，学者却普遍质疑授权决定内容的本身是否实质性“于法有据”，并由此引发了对全国人大与常委会之间的授权权限划分和全国人大常委会的授权资格等系列问题的讨论。② 而问题的关键在于全国人大代表大会的运行机制和我国尚未建立的宪法审查制度。确立并完善相关制度，无疑将有助于规范授权试点的实践。也有学者对如何实现并强化试点授权的实质合法性提出了深刻的见解。③ 由于本文的主要研究目的并不在于讨论如何完善全国人民代表大会等制度，单就如何完善授权以强化对试验性立法的合法性控制而言，本文认为应从以下两方面着手。第一，限制试验性立法的适用范围，使其回归本来的功能和属性。对试验性立法的授权应坚持“法律保留”原则，涉及《立法法》第8条、第9条中包括公民基本权利和义务在内的立法事项的立法权只属于法律，即应专属于立法机关，而不能通过授权制定试验性立法的形式去解决。第二，明晰立法机关和被授权机关的授权权限。国外有学者认为，立法机关既是授权主体，也是试验性立法的“主人”，因此，应明确：试验性立法的目标、期限、评估标准、授权范围等关键要素，专属于立法机关的权限，而不得授予被授权主体行使。笔者认为这一授权权限的划分规则同样适用于我国。明确划定授权机关与被授权机关的授权权限，可以防止被授权主体因权力扩张，致使立法机关的权

---

① Ittai Bar - Siman - Tov, Temporary Legislation, Better Regulation, and Experimentalist Governance: An Empirical Study, Regulation & Governance, Vol. 2, (2018). pp. 192 - 219.

② 童之伟：《将监察体制改革全程纳入法治轨道之方略》，载《法学》2016年第12期。

③ 王建学主张以比例原则严格限制法律的暂停实施。郑磊和王逸冉认为应从权限、时间、空间与后果四类要素上分析并衡量“试点授权”是否实质性“于法有据”。

力被虚置或架空。

2. 关于试行规则的适用

目前，法学界对如何适用第 13 条的规则性条文，主要存在两方面的疑虑：一是该规定是否会损害法律的基本原则；一是暂停法律实施后该怎么做的问题。① 针对第一个疑虑，笔者曾详细论证试验性立法虽具有具探索性和暂时性的特征，但并不必然与法律的稳定性、权威性和确定性等原则相抵牾；相反，在设计科学和运行规范的条件下，试验性立法将维护并强化法律的基本原则。就第二个疑虑而言，如前所述，第 13 条确实存在暂停法律实施后，可能带来法律适用真空的缺陷。这一缺陷使得第 13 条所确立的规则将无法满足法律的确定性要求，尤其是在法律应指引人们的行为以及为社会生活提供合理的预期的要求上。在涉及试点改革的实施时，由于暂停法律后适用规则的缺失，试点地区往往需要通过“政治协商”和讨价还价的非正式规则来替代正式规则的实施，因而，阻碍了试点改革由“政策治理”向“法律治理”的法治目标的转变。因而，有必要在立法机关作出授权决定前，对试点改革项目进行诸如立法必要性、影响、效果等前期立法论证，以形成较为科学合理的试验性规则，再交由立法机关通过法定程序授权试点地区实施。

3. 关于报告和评估

全国人大常委会已作出的授权试点决定中明确了授权试点工作的报告和评估阶段。不过，目前存在的一种错误倾向却反映了对该阶段的漠视。如刘松山教授所指出的，该认识倾向“将授权等同于成功，甚至认为前面授权，后面必然是全面立法了，这种把授权试点与试点成功包括后续立法等同起来的看法，是片面和有害的”。② 因此，从授权试点到试点成功及其后续立法，并不是一蹴而就的。倘若忽略或者漠视对试验性立法实施及其效果的报告和评估，既是缺乏对立法的大众参与和民主监督机制的尊重，也将损害立法的实质正义。而部分试点改革项目中所出现的“试而不验”“延而无期”等情形，正是此种倾向的表现和后果。“试而不验”指的是政策项目终结非程序化、非公开化，而遵循内部处理的“政治协商”路径；“延而无期”则是在未经科学评估

① 程雪阳：《从试点到立法的中国改革逻辑》，载《社会科学报》2015 年 4 月 2 日，第 3 版。

② 刘松山：《对推进监察体制改革的一些建议》，载《中国法律评论》2017 年第 2 期。

的前提下，使试验规则自动且多次延期。因此，有必要建立并推行我国试验性立法的定期评估与最终评估机制，另外，须明确相关主体定期按时提交、审议并公布评估报告的责任机制。

（二）试验性立法适用场景的延伸

根据《立法法》第 13 条，全国人大及其常委会可根据改革发展的需要，就行政管理等领域的特定事项进行授权。显然，第 13 条中关于“改革发展需要”的表述是概括况的，需要根据情势的变化对其含义进行解释。而在解释时，有必要设身处地地站在立法者的角度考虑，设想立法者将怎样回应历史发展所带来的新变化，从而使解释维护法律的生命力和历史延续性。基于此，笔者认为，除了将传统政治、经济、文化等领域的现实改革场景设定为适用第 13 条的场景外，该条还可以延展适用于数字经济、大数据和人工智能等新兴领域，尤其是应对政府在这些领域所面临的监管梗阻。

当立法者身处物联网、大数据、人工智能和信息革命的时代，他们往往面临着立法的“两难”。一方面，信息不对称和专业知识的匮乏使得良法的出台更具挑战性；另一方面，颠覆性技术和创新及其带来的影响需要得到法律的积极回应和规制。因此，与改革场景类似，在新兴领域中，立法者需要面对的最大挑战也是克服不确定性；而不同的是，这种不确定性主要产生于信息不对称，而信息不对称指的是立法者所受到的信息过剩与信息不足的双重约束。信息过剩是指创新虽然带来了信息爆炸，但信息来源的多渠道、巨大的信息量却增加了立法者有效甄别信息的难度。信息不足指的是立法者因专业知识不足，往往无法对创新科技和产品的风险和潜力作出准确判断，进而难以制定能有效规制创新技术的法律规范。

在这种情形下，试验性立法便可成为立法者迈向审慎干预颠覆性技术和创新的对策。试验性立法采用基于事实或证据的方法，积累经验和收集信息，以应对创新领域中的不确定性和规制风险。与基于建构理性的自上而下的立法方法相对照，试验性的立法进路可避免前者中存在的潜在弊端，如忽视立法事实的引入，缺乏立法中的实证分析，公众参与不足，等等。① 不仅如此，试验性立法的方法论优势还表现在适应性和灵活性上。从过程上来看，试验性立法是一个试错和学习过程，通过将试验规则适用于特定的区域、人群和时段，可实地检测规则的实效性，而根据试点项目预期设定的目标和要求和评估实效，立

① 于立深：《行政立法性事实研究》，载《法商研究》2008 年第 6 期。

法者可对试验性规则进行校验和调试，以便形成合理优化的规则；从结果上来看，试验性立法的目标在于检测试验性规则能否适应实践并最终获得推广运用。检验结果可能是积极的，也可能是消极的。当获得积极的试行效果时，可以将经验推广运用，并在提炼总结后上升为一般性规则；反之，当出现消极效果时，则应停止制度试行，或在总结教训后对原有制度进行调整纠错。

当如何在优化规制和鼓励创新中达到平衡日益成为各国立法者所面临的普遍性难题，为避免仓促立法或者因信息匮乏而出台恶法，各国立法者都尝试在改进现有立法工具和立法技术。① 有学者指出，试验性立法符合当前的创新社会与科技发展的需要，与西方主要国家通过实验治理的方式优化规制，提升治理水平，促进科技创新的理念相契合。② 而国内也有学者撰文强调实验主义法治对提高我国治理能力的现实意义。③ 笔者认为，试验性立法所采用的基于事实和证据的方法，遵循的试错和学习路径，以及所具备的适应性和灵活性的方法论优势，能为我国立法者和监管者施行试验性监管以应对创新领域中的监管梗阻，提供一种新思路和新对策。④

五、结语

综上所述，试验性立法是对第 13 条规定的妥适理解和适用，它避免了对第 13 条规定的扁平化和单一化的解读。就理论价值而言，试验性立法在一定程度上消解了立法理论供给与现实需要之间的错位；就方法论特征而言，试验性立法以试行之规则指导和引领改革，以试验之途应对改革中的未知和不确定性，以基于经验理性之方法收集信息和证据，不仅能提高立法质量，也有助于应对改革和创新领域中的复杂社会关系，实现法律规制与鼓励创新之间的平衡；就法治意义而言，试验性立法将摒弃以往“改革先行，法律随附”或“违法”改革的做法，摆脱法律与改革的零和博弈困境，最终实现立法决策与

---

① Sofia Ranchordás, Innovation - friendly Regulation: The Sunset of Regulation, the Sunrise of Innovation, Jurimetrics, Vol. 55 (2014), p. 201.

② Rob, Van Gestel and Gijs, Van Dijck, Better Regulation through Experimental Legislation, European Public Law, Vol. 3 (2011), pp. 539 - 553.

③ 钱弘道，杜维超：《论实验主义法治——中国法治实践学派的一种方法论进路》，载《社会观察》2016 年第 2 期。

④ 关于如何构建一个动态的、多元的试验性监管框架以平衡优化规制和促进创新间的关系，笔者将另文研讨。

改革决策的有效衔接；同时，它也将重塑法律的角色与定位，使法律摆脱诸如“仅为改革的成功经验背书”或“记录改革经验的功劳簿”之类的指控，进而“发挥立法的引领和推动作用，保证改革在法制的轨道上运行”。

尽管如此，需要说明的是，试验性立法至今还没有在西方国家得到全面推广，而这主要归因于其本身所具有的“双刃剑”作用。试验性立法具有暂时性、灵活性和适应性等优势，不过，在立法文本不科学和实施不规范的情形下，以上优势会被削弱、抵消，甚至遭遇异化。我国地方试点改革的实践经验表明，由于试验规则的缺失，实施中的立法调研、评估和监督等环节的不健全，试点改革中出现了“试而不验，点而不限”“延而无期”“以例外颠覆常规”等情形，这阻碍了试验性立法功能和价值的发挥。此外，对立法者而言，试验性立法终究只是立法工具箱中的选择之一，应根据具体的事项和情形，对其谨慎和合理适用，而不能滥用。正如《立法法》释义所强调的：“并不是所有的改革事项都必须采用这一方式，有的改革事项经过充分论证，具备修改或废止法律条件的，应当做好顶层设计，及时修改或废止法律。只有实践条件不成熟、需要先行先试的，才能采取暂时调整或者暂时停止适用法律部分规定的方式。”

地方环境立法中设立禁止性规范的思考*

唐双娥**

摘要： 为契合现代政府风险防控的目标，贯彻预防为主的原则，禁止性规范在环保立法中广泛被采用。这些禁止性规范种类不同，在贯彻预防为主的原则上存在强弱之分。环境上的利益只是国家所应追求利益中的一环。协调原则是环保法的首要原则，预防为主原则应该在协调原则的基础和框架内予以适用。以预防为主原则为基础的禁止性规范，在设置时应当以协调原则为基础。换句话说，在协调原则下，禁止性规范设置的正当性以及是否符合比例，都应当谨慎和慎重。

关键词： 禁止性规范；协调原则；预防为主；保护优先

禁止性规范也称禁止性规定，是“命令当事人不得为一定行为之法律规定”，属于强行性规范。“预防为主”原则是环境保护法的一项基本原则，禁止性规范是贯彻预防为主原则的主要规范类型，在环境保护法领域较为常见，被广泛采用。如为了保护自然保护区、风景名胜区、永久基本农田等特定区域，《自然保护区条例》《风景名胜区条例》等就多采用禁止性规范。禁止性规范在适用上具有绝对性、无条件性，民事活动中绝对排除当事人意思自治因素的介入，行政行为中绝对排除行政机关自由裁量的介入。同时，《环境保护法》明确规定了经济社会与环境保护协调发展的原则。那么，环保立法中的禁止性规范，如禁止项目、禁止行为、禁止工艺设备等，都涉及投资自由、经营自由等产生经济效益、社会效益的经济活动。因此，环保法中的禁止性规范的运用应当是审慎的，有明确、严格的适用条件才行。

---

* 此文收录于2020年湖南省立法研究会论文集。

** 唐双娥，湖南大学法学院副教授。

一、国家环保立法中的禁止性规范的类型及特点

（一）禁止性规范的类型梳理

1. 根据产业政策的禁止性规定

经济学上，环境被视为准公共产品，环境污染作为外部不经济性的一种，会导致市场失灵，因而需要将环境污染这种外部不经济性内部化。通过产业政策纠正环境污染，不失为一种选择。

第一，禁止纳入国家综合性产业政策目录的污染环境的设备、工艺和产品的生产、销售、进口或使用。对列入国家综合性产业政策目录的严重污染环境的工艺、设备和产品，法律一般都规定了淘汰制度，要求在规定期限内停止生产、进口、销售或者使用。如《大气污染防治法》第 27 条第 3 款规定，生产者、进口者、销售者或者使用者应当在规定期限内停止生产、进口、销售或者使用列入第 2 款中的国家综合性产业政策目录的工艺、设备、产品。

这类禁止纳入国家综合性产业政策目录的污染环境的设备、工艺和产品的生产、销售、进口或使用的规定，在污染单行法中一般得到了普遍的采用，但限于严重污染环境的工艺、设备。严重污染环境的工艺、设备，可以由能耗物耗小、污染物产生量少的清洁生产工艺所替代。

这类禁止性规范，其规范的对象无论是工艺、设备还是产品，都是重要的市场要素。对其加以禁止，会阻却市场要素的自由流通，损及市场经济。为此，法律都强调该国际综合性产业政策目录的制定由国务院经济综合宏观调控部门会同国务院有关部门制定，而非国务院环境行政部门制定。因此，这类禁止性规范贯彻的是《环境保护法》第 5 条“经济社会发展与环境保护相协调的原则”，其环境保护的正当性不成问题，需要考量的是是否符合比例原则，即禁止的落后设备、工艺的种类多寡问题。

第二，禁止新建不符合国家产业政策的严重污染环境的项目。如《水污染防治法》第 47 条规定，禁止新建不符合国家产业政策的小型造纸、制革、印染、染料、炼焦、炼硫、炼砷、炼汞、炼油、电镀、农药、石棉、水泥、玻璃、钢铁、火电以及其他严重污染水环境的生产项目。

这类禁止性规范设立的依据及其正当性，被转致到国家的产业政策。产业政策一般以各个产业为直接对象，规范经济主体行为和市场竞争秩序，维护国家利益。一般说，在产业政策的制定与实施过程中，政府代表的是社会共同利益，而不是某种政府利益。这是产业政策的一大特点，并以此与自由经济下的

其他一些政府政策相区别。① 国家在制定这类严重禁止污染环境的产业政策时，必须在环境保护、产业结构调整、就业等多方面进行平衡，其环境保护上的正当性会受到严重拷问。此外，依赖产业政策来保护环境，其缺陷也是明显的：产业政策的时效性短，导致产业政策衰退期过后导致严重污染环境的产业结构可能依然没有得到根本的转变。

2. 禁止严重污染环境的项目

除了根据产业政策禁止严重污染环境的项目外，法律还直接规定禁止某些严重污染环境的项目。如《海洋环境保护法》第45条规定，禁止在沿海陆域内新建不具备有效治理措施的化学制浆造纸、化工、印染、制革、电镀、酿造、炼油、岸边冲滩拆船以及其他严重污染海洋环境的工业生产项目。

当然，由于该条禁止的项目限于不具备有效治理措施的项目，而判断是否具备有效治理措施的依据主要在于环境影响评价制度。因此，《海洋环境保护法》第45条的规定实际上应作为建设项目环境影响报告书或报告表不予批准的依据。

3. 禁止某些种类的行为

禁止某些种类的行为，在环保法中采用得较为普遍。概括来看，禁止某些种类的行为，主要包括：

一是根据“自然最知”原理，鉴于环境对某些污染物无法吸收，自然禁止此类污染物向环境排放。如《水污染防治法》第33条规定，禁止向水体排放、倾倒工业废渣、城镇垃圾和其他废弃物。

二是为有毒有害的物质，向环境排放会导致严重的不利后果，包括对健康的不利影响和对环境的不利影响。如《水污染防治法》第33条禁止向水体排放油类、酸液、碱液或者剧毒废液。

三是严重损及环境资源承载力。这一类禁止行为主要被规定在自然资源单行法中。如《渔业法》规定的“禁止炸鱼、毒鱼”“禁渔区和禁渔期”便属于此种类型。

四是执法难以发现的违法行为。这一类禁止性行为在1979年《环境保护法（试行）》中限于“使用渗坑、裂隙、溶洞或稀释办法排放有毒有害废水”，2014年修订后的《环境保护法》将其范围扩大为以逃避监管的方式违法排放污染物。《环境保护法》第42条规定，严禁通过暗管、渗井、渗坑、灌注或

① 陈淮：《日本产业政策研究》，中国人民大学出版社1991年版，第3页。

者篡改、伪造监测数据，或者不正常运行防治污染设施等逃避监管的方式违法排放污染物。

4. 特定区域内的禁止行为

在环保法上，单行法为了健康或生态安全的目的，划定了很多特定区域，对其实行严格保护。这样的特定区域非常多，如自然保护区、风景名胜区、永久基本农田、水土流失重点防治区。这类特定区域由单行法加以划定或确认，并实行分级保护。当然，特定区域内的禁止行为种类的设定还依赖于特定区域的内部功能分区。

为了保护这些特定区域，单行法对这些特定区域内的禁止行为做了明确规定。如《水污染防治法》第65条禁止在饮用水水源一级保护区内新建、改建、扩建与供水设施和保护水源无关的建设项目。《畜禽规模养殖污染防治条例》第11条将饮用水水源保护区、风景名胜区、自然保护区、城镇居民区以及文化教育科学研究区等人口集中区，都规定为禁止养殖区域，禁止在这些区域内建设畜禽养殖场、养殖小区。《固体废物污染环境防治法》第21条规定，在生态保护红线区域、永久基本农田集中区域和其他需要特别保护的区域内，禁止建设工业固体废物、危险废物集中贮存、利用、处置的设施、场所和生活垃圾填埋场。

（二）禁止性规范的特点

1. 在贯彻“预防为主”原则上存在强弱之分

根据前述梳理，我国环保立法中的四类禁止性规范的适用对象有项目、行为和工艺、设备、产品，都贯彻《环保法》第5条的“预防为主”的原则，但在程度上是存在较大的差异的。

其中，禁止纳入国家综合性产业政策目录的污染环境的设备、工艺和产品的生产、销售、进口或使用，以及根据产业政策禁止严重污染环境的项目，这种禁止性规范起着市场准入的功能，涉及产业结构的调整及某一产业内部的调整。如根据《产业结构调整指导目录（2019年本）》，不具备安全生产条件，严重浪费资源、污染环境，需要淘汰的落后工艺、技术、装备及产品，都被列入淘汰类产业。因此，此类禁止性规范是贯彻“预防为主”原则最为强烈的规范。相对而言，禁止某些行为或特定区域内的禁止性行为，其适用面要窄得多，在贯彻“预防为主”原则的程度上要弱一些。

产业政策禁止的项目等，其涉及投资自由、经营自由等。因此，这类禁止性规范的设定尤其需要谨慎，涉及与经济发展与环境保护等多方面的平衡。虽然从预防的角度来看，其保护环境的正当性也无需证明，但从协调原则来看，仍需要考量禁止的种类的范围，考量其是否符合比例原则。

2. 将生态价值作为重要的价值取向

禁止性规范一般都体现着国家的绝对利益或是社会的绝对需要由国家强制予以保障的重大利益，这些利益通常体现为该国的基本立法价值取向、基本的社会认同感以及法律的基本精神等，它在某种程度上以强力保障的形式体现着和具体化着国家和人民的根本利益，具有极强的民族性、地域性以及保守性。①

在环保法的禁止性规范中，特定区域内的禁止性规范占比较多。这些特定区域由不同的单行法加以规定。如《自然保护区条例》规定的自然保护区、《野生动物保护法》规定的野生动物自然保护区和禁猎区、《渔业法》规定的水产种质资源保护区等。很明显，这些特定的区域保护的对象为珍稀、濒危的野生动植物或生态系统、生物多样性等，其正是生态价值的重要载体。正因为如此，此类禁止性规范贯彻实施的是“保护优先”的原则，即便经济社会发展与环境保护冲突时，环境利益处于优先的地位。

3. 一般性禁止行为中部分以保护健康为目标，部分以保障资源环境承载力为目标

良好的环境是健康的保障。原环境保护部于2013年在《中国公民环境与健康素养（试行)》中指出，环境污染是影响健康的重要因素；健康的维持、疾病的发生与多种环境因素相关；环境与健康安全不存在“零风险”。保障公众健康因此成为我国环保法的立法目的之一。《环境保护法》还在第39条规定要建立、健全环境与健康监测、调查和风险评估制度；鼓励和组织开展环境质量对公众健康影响的研究，采取措施预防和控制与环境污染有关的疾病。

尽管某一环境污染行为与健康之间的因果关系尚未被证明，只是两者之间的相关性得到了一定的证实，但基于风险预防原则，环保法仍需要防范环境污染对健康造成的风险。禁止性规范旨在阻止行为主体从事某种行为。② 禁止性规范的适用形式上契合了现代政府风险防控的目标，同时也符合公众对风险预防的一般认知。

---

① 史笑晓：《论法律规避中的强制性和禁止性规范》，载《浙江社会科学》2002年第3期。

② 王泽鉴：《民法总则》，北京大学出版社2009年版，第22页。

二、地方立法中的禁止性规范类型

相对于禁止而言，“不得”在立法中使用更多，两者都为禁止性的法律规范用词，体现立法者的否定性评价。地方环保立法中的禁止性规范的类型，上文分析的几种类型都被广泛采纳。正如有学者指出的那样，禁止性规范适用的形式呈现多元化，其所适用的规范性文件从法律、行政法规位阶向下扩延，地方性法规、部门规章、地方政府规章以及行政规范都出现了禁止性规范的实例。① 出现了国家环保立法中未有的禁止性规范类型。

（一）仿照法定区域划定拟制区域内的禁止性行为

为保护东江湖流域，《湖南省东江湖水环境保护条例》第7条将东江湖流域水环境保护范围划分为一级保护区、二级保护区和准保护区，并明确了一级保护区、二级保护区和准保护区的范围，如一级保护区的范围是：（1）小东江水库大坝至东江水库大坝之间的水域；（2）东江水库大坝至兜率岩岛之间，南部以兜率岩岛山脊线南端与对岸磨刀石的连线为界，北部以兜率岩岛山脊线北端与东江木材厂集材场1号码头之间的连线为界的水域；（3）与上述（1）、（2）项水域水面相连的第一层山脊线向水坡地。很显然，这种一级保护区、二级保护区和准保护区的立法模式来自《水污染防治法》对饮用水水源保护区的规定。

为了保护东江湖流域一级保护区的水环境，《湖南省东江湖水环境保护条例》第13条规定了一系列禁止性的行为，包括禁止新建、扩建、改建与供水设施和保护水源无关的建设项目；禁止从事网箱养殖、旅游、游泳、垂钓；禁止露营、野炊和水上体育活动；禁止设置加油站和水上商业、饮食等服务业网点或者其他可能污染饮用水水体的活动。显然，此种规定完全采用了《水污染防治法》有关饮用水水源保护区这一特定区域内禁止性行为的规定。

为保护铜官窑遗址这一人文遗迹，长沙市制定了《长沙铜官窑遗址保护条例》，其第16条规定了长沙铜官窑遗址保护范围内的禁止性行为，如禁止存放易燃、易爆、放射性、腐蚀性等危害遗址安全的物品；禁止狩猎、破坏植被；第20条规定长沙铜官窑遗址保护范围和建设控制地带内禁止新批宅基地。

① 孟星宇：《风险治理视域下禁止性规范的正当性考量——以校园网贷“三部规范性文件”为切入》，载《法学》2018年第9期。

（二）创设“拟制”区域内特定项目的禁止

对于特定项目的禁止，国家环保立法禁止的依据是转致到国家经济综合主管部门会同有关部门制定的目录以及产业目录。在统一的市场经济下，产品、设备或工艺等市场要素应在全国范围内能自由流通，投资的市场准入也应是全国统一的。这样，能避免地方“污染天堂”的形成和不同的污染转移。因此，从这一点看，禁止特定项目的市场准入在地方环保立法中应该是不常见的。

不过，很多地方立法“拟制”了一定的特定区域，并禁止一定的项目在该“拟制”的区域内落地。如《湘江保护条例》第 49 条第 2 款中的“湘江干流两岸各二十公里范围内不得新建化学制浆、造纸、制革和外排水污染物涉及重金属的项目”。可见，《湘江保护条例》第 49 条第 2 款就拟制了一个特定的区域。同样，《湖南省实施〈中华人民共和国土壤污染防治法〉办法》第 17 条规定，禁止在长江干流岸线、国家规定的长江重要支流岸线和洞庭湖岸线限制范围内新建、改建、扩建尾矿库；已经建成的，由负有土壤污染防治监督管理职责的部门依法予以处理。

三、地方立法中禁止性规定的思考

禁止性规范旨在阻止行为主体从事某种行为。① 禁止性规范的适用尽管形式上契合了现代政府风险防控的目标，同时也符合公众对风险预防的一般认知，但禁止性规范适用的泛化，其所具有的明显强制力、否定性评价、限缩行为人权利之功能以及风险本身的不确定性，使其正当性考量成为难题。②

（一）“预防为主”原则与“协调”原则的适用关系问题

预防原则被喻为环保法的黄金规则。预防原则包括两个层面：第一，运用已有的知识和经验，对开发和利用环境行为带来的可能的环境危害事前采取措施以避免危害的产生；第二，在科学不确定性的条件下，基于现实的科学知识去评价环境风险，即对开发和利用环境行为可能带来的尚未明确或者无法具体确定的环境危害进行事前预测、分析和评价，促使开发决策避免这种可能造成的环境危害及其风险的出现。上述不同种类的禁止性规范，都是为了从源头上预防环境危害以及环境风险的产生。

---

① 王泽鉴：《民法总则》，北京大学出版社 2009 版，第 22 页。

② 孟星宇：《风险治理视域下禁止性规范的正当性考量——以校园网贷“三部规范性文件”为切入》，载《法学》2018 年第 9 期。

问题在于，环境问题性质上还是经济问题、社会问题。环境保护固然是现代国家应予重视的课题，环境利益更是政府施政过程中应予考量的要素，但是从资源的有效利用着眼，环境上的利益只是国家所应追求利益中的一环。环境决策对其他同等重要的利益而言，均会有深远的影响。① 因此，任何预防环境危害或环境风险产生的禁止性规范，都涉及广泛的利益冲突与决策平衡。法律对利益关系的协调，对利益冲突的平衡，一般是通过某些基本原则规定和制度设计体现的。② 协调原则应成为环保法的首要原则。尽管《环境保护法》第5条规定的基本原则中没有协调原则，而是保护优先，但一般认为，保护优先是协调发展原则的补充。《环境保护法》在第4条规定了协调原则：国家采取保护和改善环境的措施，要使经济社会发展与环境保护相协调。习近平总书记2013年在哈萨克斯坦纳扎尔巴耶夫大学谈到环境保护问题时指出的那样："我们既要绿水青山，也要金山银山。宁要绿水青山，不要金山银山，而且绿水青山就是金山银山。"对此，我国台湾地区"环境基本法"第3条规定的非常明确："基于国家长期利益，经济、科技及社会发展均应兼顾环境保护。但经济、科技及社会发展对环境有严重不良影响或有危害之虞者，应环境保护优先。"

由此看来，在预防为主原则和协调原则的适用关系上，协调原则是首要的基本原则，保护优先是协调原则的补充。预防原则应该在协调原则的基础和框架内予以适用，这是一般的适用规则；无法兼顾经济发展与环境保护时，才适用保护优先达致预防为主原则。这就要求以预防为主原则为基础的禁止性规范，在设置时应当以协调原则为基础。换句话说，在协调原则下，禁止性规范设置的正当性以及是否符合比例，都应当谨慎和慎重。

《湖南省东江湖水环境保护条例》第7条将东江湖流域水环境保护范围划分为一级保护区等，并规定了一系列禁止性行为，其依据为"保护优先"原则。不过，东江湖同时受《水法》调整。《水法》中的禁止性规定为第34条、第37条和第40条。《水法》第34条"禁止在饮用水水源保护区内设置排污口"是重复《水污染防治法》第64条的规定，在于保障饮用水安全背后的公众健康；而第37条"禁止在江河、湖泊、水库、运河、渠道内弃置、堆放阻碍行洪的物体和种植阻碍行洪的林木及高秆作物"以及第40条"禁止围湖造

① 叶俊荣：《环境政策与法律》，中国政法大学出版社2003年版，第19页。

② 张文显：《法理学》，高等教育出版社2003年版，第373页。

田”，都在于保障防洪安全，因为《防洪法》第22条和第32条做了同样的规定。可见，《水法》中的禁止性规定的目的中并未含有“保护优先”的精神。如此一来，《湖南省东江湖水环境保护条例》有关水环境的禁止性规定的正当性不足。

《长沙铜官窑遗址保护条例》第20条“长沙铜官窑遗址保护范围和建设控制地带内禁止新批宅基地”的规定，其正当性就值得探讨。《长沙铜官窑遗址保护条例》第20条的依据显然是“保护优先”原则，同时也意味长沙铜官窑遗址保护范围和建设控制地带内的土地作为宅基地与铜官窑遗址保护之间存在无法兼顾的矛盾。果真如此吗？铜官窑遗址作为人文遗迹，同时还属于《文物保护法》中的不可移动文物，受《文物保护法》调整。《文物保护法》第17条、第18条和第19条规定了文物保护单位的保护范围内的禁止性行为。《文物保护法》第17条规定不得在文物保护单位的范围内进行其他建设工程或者爆破、钻探、挖掘等作业；第19条规定在文物保护单位的保护范围和建设控制地带内，不得建设污染文物保护单位及其环境的设施，不得进行可能影响文物保护单位安全及其环境的活动。那么，其土地作为建设住宅的行为难以解释属于《文物保护法》第17条和第19条中的情形。

（二）地方立法中“拟制”禁止区域的划定的科学性

在地方立法中，涉及空间距离的表述通常有：第一，上位法中已经明确有的概念，主要是依照特别法建立和划定的特殊保护区域，如自然保护区、风景名胜区、水土流失重点预防区。当然，这些依照特别法建立和划定的特殊保护区域，其范围和功能分区是由相关的规划划定的，即授权行政权划定。第二，地方立法根据立法目的的需要，自行“拟制禁止区域”并划定范围。如《湖南省东江湖水环境保护条例》第7条将东江湖流域水环境保护范围划分为一级保护区、二级保护区和准保护区，并划定了一级保护区的范围。《湖南省实施〈中华人民共和国水土保持法〉办法》第7条规定了水土流失重点预防区的划定及其范围。《湘江保护条例》第49条第2款中的“湘江干流两岸各二十公里范围内不得新建化学制浆、造纸、制革和外排水污染物涉及重金属的项目”。后面这种模式在地方立法中较为常见。

梳理国家环保法不难发现，有关禁止区域的范围，立法基本上采取模糊的表述，如《矿产资源法》第20条规定的不得开采矿产资源的地区包括：（1）港口、机场、国防工程设施圈定地区以内；（2）重要工业区、大型水利工程设施、城镇市政工程设施附近一定距离以内；（3）铁路、重要公路两侧一定距离以内；（4）重要河流、堤坝两侧一定距离以内等。《海洋环境保护法》第45条规定禁止的严重污染海洋环境的工业生产项目为“沿海陆域内”，也没有直接划定范围。具体范围的划定依赖于行政机关。

那么，禁止建设的区域范围，是立法授权行政机关划定还是像地方立法那样直接由立法机关规定？显然，无论是禁止项目还是禁止行为的拟制禁止范围，其大小都取决于危险源或风险源的大小。而危险源或风险源的大小，更多是一个科学评估的过程，危险源或风险源离保护目标的距离仅仅是一个重要的因素，绝非唯一的因素。这一点从我国卫生防护距离标准的地位的变化可窥见一斑。《环境影响评价技术导则大气环境》采用“大气环境防护距离”，替代之前的“卫生防护距离”。2017年，《地方大气污染排放标准制定原则与方法》修订，“取消卫生防护距离的相关计算方法”。2017年3月，国家质检总局和国家标准委决定，现行所有的行业“卫生防护距离标准”全部由目前的“国家强制性标准GB”变更为“国家推荐性标准GB/T”。

可见，距离的远近只是表象，根本在于危险源或风险源的大小及对保护目标的危害程度。保护距离的大小随着危险源或风险源的危害程度处于动态的变化中。由此看来，由行政机关而非立法机关直接规定禁止建设的区域范围更为合适。

地方立法档案规范化初探*

谭　鹏**

摘要：不论是立法活动和立法工作的开展，还是国家治理体系和治理能力现代化的提升，都对地方立法档案规范化提出了迫切要求。同时，现代信息技术的发展亦给地方立法档案规范化和信息化提供了更多可能性，有必要对我省地方立法档案数字化、信息化工作予以关注和探析。

关键词：地方立法档案；档案规范化；归档要素

一、关注和研究地方立法档案规范化的缘由

笔者关注和研究地方立法档案规范化这个问题，基于两个方面的考虑：一是，当前学界和实务界对此关注和研究的“窘境”需要有人来关注和研究。对于当前理论界和实务界来说，关于地方立法档案的规范化研究是一个陌生的领域，很少有法学界学者或者档案学界的实务工作者对此予以关注。这与其他法学领域对某一问题研究的细分和深度，甚至造成大量重复研究的现象相较，显得极为薄弱和虚无。造成此种现象，笔者理解有三个方面的原因：立法学这个领域过于陌生，法学界无论是理论界还是实务界对其研究、关注度不够；对于立法档案的研究是否有价值；理论界的人士无法掌握翔实、大量的研究素材，加上实务工作的欠缺，很难发现当中存在的问题。笔者通过梳理发现，仅有3篇有关立法档案研究的文献，一篇是时任徐州市人大常委会秘书长辛玉祥所撰写的《重视和做好地方立法档案管理工作》（2004年）；一篇是国务院法制办秘书行政司江涛的考察文章《美国公众参与行政立法信息公开及其立法

---

* 此文收录于2020年湖南省立法研究会论文集。

** 谭鹏，湖南省人大法制委员会办公室主任。

档案信息化之启示》（2009 年）；一篇是上海市行政法制研究所顾捷所撰写的《立法过程视角下的立法档案探析》（2014 年）。至此，很难找到和发现对此予以关注和研究的文章。

二是，笔者作为一名地方立法实务工作者，从事过地方性法规档案的收集、整理工作，对地方性法规档案归集整理过程中存在的问题有所感悟；2020 年又全程负责且参与了湖南省地方性法规档案（1998—2019 年）共计 829 卷立法档案的整理与数字化项目，客观上为笔者关注和研究这一问题提供了便利化和规范化研究的条件和翔实的素材。

二、地方立法档案规范化的必要性和可能性分析

（一）立法活动以及立法工作的属性需要对地方立法档案予以规范化

立法是国家重要的政治工作，立法活动是国家重要的政治活动。立法工作是国家重要的政治工作，也是一份非常严肃的政治工作。立法档案是立法主体在立法过程中形成的最具保存价值的专业档案，是宝贵的档案信息资源，是存史资政、以史为鉴的重要举措。每一件地方性法规的制定从立法准备、议案提出、有关专门委员会审议、常委会审议，再到常委会法制工作机构修改、法制委员会统一审议，表决、公布等，均遵循了严格的立法程序。法规的每一个条款、每一字句，都是经过深入调查研究，吸纳社会各方面意见和建议，经过充分论证后形成的。特别是其中关键条款、重要法律制度设计，都是经过反反复复修改、研究得出的，非常审慎。因此，将有关立法过程中形成的文件资料整理归档，立卷保存，便于今后随时查阅。这既是立法工作本身具有的政治性、规范性、严肃性、科学性的客观要求，也是今后执法机关、司法机关乃至后人了解立法的原意，准确适用和遵守法规的实际需要。

（二）国家治理体系和治理能力现代化的提升需要对地方立法档案予以规范化

党的十九届四中全会提出了建设国家治理体系和治理能力现代化的目标。在此时代背景下，2019 年 10 月 21 日，受国务院委托，国家档案局局长李明华在十三届全国人大常委会第十四次会议上作关于《档案法（修订草案）》的说明时指出，当前档案事业发展面临着新形势、新任务，《档案法》与国家治理体系和治理能力现代化建设战略部署已不相适应，迫切需要修订。因此，2020 年 6 月全面修订后的《档案法》第 1 条在立法目的中开宗明义提出，“提高档案信息化建设水平，推进国家治理体系和治理能力现代化，为中国特色社

会主义事业服务”。由此可见，对档案规范化、信息化的要求已经上升到推进国家治理体系和治理能力现代化的高度。

（三）现有地方立法档案中存在的诸多问题迫切需要对地方立法档案予以规范化

笔者从多年的工作实践以及结合此次数字化项目整理发现，主要存在两个方面的问题：一是实体方面的，地方立法档案归档内容的随意性，即立法过程中形成的哪些文件应当属于归档的范围模糊、不清晰，从而给予归档的个人过大的取舍权；二是形式方面的，即归档工作标准缺失，包括档案盒、档案封面、装订标准、修整标准等。具体体现：1. 个别档案缺件，表现在档案中缺失重要立法程序的文件。2. 文件归档目录、时间排序混乱，表现在未按照省本级地方性法规、设区的市州报请批准的地方性法规卷内文件目录顺序以及时间顺序进行准确排列。其主要原因还是归结于文件归档内容的不确定性。3. 多个立法事项归为一卷，表现在以“打包”方式修改、废止法规时，有多项法规审议意见的报告及法规说明汇总在一个立法档案中，从而造成每一件修改法规的档案不完整，不能还原单个法规的清晰脉络。4. 归档文件重复过多。5. 装订标准缺失，表现在修整不齐、编写页码不规范。6. 立法辅助材料的归档标准不统一，等等。

（四）现代信息技术的发展给地方立法档案规范化和信息化提供了可能性

随着现代信息技术的迅猛发展，档案信息化的建设越来越迫切。2020 年修订后《档案法》第五章“档案信息化建设”要求，“各级人民政府应当将档案信息化纳入信息化发展规划，保障电子档案、传统载体档案数字化成果等档案数字资源的安全保存和有效利用”“机关、团体、企业事业单位和其他组织应当积极推进电子档案管理信息系统建设”“国家鼓励和支持档案馆和机关、团体、企业事业单位以及其他组织推进传统载体档案数字化。已经实现数字化的，应当对档案原件妥善保管”。由此可见，对档案进行数字化、信息化是《档案法》的规定和要求，需要我们积极予以推进。此外，据笔者了解，海南、深圳等省市人大常委会已率先对地方立法档案进行了数字化，积累了一些工作经验和做法，为湖南省地方立法档案的信息化提供了有益的借鉴。

三、地方立法档案的内涵

（一）地方立法档案的概念

关于地方立法档案的概念，很少有人涉及。最早见于时任徐州市人大常委会秘书长辛玉祥所撰写的《重视和做好地方立法档案管理工作》一文（2004年）中的表述，即“有立法权的地方人大常委会在立法活动中形成的应当归档保存的文字资料、照片、录音、录像等各种文件资料”。这个概念基本上展现和还原了“地方立法档案”这个事物的原貌。但随着2015年《立法法》的修改，立法主体的进一步增加，这个概念存在不够周延、精准的地方。借鉴《档案法》中对档案的定义，笔者认为，地方立法档案，是指有立法权的地方立法主体在立法活动中直接形成的对国家和社会具有保存价值的各种文字、图表、声像等不同形式的历史记录。笔者认为，一是不能局限于地方人大常委会这个立法主体，还应当包括省级政府、有立法权的设区的市州人民政府；二是将“文件资料”修改为“历史记录”，主要是考虑到立法文件与立法资料这一对概念的区分，避免混淆。

（二）地方立法档案的定性

根据《档案法》以及国务院《档案工作条例》、国家档案局的《机关档案管理规定》，地方立法档案应当定性为“机关履行行业特有职责形成的专业档案”，应当按专业档案整理要求，确定地方立法档案在档案体系中的定位、类别名称、档号编制，使之自成系统，又互为系统。

（三）地方立法档案的分类

根据立法主体可以分为地方性法规档案、规章档案；地方性法规档案中根据制定主体又可分为省本级地方性法规档案、设区的市州报请批准地方性法规档案以及民族自治地方自治条例、单行条例档案；根据形成的成果，又可以分为法规档案、文书档案以及立法辅助资料档案。

四、地方性法规档案组成要素

需要说明的是，囿于笔者的工作经历，接下来的讨论将以地方性法规档案作为研究对象，不涉及政府规章档案。同时，这是我省人大常委会此次地方立法档案规范化、信息化建设中确定的，可能也存在值得商榷的地方，但终究迈出了规范化的重要一步。在确立归档要素之前，为了更好地根据各项立法事项的不同类型进行整理、分类、编目、归档以及数字化工作，我们将立法档案分为10大类。具体如表1：

表 1　地方性法规档案分类表

代码	类别名城
FG1	人大制度类法规
FG2	民族华侨宗教外事类法规
FG3	监察和司法类法规
FG4	财政经济类法规
FG5	教育科学文化卫生体育类法规
FG6	农业与农村类法规
FG7	住建、环境和资源保护类法规
FG8	社会建设类法规
FG9	审查批准类法规
FG10	打包类法规

在解决了分类后，才能具体讨论地方性法规归档要素。

（一）省本级地方性法规归档要素

1. 备案报告及附件；
2. 法规议案（附草案及说明）；
3. 审议意见的报告；
4. 各审次的修改方案（留存呈批件）；
5. 草案一审修改第一稿及修改工作方案；
6. 草案一审修改第二稿及修改情况汇报（留存呈批件或文件审批表）；
7. 草案一审修改第三稿及修改情况汇报（留存呈批件或文件审批表）；
8. 草案一审修改第四稿及修改情况汇报（留存呈批件或文件审批表）；
9. 草案条文对照表；
10. 二次审议稿及修改方案；
11. 二审修改第二稿公开征求意见；
12. 二审修改第三稿及修改情况汇报；
13. 二审修改第四稿及修改情况汇报；
14. 三次审议稿及审议结果的报告；
15. 建议表决稿（留存呈批件）；
16. 表决稿（留存呈批件）；
17. 公告（附记录表决结果）；
18. 湖南日报登报公示；

19. 主任会议讨论的会议记录（按照时间排序录入）；

20. 常委会会议简报（按照时间顺序排列录入）；

21. 座谈会、论证会、听证会等及征求各方面意见和建议的材料（含网络征求意见）；

22. 赴省内、省外调研及全国人大请示汇报的材料；

23. 参阅资料及相关参阅文件；

24. 小结；

25. 法规文本。

（二）设区的市州报请批准的地方性法规归档要素：

1. 备案报告及附件；2. 提请批准的报告（附条例及说明）；3. 上法制委、主任会议、常委会的审查报告及批准的决定草案（留存呈批件）；4. 主任会议讨论的会议记录；5. 批准决定（附记录表决结果）；6. 常委会批准后发给市州的函；7. 常委会会议简报；8. 常委会法工委的指导意见；9. 有关专门委员会和政府部门提出的意见和建议及其他方面意见、建议。

五、需要讨论的几个问题

（一）关于立法过程的界定问题

立法过程的界定至关重要，关系到地方立法档案的归档要素。有的学者认为，一次典型的立法过程可以分为十个环节：问题的发现、问题的普遍化、问题的大讨论、意见的初步形成、立法议题的确定、法律案的起草、法律草案的讨论、立法主体中的辩论、立法表决通过和施行、立法后评估。有的学者认为，根据立法运行规律，将立法过程划分为三个阶段：一是立法准备阶段，二是正式立法阶段，三是立法后阶段。根据笔者多年的立法实践，一件地方性法规的制定过程会产生很多立法资料和立法文件，比如立法前期的调查研究、立法时的参阅资料、域外的立法经验、立法的论证报告、立法草案及说明、有关专家委员会的审议意见、常委会法制工作机构修改、法制委员会统一审议、表决通过施行等。其中，立法资料的概念要广于立法文件的概念，必须将立法资料与立法文件的概念加以区分，否则会影响地方性法规档案的收集、整理工作。笔者认为，一件地方性法规归档要素起始点应当始于《立法法》中的正式立法程序阶段，即始于法规提案阶段，终于公布施行阶段，在此阶段立法过程中产生的立法文件才属于归档要素。既可以避免档案归集的泛化，也容易把握好归档时点，界限清晰，职责易分清。

（二）关于是否设置正卷和副卷的问题

在司法机关，即法院和检察院的档案，是分为正卷和副卷的，其中法院案件档案的正卷内容是可以公开的，可以供律师查阅和复印的，主要包括双方当事人的基本信息、代理人委托书、起诉状、答辩状、双方提供的证据以及庭审笔录、判决书。副卷内容主要包括合议庭的合议笔录、审理报告、审委会记录等不宜公开的内容。但立法档案是否需要借鉴司法档案，设置正卷和副卷，需要做进一步的探讨。如果设置副卷，是否可以将法制委员会统一审议、主任会议讨论记录、向省委请示汇报以及有关方面对重大问题处理建议等敏感信息放入副卷。笔者认为，设置副卷与当下的无论是司法公开还是立法公开都不矛盾。

（三）关于“打包修正”法规的归档要素问题

为了配合2010年中国特色社会主义法律体系的形成，全国人大常委会为了提高立法效率、节约立法成本，创新了以“打包”方式一次性修改或者废止多件法律的方式。如前所述，在地方立法中借用这种方式后，就会导致共用一个关于修改的说明、一个审议结果的报告、一个修改的决定。我们在此次归档中的做法就是：采取复印的方式分别归档到单个立法事项中去，每一件法规都独立成卷，确保单个立法事项的独立与完整性。

六、结语

笔者对该问题的研究是粗浅的、未成系统的，其主要用意在于引起、呼吁理论界和实务界给予这个问题关注，笔者也将在今后的工作中继续关注这个问题并加以深化研究。也希望全国人大常委会能够对立法档案这个问题给予足够的关注和重视，参照最高人民法院、最高人民检察院对司法档案的标准和要求，建立全国统一的规范化内容和标准，给予地方以明确指引。

成本效益分析：新时期提升立法质量的新路径*

李诗林**

摘要： 在地方立法权主体扩容、法规规章出台数量剧增的背景下，提升立法质量成为一个亟须解决的问题。引入成本效益分析模式，可有效地增强地方立法的精细化、合理性、执行力。目前立法成本效益分析技术尚未得到有效运用和推广，建议通过实行政务信息共享、扩大立法公众参与、明确成果采纳规则等，进一步推动立法成本效益分析工作的完善。

关键词： 地方立法；立法质量；成本效益分析

《立法法》修订后，设区的市普遍拥有了立法权。立法主体的扩容，直接导致立法数量成倍增长。例如，2014 年 7 月报国务院法制办备案的地方性法规、政府规章为 84 件。而 2017 年 7 月则上升至 136 件。法规规章的大量出现，为推动地方治理法治化建设、确保改革在法治轨道上运行做了大量贡献。但是，另一方面的问题逐渐暴露出来，即存在各地法律条文同质化、重复上位法规定过多等立法质量问题。因此，有专家指出，地方立法要处理好速度和质量的关系。进度服从质量，不能急于求成，盲目追求立法速度和数量。① 对此，笔者认为，积极运用立法成本效益分析方法，将是新时期提升立法质量的有效途径。

---

* 此文收录于 2017 年湖南省立法研究会论文集。

** 李诗林，长沙市政府法制办法规处副处长。

① 李适时：《扎实推进设区的市地方立法工作，为“四个全面”战略布局提供坚实法治支撑》，载《地方立法研究》2016 年第 1 期。

一、成本效益分析对地方立法的意义

（一）有利于推进地方立法的精细化

党的十八届四中全会以来，加强立法精细化已经成为各级立法机构的共识。实践证明，对某一法律制度采用成本效益分析，将之放置于本地经济社会环境中进行模拟，是检验其能否获得成功的有效手段，也是推动立法精细化的有效方式。例如，生活垃圾分类立法，有分“可回收垃圾和不可回收垃圾”、分“可回收垃圾、有机易腐垃圾、有害垃圾和其他垃圾”等几种类型。A 市经济发达、垃圾处理基础设施建设好、市民环保素养高，立法机构经过成本效益分析，决定放弃简单的两分法，采用较为复杂的四分类法，结果极大提高了垃圾分类的精准度、减少了政府在后期垃圾处理的工作量。B 市经济较落后、垃圾处理基础设施建设差、市民文化程度较低、流动人口多，参照 A 市对生活垃圾进行四分类法，但法律实施中却面临老百姓难以准确区分四类垃圾、不愿意进行垃圾分类，政府投入大却因垃圾分类不精准导致许多基础设施闲置。这就是两地立法成本效益分析的一正一反典型，产生了截然不同的效果。

（二）有利于保障地方立法的合理性

目前我国进入了改革攻坚期，各种社会矛盾较为突出。立法不能超越现实的行政管理、社会文化等因素，必须容纳大多数人的利益，形成各方利益最大公约数。而成本效益分析会充分考虑法律实施的社会可接受度、实施可行性、财政税收可承受度等问题，极大增强立法的合理性。例如，某地对遗址保护区进行立法保护，规定在保护区范围内、建设控制地带内不得进行与遗址保护无关的建设，不得新批宅基地。然而，该遗址保护区内多为一些历史悠久、设施陈旧的老旧房屋，许多农民无法在其他地区获得宅基地，而现有的房屋也因法律限制而无法得到有效的修缮。个人认为，如果立法时能考虑将遗址保护与当地农民正常居住需求二者兼顾，允许农民在符合规划的前提下对房屋进行适当的修缮，其合理性将大大提高。

（三）有利于增强地方立法的执行力

许多法规规章的立法初衷、立法设想都十分完美，但在实践操作过程中往往不尽如人意，就是因为它往往只代表一方利益，而忽略其他利益主体的需求。而在立法中进行成本效益分析，可以通过比较各方利益主体的观点、诉求，通过专家论证会、居民代表征求意见会等形式征求社会大众意见，从而作出立法与不立法、坚持一种制度设计或者放弃另外一种制度的选择。一般而言，这套法律制度往往是社会共识最大的方案。在后期的执行过程中，社会阻力相对较小。例如，为解决共享单车带来的城市管理、市容卫生等难题，有人建议应出台立法禁止共享单车，有部分城市已经出台“禁骑令”。笔者认为，如果在立法层面来考虑这个问题，必须综合考虑自行车爱好者、普通上班族、城市管理部门等各方主体利益，计算后期的共享单车处理、经营公司赔偿、市民出行交通方式替代、法律诉讼等问题，全盘设计一套各方皆可接受的处理方案，而非简单的“一禁了之”。

二、立法机构实施成本效益分析的现状

（一）基本情况

2004 年国务院《全面推进依法行政实施纲要》指出：“积极探索对政府立法项目尤其是经济立法项目的成本效益分析制度。政府立法不仅要考虑立法过程成本，还要研究其实施后的执法成本和社会成本”。这应当是中国政府层面首次用文件形式对立法成本效益分析制度进行推介。海南省 2007 年出台了《海南省人民政府办公厅关于开展立法成本效益分析工作的实施意见》，该文件对立法成本效益分析有较为完善的表述。近些年来，部分省市自治区及较大市在其法规规章立法程序规定中，要求起草单位进行成本效益分析。如《北京市人民政府规章制定办法》第 6 条规定：“规章的内容应当具有以下特点：……（三）注重成本效益优化，行政管理成本与取得的社会效益相平衡，实施效果可预期。”《河南省人民政府拟定地方性法规草案和制定规章程序规定》第 10 条规定：“重要的地方性法规、规章在起草或者审查阶段应当进行立法项目成本效益分析。”《沈阳市人民政府规章制定办法》第 24 条规定：“报送市人民政府法制机构审核办理的规章草案应当包括：……（六）制定规章的成本效益分析报告。”另外，部分省及较大市在立法后评估也采用了成本效益分析。如长沙市 2016 年委托第三方主体对《长沙市灰汤地热资源保护条例》进行立法后评估，评估报告指出：条例取得了涉及灰汤地热资源的违法案件总量减少、较好地保护了灰汤地热资源使用人的合法权益、促进了当地经济发展和招商引资等社会效益。①

① 湖南省立法研究会编著：《〈长沙市机动车排气污染防治条例〉〈长沙市灰汤地热资源保护条例〉〈长沙市轨道交通管理条例〉立法后评估报告》，湘潭大学出版社 2016 年版，第 45—46 页。

（二）存在问题

在立法实践中，成本效益分析的推广并不尽如人意。主要表现有：第一，成本效益分析所需信息难以精准收集。成本效益分析需要耗费大量的人力、物力对各行业管理的相关数据进行收集整理，例如，某市准备就解决“住改商”后续管理问题进行立法，这就涉及“住改商”的类型、数量、存在问题等，牵涉到工商、住建、城管、消防、税务等多个职能部门，只有在掌握这些基本情况的前提下，后续立法才有客观依据。而目前的情况是各行政机关存在“信息孤岛”现象，各单位之间的数据尚未实行全面共享，立法所需要收集的各项资料分散在各个职能部门甚至单位各职能处室之间，相互之间的配合难以到位，立法小组很难收集准确的数据。第二，起草单位成本效益分析能力有待提升。成本效益分析是一门技术性极强的工作，需要一定的法律、经济、社会调查专业知识。在这方面，各单位往往都力不从心。我国目前在经济学特别是在福利经济学、规制经济学中关于成本效益测量方法有一些研究，但将这些方法与技术运用到立法的成本效益分析中，尚未开始。① 第三，起草阶段成本效益分析较少。目前立法的成本效益分析大多以立法后评估为主，即许多立法部门在立法项目出台后一段时间内，自行组织或者委托第三方主体，通过社会调研、座谈会、文献查找等方式，进行立法后评估。在评估报告中，评估机构往往会从成本效益分析视角，对法规规章对经济社会生活的影响、对执法工作的影响等问题，进行全面的分析。这种事后监管模式有利于实现地方立法的“自我净化”。但笔者认为，相比较于立法后评估，在立法起草阶段进行成本效益分析，可以更为系统地预见到社会政治经济法律风险，设计的法律制度更为科学完整，这比立法后评估发现问题后再提起法律修改工作更为节约立法资源。第四，立法成本效益分析缺乏制度保障。目前尚无法律、行政法规强制性要求必须对立法项目进行成本效益分析，仅《立法法》第39条做倡导性规定：“拟提请常务委员会会议审议通过的法律案，在法律委员会提出审议结果报告前，常务委员会工作机构可以对法律草案中主要制度规范的可行性、法律出台时机、法律实施的社会效果和可能出现的问题等进行评估”。另外，省市自治区及较大市也很少在立法中要求起草单位进行立法成本效益分析。因此，立项阶段是否需要对立法项目进行成本效益分析，起草审议阶段哪些立法事项

① 汪全胜：《我国立法成本效益分析制度构建的困境及出路》，载《安徽师范大学学报（人文社会科学版）》2014年第7期。

需要进行成本效益分析，立法机构对起草部门提交的成本效益分析报告如何处理等，目前并无一套完善的规则，即是否采纳、如何采纳等未做相应交代。

三、立法成本效益分析应注意的几个问题

目前全国各地的立法成本效益分析工作尚处于探索期，无一套成熟的模式。为做好立法成本效益分析工作，笔者认为，以下几项工作要予以高度重视。

（一）实行政务信息共享

信息收集是进行立法成本效益分析的前提。目前立法所需的相关信息往往分散在各个不同的行政部门，这种“信息孤岛”在一定程度上阻碍了成本效益分析工作的开展。建议各级政府树立大数据思维，提高电子政务水平，加强政务信息共享，为立法成本效益分析奠定基础。例如，某市欲进行地下管线立法，涉及中石油、中石化、电信、移动、联通、电力、排水、广播电视、燃气等管线管理单位，如果各单位能够实行政务信息共享的话，立法机构可以通过相关程序收集到管线的数量、种类、分布以及地下综合管廊等信息，为立法设计管线管理体制、管线建设审批程序、管线信息管理平台等问题提供成本效益分析数据，提供给立法者参考。

（二）扩大立法公众参与

立法成本效益分析必须收集不同年龄、不同群体、不同行业等相关信息，立法小组需要通过文献研究、设计调查问卷、召开座谈会等形式，面对面地收集行政相对人的意见。如果立法公众参与度不足，立法机构收集到的信息代表性不够，就无法进行准确的成本效益分析。但实际情况是，我国公众长期以来缺乏参政议政和维权意识，同时也缺少相应的法律法规鼓励和保障公众的参与，这就必然会影响到立法成本效益分析结果的有效性。[①] 笔者认为，立法成本效益分析工作得以有效进行的一个捷径就是要培育专业的第三方机构。即将一些立法项目的成本效益分析事项，委托给某些具有一定专业知识、一定数量专业人员的第三方机构，由专业的人做专业的事，由其对立法事项进行成本效益分析，提交成本效益分析报告给立法机构，立法机构据此进行相应的立法事项决策。

---

① 梅黎明：《西方国家的规制影响评价及其对我过的启示》，载《行政论坛》2009 年第 3 期。

（三）明确成果适用规则

第一，立项阶段。成本效益分析贯穿立法全过程，立项是立法的源头，必须在立项阶段就要开始进行成本效益分析，以确定立法项目是否进入立法计划、以何种形式进行立法等。例如河道挖砂立法，目前国家、省在此方面的法律法规很多，但均采取只列禁止性条款不列法律责任的方式，导致许多执法部门只能采取劝导的方式，而无法进行行政处罚。因此，设区的市就河道挖砂管理的立法空间极其狭窄，在立项时就需要进行成本效益分析，立法是否能解决实际执法困难，如果不能，则建议不立项，否则就是浪费立法资源。第二，起草阶段。有学者通过研究美国立法成本效益分析，认为“除法律规定以外的法规规范性文件都应坚持成本效益分析”。[①] 这种方法是否有必要，笔者尚持保留态度。一般来讲，立法小组应当针对立法草案中一些涉及面广、牵涉利益多、社会风险大的条款，进行针对性的成本效益分析即可。通过成本效益分析，立法小组可以就立法拟确定的法律制度的各种不同方案进行选择，即选取社会争议最小、收效最大、过程最为稳妥的方案，进入立法草案。第三，审议阶段。对立法机构与起草单位之间、起草单位与其他执法部门之间、政府部门与专家之间、政府部门与社会大众之间分歧较大的条款，立法小组应当就争议事项提交专门的成本效益分析报告，作为立法者审议阶段立法决策的参考。必要时，起草单位可以在立法审议程序进行专门说明。第四，实施阶段。法规规章实施一定时间后，立法机构应当定期自行组织或者委托专家进行立法后评估。评估小组应当采用成本效益分析，对法规规章在实施中的口碑、实施效果、存在问题等进行系统评估，从而使得立法制度的有效性得到执法工作的检验。

---

① 汪全胜：《我国立法成本效益分析制度构建的困境及出路》，载《安徽师范大学学报（人文社会科学版）》2014 年第 7 期。

设区的市人大常委会提升地方性法规治理效能的途径刍议

——基于邵阳市人大常委会的实证分析*

唐耀平**

摘要：法治是良法与善治的有机结合，良法是善治的前提，善治是法治的目标。坚持制度供应和宣传实施两手抓，履行对立法的主导和对法规实施的监督两大职能，推进良法与善治的有机结合，是设区的市人大常委会通过地方性法规建立起制度优势并将其转化为治理效能的重要途径。基于邵阳市人大常委会的实证分析，认为设区的市人大常委会要站位更高来布局地方立法工作，从"强实效"出发建立人大常委会机关内部分工协作机制，从"立一件成一件行一件"出发打好立法普法监督"组合拳"，更好地通过地方性法规建成制度优势，并将其转化为治理效能。

关键词：设区的市；地方性法规；制度优势；治理效能；提升

自获得地方立法权以来，在省级人大常委会的精心指导下，设区的市制定了不少地方性法规，涌现了一批立法典范。但"立法时热热闹闹，立法后冷冷清清"的情况亦不鲜见。① 如何增强地方立法供给的有效性，并将其建成的制度优势转化为治理效能，全面实现地方性法规"立一件入设区的市人大常委会的视眼"。本文基于邵阳市人大常委会的实证分析，以期有助于设区的市人大常委会提升地方性法规工作。

---

* 此文收录于2022年湖南省立法研究会论文集。

** 唐耀平，邵阳市人大法制委主任委员、常委会法工委主任。

① 朱宁宁：《以高质量立法推动高质量发展》，载《法治日报》2021年5月18日 。

一、守正创新，邵阳市地方性法规治理效能提升工作成效明显

（一）立良法、推宣传、强监督，把地方性法规治理效能提升贯穿于人大工作各方面

邵阳市人大常委会全面领会习近平法治思想的精神实质、把握核心要义、明确工作要求，正确处理好制度供给与宣传实施的关系，坚持人大主导立法和推进实施并重，及时供给行得通、真管用、有效率的法规制度，及时推进地方性法规宣传普及，及时监督地方性法规的执行，不断推动地方性法规建立起来的制度优势转化为治理效能，被评为2016—2020年湖南省普法工作先进单位。

（二）立法数量和质量稳步提升，治理效能开始展现

获得地方立法权以来，邵阳市制定的法规总数达9部，这两年制定法规5部。五年来，其中，2021年制定的《邵阳市大气颗粒物污染防治条例》是全国第一部规范大气颗粒物污染防治工作的地方性法规，《邵阳市乡村清洁条例》作为湖南省第一部规范乡村清洁工作的地方性法规，受到省委主要领导肯定，2021年制定的《邵阳市资江保护条例》为湖南省首次进行协同立法的实践成果。湖南人民出版社出版发行的《邵阳市地方性法规学习导读》中的实施典范和以案释法两个栏目较好地说明了各法规的治理效能。多部法规组合的治理效能以守护蓝天、碧水、净土最为显著，2020年邵阳市六项主要污染物主要浓度均达到全国空气质量二级标准，空气质量优良天数达到342天，比上一年度增加30天，空气质量综合指数从湖南省各市州排名榜的第13名上升至第7名；建成乡镇污水处理厂11座，完成100个村级污水处理任务，水环境质量排名居湖南省第2名，城市水质改善排名居湖南省第1名。单部法规治理成效以首部法规《邵阳市公园广场管理条例》为例，市、县市区新建、改建、扩建了一批城市公园和广场，洞口、武冈、城步、双清等县市区分别设立了消防、党建、法治等一批主题公园和广场；所有城市公园和广场进行了设施维护保养，取缔了营利性经营活动，安全保障、卫生保洁、园林绿化状况明显改善；基本安装了噪声监测设施，打陀螺、遛狗等焦点问题得到一定缓解，游览秩序好转，游园人与管理人的冲突程度和频次明显下降；“城市公园广场不仅是公共场所，更是花园、家园和乐园”得到了更多人的认可。

（三）各方态度明显转变，立法项目出现“井喷”现象

五年来，邵阳地方立法格局实现了从立法队伍一头热到党委高度关注、人大主导有方、政府积极主动、社会开始参与的转变，社会各方对地方性法规的

实施效能的感受实现了从怀疑困惑、等待观望到有点信心、开始用法的转变，并最终迸发出立法激情，立法项目征集从往年的三五个到2022年的两位数转变，提出立法项目建议的单位扩展到各县市区人民政府和部省属驻邵单位。

二、紧跟新时代，把握设区的市地方性法规工作新要求

（一）新时代呼唤设区的市地方立法及时跟进

2021年10月，习近平总书记在中央人大工作会议重要讲话中指出要加快完善中国特色社会主义法律体系，以良法促进发展、保障善治。2019年7月，习近平总书记在对地方人大及其常委会工作作出的重要指示中要求通过人民代表大会制度，弘扬社会主义法治精神。栗战书指出设区的市地方立法及时跟进国家立法，是人大工作形成整体合力、增强整体实效的内在要求。

（二）把全过程人民民主贯穿立法全过程成为规定动作

2019年，习近平总书记在上海虹桥街道考察全国人大常委会法工委基层立法联系点时指出人民民主是一种全过程的民主，所有的重大立法决策都是依照程序、经过民主酝酿，通过科学决策、民主决策产生的。党中央印发《法治中国建设规划（2020—2025年）》，提出在立法工作中，我们坚持全过程人民民主，完善制度机制，深入推进开门立法、民主立法，确保立法更好体现人民意志、保障人民权益、激发人民创造活力，夯实良法善治的基石。

（三）强实效成为设区的市地方性法规的新方向

地方立法特别是设区的市地方性法规在实效性上还存在较大的提升空间，在执法、司法、普法中存在干部群众认知度不高，掌握度不够，执行力不强的问题。2019年9月的省级人大立法工作交流会要求以完善立法体制机制为重点，进一步找准设区的市地方性法规定位，在“不抵触、可操作、有特色”的基础上牢牢抓住“强实效”这个目标，着力增强设区的市地方立法实效性。

三、对标对表，邵阳市地方性法规工作存在弱项和短板

（一）对标高标准，科学立法是邵阳地方性法规工作的弱项

第一，历史文化保护的功能发挥不够。从法规分布状况来看，城乡建设与管理、环境保护、历史文化保护三个类别的立法数量差异大。已经制定的9部法规，除《邵阳市人民代表大会及其常务委员会制定地方性法规条例》外，城乡建设与管理类4部，分别为《邵阳市城市公园广场管理条例》《邵阳市城市绿化条例》《邵阳市乡村清洁条例》《邵阳市村庄规划和村民建房条例》。环

境保护类4部，分别为《邵阳市邵水保护条例》《邵阳市大气颗粒物污染防治条例》《邵阳市资江保护条例》《邵阳市城市绿化条例》。历史文化保护类尚是空白。

第二，“为具体化而具体化”的“中庸”式操作使法规不够精练。从法规文本篇幅来看，长短差异大。《邵阳市乡村清洁条例》最短，20条，却是实施效果最好的一部。“小快灵”难以在立法实践中落地，主要原因在于《立法法》宣传普及不到位，干部群众对地方性法规的认识和要求与立法规范相左。各方普遍认为，地方性法规应当具有相关事项的操作大全的功能，对相关的规定包括法律责任应当完全归集，这与《立法法》第73条第4款“对上位法已经明确规定的内容，一般不作重复性规定”的规定的冲突严重，为了兼顾两方的要求，立法者只好适当对部分上位法的规定作出技术性的“具体化”，即与上位法的文字表述有所不同而已。如《邵阳市村庄规划和村民建房管理条例》第32条的规定，实际上就是综合了《城乡规划法》第65条、《土地管理法》第77条、第78条的规定，完全可以不再重复。这种“为具体化而具体化”的“中庸”式操作，使法规变得冗长，特色性条款被湮没，增加了法律审议和普法的困难。也是“地方立法工作坚持有效管用的原则，提倡简易体例结构，有几条定几条”的要求难以执行到位的重要原因。

第三，条文限缩上位法规定的给予行政处罚的幅度范围导致实效性下降。从法规条文来看，实效性差异大。《邵阳市城市公园广场管理条例》第25条“违反本条例第17条规定，携带犬类或者其他具有攻击性的宠物进入城市综合公园和管理机构禁止进入的其他城市公园、广场的，或者携带宠物进入准入的城市公园、广场时，没有有效管护的，由城市管理部门给予警告，并责令改正；拒不改正的，处二百元以上五百元以下罚款。违反本条例第17条规定，携带宠物进入准入的城市公园、广场时，未及时清理宠物排泄物的，由城市管理部门给予警告，并责令改正；拒不改正的，处二十元以上一百元以下罚款。”的规定，表现出强实效性。而《邵阳市文明行为促进条例》第28条“违反本条例第8条第6项规定，行人不按照交通标志、交通标线、交通信号灯通行，不走人行横道或者过街设施，随意横穿马路，跨越、倚坐、踩踏道路隔离设施的，由公安机关交通管理部门处警告或者五元以上二十元以下罚款”的规定，实效性较弱。主要原因是该条在对行人违反《道路交通安全法》的情形进行了细化中，按照当地的经济条件，将罚款幅度上限降低了。在执法实践中，公安机关交通管理部门通常选择性的适用上位法，既影响了实践中的贯彻实施，又影响了法规的权威性和严肃性。设区的市地方立法中，在上位法规定的罚款幅度的范围内降低其上限或提高其下限，较为普遍。很有必要深入研究。

（二）跟进新形势，宣传实施是邵阳地方性法规工作的短板

1. 制度供应和宣传实施工作开展失衡。地方人大要一手抓立法质量、一手抓法规实施，立一件成一件行一件。在立一件成一件即保证地方性法规质量方面相对较强，作为全面深化改革的一个牛鼻子，地方性法规的制定工作得到了重视。而在行一件即把地方性法规建立起来的法规优势转化为治理效能方面相对较弱，全面推动法规进入执法、融入司法、列入普法的行动 2022 年 3 月才开始启动。

2. 联动协作机制不够成熟。立法质效的提升、宣传的高位运行和备案审查监督的深入，是这两年在常委会党组的强力支持和法工委雷厉风行下取得的。作为宣传实施的主要抓手，执法监督在常委会层面尚未实现制度化，执法调研和执法检查尚未形成共同行动的机制。

3. 举措没有形成品牌。一是执法监督乏力。市人大常委会仅对《邵阳市公园广场管理条例》开展了执法检查。检查对发现的问题“开单督办”、跟踪监督，推动问题的解决力度不够，法规中要求政府及相关部门配套制定的实施细则，到目前为止尚未出台一个。二是宣传引导没有形成拳头栏目。没有形成响当当的宣传栏目，邵阳日报没有每周一期的“立法进行时”专栏，邵阳电视台没有每周一期“立法之声”专栏，进行全程策划和深度报道，生动展现了人大民主立法过程；在法规草案公开征求意见、听证等环节，充分运用媒体的公开传播渠道，使新闻宣传过程成为提高立法公开性、扩大公民有序政治参与、增强社会认同度的过程；在法规施行后，没有通过“电视问政”对部分条款进行准确解读，促使法规落地见效。三是邵阳立法没有成为在全国具有辨识度的人大工作品牌。经全国人大选定，与深圳市、贵阳市、宜昌市、吕梁市有关地方法规，作为全国市级地方立法典型，2020 年 10 月 14 日，在央视社会与法频道一线特别节目《立法监督》“立法法施行 20 周年、赋予设区的市地方立法权 5 周年”主题报道《立法为民》节目中播出。[①] 地方立法工作的这种亮丽名片，我们连打造的念头都没有过。

---

① 白永华：《打出立法监督普法“组合拳”为实现吕梁高质量发展提供有力法治保障》，载《吕梁日报》2020 年 12 月 22 日。

四、打好“组合拳”，把地方性法规建成的制度优势更好转化为治理效能

(一）站在为新时代新征程提供有力法治保障的高度布局地方立法工作

在习近平总书记重要讲话精神引领下，将习近平法治思想贯穿法治邵阳建设全过程，坚持立行并重，制定和宣传并举，主导立法和推动实施并行。通过一次又一次生动的立法实践，一次又一次引领和推动经济社会发展的作用展现，让人民代表大会制度优势更好转化为国家治理效能，切实为实施“三高四新”战略、建设社会主义现代化新邵阳提供坚强的法制保障。

(二）从“强实效”出发建立人大常委会机关内部分工协作机制

整合立法资源，加强立法能力建设，坚持急用先行，积极开展“小快灵”立法，有效应对当前立法诉求井喷态势。进一步明确立法、宣传和执法监督的牵头部门和参与部门及其职责，建立可操作的协作机制，形成权责明晰、各司其职、相互协作、密切配合的工作格局。

(三）从“立一件成一件行一件”出发打好立法普法监督“组合拳”

1. 以实效为导向高质量立法。明确质量管理职责。邵阳市人大常委会党组对所有法规全面全程负责；法规草案起草单位对草案送审稿的质量负责，市司法局对提请市人大常委会审议的法规草案质量负责，市人大法制委员会（常委会法工委）、有关专门委员会对法规质量负责。成立以市人大常委会分管副主任和市政府副市长为双组长的立法领导小组及法制委（法工委）主任为主任的立法领导小组办公室、以政府副市长为组长的起草领导小组及其主要起草单位主要负责人为主任的起草领导小组办公室，法规起草单位党委（党组）认为有重大问题的，责成起草领导小组办公室进一步修改完善；市政府常务会议经研究认为法规草案不成熟的，责成市司法局进一步研究修改；省人大有关专门委员会认为不宜提请审议的，责成起草工作领导小组进一步修改完善。拓宽征求意见渠道。坚持问题导向，狠抓立法调研，广泛征求、认真研究吸收政府相关部门、利益相关方意见。多层次、多渠道征求、听取各方面意见和诉求。既要听取主管部门意见，又要听取相关部门、人大代表和利益相关方的意见。对专业性、技术性较强的有争议的问题，组织立法顾问、专家学者开展论证，提出咨询意见，实现全过程人民民主。用好立法评估。坚持磨刀不误砍柴工，开展立法前评估，提高立法准确性。坚持政府提交法规案的可操作性要求，开展立法中评估，将达不到立法目标的政府法规案转为立法调研项目，

提高立法可行性。坚持定期检视已出台的法规，开展立法后评估，为法规制度的废改去留提出合理化建议。提高立法适用性。地方立法的特点是针对性强，具体明确，便于操作和执行。

2. 以引导为抓手高质量宣传。不遗余力地开展《立法法》第 73 条第 4 款“对上位法已经明确规定的内容，一般不作重复性规定”和立法技术规范的宣讲，使干部群众了解设区的市地方立法的要求和地方性法规不重复上位法的特点，明确上位法有规定的，设区的市地方性法规不能重复规定，也不需要设立衔接条款来保证，这些规定在本辖区同样适用，且优先适用。打造贯穿全过程的邵阳立法新闻宣传品牌，激励邵阳日报设立每周一期的“立法进行时”专栏，激励邵阳电视台设立每周一期“立法之声”专栏，生动展现邵阳人大民主立法、科学立法过程。打造极具精准特征的邵阳普法宣传品牌，在区分不同受众采取不同宣传方式的同时，区分不同阶段采取不同宣传策略。法规制定阶段突出在立法中普法，全过程人民民主贯穿立法全过程；法规颁布到实施的过渡阶段突出组织策划，政府应当在法规颁布实施前 2～3 个月制定法规宣传工作方案，对法规宣传时间安排、主要内容和方式、部门的职责分工及具体工作要求等作出明确规定。法规颁布实施后的宣传普法工作要突出监督检查，将其纳入执法调研和执法检查的重要内容。

3. 以实施为目标高质量监督。自施行之日起，即根据地方性法规对规范性文件进行专项清理，把规范性文件违反地方性法规规定纳入备案审查的内容。法规实施一年内，开展执法调研，督促法规宣传和监督配套规定出台。法规实施满一年后，督促政府将法规实施情况形成报告提请人大常委会进行审议，视情况适时启动执法检查。

五、结语

2015 年《立法法》修订，赋予设区的市地方立法权，其目的在于推动地方因地制宜运用立法手段解决本地具体问题，让社会主义法治触角更加灵敏，使地方经济社会发展的活力和创造力迸发。但设区的市地方性法规实效性不强的现状，当引起重视。以治理效能这个目标为导向，设区的市人大常委会发挥主渠道作用，做到制定和宣传并举，主导立法和推动实施并重。不仅要完善党委领导、人大主导、政府依托、各方参与的立法工作格局，增强地方立法供给的有效性和及时性；而且要构建党委领导、人大推动、执（司）法机关实施、全社会参与的地方性法规实施工作格局，增强地方性法规的治理效能。立法、普法、监督三管齐下，践行立良法促发展保善治。

本文从人大常委会的职能出发，以邵阳市为样本进行实证分析，旨在引发理论界和实务界对地方性法规治理效能的研究，深入探讨包括人大在内的各方如何履行职责，把制度优势更好转化为治理效能。

地方立法的实证分析

——以《常德市城乡生活垃圾管理条例》为例*

董高群　方建春　胡政　曾峰　刘政　罗伟**

摘　要：本文以《常德市城乡生活垃圾管理条例》的立法实践为样本，对设区的市立法的立项、起草、审议等环节进行分析，试图探寻一般规律，破解困难和问题，并就涉及制度创新和立法技术的几个具体问题进行了探讨，力求为提高设区的市的立法质量提供一些参考。

关键词：地方立法；实证分析；立法技术

2015 年 3 月，《立法法》修改，赋予设区的市地方立法权。① 随后，各设区的市相继获准行使立法权并开始立法。经过几年运行，这一致力于缓解地方治理和发展中制度供给不足难题的立法体制改革实施效果如何？设区的市立法有何特点和规律？立法过程中遇到过哪些困难和问题？这些都有待实践中加以总结并在理论上予以廓清。本文以《常德市城乡生活垃圾管理条例》立法全过程为样本，尝试对设区的市立法过程进行分析，找寻地方立法的一些规律，探讨存在的问题及解决方案。

---

* 此文收录于 2018 年湖南省立法研究会论文集，后刊登于《人大研究》2019 年第 3 期。

** 董高群、方建春、胡政、曾峰、刘政、罗伟，常德市人大法制委（常委会法工委）。

① 设区的市的立法包括市人大及其常委会指定地方性法规和市人民政府制定地方政府规章。本文仅指市人大常委会制定地方性法规。

一、立法过程描述

（一）立项

2017年7月，市人大常委会向相关部门、区县（市）人大常委会以及市人大代表征集立法项目建议，共收到建议16件。其中，《常德市户外广告管理条例》《常德市城市建筑垃圾管理条例》等3个立法项目被列为论证项目。8月22日，市人大常委会召开2018年立法项目论证会，相关单位分管法制工作的负责人、部分市人大代表参加会议。论证会上，项目申报单位负责同志就立法的必要性、可行性以及拟解决的问题进行陈述，其他参会人员发表赞同或反对意见，并陈述理由。会后，市人大常委会党组会议专题听取常委会法工委的论证报告，决定将《常德市城市建筑垃圾管理条例》作为2018年立法项目。9月，常委会党组将立法计划（草案）提请市委审查。在审查过程中，有市委常委提出，《常德市城市建筑垃圾管理条例》涉及范围过窄，建议调整范围由城市扩大到城乡，垃圾种类由建筑垃圾扩大至所有生活垃圾。10月，根据市委审查意见，市人大常委会主任会议审议通过2018年立法计划，将《常德市城乡生活垃圾管理条例》列为立法项目。

（二）起草

2017年11月，市政府成立《常德市城乡生活垃圾管理条例（草案）》立法工作领导小组，由分管副市长担任组长，市政府法制办牵头，城管局、环保局、住建局、农委等相关单位抽调专门人员，组成起草组，常委会法工委派出工作人员提前参与。起草组于2018年1月赴广东云浮市、汕头市和湖北襄阳市等地学习考察，并集中一周时间研讨、起草，形成草案初稿。随后，通过召开座谈会、发函书面征求意见等方式，广泛征求区县（市）、乡镇（街道）、村（居）、市直有关部门的意见，收到意见建议共计600余条。2018年4月，市政府召开常务会议，专题听取市政府法制办关于起草工作的汇报，审议法规草案，形成《常德市城乡生活垃圾管理条例（草案）》。

（三）审议及修改

2018年4月，市政府向市人大常委会提出《关于提请审议〈常德市城乡生活垃圾管理条例（草案）〉的议案》。之前，市人大城环委就法规草案进行调研，并向常委会会议做审议结果的报告。2018年4月19日至20日，市第七届人大常委会第十三次会议进行初次审议。40名常委会组成人员分成两组进行审议，历时半天，先由工作人员宣读法规草案，然后由组成人员围绕立法的必要性、可行性和法规草案的修改进行审议发言。会后，常委会法工委结合常委会组成人员审议发言，组织9个区县（市）人大常委会和10个基层立法联系点，对全市120多个乡镇生活垃圾管理工作情况进行全面调研，并选取城区、湖区、平原、山区四个代表性区域的乡镇，安排工作人员实地观察居民投放生活垃圾习惯，还就垃圾分类、终端处置等问题赴浙江杭州市、金华市和湖南省长沙市考察。2018年6月11日，市人大法制委召开全体会议，起草组成员和市人大城环委的同志列席。常委会法工委就法规草案修改情况做说明，法制委首先就法规草案的结构进行讨论，然后逐条对条文内容进行审议。6月20日至22日，市第七届人大常委会第十四次会议进行第二次审议，市人大法制委作修改情况的汇报，常委会组成人员就法规草案二次审议稿发表修改意见。会后，常委会法工委会同市编办组织召开立法协调会，对法规草案中涉及相关部门职责的内容进行协商。7月26日，市人大常委会党组就管理体制、经费保障、重要设施建设等重点问题连同法规草案向市委汇报，由市委作出相关决定。常委会法工委综合各方意见，修改后送省人大常委会法工委接受指导。2018年8月24日，市人大法制委再次召开全体会议进行统一审议，并于8月30日在市第七届人大常委会第十五次会议上做审议结果的报告。8月30日至31日，市人大常委会第三次审议。其间，仍有常委会组成人员提出少量修改意见。法制委及时召开全体会议，对法规草案做相应修改。并于会后向主任会议报告，由主任会议研究决定，提请常委会会议表决。

（四）报请省人大常委会审查批准

2018年9月30日，省第十三届人大常委会第六次会议审查批准了该条例。在审议期间，省人大常委会组成人员就法规个别条文提出了修改意见。据此，经市人大常委会主任会议审议，做了相应修改，并明确法规自2019年1月1日起实施。

二、立法过程分析

（一）立项

凡事预则立，不预则废。立法主体或相关部门根据经济社会发展总体规划，结合形势的发展要求，确定和部署今后一段时间内立法工作的目标、措施和要求，这是各个国家立法实践中的惯例。具体而言，通常有短期、中期和长期三种。一般短期为1年，中期2～5年，长期5～10年。其编制程序，大部分由立法机关直接提出，少部分由政府内阁或国家元首提出。① 我国立法法规定，全国人大常委会法工委负责编制立法规划和拟订年度立法计划，立法规划和立法计划由委员长会议通过。立法规划确定本届人大及其常委会的立法项目，立法计划则确定下一年人大及其常委会的立法项目。为了保证立法的指向性、可预测性，全国人大常委会从 1993 年即开始编制立法规划和拟订年度立法计划。② 目前，省以及设区的市人大常委会大都编制有立法计划，但只有部分编制立法规划。实践中有几个问题：

一是设区的市人大常委会是否有必要编制立法规划？赞成的意见认为，编制立法规划有利于相关单位提前准备，开展调研。同时，能有效避免领导人的过度干预导致立法项目的随意增减。反对的意见认为，设区的市一级立法数量相对较少，编制立法规划实际意义不大。我们认为赞成的意见更为可取，且认为立法规划和立法计划的调整必须遵循原有程序。

二是由谁来主导立项？《立法法》规定，由人大常委会组织协调立法，并发挥主导作用。从实践层面来看，市人大常委会 2018 年度立法计划编制过程中，常委会法工委向区县（市）人大常委会、相关单位和人大代表发函征求意见，并通过人大网向社会公布，历时两个月左右，共征集立法项目建议 13 件，其中 11 件由市政府及其相关部门提供，2 件由县级人大常委会提供。造成这种现象的原因，一方面可能因为提出立法项目建议须作出必要性、可行性分析并列出拟解决的问题，个人（包括人大代表）缺乏相应能力；另一方面也可能是市政府及其相关部门作为执法主体，更容易感知行政执法中制度供给的不足，客观上存在增加执法依据的内在偏好。同时，由于设区的市立法事项主要集中在行政法领域，法规实施效果与政府部门的参与和认同密不可分，故而人大常委会在立项上也会更加重视政府及其相关部门的意见。

三是非正式程序及其影响力。常委会法工委通过征求意见，召开论证会，编制立法规划和拟订年度立法计划，提请主任会议通过，这是正式程序。与之并行的，还有一套非正式程序，如立法项目征求市政府主要负责人意见、市人大常委会党组审议，以及最后报请市委常委会议审查等。一般而言，市委、市人大常委会党组、市政府主要负责人对立法项目的确定发挥着更大的影响力。

---

① 田穗生等：《中外代议制度比较》，商务印书馆 2005 年版，第 237－239 页。

② 朱宁宁：《从“立法计划”到“立法工作计划”》，载《法制日报》2016 年 5 月 17 日，第 9 版。

本次立项中，我们就依据市委常委会议的审查意见，将原定的《常德市城市建筑垃圾管理条例》改为了《常德市城乡生活垃圾管理条例》。

（二）起草

法规草案的起草是立法准备阶段较为重要的环节。设区的市起草法规草案需要解决两个问题：

一是起草主体。从世界范围来看，各国立法中具体承担起草任务的主体并不完全一致。有的国家将法规草案交由政府起草，有的国家由议员或者立法机关起草，有的成立专门的起草小组进行起草①。但一般而言，法规的提案主体往往也是起草主体。我国立法法虽然规定了草案的提案主体，但就起草主体的规定尚不明确，实践中法规草案的起草主要有三种形式：1. 由政府组织相关部门实施；2. 由人大相关专门委员会或者常委会工作机构组织实施；3. 委托第三方实施。这三种形式各有优劣：第一种形式突出问题导向，针对性较强，但容易导致部门利益渗透；第二种形式有利于保持起草主体相对中立的地位，但现阶段人大相关专门委员会和常委会工作机构专业人才较为缺乏，承担起草任务往往力不从心；第三种形式借助高校和科研院所的立法资源，起草的法规草案前瞻性较强，但实用性较差。我们认为，综合这三种形式，可能是更好的选择。具体而言，可以由政府牵头起草，组织相关部门具体实施，同时吸纳高校和科研院所专家参与，常委会法工委则派人提前参与起草过程，给予督促和指导。

二是起草法规草案的质量。有一种意见认为，法规草案提请人大常委会审议后，反正还要修改，因此，法规草案质量好坏无关紧要。这是理想主义的主观臆断。立法实践中若法规草案的质量不高，人大常委会审议中需做较大修改，一来必然会增加工作量，二来市政府提请审议的法规草案须由市政府常务会议审议通过，如再做较大修改，势必增大解释和说明的难度。高质量的法规草案，须达到三个标准：1. 不抵触上位法，尤其是不能违法设定行政许可、行政处罚、行政强制；2. 不照抄照搬上位法，需要什么就规定什么，不搞“大而全”；3. 可操作性强，条文内容便于实施，行之有效。

（三）审议

审议是立法的核心环节。各地制定和实施立法程序时，对审议的相关规定虽然参照了《立法法》，但不尽相同：有的采用“二审制”，有的采用“三审

① 曹海晶：《中外立法制度比较》，商务印书馆2004年版，第214－216页。

制”；有的规定了每一次审议的范围和内容，有的则对此做了回避或模糊处理。在实践中，为提高审议质量，需要解决三个问题：

一是几次审议为妥？审议的终极目标是找寻一个大家都认同的最优方案。从立法实践来看，法规草案一次审议后会进行相应修改，二次审议则针对修改的情况再行审议，第三次审议时，对三次审议稿提出修改意见的已不太多。因此，三次审议后交付表决是较为稳妥的。二次审议即付表决略显仓促，许多条文的审议还不够充分。三次以上的审议又会出现立法的边际效益递减，甚至使审议发言流于形式。

二是各次审议的范围和内容。有的地方立法条例明确规定了各次审议的范围和内容，这有利于突出审议发言重点，但也束缚了常委会组成人员的思维。例如，有的规定，第一次审议时，审议发言主要围绕立法的必要性、可行性；以后各次审议时，主要围绕条文修改。这些规定常被常委会组成人员打破。我们认为，相关规定不宜过细过严，应允许组成人员畅所欲言，即使在二次审议、三次审议中，仍可以对立法的必要性、可行性发表不同意见，这些都属于常委会组成人员应有的权利。这样做，有利于形成共识。但分组审议的召集人应当对发言内容进行适当引导。

三是完善、规范会前会中会后程序。比如，召开常委会会议前七天，将法规草案文本和参阅资料送至常委会组成人员；第一、二次审议中，分组审议至少安排半天时间，并且将法规案的审议同常委会其他议题分开；对常委会组成人员的发言，尽量予以吸纳，实在不宜的，分别向其作出解释和说明。

（四）专门委员会的审议

专门委员会是“行动中的国会”。① 纵观世界各国议会，常设委员会大都拥有立法提案权和议案审查权。总的来看，总统制国家常设委员会权力较大（如美国），内阁制国家的常设委员会权力较小（如英国），半总统半议会制的国家常设委员会权力介于上述两者之间（如法国）。② 我国《立法法》规定，法制委行使统一审议职能。同时规定，列入常委会会议议程的法规案，由相关的专门委员会进行审议，并提出审议意见。但就如何处理好法制委的统一审议和相关专门委员会的审议之间的关系则语焉不详。一种普遍的认识认为，相关专门委员会应当侧重于对立法的必要性、可行性进行审议，并对法规草案涉及

① 蔡定剑：《中国人民代表大会制度》，法律出版社2003年版，第243页。

② 田穗生等：《中外代议制度比较》，商务印书馆2005年版，第130页。

的专业技术方案提出审议意见。但立法的必要性、可行性问题在立项阶段已经基本得到解决，由其对此再行审议，实际意义不大；对法规草案涉及专业技术方案的内容进行审议时，相关专门委员会专业人才的储备相对政府部门并不占优势，审议意见的权威性不够。从立法实践来看，相关专门委员会的审议意见发挥作用尚不明显，有的地方甚至委托常委会法工委或政府相关部门代为起草。发挥相关专门委员会作用，必须解决好两个问题：一是明晰审议的范围，重点审议法规草案是否与其专业领域所涉及的法律法规相抵触，涉及技术方案是否合理。二是建立相关专门委员会发挥作用的长效机制，如法制委审议法规草案时，相关专门委员会列席会议并提出意见等。

（五）常委会法工委的参谋作用

常委会法工委是为人大常委会履行立法职能提供服务的专门工作机构，从立项、审议、修改，到报请省人大常委会审查批准，再到公布和备案等，均承担着具体职责。在立法实践中，常委会法工委要发挥好作用，需解决好三个问题：一是提升能力。常委会法工委的工作人员应当熟悉整个法律体系和立法程序，尤其是对相关上位法要有相当程度的了解。二是保持中立。立法是在矛盾的焦点上砍一刀，必然涉及诸多利益调整，尤其是政府部门往往借立法之机，在法规草案中掺入本部门利益。对此，常委会法工委工作人员要善于发现问题，直面矛盾，坚持合法原则、辅助原则、比例原则，既要给管理部门适当赋权，更要维护好行政相对人的合法权益。三是摆正位置。立法主体是常委会组成人员，常委会法工委始终居于参谋和助手的地位。既要针对立法中发现的问题积极找寻解决方案，又要认真聆听并最大程度吸纳常委会组成人员以及社会各方面的意见和建议，力戒主观臆断。

（六）党的领导

执政党通过法定程序，将其意志转化为全体民众一体遵循的行为规范，这是政党政治的基本规律，古今中外概莫能外。在英、美、德、日等资本主义国家议会，不仅政党设有议会党团，有的议会还设有“党鞭”。如在日本国会中，各个政党均建立了本党的国会党团——国会对策委员会，其职责是在国会召开之前，召集本党国会议员会议，对本党议员进行“统一思想”工作。党员的行为受到党的纪律的约束，党员必须服从本党的决定。如果有党员议员不听从指挥，甚至在表决中采取与本党立场相反的行为，将受到党纪的严厉处分，直至开除出党。① 我国《宪法》规定，中国共产党的领导是中国特色社会主义最本质的特征。党领导立法，为立法工作把方向、定基调、做决定，是应有之义。但如何实现党领导立法工作的制度化，明晰其具体事权、程序，在地方立法实践中尚待规范。我们认为，一是明确市委和市人大常委会党组审议决策的立法事项，包括但不限于立法规划、立法计划，立法中涉及的重大问题，人大及其常委会表决前对法规草案的审查等；二是制定市委、市人大常委会党组决策立法事项的程序；三是发挥好市人大常委会组成人员中中共党员的先锋模范作用。既要发扬民主、充分审议，又要善于集中实现市委、市人大常委会党组决策的意图。

三、涉及制度创新和立法技术的几个具体问题

（一）乡镇人民政府能否行使行政处罚权

在制定《常德市城乡生活垃圾管理条例》的过程中，基于城乡生活垃圾管理的现状和需求，我们将农村乡镇政府所在地纳入城镇范围进行管理，并对一些违法行为设定了行政处罚，但大部分乡镇尚无城市管理部门的派出机构和人员。那么，应当由谁对这些违法行为实施行政处罚？《行政处罚法》第 20 条规定，行政处罚由违法行为发生地的县级以上地方人民政府具有行政处罚权的行政机关管辖。也就是说，县级人民政府工作部门是行使行政处罚权的基本单元。为了弥补执法主体数量和覆盖上可能存在的不足，避免因适格行政处罚实施主体的缺乏造成行政管理体制上的障碍，行政处罚法预留了两条解决途径：一是委托执法。《行政处罚法》第 18 条第 1 款规定，行政机关依照法律、法规或者规章的规定，可以在其法定权限内委托符合条件的组织实施行政处罚。但受委托组织的范围仅限于“依法成立的管理公共事务的事业组织”。二是授权执法。《行政处罚法》第 17 条规定，法律、法规授权的具有管理公共事务职能的组织可以在法定授权范围内实施行政处罚。“具有管理公共事务职能的组织”究竟属于何种性质，存在不同观点：一种观点认为，参照《行政处罚法》第 19 条关于受委托组织的规定，应为具有相应条件的“事业组织”，不包括行政机关。另一种观点认为，“具有管理公共事务职能的组织”应当做扩大解释，包括行政机关。我们认为，行政处罚法已实施多年，对“具有管理公共事务职能的组织”适当做扩大解释符合客观目的解释规则，也更加有

① 梁琴，钟德涛：《中外政党制度比较》，商务印书馆 2014 年版，第 161 – 162 页。

利于解决当下实际问题。其理由有二：一是现实需要。乡镇人民政府作为我国行政体制中最基层的行政执法组织，承担着大量综合性行政工作。没有行政处罚权，不仅乡镇政府职能会虚化、弱化，而且容易造成执法“盲区”。二是不抵触《行政处罚法》。《行政处罚法》之所以采取“具有管理公共事务职能的组织”的表述，正是为了与第19条“依法成立的管理公共事务的事业组织”的表述作出区分。因此，显然不能将二者画等号。此外，从“举轻以明重”的角度理解，既然事业组织可以依授权成为适格的行政处罚实施主体，那么规范程度更高的行政机关依照法规授权行使行政处罚权，更是适宜的。据此，我们在《常德市城乡生活垃圾管理条例》第52条规定，城市管理部门未派驻执法机构或者执法人员的乡镇辖区内，由乡镇人民政府对本条例规定的违法行为实施行政处罚。

（二）立法能否就具体事务作出规定

传统理论认为，立法是由特定的主体，依据一定职权和程序，运用一定技术，制定、认可和变动特定规范的活动，主要涉及抽象规范，不涉及具体事务。在《常德市城乡生活垃圾管理条例》立法过程中，常委会组成人员就这一问题产生了较大的分歧和争议，其分歧和争议主要集中在二次审议稿的第15条、第17条上。相关条款在一次审议稿的基础上做了重大调整，第15条第1款规定，市城市管理部门应当会同有关部门，自本条例施行之日起六个月内，组织编制市城乡生活垃圾治理专项规划，报市人民政府批准，向社会公布，并组织实施。第17条第2款规定，市人民政府和有关县级人民政府应当自本条例施行之日起二年内，新建市级餐厨垃圾处理中心和桃源县、汉寿县垃圾焚烧发电厂，扩建澧县垃圾焚烧发电厂。之所以作出这一调整，是部分常委会组成人员认为，城乡生活垃圾治理专项规划的制定和重要垃圾处理设施的建设是法规实施必不可少的先决条件。但在二次审议时，有的常委会组成人员反对这样规定，认为垃圾处理设施什么时候建成、在哪里建设，行政机关最了解实际情况，最有发言权，在地方性法规中对此作出规定，既侵犯了行政权，又可能因最终不能达成预设目标而损害立法的权威。我们认为，基于重要性原则，人大对具体事务作出决定，没有侵犯行政权，但规定太具体，确实有可能导致政府在实践中缺乏必要的灵活性。因此，参照《立法法》第62条关于“法律规定明确要求有关国家机关对专门事项作出配套的具体规定的，有关国家机关应当自法律施行之日起一年内作出”的规定，我们对此做了折中处理，第15条没有变化，第17条则修改为：市和县（市、区）人民政府应当自本条例施行之日起三年内，根据生活垃圾处置需求，建成餐厨垃圾处理中心和垃圾焚烧发电厂。

（三）关于《行政处罚法》第11条的理解和适用

《行政处罚法》第11条第2款规定，法律、行政法规对违法行为已经作出行政处罚规定，地方性法规需要作出具体规定的，必须在法律、行政法规规定的给予行政处罚的行为、种类和幅度的范围内规定。各地对这一条文的理解尚无一致认识，主要涉及三个问题：一是上位法规定为违法行为，但没有设定处罚的，地方性法规能否设定行政处罚？二是上位法规定了行政处罚的种类，但没有规定处罚的幅度的，地方性法规如何规定？三是上位法未规定为违法的行为，地方性法规能否设定禁止性行为，并对违反禁止性规定的行为设定行政处罚？

我们认为，上位法规定为违法行为，但没有设定处罚的，地方性法规不能设定。上位法规定了行政处罚的种类，但没有规定处罚幅度的，地方性法规可以在其权限内对上位法的规定加以具体化，但其设定的处罚幅度应与禁止性行为的情节及危害程度相当。在《常德市城乡生活垃圾管理条例》中，就根据国务院《城市市容和环境卫生管理条例》第34条的内容进行了具体化。

上位法未规定为违法的行为应当如何处理？一种意见认为，上位法没有设定为违法行为的，一律不得设定处罚。理由是在上位法立法过程中，已经就这一范围内的各种行为进行了评价和权衡，未列为违法行为，意味着这一行为的危害程度尚未达到需要加以处罚的程度，因此，作为下位法的地方性法规也不得加以处罚。另一种意见认为，上位法尚未规定为违法行为，地方性法规可以根据需要做禁止性规定，并对违反禁止性规定的行为设定行政处罚。理由是若不允许地方性法规设定，则地方性法规与规范性文件的制定权限几乎等同，地方立法的功能必然大打折扣。我们认为，对执行性立法中，上位法要求地方性法规作出相关规定的，如《广告法》第41条、《固体废物污染环境防治法》第49条，应当允许地方性法规根据实际需要作出具体规定，并对违反规定的行为人给予行政处罚。对地方自主性立法和实验性立法，因无上位法依据，更应当允许地方性法规作出相应规定。

（四）责令改正的法律性质及其应用

《行政处罚法》第23条规定，行政机关实施行政处罚时，应当责令当事人改正或者限期改正违法行为。基于这一规定，“责令改正”成为立法中常见的术语。其具体含义是停止违法行为并恢复原状。对其法律性质，法学界主要有四种不同的观点：一是“行政处罚”说。认为责令改正是一种行政处罚。对于权利受损害者来说，救济罚是救济措施，对违法者却是惩罚措施。[①] 有学者认为，责令改正属于行政处罚中的“申诫罚”，理由是改正行为虽不具有惩戒性，但加上“责令”二字，即附加了对相对人的非难性和谴责性。[②] 二是“行政强制”说。有学者认为，责令改正作为及时控制和制止违法状态继续扩大而采取的措施，符合行政强制的固有性质。[③] 三是“行政命令”说。有的学者认为，“责令改正”是实现行政处罚补救性功能的具体手段，是行政机关依照职权要求违法行为人停止并纠正违法行为的一种行政命令。[④] 四是“性质混同”说。该说认为，“责令改正”视其出现的具体语境不同，既可能是行政处罚的附带结果，也可能是行政处罚或行政强制。[⑤]

我们认为，从立法实践的视角，把“责令改正”视为行政命令更为适宜，理由有三：其一，从适用目的来看，适用“责令改正”的目的是要求相对人履行其原本应当履行的具体义务，从而使其恢复届已遭受破坏的行政管理秩序。而行政处罚的目的则是通过对行政相对人科以额外的不利后果，来制止未来破坏行政管理秩序的行为。因此，“责令改正”应当不同于行政处罚。其二，从独立性的角度来看，“责令改正”在立法中可以独立适用，即考虑到某一违法行为危害程度不大，适用“责令改正”即可完整回复其造成的损害，不必同时作出其他处置。而行政强制措施在多数情况下仅作为一种中间行为，其目的是提供一种强制性手段，以确保另一具体行政目的的实现。因此，“责令改正”也不同于行政强制措施。其三，依照学界通说，行政命令是指行政机关依法或依职权作出，要求相对人为一定作为或者不作为的意思表示行为，违反行政命令可以引起行政机关进一步的行政处罚，或者行政强制执行。由此判断，“责令改正”在内涵和外延上更接近于行政命令。

“责令改正”在设定法律责任中具有独特优势。首先，“责令改正”性质“温和”。“责令改正”的目的有二：一是停止正在进行的违法行为，二是回复

① 江必新等：《行政程序法概论》，北京师范大学出版社 1991 年版，第 214－215 页。

② 冯军：《行政处罚法新论》，中国检察出版社 2003 年版，第 119 页。

③ 刘依桐：《“责令改正”及其相关行政决定的性质认定》，载《东南大学学报（哲学社会科学版）》2017 年第 12 月第 19 卷增刊。

④ 莫游：《责令改正的适用与执行》，载《中国国土资源报》2009 年 7 月 19 日，第 8 版。

⑤ 李孝猛：《责令改正的法律属性及其适用》，载《法学》2005 年第 2 期。

违法行为所导致的损害。二者均不超出行政相对人违反行为所造成损失的范畴，不具备惩罚性。其次，“责令改正”适用灵活。“责令改正”既不具备惩罚性，又不具备直接强制力，因此在立法实践中受到的限制较少，应用上较为自由。不仅如此，“责令改正”还有手段多样的特点，既可以附加运用，又可以独立使用，针对性很强。正因如此，“责令改正”在地方立法实践中得到了广泛的应用。《常德市城乡生活垃圾管理条例》法律责任中就在多处设定了“责令改正”。

第四篇
地方立法机制与创新

关于地方人大主导立法工作的思考*

吴秋菊　卿晓英　李　敏**

摘要：由人大主导立法工作，即强调人大及其常委会作为立法机关要对立法的方向和进程起到推动、引导乃至决定的作用，这是党中央在新时代就完善立法工作体制机制所提出的一项新要求。然而在人大主导立法的实践当中，不少地方仍在认识、能力以及立法机制方面与中央要求存在一定差距。有立法权的地方人大应当主动调整工作思路，进一步厘清认识，健全机制，加强人大自身建设，更好地发挥好人大主导作用，进一步提高地方立法质量。

关键词：地方立法；党委领导；人大主导；政府依托；公众参与；良法善治

2014年10月，党的十八届四中全会首次提出："健全有立法权的人大主导立法工作的体制机制，发挥人大及其常委会在立法工作中的主导作用。"2015年3月，修改后的《立法法》规定"全国人民代表大会及其常务委员会加强对立法工作的组织协调，发挥在立法工作中的主导作用"。2017年10月，党的十九大报告再次提出"发挥人大及其常委会在立法工作中的主导作用，健全人大组织制度和工作制度，支持和保证人大依法行使立法权"。有立法权的地方人大及其常委会（以下简称地方人大）如何健全主导立法工作的体制机制，充分发挥其在立法工作中的主导作用，是新形势下地方立法工作亟待解决的新课题。

---

* 此文收录于2018年湖南省立法研究会论文集，后以题目《发挥地方人大在立法工作中的主导作用》刊登于《人民之友》2019年第4期。

** 吴秋菊，湖南省人大法制委副主任委员、湖南省人大常委会法工委副主任；卿晓英，湖南省人大法制委二处处长；李敏，湖南省人大法制委立法一处副处长。

一、人大主导立法工作的重要意义

发挥人大在立法工作中的主导作用，即强调在立法过程中，人大及其常委会作为立法机关，相对于参与立法的政府及其部门处于统领地位，对立法的方向和进程起到推动、引导乃至决定的作用。地方在获得立法权的初期，由于政府在人员、专业和信息等立法要素方面更具有优势，地方立法的主导权在一定程度上被政府掌控。此模式虽然在地方立法中发挥了非常重要的作用，但政府主导立法是既当运动员又当裁判员，其弊端也逐渐显现。正如《中共中央关于全面推进依法治国若干重大问题的决定》的说明中指出的："立法工作中部门化倾向、争权诿责现象较为突出，有的立法实际上成了一种利益博弈，不是久拖不决，就是制定的法律法规不大管用，一些地方利用法规实行地方保护主义，对全国形成统一开放、竞争有序的市场秩序造成障碍，损害国家法治统一。"中央提出由人大发挥立法的主导作用，就是希望总结历史经验教训，从体制机制上有效防止部门利益和地方保护主义，正确发挥立法的引领和推动作用。

（一）由人大主导立法，是坚持人民代表大会根本政治制度的必然要求

法律是治国之重器，立法事关国家公权力的设置及分配，事关公权力和私权利的界限及划分，事关各种社会关系的调整，立法权必须掌握在人民手中，体现最广大人民的意愿。由人大主导立法，既是宪法和法律赋予的神圣职责，也是人大行使立法权的题中应有之义，更是人民代表大会制度的必然要求。

我国是人民民主专政的社会主义国家，国家的一切权力属于人民。人民代表大会制度是我国的根本政治制度，人民行使国家权力的机关是全国人民代表大会和地方各级人民代表大会。法律是治国之重器，立法权是重要的国家权力，关系到公权力的设置及分配，关系到公权力和私权利的界限及划分，关系到各种社会关系的调整。立法必须充分体现广大人民的意愿，而不是少数人的意愿。因此，立法权必须掌握在人民手中。人大及其常委会行使立法权，是宪法和法律赋予的神圣职责，人大及其常委会必须充分有效行使。人大及其常委会主导立法，既是行使立法权的题中之意，更是人民代表大会根本政治制度的内在必然。

（二）由人大主导立法，是坚持和实现党的领导的充分体现

党领导立法具有鲜明的中国特色，是坚持党的领导、人民当家作主、依法治国有机统一的具体体现，具有充分的法理和政策依据。《宪法》序言部分反

映了党带领人民进行革命、建设、改革所取得的伟大成就，确立了党在历史和人民选择中形成的领导地位，坚持党的领导的基本原则，是《宪法》所确立的四项基本原则中的核心内容。《立法法》第3条进一步明确和强调了在立法活动中必须坚持党的领导，具有直接的现实指导意义。中国共产党代表的是全国最广大人民的根本利益，党的意志通过权力机关的立法，成为国家意志，体现人民意愿；人大又是党领导下的国家权力机关，是实现党的意图的重要政治机关、工作机关、代表机关，由人大主导立法工作，总揽立法工作全局，是党的主张，体现了党领导人民制定和实施宪法法律同党坚持在宪法法律范围内活动的有机统一。

（三）由人大主导立法，是防范部门利益的现实需要

地方立法多为行政立法，多数地方性法规都不可避免地要涉及政府部门的职权和职责。因此，地方立法离不开政府及其部门的作用。但这种作用如果成为主导，部门利益就会充斥其中。这是由政府部门的局限性决定的。由于政府部门大多是负责某一方面工作的行政管理权，难以避免地会更多考虑单方面工作而忽视全局工作；会更多考虑行政管理的需要，而忽视管理相对人的利益。让政府部门主导立法，实质上是让他既当运动员又当裁判员。当前，地方立法中之所以存在部门各自为政、争权诿责、权力边界不清、难以配合协调等问题，归根结底是部门利益在作祟。地方人大是地方国家权力机关，代表人民通过制定法规来规范行政管理行为，而且对行政机关进行监督。人大主导立法，其所代表的是最广大人民群众的利益，而不是部门的利益。

（四）由人大主导立法，是实现良法善治的有效途径

对于地方立法来讲，立良法要求必须符合宪法精神，体现社会主义核心价值观的要求，与法律、行政法规不相抵触，从本地实际情况出发，切实解决人民群众最关心、最直接、最现实的问题。随着经济社会发展和依法治国全面推进，人民群众对立法的期盼，已经不是有没有，而是好不好、管不管用、能不能解决问题。立良法必须有科学的体制机制做保障。人大由来自社会各个领域、各个阶层的代表组成，最广泛地代表了广大人民群众的意志和利益。而且，人大立法遵循严格的立法程序，保证集体行使职权，保证公众有序参与，保证客观、公正地进行制度设计，更大程度地提升立法质量，使法符合人民的期盼、符合善治的要求。如果人大立法主导作用长期缺位，而由行政机关越组代庖，放任“立法部门化、部门利益化、利益法制化”，人民群众就会失去对法的信仰；甚至立出恶法，使法成为套在人民头上的枷锁。法律是治国之重

器，良法是善治之前提。良法之治为法治，恶法之治则为专制，这是我们必须警惕的。

二、地方人大主导立法存在的问题及原因

党的十八届四中全会以来，各地人大在立法主导方面进行了一些有益思考和探索，积累了一些好的经验和做法，但总体上并无突破，更没形成行之有效的体制机制。一些地方立法规划和立法计划还是靠政府拿“盘子”；多元起草机制并未很好建立，法规草案起草还是主要靠政府部门；人大审议法规草案仍不充分，立法表决的行政主导、领导意图较为明显，立法听证、立法论证开展不够，导致人大主导定位不到位，作用发挥不充分，部门利益时有表现，立法质量难以保证。

（一）认识上有偏颇

主要存在两种倾向，一种倾向是对人大主导立法的重要性认识不够：一是“虚功”论，认为一切重要工作都是“党委挥手，政府动手，人大举手”，立法也就是走走过场、走走形式。一些同志认为人大是“二线”机关，是“干部退休前的歇脚过渡的地方”，多干少干一个样，多一事不如少一事，故乐意将法规立项、起草的任务全部交由政府来完成。二是“惯例”论，认为人大工作有固定的程序，强调按惯例办事，不思创新，在立法工作中坚持老套路。三是“无用”论，认为地方立法空间狭小，位阶不高，作用不大，不管谁主导，只要不与上位法抵触就行。另一种倾向是过分夸大人大作用，片面理解人大主导立法，认为人大主导就是人大做主、包揽，从而不注意发挥政府及其部门应有的作用，也不重视引导公众参与立法；认为人大立法从此可以包揽一切，立什么法、什么时候立法以及怎么立法都应该由人大说了算。

（二）精力和能力有欠缺

一部“良法”的诞生，必定出自“良匠”之手，这个“良匠”，就是立法人才。立法的政治性、法律性、政策性都很强，而且每一部地方性法规，其调整的法律关系都有自身的特殊性和专业性，这对立法者提出了很高要求，但现实情况却有较大差距。首先，作为立法主体的人大常委会组成人员大多为兼职，专职比例偏小，他们担负大量繁重的工作，花在立法工作上的精力和时间非常有限。同时，由于法治经验相对缺乏，他们常常对立法规律和立法要求的准确把握力不从心。至于人民代表大会代表更是兼职制，加之若干年来人民代表大会立法权闲置，代表的立法权力与能力无从谈起。此外，法规审议工作的

行政化痕迹明显，会议时间安排过于紧凑，常委会组成人员参加法规调研的情况不多，对法规的了解程度不够深入，讨论审议法规往往不够充分，有时过分依赖常委会立法工作机构。其次，作为人大常委会立法参谋和助手的常委会法制工作机构，问题更加突出。按照全国人大常委会法工委要求，省级人大常委会法工委编制应在30人左右，这个数量普遍没达到。《立法法》修订后，省级人大常委会法工委对设区的市地方立法的审查指导任务空前增加，但立法工作队伍基本没有增员。如湖南省人大常委会法工委虽有6个处室，但目前处级以下干部只有16人，平均每个处不到3人；设区的市和自治州人大法制委、法工委也只配备5~6名工作人员，这还是在省人大常委会确定设区的市、自治州行使地方立法权时规定的硬性要求，否则很难保障人员到位。除了编制及人员偏少以外，立法工作人员还普遍存在流动性差、社会管理经验缺乏等问题，对立法的针对性和可执行性往往把握不到位，难以向常委会提出高质量的意见和建议。由于工作任务重、要求高，立法工作人员压力大，不出问题成了多数人的工作目标，主导不主导考虑较少。

（三）所需信息不对称

立法是为社会定规矩。为保证所立之法切实可行，立法者应当熟悉相关领域的情况。地方人大常委会的组成人员虽然来自不同的行业，大多数社会经验丰富，具有一定的专门知识，但整体专业结构仍存在不足。立法工作人员对立法所涉及的社会事务的了解一般都是间接的，没有掌握“第一手资料”；平时工作又是一环紧扣一环，程序性强，时间紧，调查研究有限，而政府对情况的说明往往带有片面性，立法者这样的信息量显然难以保证高质量的立法工作。这就是为什么一些地方人大虽然积极主导立法规划和立法计划的编制，但相比政府，却很难拿出更多、更合适的项目的原因。

三、加强人大主导立法的对策和建议

为了更好地发挥人大主导作用，进一步提高立法质量，有立法权的地方人大应当主动调整工作思路，积极适应人大主导立法“新常态”的要求，从以下三个方面努力改善。

（一）进一步厘清认识，正确处理“四个关系”

人大在立法工作中发挥主导作用，是人大正确行使职权的必然要求。人大及其常委会既要依法履职、敢于担当，又要避免顾盼自雄、大包大揽；既要当仁不让地把握全局，又要坚持党委领导、政府依托，还要加强组织协调，积极引导各个立法参与者发挥好各自作用，共同做好立法工作。

一是正确处理好人大主导和党委领导的关系。党的领导是中国特色社会主义最本质的特征，是社会主义法治的根本要求，也是全面推进依法治国的重要保证。坚持党的领导是立法工作必须遵循的政治原则。基于党的领导、人民当家作主和依法治国的统一性，党领导立法与人大主导立法是一致的。不仅如此，党的领导实质上是人大及其常委会发挥立法主导作用的坚强后盾。一些地方的实践证明，越是坚持党的领导，就越能有效发挥人大主导作用。一方面，地方人大要认真落实党中央关于加强和改进党领导立法工作的实施意见，在立法工作中贯彻党的路线方针政策；对同级党委关注的重大事项，人大要主动开展相关研究；对党委提出的立法建议，人大要及时组织有关方面积极研究；对重大立法事项，及时向党委请示报告；确保党的主张通过法定程序成为国家意志。另一方面，地方人大及其常委会要在同级党委领导和支持下，依法认真履职，积极引导推动科学立法、民主立法、依法立法。

二是处理好人大主导和发挥政府基础性作用的关系。人大主导立法，主要是针对过去政府及其部门在立法中某些方面的过度影响提出的。强化人大主导而不是政府主导，不是否定政府在立法中的作用。人大既要发挥自身主导作用，同时也要发挥政府的基础性作用。地方立法多涉及行政管理，大量的法规案是由政府起草并提请审议的；而且，政府及其部门在行政管理方面具有情况熟悉、业务精通、信息全面、人才众多的优势，其作用是难以被替代的。有立法权的地方人大要建立和政府之间有效的沟通协商机制。一方面，地方人大要积极推动、督促指导政府及其部门切实做好立法各环节的工作特别是法规草案起草工作，法规出台后，还要督促政府及有关部门及时出台配套规定，确保法规得到有效实施。另一方面，人大组织或牵头起草法规草案，涉及行政管理的，要充分听取政府及其有关部门的意见；人大审议政府提案的法规草案，需要做重大修改时，应及时与政府及其有关部门沟通。

三是处理好人大主导和公众参与的关系。虽然现代各国政体基本上采用的是代议制，但是公众参与仍然作为一种直接民主方式，对代议制民主发挥着补充和完善作用。我国的政体是人民代表大会制度，也是代议制，其本质是人民当家作主；立法必须充分集中民智、反映民情、体现民意。公众参与立法，有利于人大更加准确全面了解公众声音和社会关切，从而推动立法的科学决策，形成公平、合理的权利义务机制；有利于构建权力机关与公民之间“有事好商量，众人的事情由众人商量”的对话协商机制，最大限度凝聚社会共识，增进社会和谐稳定；有利于培养公民的法治意识，增加其执行法律的主动性和自觉性，推动法律法规的有效实施。地方人大要采取多样化的手段和举措，有针对性地调动起社会各方参与立法活动的积极性，引导社会各方有序表达立法诉求；要健全立法听证、专家论证和立法评估机制，健全法规草案公开征求意见和公众意见采纳情况反馈机制；完善法规草案调研制度，广泛听取社会各方特别是基层群众的意见。

四是处理好人民代表大会立法和常委会立法的关系。发挥人大立法主导作用，首先要发挥人民代表大会的立法主导作用。《立法法》第 72 条规定了地方人民代表大会的立法权，并且在第 76 条规定了“本行政区域特别重大事项的地方性法规，应当由人民代表大会通过”。近 12 年来，全国人民代表大会每年均安排了立法的议题，但在地方实践中，一些省、市人民代表大会多年来没有立法或者很少立法，一些本应由代表大会制定的法规也是由常委会出台。地方人民代表大会的立法权长期虚置，既有损人民代表大会的权力，也是对宪法和法律的规避。有立法权的地方人大应当充分行使人民代表大会的立法职能，每年将关系本地区经济社会发展大局和人民群众关注的重要法规案，提请人民代表大会审议通过，保证人民代表大会在重大立法上的主导权。

（二）进一步健全机制，实行立法全过程主导

地方人大应当破除制约发挥立法主导作用的陈旧机制，从立法规划和年度立法计划编制，立法前期调研，法规草案起草，法规草案提出、修改、审议、表决等各个环节，法规清理、评估等各项工作中，逐步建立健全人大主导立法的工作机制，出台主导立法的相关地方性法规和规范性文件，将人大主导立法工作制度化、规范化。

一是在党委领导下，进一步加强对立法全局问题的主导。随着全面深化改革的推进，改革已进入了攻坚克难的深水区，一些综合性、全局性、基础性的问题越来越突出，需要立法解决。而对于关系本地区经济社会发展全局的立法项目，政府部门立法积极性并不高。这就要求人大必须提高政治站位，在同级党委领导下，围绕本地区经济社会发展的大局和改革发展稳定的全局来认真谋划和组织立法工作。要通过召开地方立法工作会议等形式，明确地方立法的任务和要求，保证地方立法正确的政治方向，保证立法充分体现最广大人民群众的意志和利益，推动社会主义核心价值观融入法制建设；明确坚持问题导向，增强立法针对性、及时性和系统性，不断提高立法质量，充分发挥地方立法对地方改革发展的引领、推动和保障作用；积极统筹省、设区的市两级地方立法

工作，合理分配立法资源，节约立法成本，提高立法效率。

二是进一步重视立法规划和年度立法计划编制，加强对“立什么”的主导。在立项方面，人大要完善立法项目征集和论证制度，改变过去那种政府提请什么、人大就审议什么的模式，实现由被动“等米下锅”向主动“点菜上桌”的转变。要区分轻重缓急，更加突出重点领域立法，将推动本地方改革创新和转型发展以及涉及人民群众切身利益的立法放在优先位置，保证立法决策与改革决策协调同步，注重制度创新，积极回应社会热点和群众关切，使立法项目紧扣经济社会发展和全面深化改革主题。对涉及复杂利益关系、政府部门立法积极性不高但又迫切需要通过立法来解决的项目，人大要及时促成立项。要善于发现并剔除政府部门捞取或固化部门利益的项目。要加强立法项目库建设，增加立法项目的选择空间，不断提高科学立项水平。

三是进一步健全立法起草、论证、协调、审议机制，加强对“怎么立”的主导。在前期调研环节，人大相关专门委员会和常委会法制工作机构要主动介入，加强与政府法制办和主管部门的沟通联系，开展联合调研，就立法中的重点问题进行沟通协调。在起草环节，对政府部门负责起草的，要积极提前介入，对立法拟调整的社会关系、矛盾焦点做到心中有数，积极推动起草工作规范化、科学化，促进提高起草质量。同时，应根据十八届四中全会精神，积极“探索委托第三方起草法律法规草案”；对综合性、全局性、基础性立法，可由主任会议或者人大相关委员会牵头起草。在审议环节，要充分发挥人大代表和常委会组成人员的主体作用，保障其充分讨论和发表意见；充分发挥人大专门委员会审议和法制委员会统一审议的作用；充分发挥常委会法制工作机构参谋助手的作用，保证其有充足的时间调研、论证、协调和修改。在法规表决环节，对在审议过程中存在不同意见和争议较大的重要条款，探索开展单项表决；人大常委会主任会议还可以根据需要决定搁置审议或暂缓表决。对法规草案部门倾向明显或存在其他突出问题，人大可探索发回提案单位修改重新起草或者否决草案等方式。要通过上述机制的完善，保证地方性法规科学规范公民权利、义务和政府及其有关部门的权力、职责，审慎设定行政许可、行政处罚、行政强制，聚焦“关键条款”，敢于在矛盾的焦点上“砍一刀”，始终把实现好、维护好、发展好最广大人民的根本利益作为立法工作的出发点和落脚点。

四是进一步科学安排立法时间和节奏，加强对“什么时候立”的主导。立法规划和年度立法计划出台后，人大要有明确的实施方案。对于年度立法计划，要根据实际情况，具体明确每个项目提请人大常委会审议的时间，并通过召开立法计划实施推进会等方式，按照任务、时间、组织、责任落实的要求，明确起草、提案、审议等各个环节的主体责任，保证各个程序紧密衔接，各个方面密切配合，切实把握立法进程，保证按时完成各项立法任务。

五是进一步完善立法后评估和法规清理机制，加强对“立法后”的主导。法规出台后，地方人大除适时开展执法检查、听取审议专项工作报告，督促法的实施外，还应该按照国家要求或根据实际需要，开展立法后评估或进行法规清理。立法后评估应当制度化。对实施时间较长的地方性法规，应当组织开展立法后评估。法规清理应当常态化。通过评估或清理，对与上位法明显不一致、与实际需要明显不适应，或者法规之间存在明显不协调的，应当主动及时进行修改或废止。

六是进一步加强备案审查制度和能力建设，把所有规范性文件纳入备案审查范围，依法撤销和纠正违宪违法的规范性文件，禁止地方制发带有立法性质的文件，实现有件必备、有备必审、有错必纠，确保中央令行禁止、国家宪法法律得到实施。

（三）进一步加强人大自身建设，健全组织和人才保障

“盖有非常之功，必待非常之人”。人大的立法主导地位不是喊口号喊出来的，而是需要在立法工作中脚踏实地干出来的。人大如果要比政府提的立法项目更好更优，如果要否决政府草案将其发回修改或者由人大组织重新起草，则需要一支高素质立法人才队伍。当前，地方人大正面临“贫血”和“本领恐慌”的掣肘，亟须补充立法力量和提升现有立法队伍的能力素质。对此，地方人大应当加以重视，适时向地方党委报告，积极争取地方党委支持，从适应本地方立法工作的新要求出发，配足配强立法力量。

一是认真贯彻落实党的十九大报告和十八届四中全会决定精神，增加有法治实践经验的专职常委比例，完善人大专门委员会设置，依法建立健全专门委员会、工作委员会立法专家顾问制度，优化人大常委会和专门委员会组成人员结构。

二是选拔政治素质高、法律素养好、工作能力强的人员进入人大立法工作机构工作，使其机构设置、编制与承担的责任相适应，争取达到全国人大提出的“省级人大常委会法工委要有30名左右立法工作人员，设区的市要有10名左右立法工作人员”的要求。同时，人大还要重视立法工作人员的培养锻炼和提拔使用，建立立法工作人员准入机制、保障机制、激励机制、交流机制、

培训机制，促进立法工作人员的职业化、专业化发展。

三是地方人大要加强“立法专家库”建设，使各行各业的专家学者当好人大立法工作的参谋助手。人大可以充分利用高等院校、律师事务所、地方法学会、立法理论研究机构等单位的人才资源，建立立法专家库，设立基层立法联系点，建立相关工作协作机制，提供必要的经费保障，充分调动相关单位、社会团体和专家学者们参与立法的积极性，对立法的重点、难点问题研究论证，为立法决策提供参考依据。

浅谈县级人大参与地方立法工作的路径*

李永忠**

摘要：新《立法法》赋予设区的市级人大及其常委会地方立法权后，立法工作与县级人大及其常委会的关系越来越紧密，县级人大及其常委会如何充分发挥自身优势，积极参与地方立法工作，提高地方立法工作水平，已成为各地方立法机构研究的课题。本文针对目前我国立法工作在参与人群、参与面、参与形式和参与效果等方面存在的问题，认真分析了我国县级人大及其常委会参与地方立法活动所具有的立法建议和意见来源的广泛性、化解矛盾办法和措施的针对性、立法意见和建议的合理性等方面的独特优势，提出了县级人大及其常委会参与地方活动的路径。

关键词：县级人大；参与地方立法；路径

新《立法法》赋予设区的市级人大及其常委会地方立法权，拓展了市级人大的职能，同时也丰富了县级人大及其常委会的履职内容。在这种情况下，立法工作与县级人大的关系越来越紧密，参与地方立法工作已成为县级人大及其常委会的重要工作之一。近几年，各地方立法机构在科学立法、民主立法、提高地方立法工作水平方面进行了许多有益的探索，取得了可喜的成效。笔者根据自身职责，结合工作实际，就县级人大及其常委会如何参与地方立法工作的路径进行了一些粗浅的探讨。

一、当前我国立法工作存在的问题

在现行体制下，我国立法机关的立法活动是属于间接立法，即由公民

---

* 此文收录于2019年湖南省立法研究会论文集。

** 李永忠，嘉禾县人大法制委主任委员。

选出人大代表，由人大代表组成人民代表大会，再由人民代表大会来代表人民行使立法权制定宪法和法律法规，这种代议制民主下的间接立法，在过去的几十年对于健全我国宪法法律体系，完善立法程序与制度，作出了重要贡献，取得了积极成效。但是，这种立法体制也存在一些问题，如公民参与立法不够、反映部门利益立法较多等问题。近年来，随着民主法治进程的不断加快，以及公民意识的增强，对立法的要求越来越高，尤其是公民参与立法越来越受到人民的关注。然而，从现实来看，当前公民的立法参与度是不够的，主要反映在参与人群少、参与面狭窄、参与形式单一、参与效果不佳等方面，这些现象在地方立法中体现得尤为明显。当然，公民直接参与立法受国家民主法治建设、公民文化道德素养等主客观因素的制约，但更为重要的是公民直接参与立法存在不少的弊端：一是从某种意义上来说，公民直接参与立法是对立法机关职权的直接干涉，会影响立法机关的权威和地位，减轻立法机关对人民所负的责任和义务；二是公民直接参与立法并非都是理性的，有时会因出于某种原因或一些离奇的要求而通过个别不良的法律条款，从而不利于某种公共利益的维护或者个别群体的利益诉求；三是公民直接参与立法会因众口难调而导致法律议案不了了之，阻碍有关法律的出台实施，从而影响当地政治经济社会的发展。所以，在当前情况下，如何解决当前我国立法工作中存在的问题，促进立法工作科学化、民主化，提高立法质量已成为当前立法体制下必须面对的重要课题。

二、县级人大及其常委会参与立法工作的独特优势

在我国，依据宪法和法律的规定，县级人大不是法定的立法机构，没有被授予立法权，也不具有立法主体资格。但是，没有立法权的县级人大及其常委会，作为立法参与者，特别是地方立法参与者，积极参与到地方立法的过程中，或许能够解决当前立法工作中面临的困难和问题。因为县级人大及其常委会参与立法活动有着独特的优势，能够发挥着不可替代的作用。一是立法建议和意见更具广泛性。县级人大代表由选民直接选举产生，与人民群众有天然的联系，由其组成的县级人大，更能反映群众的诉求。而且相对于全国人大和省、市人大来说，县级人大更加基层、更接地气，提出的立法建议和意见更符合大多数群众的利益，更具广泛性。二是矛盾化解办法和措施更具针对性。从经济社会发展状况来看，与全国、省、

市相比，县域情况相对简单、利益相对一致、矛盾相对集中；县级人大及其常委会开展各种类型、各个层面的调研，提出解决矛盾和问题的办法和措施更符合实际，针对性更强。三是法律意见和建议更具理性。县级人大作为代仪机构，其严密的组织性和充分的代表性能够减少整体的非理性，并且其严格的组织程序和议事规则是达成共识的保证，有利于把不同的意见和建议达成统一、合理的意见和建议，使县级人大及其常委会向上级人大提出的法律意见和建议更具理性。因此，拓展县级人大及其常委会参与立法工作的路径，是解决当前立法工作中存在问题的有效措施。

三、拓展县级人大及其常委会参与地方立法的路径

要提高县级人大及其常委会参与地方立法工作的效果，推进地方立法质量的不断提高，就必须发挥县级人大及其常委会的独特优势，拓展参与地方立法的路径，推进科学立法、民主立法。笔者结合近几年自身工作实际，认为县级人大及其常委会参与地方立法的路径主要有三条。

路径一：提出立法项目计划建议，为地方立法机关确定优质立法项目奠定良好基础。立法选题事关立法质量的高低，事关立法的成功与失败。立法机关要有好的立法选题，就一定要搞好立法项目计划征集工作。在立法项目征集过程中，立法机关要采取一系列措施，扩大征集范围，尤其是要动员广大群众积极参与到立法活动中，向立法机关提出立法项目建议。但是，由于受群众民主政治意识淡薄、群众参与立法活动的愿望不强烈、群众知识能力有欠缺、提出立法项目建议要求高等因素的影响，群众提请的立法项目建议很少。就目前情况而言，立法项目建议主要来自政府，而社会组织和社会公民等主体提请的立法项目建议寥寥无几。在这种情况下，立法项目不可避免的更多反映政府及部门的利益，这样就为部门利益法制化提供了土壤。面对政府和部门选题存在一定的局限性，民众参与立法选题的积极性又不高的难题，若能发挥县级人大及其常委会的优势，动员民众参与立法活动，积极提出立法选题，或许可能解决这一难题。因为县级人大代表是由选民直接选举产生，与人民群众有着直接的联系，由其组成的县级人大及其常委会更能倾听群众呼声，更能反映群众的诉求，也更能代表广大人民群众利益。县级人大及其常委会这一与人民群众有着天生的、不可分离的联系，决定了县级人大及其常委会能听到群众的真实想法，了解群众的真正疾苦，反映的意见和建议也最能代表广大人民群众的呼声和利益，广大人民群众也相信县级人大及其常委会能代表他们的利益，服务和

维护他们的利益。因此，县级人大及其常委会要充分发挥这一优势，广纳民意，凝聚共识，精选立法选题，提出立法项目计划建议，为地方立法机构确定优质立法项目打下良好基础。近几年，我们在工作中的做法：一是利用专题调研、代表视察、执法检查等活动，深入基层，走访群众，发现立法线索，提出立法项目建议。如我们每年开展的工作调研、代表视察和执法检查等活动形成的意见和建议，本身就是立法线索，有的甚至可以直接作为立法选题，向地方立法机构报告。如2019年我们向郴州市人大法制委报送的《郴州市生活垃圾管理条例》立法项目计划建议就是在开展“厕所革命”工作调研中发现的立法线索。二是从代表向县人大及其常委会提交的议案和批评、意见、建议中发现问题，归纳整理，形成比较集中的意见和建议，并建立立法问题资料库，再根据本地的经济社会发展情况和上级立法机构的要求，适时向上级地方立法机关提出立法选题。如2017年我们向郴州市人大法制委报送的《郴州市烟花爆竹燃放管理条例》立法选题，就是从代表批评、意见和建议中发现并提炼出来的。三是利用乡镇代表联络站收集整理群众最关心的热点、难点问题，从中发现立法线索，提炼立法选题，提出立法项目建议。如2018年我们向郴州市人大法制委报送的《郴州市农村环境保护条例》立法项目计划建议就是利用乡镇代表联络站收集群众的热点、难点问题，整理提炼出来的。

路径二：开展立法调研，为地方立法机关制定法律提供有益参考。立法调研是立法机关经常采用的一种形式，就是立法机关深入基层，深入群众，实地进行立法调查，直接了解基层情况，听取基层意见，以便更好地进行法律法规起草和审议的一项活动。目前，立法机关开展的立法调研主要包括口头征求意见和书面征求意见两种方式，而无论是以口头征求意见的方式，还是以书面征求意见的方式进行的立法调研，调查对象的代表性和广泛性都有所欠缺，形成的调查意见和建议参考性不强。若能融合两种方式或多种方式开展立法调研，增强调研对象的代表性和广泛性，形成更为全面准确的调查意见和建议，就能为地方立法机关起草和审议法律法规草案提供更为有益的参考意见。县级人大及其常委会作为地方国家权力机关，代表着本区域人民群众的共同利益，能够较好地综合各利益群体间、利益群体内部的不同意见。同时县级人大及其常委会比省、市人大及其常委会更加贴近基层，贴近群众，其本身又拥有较强的联系沟通代表、选民的平台与渠道，就更容易汇聚民意，也更有能力聚集民智，提出的意见和建议也更具参考价值。近几年，为配合省、市人大搞好立法调研，笔者在融合调研方式、畅通调研渠道、广开言路方面作了一些有益尝试。

一是采用书面征询意见的形式向相关职能部门征求意见。因为他们负责法规执行，比较了解法规执行中存在的问题和困难，且人员素质相对较高，限时要求其以书面形式反馈意见是一种比较有效的好方式。二是采用座谈会的形式向法规有关利益各方征求意见。由于他们有各自的利益诉求，采用座谈会的形式有利于他们面对面就法规草案的内容或问题进行平等的讨论，充分表达他们各自的意见，以便在法规草案的修改中反映各自的合理诉求，有利于提高立法质量。三是采用会议的形式向有关公众征求意见。我们通常以发公告、下通知的方式，有选择地邀请普通公众旁听有关立法会议，目的是让他们知晓立法的目的、意义，听取他们对法规草案的意见和建议，从而完善法规草案的内容。这些会议既包括县人大及其各专委会、工作机构组织召开的立法调研座谈会，也包括上级立法机关组织召开的听证会、论证会。四是利用网络、报纸、电台等载体，开展问卷调查、开设网络论坛、开辟参与地方立法专栏等方式，向社会公民征求意见，动员他们参与法规草案内容的讨论，发表意见，以提高他们对地方立法工作的关注度和参与度。近几年，我们通过融合使用以上四种立法调研方式，最大限度地扩大了征询意见范围，调动了普通公众参与立法活动的积极性，也广泛收集到了来自不同方面的意见和建议，然后集思广益，形成综合的法规草案修改建议，及时向上级立法机关报告，从而为上级立法机关法规草案的起草和法案审议提供了有益参考。近几年，我们向省、市人大提出的法律法规草案修改和修订意见共46条。

路径三：加强监督，及时发现问题，为地方性法规的立、改、废提出建议。监督权是宪法和法律赋予县级人大及其常委会的一项重要职权，具有广泛性、权威性等特点。依法行使监督权，积极做好监督工作是县级人大及其常委会的一项重要而经常的工作。监督宪法和法律在当地的贯彻执行，及时发现法律法规在实施过程中存在的问题和不足，为法律法规的立、改、废提出建议是县级人大及其常委会重要的监督内容之一。所以，县级人大及其常委会要充分利用人大监督权的特点和优势，加大监督，发现问题，及时反馈，为地方性法规的立、改、废提出建议和意见，这是县级人大及其常委会参与地方立法工作的重要方式。在实际工作中，我们主要从两个方面着手：一是依法行使好监督职责。地方性法规制定后，我们通过加强对地方性法规的宣传教育、组织执法检查以及开展规范性文件备案审查等一系列工作，履行好人大监督职责，有效确保了地方性法规的贯彻落实。二是关注立法后的实施情况，及时反馈法规实施中存在的问题和不足。

我们采取听汇报、开展调查调研、组织视察等形式，广泛听取社会各界特别是基层群众对法规实施的意见，准确把握法规的实施运行情况，全面了解法规实施过程中存在的一些问题和对法规修改的建议，并形成调研报告，及时向地方立法机关报告反馈，为地方立法机构完善法规和废止法规提供合理化意见和建议，从而协助地方立法机构提高地方立法法质量和水平。

论我国地方立法中的公众参与*

姜素红　常桂铷**

摘要：目前，我国公众参与地方立法的制度在实际运行中仍存在公众参与地方立法的制度不够完善、公众参与地方立法的范围与途径有限、公众参与的意愿与能力不足等问题。因此，需进一步构建完整的法律规则，完善公众参与地方立法的制度，拓宽公众参与的渠道，实现立法精英化与大众化的结合，提高公众参与地方立法的积极性，促进国家权力与公民权利的理性互动。

关键词：地方立法；公众参与；民主立法

党的十八届四中全会确立了全面推进依法治国方略，明确要求健全立法机关和社会公众沟通机制，拓宽公民有序参与立法途径，健全法律法规规章草案公开征求意见和公众意见采纳反馈机制，广泛凝聚社会共识。① 这说明立法的科学性、民主性和合理性的实现是党和国家的美好愿景。而在党的十九大报告中也提出，坚持全面依法治国，深化依法治国实践，要推进科学立法、民主立法、依法立法，以良法促进发展、保障善治。这标志着地方立法工作进入了一个新的历史阶段。现如今，地方城市和乡村社会已经发展了许多新的协商制度形式：居民议事会、民主恳谈会、民主理财会、民情直通车、便民服务窗、居民论坛、乡村论坛和民主听证会等②，这些民主形式的出现促进了地方治理的合理化和制度化。随着新一轮法治化进程的开展，公众直接参与地方立法和决策的实践方式也蓬勃发展起来。许多城市都设立了“社区协商议事会”，各种

---

* 此文收录于2018年湖南省立法研究会论文集。

** 姜素红，中南林业科技大学政法学院教授、硕士生导师；常桂铷，中南林业科技大学法学硕士研究生。

① 中共中央关于全面推进依法治国若干重大问题的决定。

② 戴激涛：《协商民主研究：宪政主义视角》，法律出版社2012年版，第78页。

咨询会、恳谈会、听证会等基层协商民主形式，不断地丰富着中国特色的协商民主形式。这种公众通过参与立法的直接参与式民主是新时代法治社会建设的需求和体现。

一、地方立法公众参与的价值

我国实行人民代表大会制度，由全国人民代表大会和地方各级人民代表大会代表人民行使国家权力，国家立法权同样囊括在内。这样很大程度上保证了立法的民主性和科学性。但是这种代议民主下立法机制也是存在缺陷的，例如代表的产生由公众选举，但不代表公众可以知悉他们日后的立法思路；如果让人民选出代表后而不允许他们参与任何立法活动，这无异于对民众权利的另一种剥夺，所以让公众直接参与地方立法就有了其存在的价值。

（一）促进良法之治的实现

所谓良法，就是法律的制定要有正当性的理论基础，即所制定的法律要遵循正义、道德、公平、正当程序、个人权利和尊严的理念，并且在现实的政治和法律制度中加以贯彻。具体地说，符合良法标准的法律，必须建立在尊重和保障人权的基础之上。首先，我国宪法规定，国家的一切权力属于人民，公众参与地方立法也是我国民主政治的内在要求。人民依法享有管理国家、社会事务的各项权利，公众参与地方立法实质上有法律制度的保障。其次，实现法律制度的良性运行的关键，在于社会公众对它的认同及对由此所产生的法律的遵守。① 公众参与地方法律政策的制定，可以在立法过程中提高民众的参与度，使得各方权益更好地实现。公众是当地习俗和自身信仰最好的发言者，将他们因不同生活方式所造就的利益和价值等要素作为诉求在参与立法过程中予以表达，这是保持地方性法规地方性的根源所在。② 通过公众参与地方立法，让法律更加“接地气”，更好地适应本地的经济发展水平和平衡社会的利益分配，从而让公众更好地遵守法律。再次，立法不是立法机关的自成品，而是相互竞争的利益群体之间寻求某种妥协的博弈产物，如果相关利益群体不能充分表达意见，实际上就是取消博弈，扼杀表达。③ 可以说立法权掌握在谁手中，谁就

---

① 刘莘：《行政立法研究》，法律出版社 2003 年版，第 18 页。

② 王子正，赵佳丽：《地方立法的公众参与问题研究》，载《河北法学》2018 年第 3 期。

③ 崔卓兰，孙波：《地方立法质量提高的分析和探讨》，载《行政法学研究》2006 年第 3 期。

拥有了绝对的权力资源，因此拥有立法权的立法机关极易产生谋求私利或者群体利益的念头，立法者往往更多去衡量和平衡公共机构的利益分配问题，而漠视了作为相对人的社会公众的利益。① 所以，公众参与地方立法可平衡公众权利和国家权力的配比，促进和谐法治社会的形成。

（二）保障立法的科学与民主

一般看来，地方立法机关都有自己专门的信息输送渠道。但是，如果靠自己单一的信息渠道来收集公众的意见时，容易会出现信息的片面性和单一性，无法汇集更多层次的声音，从而会影响地方立法的科学性。而让公众参与到地方立法中来这一举措，能够很好地弥补单渠道机制带来的缺陷。一项科学合理有效的法律、法规的出台必定要经过多层次、多部门多环节的反复考量，要扎根于民众，倾听他们的声音，在此基础之上达成共识。例如，2016 年 12 月 29 日菏泽市人大常委会法工委，拟定了《菏泽市人大常委会 2017 年地方立法计划（征求意见稿）》和《菏泽市 2017—2021 年地方立法规划（征求意见稿）》，向社会公开征求意见；2017 年 7 月 4 日湖南省人民政府法制办公室将《湖南省重点建设项目管理办法（征求意见稿）》公布。以上种种都是让公众参与到地方立法，民众能切身体会到自己作为立法的参与主体而享有的权利，可以增强民众的主人翁意识，增强法律法规的科学性，也是为新时代中国特色社会主义法治建设添砖加瓦。

从长远来看，民主是人类孜孜以求的一种政治理想，其价值追求是实行多数人的统治，体现人民意志。从现实来看，民主必须落实为具体的政治实践和政治制度，以调节政治关系、建立政治秩序、推动国家发展、维护社会稳定。② 而地方立法的民主性就体现在公众的参与度。对于地方立法来说主要由两方面的支撑，一方面是人民选举出来的人大代表组成的地方国家权力机关，一方面就是广大人民群众。让公众在立法的过程中参与进来，行使自己的话语权。这样会更加便捷地让人大代表与公众进行联系，可以深度了解对方的想法，多种利益主体能够通过这种参与，实现文明、民主、理性的对话和博弈，以达到立法为民的目的。地方立法中公众参与，这种民主参与形式通过法律赋予公众参与到地方立法的权利，对于立法本身的直接价值就是帮助立法者收集

① 饶世权，饶艾：《地方立法公众参与的概念、主体与价值》，载《西北大学学报》2008 年第 1 期。

② 吴小雪：《最广泛最真实最管用的民主》，载《学习时报》2018 年 6 月 13 日。

社会各界不同的声音。而这也体现着立法的本意便是民主精神，与此同时也增强了公民的民主意识，促进了社会的政治文明建设。

在地方立法中让公众参与进来，是为了促进立法的不断完善、增强立法的科学性和民主性，让人民群众在立法过程中切身体会到民主的含义。

（三）加强对政府权力的监督

权力失去制约，必然导致腐败。要根治腐败，最有效的方法之一，就是实行阳光政治，让权力受到人民群众无处不在的监督，权力运行更加公开透明。公众参与地方立法其实也是对权力监督的一种。因为地方立法包含了社会生活的方方面面，让公众参与到地方立法中来，更能保证公民监督的广度和深度。公众参与作为实现民主监督最重要的形式，能有效地影响地方立法或政策的形成过程，有效地防治权力滥用。在《立法法》中关于公民对立法的监督也有相关规定：在我国，公民有权对同宪法、法律相抵触的地方性法规向有关机关提出审查建议。这说明，权力的施行离不开有效的监督和制约，而让公众参与地方立法正是一个对政府权力进行监督的有效途径。

二、我国地方立法中公众参与面临的困境

（一）公众参与地方立法的制度缺陷

不可否认，我国公众参与地方立法的政策、法律法规依据比较广泛，但这些规定不仅零星分散，而且总体上的规定多为原则性条款，并没有对公众参与地方立法的具体形式、程序、内容以及配套制度作出明确规定，公众民主参与地方立法的实体权利和程序保障上还存在诸多缺陷。

首先，立项和起草阶段缺乏公众参与的制度保障。2015 年修订后的《立法法》在立法规划和立法起草这两个问题上已经比 2010 年的《立法法》有了实质性的飞跃。《立法法》第 52 条规定编制立法规划和年度立法计划时要广泛征求意见、科学论证评估；第 53 条第 2 款规定："专业性较强的法律草案可以吸收相关领域的专家参与起草工作，或者委托有关专家、教学科研单位、社会组织起草。"地方各级的立法条例也遵循《立法法》的精神，相继在本地立法条例中对此进行规定，但是这些规定依然存在过于原则化的问题，缺乏带有前瞻性的规划。

其次，听证制度和专家论证制度的不完善。听证制度大致是经历了司法—行政—立法的过程，逐渐形成了立法听证制度。《立法法》和各地立法条例均对立法听证制度做了规定，但依然存在一些问题：一是当前立法听证会的启动

由立法机关决定，而不是由公众的参与人数和公众的请求启动。也即有些学者所言的“只有决议听证而没有法定听证”。① 二是未规定立法听证会的具体程序步骤。虽然在2001年12月全国人大常委会法制工作委员会出台了《立法听证规则（示范稿）》对听证的范围、听证原则、听证前准备、听证会的举行及听证报告等内容做了较为全面的规定，在示范稿的第30条还特意做了说明，强调各地在保证听证基本程序的基础上，可以有选择性地加以适用或制定地方性法规。但十几年过去了，有的地方省市并没有对立法听证作出细致的规定。而专家论证制度的不完善表现在：纵观我国当前的法律体系，并没有一部专门规定专家论证办法的法律法规，即使是类似于立法听证制度的规则也不存在。其实，有些地方在立法过程中会比中央立法遇到更多复杂的情况，所以会更加需要专业的人员针对出现的问题进行论证。如果没有一套可行的运行规则，就不能真正实现专家听证制度的作用，更甚专家有可能会“一人独断”。

（二）公众参与范围与参与途径有限

根据民主立法的内涵和精神，立法中的公众参与应当是全程、全方位的参与，立法的每一个阶段都需要有公众的身影和影响。且在我国拥有立法权的机关层级中，地方立法机关的层级较中央立法机关低，所以其与普通民众的联系更为密切，更应当在其立法程序中更加重视公众参与。首先，从立法规划开始，到立法的起草审议，再到法规的公布实施，最后到立法的完善，公众都可以参与进来。但从目前的规定来看，这样的理念和制度尚缺少地方立法条例的明确规定，我国公众参与到地方立法的范围过于狭窄。在立法的提案和审议的过程中，公众参与没有相关法规的支持。现有的地方立法条例也没有规定公民的立法动议权，没有这项权利，公众被排除在可以启动立法程序的主体之外，其意志和利益的表达也受到了极大的阻碍。其次，公众参与地方立法的途径过于单一。根据《立法法》的规定，目前公众参与地方立法的途径主要是媒体公开征求意见、座谈会、论证会，以及听证会。而在地方立法层面，立法条例几乎“复制”了《立法法》的规定，没有考虑地方立法各个阶段的侧重点，也没有对不同参与途径的优点和不足有清晰的认识，对其如何组织、操作也没有明确规定，这样教条、原则的规定在实践中无论是对于立法者还是公众都难以理解和操作，使得公众参与地方立法成为“纸上谈兵”。

① 黎晓武，杨海坤：《论地方立法中公众参与制度的完善》，载《江西社会科学》2004年第7期。

（三）公众参与意愿与能力不足

在我国地方立法中，公众参与程度低、参与不充分，表现在参与的意识不强，能力不足，能够经常参与地方立法的公众数量相对比较少，参与的次数和频率不高。主要有三个方面的原因：一是由于现代法律发展中必须具备的权利意识和政治参与意识淡薄，导致公众参与地方立法的主体意识不强，积极性不高。二是由于地方立法公开度、透明度不够，从而导致公众不能及时、全面地获得相关的信息，也没有方便、有效的参与途径和方式，因此降低了公众参与地方立法的热情和信任度。三是由于现代立法的专业化、技术化趋向日益明显，而普通民众由于知识储备、法律素养的限制，使得公众参与地方立法的能力与要求之间存在差距，这也影响到公众参与的意愿与热情。

三、我国地方立法公众参与完善的途径

只有建立规范合理的制度，才能使公众参与立法的权利从文本走向生活，从理论走向实践。① 我国当前公众参与立法，主要还是立法者主导，而非制度主导。②

（一）完善公众参与地方立法的制度

首先，要明确地方立法公众参与这一基本原则。地方立法的公众参与原则是指，社会公众根据宪法和法律的规定，有权通过一定的程序或方式参与一切与公众自身权益密切相关的立法决策等活动，在增进地方立法机关决策科学性和民主性的同时，也使得社会公众的各种利益和需要反映在立法决策之中。地方立法的公众参与是立法民主原则的细化和延伸，也是地方立法人性化的要求。就完善地方立法公众参与机制而言，首先应当将地方立法的公众参与上升为法律的一项基本原则，而不是目前单纯的一条法律规定和下位法的简单重述。这样即使法律规范没有就公众参与地方立法作出规定，社会公众也可以根据这一基本原则行使自己的参与权和表达权。公众参与地方立法不仅要从应然的呼吁上升到实然的立法，还要从实然的立法变成具体可操作的公民实践。为此，需要通过明确地方立法依据，完善各种体制机制，使公众参与地方立法这一基本原则真正落到“实”处。

---

① 陆洲，陈晓庆：《河北省地方立法公众参与的现状考察与完善对策研究》，载《法制与社会》2014 年第 8 期。

② 刘华：《公众参与政府立法的若干问题》，载《东方法学》2009 年第 6 期。

其次，要完善公众参与地方立法的信息公开制度。所有行使公共权力的机关都有信息公开的义务，没有公开则无所谓正义。能否保证公共政策制定获得“最好的”结果，取决于公民是否能够获得信息，并能对公共政策问题进行自由而公开的讨论，而不是依赖于精英集团的偏好或者局限于选任代议者的生死决断。① 立法公开是公众参与的基本条件和首要前提，公众对立法信息的了解程度直接决定了公众参与立法的效果。所以，只有加大立法信息的公开程度，解决公众与立法机关之间的信息不对称问题，才能实现立法机关与社会公众的良性互动。立法信息公开应当包括下列内容：一是向社会公开征集立法项目。过去，地方立法项目来源单一，主要是来自政府部门建议。今后应当扩大立法动议权的主体范围，主动向社会公开征求立法建议项目。这可以充分了解公众的利益所在，使立法真正建立在民意基础之上。二是公开立法规划和年度立法计划。使公众能从源头上获得地方立法的参与空间。这样公众可以就自己感兴趣、力所能及的事项先期进行研究，收集民情民意，提前酝酿准备。三是全面公开地方立法的内容。不仅公开法规规章草案文本，还应当公开立法背景、起草说明、重要制度设计的理由和争议。使公众能够全面获得立法信息，及时了解立法动态，参与评议、发表意见。四是建立立法会议公开制度。一方面，将立法会议的主题、时间地点、会议议程、与法案相关的文件及审议过程和结果等向社会公开；另一方面，可以邀请公众代表旁听立法会议，让公众亲眼见证法规规章形成的过程，增加立法的透明度。立法机关对公众所提意见、建议应当认真对待和平等考虑，对其采纳情况及理由应当给予回应，尊重公众的立法参与权，接受群众监督。

另外，我们还要扩大公众参与地方立法的主体，并且完善专家参与地方立法制度。当前我国在地方立法实践中，公众参与地方立法主要还是个体的参与即“公民参与”，而非真正的“公众参与”即公民组织化的参与。在利益主体多元化、公众需求差异性、人们认识多样性的今天，有效的公众参与必须形成“有组织的声音”。社会组织的积极参与，不仅可以提高公众参与的广泛性、有序性和实效性，而且能够由此培植出超越自身利益诉求的现代公共精神。在西方很多国家，公众参与立法并非以个体的形式进行，而是形成社会组织或者利益集团。当然，不同的社会组织代表着不同的利益取向，所以在地方立法

① 〔美〕理查德·博克斯：《公民治理：引领世纪的美国社区》，中国人民大学出版社2005年版，第19页。

中，要积极探索建立不同利益群体权益诉求的收集、整合、协调和平衡机制，全面、准确地反映民意。同时，我们要好好发挥专家参与地方立法的作用，利用其所拥有的专业知识为其他社会公众与立法机关之间的沟通提供服务。为了更好地发挥专家的作用，促进立法决策合理、公正和科学，我们应当在地方立法程序规则中作出切合专家参与立法制度的具体规定；专家的选任邀请以公开、透明、民主的方式进行；明确专家参与立法的程序、方式；建立健全专家意见公开机制等。

（二）完善公众参与地方立法的形式和范围

公众参与地方立法有多种形式，经常采用的有：公布法规草案征求意见，召开立法座谈会、论证会、听证会等。总的来说，这些形式是行之有效的，但都有需要完善之处。并且，公众参与地方立法主要是在法规草案审议阶段。法规草案审议是地方立法的中心环节，必须将这一阶段的公众参与搞好。同时，也要扩大公众参与地方立法的范围，搞好地方立法其他阶段的公众参与。

首先，要完善公布法规草案征求意见。公布法规草案征求意见，已是公众参与地方立法普遍采取的形式。目前主要问题是，有些法规草案公布后，社会反响小，没有引起公众的关注，提出的意见和建议很少。其原因除了有的法规草案与公众关系的紧密度不够外，主要是立法机关的做法过于简单，仅进行公布，缺少必要的引导和互动，难以调动公众参与的热情。法规草案公布后，不能只靠公众自发参与，立法机关必须加强引导和互动，使公众的参与由自发变为自觉。只有这样，公布法规草案征求意见，才能取得预期的效果。加强引导和互动需要媒体的配合，立法机关和媒体可以共同作出安排。其次，要完善立法听证会。立法听证会因其表达意见更直接，成为一种广受欢迎的公众参与地方立法的形式。但有一些立法听证会，由于陈述人缺乏代表性，缺少对抗性辩论，对提出的意见建议缺少必要的回应，因而被认为是“作秀”“走形式”。造成这种情况的主要原因，是没有建立起完善的听证制度。立法听证制度的完善，从某种意义上说，就是听证程序的完善。要通过完善听证程序保证陈述人的公正遴选、不同意见的抗辩和对听证意见的回应，提高立法听证会的公信力。

对于拓宽民众参与地方立法的范围主要有以下几点建议：第一，法规立项阶段公众参与。对于法规的立项，公众通过地方立法规划和立法计划公开征求意见，有所参与。但立法规划常委会每届五年才制订一次，立法计划也只一年一次。公众以此来参与法规立项，显然是不够的。现在需要建立一个经常性的公众参与法规立项的机制。可以参照《立法法》规定的，社会团体、企业事业单位以及公民向立法机关提出法规审查建议的做法，赋予公众提出法规立项的建议权。立法机关要有专门机构和人员负责对公众提出的法规立项建议进行处理和反馈。对于应当制定法规的，由立法机关组织安排起草，依法列入常委会的立法议程。第二，法规草案起草阶段参与。法规草案起草是法规制定的基础阶段。这一阶段广纳公众意见，对于立法反映民意，较之在法规草案审议阶段有事半功倍的效果。现在一些地方的立法机关委托法规草案起草，固然是公众参与法规草案起草的一个方式，但这只能是极少数人的参与。要解决大多数公众参与的问题，必须像审议法规草案阶段一样，通过召开座谈会、论证会、听证会等形式，广泛听取公众的意见和建议。可以考虑，将法规草案起草阶段公众参与情况，作为法规立项与否的一个考量。对于在法规草案起草阶段没有认真听取公众意见和建议的法规项目不予立项。

（三）增强公众的立法参与意识

地方行政立法过程实质上是地方政府对利益再分配的过程，只有各方利益主体都有机会参与充分讨论、博弈，最后通过的地方性法规、规章才能平衡各方利益。目前公众参与地方立法多以个体的形式出现，且参与的意识比较淡薄。而公众参与地方立法的主动性、积极性对保证地方立法的科学性、民主性影响很大。因而立法机关应当充分发挥其主导和优势地位有效地组织和引导公众参与地方立法。立法机关应当意识到现代法治国家并非少数精英政治睿智的成果，而是更广泛意义上的公民群体对参与国家政治、经济、法律等活动的心理认同与理性自觉。① 公民的广泛政治参与同立法精英的专业化立法能力有机结合在一起，有助于克服已经开始在立法中出现的越来越明显的“官僚化”倾向，缓解立法的民主化要求同立法的专业化之间的紧张关系②，也有助于弥补立法机关的立法能力不足。法律参与的扩大不只是增进法律秩序的民主价值，它还能提高公众参与的积极性，是改善公众参与立法实际效果的必要途径。首先，应积极加强公民社会建设，加强对公众进行民主意识教育和法律思维培训，激发其参与地方立法的积极性，提升其参与地方立法的意识和能力。

① 侯孟君，马子云：《地方立法公众参与的若干问题及其应对》，载《湖北警官学院学报》2014 年第 10 期。

② 魏健馨：《和谐与宽容：宪法学视野下的公民精神》，法律出版社 2006 年版，第 106 页。

其次，地方立法者应对公众参与立法进行科学引导，特别应指导不同类型的公众个体联合组成公众团体，通过不同利益团体参与地方立法，不断提高参与地方立法的能力和提出立法反馈意见的质量。再次，地方立法者应增强公众参与立法的培训力度，加强对公众参与的地方立法目标、内容、途径和方式等方面的教育培训，应当设立专职人员与公众进行立法沟通，不断提升公众参与地方立法的知识、能力和水平，提高公众对参与立法的荣誉感和责任感。最后，应当重视公众利益团体的立法建议或意见。一般来说，公众利益团体立法意见的质量都比较高。如果这些意见被忽视，会极大地降低其参与未来立法的积极性。

随着社会、经济和社会主义法治建设的不断向前发展，利益多元化、多层次化现象出现，与此同时社会结构也发生了很大变化。面对这些改变，公众的利益需求如何体现，立法当然是最有效方式之一。法治时代不断地向前迈进，在我国建立并完善地方立法中的公众参与制度，在地方立法过程中广泛收集民意，倾听公众的心声，这是法治国家的应有之义，也是人民当家作主的本质要求。让公众参与到地方立法中是实现良法之治的前提和基础，正如亚里士多德所说："法治应包含双重意义：已成立的法律获得普遍的服从，而大家所服从的法律又应该本身是制定良法的法律。"一项民主的、高质量的立法必定闪烁着广大人民群众的智慧之光。让公众参与到地方立法中是表达民意的有效形式，对实现立法民主化、科学化有着重要的现实意义。

我国行政立法的公众参与程序研究*

黄开堂**

摘要：现行的民主理论是公众参与的基础，与传统立法和司法审查相比，公众参与程序的出现，使得行政立法权程序更加完善、有效，不仅有效保护了立法的民主性、科学性，而且还能够大大弥补立法权限中的正当性，进而提升公众参与的意识以及对权利的保障意识，最终推进我国法治国家的建设。

关键词：行政立法；公众参与；程序

20世纪90年代，公众参与制度传入我国并被广泛应用于立法的层面，比如：《行政法规制定程序条例》《立法法》等。但随着我国社会经济的迅猛发展，我国的依法治国方略不断深入，一些有公众参与的行政立法相继出台，证实了我国行政立法的公众参与程序日渐完善。但在具体的司法实践中，一些问题也相继暴露出来，比如：公共参与制度不完善、后续保障机制还比较欠缺等。本文主要研究我国行政立法的公众参与程序，以期能够进一步完善我国行政立法公众参与制度的建设。

一、我国行政立法公众参与程序结构

（一）公众参与程序

公众参与程序，即“有公众参与到其中的核心程序”，包括了：政府公开的调查、论证会、听证会等。此外，在一些程序条例的立项阶段、起草阶段，乃至审查阶段均有公众参与到其中，比如：政府在立项阶段可以向社会大众去

---

* 此文收录于2019年湖南省立法研究会论文集。

** 黄开堂，法学博士，中国政法大学疑难案件研究中心研究员，中国营商环境与企业法治工作委员会主任。

征求意见，从而确定此立法的项目有无继续的必要，对于有必要继续的立项，也可通过公众来分析出立法和公众之间的利益关联；而在立法的起草阶段，相关部门和政府机构也可通过向社会公众征求意见的方式来回答或解决一些热点问题、疑难问题。

本文涉及的“公众参与程序”总共划分为三类，第一类是新修订的两个条例当中规定了国务院相关部门、组织与专家、地方人民政府等主体对于行政立法给出的意见需公众参与程序，因此类涉及的对象并非常规理解的“公众”，因此，此类不在本文讨论的范围内。第二类是由政府部门进行的公众意见征集程序，即为“公开调查程序”；此类程序因涉及的范围较广、耗时耗力，且效力较低，因此，立法的节奏无法适应社会的发展。第三类便是“听证会程序”，此程序所针对的公众便是和立法内容紧密相关的社会公众，在行政立法进程过程中，社会公众的参与不仅能够提升立法的效力、减少成本，而且还能够保证立法的透明、公开。加之，政府部门通过收集和整理公众反馈回来的信息，还有利于提高立法的民主性、科学性，可以说，听证会程序兼具了实体价值、程序价值①。

（二）信息公开程序

有公众参与其中的行政立法程序中，公共参与的基础和前提是将立法的事项和信息公开，确保信息真实、透明、公开，方能够确保公共参与程序运行的有效性、科学性。此外，《立法法》也明确规定了“行政立法”中公开的原则。此外，在新修订的条例中，也详细阐述了起草、审查等阶段政府信息公开和公众参与的程序。而从法条中分析，法律也明确规定了“公共参与程序”最基本的内容便是：信息公开程序。因此，不管是行政法规立项阶段，还是起草后审查阶段，都必须确保社会公众全面了解立法信息。②

（三）信息反馈程序

信息反馈离不开社会公众的参与，但信息反馈又不是一个单独的程序，其对于提升公众参与的真实性、有效性尤为关键。从目前我国立法的体制分析，相关条例也仅仅是规定了政府机构整理和反馈国务院相关部门、组织、专家、

① 刘辉：《重大行政决策活动法治化进路》，载《上海政法学院学报（法治论丛）》2018年第5期。

② 宋向杰：《论中国正当行政立法程序的制度构造》，载《广西政法管理干部学院学报》2018年第3期。

地方人民政府的意见，而对于公众的意见反馈、收集程序几乎没有。因此，本文会重点研究听证会程序中的“信息反馈程序”。①

二、我国行政立法公众参与程序的问题分析

（一）立法体制存在缺陷

就目前我国的行政立法程序来说，中央立法机构制定的《规章制定程序条例》《行政法规制定程序条例》《立法法》中，虽有规定公众参与，却未明文规定公众是否要参与到各地方政府规章及制度的制定过程中。比如：大众可从《立法法》中看出要将“公共参与程序”作为原则性规定，即：要通过听证会、座谈会和论证会等方式去听取大众的意见和反馈，其他的公众参与程序也分别体现在了《规章制定程序条例》《行政法规制定程序条例》中，但问题是《立法法》制定的原因是由于《宪法》对于立法的权限划分不明确、具体，所以，《立法法》的法律条文也仅仅是解决立法的权限问题以及行政规章、法规等制定的程序，其内容中规定的“公众参与程序”也仅有框架而未得到细分，界定过于模糊。② 此外，从地方政府机构的立法上来看，虽然对“公众参与程序”进行了详细阐述，甚至还将政府部门的信息反馈机制纳入规定当中，但这也无法弥补立法体制上“公众参与程序”的不足和缺陷。

（二）公众参与程序缺乏立项阶段

我国的行政立法共分为四个阶段，即：立项阶段、起草阶段、审查阶段、决定与公布阶段。但从“公众参与程序”来说，仅能参与的阶段是起草和审查，而对于立项阶段，未规定公众可参与其中，这也就导致了我国行政立法动议程序中缺失了公众的参与。

传统意义上的政府立法为“专家立法”，或者说是“官僚立法”，即：一小部分人立法。但随着社会的迅猛发展，单纯依赖少部分人制定出来的法律已无法满足社会发展需求，更难以反映社会大众对利益的要求③。这主要是由于行政机关无法完全掌握公众需求，因此，在立法方面，公众可以完全享有共同参与制定、废止、修改立法等的权利。也就是说，在行政立法的立项阶段，若

---

① 黎瑞，朱兵强：《重大行政决策公众参与的实效性及其提升路径》，载《湘潭大学学报（哲学社会科学版）》2017 年第 5 期。

② 张芳祯，耿国，庄会虎：《我国行政立法公众参与途径研究》，载《法制与社会》2017 年第 26 期。

③ 孟识睿：《论行政立法公众参与制度》，载《法制博览》2017 年第 23 期。

无公众的参与和监督，不免会出现某些政府机构为满足自身利益而自行创设一些权力出来，最终威胁到公众的合法权利。

（三）政府部门信息公开程序有所缺失

当前我国的“公众参与程序”，在政府机构信息公告体系中得以很好地体现，并且已有完善的规则和程序。不管是《立法法》中有明确的原则规定，还是在最新制定出来的《规章制定程序条例》中，也明确规定了在政府的信息公开程序中要纳入“公众参与程序”，但与国外更为完善、先进的程序相比，我国仍有待改进，具体体现在以下几个方面：（1）相关的法律条文仅仅是对行政立法的起草阶段、审查阶段规定了“信息公开程序”，但具体的立项阶段仍未有明确规定，致使行政立项阶段缺少公众参与程序。（2）我国现行法律未具体规定政府信息的公开方式，而公开方式对公众的参与性、参与的积极性等有极大的负面影响，最终导致公民无法随意、随时、随地参与立法进程；（3）现行的法律缺少侵犯公众参与的权利保障程序，也没有公众参与程序权利的保护措施。①

（四）听证会程序还不够健全

1. 启动听证会的标准还不明确

《规章制定程序条例》《行政法规制定程序条例》中明确说明，政府机构立法的起草阶段，可以采取听证会、座谈会和论证会等方式来听取公众的意见，而审查阶段的送审稿子则会直接关系到法人、公民，乃至其他组织的利益，因此，也可采取听证会的方式来获取意见。但从上述条例中也可以看出，一方面，两个条例当中均未涉及启动听证会的标准，也未明文规定听证会中公众的切身利益范围。加之，启动听证会的程序权仍在政府手中，导致目前仅在环境保护、城乡规划、价格等方面的听证会上有专门的立法。另一方面，两个条例中仅仅确立了立法起草阶段、审查阶段可举行听证会，却未规定立项阶段是否可举行听证会。

2. 缺少公众参与代表制度

有公众共同参与的听证会形式中，涉及个人代表、组织代表，但在行政立法过程中，个人代表的听证会程序会导致个体过于形单影只，进而使立法忽视了弱势群体的切身利益。这可能是由于：（1）公众参与的行政立法程序中，

① 苏玉超，刘建：《谈我国行政立法中的公众参与制度》，载《法制与社会》2017年第22期。

公众没有以期行动的意识和能力，因此无法掌握话语权；（2）公众参政能力较低、知识储备不足，而立法对于知识技巧的要求较高，因此，个人很难提出合理的质疑，最终导致立法程序及结果全部由政府决定、主导，无法达到公众参与的目的。

三、我国行政立法公众参与程序的完善对策

（一）在立法体制基础之上制定单行法

当前我国现行的立法体制完全能够制定出一部仅仅与“公众参与程序”相关的单行法，比如：我国所制定的《行政处罚法》中便规制了行政部门的行政处罚行为，包括：行政部门行政执法期间的一些处罚职责和权限，而这些处罚权限、主体的界定，让我国行政处罚有其法定原则，更具有较强的约束性。可以说，单行的《行政处罚法》对我国整个的行政处罚领域具有积极意义。因此，作为行政立法程序中最为重要的“公众参与程序”越来越符合国家现代法治体系的建设要求，公众参与的原则也逐渐成为行政立法必不可少的基本原则。而这一单行法的制定，不仅体现出行政立法程序中公众的参与性，还体现在环境保护、社会发展等过程中公众的参与性，最终为我国确立公众参与法定原则奠定了坚实的基础。

（二）增加行政立法的提案权

行政立法的提案权主要指的是“行政立法立项阶段，公众向相关的部门提出立法申请的权利”，而立项作为行政立法的第一步，让公众参与其中的意义重大。对此，公众可主动申请立法事项，并参与到立项过程中去，这样，便能确保行政立法能够与公众的切身利益紧密联系在一起。加之，让公众参与进立项阶段，还能够有效实施监督和制约作用。具体可借鉴国外的一些经验，比如：政府可设置一个专门的机构，专门处理、接收公众提出的立项建议，并为公众提供法律人员，以提升公众质疑的有效性，确保立项申请能够被采纳，并得到及时、有效的回复，最终提升公众的参与性和积极性。①

（三）完善政府部门信息公开的程序

在行政立法过程中，经常会出现行政机构关门立法，但立法的结果却因无公众的参与而引发公众的不满，因此，政府部门必须进一步完善信息公开程序，这是政府必须履行的职责和义务，而公众参与进行政立法程序活动中，也

---

① 纪斌：《公众参与行政立法的思考》，载《工会博览》2017 年第 7 期。

必须是政府真实公开信息的基础之上。具体政府部门信息公开程序涉及：程序启动的标准、阶段、方法以及相关的法律后果。首先，在行政立法过程中的立项阶段，纳入政府信息的公开程序。其次，必须进一步明确公开程序启动的具体标准，而对于一些外交职能、军事等则可选择不启动该程序。再次，创新政府公开平台；政府应针对不同的公众以及不同的参与方式选择不同公告的形式；比如：①针对社会公众可通过电视、报纸、政府的网站和公报等方式进行信息公开；②对于听证会、座谈会、论证会等形式的行政立法，除上述公告以外，还可设置专门的部门，向利益关系者代表、组织代表等下发通知，并列出会议的程序、地点和时间。最后，明确法律后果。①

（四）健全听证会的程序

1. 构建起科学的听证信息反馈程序

“听证信息反馈程序”主要是指听证会上公众可以提出自己的见解、质疑等，而政府部门则有职责和义务做好相应的笔录，最终再对笔录进行整合、分析、公布等；但在这个过程中，仅仅只能保障公众可以在听证会上提出见解，而这些见解是否能够被政府采纳，最终的决定权仍是政府部门。虽然有公众参与的听证会能够让多方的利益主体能够自由表达出自己对利益的诉求，让政府搜集到更多信息，但要促使政府采纳这些意见，还必须构建起科学的听证信息反馈程序，比如：2011 年修订《城市房屋拆迁管理条例》时，国务院的法制办就收集到了六万多条意见，并对这些意见进行了归类、整理，法制办将归类和整理好的信息公布在网站上，而对于一些有代表性的建议和意见也进行了系统说明，最终取得了良好的效果。

2. 建立健全公众参与代表机制

“公众参与”的组织化能够将利益聚集在一起，并将所有的财力、物力和智力集中起来，除此之外，政府部门也要为其提供立法技术方面的指导，并指派经验丰富的立法专家为其提供行之有效的法律咨询，进而让公众代表能够参与进行政立法当中。

四、结语

总而言之，在我国行政立法中完善公众参与程序，不仅是社会公众行使自身合法权利的行为，更是决策型政府转变为服务型政府的具体表现。公众的参

① 胡敏：《行政立法公众参与问题研究》，载《学理论》2017 年第 1 期。

与，对于民主立法的实现，确保行政立法的合理、合法具有重要意义，而在行政立法中加入民众意见，除了满足民众的要求与意愿以外，还能够为我国法治社会的建设添砖加瓦，真正让中国从“人治”迈入“法治”。

论地方立法中的公众参与

——以长沙市政府立法工作实践为视角*

周德喜**

摘要：公众参与地方立法，对培养公民的法治精神，加强对公权力的监督，提升地方立法的公正性、科学性，提高地方立法质效具有十分重要的意义。本文重点研究了长沙市政府在起草地方性法规草案、制定规章过程中公众参与地方立法的具体实践，公众参与地方政府立法工作中存在的问题、困难及原因，提出了关于进一步提高地方立法公众参与度的对策与建议。

关键词：地方立法；公众参与；存在问题；建议

习近平总书记在十八届中央政治局第四次集体学习时强调指出，要完善立法工作机制和程序，扩大公众有序参与，充分听取各方面意见，使法律准确反映经济社会发展要求，更好协调利益关系，发挥立法的引领和推动作用。公众参与地方立法，是基层公众实践民主的重要形式，是《中共中央关于全面推进依法治国若干重大问题的决定》的基本要求，也是法律和社会发展的必然要求。随着社会主义民主和法制建设的发展，公众参与地方立法的理论和实践均取得了较为显著的成绩。但由于受社会经济、政治文化、工作机制等的影响，目前我国公众参与地方立法，从理论到实践都还存在一些问题和不足。因此，要充分发挥公众在参与地方立法中的作用，就必须认清我国现在公众参与地方立法的实际情况，并对相关制度进行不断完善。

---

* 此文收录于2019年湖南省立法研究会论文集。

** 周德喜，长沙市司法局立法处副处长。

一、公众参与地方立法的基本理论

（一）地方立法的内涵

所谓地方立法，是指具有立法权的地方国家机关，根据本地区的政治、经济、文化生活的特点，制定、修改、废止在本行政区域一定范围内适用的规范性法律文件的活动。①

根据我国《宪法》《地方组织法》《立法法》等相关法律的规定，享有地方立法权的地方国家机关主要有：省、自治区、直辖市的人民代表大会及其常委会和同级人民政府；省、自治区的人民政府所在地的市和经国务院批准的较大的市的人民代表大会及其常委会和同级人民政府；香港特别行政区立法会、澳门特别行政区立法会等。在这些地方机关中，不同层次的地方国家机关拥有的立法权不同，同一层级但不同类型的地方国家机关拥有的立法权也不尽相同。地方立法权的效力仅限于在制定机关所管辖行政区域的一定范围内有效。在我国现阶段，地方规范性法律文件主要包括地方性法规、地方政府规章、自治条例、单行条例和特别行政区的法律。

地方立法是相对于中央立法而言的，是构成整个国家立法的一个重要方面。根据《中华人民共和国地方各级人民代表大会和地方各级人民政府组织法》的规定，长沙市在1982年有了政府规章制定权限，1986年有了地方性法规制定权限。

（二）公众参与地方立法的涵义

通常来讲，公众一般是指具有共同的利益基础、共同的兴趣或关注共同社会问题的社会大众与群体。公众这个概念在法律中使用频率比较高。如1991年2月25日，联合国在芬兰缔结的《跨国界背景下环境影响评价公约》中对公众一词作出这样的界定，“公众是指一个或一个以上自然人或者法人”。1998年，欧洲经济部长会议签订的《公众在环境事务中的知情权、参与决策权和获得司法救济的国际公约》中规定，“公众是指一个或一个以上的自然人或者法人，根据各国立法和实践，还包括他们的协会、组织和团体”。② “参与”一词在《现代汉语词典》中的解释是“参加（事务、计划）的讨论、处

① 魏海军：《立法概述》，东北大学出版社2014年版，第2页。

② 李艳芳：《公众参与环境影响评价制度研究》，中国人民大学出版社2004年版，第23页。

理”。由此，笔者认为，公众参与，是指公众（包括自然人、法人和社会团体组织）通过一定的途径试图影响公共政策或公共生活的活动。

有学者认为，参与立法的主体不仅可以包括公民个人，也应当包括各种团体；而参与立法的方式也包括合法与不合法；公民参与立法的结果不仅可以是有效的，同时也可以是无效的；参与立法的时间也有持续和间断两种；而公民参与立法的手段也包括和平手段以及暴力手段。公民参与立法的最终目的是在于影响立法中利益的权威性分配，而“公众影响立法决策并试图取得一定影响力的过程就是立法参与的过程”。①

综上所述，笔者认为，公众参与地方立法是指不特定的社会公众（包括自然人、法人或其它社会团体组织）在享有地方立法权的国家机关的组织下，依照法定程序或采用法定方式有序地参与创制、修改、补充、废止和评估地方规范性法律文件的活动，以充分表达意见或利益诉求，并对立法活动全过程实施监督的民主立法制度。

（三）公众参与地方立法的制度规范

从中央、国家层面来看，2014 年 10 月 23 日，中共十八届四中全会通过《中共中央全面推进依法治国若干重大问题的决定》；2015 年 12 月 27 日，中共中央、国务院公开印发《法治政府建设实施纲要（2015—2020 年）》；2019 年 5 月中中央全面依法治国委员会办公室印发《关于开展法治政府建设示范创建活动的意见》。党中央、国务院的上述决策和部署，就拓宽公民有序参与立法途径、加强与社会公众的沟通，健全法规规章草案公开征求意见及采纳意见反馈机制等方面，提出了明确而具体的要求。

从地方要求来看，《湖南省人民政府制定地方性法规草案和规章办法》第 13 条规定，起草法规草案、规章，应当进行深入的调查研究，总结实践经验，并通过书面和召开座谈会、论证会、听证会等多种形式，广泛听取有关机关、组织和公民的意见。而《长沙市人民政府拟定地方性法规草案和制定规章办法》第 19 条规定，则进一步明确“起草单位起草地方性法规草案、规章，应当进行立法基层调研，通过实地走访、座谈会、问卷调查、抽样调查等形式听取政府立法基层联系点、相关组织和村（居）民代表的意见”。根据上述规定，公众参与地方立法的程序主要在起草阶段，公众参与地方立法程序的对象主要有四类：有关机关、组织、公民和立法基层联系点；公众参与地方立法程

① 姚岳绒：《立法过程中公众参与问题研究》，华东政法学院 2003 年硕士学位论文。

序的形式主要有：座谈会、论证会、听证会、实地走访、问卷调查和抽样调查等。

二、公众参与长沙市政府立法的探索与创新

近年来，长沙市政府在公众参与地方立法的工作理念、工作制度、工作基础等方面大胆探索、积极创新，为确保长沙市地方立法的质效发挥了重要作用。

一是创新公众参与理念。近年来，长沙市政府加强立法工作的理论探索，坚持理念引领，大力推进法制文化建设，用“尚法、务实、创新”的长沙政府法制精神，强化每一个“政府法制立法人”的职业尊荣感和责任感，进而推动观念创新、制度创新、实践创新。公众参与政府立法的传统模式，已逐步转换和提升为“更加注重效益整合功能、更加注重现代化互联网平台、更加注重参与对象的基层化和群众化、更加注重公众参与的系统及品牌建设、更加注重公众深度参与”的“五个更加注重”的新的工作模式。

二是创新公众参与制度。第一，在公众参与地方政府立法的形式方面，长沙市人民政府出台了《长沙市政府法制工作规定》。在这部全国首部规范政府法制工作的地方政府规章中，长沙市政府就规范政府立法工作作出专章规定，并创新性提出“市人民政府法制机构可以通过报刊、网络等形式”，广泛征集公民、法人或者其他组织的立法建议；起草单位应当通过实地走访、座谈会、问卷调查等形式，“听取基层组织和居（村）民代表的意见”。第二，在公众参与政府立法的对象方面，坚持公众参与的基层化、群众化、类别化规则，以接纳到最接地气的意见与建议、确保公众参与政府立法的实际效果为出发点，印发了《长沙市立法基层调研办法》，将基层调研的对象定位为“本市行政区域内与立法项目相关的乡镇、街道、村组、社区、学校、企业、社会组织等单位和村民代表、居民代表等个人”；并要求“坚持以实地走访、现场参观、座谈会等为主要形式”。第三，在实现公众参与立法基层化的途径方面，建立了基层立法联系点制度。2016 年，长沙从全市 9 个区县（市）中遴选出宁乡市沩山乡政府、芙蓉区定王台街道办、开福区伍家岭街道办三家单位为首批政府立法基层联系点。2019 年 9 月，又新增了市生态环保协会、市物业管理协会、湖南军信环保公司和湖南恒凯环保科技公司 4 个政府立法基层联系点，增设的政府立法基层联系点全部为行业协会和企业，主要涉及物业管理、生态环保等与市民群众生活密切相关的行业领域。目前长沙市政府立法基层联系点由 3 个

扩充到7个。

三是创新公众参与机制。第一，立法技术标准。坚持“党委领导、人大主导”的原则，出台了《长沙市政府规章制定技术规范（一）》，规范了立法技术标准。第二，提炼立法听证“长沙做法”。与北京大学法学院进行密切合作，将之前举办立法听证会的经验进行总结，并参考南京、广州等地立法听证经验，提炼立法听证“长沙做法”，通过探索，建立了较为完善的立法听证操作制度——《长沙市政府立法听证操作指南》，走在了国内立法听证工作规范化的前列。第三，探索引入第三方进行立法后评估。委托中南大学法学院等专业力量对现行有效的市政府规章进行立法后评估，并形成正式评估报告。

三、公众参与地方立法存在的问题及原因分析

公众参与地方立法，在我国已经取得了较为显著的成绩，长沙市是其中一个较为成熟的样本。但从整体而言，我国公众参与立法制度建设尚处于探索阶段，相关制度建立时间不长，实践经验不够丰富，在立法实践中还存在一些问题和不足。

一是公众参与地方立法的积极性亟待进一步提高。我国是世界上封建历史最为悠久的国度，人治传统滥觞，法治传统缺乏；民众的民主主体意识淡薄，加上民众自身环境、利益、性别、年龄、职业等条件的限制，使相当部分民众认为地方立法与己无关。因此，近年来，虽然立法机关大力推行“开门立法”，通过报纸、网络、听证会等形式征集公众对立法计划、立法草案的意见和建议，但实际中收到的诸如群众来信、来电等不多，主动、自愿报名参加立法听证会的人数相对较少。大多数情况下，除了政府官员、法律专业人士和部分高学历人群代表以外，其他公众参与的范围、程度都比较低，并且有偶发、随机性，缺乏主动性。

二是公众参与地方立法的长效机制还没有形成。现阶段，座谈会、听证会是公众参与地方立法的主要途径，但在实践中这两种方式大都过于注重形式，成本不低，实际收效有限。专家论证会，向基层人大代表和政协委员、行政相对人的征求意见会、协商会等也是目前实践中大力推广的，但所针对的只是很少一部分人，网络征求民众意见还处于起步阶段。因此，现阶段，地方立法主要还是依靠内部法治力量和专家学者进行，非法律类精英的普通公众有效参与地方立法的长期机制还没有形成。

三是公众参与地方立法所发挥的有效作用没有达到预期。立法座谈会、听

证会报名者的身份背景不具有广泛的代表性，他们更多的是公民个人代表，而不是某一行业或组织的适格代表；工会、青年、妇女等人民团体和社会组织在地方立法过程中还缺乏有效参与；同时，因立法参与者缺乏一定的专业背景、法律知识以及语言表达能力，而且他们大多数仅能从个人生活背景、工作经历出发提出意见，无法提出针对性、全局性的意见，从而造成地方立法过程公众参与的实际效果与理论期待之间有较大差距，公众参与地方立法的质量和效果还不够理想。

四是公众参与地方立法的制度设计亟待完善。在现行的立法体制下，立法信息的公布没有统一规范的平台，公众掌握的信息与期待他们发挥的作用不对称，公众很难及时、准确、有效获取相关信息，已知信息的关联性、整体性更是有较大局限，自然影响了公众参与地方立法的积极性。再则，公众参与地方立法活动时，立法机关与公众之间的对话方式和渠道较少，其所提意见和建议可能未得到立法部门的实际采纳，使得公众感受不到自身的主体地位。此外，我国的《立法法》《规章制定条例》等法律法规的相关规定过于原则，实体内容和程序性规定都不够清晰，其在公众参与立法的规范化平台、公众发挥参与者的产生、公众参与的范围及步骤、意见和建议的采纳、公众参与的法律及经济保障等方面都没有具体规定。这些制度层面的问题，都影响了公众参与地方立法的积极性和其作用的有效发挥。

四、提高地方立法公众参与度的建议

根据《中共中央关于全面推进依法治国若干重大问题的决定》，结合新修订的《立法法》的施行，可以从以下几个方面进一步加强公众参与地方立法工作：

一是加强党的领导，形成推进公众参与地方立法的工作合力。要按照《中共中央关于全面推进依法治国若干重大问题的决定》精神，坚持和加强党委对地方立法工作的领导、完善地方党委对地方立法工作中重大问题决策的程序。同时，地方党委和地方政府领导，要带头培养、树立良好的民主立法意识，鼓励支持地方立法参与机构、有关各方凝聚共识、形成合力，共同推进和积极做好公众参与地方立法的良好局面。要在地方党委的坚强领导下，完善人大法制委、司法行政、宣传、民政、财政等各部门、各机构各司其职、各负其责的公众参与地方立法工作机制。人大法制委要发挥主导作用，完善立法机制，扩大公众有序参与，充分听取各方面意见；司法行政部门要通过开展地方政府立法专题讲座等形式，提高公众的立法知识水平；宣传部门要通过各类新闻媒体，加大宣传力度，让公众了解地方立法，增加公众的主动参与地方立法意识；民政部门要引导各类不同的社会组织、利益团体积极参与地方立法，发表公众意见，形成社会共识；财政部门要加大地方立法资金保障力度，为开门立法、立良法做好后勤保障、资金支持。

二是强化制度规范，逐步完善公众参与地方立法的制度设计。要发挥制度的引领作用，在国家和地方已经建立的各项制度规则的基础上，按照合法、可各司其职执行的基本要求，从提高操作性入手，采取不急于求成、分步到位、逐步完善的原则，建立一套较为完备、实用性强的公众参与立法制度，使公众参与地方立法程序化、制度化和规范化。关于公众参与地方立法的完备制度，应着重强调以下五个方面：公众参与人的标准及其产生；立法事项告知、信息公开制度；公众参与地方立法的方式（途径）的规范化运作制度；公众意见的采纳及反馈制度；公众参与地方立法的法律救济及经济保障制度等。

三是面向基层重实效，构建公众参与地方立法的多元化平台。1. 发挥立法基层联系点的作用。要充分发挥联系点联系基层群众的优势，将立法基层联系点打造成为立法信息收集、普法教育宣传、法治建设服务和立法后评估的常态化、系统性的地方立法工作平台。2. 建立公众参与地方立法的多元化平台。地方立法的公众参与，既要充分利用传统的上门调查、座谈会、听证会方式，也可利用电话、函件、意见箱、网站留言板、民意调查问卷等方式，还可采取邀请市民参与有关的展示会、专家论证会等方式，并要充分运用人大代表和政协委员平台，以期广泛收集社会各界公众的意见建议。3. 充分发挥互联网平台在有效收集社情民意、提高地方立法公众参与度方面的独特作用。通过互联网平台的微博、微信等多种方式，鼓励不同年龄、不同文化程度、不同经济水平、不同社会阶层的公众通过互联网多层次、多形式广泛参与地方立法。

四是加强理论研究，建立健全公众参与地方立法的激励机制。目前，我国的改革已经进入了深水区，必须加强公众参与地方立法的理论探索，完善立法的利益整合功能，探索解决好利益表达、利益整合、公众参与民主立法的成本、群众参与立法和专家精英主导立法的相关问题。要注重从当地的经济、社会、文化和人文传统等现实情况出发，立符合地方实际、解决地方实际问题、体现地方特色的法，从而有效提高基层民众对地方立法的关注度。并通过制定符合公众根本利益、促进地方经济社会发展、与民生保障服务相协调的良法，建立健全公众参与地方立法的时间保障、经济激励、精神鼓励等激励措施，鼓励工会、青年、妇女等人民团体和社会组织，以及各个不同年龄、不同文化程度、不同经济水平、不同社会阶层的公众广泛参与地方立法，切实增强广大基层公众的法治获得感。

关于提高长沙市政府立法公众参与度的实践及思考*

陈剑文　杨建辉　侯娴君**

摘要：长沙市政府立法过程中对公众参与作出了深入的探索与实践，建立了“五个平台”、推进了民主化与科学化、健全了公众参与有关制度。本文通过分析研究公众参与地方政府立法在路径、实际效能、保障机制等方面面临的困境，为进一步提高长沙市政府立法中公众参与度提出具体的方案与优化策略。

关键词：政府立法；公众参与；化化策略

地方政府立法，是我国现行立法体制中不可或缺的重要组成部分。公众参与政府立法，是落实开门立法的具体表现，是实践民主立法的主要形式，也是实现科学立法的重要途径。党的十八届四中全会吹响了全面推进依法治国的号角，全会旗帜鲜明地提出“法律是治国之重器，良法是善治之前提。建设中国特色社会主义法治体系，必须坚持立法先行，发挥立法的引领和推动作用”。本文拟运用理论联系实践、定性与定量分析相结合的调查原则，采用文献研究、走访座谈、专家论证、问卷调查等调查方式，对公众参与我市政府立法的基本情况（尤其是2010年以来的相关实践）进行了调查研究，并展开深层次的分析和思考，为完善公众参与立法提供有力支持。

---

* 此文收录于2016年湖南省立法研究会论文集。

** 陈剑文，长沙市人民政府法制办主任；杨建辉，长沙市人民政府法制办副主任；侯娴君，长沙市人民政府法制办法规处处长。

一、长沙市政府立法中公众参与的实践样态

长沙市政府立法积极探索和创新公众参与的新形式，有效提高了地方政府立法的质量，促进了长沙市的经济社会和谐发展。

（一）长沙市政府立法中公众参与的基本概况

长沙市自 1982 年起获得政府规章制定权限，1986 年享有地方性法规制定权限。截至 2016 年 10 月，长沙出台的地方性法规和政府规章为 181 件，其中，长沙市政府共制定规章 121 件，提交长沙市人大常委会制定地方性法规草案 60 件。目前，长沙市现行有效且正在实施的地方性法规 40 件，政府规章 48 件。2010 年 1 月至 2016 年 10 月，长沙市公众参与政府立法共计 34 部（具体见表 1、表 2），为长沙市建设社会主义市场经济、民主政治、先进文化、和谐社会、生态文明，促进人的全面发展，提供了有力的制度保障。

表 1　2010 年 1 月—2016 年 10 月长沙市政府规章汇总

序号	文件名称	文号	实施日期
1	长沙市户外广告设置管理办法	长沙市政府 108 号令	2010/9/1
2	长沙市人民政府关于修改和废止部分市政府规章的决定	长沙市政府 109 号令	2010/11/30
3	长沙市餐厨垃圾管理办法	长沙市政府 110 号令	2011/6/1
4	长沙市房屋登记办法	长沙市政府 111 号令	2011/3/1
5	长沙市机动车停车场管理办法	长沙市政府 112 号令	2011/7/1
6	长沙市闲置土地处理办法	长沙市政府 113 号令	2011/7/1
7	长沙市人民政府关于废止《长沙市城市管理综合执法试行办法》的决定	长沙市政府 114 号令	2011/6/1
8	长沙市节约能源办法	长沙市政府 115 号令	2011/6/16
9	长沙市国有土地上房屋征收与补偿实施办法	长沙市政府 116 号令	2011/12/6
10	长沙市病媒生物预防控制管理办法	长沙市政府 117 号令	2012/1/10
11	长沙市公共安全视频图像信息系统管理办法	长沙市政府 118 号令	2012/1/10
12	长沙市全民健身办法	长沙市政府 119 号令	2012/6/10
13	长沙市政府法制工作规定	长沙市政府 120 号令	2013/1/1
14	长沙市人民政府关于修改《长沙市城市养犬管理规定》的决定	长沙市政府 121 号令	2012/12/20
15	长沙市地名管理办法	长沙市政府 123 号令	2013/5/1

续表

序号	文件名称	文号	实施日期
16	长沙市物业专项维修资金管理办法	长沙市政府 124 号令	2013/7/1
17	长沙市电梯安全管理办法	长沙市政府 125 号令	2014/5/1
18	长沙市建设工程抗震设防要求管理办法	长沙市政府 125 号令	2014/5/1
19	长沙市消火栓管理办法	长沙市政府 128 号令	2015/2/1

表 2　2010 年 1 月—2016 年 10 月长沙市地方性法规汇总

序号	名称	通过/批准会议	实施日期
1	长沙市城乡建设档案管理条例	长沙市第十三届人民代表大会常务委员会第二十二次会议通过，湖南省第十一届人民代表大会常务委员会第十七次会议批准	2011/1/1
2	长沙铜官窑遗址保护条例	长沙市第十三届人民代表大会常务委员会第二十六次会议通过，湖南省第十一届人民代表大会常务委员会第十九次会议批准	2011/1/1
3	长沙市水资源管理条例	长沙市第十三届人民代表大会常务委员会第三十三次会议通过，湖南省第十一届人民代表大会常务委员会第二十四次会议批准	2012/1/1
4	长沙市蔬菜基地管理条例	长沙市第十三届人民代表大会常务委员会第三十四次会议通过，湖南省第十一届人民代表大会常务委员会第二十五次会议批准	2012/1/1
5	长沙市城市道路车辆通行若干规定	长沙市第十三届人大常委会第四十次会议修改，湖南省第十一届人大常委会第二十九次会议批准	2012/6/26
6	长沙市城市管理条例	长沙市第十三届人大常委会第四十次会议修改，湖南省第十一届人大常委会第二十九次会议批准	2012/6/26
7	长沙市慈善事业促进条例	长沙市第十三届人民代表大会常务委员会第四十次会议通过，湖南省第十一届人民代表大会常务委员会第二十九次会议于批准	2012/9/1

续表

序号	名称	通过/批准会议	实施日期
8	长沙市轨道交通管理条例	长沙市第十三届人民代表大会常务委员会第四十二次会议通过，湖南省第十一届人民代表大会常务委员会第三十一次会议批准	2013/5/1
9	长沙市炭河里遗址保护条例	长沙市第十四届人民代表大会常务委员会第五次会议通过，湖南省第十二届人民代表大会常务委员会第三次会议批准	2013/10/1
10	长沙市城市桥梁隧道安全管理条例	长沙市第十四届人民代表大会常务委员会第十一次会议通过，湖南省第十二届人民代表大会常务委员会第八次会议批准	2014/5/1
11	长沙高新技术产业开发区条例	长沙市第十四届人民代表大会常务委员会第十五次会议通过，湖南省第十二届人民代表大会常务委员会第十三次会议批准	2015/3/1
12	长沙市院前医疗急救管理条例	长沙市第十四届人民代表大会常务委员会第十九次会议通过，湖南省第十二届人民代表大会常务委员会第十五次会议批准	2015/12/1
13	长沙市房屋安全管理条例	长沙市第十四届人民代表大会常务委员会第二十三次会议通过，湖南省第十二届人民代表大会常务委员会第十八次会议批准	2016/1/1
14	长沙市湘江流域水污染防治条例	长沙市第十四届人民代表大会常务委员会第三十次会议通过，湖南省第十二届人民代表大会常务委员会第二十三次会议批准	2017/1/1
15	长沙市城市地下管线管理条例	长沙市第十四届人民代表大会常务委员会第三十一次会议通过，湖南省第十二届人民代表大会常务委员会第二十五次会议批准	2017/1/1

2010 年 1 月至 2016 年 10 月，长沙市公众通过基层调研、立法论证会、专家咨询论证会、人大代表和政协委员咨询会、报刊、网站等媒体平台参与政府

立法共计272场次、参与人数2193人、征求意见8700件（具体见表3）。并且基层调研逐渐成了长沙市政府立法公众参与征集意见最主要的平台（具体见表4）。

表3　2010年1月—2016年10月长沙市公众参与政府立法基本情况

参与方式	场次/次	参与人数/人	意见建议数量/条
基层调研	160	1600	5000
立法听证会	7	463	700
专家论证会	15	130	800
人大政协征求意见会	38	800	2000
报刊网络	52	800	1000

表4　2010年1月—2016年10月长沙市公众参与政府立法征求意见建议情况

参与方式	意见建议数量占比
基层调研	53%
人大、政协、行政相对人征求意见会	21%
报刊、网络	11%
专家论证会	8%
立法听证会	7%

（二）长沙市政府立法中公众参与的主要途径

长沙市政府立法建立健全并充分运用公众参与的“五个平台”，积极推进了地方政府立法的民主化与科学化进程。

1. 基层调研平台。长沙市政府立法极为注重立法基层调研工作的开展，从立法项目的立项、调研、起草到论证等过程都注意听取基层民众的意见，召开行政相对人征求意见会，并能根据法律规定和长沙市实践状况，认真研究、分析基层调研过程中公众提出的每一条意见，充分采纳合理化建议，让立法“接地气”。例如，在2007年制定《长沙市征地补偿实施办法》时，针对如何规范征地补偿程序、解决被征地农民社会保障和住房保障问题，市政府召开专门座谈会20多次，认真听取了许多拆迁户、乡镇街道同志的意见。2015年，在起草《长沙市房屋安全管理条例》的过程中，起草小组先后到雨花区中铁五局办公楼、天心区原市肉联厂职工宿舍危房改造项目中心、原市铝制品厂宿舍，浏阳市、长沙县的乡镇街道等现场，察看走访危房改造对象户，听取居民、物业公司等普通民众和行政相对人对房屋安全管理工作的具体意见。

2. 立法听证平台。长沙市政府立法始终坚持为事关全市经济和社会发展、广大人民群众切身利益有重大影响的立法项目举行立法听证会，充分听取公众的意见。2010 年 5 月，长沙市组织召开首场立法听证会——《长沙市城市管理条例》立法听证会。2013 年，举行《长沙市电梯安全管理办法》立法听证会时，采取了由新闻媒体全程参与陈述人遴选工作的方式，打破了外界对听证会存在“暗箱操作”的顾虑。立法听证会认真归纳、研究、采纳合理意见，意见采纳情况除在长沙市政府门户网、长沙市政府法制网上公布外，还会写入听证报告，并成为在市政府常务会议审议立法草案时的重要参考。

3. 专家咨询论证平台。长沙市政府立法在征集年度立法计划、讨论决定专业性或行业性较强的问题上，积极组织召开专家咨询论证会。2009 年，长沙市政府成立了“首届长沙市政府法制专家库”。2015 年，长沙市政府法制办又联合市人大法制委，从上级立法机关、高等院校、律师事务所等单位遴选出 88 位专家组成新一届政府法制专家库，进一步充实了政府立法参与的专家力量。在办理《长沙高新技术产业开发区条例》的立法项目时，先后召开 3 次专家咨询论证会，并从专业角度给予意见。专家学者在政府立法工作中发挥了巨大的外脑智囊作用。

4. 人大代表和政协委员的立法参与平台。长沙市政府立法过程中广泛听取人大代表和政协委员对政府立法工作、重大立法项目的意见和建议，产生了良好的社会效果。在立法文本讨论较为成熟后，提交市政府常务会议审议之前，市政府法制办会适时召开人大代表和政协委员征求意见会等听取多方意见。其中，政府立法项目在报送审查时，对人大代表、政协委员提出的主要意见、建议，起草部门将采纳情况以书面形式反馈给市人大、市政协和意见、建议提出者。

5. 报刊、网站等媒体平台。从多年的立法实践来看，在起草规章和法规草案的过程中，充分运用媒体公开征求意见是实现民主立法的重要表现形式。长沙市政府立法通过报刊、网站等向社会征求立法计划意见、立法草案意见，借助媒体的平台扩大公众参与面，提高立法质量，从而进一步发挥立法的引领和推动作用。

（三）长沙市政府立法中公众参与的主要制度

从国家层面而言，关于公众参与政府立法的法律规范始于 2000 年 7 月 1 日起施行的《立法法》。原《立法法》第 58 条（修正后的《立法法》第 67 条）规定，“行政法规在起草过程中，应当广泛听取有关机关、组织、人民代表大会代表和社会公众的意见。听取意见可以采取座谈会、论证会、听证会等多种形式”。根据该规定，公众参与政府立法主要在起草阶段，公众参与政府立法的对象有四类：有关机关、组织、人民代表大会代表和社会公众。公众参与政府立法的形式主要有三种：座谈会、论证会、听证会。

其后，由国务院颁布，自2002年1月1日起施行的《规章制定程序条例》（以下简称《条例》），第一次对公众参与地方政府立法程序（制定规章）作出了具体规范。《条例》第14条明确规定，“起草规章，应当深入调查研究，总结实践经验，广泛听取有关机关、组织和公民的意见。听取意见可以采取书面征求意见、座谈会、论证会、听证会等多种形式”；《条例》第15条、第20条、第21条、第22条，分别就应该书面征求意见，举行座谈会、论证会、听证会的情形进行了规定。根据该规定，公众参与政府立法程序的阶段有了较大扩充，参与对象则从过去的四类归纳为三类：有关机关、组织、公民（将人民代表大会代表和社会公众统称为公民）；而公众参与政府立法的形式，在《立法法》规定的座谈会、论证会、听证会三种形式的基础上，增加“可以采取书面征求意见”为第四种形式。《条例》的颁布实施，标志公众参与地方政府立法的基本规定成型。

2014年10月23日十八届四中全会通过《中共中央关于全面推进依法治国若干重大问题的决定》和2015年12月27日中共中央、国务院公开印发《法治政府建设实施纲要（2015—2020年）》就拓宽公民有序参与立法途径、加强与社会公众的沟通，健全法规规章草案公开征求意见及采纳意见反馈机制等方面，作出了进一步的明确要求和制度设想。而长沙市为更好地实施和细化上位法律、法规和政策，制定了“两部规章、三个文件、一部操作指南”，对公众参与政府立法的形式、对象、途径、程序、阶段方面都进行了有益的尝试。在坚持以细化上位法律、法规和政策为依托，以总结和提炼长沙市政府立法经验为基础，在公众参与政府立法的制度设计上，做到了成熟一个、制定一个、推广一个，不贪洋求怪、不贪大求全，基本建成了有长沙特色的政府立法公众参与的制度体系，具体包括以下几个方面：

1. 制定《长沙市人民政府规章制定程序的规定》。长沙市公众参与政府立法程序的地方规范始于1989年7月28日发布施行的《长沙市人民政府规章制定程序的规定》。又于1998年和2002年长沙市先后对其进行了两次修正。修订后的规章规定：“基本符合起草要求的，可采用发征询意见通知或召开会议等方式征询意见。在协调或者汇总各方面意见的基础上，组织或会同有关单位进行必要修改、补充”，“市委、市政协和市总工会、共青团市委、市妇联等人民团体，可以向市政府提出制定规章的建议”，“基本符合起草要求的，可采用发征询意见通知或召开会议等方式征询意见。在协调或者汇总各方面意见的基础上，组织或会同有关单位进行必要修改、补充”，“接到市政府法制办公室征询规章草案意见通知的单位，应在规定的时间内，提出意见，并加盖单位公章后退回；如无不同意见，也要回函答复”。

2. 制定《长沙市政府法制工作规定》。2012 年 9 月 19 日，长沙市人民政府出台了《长沙市政府法制工作规定》。作为全国首部规范政府法制工作的政府规章，也是长沙市第二部规范政府立法工作的政府规章，其明确规定：“市人民政府法制机构可以通过报刊、网络等形式广泛征集公民、法人或者其他组织的立法建议”，“起草地方性法规草案、政府规章可以邀请有关专家、组织参加，也可以委托有关专家、组织起草”，“起草地方性法规草案、政府规章应当进行立法基层调研。起草单位应当通过实地走访、座谈会、问卷调查等形式，听取基层组织和居（村）民代表的意见”，“地方性法规草案、政府规章有下列情形之一的，可以举行立法听证会：（一）对全市经济和社会发展有重大影响的；（二）对广大人民群众切身利益有重大影响的；（三）内容存在重大意见分歧的；（四）其他需要广泛听取意见的”。

3. 制定《长沙市立法基层调研办法》。2011 年 12 月 8 日，长沙市人民政府法制办公室印发《长沙市立法基层调研办法（试行）》，该办法对政府立法的基层调研对象有了明确、具体的规定。2015 年 11 月 6 日，长沙市人民政府法制办公室重新印发了修订完善后的《长沙市立法基层调研办法》，该办法对所指基层调研的对象（包括本市行政区域内与立法项目相关的乡镇、街道、村组、社区、学校、企业、社会组织等单位和村民代表、居民代表等个人），立法基层调研应当采取的形式（包括实地走访、现场参观、座谈会、问卷调查、网络调查、抽样调查等形式），起草单位在起草地方性法规草案和政府规章过程中对调研成果的运用等（应当吸收调研成果。在地方性法规草案、政府规章提交市政府法制机构审查时，应当同时提交立法基层调研报告）都作出了详尽规定，使基层调研有章可循、更具有可操作性。

4. 制定《长沙市政府立法基层联系点工作规定》。按照十八届四中全会的要求，长沙市政府法制办公室制定了《长沙市政府立法基层联系点工作规定》，对基层联系点应当符合的条件、履行的职责以及保障措施作出了明确规定。2016 年 7 月 22 日，选定宁乡县沩山乡政府、芙蓉区定王台街道办、开福区伍家岭街道办三家单位为长沙市首批政府立法基层联系点，在优化公众参与政府立法途径方面进行了有益尝试。

5. 制定《长沙市公众参与政府立法补助管理办法》。为了加强对公众参与政府立法活动劳务、交通等费用的补助，2016 年长沙市专门制定了《长沙市公众参与政府立法补助管理办法》，对公民以个人名义参加市政府法制办、起草单位、政府立法基层联系点组织的听证会、座谈会、征求意见会等立法会议按 200 元/人次的标准予以补助，以激励公众更好地参与政府立法。

6. 制定《长沙市政府立法听证操作指南》。2015 年，长沙市政府法制办公室与北京大学法学院进行密切合作，将之前举办立法听证会的经验进行总结，并参考南京、广州等地的立法听证经验，提炼立法听证的“长沙做法”，建立了较为完善的立法听证操作制度——《长沙市政府立法听证操作指南》，对听证会的组织、听证事项的范围、听证会的参与及报名、听证程序及纪律、听证报告的制作及使用等都做了详尽的规定，开创了国内立法听证工作规范化的先河。在进一步规范立法听证工作流程、保证立法听证工作公开透明等方面都作出了有益尝试。

（四）长沙市政府立法中公众参与的主要特色

长沙市政府立法坚持科学立法、民主立法，不断提高公众参与度，政府立法工作已成为长沙市政府法制工作中最重要、最有影响的工作，并形成了以“分类组织、注重基层、全程参与”为特色的公众参与政府立法的“长沙模式”。

1. 政府立法公众参与的类别化。长沙市政府立法在公众参与对象选择上，坚持公众参与的类别化原则，不盲目追求形式上的全民参与、普遍参与，而是根据立法需要解决的问题，分门别类召开不同层次的征求意见会，提高公众参与政府立法的实际效果。例如，通过征求基层民众的意见，确保政府立法反映基层心声；通过征求行业专家的意见，确保政府立法技术规范的专业性；通过征求人大代表和政协委员立法协商会，确保政府立法能广泛代表民意；通过征求法学教授、律师的意见，确保政府立法的合法性。2007 年 7 月，公众参与政府立法的“五个平台”工作经验在国务院第一次召开的全国市县政府依法行政大会上进行了交流，得到了国务院的充分肯定。

2. 政府立法公众参与的基层化。长沙市政府立法的公众参与从以前主要考虑公众参与广泛性的问题，现在更加考虑参与对象的基层化问题，以避免立法的“精英化”取向。坚持将基层调研的对象定位为本市行政区域内与立法项目相关的乡镇、街道、村组、社区、学校、企业、社会组织等单位和村民代表、居民代表等个人；在基层调研的形式方面，坚持以实地走访、现场参观、座谈会等为主要形式；同时，按照十八届四中全会的要求，建立了基层立法联系点制度，实现公众参与立法向最基层延伸。

3. 政府立法公众参与的全程化。长沙市政府立法的公众参与以参与立法计划、立法项目为载体，在立法程序的不同阶段，通过不同形式问计于民、吸纳民意，力争公众参与效果最大化。首先，拓宽立法项目的征集渠道，把好“立项关”。通过向社会公开征求立法建议项目，认真办理建议提案中的立法建议、召开立法计划论证会、建立单个立法项目立项论证制度，为是否推进、如何推进立法项目决策提供依据。其次，广泛征求社会各界意见，做好“制定关”。通过不断尝试第三方起草，实行立法基层调研、召开形式多样的征求意见会、积极开展立法听证等，确保立法项目立得住、真管用。最后，搞好立法项目实施评估，赢得“实施关”。通过开展立法后评估、规章实施情况检查两种事后监管方式，实现了长沙市法律系统的“自我净化”。

二、公众参与政府立法的窘境解析

在长沙市公众参与地方政府立法已经取得了较为显著的成绩。但整体而言，由于我国公众参与立法制度建设尚处于探索阶段，不论是理论上，还是实践中公众参与政府立法都还面临着不少困境。

（一）公众参与政府立法的路径不够

首先，一般公众有效参与政府立法的多元化平台需进一步探索。座谈会、听证会是公众参与长沙市政府立法的主要途径，但实践中也存在重形式轻内容、会议成本过高、实际成效有限的缺陷。专家论证会、人大代表和政协委员征求意见会、行政相对人征求意见会等也在实践中得到了大力推广，但其所针对的公众范围有限。网络征求民众意见还处在起步阶段，面临着技术和组织程序方面的障碍。因此，现阶段长沙市政府立法主要是依靠行政机关和专家学者进行，一般公众在参与政府立法活动的广度和深度都与专家学者、人大代表、政协委员等特殊群体的参与度有较大差距。其次，公众参与政府立法的系统性平台还未建立。由于缺乏常态性、系统性的公众参与平台，公众和政府间的立法信息不对称，公众获取相关信息不够及时、准确、有效，所以公众已知信息的关联性、整体性有较大局限，进而使得公众掌握的信息与期待他们发挥的作用不对称。最后，政府与公众之间沟通方式的互动性和对话性不足。公众参与地方政府立法活动时，其所提的意见和建议可能未能及时和充分地得到立法部门的响应和采纳。

（二）公众参与市政府立法的实际效能不足

首先，公众参与的积极性不高。近年来，虽然长沙市政府立法大力践行“开门立法”，通过报纸、网络、听证会等形式征集公众对立法计划、立法草案的意见和建议，但实际中收到的群众来信、来电等并不多，主动、自愿报名参加立法听证会的人数相对较少，未能形成公众积极主动参与政府立法的局面。其次，参与公众的代表性欠缺。立法座谈会、听证会报名者的身份缺乏显著的代表性，其更多的是公民个人代表，而不是代表某一行业或组织；工会、青年、妇女等人民团体和社会组织在政府立法过程中缺乏有效参与。再次，参与者的素质与立法参与要求的不适应。因立法参与者缺乏一定的专业背景、法律知识以及语言表达能力，而且他们大多数仅能从个人生活背景、工作经历出发提出意见，无法提出针对性、全局性较强的意见，从而造成政府立法过程公众参与的实际效果与期待之间存有较大差距，所以，公众参与政府立法的质量和效果还不够理想。

（三）公众参与政府立法的保障机制不健全

首先，制度保障。由于我国的《立法法》《条例》等法律法规的相关规定过于原则，实体内容和程序性规定都不够清晰，其在公众参与立法的规范化平台、公众发挥参与者的产生、公众参与的范围及步骤、意见和建议的采纳、公众参与的法律及经济保障等方面都没有具体规定。其次，人员保障。公众参与政府立法需要进行长时间、大范围的基层调研，召开各种形式的征求意见会，专业要求高、工作难度高，需要耗费大量人力。而长期以来，长沙市政府立法工作人员数量非常有限，专业人才严重不足。作为政府立法的承办机构，市政府法制办在做好公众参与政府立法工作方面心有余而力不足。目前，长沙市政府法制办仅有 3 名立法工作人员，而同比其他城市，深圳为 25 名、青岛为 8 名、广州为 7 名、济南为 5 名、南京为 5 名、杭州为 5 名，有的还设置了两个以上的立法处室。而长沙市政府法制办既要承担地方性法规项目的起草、论证、征求意见等工作，还要承担政府规章项目的起草、审查、提请市政府常务会议审议等工作，工作任务相当繁重，确实存在巨大的压力。最后，财政保障。一方面要有经费保障政府立法工作机构持续性地、制度性地组织参与度高，深层次、有质量的基层调研，立法听证会，征求意见会等公众参与政府立法工作，另一方面也要通过财政补贴、奖励等方式，建立健全政府立法公众参与的激励机制。

三、长沙市政府立法中公众参与度的优化策略

（一）发挥党的领导作用

党的领导有助于各部门形成共同推进公众参与政府立法的合力。具体而言可按照《中共中央关于全面推进依法治国若干重大问题的决定》的精神，加强市委对政府立法工作的领导，提高各级党员干部对公众参与政府立法工作的认识，完善政府法制、人大法制委、宣传、民政、财政等各部门、各机构各司其职、各负其责的公众参与地方政府立法工作机制。政府法制机构要充分发挥政府立法工作的统筹组织作用，定期向市委报告政府立法及公众参与情况；人大法制委要精心指导、严格把关，加强与政府法制机构的沟通联系；宣传部门要通过各类新闻媒体，加大宣传力度，让公众了解地方政府立法，增加公众的主动参与政府立法意识；民政部门要引导各类不同的社会组织、利益团体积极参与地方政府立法，发表公众意见，形成社会共识；财政部门要加大政府立法资金保障力度，为政府开门立法、立良法做好后勤保障、资金支持。

（二）创新公众参与政府立法的制度

在国家和长沙市已经建立的各项制度规则的基础上，按照合法、可执行的基本要求，从提高操作性入手，采取不急于求成、分步到位、逐步完善的原则，完善公众参与人的标准及其产生制度；立法事项告知、信息公开（平台）制度；公众参与政府立法的方式（途径）多样、灵活、规范的运作制度；公众意见的采纳及反馈制度；公众参与政府立法的法律救济及经济保障制度等，使公众参与地方政府立法程序化、制度化、规范化。

（三）激发公众参与政府立法的积极性

首先，要坚持政府立法价值的问题导向。加强与民众生活息息相关的城乡建设管理、环境保护、历史文化保护等重点领域立法，从而有效提高基层民众对政府立法的关注度，来进一步实现科学立法和民主立法。其次，要坚持政府立法过程的问题导向。加强基层调研的频次，扩大基层调研的范围，带着问题开展基层调研，增强基层调研的针对性。最后，要解决制约公众参与政府立法激励性措施不够的问题。通过发放交通补贴、误餐费和会议证明解决其参加会议的后顾之忧，通过表扬信、荣誉称号等给予其精神激励。

（四）增强公众参与政府立法的实效

坚持政府立法的利益整合功能，构建多元化、系统性的公众参与平台，进

而实现公众参与政府立法的增效。首先，建立公众参与政府立法的多元化平台。公众参与既要充分利用传统的上门调查、座谈会、听证会方式，也可以利用电话、函件、意见箱、网站留言板、民意调查问卷等方式，还可采取邀请市民参与有关的展示会、专家论证会等方式，并要充分运用人大代表和政协委员平台，以期广泛收集社会各界公众的意见建议。其次，在完善立法部门主导型公众参与的前提下，更加重视互动式的对话模式，发挥政府立法的利益整合功能。尝试通过网络或其他有效形式，构建一个系统性的政府公众参与立法统一平台，通过建立平台的公众参与、信息反馈机制，将公众参与政府立法的意见、建议分门别类整理，同时将对各种意见的采纳与不予采纳的情况进行反馈，展示公众参与政府立法情况，以持续有效地调动和提升公众参与政府立法的热情、力度。再次，充分发挥互联网平台在有效收集社情民意、提高地方政府立法公众参与度方面简单、快捷、经济和参与面广泛的特点。可尝试通过互联网平台的微博、微信等多种方式，鼓励不同年龄、不同文化程度、不同经济水平、不同社会阶层的公众通过互联网多层次、多形式广泛参与政府立法。

（五）建设契合需求的专业队伍

政府法制机构的立法队伍是政府立法的中坚力量，要加强政府法制机构的专业立法队伍建设，增加政府法制机构立法专业人员数量。首先，通过探索委托第三方立法等方式，构建一支以政府法制队伍专业人员为主体、以法学教授、专职律师等兼职立法人员为补充的高素质政府立法工作队伍，以解决政府立法机构人手不够的问题。其次，积极探索畅通立法、执法、司法部门干部和人才相互之间以及与其他部门具备条件的干部和人才交流渠道的机制，拓宽干部交流、晋升的渠道。再次，着眼于公众参与政府立法所具有的化解社会矛盾、凝聚社会共识的独特功能，加大政府立法专项工作经费投入，确保政府立法工作有较为充裕的资金保障，确保公众参与政府立法的时间保障、经济激励、精神鼓励等激励机制落到实处，从而推动任重而道远的公众参与政府立法工作取得新的更大发展。

委托第三方起草法律法规规章草案问题的探讨*

王汉连**

摘要：委托第三方起草法律法规规章草案，是科学立法、民主立法的重要举措，是新形势下一种新型的立法模式，通过第三方起草法律法规规章草案，可以有效防止部门利益和地方保护主义倾向；把好立法质量关，提高立法质量；减轻委托机关人力不足的矛盾。在实践中，第三方起草，也还存在着人员、机构等不完善的情形，有必要对其行为进行规范。

关键词：概念；背景；价值；义务；制度

长期以来，我国地方立法多为政府起草、政府实施，难免会造成部门利益的倾向。《中共中央关于全面推进依法治国若干重大问题的决定》作出后，这种由政府起草的局面得到了有效的改善。党的十八届四中全会指出："健全立法机关主导、社会各方有序参与立法途径和方式，探索委托第三方起草法律法规草案"。2015 年修订的《立法法》第 53 条规定："专业较强的法律草案，可以吸收相关领域的专家参与起草工作，或者委托有关专家、教学科研单位、社会组织起草。"这是一种新型的立法体制和机制，其目的就是要通过第三方的专业性、独立性、中立性、公正性，克服立法中的弊端，把守立法质量的第一关，提高立法质量。

党的十八届四中全会决定作出后，委托第三方起草法律法规规章草案工作迅速在全国范围内展开，许多专家、教学科研单位、社会组织都纷纷加入这一立法活动中来，而且收到了一定的成效：一是减轻了法律法规规章起草单位人手不足、事务性工作多、人员立法业务不熟悉的压力；二是客观公正，有效地

* 此文收录于 2018 年湖南省立法研究会论文集。

** 王汉连，湖南省立法研究会会长。

防止部门利益和地方保护主义倾向；三是有效地保证了立法质量的第一关。但是，笔者也感受到委托第三方起草给立法工作带来许多好处的同时，有些问题还需要进一步探索和完善。

一、委托起草的概念和背景

委托第三方起草，是指法律法规规章草案起草单位将某一特定的立法项目通过公开招标等一定方式交由起草单位之外的第三方起草的一种制度。第三方包括：高等院校、科研单位、律师事务所等社会组织和专家个人等。建立委托第三方起草法律法规规章草案制度，是我国立法方式的一种新模式和新的途径，是科学立法的完善，是民主法制建设的重要组成部分，它有利于人民群众更好地参与立法活动，使立法工作更好接受群众监督，有利于保证立法质量，体现人民群众的意愿。

早在2000年，全国人大常委会提出了委托第三方起草法律法规草案的构想。之后，全国人大和各省、自治区、直辖市人大常委会都分别进行了一些探索。例如，2005年《物权法》草案的起草，就委托中国人民大学王利民教授和中国社会科学院法学院梁彗星教授各自组建起草小组负责起草，在起草过程中，充分吸纳法学界的不同意见，为《物权法》的制定打下了较好的基础，提升了立法的科学和民主含量。还有广东、重庆、北京、上海等省级人大常委会都进行过探索和尝试。直到2014年，党的十八届四中全会正式作出《探索委托第三方起草法律法规草案》的决定。2015年3月15日，第十二届全国人民代表大会第三次会议《关于修改〈中华人民共和国立法法〉的决定》，再次把党的十八届四中全会“委托第三方起草法律法规草案”的决定，用法律的形式正式固定下来。这是立法体制的改变一次重要创新，开创了科学立法、民主立法新的途径。

值得注意的是，党的十八届四中全会还决定：“对部门间争议较大的重要立法事项，由决策机关引入第三方评估，充分听取各方意见，协调决定，不能久拖不决”。这些都充分体现了中央对立法工作的高度重视和坚强领导。目前，委托第三方起草法律法规规章草案工作已经全面推开，它将为我国立法事业发挥重要的作用。

二、委托起草与委托立法的关系

有人把委托起草称为委托立法，其实是不正确的。这种说法错误地将委托起草与委托立法两种不同性质的活动混同起来。委托起草与委托立法是两个不同的概念。

（一）内涵不同

委托起草，第三方本身不拥有立法权，是委托方将立法项目通过一定方式全部或者部分委托起草的一种制度。委托立法是立法机关将本应属于自己的立法权，通过一定的形式授予其他有立法权的机关行使，在立法机关授权范围内代替立法机关制定法规规章的活动。

（二）主体不同

委托起草的主体是立法起草机关，多数都是政府的部门或者是人大各专门委员会和工作机构。委托立法的主体是立法机关。通常是指全国人大常委会、国务院、有立法权的地方人大常委会和地方人民政府。比如，某一重要事项，全国人大常委会立法条件不成熟，委托国务院或者某一省或者某一地区先行立法。委托立法也称授权立法。

（三）客体不同

委托起草的客体，是第三方，即社会组织、高等院校、科研机构、律师事务所或者专家；委托立法的客体，是立法机关授权的立法机关。如，全国人大常委会授权国务院或者某一省级人大常委会、设区的市级人大常委会。

（四）结果不同

委托起草，是整个立法活动中的部分工作，是立法的第一步，并不是立法活动的全部。委托起草的结果只产生法律法规规章草案，不能直接形成法律法规规章，第三方完成法律法规规章草案起草任务后，审查修改等大量的工作还在委托机关和立法机关。好比万里长征，委托起草只是走完了第一步。委托立法，是立法机关起草、审查、修改、审议、批准等全过程的活动，由于是立法机关的委托或者授权所进行的立法，它的结果是直接产生法规规章等规范性文件。

三、委托起草的价值和作用

一是平衡各方利益，克服部门保护主义。长期以来，我国的立法活动都是沿用政府行政主管部门起草法律法规规章草案的模式，这就是通常所称的“部门立法”。应该说，法规规章草案由部门起草，在立法资源短缺，特别是人才和信息资源短缺的情况下，可以有效缓解立法压力，适应了时代的要求和当时的环境。但是，多年的立法实践表明，政府部门在立法过程中，自觉或者不自觉在立法草案中塞进“部门利益”，扩充自己的行政权力，如管辖、审批、发证、收费、处罚等，而对自身责任和义务则轻描淡写，致使一些地方性法规、规章带有浓厚部门色彩。立法不公，严重损害了立法公正，也拖延了立法进程，事实上造成法规规章内容交叉，出现法规规章相互打架现象，严重影响了法规规章的实施效果。通过委托“非利益攸关”的第三方起草，可以让法律法规规章起草者站在不偏不倚的立场之上，平衡好各方的利益诉求，防止部门利益权力最大化、义务最小化，避免部门保护主义的倾向。

二是促进立法的公正公平。消除法律不公，就必须改变部门立法模式，打破部门立法垄断，由部门立法转向公共立法，将法律法规规章草案尽可能地交由中立的第三方起草，这是科学立法的必然选择。第三方起草，既没有行政权力，也没有任何既得利益，完全能够站在中立公正的立场上，比较公正公平地处理各种利益关系，草拟出体现各方利益、公正公平的法律法规规章草案。委托起草作为立法的一种新的模式，是打破部门立法垄断，避免法规规章内容受部门利益左右，从传统的部门立法走向公共立法，它不仅体现了立法的民主化，也促进了立法的公开化和科学化，这是实现立法公平、公正的必然要求。

三是减轻立法起草机关的压力。目前，地方立法起草机关立法工作人员相对偏紧，人手不足，压力较大。为了缓解压力，解决立法人员紧缺的矛盾，立法起草机关可以通过服务外包的方式委托第三方起草，让立法起草机关在繁重的工作事务中解脱出来，服务于大局。

四是弥补自身业务的缺陷。近年来，行政机关工作人员调整频繁，轮岗换岗，造成从事立法工作的人员业务生疏；加上立法信息和资源的缺乏，一时难以适应立法工作。特别是党的十八届四中全会决定和《立法法》赋予设区的市立法权以后，设区的市立法机关和政府部门法制机构的工作人员大多数来自司法机关和政府有关部门，立法业务并不熟悉，虽然经过短促突击立法业务培训，但还是“远水解不了近渴”。为了解决这一矛盾，委托第三方起草，无疑是最佳的选择和权宜之计，也是今后立法的一种方向。

四、明确委托起草双方的权利和义务

明确委托起草双方的权利和义务，是完成委托起草任务和保证立法质量的关键。委托起草虽然经过一些尝试，但目前还没有十分成功的经验，大多数还处在探索之中。

作为委托方，一是要对拟委托的第三方的起草人员的能力和水平进行评估，是否能胜任委托起草工作，要建立专家名单，根据立法项目的特点和内容要求，在专家名单中择优选择合适的委托对象，确定符合要求的起草主体。目前，有的委托方忽视了这一点，对第三方未进行实质的审查评估，只看“外貌”，不看“实质”，结果“选错了对象、嫁错了郎”，给委托起草工作带来麻烦。二是要签订委托起草合同，明确双方各自的权利义务和法律责任。三是保证委托起草经费。年初，委托方应当安排将委托起草经费并纳入财政预算，保证委托起草工作所需的经费和工作的顺利开展。四是配合第三方做好委托起草相关工作。如下发通知，调查研究，组织相关部门协调等。委托方不能当“甩手掌柜”，不能因为立法项目委托给了第三方，委托方就没有责任了。委托起草不同于经济领域的协议，泾渭分明。委托方与被委托方虽然是一种合同关系，但又不完全是一种单一的委托与被委托雇佣关系，而是一种合作共事的关系。从法理上讲，与第三方签订委托协议，责权明确，是契约关系。但这是一种文案合作，有法律的严肃性，更有文化意义和属性，这里有分工有协作，有制衡有配合。因为委托起草不是第三方能单独完成起草任务的，需要委托方的配合和支持。比方说，法律法规规章草案征求意见，需要委托方通知政府相关部门和单位，否则就无法实施，因为第三方不能发号施令，不具有执行力。法律法规规章草案在修改过程中，需要委托方参与，因为委托方“知情”，熟悉本部门、本系统业务；第三方虽然具备法律专业知识，但对与政府部门的业务不熟悉、不知情，无法准确表达法律条文的意思，虽然通过立法调研掌握一定的信息，但难免对相关问题的理解会出现偏差，这就需要双方互相合作、取长补短、优势互补，方能达到圆满的结果。

作为第三方，对接受委托起草的立法项目，要制定详细的起草工作方案、完成任务的时间和质量保证措施，要成立委托起草工作班子，收集汇总相关资料，搞好起草前调研和法律法规规章草案文本的征求意见和调查研究工作，广泛听取各方面的意见，向委托方报告起草工作进展情况，并根据委托方的要求，提供法律法规规章草案正式文本、起草说明、条文对照表、参阅资料等。

五、委托起草制度的建立与完善

（一）关于委托对象

拓宽委托起草渠道，实现法律法规规章草案起草主体的多元化，是当前立法委托起草工作的需要，特别是设区的市拥有立法权以后，大量的地方事务需要通过立法予以规范，但又面临着立法刚起步，立法人员业务不熟悉等情况。

在这种情况下，委托起草就成了当下的主要选择。为了适应委托起草的需要，大量的委托起草社会组织应运而生，如高等院校，律师事务所、研究机构等，都纷纷加入委托起草队伍中来，特别是高等院校，普遍在接受委托起草任务。律师事务所也不甘落后，都在积极参与。有的为了承接委托起草业务，成立了各种立法咨询服务机构等，专门接受立法委托起草任务，出现了委托起草主体多元化的好势头，也为委托方打开了立法委托起草方便之门，解决了一时难以解决的实际问题。但是，随着委托起草数量的增加，任务加重，委托起草的社会组织大量介入，给委托起草带来一些新的情况、新的问题。比方说，第三方资质条件问题，由于缺乏法律规范，委托起草第三方良莠不齐，鱼龙混杂，有具备委托起草条件的，也有不具备委托起草条件的。加上个别委托方对第三方的资质条件审查把关不严，把委托起草任务委托给了不具备委托起草条件的第三方，导致委托起草任务完不成或者是达不到立法质量要求，结果钱花了，时间耽误了，还得推倒重来，重新委托起草单位，严重浪费了人力、物力和财力。

从目前接受委托起草第三方情况来看，各类高等院校包括党校在内为最多。高等院校有明显的理论优势，但实践经验不足，不能有效解决实际问题。律师事务所其次，有律师办案优势，但立法专业知识不足、对行政机关业务不熟悉等。由于先天不足，都会使立法起草质量受到影响。为保证法律法规规章草案委托起草任务完成和立法质量，要加强对第三方资质条件的审查，建立委托起草专家库，通过招标等方式择优确定第三方。

（二）关于防止新的部门倾向

委托起草，目的之一就是消除部门倾向，公正公平起草法律法规规章草案。绝大多数情况下，第三方能坚持原则，依法起草、主持公道、不偏不倚。但是，也有个别第三方原则性不强，受委托方的影响，在法律法规规章草案中塞入“部门利益”，他们把委托看成一种雇佣关系，受委托方之托，拿雇主的钱，替雇主做事。俗话说，“拿人家东西手短，吃人家东西嘴软”。若不按委托方的意思办，怕委托方不给“面子”。也有委托方虽然未暗示第三方，但委托方觉得不满意，也会将第三方起草的法律法规规章草案改得“面目全非”?重新带入部门利益。因此，加强对委托双方有关人员的素质教育，提高他们的政治素质和业务素质是非常必要的。

（三）关于委托起草费用

委托起草工作量大、程序复杂，需要一定的经费做保障。到底需要多少费用，没有统一的标准和权威的说法，价格部门也没有作出统一的规定，主要是通过委托双方协商确定，一个愿打一个愿挨。目前，价格较高的法规规章草案，一般是通过政府采购、招标投标的方式确定。据了解，有的法规草案起草费用最高可达五十万元，三十万元不在少数，最低的十万元左右。规章草案起草费用略低。委托起草费用相差很大。这种不规范、不统一的价格，严重影响委托起草市场价格秩序，造成价格混乱和不公平竞争。为了防止价格混乱问题的发生，平衡各方利益和相对稳定的法规规章起草价格市场，政府价格部门可以就此作出统一价格规定，确定一个既合法又合理的价格机制。

（四）关于第三方立法人才队伍建设

立法专业人才保障是保证完成立法起草任务、提高立法质量的关键。没有一支立法专业人才队伍，是很难完保证完成立法委托起草任务的。无论是高等院校、科研机构，还是律师事务所，都需要一支立法专业人才队伍。接受委托起草虽然不是一项经常性、长期性的工作，但一旦有委托起草任务就能及时应对，做到召之即来，来之能战，战之能胜。因此，储备一支相对独立又比较固定的立法专业人才队伍是非常必要的。立法专业人才可以由第三方自己组织培养，招聘一批法律专业人才到委托起草队伍中来，通过培训、跟班学习等方式，提高他们的立法业务能力和水平；也可以聘用有立法工作经验、身体好、政治责任心强，愿意为立法工作奉献的退休人员参与到委托起草队伍中来。

总之，委托起草法律法规规章草案是朝阳产业，还刚起步，路很长，任重道远。让我们共同努力，不断探索委托起草的新经验、新做法，为我国立法事业作出新的贡献。

衡阳市委托第三方立法的实践与思考*

陈　婷　肖新平**

摘要：委托第三方立法是我国立法形式的最新探索，本文从衡阳市委托立法的实践切入，发现衡阳市委托第三方立法从第三方组织形态、人大主导地位、政府部门牵头三个方面呈现明显特点，同时也暴露出实际效果不佳、第三方作用发挥不积极、部分牵头单位“懒政”等问题，进行深入分析，提出对策思考。

关键词：委托立法；第三方；地方立法

党的十八届四中全会通过的《关于全面推进依法治国若干重大问题的决定》中“探索委托第三方起草法律法规草案”的顶层设计，是对我国立法形式的新探索，是实现我国立法科学化、民主化的有力举措，衡阳市积极响应十八届四中全会安排部署，积累了委托第三方立法的实践经验，也发现了委托立法存在的困境。本文主要从衡阳市近年来委托第三方立法的实践切入，试图对完善地方立法中委托第三方立法制度做一些思考。

一、委托立法之实践

衡阳市自2015年底成为湖南省第一批行使地方立法权的设区市至今，一共制定或正在制定中的有6部地方性法规，这6部法规中有3部已经市人大常委会表决通过并报省人大常委会批准施行，有2部已经市人大常委会审表决通

---

* 此文收录于2019年湖南省立法研究会论文集。另此文所谓“委托第三方立法”专指委托第三方参与立法起草，不涉及立法前后评估。

** 陈婷，衡阳市委党校法律教研室主任、副教授；肖新平，衡阳市人大法制委员会副主任委员、常委会法制工作委员会副主任。

过，正报请省人大常委会审查批准，有一部尚在起草阶段。为落实十八届四中全会通过的《关于全面推进依法治国若干重大问题的决定》中“探索委托第三方起草法律法规草案”的安排部署，以及弥补初获立法权的设区市客观上立法经验不足、立法人才缺乏的缺陷，这6部法规都是采用委托第三方立法的形式完成起草工作。其中《衡阳市南岳区综合管理条例》是委托省政府法制办一位退休干部以专家身份进行前期起草，《衡阳市城市市容和环境卫生管理条例》是委托衡阳师范学院法学院起草，《衡阳市森林防火条例》和《衡阳市“三江六岸”滨水区域规划条例》都是委托湖南中楚律师事务所起草，《衡阳市爱国卫生条例》是委托湖南湘华律师事务所起草，《衡阳市扬尘污染防治条例》是委托衡阳师范学院法学院和湖南天戈律师事务所共同起草。

衡阳市这6部法规的委托第三方立法实践呈现出明显特点：一是第三方组织形态较为多元，趋向复合形态，保障立法科学民主。这6部法规委托立法的第三方既有资深立法实践专家、教学科研机构法学专家，又有实务经验丰富的律师，既有单一的受委托主体，又有多个组织组合的复合受托主体。第三方组织形态的多元，有利于委托方比较发掘不同形态的优势特点和不足，也正是在比较中得出了经验，衡阳市委托第三方立法趋向于选择复合型组织形态的第三方。如最近的立法项目《衡阳市扬尘污染防治条例》就是委托衡阳师范学院法学院和湖南天戈律师事务所共同起草，复合型组织形态的第三方有利于发挥各自的优势和克服各自的不足，形成优势互补，保障立法科学民主。二是人大全程跟踪指导，坚持主导地位。法规虽已委托第三方起草，但衡阳市人大常委会并没有当“甩手掌柜”，而是全程参与跟踪指导。在委托之前，市人大常委会专门召开会议研究确定法规起草方案和责任单位，明确相关任务和要求；委托过程中，市人大常委会积极支持受托方开展立法工作，适时调度解决立法工作中遇到的困难和问题，法工委还全程参与了起草阶段的前期调研工作；委托起草完成后，市人大常委会法工委及时总结经验教训，用以指导后委托工作。通过这些举措，坚持了人大立法主导地位，提高了法规草案文本的质量。三是政府部门牵头起草，保障法规的现实针对性。根据《立法法》有关规定，诸多主体有权向人大及其常委会提出地方性法规案，如人大主席团、政府、人大各专门委员会、代表团等，其中政府是最为重要的主体之一，因为政府部门作为法律法规的执行机关，最了解应当如何制定法律法规才具有可操作性，便于社会治理，因此传统立法模式就是由政府部门主导立法起草。当然，政府部门行使立法起草权带来了一定弊端，如部门利益法律化，委托中立第三方立法就是平衡该弊端的一大创新举措。衡阳市的6部法规草案都是由政府相关部门牵头组织，并委托第三方起草，由市政府常务会议审议后向市人大常委会提出，这有利于保障法规制定的现实针对性，又避免了“既当运动员又当裁判员”的弊端。

二、委托立法之反思

委托第三方立法从初衷来看，无疑是对立法“科学化”“民主化”的回应。从衡阳市近年来的立法实践来看，有特色也取得了一定成果，但确实也暴露出了一些问题：一是实际效果不佳的问题，法规草案理论性强但实际操作性不强，也就是不接地气，在提交人大常委会审议后往往需要大幅度修改，到最终表决通过时大多已“面目全非”，个别文本甚至是推倒重来，浪费了立法资源，增加了立法成本。二是第三方作用发挥不积极的问题，如虽然委托第三方立法的期间一般都是从起草到人大常委会审议通过，但大部分第三方都是在向委托单位提交了法规草案后就较少参与之后的审议工作，出现只管起草不管修改的现象。三是部分牵头单位产生“懒政”思想。由于立法工作有较强的专业性和技术性，费时费力且有的矛盾难以协调，因此不少政府部门把委托第三方立法当成了自身“懒政”回避矛盾的借口和地方立法的“万能钥匙”，不管立法项目适不适合委托，都是一托了之。对出现的这些问题进行反思，并非要否定委托第三方立法制度，而是为了进一步做好今后的工作以真正实现该制度的价值。

1. 委托方与第三方存在理念差异。如前所述，衡阳市委托立法的6部法规，在初次交付时得到的唯一统一评价就是——理论性过强、实际操作性较弱。造成这一结果的原因众多，但按照思维决定行为的逻辑，委托方和第三方之间关于立法理念的思维差异是应当首先反思的重要原因。诚然，委托方与第三方在思维方式上有共同点——强调法治思维的运用，这也是双方能够达成委托协议并且保障委托立法行为合法合理的前提。但委托方与第三方的知识结构、专业经验不同决定了各自的立法思维也存在差异，这些差异导致对委托成果评价的不同。一是学术思维与实践思维的差异。受托第三方无论是教学科研机构的“法律专家”或是实务性更强一点的“律师团队”，作为法律专业人士更多具备的是学术思维。学术思维的突出特点是理论性，受托第三方在起草法规草案时更多是依赖自身的知识结构，是将自身掌握的知识体系转化为制度模型的过程，无疑具有一定的理想主义色彩。委托方作为地方政府部门，日常要面对和处理的都是实践问题，因此更多具备的是实践思维。实践思维的突出特点是问题导向，委托方立法目的就是为了解决某些特定的现实问题，一般是根据立法目的设计法规草案，具有较强的针对性和实操性。这两种思维各有利弊，调节得当可相互补充，调节不当则可使委托立法的初衷和结果南辕北辙。二是衡平思维与单向思维的差异。① 衡平思维与单向思维最大的区别就是强调的是多方利益的平衡还是单方利益的偏向。第三方作为专业人士，没有行政权，没有既得利益，一般来说可以站在中立的立场摒弃立法寻租平衡各方利益，立法中更多体现衡平思维。委托方作为政府部门，当然也有利益平衡的思维诉求，但长期从事行政管理工作容易使人产生重视如何便于管理提高行政效率而忽略行政相对人利益和诉求的单向思维。两种思维的差异，导致对法规草案价值取向认同的不一致，同一草案得到截然不同的评价也在情理之中。

2. 委托行为制度化不足。尽管一直到十八届四中全会才提出“探索委托第三方起草法律法规草案”的顶层设计，但地方对委托第三方立法的实践却早很多，最早在 1986 年《上海市青少年保护条例》就是委托共青团上海市委、复旦大学等 16 家单位联合制定出台，1998 年开始重庆市也开展了大量委托第三方立法的实践，2000 年以来全国很多地方都有了委托第三方立法的实践。部分地方提出了委托第三方立法的制度化构建，如重庆市人大已经初步建立了相配套的制度机制，但如衡阳这样初获立法权的设区的市委托第三方立法制度化严重不足，这是造成委托第三方立法理想与实践存在差距的最主要原因。一是第三方法律地位不显。国家提出“探索委托第三方起草法律法规草案”的顶层设计，第三方参与立法也有宪法以及立法法的依据，但尚未形成专门的法律对第三方的法律地位进行明确，导致第三方权利地位无法律保障，仅以各地不尽相同的委托合同获得不尽相同的委托授权。其所研究的立法成果只是贴上“草案”标签的“专家建议稿”，不当然、也不会自动生成为“法律”，还极有可能在交付后的程序中，按照立法者的原意进行“再加工”“深加工”甚至是“重新制作”，导致第三方立法积极性不高。二是第三方准入门槛不定。各地在选择受托“第三方”时，一般都会附加一些条件，如要求受托方在学术领域具有“较高”的学术水平、法学研究力量“较强”，或要求具有丰富法律实务经验、在当地具有“较强影响力”等，衡阳市也不例外。这

① 吕芳：《委托立法中的立法思维冲突及调和——基于第三方与立法机关的比较》，载《学习与实践》2018 年第 2 期。

些要求看上去有标准但实际上模糊不清，没有细化的规定和统一的标准，这些资质要求不具可操作性，加上也缺乏专门或权威的认证和评估，使得不客观、不规范和不科学选择受托方的问题或多或少存在。三是委托程序不明。因衡阳市的立法条例和委托第三方起草工作规定尚未出台，对委托立法应当经过哪些程序没有统一明确，如委托之前是否应该制定委托起草方案，由谁审核决定是否委托立法？委托第三方以何种方式选择？委托经费如何给付、委托期间如何确定等问题都没有明确。导致委托立法活动程序上不顺畅、不严密，自然也影响到委托结果的不尽如人意。四是委托经费无规。衡阳市 6 部委托立法的经费从几万到几十万，没有统一标准，政府牵头起草部门自由裁量权较大，这在一定程度上也影响到受托方的积极性，从而间接影响立法草案的质量。当然，立法本来是一项技术性、专业性超强的脑力与体力劳动的结合，相对体力劳动来说，脑力劳动难以量化，难以用确定的标准衡量其价值，这在客观上造成了委托立法经费难以确定统一标准。五是双方权责不清。衡阳市委托立法实践中第三方作用发挥不够和部分牵头组织单位出现“懒政”思维的问题，都与双方权责不清有关。如对第三方的起草工作要求不明确，是否必须参与人大常委会审议，是否必须按照审议要求修改草案，第三方权利保障等没有明确具体的要求；委托方应该提供哪些资料，是否应该负责调研的组织协调工作，可以采取何种方式约束第三方等没有明确。双方权责不清，容易导致立法过程脱节甚至脱轨的现象，严重影响委托立法实效。

3. 受托第三方人才缺乏。委托中立第三方立法，一方面有利于修正政府主导立法容易导致“部门利益法律化”的弊端，增强立法的科学性、民主性；另一方面也是对初获立法权的设区市客观上立法经验不足、立法人才缺乏等缺陷的弥补。但对于大部分设区的地级市来说，由于立法人才缺乏，能够承担起立法重任的中立第三方实际上也非常有限，选择很少。以衡阳市为例，市内高校虽多，但大部分高校法学师资力量不强，能够组织力量完成立法任务的法学院并不多，因此实践中虽然受托第三方组织形态多元但也很集中。更重要的是，虽然第三方一般都是采取组建专门团队甚至举全单位之力组建“超豪华团队”参与委托立法活动，但实践中团队里都会存在“隐身人”，这里所说的“隐身人”就是只挂名但并不实际参与立法活动的“撑门面”的所谓重量级人物，实际操作的只是申报人临时召集的几个人，这种情况不管在教学科研机构还是社会组织如律师事务所作为第三方都是存在的，也在一定程度上造成了委托第三方立法理想与实践之间的差距。

三、委托立法之完善

（一）坚持人大主导，加强部门协作

党的十九大报告提出，要发挥人大及其常委会在立法工作中的主导作用，这是我国立法体制的基本要求和应有之义。人大的重要职权之一就是立法，在地方立法过程中地方人大居于主导地位，在委托第三方参与立法中，也必须明确立法的主导权仍然由地方人大掌握，立法主体不能也不应当是受托第三方。一要做好立法评估工作。保障立法科学化的一个必要环节就是立法评估，包括立法前评估、立法中评估和立法后评估。立法前评估主要评估立法的合法性、必要性、协调性和可操作性，评估立法要设计的制度的制约条件以及预期影响；立法中评估主要对立法运行过程中出现的有关问题进行论述与证明；立法后评估主要评估法律法规对经济社会的实际影响，运行过程中出现的问题研究。作为立法主导力量的地方人大，在委托第三方立法中通过立法评估来掌握立法的主动权，掌握立法工作进程。二要加强协调指导。地方人大要与第三方时刻保持紧密联系，在委托项目的起草技术、文本体例、结构设置以及时间进度、工作安排等方面思想要达成一致，特别对涉及重大制度安排、立法调研方向等方面要体现人大的主导性。要积极协调有关单位参加第三方召开的立法座谈会、听证会等，开展各种有关立法活动的调研；要尽可能地吸收第三方提供的起草稿和评估稿的合理成果。要保证参与到具体立法工作的受托第三方能够最大限度地不受权力和利益影响，充分发挥其立法作用，立法成果能最大限度地反映广大人民群众的共同利益和诉求。要通过向社会公开第三方参与立法的全过程，让社会公众对第三方在立法中是否中立，是否科学合理地调整和规范法律行为等，进行评价和监督。

（二）完善相关制度，规范委托行为

委托第三方立法起草固然在理论上具有诸多功能优势，但目前实际效果与理想的差距客观存在，其中一个重要原因是缺少必要的规制，即制度化不足，需要出台委托第三方立法的工作规定，进一步完善相关制度，规范委托行为。上述对委托立法的反思给我们进行制度建构提供了目标方向和基本遵循：一要建立受托立法主体人才库。地方委托立法对第三方的选择，可以不要局限于本地本市，应该从全省甚至全国范围内进行选择。对拟委托的专业人士首先要进行职业道德操守的认证、审查和评估，再根据专业水准和专业方向分类建档，

建立可能参与委托立法的专业人士档案，使地方在开始委托第三方立法时，可以快速有效地把符合条件的名单从现有的第三方名单系统中初步筛选出来，以保障受托机构、人员的专业性。另外还要建立“黑名单”制度。一旦发现受托方在委托立法中存在被不法利益绑架利用的情况，没有保持委托立法的中立性，就将其纳入黑名单，剔除出受托立法主体人才库，并在一定期间甚至永远禁止其再次参与立法工作。二要引入竞争机制，公开选择第三方。衡阳市这6部法规选择第三方的方式都是按照一定的标准直接选定第三方，这样的好处是委托方一般对第三方情况比较熟悉、委托效率高，弊端是可能产生权力寻租和立法腐败问题，也将一些具备条件的组织和个人排除在外，不能实现优中选优。因此，在选择第三方的方式上应当引入竞争机制，允许所有符合条件的机构、组织或专家学者都能提出申请，在调动其立法主动性和积极性的同时，使委托方在获得不同竞争者“作品”之后，综合出最符合经济社会发展需要的最佳方案，从而为提高立法质量打下基础。三要完善委托第三方立法的方式和程序。较为完整的委托立法程序应当包括如下内容：前期准备阶段：委托方首先确定委托事项，明确领导班子和组建专门的项目组织；委托方将第三方的资格条件、委托期限、委托方式确定下来并向社会发布公告，或者邀请具备条件的第三方参与；委托方对投标申请和遴选申请组织审查并最终确定参与立法的具体第三方。具体实施阶段：委托方与第三方签订包含委托立法的各种事项及双方的权利义务等内容的书面委托协议；根据委托协议委托方向第三方提供必要的立法资料和支付相应的立法经费，第三方根据委托协议制定立法工作方案，开展具体的立法工作，并按时将法规草案文本向委托方提交；委托方组织评审验收第三方提交的文本，根据评审小组的意见和建议，第三方对文本进行补充、修改和完善（此过程可能重复多次）；地方人大接收并通过该法规草案文本后委托立法协议履行终结。对于一些地方立法过程中可能存在的无效创新和盲目委托等行为，通过完善明确的委托立法程序规定可以及时有效阻断，使委托立法行为始终可预见和可控制，确保第三方参与立法制度能够逐步完善和可持续发展。

（三）注重民主立法，实现开放合作

委托第三方立法是对立法科学化、民主化要求的回应，但委托第三方立法并不一定能实然产生科学、民主立法的结果。从当前地方委托第三方立法的实践来看，受委托的第三方主要是长期从事法学教学科研工作的学者、专家或者从事实务工作的律师，这个群体处于社会中的精英阶层，其利益诉求与普通公众还是有一定区别的。因此，委托第三方立法要借助专家的专业性、中立性，也要注重民主性，实现“开门立法”。因此，在构建委托第三方立法机制的时候就需要引入社会公众参与制度，把握各方利益诉求，中和委托第三方立法过于理论化不接地气的问题。首先，委托单位要积极主动地与第三方及时进行沟通，利用自身优势，组织第三方与相关代表进行及时有效的交流，把握不同主体的利益诉求和意见，以保证所立的法规能够充分体现各方主体利益，而不是部分个体利益的立法体现；其次，第三方在起草的过程中要充分利用自身各项资源如人力资源、专业背景，在调研访谈上投入足够的时间和精力，充分收集公众意见，结合自身具有的专业知识技能，借鉴国外先进的立法经验和理念，准确充分地表达出公众的利益诉求，提高社会公众参与立法的民主科学程度。

理论是灰色的，生命之树常青。委托第三方立法是我国最新探索的立法方式，对于增强我国立法的科学性与民主性有着积极的作用。地方立法工作随着社会的进步和发展，需要面对并且解决的问题将会不断呈现，为了及时有效地处理这些问题，需要我们既积极构建委托第三方立法机制，又要注重地方人大专门委员会和工作委员会的力量配齐配强，适当提高专职委员中有法律实践经验人员比例，使地方人大回归立法工作本位。

地方立法工作专班实务初探

——以长沙市地方立法为例*

杨建辉**

摘要： 立法工作专班源于实践，是立法工作者为完成特定立法项目而成立的辅助性、服务性团队组织，主要目的是提高工作质效。为确保该组织功能、目的的实现，必须有科学合理的运行机制，处理好发挥人大主导作用、落实起草单位责任两方面问题。

关键词： 专班组织方式；性质；运行机制

长沙市地方性法规制定工作在多年的实践中已经形成了相对固定的立法工作专班方式，基于实际工作中法规草案一般由市政府组织起草，本文以市政府向市人大常委会提出法规草案的立法程序为例，对长沙市地方立法工作专班进行研究分析。

一、长沙市地方立法工作专班的形成

长沙市地方立法工作专班这一工作方式，最初探索源于实际工作中政府组织起草与人大常委会进行审议之间有效沟通的需要。在较早的立法实践中，人大常委会审议期间，人大法制委需要详细了解政府起草过程所做工作、收集的资料信息及其研究处理的具体情况，政府法制机构需要全面汇报，特别是针对一些关键问题、重要制度设计，双方需要反复沟通，工作量很大，沟通过程很长。为加强工作衔接沟通，逐步形成了政府法制机构邀请人大法制委、相关专门委员会指导参与前期调研起草工作的做法。在 2005 年以前，因立法数量不

* 此文收录于 2022 年湖南省立法研究会论文集。

** 杨建辉，长沙市人大法制委主任委员、常委会法工委主任。

多，政府法制机构在组织起草时，邀请人大法制委、专门委员会的工作人员全程、全员参与指导；到了人大常委会审议阶段，政府法制机构继续参与汇报说明修改等配合性工作。这种方式，在当时《立法法》没有规定人大“应当提前参与有关方面的法律草案起草工作”的情况下，通过“邀请”的形式实现了人大对立法工作的“提前参与”，确保了政府相关立法工作人员与人大立法工作人员及时有效沟通，起草阶段与审议阶段有效衔接，有利于人大常委会审议工作的顺利进行。

后来，立法任务越来越重，相关单位人数相应增加，原有做法的弊端逐步显现，主要是每次调研讨论人数过多，参加人员责任不明晰，意见过于分散，工作效率低下。2006 年前后，为提高立法工作效率，市政府法制机构、人大法制委、相关专门委员会先后推行立法项目负责人制度，各单位均明确每个立法项目由一个工作人员负责具体工作，大幅度减少在起草工作中作用不大的工作人员数量。项目负责人制度的推行，工作人员责任更加明确，提高了工作效率，在人员精简、责任清晰的工作环境下，工作质量不断提高。经过长期的实践，立法项目负责人制度逐步演变为一个立法项目成立一个专项工作小组——立法工作专班的方式：人大法制委、相关专门委员会、政府法制机构、政府相关部门共同组织立法工作班子，人员相对精简、固定，全过程参加起草审议报批各阶段的具体工作。

长沙市在推行立法工作专班方式后，还在继续探索如何完善这一方式。主要的探索有两个方面：

一是人大、政府对立法工作专班领导方式的探索。针对一个具体立法项目，在成立立法工作专班的基础上，成立由人大、政府相关领导担任组长、副组长的立法领导小组。成立立法领导小组的目的是加强领导，及时对立法工作过程中的重大复杂问题进行协调、决策，但是，实际效果并不理想，没有得到推行。主要原因是：第一，立法工作中的重大复杂问题，很多情况下属于研究性质的问题，通过专家论证等形式处理更加适合；第二，立法工作专班中有各单位的领导参加，一般性的协调决策事项可以在其权限内解决；第三，长沙市政府制定了规范地方性法规草案的规章，草案的形成需要经过具体起草部门、政府法制机构会议研究，政府分管副市长召开专题协调会，最后经政府常务会议审定，需要领导协调、决策的内容可以在以上环节实现阶段性的协调、决策；第四，立法领导小组不全程参与立法，又没有专门的决策程序和权限规定，对自身的决策权限很难界定和把握，缺乏积极决策的动力。

二是将委托立法的第三方人员纳入立法工作专班。长沙市在委托第三方参与立法方面起步较早，高等院校、律师事务所受委托参与立法的比较多。最初，受托方一般是相对独立地开展立法调研起草工作，向委托方提交调研报告、专家建议稿，后来，为适用立法工作专班方式，委托内容和工作方式都做了相应调整，将通过委托方式参与立法的第三方纳入了立法工作专班，受托方需要全程参与立法具体工作。这种改变，促使高校、律师事务所成立相对固定的立法工作团队，培养专业、专门的立法工作人才。第三方人员参加立法工作专班，加强了立法工作力量，对提高专班工作的质量和效率发挥了重要作用，这一做法目前在很多项目中推行。

目前，长沙市地方立法工作专班有以下两个特点：

一是人员组成方面，工作专班由多种身份人员组成。从来源来看，人员来源单位包括人大机关（法制委和相关专门委员会）、政府机关（法制机构和相关起草部门）、受委托的第三方；从职位层级来看，一般既有具体工作人员，也有相关领导，便于工作责任落实和经常性协调决策；从专业结构来看，包括立法专业人员和非专业人员；从发挥立法作用的性质来看，有人大常委会组成人员和非人大常委会组成人员。

二是目标任务及组织方式方面。目标任务及组织方式是“统分结合”：一方面，工作专班有统一的目标任务，即为立法项目的出台提供事务性、辅助性、服务性工作，包括了调研、起草、征求意见、审查论证、修改完善等全过程工作内容，整体工作由人大法制委统一负责组织。另一方面，目标任务是分阶段组织完成的，根据《长沙市人民代表大会及其常务委员会制定地方性法规条例》《长沙市人民政府拟定地方性法规草案和制定规章办法》的相关规定，将目标任务相应划分为政府起草阶段、人大常委会审议阶段、报省人大常委会批准阶段，在政府起草阶段又细分为部门调研起草阶段、政府法制机构审查阶段、政府审定阶段。在政府起草阶段，由政府法制机构牵头负责组织工作，在人大常委会审议阶段和报省人大常委会批准阶段，主要由人大法制委牵头负责组织工作。

二、对立法工作专班的基本分析

（一）什么是立法工作专班

立法工作专班是立法工作人员开展工作的一种组织方式。它并非一个规范性的概念，也没有一个统一的组织架构和运行模式，在各地立法实践中，具体做法和名称也不完全一致，有的地方叫起草工作专班、起草工作小组。从产生方式来看，它来源于立法工作实践，是实际工作的总结提升，而不是依据既有的制度、文件而成立；在实践中，对立法工作专班的理解一般同具体立法项目联系起来，一个具体立法项目确定以后，将立法工作人员组织成一个整体的、相对固定的团队来完成相关工作。本质上，它不是指哪些人员需要参加立法工作，而是指不同工作阶段的立法工作人员以一种什么样的组织方式来开展工作。立法工作人员是按照立法工作的阶段性成立不同的组织团队分别开展工作，还是整合成一个团队共同开展工作，这是立法工作专班同其他立法工作组织方式的最主要区别。

厘清立法工作人员的范围，可以帮助我们进一步把握立法工作专班的内涵。从最广泛意义分析，所有围绕立法项目出台而开展活动的立法人员身份大致可以分为六种，见表1：

表1　立法人员身份分类表

人员身份	所属单位组织	主要工作内容	备注
市人大常委会组成人员	市人大常委会	审议、表决等	1. 省人大常委会行使批准权，其组成人员也可列入该类；2. 法制委员会、相关专门委员会依法也开展审议工作
市人大立法辅助人员（人大机关立法工作人员）	市人大常委会工作机构，专门委员会办公机构	组织征求意见、拟定修改意见等事务性、辅助性、服务性工作	为加强工作指导，法制委、相关专门委员会主任委员在实际工作中也参加该类工作
行政机关领导、协调、决策人员	市政府、政府法制机构，相关政府部门	对拟定草案工作进行领导协调决策	主要是以会议形式集体研究决策
行政机关调研起草审查具体工作人员（政府机关立法工作人员）	市政府、政府法制机构，相关政府部门	调研起草审查法规草案等具体工作	为加强工作领导，政府法制机构、相关政府部门的分管领导在实际工作中也参加该类工作

续表

人员身份	所属单位组织	主要工作内容	备注
受委托的第三方律师、专家等（第三方立法工作人员）	第三方机构	根据协议从事事务性、辅助性、服务性工作	
其他参与立法活动人员	不特定	根据安排、邀请等方式参加征求意见会等相关工作	

以上人员全部归入立法工作专班显然不合理。市人大常委会是立法机关，其组成人员依照立法法在相关程序中开展审议、表决等立法活动，行使立法权，是严格意义上的立法者。依据政府拟定地方性法规草案的规定，政府部门、政府法制机构以及市政府虽然不是立法机关，但是承担了拟定草案的工作任务，与此相应，这些行政机关也进行组织领导、协调决策，可以说是拟定草案过程中不同阶段的决策机关，行使的是法规草案的决策权，其单位领导也属于广义上的决策者。立法工作专班不可能行使立法权和法规草案决策权，因此，这两类人员一般不应该归入立法工作专班人员（实际工作中也不宜将"领导小组"作为专班的组织方式）。其他根据安排、邀请等方式参与立法活动的人员，只是临时确定的不特定人员，也显然不宜归入立法工作专班人员。市人大立法辅助人员、行政机关调研起草审查具体工作人员以及受委托的第三方律师、专家，这三类人员在工作中不行使法定的立法权、法规草案决策权，全过程参与立法，从事的是立法具体工作，将立法工作专班中的立法工作人员界定为这三类人员比较合理，也符合当前实际。法制委、相关专门委员会主任委员以及政府机关直接分管立法工作的领导，如果全程直接参加立法具体工作，这些具双重身份的人员也可以纳入立法工作人员的范畴，因为他们在具体工作中并不行使其所属单位组织的立法权、决策权。综上，从人员组成角度来看，立法工作专班是人大立法工作者、政府立法工作者、第三方立法工作者等

为完成特定立法项目而成立的团队型组织。①

（二）立法工作专班性质分析

界定组织形式和人员身份后，我们可以对其性质作进一步分析：

1. 基本定位：服务特定立法项目的辅助性、服务性组织。根据市人大常委会制定地方性法规条例、市政府拟定地方性法规草案办法、相关委托采购程序，不同阶段、不同单位的立法工作人员经过组织化、制度化过程之后，组成立法工作专班，获得了承担立法具体工作的地位，承担调研起草、审查论证、征求意见等具体工作任务。显然，立法工作专班从事的是辅助性、服务性工作，不是法规的制定者。在正式的提出法规案、审议、表决、公布等立法环节中，除了其中的人大常委会组成人员外，其他人员都没有发挥作用的空间。在法规案提出前，它服务政府机关相关单位，不能代替政府行使法规草案起草工作的领导、协调、决策权。

2. 基本功能：整合立法过程各阶段。地方性法规制定的程序性很强，工作的阶段性很明确，各阶段的工作目标任务及其责任主体都是明确的，见表2：

表2　地方性法规制定过程中各阶段的目标任务及其责任主体表

工作阶段	主要目标任务	主要工作责任主体
具体起草	提出草案代拟稿	政府部门
审查	提出草案送审稿	政府法制机构
政府常务会议研究	提出法规议案	政府法制机构
审议	形成表决稿	人大常委会法制委、专门委员会
表决	通过	人大常委会法工委
报批	获得批准	人大常委会法工委
公布	发布公告，在公报、网站上公布	人大常委会法工委

严格地说，各责任主体“各负其责”即可。但是，立法工作的过程和阶

① 有观点认为，立法工作只限于立法机关启动正式立法程序后的工作，政府起草法规草案不是正式立法程序，其工作人员不属于立法工作人员，这种观点值得商榷。虽然人大常委会立法程序是从提出法规案开始，但是，进入立法程序之前政府起草法规草案的工作是为立法做准备的，同人大常委会审议期间人大工作人员为审议做准备的工作没有本质区别，应当纳入立法工作范畴；将政府的起草工作纳入立法工作，也有助于我们理解人大“提前参与”法规草案工作的性质。因此，在政府起草法规草案期间的相关工作人员也应该属于立法工作人员。

段在形式上具有递进性重复的特点，在政府部门完成法规草案代拟稿后，每一阶段的具体工作主要都是组织不同形式的调研论证、征求意见，审查修改完善文本。立法工作的这一特点，要求我们必须避免不同阶段工作的简单重复，尽量做到前后阶段工作情况、信息的全面有效沟通，研究和认识不断深化，草案文本不断完善。“各负其责”往往容易出现以下后果：一是前段工作成果不能最大限度为后段工作吸收利用。前后不同阶段工作目标的不一致——对立法目的、立法所要解决的主要问题及其解决措施认识不一致，前后文本大幅度调整。二是不能达到提高认识和凝聚共识的目的。后段工作简单重复前期调研、征求意见等工作，前后阶段对同一问题的研究没有统一和加深认识的机会。三是负责前段工作的人员和单位容易产生消极应付思想。因前段工作成果得不到后段工作的充分吸收利用，工作价值得不到更多肯定，导致工作人员不积极认真调查研究，“高效率”地形式上完成任务。立法工作专班是为了解决上述问题的一种组织方式创新，将立法工作当成整体、系统工程来看待，将不同立法阶段工作人员组织成“一套人马”来开展立法全过程的工作，解决不同工作阶段的有效沟通问题，保证前后工作目标的一致性，在有限时间内使各方面工作人员加深对立法涉及问题的认识，最大程度促进共识形成。因此，它具有整合功能即整合人员力量，整合立法工作信息，整合立法工作目标，整合各方意见。

3. 主要目的：提高立法工作质效。第一，立法工作专班所有成员全程参加立法具体工作，对信息的掌握更加全面，对问题的研究更加深入，立法工作者对事物的认识随着工作阶段性推进可以更加接近规律性认识，更加符合客观实际。第二，前后工作阶段有效贯通，减少了信息沟通环节，各阶段信息都能及时研究处理并运用到立法全过程，提高了工作效率。第三，立法工作的法治导向会得到强化。根据长沙市制定地方性法规条例规定，人大常委会审议地方性法规草案，主要审议草案内容是否与宪法、法律、行政法规和本省地方性法规相抵触，是否符合本市实际。与此相应，立法工作专班的调研起草、审查论证、征求意见等服务性工作，都需要重点体现“不抵触”要求和符合实际要求。最为关键的是“不抵触”原则的准确把握和具体运用，它直接关系到制度设计和制度创新的路径选择。为了达到市地方性法规与上位法“不抵触”的最基本工作要求，立法专班中受过立法理论、立法知识、立法技能专门培训的专业人员将发挥主要作用。第四，部门利益可以受到有效抑制。在政府部门起草阶段，部门参加人员要适应团体工作方式的要求，一方面会尽可能充分地将管理工作实际情况和部门意见反映给专班其他成员；另一方面因为工作专班中有人大工作人员参与和立法专业人员全程进行法律把关，会对直接关系公共利益和相对人利益的事项，要求采取一定形式听取多方面意见，部门意见的采纳要符合法治理念、法律要求。

三、立法工作专班运行中的两个问题

一个组织的运行机制是否合理直接影响该组织开展工作的效率和效果。立法工作专班为提高立法工作质效而成立，必须科学设计好运行机制，特别是要在立法工作专班中处理好发挥人大主导作用与落实政府起草工作责任两个问题。

（一）发挥人大主导作用

1. 立法工作专班中发挥人大主导作用的主要体现。立法是人大及其常委会的一项重要职权，根据《立法法》和相关立法政策，人大主导立法，主要体现在三个方面：一是制定立法规划、立法计划，并督促落实，加强工作统筹；二是前期指导参与有关方面的立法起草工作，重要的立法草案可以由专门委员会或者常委会工作机构组织起草；三是征求意见、调研等具体工作中发挥人大代表的作用等。

在立法工作专班工作中，人大主导作用主要体现在以下方面：

第一，确定立法工作专班的人员构成。为了保证立法专业水平，可以要求在专班中配置一定比例的法律专业人员。如果法律专业人员比例不足，专班工作法治思维导向不强，法治研究能力不够，就会直接影响工作质量。为了提高工作过程中的决策效率，加强同具体承担起草工作的政府部门、政府法制机构以及市政府的沟通，可以要求部门分管领导、政府法制机构分管立法工作的领导进入工作专班。为了加强人大常委会审议环节的衔接，可以确定人大法制委主任委员、相关专门委员会主任委员进入工作专班。

第二，确定立法工作专班的任务、工作进度、时限。根据人大常委会工作安排明确政府完成法规草案的时间节点，具体明确政府部门起草阶段、政府法制机构审查阶段的时限要求，在每一阶段要开展的主要工作，草案所要达到的质量要求等。

第三，主导工作专班的工作程序要求。在立法工作过程中，特别是起草阶段，立法工作者对收集的各种意见和信息资料，要不断加工提炼，采取定义、阐述等方式形成草案文本内容。立法工作专班中有部分人员在此之前没有受过法律理论和知识技能的系统培训，更没有受过立法理论和知识技能的专门培训。这种情况下，立法工作专班的工作规则应当体现对立法专业人才、专业能力的重视，强化立法工作的法治属性，尊重专业的法律意见；民主立法的要求同样需要体现到专班工作中，要弱化行政色彩、领导层级色彩，鼓励工作人员从不同角度发表意见，以研究讨论方式开展工作。

2. 立法工作专班中发挥人大主导作用关键是要保证“提前参与”的效果。“提前参与”机制是《立法法》规定的发挥人大主导作用的重要方式，目的是人大提前介入调研起草工作，全面掌握调研情况，及时了解各方诉求的分歧所在，协调处理重大意见分歧，以利于提请人大常委会审议工作的顺利进行。要实现这一目的，立法工作专班中的人大工作人员特别是具有常委会组成人员身份的人员要切实发挥指导参与作用。最主要的是，对重要立法工作程序要提出要求，对不清楚的实际情况，可以要求进一步调研，对争议问题，可以要求召开专家论证会、听证会，对需要政府决策的事项，要求先行提交决策。工作专班中的人大工作人员必须认真参加专班工作，及时提出工作意见建议，加强同工作专班内部人员的沟通协调，特别是对草案基本结构、重要制度要深入研究，对不同意见要及时处理，形成内部共识。如果参加人员将“前期参与”理解为一般性的了解情况，有意见不在前期参与期间提出，而在人大审议阶段提出，就会影响工作专班的正常运转，在人大审议阶段提出重大修改意见，一方面需要对新提出的制度设计全面重新研究、重新组织论证和征求各方面意见，达不到提高工作质效的目的，另一方面，工作专班其他方面的人员会质疑人大工作人员加入立法工作专班的意义，使工作专班内部失去凝聚力。

（二）落实政府起草工作责任

法规草案起草是一个必经的、重要的立法准备工作，只有经过起草阶段，才有可能提出草案进入正式立法程序。在立法工作专班中加强人大立法主导，不能片面强调人大作用而忽视政府起草工作责任。

1. 关于起草法规草案工作的规定。政府阶段谁具体承担起草法规草案工作、具体工作内容是什么，在《立法法》和各级各地人大制定的条例中都没有规定。同其他大多数有立法权的市一样，长沙市政府制定了拟定地方性法规草案和制定政府规章的办法，在办法中对起草法规草案工作的组织主体、具体起草主体以及要求等作了规定。规章制定程序在《立法法》、国务院规章制定程序条例中作了规定，程序比较完善，地方政府将拟定地方性法规草案同制定政府规章的程序规定“合二为一”：一是在组织工作方面，拟定地方性法规草案和制定政府规章一同组织，政府的立法计划包括拟定地方性法规草案和制定政府规章两方面工作；在政府法制机构，承担拟定地方性法规和制定政府规章工作的是同一内设机构工作人员。二是拟定地方性法规程序同制定规章程序基本一致，立法项目确定后、政府提出法规案前的程序是：政府部门起草——政府法制机构审查——政府常务会议审议、作出决定。显然，政府起草法规的工作是很规范、严谨的，各相关单位的责任是明确的。

2. 立法工作专班不能代替政府承担起草工作责任。立法工作专班作为立法服务性机构，不能代替政府相关单位履行各阶段工作责任。《立法法》、市人大常委会制定地方性法规条例、市政府拟定地方性法规草案办法的相关规定以及相关单位“三定方案”，已经将立法工作作了明确的程序划分，法定环节的立法工作由不同单位来组织完成，不能因为成立了立法工作专班而否定政府各相关单位的责任。工作专班代替政府相关单位履行工作责任与相关依据相违背，不具合法性和正当性。

特别重要的是，政府各单位根据自己掌握的情况和研究结果进行阶段性决策，不是立法工作专班所能完成的。为了保障立法质量，《立法法》、市人大常委会制定地方性法规条例、市政府拟定地方性法规草案办法的相关规定已经做了制度性安排。这种阶段性、制度性安排，充分考虑了政府部门掌握实际情况比较全面及时、政府法制机构比较专业并熟悉管理领域法律问题的处理等因素，它不仅仅能较好弥补人大立法工作力量不足问题，更重要的是政府也是民意机关，阶段性决策也是凝聚民意的过程，还能较好解决人大对行政管理和社会发展信息掌握不够全面、影响具体准确判断等现实问题。

3. 正确处理立法工作专班同政府相关单位的关系。一方面，成立立法工作专班后，要避免立法工作专班包揽一切、政府相关单位消极对待起草工作的现象。各单位责任主体要履行法定的阶段性责任，具体领导、支持和组织本阶段的立法专班工作，对工作专班提出的建议文本认真进行阶段性的研究决策，确保每一阶段工作效率和质量。另一方面，立法工作专班要尊重政府起草工作的相关决策，建立健全处理各阶段决策单位意见的机制。工作专班要立足服务性的工作定位，承担相应单位的阶段性立法工作任务，及时汇报相关情况和工作意见建议；对各单位的阶段性立法决策意见，工作专班要严格执行；在工作专班的意见与相应阶段决策单位意见不一致时，应当尊重决策单位意见。立法工作专班运转机制的关键是不同意见处理方式，对专班内部的意见分歧，应该在人大主导下，坚持法治思维，集体研究，形成共识；对专班同各决策单位的外部分歧，应该在现有制度框架内解决，如果认为相关决策单位意见不宜采纳的，不能简单处理，而应该将原决策意见文本和不宜采纳的理由等一并提交下一阶段决策单位，由下一阶段决策单位进行研究决定。

4. 正确处理立法工作专班中行政机关的工作人员双重责任问题。立法工作专班中行政机关的工作人员需要对其所在单位负责，履行法定工作职责；同时又需对工作专班负责，承担工作专班安排的具体任务，维护工作专班形成的工作成果。在所属单位与工作专班意见不一致时，其选择存在二难：或者影响工作专班形成共识，或者影响单位法定职能的有效发挥。如何在机制上处理好这种责任上的冲突，对工作专班的正常有效运转至关重要。立法工作专班成立的基础是各相关单位的法定工作责任，政府法制机构、政府部门安排人员参加专班是因为有法定职能和“三定方案”的规定，在立法项目确定后，先是各单位根据工作任务安排人员，然后才是相关人员组合成工作专班，毫无疑义，每一个参加工作专班的人员首先都是代表所在单位开展工作，同时接受该单位的工作考核。因此，每个成员按照自己所属单位要求开展工作、汇报情况、处理不同意见，是毋容置疑的。存在前述的二难选择时，应该首先对其所在单位负责。

立法后评估的实践与反思

——以长沙市地方规章立法后评估为视角*

李　沫　蒋建湘**

摘要：为了提高立法的科学性、合理性，进一步增强地方规章的可操作性，长沙市政府法制部门委托中南大学法学院组建课题组对长沙市32部规章进行了立法后评估。通过确立科学的评估方法和采取全面的评估方式，课题组对这些规章的合法性和实施效果进行了全面评估，并认为应通过立法对立法后评估的启动主体、程序和机制等予以确定和设计；在建立独立的第三方评估机构的基础上，扩大评估主体成员的多样性和广泛性；重视并运用评估中的成本收益分析法；对立法后评估结果的效力予以确认。

关键词：立法后评估；地方规章；合法性；实施效果

立法后评估是指在法律实施一段时间后，特定的主体采用一定的方法，对法律中设计的制度及其实施效果等进行考察和评价，发现法律实施过程中出现的问题，从而提出修改和完善意见的活动。经过十余年的探索，我国的立法后评估工作取得了一定的成绩，并积累了一定的经验，但不得不指出的是，由于立法后评估探索更多地是由国务院及地方人大进行的，各自为政的情形非常明显，无论在评估主体、评估方法、评估效果等方面还未形成一致。本文结合长沙市32部地方规章的立法后评估实践，对我国立法后评估相关理论问题进行分析和总结，希望能对我国的立法后评估工作改进有所裨益。

---

* 此文收录于2015年湖南省立法研究会论文集，后刊登于《中南大学学报（社会科学版）》2012年第6期。

** 李沫，中南大学法学院副教授；蒋建湘，中南大学法学院教授。

一、长沙市地方规章立法后评估的背景与意义

2011年3月10日上午，全国人大常委会委员长吴邦国在十一届全国人大四次会议第二次全体会议上宣布，中国特色社会主义法律体系①已经形成。法律体系的形成表明我国的立法工作已经迈向一个新的时期，这个时期立法工作的重点应当是完善中国特色社会主义法律体系，其中内含了从注重立法数量②到注重提高立法质量的转变。提高立法质量意味着，除了立法时应注重民主立法、科学立法外，还必须关注法律的实施和实施后的评估工作，及时对立法进行清理，该废止的予以废止，已失效的宣布失效，需要修改的及时进行修改。可见，“立法后评估”是进行立法的“改”和“废”的重要前提工作，也是新时期立法工作的重点。2011年10月国务院新闻办公室发表的《中国特色社会主义法律体系》白皮书也指出，要建立健全立法前论证和立法后评估机制，不断提高立法的科学性、合理性，进一步增强法律法规的可操作性。

白皮书中提及的立法后评估对象不包含行政规章，但是，作为法的重要渊源，作为地方法治政府建设的重要依据，地方规章也需要根据法律修改和废止的情况以及客观现实的变化及时进行清理，这既是保证法制统一的客观要求，也是完善中国特色社会主义法律体系的应有之义。从我国的实践来看，立法后评估的对象也包括行政规章。2004年，行政规章的立法后评估被纳入国务院《全面推进依法行政实施纲要》并成为一项立法制度。2010年4月，国务院办公厅发出《关于做好规章清理工作有关问题的通知》，要求各省、自治区、直辖市和较大的市人民政府、国务院各部门按照下位法必须符合上位法的原则，根据法律修改和废止的情况，及时对规章进行清理。《关于做好规章清理工作有关问题的通知》要求这次规章集中清理工作按照“谁制定、谁清理”的原则组织实施。

作为拥有地方立法权的省人民政府所在地的长沙市人民政府一直注重通过

---

① 按照《中国特色社会主义法律体系》白皮书，中国特色社会主义法律体系并没有包含地方规章。

② 截至2011年8月底，中国已制定现行宪法和有效法律共240部、行政法规706部、地方性法规8600多部，涵盖社会关系各个方面的法律部门已经齐全，各个法律部门中基本的、主要的法律已经制定，相应的行政法规和地方性法规比较完备，法律体系内部总体做到科学和谐统一，中国特色社会主义法律体系已经形成。参见中华人民共和国国务院新闻办公室2011年10月发布的《中国特色社会主义法律体系》白皮书。

制定地方规章推动法治政府建设、促进地方经济发展和社会管理进程。其立法后评估工作同样是其地方立法的重要工作内容。长沙市人民政府严格按照《关于做好规章清理工作有关问题的通知》的要求，对本市 1989 年至 2008 年制定的全部现行有效的 33 部规章进行了全面清理，其中《长沙市实施〈军人抚恤优待条例〉细则》《长沙市城市容貌规定》等 32 部规章的清理工作由长沙市政府法制部门主持。为加大地方规章清理的科学性和民主性，准确把握地方规章的实施情况和效果，长沙市政府法制部门委托中南大学法学院组建长沙市地方规章立法后评估课题组（下称课题组），以独立第三方的名义，通过走访座谈、问卷调查、专家测评等方式，围绕该 32 部规章的合法性、实施效果等进行了全面的评估，并一一撰写立法后评估报告书，为规章的改、废提出专家建议，将规章清理工作做得更为规范和严谨。

二、立法后评估的主体

立法后评估主体，是组织、主导和具体承担立法后评估工作的组织和个人。评估主体的确定，直接关系着立法后评估的质量和效果。有学者根据评估的启动机制不同，提出了国家或政府主导型、社会主导型以及国家与社会联动型三种模式。① 西方发达国家已经基本上确立了立法后评估制度，美国主要通过《灵活规制法》《政府绩效法》《行政程序法》建立了立法后评估制度，在注重公众参与（很多非政府部门成了评估的重要主体，如大众传媒、大学的学者与研究中心、私人研究组织、压力集团和公共利益组织等）的同时，国会监督、总核算办公室的研究、总统委员会的活动以及部门内的“内部”评估也是常见的评估模式。英国立法后评估主体主要有制定规章的主体本身、政府特别机构、部长、大臣和议会以及公众。日本的立法后评估主要是行政主体②自身在实施。虽然有的地方建立了比较客观的第三方评估主体，但他们的意见在真正评估时很少被采纳。2006 年欧盟委员会在对评估指南进行调整的过程中，先后成立了内部机构协调小组（Inter - Service Steering Group，简称 ISG）和影响评估委员会（Impact Assessment Board，简称 IAB），专门负责立

① 王锡明：《地方立法后评估程序研究》，载《人大研究》2011 年第 10 期。

② 日本的立法后评估主体主要有：（1）内阁及政府各部、地方自治体政府部门；（2）行政评价局；（3）独立行政法人评估委员会；（4）政策评价和独立行政机构评估委员会。

法评估工作的实施。① 综上，西方国家的立法后评估基本上以国家或政府主导型为主，同时有着明显的公众化倾向，社会参与的力度越来越大。

我国的立法后评估工作起初基本采用的是国家或政府主导型，即主要是由立法部门牵头，执法部门参与的评估主体模式。这种评估模式难以保障评估结果的公正性、客观性与可信性。有学者指出了这种模式的弊端，“有些机关心态比较保守，不愿外界对其本身的政策加以批评，因而可能采取两种做法进行政策评估——一种是由政府机关内部自行评估，如此常常会发生袒护本身所制定的政策的偏差；另一种则是委托可信任的学者进行研究，凭借学者的评估报告替该机关实施的政策背书。”② 而如果纯粹采用社会主导型，虽然其独立性可以使得立法后评估更为公正和客观，但是也可能存在弊端：一是评估结果可能受到个人主观色彩或团体的政治倾向影响而使其客观性大打折扣。有如美国公正行政学的创始人威尔逊确立的两条法则，“威尔逊的第一条法则：如果研究是由那些执行政策的人主持或者他们的朋友主持，那么结论是：对社会问题的所有政策干预都会产生预期的效果。威尔逊的第二条法则：如果研究是由独立的第三方主持，尤其是那些政策持怀疑态度的人主持时，那么结论就会是：对社会问题的政策干预不会产生预期的效果。”③ 二是评估所需的相应事实材料可能会因为缺乏强大的政府支持而失之偏颇或信息不全。因此，作为立法后评估的发展方向，应该是采用国家与社会联动型模式，将内部评估与外部评估结合起来，实现评估主体的多元化。

长沙市政府的此次立法后评估主要由政府法制部门委托第三方大学研究机构进行，欲通过社会主导型模式的实践探索获取更为客观和科学的评估结果。其方式是政府法制部门通过合同的方式委托中南大学法学院承担该32部地方规章的评估工作，中南大学法学院独立负责拟定评估方案、确定评估方法、进行调研分析以及撰写评估报告等；而政府法制部门则承担提供相关调研的便利条件和一定的经济支持等协助义务，同时其在尊重学术自主权的基础上享有对评估报告进行验收的权力。第三方独立评估除了可以防止行政主体自我评估的主观性和增强评估民主性外，还可以利用其研究优势（包括研究人员和研究

① 王保民，崔东晓：《欧盟立法评估制度研究》，载《行政与法》2011年第5期。

② 李允杰，丘昌泰：《政策执行与评估》，北京大学出版社2008年版，第164－166页。

③ ［美］托马斯·R. 戴伊：《自上而下的政策制定》，鞠方安译，中国人民大学出版社2001年版，第158页。

能力）确保评估的科学性和规范性。政府法制部门的验收则是在现行体制下增强评估报告效力的重要手段，政府的确认行为使评估结果有足够的权威获得政府及其相关部门的认可和社会公众的接受。

三、立法后评估的方法与标准

行政立法后评估在我国尚处于初级阶段，评估的具体制度还仅是“初具模型”①，立法机关、行政机关以及独立的第三方主体在评估实践中都按照各自评估目的和需要进行，并未形成统一的评估方法和标准。要提高评估的科学性和规范性，真正挖掘出立法后评估的价值，立法后评估应确立并遵循特定的方法和标准。

（一）立法后评估的方法

立法后评估方法是指评估主体在对选取的法律法规以及规章进行立法后评估时所采用的方式和方法，包括评估工具的选择、评估方式的选用、评估角度的切入等。② 评估工具多种多样，有学者认为，评估方法（即工具）主要有语义分析法、价值分析法、经济分析法、实证分析法、系统分析法和要素评估法。③ 在确定评估工具的后，还可以采取问卷调查、专题调研、实地调研、个案分析、座谈会研讨等具体的方式。

就国外而言，经济分析方法，尤其是成本收益分析以及风险评估是立法评估最为常用的方法。如1988年美国总统里根下令，要求对所有新颁布的法律做成本与收益的分析。④ 2003年美国又制定了《规范评估成本和效益及会计报告格式指南》，为行政法规进行立法成本与效益评估提供了操作性很强的法律依据。再如，英国的《规制影响评估指南》提出成本与收益为基本的规章评估方法，它建议成本与收益的评估应尽可能用量化货币进行，但所用的分析

① 认为仅是“初具模型”是因为现仅有为数不多的地方政府制定了立法后评估办法。如：2011年重庆市政府以及厦门市政府分别颁布实施了《重庆市政府规章立法后评估办法》《厦门市规章立法后评估办法》，此外，2012年1月1日起《安徽省政府立法后评估办法》正式施行。

② 丁贤，张明君：《立法后评估理论与实践初论》，载《政治与法律》2008年第1期。

③ 张大伟，徐辉，李高协：《论法律评估——理论、方法和实践》，载《甘肃社会科学》2010年第5期。

④ 何勤华等：《西方法律思想史》，复旦大学出版社2005年版，第381页。

手法很大程度上依赖于实际的情况，并没有统一的要求。英国财政部出台了《中央政府鉴定与评价绿皮书》，为中央政府部门进行成本——收益分析提供指导。① 这些运用经济学原理来分析规章的方法，已经成为法律评估中的一种重要方法。与此同时，定性和定量的评估方法能够形成互补，其综合运用对于评估的科学性和实效性大有裨益。而我国的立法后评估实践强调的是实地调研、问卷调查、走访座谈等评估方式的运用，而非评估方法的选择，如《重庆市政府规章立法后评估办法》第13条规定“政府规章立法后评估的程序”时，提出要通过实地考察、专题调研、座谈会、问卷调查、专家论证等方法（实为方式，笔者注），收集实施机关、管理对象和社会公众的意见和建议。或者，对方法与方式不加以区分，如《厦门市规章立法后评估办法》第16条规定，立法后评估应当采用下列方法（实为方法与方式，笔者注）：（1）通过新闻媒体、门户网站公开征集社会公众意见；（2）走访行政执法单位、司法机关、行政相对人或者书面征求其意见；（3）召开座谈会、专家论证会。评估实施机关根据评估需要，还可以采用以下评估方法：（1）发放调查问卷；（2）实地考察；（3）专题调研；（4）个案分析；（5）相关立法比较分析；（6）成本效益分析；（7）其他方法。

课题组认为，首先，要根据评估目的确定正确的评估方法，本次立法后评估主要运用了语义分析法、价值分析法、比较分析法、实证分析法和要素评估法，同时注重定量化评估方法的应用。其次，为了确保数据和资料的有效性，全面了解法律实施的效果，评估采用专题调研、召开座谈会、实地考察、问卷调查、个案分析、专家评测等方式。在本次立法后评估中，课题组对全部32部地方规章拟定了调研提纲并一一进行了专题调研。在专题调研的基础上，针对规章中重要制度的实施情况和突出问题，课题组主要通过实地考察、个案分析等方式进一步收集资料和信息。此外，召开立法机关、实施机关以及相对人、利害关系人参加的座谈会，为本立法后评估工作提供了大量的鲜活的材料和思想。对于与社会公众利益密切相关的地方规章，本课题采用了纸质问卷和随机电话等问卷调查的方式，从受访者对特定规章的知晓程度、满意程度以及实施效果评价等方面，较直观地掌握了社会公众的态度以及地方规章亟待完善的问题。在调查统计以及资料分析的基础上，课题组还运用前述所提及的分析

① 汪全胜：《英国立法后评估制度探讨》，载《云南师范大学学报（哲学社会科学版）》2009年第5期。

方法，以定性分析为主，辅之以定量分析，并贯穿成本与收益分析方法，对32部地方规章全面进行了评价。

（二）立法后评估的标准

任何评估活动，都应当先确定一个基本的评估标准，然后方可实施具体的评估。这个标准，相当于一个标尺，要能在服从立法后评估的目的的基础上，准确测量出立法的质量。

国外关于立法后评估的标准或指标的设计，通常会采用发布相关手册的方式予以明确，并着重于经济性标准的设置。如，英国的评估标准主要是三大指标，即英国国家审计署于2003年发布的《绩效审计手册》提出的“3Es”标准，即经济性（Economy）、效率性（Efficiency）和效果性（Effectiveness）标准。① 荷兰司法部发布了《荷兰法律草案可管理性和可执行性检测方法手册》，将立法后评估的重点确定为立法对经济和企业的影响、环境效应和法律的遵守情况。与以上国家不同的是，日本的评估指标的设置则会根据评估主体的不同以及评估的对象、目的、意义等的不同而有所差别，但基本围绕“法律政策的必要性、有效性、效率性以及实施状况”来设计。② 就整体趋势而言，各国的评估指标越来越精细化，可操作性越来越强，而且逐步考虑到立法对社会的全面的影响。

我国关于立法后评估的标准可谓众说纷纭。有人认为，行政立法后评估的标准主要应当有：合法性、合理性、实用性、效益性及技术性五个方面。③ 有人将立法后评估的指标确定为六项：合法性、适应性、操作性、绩效性、特色性和参与性。④《重庆市政府规章立法后评估办法》明确政府规章立法后评估的标准主要包括：合法性标准、合理性标准、协调性标准、执行性标准、实效性标准和规范性标准。《厦门市规章立法后评估办法》将立法后评估的标准确定为合法性标准、合理性标准、科学性标准、协调性标准、规范性标准、操作性标准和实效性标准共七个方面。在实践中，国务院进行行政立法后评估的评

---

① ［日］铃木淑夫：《日本的金融政策》，陈云芳译，中国发展出版社1995年版，第3页。

② 汪全胜：《日本的立法后评估制度及其对中国的启示》，载《中州学刊》2009年第5期。

③ 陈建平：《行政立法后评估的标准》，载《行政与法》2008年第9期。

④ 沈国明，史建三，吴天昊等：《在规则与现实之间——上海市地方立法后评估报告》，上海人民出版社2009年版，第21页。

估标准是：立法中的制度设计合不合理、立法内容有没有针对性、规定的条款操作性强不强、立法的实施效果好不好。甘肃省确定了地方性法规立法后评估要素计分标准，主要的评估要素有：立法条件、目的和依据（10分），法制统一（15分），制度设计和权力配置（25分），地方特色（10分），可操作性（15分），技术规范（10分），公众参与（5分），法规的现实适应性（10分）。①

笔者认为，前述所列的各项立法后评估标准中，合法性、合理性、适应性、操作性、特色性、协调性、规范性等标准是从立法文本本身及其与相关立法、客观实际的适应程度等角度确定的，而执行性、实效性、实用性、效益性等标准则是从立法实施情况的角度予以确立。因此，在充分借鉴已有研究成果和实践经验的基础上，结合长沙市的实际，笔者主要针对立法文本以及其实施情况进行全面评估，并将本次立法后评估的标准确定为两个大的方面：合法性标准和实施效果标准。

1. 合法性标准

笔者认为，合法性标准有狭义和广义之分，广义的合法性标准包含了规章的合法性、合理性以及操作性的考量。而狭义的仅从规章制定的权限、程序和内容上进行合法性考量。如果仅从规章制定的权限、程序以及内容等方面进行立法后评估，则无法全面反映立法本身的“良善”与“有效性”，无法实现立法后评估的初衷。为了全面分析规章与地方法治的适应性以及其对地方法治的有效性，本次立法后评估中的合法性标准采广义说，也就是全盘考虑地方规章的合法性、合理性以及操作性。

（1）合法性考察

合法性考察是指在法治原则下，规章就其权限、内容以及程序是否符合法律的授权，是否符合上位法的规定。合法性考察是立法后评估的前提和基础，也是法制统一原则对行政规章的基本要求。成文法律文件的合法性可以因两大事由而被挑战：①该文件的内容或者说实体方面超越了母法授予的权限；②在制定的过程中没有遵循正确的程序。② 因此，笔者认为，合法性考察具体包括内容和程序两个方面。规章的内容合法性主要体现为规章符合宪法、法律等上

---

① 李高协，王锡明，张丽伟：《甘肃省立法后评估的探索与思考》，载《人大研究》2010年第9期。

② 张越：《英国行政法》，中国政法大学出版社2004年版，第582页。

位法的基本精神和主要内容，不违背立法宗旨和上位法的具体规定。而规章的程序合法性则是指该规章的制定程序符合《立法法》和《规章制定程序条例》的规定。当然，合法性考察也内含了法制的统一性和地方特色性的考量。

（2）合理性考察

合理性考察是以合法性为基础的，是合法性框架中的合理性评估。作为地方规章的立法后评估，其合理性考察必须符合行政法中的一项重要的基本原则——比例原则。我国著名行政法学家罗豪才教授认为合理性标准就在于其内容是否客观、适度、符合理性。① 还有的研究者认为：行政立法后评估中的合理性标准应当体现在：要求行政法规与行政规章要符合公平、体现社会正义与理性、设定的自由裁量的幅度与范围适当、行政手段与行政目的之间符合比例原则等。② 这些关于合理性标准的界定都已经体现了比例原则的实质内容。要指出的是，广义的比例原则包含了三个次级原则：一为妥当性原则。是指相对于一个行政权力的行使实际上可否达到法定之目的而言，如果行政权力所为根本无法达成目的，就是违反妥当性原则。二为必要性原则。是指一个行政权力的行使，在仅达到行政目的即足，不可过度侵及人民权利，也就是说，行政权只能在必要的限度内行使，使人民的权利尽可能遭受最小之侵害。所以，该原则又可以称为"最小侵害原则"（传统的行政法学所指的比例原则，即是指这种必要性原则。）。三为均衡原则。是指一个行政权力之行使，虽是达成行政目的所必要的，但是不可给予人民超过行政目的之价值的侵害。换言之，是将行政目的所达成的利益与侵及人民的权利之间，做一个衡量，必须证明前者重于后者之后，才可以侵犯人民之权利。③ 良好的法律，不仅要有正当的立法目的，而且该立法确定的具体制度和措施应当与目的成比例，应当增加人民的福祉。反之，不当的措施不但不利于目的的实现，反而将有碍于法治的初衷。笔者认为，结合比例原则的内涵，地方规章立法后评估的合理性考察应当包括：规章的措施与目的之间是否得当；规章的内容设置是否合理，其具体制度设计是不是实现行政目的所必要的，有无给相对人造成不当的侵害；行政裁量权的幅度与范围是否适当；法律责任的设置是否妥当。

---

① 罗豪才：《行政法学》，中国政法大学出版社 1999 年版，第 60 页。

② 陈建平：《行政立法后评估的标准》，载《行政与法》2008 年第 9 期。

③ 陈新民：《行政法学总论》，三民出版社 2005 年版，第 90－91 页。

（3）操作性考察

操作性，是法律区别于道德、习惯的原因之一，是法律规范对现实需求的回应，是法律权威产生的前提。因为法律权威不是将法律刻在大理石上，而是由于其操作性和合理性为人们所接受并成为其行为指导的内心确认。作为地方规章，主要是对宪法、法律和法规规定的进一步贯彻和细化，或者是对现实需要的一种政府回应，因此其操作性强应当是地方规章的一个鲜明特征，同时也应当成为立法后评估中的一个重要内容。笔者认为，地方规章的操作性首先决定于地方规章的立法技术。古今中外众多历史人物都认为，科学、严肃、慎重的态度，是搞好立法的一个基本要求。[①] 而这种要求也应体现在立法技术上，只有立法表达规范准确，内容要素完整齐备，逻辑结构规范严密，该立法才可能反映立法的本意，才可能具有实现立法本意的可操作性。此外，地方规章的操作性还决定于规章与现实的适应性，也就是说规章中的条文能不能在实践中解决具体的法律问题。在考察这种适应性时，一要注意地方规章设计的制度本身必须与当前的社会发展水平相当，过分超前或落后的制度规范会大大降低操作性。二要注意现实是动态的，客观情况的发展和变化有可能使某些条款逐步丧失了操作性。值得一提的是，操作性往往与地方规章的权力配置和责任机制有关。权力配置明确，责任清晰，操作性则强。否则，职能部门之间相互争夺、相互推诿的现象就会大量出现，规章本身的操作性将大打折扣。

2. 实施效果标准

法律的生命在于实施。法的作用与价值只有通过法的实施才能够体现出来。立法后评估的重要内容就是评估法的实施效果。即考察分析规章的执行和被遵守的情况，规章的实施成本的情况，规章确立的制度与规则取得的效果和效益，实现立法目标和宗旨的程度等。国外关于实施效果的评估非常注重成本收益分析，并要求尽可能量化。典型如美国、英国、荷兰等国。我国已有的探索对实施效果标准进行了明确，如，《重庆市政府规章立法后评估办法》规定的实效性标准，即各项规定能否解决实际问题，是否能够实现预期的立法目的，实施后对政治、经济、社会、文化、环境等方面的影响，公众的反映，实施成本与产生的经济、社会效益情况等；《厦门市规章立法后评估办法》确定的实效性标准，即规章是否得到普遍遵守与执行，是否已达到预期目的。

笔者认同我国当前关于实施效果标准的界定，但同时认为，实施效果的评

① 周旺生：《立法学》，法律出版社2004年版，第283－285页。

估应注重成本收益分析，《全面推进依法行政实施纲要》中已明确规定："积极探索对政府立法项目尤其是经济立法项目的成本效益分析制度。政府立法不仅要考虑立法过程成本，还要研究其实施后的执法成本和社会成本"。立法过程成本相对容易计算，执法成本和社会成本则往往难以预估。立法后评估必须重点向实施机关收集信息，了解行政机关在实施规章方面的举措，并对执法成本进行较全面的考量。此外，立法目标的实现程度也应当是考察的重点，而这不只是要考察实施机关，还需要通过收集立法机关、管理对象和社会公众的意见和建议进行全面考察。此外，本次立法后评估的目的是为规章的改和废提出专家建议，力求将清理工作做得更为彻底，因此，要通过对已收集资料的分析，找出规章实施存在的主要问题，这样才能根据清理的要求，作出修改抑或废止的建议，同时对于应当予修改的立法，提出具有针对性的意见。

四、反思与展望

尽管对长沙市地方规章客观地进行立法后评估困难重重，笔者还是尽可能收集了与各地方规章有关的材料、数据等，在此基础上，通过去伪存真、去粗取精的严谨分析，再结合专家评测的分数，得出了该32部地方规章的立法后评估总体结论——除《长沙市生活饮用水二次供水卫生管理规定》《长沙市通航桥梁水域交通安全管理办法》等几部规章已经与现实不相适应而丧失了可操作性应当予以废止外，其他的规章尽管在文本上或者在实施中存在一些问题，但无论从合法性还是实施效果来看，都尚属于良好或一般，笔者建议对其部分内容予以修改完善，并针对其存在的问题提出了修改和完善的建议。各评估报告都经由长沙市政府法制部门向长沙市政府呈交，并成了长沙市立法清理工作的重要依据。与此同时，笔者对立法后评估的一些理论问题进行了反思。

（一）关于立法后评估启动

前面已经提及，立法后评估存在国家或政府主导型、社会主导型和国家与社会联动型三种模式。三种模式启动各有利弊，一般认为，国家与社会联动型最能综合前两种模式的优势，而体现出启动的效率性、信息的全面性、结果的公正性与可接受性以及结果的强回应性等优点。[①] 本次立法后评估采用的主要是社会主导型，但长沙市法制部门提供了极大的便利，尽管如此，笔者仍然遭

① 汪全胜，金玄武：《立法后评估的触发机制——国家与社会联动的视角》，载《中共中央党校学报》2009年第5期。

遇了信息尤其是政府执法信息获取难度大、信息不全面等一些问题。笔者认为，就发展趋势来看，国家与社会联动型这种模式将成为立法后评估的主流。同时，虽然本次立法后评估启动的动因是国务院对地方规章的清理要求，实践中立法后评估的启动是比较随意的。因此，有必要通过立法对立法后评估的启动主体、程序和机制等予以确定，同时加大立法后评估配套制度的建设，如，扩大政府信息公开制度的深度和广度，建立立法后评估的责任制度等。

（二）关于立法后评估主体

中南大学法学院作为独立的第三方成为本次立法后评估的主要主体，大大增强了评估的公正性和科学性，但是采用政府委托这样一种方式，也使得立法后评估存在一定的风险。因为，“作为合同一方的研究者经常面对遵循政府部门路线的压力，特别是在他们高度依赖某一个部门的情况下。”① 如何确保第三方评估机构的独立性值得进一步研究，笔者认为，利益上的无牵连、公开的程序机制、更广泛的公众参与和监督将是我国立法后评估主体制度发展的方向。

此外，本次立法后评估中，中南大学法学院的研究人员作为课题组成员承担了全部的资料分析和评估工作，但是囿于专业知识的限制，不一定能够全面掌握地方规章所涉其他专业领域的知识，这在一定程度上造成了对评估科学性的消极影响。笔者认为，作为地方立法的长效机制，应在建立独立的第三方评估机构的基础上，扩大评估主体成员的多样性和广泛性。该第三方评估机构应为非营利组织，该机构应按照不同专业设置评估成员名册，并在对不同的地方规章进行评估时，根据所涉专业确定不同的评估成员参与，即国家机关工作人员、专家学者以及社会公众都可以因在某些专业领域的特长而参与到立法后评估中来。

（三）关于成本收益分析

成本收益分析已经成为我国立法后评估的重要发展趋势，但是成本收益分析的难度是显而易见的。成本至少包含经济成本和社会成本，经济成本又包含直接成本和间接成本。评估立法的直接成本可能相对容易统计，但是政府支出的间接成本可能在一定的时期内还不能确定，如，可能因某个立法涉及政府责任而被诉讼时增加的开支。立法可能涉及的社会成本就更是一个难以衡量和评

① James Fallows, Breaking the News: How the Media Undermine American Democracy. New York: Pantheon, 1996. 169.

估的问题。例如，如何测算政府拆除某人房屋，修建一条穿越而过的道路后除政府需给予经济补偿外因此给社会增加的其他成本？如何测算允许砍伐一片森林的社会成本，因为砍伐过后会加速水土流失以及可能导致洪灾。可见，成本测算尚有难度。效益（同样包含经济效益和社会效益）的评估更是如此。立法确定的最初政府行为所产生的经济效益可能在短期内能够显现，但是也有可能需要更长的一段时间。同时，立法所产生的经济效益对不同的主体是不同的，可能存在此消彼长的关系，这样的复杂关系也会使得经济效益的计算更为复杂。此外，社会效益，与社会成本类似，往往涉及一些无形事物，例如生活质量、人权和环境条件，而对这种无形事物的评估往往比评估经济效益更难。因此，笔者认为，作为立法后评估的一种重要方法，我们应当在对成本收益分析法进行进一步研究的基础上，强化其配套机制，积极稳妥地予以适用。

（四）关于立法后评估结果的效力

本次立法后评估是在全国进行规章清理工作的背景下进行的，虽然触发点是为了按照下位法必须符合上位法的原则，根据法律修改和废止的情况，及时对规章进行清理，但长沙市政府首次将立法后评估与规章的清理相结合，极大地增强了此次规章清理的科学性和慎重性，而本次立法后评估结果也直接影响到地方规章的修改和废止，其效力是值得肯定的。笔者认为，为了使立法后评估成为常态，应当借鉴重庆市、厦门市已有的做法，将取得的成果予以固化，将立法后评估结果的效力通过立法予以明确。首先，要在强调评估报告公开的前提下，明确在国家与社会联动型模式下政府法制部门对评估报告的验收责任；其次，要确定经验收的评估报告结果必须作为修改、废止规章的依据。即立法后评估报告建议政府规章进行修改的，有关行政机关应当按照立法程序提请市人民政府对政府规章进行修改。根据立法后评估报告修改政府规章的，原则上应当采纳评估报告提出的建议，未采纳的应当说明理由。立法后评估报告建议废止政府规章的，应当按照法定程序废止该政府规章。最后，还应设置一定的制度促进评估报告中改进行政执法工作建议的实现。

关于规范性文件备案审查中的几个理论和实践问题*

董高群**

摘要：我国规范性文件备案审查制度面临一些理论和实践问题。一是规范性文件制文依据的法律、法规、规章及其他上位规范性文件存在违宪问题，可以依法启动合宪性审查程序。二是地方法院、检察院和监察委制定的规范性文件、党政机关联合发布的规范性文件是否应向人大常委会备案等问题有着不同意见。三是规范性文件审查的标准应当依次适用规范维度、实效维度和道德维度进行把握。在撤销规范性文件决定的溯及力问题上，如果涉及公共利益，应当坚持公共利益优先原则，适当兼顾保护信赖利益。

关键词：规范性文件；合宪性审查；理论问题；备案范围；溯及力问题

我国是单一制的社会主义国家。实施规范性文件备案审查制度，是维护法制的统一和尊严，完善统一、有序、公平竞争的市场的客观需要。《监督法》实施以来，这项制度有序推进，稳步发展，成效明显，但也面临一些理论和实践问题。

---

* 此文收录于2020年湖南省立法研究会论文集，后刊登于《人大研究》2020年第12期。

** 董高群，原常德市人大法制委主任委员、常委会法工委主任，现任常德市司法局党组书记。

一、规范性文件审查是否包含合宪性？如何实施？

（一）从世界各国宪法规范和宪法实践来看，合宪性审查不等同或者包含于合法性审查

《宪法》是国家的根本大法，治国安邦的总章程，具有最高法律地位。任何规范性文件，包括法律、法规、规章，都不得与之相抵触。不同国家，因为政治、经济、文化、历史传统的差异，合宪性审查的方式千差万别、各具特色。比如美国，自1803年“马伯里诉麦迪逊”案后形成了由司法机关作为合宪性审查机关的体制。① 在这一体制中，不仅最高司法机关有审查权，地方法院也有审查权；不仅审查合宪性，也审查合法性。同时，这种审查仅限于附带性审查，即以争讼为前提，所审查的仅限于与诉讼有关的法律、法规和规范性文件。比如英国，因为奉行“议会至上”原则，形成了代议机关为合宪性审查机关的体制。② 英国是不成文宪法国家，宪法由宪法性法律、惯例、判例组成。法律性文件是否符合宪法，由议会（不包括地方议会）审查。其中，对议会立法的合宪性审查依赖于议会本身在法案审议程序中的自我监督；对行政立法主要通过备案、批准和审议等方式进行审查。③ 比如法国，由1799年设立的护法元老院演变而成的由独立机关作为合宪性审查机关的体制。法国宪法委员会对法律的合宪性审查是一种事先审查，它在法律通过之后颁布之前进行。审查分为两大类：一是必须经过宪法委员会审查才能公布实施的立法，即各类组织法和议会规则；二是应总统、总理、国民议会议长、参议院、议会议员的请求。两类均不涉及具体案件。对于行政立法，议会、上级行政机关、行政法院均可以审查，其中，行政法院可以确认行政立法无效。比如德国，与法国类似但有所不同。④ 德国宪法法院合宪性审查有三种：一是普通法院在审理案件时，遇到所适用的法律合宪性问题，必须中止审理，并向联邦宪法法院提出申请，要求对法律的合宪性进行审查；二是联邦、州政府或者联邦议会三分之一的议员提出，申请合宪性审查；三是自然人、法人或者团体因其宪法权利受到政府侵害，在穷尽了所有其他救济手段后，可以向宪法法院提起诉讼。我

---

① 曹海晶：《中国立法制度比较》，商务印书馆2016年版，428页。

② 曹海晶：《中国立法制度比较》，商务印书馆2016年版，426－427页。

③ 曹海晶：《中国立法制度比较》，商务印书馆2016年版，第439－440页。

④ 曹海晶：《中国立法制度比较》，商务印书馆2016年版，第431页。

国采取的是由最高国家权力机关作为合宪性审查机关的体制。《宪法》规定，全国人大及其常委会监督宪法的实施。上述林林总总的合宪性审查方式虽有不同，但一般而言，合宪性审查不同于一般合法性审查，合宪性审查的地位高于合法性审查，是对法律适用依据的终极审查。

（二）《监督法》关于规范性文件审查的规定不包含合宪性审查的内容

根据《监督法》第30条第2项的规定，县级以上地方各级人大常委会对同法律、法规相抵触的下一级人大及其常委会和同级人民政府发布的规范性文件，有权予以撤销。这其中的“法律”是否包含宪法？理论尚为厘清，实务理解存异。《监督法辅导讲座》中的解读似乎肯定“法律”中包含宪法。比如，在备案审查程序中，如确有违宪、违法等“不适当”的问题，制定机关又拒绝修改或者废止的，则应报经秘书长或者主任会议同意，由相关专门委员会或者常委会工作机构，向报送机关提出书面审查意见。① 又比如，对违宪、违法或者有其他不适当问题的规范性文件，制定机关拒绝修改、废止的，应当向主任会议提出撤销该规范性文件的议案，由主任会议决定是否提请常委会审议。② 笔者认为，尽管《监督法辅导读本》是《监督法》实施中的权威性辅导资料，甚至能在一定程度上反映立法者的意图，但这一解读在法理上难以证成。一是依照惯例，法律与法规等相连使用时，“法律”仅指全国人大及其常委会制定的法律；二是我国宪法监督机关，也即合宪性审查机关仅限于全国人大及其常委会。

（三）党和国家的政策推进为合宪性审查做了顶层设计

2017年10月，党的十九大报告指出，加强宪法监督和实施，推进合宪性审查工作，维护宪法权威。《党的十九大报告辅导读本》中也表述，完善规范性文件备案审查制度，把所有规范性文件纳入备案审查范围，坚决纠正和撤销违宪违法的文件。2018年3月修改《宪法》，其内容之一，是将“全国人大法律委员会”更名为“宪法和法律委员会”。2018年6月，全国人大常委会作出决定，全国人大宪法和法律委员会在继续承担统一审议法律草案等工作的基础上，增加开展宪法解释、推进合宪性审查等工作。这既是对宪法监督体制的完善，也是对合宪性审查制度的顶层设计。按照已有实践及未来发展，我国合宪性审查主要有两种方式：一是全国人大及其常委会制定法律过程中，由宪法和

① 杨景宇：《监督法辅导讲座》，中国民主法制出版社2006年版，146页。

② 杨景宇：《监督法辅导讲座》，中国民主法制出版社2006年版，第146页。

法律委员会在统一审议中进行合宪性审查。这种方式目前已经开展。如，2018年以来，全国人大及其常委会在制定监察法，修改《刑事诉讼法》、修订《人民法院组织法》和《人民检察院组织法》，作出关于设立上海金融法院、关于国家监察委员会制定监察法规等决定时，就进行了合宪性审查。二是发现违宪的法律、法规、规章和其他规范性文件，由有关单位和个人提请全国人大及其常委会审查，具体由宪法和法律委员会承担。至于提请主体和具体程序尚待明确。

（四）规范性文件审查中出现违宪问题的实务操作

合宪性审查机关仅限于全国人大及其常委会，其他国家机关均无权审查。备案审查实务中一般仅对规范性文件是否符合法律、法规、规章及其他上位规范性文件进行审查。如果作为制文依据的这些法律、法规、规章及其他上位规范性文件存在违宪问题，则应当向全国人大宪法和法律委员会报告，依法启动合宪性审查程序。

二、规范性文件备案的范围？

根据《监督法》和《中国共产党党内法规和规范性文件备案审查规定》等法律、法规的规定，我国目前存在四套规范性文件备案审查系统：党委、人大常委会、政府、军队。其中，党委系统明确，党组织制定的规范性文件向上级党组织报送备案，纪委、党委工作机构和议事协调机构等制定的规范性文件向同级党委报送备案。《监督法》明确地方人大常委会接受下一级人大及其常委会和同级政府制定的规范性文件的报送备案。政府系统明确，各级政府制定的规范性文件要报送上级政府和同级人大常委会备案，政府部门制定的规范性文件要报送本级政府备案，两个或两个以上部门联合制定的规范性文件，由牵头部门报送。实行垂直管理的部门，下级部门制定的规范性文件要向上一级主管部门报送备案，同时抄送同级政府。军队系统由中央军事委员会根据《中国共产党党内法规和规范性文件备案审查规定》制定具体办法。四套系统，各有分工，各司其职，共同构成党和国家机关规范性文件备案审查工作体系。但在具体实务中，还有几个问题尚需进一步厘清。

（一）地方法院、检察院和监察委制定的规范性文件是否属于备案范围？

《监督法》规定，最高人民法院、最高人民检察院制定的司法解释，应当自公布之日起三十日内报送全国人大常委会备案。《全国人大常委会关于国家监察委制定监察法规的决定》也规定，监察法规应当在公布后的三十日内报全国人大常委会备案。不过，对地方法院、检察院和监察委制定的规范性文件如何报送备案没有明确。对地方法院、检察院制定的规范性文件是否应向同级人大常委会报送备案，有三种不同意见：一是不应当。理由是，地方法院、检察院不是制定司法解释的主体。只有司法解释作为最高司法机关对法律适用问题的解释，效力具有普遍性，才属于规范性文件。如果允许地方法院、检察院制定的文件报送备案，则等同于间接赋予其制定具有普遍性规则甚至司法解释的权力。二是应当。理由是，虽然地方法院、检察院没有制定司法解释的权力，但其制定的文件中仍然有一部分涉及诉讼参与人的普遍性规则。如《最高人民法院　最高人民检察院 关于办理盗窃刑事案件适用法律若干问题的解释》第1条第2款规定，各省、自治区、直辖市高级人民法院、人民检察院可以根据本地区经济发展状况，并考虑社会治安状况，在前款规定的数额幅度内，确定本地区的具体执行标准。依此规定，省级司法机关制定的相关文件就是规范性文件。若不要求其向同级人大常委会报送备案，会脱离应有的监督。三是省级司法机关制定的规范性文件应当备案。理由是2010年12月28日最高人民法院公布的《关于进一步规范上下级法院审判业务关系的若干意见》中规定，高级人民法院通过审理案件、制定审判业务文件、发布参考性案例等形式，对辖区内各级人民法院和专门人民法院的审判业务工作进行指导。中级人民法院通过审理案件、总结审判经验、组织法官培训等形式进行指导。二者相较，只有高级人民法院才能制定审判业务文件。检察院系统也有类似规定。

对监察委制定的规范性文件是否报送同级人大常委会备案，也有两种不同意见：一是不应当。理由是《监察法》规定的人大及其常委会对同级监察委的监督方式仅为听取和审议专项工作报告、开展执法检查、询问和质询，没有规定规范性文件备案审查。二是应当。理由是全国人大常委会办公厅《法规、司法解释备案审查工作办法》第55条规定，地方人大常委会可以参照全国人大常委会对法规、司法解释备案审查办法的规定，对依法接受本级人大常委会监督的地方政府、监察委、法院、检察院等国家机关制定的有关规范性文件进行备案审查。全国人大常委会法工委主任沈春耀于2019年在向全国人大常委会报告备案审查工作时也指出，按照法治原则，只要规范性文件的制定机关属于人大监督对象，这些机关制定的规范性文件就都应当纳入人大备案审查的范围。

笔者认为地方法院、检察院和监察委制定的规范性文件应该向同级人大常委报送备案。因为地方法院、检察院和监察委作为国家机关，由人大产生，对其负责，受其监督，这是宪法的规定，而他们制定规范性文件已是客观存在，无法回避。而且法院、检察院、监察委上下级机关并无备案审查系统，若不向同级人大常委会报送备案，会让这一部分规范性文件失去监督。

（二）党政机关联合发布的规范性文件如何报送备案？

机构改革后部分党的机关和政府机关深度融合，导致党政机关联合发布文件数量显著增加。其形式表征为：文号一般为党的机关发文字号，少数为政府机关发文字号；发文机关署名中包括党的机关和政府机关。实务中主要有四种情形：一是中央和地方党委与同级政府联合发文；二是党委工作部门与同级政府工作部门联合发文；三是党委工作部门和政府工作部门整合为一个机构后，对外仍以两部门名义发布文件，如党委办和政府外事办、党委统战部和政府宗教事务局等；四是议事协调机构，其中既有党的机关工作人员，也有政府机关工作人员，其对外发布文件。虽然有的地方，如《湖南省行政程序规定》明确，议事协调机构不得制定规范性文件，但仅限于政府部门。有党的机关工作人员参与的议事协调机构发布文件较为普遍。

党政机关联合发布的规范性文件，如系党的机关牵头，则纳入党委系统报送备案；如系政府机关牵头，则纳入政府系统和同级人大常委会系统报送备案。这点在实务中无异议，但如何区分牵头机关，尚存在两种不同意见：一是形式判断，对外发文字号的所属机关即为牵头机关；二是实质判断，若文件规范的内容属于党内事务，则牵头机关为党的机关，若文件规范的内容属行政管理事务，则牵头机关为政府机关。形式判断，一目了然，便于操作，但实务中会造成绝大部分党政联合发布的规范性文件作为党的机关文件，而其中不乏行政管理事务内容。这类文件，依照国务院《政府信息公开条例》规定，不需要作为政府信息公开，但若作为行政执法依据，则面临行政行为执法依据不合法的风险。实质判断，能将实质内容为行政管理事务的文件作为政府机关文件进行管理，从而避免以此为依据的行政执法行为的法律风险。但实质判断的主体和判断标准难的确定存在困难。笔者认为，一是应当建立党委、人大常委会、政府备案审查工作联系机制，及时沟通、协商、解决是否党政联合发布文件以及谁为牵头机关的问题；二是判断牵头机关以形式判断为主，兼采实质判断，对内容涉及行政管理事务的党政联合发布文件应当一并纳入政府系统和同级人大常委会系统的备案审查范围；三是人大常委会和政府备案审查机构如发现党政机关联合发布的规范性文件存在不适当情形的，应当及时向党委相关备案审查工作机构提出意见。

（三）政府部门制定的规范性文件是否向人大常委会备案？

政府部门是否属于人大常委会的监督对象？其制定的规范性文件是否属于向人大常委会备案的范围？这个问题，在实务界认识上有分歧。一种意见以为，根据《宪法》规定，地方人大的监督对象就是政府、监察委、法院、检察院，没有包含政府部门。所以不应当向人大常委会备案。另一种意见认为，根据《地方组织法》《监督法》的规定，政府部门正职领导由人大常委会任命，受政府委托、向人大常委会报告工作，接受询问和质询，实质上也是监督对象。所以，政府部门制定的规范性文件应当向人大常委会备案。笔者认为，从法理上分析，政府部门的正职领导人是政府组成人员，与政府领导人一起，共同构成政府的主体，向人大及其常委会负责并受其监督。至于政府部门正职领导由人大常委会任命，向其报告工作，甚至接受其询问和质询，都是代表政府接受人大监督的方式，并且在代表大会闭会期间由常委会行使。同时，政府部门制定的规范性文件已经纳入了政府的备案审查系统。所以政府部门不属于人大常委会直接监督对象，其制定的规范性文件不宜向人大常委会备案。但在实务中，如果人大常委会备案审查机构发现政府部门制定的规范性文件存在不适当问题，应当向相关政府备案审查机构提出建议。

三、规范性文件审查的标准？

审查标准是判断规范性文件合法适当与否的依据。不同的备案审查系统，对审查标准的表述不尽相同。党委系统，根据《中国共产党党内法规和规范性文件备案审查规定》，审查范围包括政治性审查、合法合规性审查、合理性审查、规范性审查等。其中合规性是指是否同党内法规和规范性文件相抵触，规范性审查是指名称、体例、表述是否规范。人大常委会系统，《监督法》规定包括越权、违法和其他不适当情形。全国人大常委会《法规、司法解释备案审查工作办法》做了进一步细化，并增加了违背宪法规定、宪法原则、宪法精神和与党中央重大决策部署不相符或者与国家的重大改革方向不一致。政府系统，中央层面，没有相关法律法规规章的规定，有的地方政府通过规章进行了明确，如《湖南省规范性文件管理办法》中规定，政府法制部门和部门法制机构审查规范性文件，依据法律、法规、规章和上位规范性文件。虽然表述各不相同，但主要内容相重合。大体分三个方面：其一，就合法性审查而言，人大常委会系统审查标准的范围最窄，包括宪法、法律、法规；政府系统则在此基础上了增加规章和上位规范性文件；党委系统最宽，在前述基础上还增加了党内法规和规范性文件。其二，就合理性审查而言，人大常委会仅对其中明显不当的规范性文件认定为不适当，如超越权限设定行政许可、行政处罚、行政强制、行政收费，没有依据增加公民义务或者减损其权利等。与之相较，党委系统和政府系统审查的自由裁量权更大，涉及的关联因素更多。

制定规范性文件，同制定法律、法规、规章一样，涉及制度的立、改、废。判断一个制定的好坏、善恶，一直是理论界争论不休的话题。正如博登海默在《法理学：法律哲学与法律方法》中指出的那样，法律是一个带有许多大厅、房间、凹角、拐角的大厦，在同一时间里想用一盏探照灯照亮每一间房间、凹角和拐角是极其困难的，尤其是当技术知识和经验受到局限的情况下，照明系统不适当或至少不完备时，情况就更是如此。① 笔者认为审查判断规范性文件是否适当应当从三个维度进行把握：一是规范维度。即是否与已有的法律体系协调一致、成龙配套，不能抵触上位法。至于上位法规定之间不一致，则按照相关程序解决。二是实效维度。即实施的社会效果。不同的学派对此有不同认识，制度经济学派认为，制度设计要有正效益，产生的收益要大于制定实施的成本。功利学派认为，要实现最大多数人的最大幸福。还有的学者认为，社会是一个复杂的系统工程，片面强调制度的经济收益不利于整体进步。综合各学派意见，找寻最大公约数，参照帕里托最优方案，即假定制度使固有的一群人和可分配的资源，从一种分配状态到另一种状态的变化中，在没有使任何人情况变坏的前提下，使得至少一个人变得更好。笔者认为，一项制度的出台，不一定能产生效益，推动进步，但至少不能成为阻碍社会进步的制约因素，或者大部分人对其心存抵触，这应该可以成为共识。如，打击贿赂犯罪中出台规定，对受贿者从严处理，对行贿者只要配合调查就网开一面，制定实施的结果就是行贿者因为犯罪成本低，更加积极地围猎公职人员，受贿者面对重重诱惑心存侥幸，致使贿赂犯罪高发。又如，部分地区因为大气污染防治的需要，要求全域全时段禁止焚烧秸秆，违者追责，其结果是显著增加了基层治理的成本和社会的不和谐。三是道德维度。道德同法律的关系，不同的学派有不同的认识。自然法学派认为，不道德的法是恶法，恶法非法；分析法学派认为，法和道德分属不同的范畴，恶法亦法，如凯尔森把法律视作一种封闭的东

① ［美］E. 博登海默：《法理学：法律哲学与法律方法》，邓正来译，中国政法大学出版社 2017 年版，第 217 页。

西，就好像法律是在一个封闭且密封的容器一般。① 尽管对哪些制度是符合道德的存在分歧，但一般对哪些制度是不道德的往往能在一定的时空条件下达成一致。恰如哈特的“最低限度的自然法”。比如，人们对于什么是道德的婚姻，可能一千个人有一千种答案，但婚外性行为是不道德的，则几乎无异议。因此我们完全可以认为，不道德的规范性文件肯定是不适当的。三个维度之间，优先适用规范维度，其次适用实效维度，再次适用道德维度。

四、撤销规范性文件决定的溯及力?

溯及力的概念有狭义和广义两种。② 狭义的溯及力指法适用于其生效前的事实；广义的溯及力是指法适用于生效前发生的事实，或者不仅适用过去的事实，而且适用于未来的事实。德国联邦宪法法院将溯及力区分为“真溯及力”和“假溯及力”。“真溯及力”限于法以回复性的方式“对已经结束的过去事实事后作了不同的规定”的情况。“假溯及力”是指法“对没有结束的事实和法律关系面向未来适用，并且对关系人的法律地位造成了事后的总体不利影响”。

规范性文件作为“软法”，其溯及力问题当然与法一样。规范性文件因为不适当而被撤销后，以其作为执法依据的具体行政行为如何处理？传统法学理论一般坚持不溯及既往原则。如法国民法典就规定“法律只对其后作出规定，没有追溯力”。但随着社会发展和进步，人们越来越认为传统理论偏重保守主义，阻碍进步或者至少阻碍立法者新希望的发展。以后人们曾提出过各种解决方法，其中鲁彼埃理论在学理上获得普遍承认。鲁彼埃理论区分三种情形：一方面是新法律的即行效力，作为原则，另一方面是新法律的追溯力，以及旧法律的延续，作为例外。③ 这样，就必然产生两个选择：一是在新法的追溯力和即行效力之间进行选择；二是在新法的即行效力和旧法的延续之间选择。由此产生两个问题：一是法的狭义溯及力，相当于德国法上的“真溯及力”问题；二是旧法的效力延续，相当于德国法中的“假溯及力”问题。

规范性文件是否具有溯及力同法一样，往往取决于形式法治与实质法治、

---

① ［美］E. 博登海默：《法理学：法律哲学与法律方法》，邓正来译，中国政法大学出版社 2017 年版，第 217 页。

② ［德］汉斯·丁·沃尔夫，奥托·巴霍夫，罗尔夫·施托贝尔：《行政法（第一卷）》，高家伟译，商务印书馆 2002 年版，第 287 页。

③ ［法］雅克·盖斯坦，吉勒·古博：《法国民法总论》，陈鹏，张丽娟，石佳友等译，法律出版社 2004 年版，第 312 – 314 页。

法的可预测性和正当性之间的平衡和协调。一般而言，法应当具有普遍性和可预测性，人们依法而为，并为自己的行为承担法律责任。一方面，如果溯及既往，就是以今天的规范要求昨天的行为，可能使一部分人因为违反了一个事后才创建出的新规范所设定的义务而遭受惩罚；另一方面，如果绝对不溯及既往，可能出现同类事项不同处理，从而因形式公正导致实质的不公正。所以在坚持不溯及既往的原则前提之下，应当处理好几种例外情形：一是只有更有利于保护公民、法人和其他组织利益时，才能溯及既往。这方面有些部门法做了相关规定。如刑法规定了从旧兼从轻的原则，一般适用旧法，但新法不认为是犯罪或者处刑较轻的，适用新法。二是设定负担行政的规范性文件，因违法而被撤销的，其撤销决定应当溯及既往。如某地出台规定，公开招录教师需在规定时间内本着自愿的原则，交纳 2 万元至 7 万元不等的师资培训费。如果该文件被撤销，撤销决定不溯及既往，之前已经交纳的师资培训费不予退还，显然不公平，而且会助长行政专断。三是对没有结束的事实和法律关系进行调整的规范性文件，一旦撤销，其撤销决定的溯及力，同时也是原有规范性文件的延续力，应审慎处理。如果是负担行为，自然无延续效力。如果是受益行为，则应当平衡信赖利益保护和公共利益。比如，某地在招商引资过程中出台了一系列优惠政策文件，包括税费减免、土地零地价等内容，施行一段时间后，因为违法被撤销。但已有部分企业入驻，这些优惠政策如果不兑现，势必损害公民、法人和其他组织的信赖利益，也影响政府的公信力；如果兑现，又会损害法制的统一，甚至会助长地方政府基于地方利益偏好搞“上有政策、下有对策”。处理的办法，笔者认为，如果涉及公共利益，应当坚持公共利益优先原则，适当兼顾保护信赖利益。具体而言，如果规范性文件制定时即违法，则该规范性文件自始无效；如果嗣后违法，则在比较公共利益和信赖利益后作出选择，若选择不再延续原有规范性文件的效力，应当依法给予补偿。

此外，法院在审理行政案件时，可能附带审查作为行政行为依据的国务院部门、地方政府及其部门发布的规范性文件。法院审查与人大常委会审查、政府审查之间的关系及相互沟通、协调机制尚无具体的制度规定。一般而言，基于法院和行政机关各自职能职责的差异，法院对规范性文件的审查仅限于合法性审查，除非它明显不当，其审查标准与人大常委会审查标准大体相当。具体实务中，如法院发现作为行政执法依据的规范性文件存在不适当情形的，可以向人大常委会和政府的相关备案审查机构发出司法建议，相关备案审查机构应当研究处理，并反馈处理结果。

第五篇
地方立法保障与促进地方治理

通过立法促进地方治理：立场、进路与程序*

汪全军**

摘要： 通过立法的方式规范地方权力的运行，就必须制定出更加优良的地方性法规。公民参与则是实现这一目的的有效进路。地方立法机关应当主导立法讨论的议程，引导公众参与立法讨论，让公众的意见更加有效的融入地方性法规之中。

关键词： 地方治理；有序参与；立法程序

新中国成立之初，具有临时宪法性质的《共同纲领》将全国人民代表大会召开之前的国家立法权赋予了中国人民政治协商会议全体会议和中央人民政府委员会，而未提及地方立法权；① 随后，政务院颁行的大行政区、省、市以及县人民政府组织通则分别授予大行政区、省、市以及县人民政府委员会“拟定”暂行法令条例（县一级为单行法规）的权力。② 严格地说，这一时期地方拟定暂行法令条例、单行法规的活动“还不能说是现在意义上的地方立

---

* 此文收录于2016年湖南省立法研究会论文集，后刊登于《黑龙江社会科学》2020年第1期。

** 汪全军，法学博士，湖南大学法学院助理教授。

① 参见《中国人民政治协商会议共同纲领》第12条第2款、第13条第2款。中央人民政府法制委员会编：《中央人民政府法令汇编（1949－1950）》，法律出版社1982年版，第19－20页。

② 参见《大行政区人民政府委员会组织通则》第4条第2项、《省人民政府组织通则》第4条第3项、《市人民政府组织通则》第4条第3项、《县人民政府组织通则》第4条第3项。中央人民政府法制委员会编：《中央人民政府法令汇编（1949－1950）》，法律出版社1982年版，第145页、第150页、第153页、第156页。

法活动”。[①] 而1954年《宪法》则基本取消了地方立法权，只保留了民族自治地方制定自治条例和单行条例的权力。[②] 改革开放以来，地方立法权得以逐步恢复，拥有地方立法权的主体呈现出层级逐渐下移、数量不断增加的发展态势。特别是2015年《立法法》的修改，使得有权制定地方性法规的市、自治州从49个猛增至322个。[③] 虽然，《立法法》强调省、自治区人大常委会应当从人口数量、地域面积、经济社会发展情况、立法需求、立法能力五个方面考虑设区的市开始制定地方性法规的具体步骤和时间，“体现了积极稳妥推进的思路”。[④] 但是，从设区的市开始制定地方性法规的实践来看，各省、自治区总体上并没有遵循“积极稳妥推进”的立法精神，反而“呈现出‘蜂拥井喷’的态势”。[⑤] 截至2016年7月底，新获得地方立法权的273个市州中，已有263个确定可以开始制定地方性法规，比例高达96.34%。而且，其中123个市州已经制定了147件地方性法规。[⑥]

面对地方立法主体的急剧扩容，学界给予了极大的关注。已有的研究主要集中在如下几个方面：一是地方的立法权限。包括地方立法权限的具体范

---

① 乔晓阳：《中华人民共和国立法法讲话》，中国民主法制出版社2007年版，第242页。

② 参见1954年《宪法》第22条、第70条第4款。

③ 2015年《立法法》修改前，拥有地方立法权的较大的市共有49个，包括27个省、自治区的人民政府所在地的市，4个经济特区所在地的市和18个经国务院批准的较大的市（不含已升格为直辖市的重庆市）。而《立法法》修改后，截至2016年10月1日，拥有地方立法权的市州共有322个，包括设区的市288个，“比照适用”的不设区的市4个，自治州30个。值得注意的是，2015年2月19日，《国务院关于同意海南省调整儋州市行政区划的批复》同意“撤销县级儋州市，设立地级儋州市，以原县级儋州市的行政区域为地级儋州市的行政区域”。儋州市从而成为我国第五个不设区的地级市。而2015年3月15日通过的《全国人民代表大会关于修改〈中华人民共和国立法法〉的决定》却并没有授权儋州市“比照适用本决定有关赋予设区的市地方立法权的规定”。因而，儋州市也就成为我国唯一没有地方立法权的地级市。

④ 李适时：《全面贯彻实施修改后的立法法——在第二十一次全国地方立法研讨会上的总结》，载《中国人大》2015年第21期。

⑤ 郑磊：《设区的市开始立法的确定与筹备——以〈立法法〉第72条第4款为中心的分析》，载《学习与探索》2016年第7期。

⑥ 李建国：《努力将地方立法工作提高到一个新水平——在第二十二次全国地方立法研讨会上的讲话（摘要）》，载中国人大网：http：//www.npc.gov.cn/npc/xinwen/2016-09/14/content_1997476.htm，2016年10月7日访问。

围①、中央与地方立法权限的划分②、地方不同层级之间立法权限的划分③等等。二是地方立法的程序，特别是公众参与立法的程序。④ 三是地方立法的质量，主要是地方立法中存在的问题。⑤ 尽管人们所关注的具体问题并不一样，但所流露出来的复杂情绪是一致的。一方面，人们对地方立法主体的增加表示欢迎，认为这将有利于通过立法的方式解决地方治理（特别是城市管理）中的诸多问题；另一方面，人们也对地方立法主体的立法能力表示担忧，认为存在立法权滥用的风险。之所以会产生如此矛盾的心理，主要原因在于人们在讨论地方立法主体扩容的问题时，不自觉地采用了国家机关（甚至是中央国家机关）的视角。从地方国家机关的角度来看，地方拥有立法权可以使其管理行为获得法定依据，从而更有底气；而在中央国家机关看来，地方若滥用立法权则可能导致整个国家法律体系的混乱，因而不无担忧。倘若换一个角度，从广大公民的视角来看，《立法法》赋予地方立法权的同时，也是对地方国家机关权力的一种限制与规范。这种限制与规范体现在如下两个方面：一是立法程序相较于过去的政策制定程序而言，更加规范、透明，也便于监督；二是设区的市的立法权限被严格控制在城乡建设与管理、环境保护、历史文化保护以及立法程序等事项。特别是治理依据从政策到法规的转变则更是地方治理体系现代化的重要表现。

一、从政策到法规：地方权力运行的规范化

（一）政策之治⑥

在地方没有立法权的时期，地方治理的直接依据是各种各样的政策。依靠政策治理国家的习惯源自于革命战争时期。“革命战争期间，主要是靠政策办

① 易有禄：《设区市立法权的权限解析》，载《政法论丛》2016 年第 2 期。

② 孙波：《我国中央与地方立法分权研究》，吉林大学 2008 年博士学位论文。

③ 程庆栋：《论设区的市的立法权：权限范围与权力行使》，载《政治与法律》2015 年第 8 期。

④ 宋方青：《地方立法中公众参与的困境与出路》，载《法学》2009 年第 12 期。

⑤ 孙波：《试论地方立法“抄袭”》，载《法商研究》2007 年第 5 期。

⑥ 本文所说的政策不仅包括执政党的政策，也包括国家机关（特别是行政机关）所发布的政策。

事，注重的是政策，没有依法办事的习惯。”① 当时，一切工作都是围绕战争展开的，政权建设相对粗陋。具有简便、灵活、高效等特征的政策与紧张的战争环境十分契合，因而成为中国共产党领导革命的主要方式。在新中国的建立过程中，“国民党的六法全书”被全面、迅速地废除，而“人民的新的法律”却未能及时制定。在这个法律空窗期，形成了“有纲领、法律、命令、条例、决议规定者，从纲领、法律、命令、条例、决议之规定；无纲领、法律、命令、条例、决议规定者，从新民主主义的政策”这一司法原则。② 就这样，革命战争时期形成的依靠政策的习惯延续到了国家建设阶段。

改革开放以来，国家法制逐渐得以恢复。特别是中国共产党第十五次全国代表大会将依法治国确定为党领导人民治理国家的基本方略，在政治理念层面完成了从依政策治国到依法治国的转变。但是，在国家治理实践中，政策不仅没有让位于法律法规，反而一直发挥着十分重要的作用。例如，从 2005 年至今，国务院先后出台了“国八条”“国六条”“国十五条”“9·27 房贷新政”“国十三条”“国四条”“国十一条”“新国十条”“新国八条”“新国五条”“9·30 房贷新政”等房地产调控政策，各地政府也纷纷出台相应的配套政策，试图通过限购、限贷等方式抑制房价过快上涨，这些政策极大地影响了人们的生活。从地方治理的角度来看，通过发布政策的方式治国理政之所以被为政者所倚重，除了受传统习惯的影响之外，还有如下几点原因：

一是立法质量不高，地方国家机关有很大的自由裁量空间。虽然中国特色社会主义法律体系已经形成，但仍然存在着许多立法空白。以社会福利为例，我国并没有一部社会福利方面的基础性法律，从而导致各地国家机关无法可依，只能通过发布政策的方式调整居民的社会福利。其中，最具代表性的就是各地政府发布的有关住房保障的政策。此外，许多法律还存在可操作性不强的问题。“相当一部分现行法律大多是原则规范，只具有政策宣示与导向功能，要么授权行政部门自行决定，立法中不注重法律的可操作性、可执行力，等于

---

① 彭真：《在接见立法工作干部培训班学员时的讲话》，载全国人大常委会办公厅研究室编：《发展社会主义民主 健全社会主义法制——有关重要论述摘编》，法律出版社 1988 年版，第 201 页。

② 《中共中央关于废除国民党的六法全书与确定解放区的司法原则的指示》，载武延平，刘根菊等：《刑事诉讼法学参考资料汇编（中册）》，北京大学出版社 2005 年版，第 646 页。

是自废法律的武功。”① 在无法可依、有法难依的情况下，地方国家机关只有通过发布政策的方式对相关领域进行治理。

二是我国各级政府之间存在着“职责同构”的现象，即“不同层级的政府在纵向间职能、职责和机构设置上的高度统一、一致”。② 具体表现为“上下对口”“左右对齐”。从《宪法》《地方各级人民代表大会和地方各级人民政府组织法》（以下简称《地方组织法》）等法律的规定来看，除了外交、国防等少数专属于中央的职权外，中央与地方政府之间的职权高度一致。特别是《地方组织法》第59条第10项关于地方政府“办理上级国家行政机关交办的其他事项”的兜底规定，更是强化了这种一致性。而地方政府之间的职权则被以“县级以上的地方各级人民政府行使下列职权”的形式完全同一化。各级政府之间的“职责同构”使得中央出台了法律、政策之后，地方必须跟进。而受制于立法权限，地方政府往往只能采取发布政策的形式。现实中出现“关于转发《关于转发〈关于……的通知〉的通知》的通知”这种公文就是上下级政府之间“职责同构”的具体表现。

三是政策具有简便、灵活、高效等优势。首先，政策的制定过程十分简便，往往由少数领导拍板就能决定。有些政策即使需要通过开会的方式予以制定，其制定程序与立法程序相比较也显得十分简单。其次，政策的运用十分灵活。“它可以根据形势的变化而改变。较之法律的修改，政策的变化所受的限制和约束要小得多。”③ 而且，政策的用语往往是抽象性、原则性的，因此在实际执行过程中也存在较大的灵活解释空间。最后，政策的执行十分高效。政策的执行依赖的是科层制官僚系统。通过开会、下发文件等方式上传下达，政策得以迅速贯彻落实。

（二）谨慎对待权力

正是由于上述原因，依政策治国在我国一直存在着较大的生存空间，并且在一定程度上取代依法治国成为主要的治国方式。虽然，在国家治理实践中，政策有其存在的合理性和必要性。但是，政策不应该取代法律。依法治国才是

---

① 郑成良：《全面提升立法质量是依法治国的根本途径》，载《国家行政学院学报》2015年第1期。

② 朱光磊，张志红：《“职责同构”批判》，载《北京大学学报（哲学社会科学版）》2005年第1期。

③ 孙国华，王立峰：《依法治国与改革和完善党的领导方式和执政方式》，载《政治学研究》2002年第4期。

现代国家治理的基本方式，而制定和发布政策则只能是辅助手段。这是因为，“政策的决策机制与法律的制定机制相比，政策本质上是一种人治决策机制。”① 政策之治与法律法规之治之间的关键区别就在于政策与法律法规的制定机制不同，这种不同具体体现在如下几个方面：

一是制定者的不同。大部分政策的制定者局限于少数领导，其体现的是少数领导的意志。在政策的制定过程中，即使存在一些协商沟通机制，但这也不过是领导收集各方意见的管道，而并不具有做决定的功能。现实中不乏部分领导“力排众议”强推个别政策的情形。当然，若领导能够发扬民主，在深入基层、倾听各方意见的基础之上制定政策，政策也能够反映一定的民意。不过，历史实践早已证明，这种寄希望于个别英明领导的做法是不可靠的。而法律法规的制定者则是广大人民，其体现的是广大人民的意志。立基于人民主权理论之上的现代民主国家将人民视为国家的主人，将人民的同意与授权视为一切国家权力的最终来源。因此，立法权应当属于广大人民。“服从法律的人民就应当是法律的创作者；规定社会条件的，只能是那些组成社会的人们。”② 人民或直接行使立法权，或选举代表间接行使立法权。我国《宪法》规定，中华人民共和国的一切权力属于人民，人民行使国家权力的机关是全国人民代表大会和地方各级人民代表大会。拥有立法权的各级人民代表大会及其常务委员会制定法律法规的行为实际上是广大人民间接行使立法权的体现。

二是制定过程的不同。一般而言，政策的制定显得比较随意，而法律法规的制定则十分慎重。首先，政策的起草一般是由国家机关内部工作人员完成的。虽然重大政策的起草会广泛征集各方的意见，但实践中常常出现一些“坐在办公室里拍脑袋想出来的政策”。这不仅使得政策的起草非常草率，而且容易脱离实际。而法律法规草案的起草则不同，其往往要经过“作出法案起草的决策”“确定起草机关”“组织起草班子”“明确立法意图”“进行调查研究”“搭架子和拟出法案提纲”“正式起草法案”“征求有关方面意见和协调论证”“反复审查和修改”“形成法案正式稿”十个步骤。③ 在法律法规草案的起草过程中，起草者通过调研、座谈会、听证会等形式广泛征求社会公众

① 蔡定剑，刘丹：《从政策社会到法治社会——兼论政策对法制建设的消极影响》，载《中外法学》1999年第2期。

② ［法］卢梭著：《社会契约论》，何兆武译，商务印书馆2003年版，第48页。

③ 周旺生：《论法案起草的过程和十大步骤》，载《中国法学》1994年第6期。

的意见，反复研究、修改，最终形成正式的草案文本。其次，政策的通过往往只需要领导同意即可。实际上，政策的制定所遵循的是国家机关内部的决策机制。在集体领导体制和行政首长负责制之下，按照民主集中制原则，只需要在领导班子中通过，政策便能够出台。而从法案到法则需要经过一个复杂的立法程序，包括提出法案、审议法案、表决和通过法案、公布法等步骤。特别是在审议法案阶段，不仅有审议次数的规定（一般应经过三次审议），而且还对听取各方面的意见、可行性评价、听证、公开征求意见等审议过程中的各种细节进行了规定，这些都体现了立法程序的严谨和慎重。最后，政策往往是一经公布立即生效，具有很强的时效性。例如，各地的商品房限购政策、汽车限牌政策等往往都选择在夜间公布，旋即生效。① 而法律法规则往往要在公布一段时间之后才会生效实施，这样能够给社会公众一个调整、适应的缓冲期，更加合理。

三是稳定性不同。政策往往是为了解决某个特定时期的特定事项而制定的，具有很强的针对性。那么，随着具体情形的改变，政策也会做出相应的调整。所以，现实中人们往往觉得“政策多变”。实际上，灵活性是政策的一个优势，也是为政者对其爱不释手的重要原因。而法律法规则具有很强的稳定性，其修改或废止需要经过严格的立法程序，不能像政策那样一言以兴之、一言以废之。

政策与法律法规在制定机制上的差异反映了政策之治与法律法规之治两种治理模式在处理权力问题时的不同态度。政策之治是围绕个人（主要是领导）展开的，其相信个人理性，进而依靠领导的个人智慧，对权力持一种信赖、放任的态度；而法律法规之治则是围绕人民展开的，其怀疑个人理性，转而依靠人与人之间的沟通、协商，其对权力持一种警惕、限制的态度。实际上，“任何非规范性的治理方式都极有可能经异化而导致任意性甚或恣意性，从而导致权力的失控”。② 政策的制定机制很难对个人权力进行有效的控制，因而政策之治很容易演变为个人专制，这是现代国家治理体系所无法容忍的。

---

① 参见《广州深圳佛山连夜升级限购，一时间广东房市满城风雨》，载腾讯网：http：//finance. qq. com/a/20161005/003222. htm，2016 年 10 月 25 日访问；《杭州宣布汽车限购令，摇号和竞拍并行》，载人民网：http：//auto. people. com. cn/n/2014/0325/c1005 - 24734619. html，2016 年 10 月 25 日访问。

② 朱志昊：《实践商谈与理性参与：立法科学化问题研究的新视角》，法律出版社 2014 年版，第 17 页。

（三）地方权力运行的规范化

修改后的《立法法》赋予设区的市和自治州以地方立法权，这虽然不会使政策彻底淡出地方治理体系，但确系地方权力运行规范化的重大进步。

从外部视角来看，地方国家权力机关取得立法权有利于通过地方性法规约束和规范地方国家行政机关的行政行为。设区的市和自治州获得地方立法权后，广大人民可以通过市州一级人民代表大会及其常务委员会行使立法权，使得与在地居民联系最为密切的地方治理规范更多的体现人民的意志。而人民通过地方立法机关所制定的地方性法规也是地方国家机关（主要是地方行政机关）的权力运行依据，这使得“权力的自由行使受到了规则的阻碍，这些规则迫使掌权者按一定的行为方式行事”。①

从内部视角来看，立法程序本身所具有的公开、参与等属性可以最大限度地避免权力腐败。公开和参与是《立法法》第5条所确立的基本立法原则。虽然《立法法》没有直接规定地方性法规的制定程序，而是授权本级人民代表大会规定，但是也要求地方人民代表大会在规定地方性法规制定程序时“参照”全国人民代表大会及其常务委员会的立法程序。这就意味着，公开和参与同样应当成为制定地方性法规的基本程序性原则。政策为人所诟病的一个重要原因就在于其制定程序的封闭性。程序的不透明和决策的不公开使得别有用心者有了上下其手的空间，甚至出现“政策‘俘获’现象”。② 而通过听证、公开征求意见等方式，地方性法规的制定程序完全暴露在人民及其代表面前，从而使得腐败无处遁形。特别是，获得制定地方性政府规章的权力之后，设区的市、自治州人民政府在城乡建设与管理、环境保护、历史文化保护等方面的治理将更多的透过制定地方性政府规章的方式进行。而地方性政府规章的制定亦应当遵循以公开、参与为原则的立法程序。可以说，在制定地方性法规、地方政府规章的过程中，立法程序对于各方参与者产生了“‘作茧自缚’的效应”。③

所以说，修改后的《立法法》普遍赋予设区的市、自治州以地方立法权的做法，表面上看是在中央与地方事权划分的背景下，中央向地方放权的一种

---

① ［美］E. 博登海默：《法理学：法律哲学与法律方法》，邓正来译，中国政法大学出版社2017年版，第371页。

② 肖金明：《为全面法治重构政策与法律关系》，载《中国行政管理》2013年第5期。

③ 季卫东：《法治构图》，法律出版社2012年版，第128页。

体现，但实际上却是对地方国家机关权力的限制与规范。而这种限制与规范本就是现代法治国家在面对权力时应有的态度和立场。

二、公民参与：地方立法的基本进路

（一）公民参与

地方立法主体层级的下移促进了地方国家机关权力运行的规范化，这主要得益于地方立法权对行政权的监督与限制，以及地方立法程序对各方立法参与者的规制。不过，在代议制民主体制中，人民通过选举代表组成立法机关，实际行使立法权的是人民的代表而非人民自己。这样，如何确保人民的代表的意志与人民的意志保持一致就是一个必须解决的问题了。正如密尔所言，代议制有两大危险，即“议会中的普遍无知和无能”以及“受到和社会普遍福利不同的利益影响”。① 实际上，这两大危险产生的根本原因在于代议制强调“一次选举授权，整个任期有效”。从而使得人民“只有在选举国会议员的期间，才是自由的；议员一旦选出之后，他们就是奴隶，他们就等于零了”。②

为了克服代议制的弊端，必须保证人民对于立法活动的全程参与。首先，立法信息应当公开，以便公众能够及时获知。通过公报、报纸、电视、网络等途径广泛宣传立法规划、年度立法计划、法律法规草案等信息，尽可能使更多的人（特别是利益相关者）知晓，为接下来的意见征集、协商讨论打下基础。其次，通过多种形式征集社会公众的意见。通过召开座谈会、论证会、听证会，以及开通征求意见的信箱、网站等途径，广泛征集社会公众的意见、建议，让民意得以直接呈现。再次，针对各方有异议的内容展开协商讨论，寻求共识。当社会公众的意见不统一或者社会公众与其他主体的意见不一致时，不能由立法机关径行决定采纳何种意见。而是应当“通过协商、咨议、论证实现国家、执政党、社会各方的良性互动，让舆论化的公共领域与制度化的立法过程发生关联，使社会各方的意见表达对立法决定产生实质性影响，从而扩展民主的深度与广度”。③

在地方立法中，公民参与显得更为重要。根据《立法法》第 73 条的规

---

① ［英］密尔：《代议制政府》，汪瑄译，商务印书馆 1982 年版，第 82 页。

② ［法］卢梭：《社会契约论》，何兆武译，商务印书馆 2003 年版，第 121 页。

③ 朱志昊：《论立法协商的概念、理论与类型》，载《法制与社会发展》2015 年第 4 期。

定，我国地方立法包括执行性立法与地方性立法两类。[①]“‘地方’是国家管理、服务社会的最前沿。”[②]不论是执行性立法还是地方性立法，其所要调整的都是与普通公民关系最为密切和直接的事项。关于这些事项的立法活动，公众不仅具有较高的参与意愿，而且还能够提供一些“地方性知识”，这对于地方立法的科学化具有极其重要的意义。

（二）有序参与

在我国的政治语境中，当谈论“公民参与”时，往往会强调其“有序性”。[③]这既是因为“无序”或“脱序”的公民参与根本无助于社会共识的形成，也是对“文革”时期“大民主”的反思与警惕。“公民有序参与立法”是“公民有序政治参与”在立法领域的具体体现。

在政治领域，“有序”往往具有如下几种涵义：一是指稳定的、渐进式的推进；二是指在宪法、法律的框架下行动；三是指在政府的引导与规制下活动；四是指理性的、自觉的参与；五是指政府力量与民间力量的平衡；六是指有效的公民参与。[④]虽然“有序”一词可以从不同的角度解读出不同的含义，但是它们都包含了“有秩序、理性的、自主的、适度的”这些共同特征。[⑤]具体到立法领域，有序性是指公众在立法机关的理性引导下，在遵守法律和程序

---

① 根据《立法法》第73条第1款之规定，地方性法规可以就下列事项作出规定：（一）为执行法律、行政法规的规定，需要根据本行政区域的实际情况作具体规定的事项；（二）属于地方性事务需要制定地方性法规的事项。前者可以被称之为“执行性立法”，后者可以被称之为“地方性立法”。参见封丽霞：《中央与地方立法关系法治化研究》，北京大学出版社2008年版，第333页。

② 葛洪义：《法治建设中的“地方”》，载《吉林大学社会科学学报》2012年第2期。

③ 党的十五届五中全会通过的《关于制定国民经济和社会发展第十五个五年计划的建议》中首次提出“扩大公民有序的政治参与”，党的十六大报告中也有同样的表述。党的十八届三中全会通过的《关于全面深化改革若干重大问题的决定》中提出“从各层次各领域扩大公民有序政治参与”“扩大公民有序参与立法途径”，党的十八届四中全会通过的《关于全面推进依法治国若干重大问题的决定》也有类似表述。可见，在我国的政治语境中，特别强调公民参与的有序性。

④ 孙柏瑛：《我国公民有序参与：语境、分歧与共识》，载《中国人民大学学报》2009年第1期。

⑤ 魏星河：《我国公民有序政治参与的涵义、特点及价值》，载《政治学研究》2007年第2期。

规范、维护社会秩序的基础上，自觉、自愿、自律地参与立法活动。① 可见，立法领域所说的“有序”与政治领域所说的“有序”具有相同的含义。

不过，根据公众参与的阶梯理论，公众参与可以划分为三个阶段，即“知情阶段”“咨询阶段”“协商参与阶段”。② 前两个阶段是低档次的、表面层次的参与，只有协商参与阶段才是深度的、有效的参与。“公民有序参与立法”不仅应当包括公民形式上参与到立法活动之中，还应当包括公民实质上参与了立法内容的讨论与协商。若将“有序”仅仅理解为公民参与行为的有秩序、理性、自主或适度，那么，这样的公民参与很可能还停留在知情阶段和咨询阶段。这是因为，在知情阶段和咨询阶段，信息的传递是单向的。或是自上而下的告知相关信息，或是自下而上地表达意见、建议。在这种情况下，只需要公众有秩序、理性、自主以及适度地参与其中，信息的传递即可有效的进行。而在协商参与阶段，信息的传递则是双向的。那么，这就必须保证双方在围绕同一个议题进行讨论，避免出现“鸡同鸭讲”的情况发生，否则就不可能达成共识。因此，协商参与阶段的有效进行，不仅需要各方参与者讲秩序、有理性、自主以及适度，还需要对所讨论的议题进行归纳、排序。

所以说，公民“有序”参与立法不仅指公民的参与行为是有秩序的、理性的、自主的以及适度的，而且还意指公民参与协商讨论的议程设置是合理有序的。

（三）议程设置

在立法领域，议程设置包括两个方面：一是在立法规划中，哪些法律先制定，哪些法律后制定；二是在某一特定法律的立法过程中，哪些问题先讨论，哪些问题后讨论。概括来说，公民参与协商讨论的议程是可以被设置的，也是应该被设置的。

一方面，议程设置在立法领域是实际存在的。传播学的研究表明，受制于媒介资源和公众心理容量的有限性，公共议程实际上是一种稀缺资源。那么，哪些议题能够进入公共议程呢？由于人的主观认识往往是建立在新闻媒介所塑造的“拟态环境”之上的，因而公众对议题的关注度与新闻报道的显要性之

---

① 宋方青，宋尧玺：《论我国公众有序参与立法的模式与实现路径》，载《法制与社会发展》2012 年第 6 期。

② 蔡定剑：《公众参与：欧洲的制度和经验》，法律出版社 2009 年版，第 17 – 18 页。

间是正相关的。可以说，“新闻媒介设置了公众议程。”① 这种情况同样存在于立法领域。例如，新闻媒体对“孙志刚事件”的大量报道引发了公众对城市流浪乞讨人员的广泛关注，进而导致《城市流浪乞讨人员收容遣送办法》的废止和《城市生活无着的流浪乞讨人员救助管理办法》的出台。随着互联网技术（特别是移动互联网技术）的进步，公众将能够更加便利获取信息、参与讨论，进而新闻媒介对公众议程的设置功能将更加突出。

另一方面，立法讨论的议程是应当被设置的。首先，立法的迫切性与公共议程容量的有限性之间的矛盾使得立法协商必须高效率的进行，一些无关的议题应当被排除在外。其次，在立法时，有些问题是基础性、前提性的，其应当被优先讨论。否则对其他问题的讨论犹如“建立在沙滩上的摩天大楼”，随时都有被推翻的可能。再次，“设置和固化公共议题的范围”也是一种权力。目前这种权力主要由新闻媒介在行使。报刊在告诉人们应该“如何思考”时并不成功，但是在告诉读者“思考什么”方面，却是异常的成功。② 这样就使得立法协商的进程受到新闻媒介的影响甚至主导。法谚有云，“权力导致腐败，绝对的权力导致绝对的腐败。”新闻媒介主导立法协商议程的这种权力同样是值得警惕的。

与其让有“无冕之王”之称的新闻媒介主导立法协商的议程，还不如让民选的立法机关直接设置立法协商议程。立法机关是民意机关，其接受人民的委托行使立法权，因而由立法机关主导与立法有关的任何活动都具有政治正当性。同时，我国《立法法》第 51 条规定，全国人民代表大会及其常务委员会加强对立法工作的组织协调，发挥其在立法工作中的主导作用。各地的立法条例也有类似规定。可见，人民代表大会及其常务委员会主导与立法有关的任何工作都有法律上的依据。

（四）过程模型

在立法过程中，公民参与协商讨论的议程具体应当如何设置呢？或者说，协商的议题应当如何排序呢？根据商谈民主理论，立法过程中需要讨论的问题可以划分为实用问题、伦理问题、道德问题以及法律问题。对于这些问题的讨论，应当按照“过程模型”所设定的先后顺序进行（见图 1），即“从实用问

---

① ［美］麦库姆斯：《议程设置：大众媒介与舆论》，郭镇之，徐培喜译，北京大学出版社 2008 年版，第 2 页。

② Cohen, The Press and Foreign Policy, Princeton University Press, 1963, p. 13.

题出发，经过达成妥协和伦理商谈的分支到达对道德问题的澄清，最后结束于对规范的法律审核。”① 具体来说，“过程模型”可以分解为如下几个阶段：

第一阶段：实用商谈。实用商谈所要解决的是在不考虑价值偏好的情况下如何选择合适的目标与手段的问题，其有效性建立在信息的真实性和知识的正确性之上。例如，在制定网约车管理办法时，便捷性与安全性是两种基本的价值取向。而为了实现这两种价值，首先需要对约车方式、约车平台与司机的管理等技术性问题进行讨论，以确定最优的技术解决方案。而对这些问题的讨论所依据的是真实的信息和专业的知识，因而专家将发挥关键性的作用。

第二阶段：伦理商谈或谈判。伦理商谈所要解决的是“好的生活”的问题，即不同群体之间的利益冲突、价值冲突如何协调的问题。伦理商谈试图通过对传统生活方式的诠释学澄清或者对典范生活方式的建构，以期对社会成员所共享的生活方式和价值进行主体间确认。而当伦理商谈的努力失败时，则有必要进行谈判，即在各方相互妥协的基础上形成一个可以接受的解决方案。例如，在网约车管理办法的制定过程中，应当向公众解释网约车对于改善人们的生活所具有的价值，并就此展开讨论，以期获得全社会的认可。而当这种解释无法奏效时，则有必要在支持者与反对者之间展开谈判，在网约车的运营时间、运营区域、司机准入标准等问题上达成妥协，进而平衡各方的利益。

第三阶段：道德商谈。道德商谈所要解决的是“正义”问题，即经过实用商谈、伦理商谈以及谈判之后所形成的方案是不是对所有人都同等的好。“在道德商谈中，一个特定集体的种族中心视角扩展为一个无限交往共同体的无所不包的视角，这个共同体的所有成员都设身处地把自己放在每一个成员的处境、世界观和自我理解之中，共同地实践一种理想的角色承当”。② 例如，在制定网约车管理规定时，不能仅仅考虑到网约车用户、网约车司机、网约车平台等主体的利益，还应当考虑到出租车司机、不会使用网约车软件的老年人等主体的利益。所有社会主体的利益都应当得到平等的保护。

第四阶段：法律商谈。法律商谈所要解决的是法律体系的融贯性问题。经过实用商谈、伦理商谈、谈判以及道德商谈之后所形成的法律草案还必须与整

① ［德］哈贝马斯：《在事实与规范之间：关于法律和民主法治国的商谈理论（修订译本）》，童世骏译，生活·读书·新知三联书店2003年版，第199页。

② ［德］哈贝马斯：《在事实与规范之间：关于法律和民主法治国的商谈理论》，童世骏译，生活·读书·新知三联书店2003年版，第198页。

个法律体系相容，特别是不得违背上位法的规定。当与其他法律出现冲突时，必须同时提出处理方案，或修改法律草案，或修改既有法律。例如，在制定网约车管理规定时，该应当检视该规定与宪法、物权法、侵权责任法等周边法律法规的关系，避免出现相互冲突的情形。

总的来说，公民参与地方性法规的制定时，应当按照实用问题、伦理问题、道德问题、法律问题的先后顺序进行讨论，以期最大限度地达成社会共识。

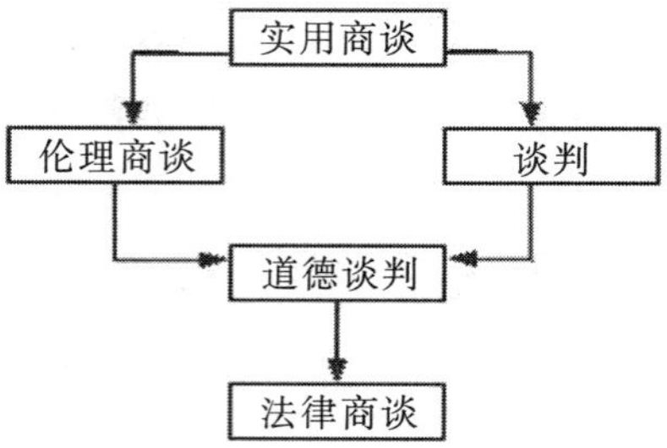

图 1　过程模型

三、地方立法中的公民参与程序

广义上来说，公民参与的形式是十分多样的，包括信息获取、意见表达以及协商讨论等。但就立法而言，公民参与的目的在于表达自己的意见，并试图获得立法机关的认可。因此，在分析地方立法中的公民参与程序时，需要着重关注的是公民的意见表达程序以及协商讨论程序。

（一）规范分析

《立法法》第 5 条确立了人民性、民主性、公开性以及参与性四项立法原则。[①] 其中，关于“保障人民通过多种途径参与立法活动”的规定，构成了公民参与地方性法规制定活动的法律渊源。虽然《立法法》主要规定了全国人民代表大会及其常务委员会的立法程序，而将地方性法规的制定程序授权给本级人民代表大会自行规定。但《立法法》同时也要求各级人民代表大会在规定地方性法规制定程序时“参照”全国人民代表大会及其常务委员会的立法

① 《立法法》第 5 条规定，立法应当体现人民的意志，发扬社会主义民主，坚持立法公开，保障人民通过多种途径参与立法活动。

程序。① 因此，在梳理公民参与地方性法规制定活动的规范依据时，《立法法》与各地制定的地方性法规制定程序都是值得分析的。目前，至少已有71个新获得地方立法权的设区的市制定了有关地方性法规制定程序的地方性法规，这些地方性法规都有涉及公民参与程序。② 具体来看，地方立法中的公民参与程序包括如下几种情况：

一是规划编制阶段。《立法法》第52条规定，全国人大常委会在编制立法规划和年度立法计划时应当“广泛征集意见”，各地所制定的立法条例也都做了相同的规定。（1）参与主体。有些地方的立法条例具体规定，公民、社会组织、人民团体、企业事业组织以及政党等国家机关之外的社会主体向各地人大常委会提出制定地方性法规的建议（见表1）。（2）参与方式。大部分地方立法条例都规定，国家机关之外的社会主体应当直接向人大常委会提出制定地方性法规的建议。而武威、酒泉、庆阳三个设区的市的立法程序规则不仅允许直接向人大常委会提出制定地方性法规的建议，还允许通过市人民代表大会代表、各专门委员会以及常务委员会工作机构间接向常务委员会提出立法建议。

表1　提出制定地方性法规建议的主体统计

主体	公民/个人	组织/社会组织	团体/人民团体	企业事业组织/企业事业单位	政党/民主党派	未规定
数量/比例	51/72%	25/35%	48/68%	27/38%	29/41%	20/28%

二是草案起草阶段。首先，针对专业性较强的法律草案，《立法法》第53条第2款允许相关领域的专家参与起草工作，甚至允许直接委托相关专家、教

① 《立法法》第77条规定，地方性法规案、自治条例和单行条例案的提出、审议和表决程序，根据中华人民共和国地方各级人民代表大会和地方各级人民政府组织法，参照本法第二章第二节、第三节、第五节的规定，由本级人民代表大会规定。

② 通过检索“北大法宝”数据库，可以发现，2015年3月15日至2016年10月29日之间共有71个设区的市制定了“立法条例”“制定地方性法规条例”“立法程序规则”等程序性规范。其中，广东14个、湖北11个、广西11个、浙江9个、福建7个、辽宁7个、内蒙古6个、甘肃3个、宁夏1个、吉林1个、山西1个。虽然“北大法宝”数据库可能有数据更新滞后的情况，但不可否认这71部程序性地方性法规已经具有很强的代表性。值得注意的是，有些设区的市在没有制定程序性法规的情况下就已经制定了实体性法规，如江苏无锡、河南商丘等，这种做法是否恰当值得进一步讨论。

学科研单位、社会组织起草，各地的立法条例也都做了同样的规定；其次，有13个设区的市（大部分位于广东省）的立法条例允许公民、社会组织等国家机关之外的社会主体直接向有提案权的机关或人员提出地方性法规草案建议稿；再次，对于设定行政许可、行政收费、行政处罚、行政强制以及涉及社会公众切身利益的地方性法规草案，有35个设区的市的立法条例要求通过举行论证会、听证会、座谈会等形式听取利益相关人的意见。

三是审议表决阶段。审议表决阶段的公民参与有听取意见和征求意见两种情况，《立法法》与各地立法条例的规定是基本一致的。就听取意见而言，有如下几点值得注意：（1）时间点为地方性法规案列入常务委员会会议议程之后，其中有8个设区的市（主要位于浙江）将其具体规定为常务委员会会议第一次审议后；（2）组织者为法制委员会、有关专门委员会和常务委员会法制工作机构；（3）听取意见是强制性规定；（4）形式一般为举行座谈会、论证会、听证会等，但阳江、韶关等地还规定了书面征求意见、实地调研、委托社情民意调查机构调查以及在互联网或本市发行的报纸上公布征求意见等多种形式；（5）对于专业性较强的地方性法规案应当听取有关专家等社会主体的意见，而对于存在重大意见分歧或者涉及利益关系重大调整的地方性法规案则应当听取有关基层和群体代表、人民团体、专家、利益相关人等社会有关方面的意见；（6）听取意见的情况应当向常务委员会报告。

就征求意见而言，应当关注如下几个方面：（1）时间点为常务委员会会议之后，其中有8个设区的市（主要位于浙江）将其具体规定为常务委员会会议第一次审议后；（2）征求意见时一般应当向社会公布地方性法规草案及其起草、修改的说明等，但主任会议决定不公布的除外；（3）对公布平台的规定比较多样。首先，大部分设区的市不区分地方性法规案的重要程度，对公布平台做一体规定。但有10个设区的市规定，重要的地方性法规案应当通过在全市发行的报纸公布，其余的地方性法规案通过网络公布；其次，大部分设区的市不指定特定的发布平台，但有18个设区的市规定了特定的网站或报纸；（4）对于征求意见的期限，《立法法》的规定是不少于30日，但各地的规定则比较多样（见表2）；（5）征求意见的情况应当向社会通报。

表2　征求意见的最低期限统计

最低期限	10日	15日	20日	30日	未规定
数量	1	6	9	54	1

《立法法》和各地的立法条例中规定的公民参与主要就是上述三种类型。

当然，还有一些参与形式，如旁听人大常委会全体会议、提出地方性法规的修改或废止意见、建议等。但这些参与形式要么只是单向获取，要么有利于立法主干程序之外，因而价值相对较小。

（二）不足与完善

首先，从表面上来看，既有的公民参与程序存在如下两个问题：一是重专家、组织、团体而轻个人。在各地制定的立法条例中，虽然绝大部分都认可了公民个人作为参与主体的地位，但具体的参与方式却不利于公民实际参与其中。在规划编制阶段，各地的立法条例一般要求在提出立法建议时应当采用书面形式，并附带立法依据、主要内容等。而须知普通公民的立法建议往往来源于日常生活经验，是其对法治现状的直观感受，他们往往不具备足够的论述能力，无法将自己的意图清晰地形诸文字。在草案起草阶段和审议表决阶段也有同样的问题。另外，在审议表决阶段，听取意见直接将大部分公民排除在外，而征求意见的时间又太短，这些都不利于普通公民有效的审议地方性法规案。二是立法机关与公民之间未能形成有效互动。既有的公民参与程序注重信息发布与意见征集，而这些都是只单向的信息传递。虽然，各地的立法条例也有要求立法机关回应公众的关切，并且还通过举办座谈会、听证会与公民进行交流，但实践中往往流于形式。立法机关“权威有余、理性不足、垄断了立法话语权”，而参与其中的公众“法律意识、秩序意识、公民意识和参与能力不足”。①

其次，从根本上说，既有的公民参与程序最大的问题是其只能维持参与纪律，未能实现议题设置。实际上，公民参与地方立法的场域是二维的：一是由法律法规所建构的制度化参与环境，二是由传播媒介所搭建的公共舆论环境。这两个场域并非完全平行，而是相互影响的。目前，虽然各地的立法条例规定，立法机关应当透过新闻媒体发布信息，但这种信息发布是单向的。实际上，立法机关并未与公共舆论形成互动，其主动画地为牢，将自己的影响力局限于体制内。但是，制度化参与环境与公共舆论是无法完全割裂的。立法机关虽然没有引导公共舆论的意图，但公共舆论却通过制造民意焦点对立法机关产生切实的影响。而通过这种途径进入立法程序的民意不过是新闻媒体塑造出来的，其与真实民意并不能简单等同。最终，真正的民意无法通过制度化的公民

① 宋方青，宋尧玺：《论我国公众有序参与立法的模式与现实路径》，载《法制与社会发展》2012 年第 6 期。

参与程序融入立法文本，进而各地立法条例中规定的公民参与程序失去了存在的价值。

要解决地方立法中公民参与程序存在的问题，最根本的方法在于立法机关主动参与公共讨论，主导公共议程的设置。那么，地方立法条例中就必须增加相应的条款，要求立法机关按照实用问题、伦理问题、道德问题、法律问题的先后顺序，主动抛出相关议题，发布相关信息，引导社会舆论的讨论。

四、结语

修改后的《立法法》普遍赋予设区的市地方立法权，将极大地影响和改变地方治理的依据与方式。同时，这也对地方立法水平提出很高的要求。特别是，如何将民意准确的融入法律文本之中，将会是地方立法机关长期面临的难题。《中共中央关于全面推进依法治国若干重大问题的决定》指出，应当通过拓宽公民有序参与立法途径，健全法律法规规章草案公开征求意见和公众意见采纳情况反馈机制，广泛凝聚社会共识。这无疑为地方立法指明了方向。通过公民有序参与，实现地方立法的民主化与科学化，为地方治理提供更为适当的依据，这将有助于提升地方治理的现代化水平。

地方信用立法的边际*

肖思慧　吴　勇**

摘要： 地方信用立法的边际越来越重要，即关乎法律的统一，又关乎法律的适用。为解决边际问题则需从源头思考，深究影响地方信用立法的因素。通过分析，信用信息管理方式、信用信息权益保障途径、征信模式上均存在可创新的空间，但这些创新也是有所约束的，这也是所谓边际的意义。分析得出约束主要存在四个方面问题，希望地方信用立法制定之初以及适用调整之时充分考虑制定边际问题，有利于法律的统一和适用，也有利于法治信用社会的良好、有序建设。

关键词： 地方特色突显；地方信用立法边际；影响因素；可创新内容；不应涉及内容

十二届全国人大将信用立法列入了立法规划，紧接着2014年发布了《社会信用体系建设规划纲要（2014—2020年）》，规划纲要中明确提到到2020年将基本建立社会信用基础性法律法规和标准体系，各地积极响应，陆续出台了信用方面的法规规章。但各地信用立法倾向于实现地方目的，导致各地信用立法内容上具有明显的地域性，也存在冗杂和单调的问题，造成全国各地出现此"信用"非彼"信用"的现象，最终难以实现全国信用立法目的的统一。笔者认为解决此问题首先应当厘清地方信用立法的边际，"边际"字面含义为边界，本文将其引申为地方信用立法内容范围，具体包括应该具备的基本要素、可以存在创新的内容、不应涉及的内容，以上共同构造了地方性信用立法的边

* 此文收录于2019年湖南省立法研究会论文集。

** 肖思慧，法律硕士，地方立法方向；吴勇，法学博士，湘潭大学法学院教授，博士生导师。

际。本文以影响地方信用立法边际的因素为切入点，结合目前我国已经出台的地方信用法规、规章，对地方信用立法的边际进行详细阐述和分析，主要目的是为地方信用立法建立一个边际，即在基本要素上统一，又在实现地方目的上体现灵活性，最终实现全国信用立法目的协调，并营造有序的信用信息管理秩序。

一、影响地方信用立法边际的因素

（一）上位法精神与地方信用立法目的

地方信用立法既要贯彻上位法精神，也要实现地方信用立法的目的。首先，《立法法》第72条①、第73条②、第82条③明确规定了制定地方性法规、地方性规章的情形。即在中央信用立法未出台的情况下，地方立法机关以解决地方信用问题为目的，并在不同宪法、信用基本法和行政法规相抵触的前提下，根据本行政区具体信用状况和社会需要，而制定地方信用法规或地方信用规章。上位法是地方信用立法必须考虑的因素，目前地方性信用立法的上位法有《宪法》、与信用相关的法律、《征信业管理条例》。地方信用立法应当充分贯彻上位法的精神，如《宪法》第二章“公民基本权利”中对公民通信自由和通信秘密绝对保护，《民法总则》第111条④规定自然人的个人信息受法律保护，《合同法》第42条⑤将失信行为作为损害赔偿的归责原因，《行政许可

---

① 《立法法》第72条：“省、自治区、直辖市的人民代表大会及其常务委员会根据本行政区域的具体情况和实际需要，在不同宪法、法律、行政法规相抵触的前提下，可以制定地方性法规。”

② 《立法法》第73条：“地方性法规可以就下列事项作出规定：（一）为执行法律、行政法规的规定，需要根据本行政区域的实际情况作具体规定的事项；（二）属于地方性事务需要制定地方性法规的事项。”

③ 《立法法》第82条：“省、自治区、直辖市和设区的市、自治州的人民政府，可以根据法律、行政法规和本省、自治区、直辖市的地方性法规，制定规章。地方政府规章可以就下列事项作出规定：（一）为执行法律、行政法规、地方性法规的规定需要制定规章的事项；（二）属于本行政区域的具体行政管理事项。”

④ 《民法总则》第111条：“自然人的个人信息受法律保护。任何组织和个人需要获取他人个人信息的，应当依法取得并确保信息安全，不得非法收集、使用、加工、传输他人个人信息，不得非法买卖、提供或者公开他人个人信息。”

⑤ 《合同法》第42条：“当事人在订立合同过程中有下列情形之一，给对方造成损失的，应当承担损害赔偿责任：（一）假借订立合同，恶意进行磋商；（二）故意隐瞒与订立合同有关的重要事实或者提供虚假情况；（三）有其他违背诚实信用原则的行为。”

法》第5条①信息公开中绝对保护国家秘密、商业秘密、个人隐私，《刑法》将背信损害上市公司利益、背信运用受托财产等失信行为纳入犯罪考虑范围，以及《征信业管理条例》作为是地方性信用立法的直接上位法，其第三章“征信业务规则”规定了征信机构的权利和义务等上位法明确的有关信用及信用信息管理的规定，地方信用立法都应当明确贯彻，不得存在冲突，否则不仅违背了《立法法》，也打破了原有法律体系的秩序，舍本逐末。其次，除了积极贯彻上位法的精神，根据《立法法》可知，地方立法应以解决地方问题为其使命。地方信用立法的目的是满足社会对和谐信用秩序的追求，完善信用管理制度，营造信用环境，推进社会信用体系建设。因此，地方信用立法主要包括具体完善上位法规定和根据地方需要制定相关规定，即执行型立法和创制性立法。执行型立法主要贯彻上位法精神，服从于上位法，创制型立法具有地方特色，符合市场经济发展、科技更新换代、文化日新月异、区域不均衡发展的需要。贯彻上位法精神和实现地方信用立法的目的是地方信用立法紧紧围绕的主题，也是地方信用立法边际应当考虑的因素。

（二）企业信用信息管理与个人信用信息管理

企业和个人信用信息管理因针对主体不一样而存在不同的边际，地方信用立法应充分考虑两者的特殊性。两者在信息采集、加工、使用等存在区别。首先，采集信用信息环节，企业信用信息与个人信用信息存在不同，企业为市场而生，信用信息主要围绕市场展开，个人则是社会主体，不仅涉及市场，还涉及家庭、工作等方面，信用信息涉及面更加广。其次，法律绝对保护的信息范围不同，商业秘密包括知识产权等，个人隐私则是民族、种族、宗教信仰、政治信仰等信息，这导致两者在征信范围上存在区别。再次，信用信息使用环节，对两者的信息保护不同。个人信用信息的使用以被征信人的同意为前提，而对于企业信用信息，则鼓励市场将其作为交易的参考信息，没有前提要求。以上主要因为地方信用立法对两者信用信息态度不同，针对个人，在绝对保护个人隐私基础上进行个人信用的规范和约束，针对企业是优先规范企业信用秩

① 《行政许可法》第5条：“行政许可的实施和结果，除涉及国家秘密、商业秘密或者个人隐私的外，应当公开。未经申请人同意，行政机关及其工作人员、参与专家评审等的人员不得披露申请人提交的商业秘密、未披露信息或者保密商务信息，法律另有规定或者涉及国家安全、重大社会公共利益的除外；行政机关依法公开申请人前述信息的，允许申请人在合理期限内提出异议。”

序下保护商业秘密。[①] 综上不同方面的考量导致地方企业信用管理立法与个人信用管理立法的边际不同，应当作为地方信用立法边际考虑因素。典型的有《江苏省企业信用征信管理暂行办法》与《江苏省个人信用征信管理暂行办法》。

（三）政府主导与市场自由竞争机制

在地方信用立法中的过程中应注意权衡市场自由竞争机制与政府主导之间的关系，不能一味地追求信用管理效率而牺牲市场经济的自由发展。我国目前地方信用立法是以政府主导为基本模式，以政府有关部门引领信用信息管理全过程，失信惩戒和守信激励也以行政惩戒和行政上的政策鼓励为主。这就需要注意能由市场自由调节的事项，不能也统统归政府信用管理，典型的有证券市场和股票市场灵活多变的市场规律，高风险本来就是其本质特点。具体而言，在地方信用立法信用范围、失信认定、守信认定、失信惩戒等方面应厘清边际，不能干预市场。尤其在失信惩戒内容的边际上应把控好其与干预市场的临界，防止催生权力寻租、政府腐败的现象，滥用信用惩戒，乱贴失信的标签，也是一种"不讲信用"。[②] 目前一些地方信用立法中存在失信惩戒范围干预市场经济之嫌，如《宁波市企业信用监管和社会责任评价办法》第 39 条规定"对综合信用等级标识为 D 类或者社会责任严重缺失企业，保险机构可以不予办理除法定强制保险外的商业保险业务"，商业保险属市场经济的范畴，信用管理主体不能以失信惩戒为由明示或暗示保险机构的自由竞争行为，否则实质上对市场自由机制进行了干预，国家辅助性原则也要求政府对市场或社会能够自行调节的事项不应当过多干预。[③]地方信用立法应制定失信惩戒等措施应坚持"法无授权即禁止"原则。

二、地方信用立法基本要素

以信用信息管理为目的的地方信用立法，基本要素应包括信用信息管理规定和相应主体的权利（权力）和义务。此类地方立法包括公共信用信息管理如《山东省公共信用信息管理办法》、企业信用信息管理如《无锡市企业信用

① 李支：《论我国社会信用地方立法质量的提升》，载《佳木斯职业学院学报》2016 年第 5 期。

② 王旭东：《信用惩戒也要"讲信用"》，载《浙江人大》2019 年第 8 期。

③ 毕洪海：《国家与社会的限度：基于辅助原则的视角》，载《中国法律评论》2014 年第 1 期。

信息征集管理办法》、个人信用信息管理如《江苏省个人信用征信管理暂行办法》、特殊领域的信用信息管理如《江西省商务领域信用信息管理暂行办法》。信用信息管理按照程序分为信用信息的征集、披露、使用和监督，各地方信用立法中普遍都做以上规定，分章节规定了信息归集、信息披露、信息查询、信息使用等内容。目前存在争议的是监督部分，否定者认为监管部分不必作为地方信用立法的基本内容，原因是《征信业管理条例》有专门规定信息监督，下位法没必要重复规定。笔者否认这种观点，地方信用立法有必要专门规定信息监管。《征信业管理条例》中监督管理的主体是国务院征信业监督管理部门及其派出机构，属于国家监督，监督的对象是征信业和金融信用信息基础数据库运行机构。而从已制定监督管理内容的地方信用立法来看，如《泰州市公共信用信息管理条例》第 28 条①，其监督主体是自然人、法人和其他组织，针对信用信息管理工作的监督，属于典型的社会监督，是十分必要的，社会作为被征信的对象，有义务遵守征信规则，同时当被征信对象权益有受到侵犯的危险时就有权力制止，以遏制侵权行为继续和损害扩大，防止被征信对象权利与义务不对等和征信主体权力蔓延，也是不违背《宪法》对基本权利的规定。学者认为地方信用立法应剔除本位主义思想，首先是要剔除权力本位思想，实现从权力本位向权利本位的转变，必须清醒地认识到“公民的权利是国家权力的源泉，也是国家权力配置和运作的目的和界限”②。如果信用信息从征集到使用一系列环节规定完善，但监管环节松散或忽视，则会功亏一篑，反而导致失信政府的形象。上位法《征信业管理条例》中明确了信息主体对侵权行为有投诉的权利，而社会监督大多发生在存在侵权危险或侵权结果即将发生的阶段，监督管理能及时有效的维护信息主体的权益，与异议、投诉不存在冲突并有一定的衔接作用。综上分析信用信息的监督管理和征集、披露、使用同等重要，属于地方信用信息管理立法基本内容。

以信用信息管理为目的的地方信用立法还应包括相应主体的权利（权力）和义务，使扁平的规定立体化，同时也体现权利（权力）与义务相统一。其

---

① 《泰州市公共信用信息管理条例》第 28 条：自然人、法人和其他组织认为公共信用信息系统记载的公共信用信息存在下列情形之一的，可以向信用信息工作机构提出书面异议申请，并提交相关证明材料或者情况说明：（一）本人公共信用信息记载存在错误或者遗漏的；（二）侵犯其商业秘密、个人隐私的；（三）公共信用信息超过披露期限仍继续披露的；（四）法律、法规规定的其他情形。”

② 张文显：《市场经济与现代法的精神论略》，载《中国法学》1994 年第 6 期。

中征信主体的权力和被征信主体的义务主要穿插在信用信息管理的内容中，即在信用信息征集、披露、使用、监管中。而征信主体的义务和被征信主体的权利分别以“法律责任”“信息主体权益保护”的内容体现。首先，法律责任部分应包括民事责任、刑事责任、行政责任，主要针对信用主管部门及其他有关部门工作人员、经营个人征信业务的征信机构及其有关工作人员、信用信息使用者等，在信用信息管理过程中存在的违法行为应承担的法律责任。民事责任包括赔偿损失，刑事责任以《刑法》为准，行政责任包括针对行政相对人的警告、吊销许可证、罚款、没收违法所得等，主要以《行政处罚法》第 8 条①为依据，以及针对行政主体的责任。《征信业管理条例》第七章“法律责任”部分第 36 条至第 43 条规定了相应主体法律责任，是地方信用立法法律责任部分参考的依据。地方信用立法在规定被征信主体法律责任时，应遵循不在限制私权利方面进行扩张的原则，而在规定行政主体法律责任时，可以根据行政法和党规党纪的内容进行详尽规定。如《上海市社会信用条例》第 50 条②，在法律责任部分规定了约谈、责令改正、警告、通报批评等内部行政行为。这实质上是地方信用立法与行政法的沟通衔接，积极响应了营造信用政府的趋势，对后期政府诚信的建设起到助推作用。其次，信息主体权益保护部分包括异议、投诉。异议指被征信主体认为征信机构在信用信息管理过程中存在错误、遗漏，要求更正的补救方式。投诉指被征信主体认为征信机构或者信息提供者、信息使用者侵害其合法权益向有关部门投诉的补救方式。《征信业管理条例》第四章“异议和投诉”规定了具体接受异议的情形、部门以及程序，地方信用立法可以参照。因为对信息主体权益的保护属于有利于私权利的规定，地方信用立法可以在具体规定上朝有利于民、便捷高效的方向发展，如有关异议具体程序时间，可缩短核查和处理期间，如《山东省公共信用信息管理办

① 《行政处罚法》第 8 条：“行政处罚的种类：（一）警告；（二）罚款；（三）没收违法所得、没收非法财物；（四）责令停产停业；（五）暂扣或者吊销许可证、暂扣或者吊销执照；（六）行政拘留；（七）法律、行政法规规定的其他行政处罚。”

② 《上海市社会信用条例》第 50 条：“行政机关及其工作人员，未履行本条例第 9 条、第 10 条、第 11 条、第 17 条规定的职责的，由其上级主管部门或者市社会信用管理部门依照管理权限进行约谈，根据情节轻重给予责令改正、警告、通报批评。”

法》第34条①，规定收到异议申请之日起3个工作日里内进行核查，这远短于《征信业管理条例》规定的20日，这是在上位法的规定范围内，地方信用立法作出更有利于行政相对方的规定，是使民获利的行为，对构建人民政府、服务政府来说，提高工作效率是可行的，值得提倡。

以守信激励、失信惩戒管理为目的的地方信用立法，基本要素应当包括事前规定（失信认定、失信等级划分、守信认定）、事中处置（联合惩戒、守信激励）、事后补救（信用修复、异议处理、保障机制）。此类地方信用立法包括企业失信惩戒管理如《湖北省企业失信行为联合惩戒办法（试行）》、个人失信惩戒管理如《江苏省自然人失信惩戒办法（试行）》。一方面事前规定是基础，事中处置是关键，事后补救是保障，三者环环相扣，缺一不可。事前合法合理科学的失信认定、失信等级划分、守信认定明确了征信主体管理信用信息的评判标准，不可以自由执法，成为失信政府，另一方面也让被征信主体有较好的预测，对日后企业、组织、个人行为起到规范作用，合理规划行为，争取守信，避免失信，也方便被征信主体是对征信主体的监督，相互信用。事中联合惩戒、守信激励是关键，两者程度不能过分悬殊，侧重任何一方都可能导致信用社会失衡。侧重惩戒，则加重负担，束缚了市场主体和个人的社会行为，不利于社会进步，侧重激励，则容易造成主体反其道而行，追求低成本的失信，失信现象反而突增。该部分关于惩戒和激励的执法方式、途径、程度的规定应以社会调研、理论分析、法律及政策指引为前提，要为社会行为量身打造，不能为了惩戒而惩戒，为了激励而激励，否则违背了法律为社会服务的宗旨。事后信用修复、异议处理、保障机制作为事后补救这一环节的基本要素，保障该类地方信用立法平稳运行，因为其可以化解失信惩戒、守信激励信用立法执行过程中的冲突、矛盾。主体不认同事中处置决定的，可以通过异议来挽救；对事中处置存在的侵权行为，可以通过保障机制来维权；对已成事实的事中处置，可以通过信用修复来恢复至事前状态。信用修复是法律顺应“信用”

---

① 《山东省公共信用信息管理办法》第34条：“公共信用信息工作机构应当在收到异议申请之日起3个工作日内进行信息核查。公共信用信息平台记载的信息与信息提供主体提供的信息不一致的，应当予以更正，并在2个工作日内书面通知异议申请人。公共信用信息平台记载的信息与信息提供主体提供的信息一致的，公共信用信息工作机构应当在2个工作日内将异议申请转至信息提供主体。信息提供主体应当在收到转来的异议申请之日起5个工作日内进行核查，并将核查结果告知公共信用信息工作机构。公共信用信息工作机构应当在2个工作日内将处理结果通知异议申请人。”

并非一成不变这一特性的体现，社会期待以法律的形式辅助营造诚信社会，提升每个主体的信用度，而不是仅以法律来批判否定社会的不诚信状态，法律始终是工具。在实践中，各地守信激励、失信惩戒地方信用立法在事前规定上存在明显分歧，如《吉林省企业信用联合奖惩实施办法（试行）》在第8条不良行为信息记录中列举了30种失信行为，涵盖产品质量、缴税情况、劳动保障、知识产权、土地行为等涉及企业各方面事务。在第7条优良信誉信息记录则只列举了19项，都以荣誉记录作为优良信用的依据。《江西省企业信用行为联合激励与惩戒暂行办法》中第8条规定了12条守信记录，而在第11条、第12条、第13条分别规定了11项一般失信行为、13项较重失信行为、17项严重失信行为。各地守信与失信认定标准存在明显差异，影响跨区域交易，当下不受地域限制的区域经济活动越来越普遍，如果地方信用立法中的失信守信评价过分区域化，则起到的作用相对较小，前述《上海市社会信用条例》里面明确提到应增强信用服务机构的国际影响力，那么地方信用立法就应避免过于局限，应顺应“一带一路”的发展思路，让信用社会从小圈走向大圈，朝全国化、全球化方向发展。

综上，以信用信息管理为目的的地方信用立法，基本要素应包括信用信息的征集、披露、适用、监督、信息主体权益保护、法律责任。以守信激励、失信惩戒管理为目的的地方信用立法，基本要素应包括事前规定（失信认定、失信等级划分、守信认定）、事中处置（联合惩戒、守信激励）、事后补救（信用修复、异议处理、保障机制），事前规定是基础，事中处置是关键，事后补救是保障，其中在事前规定部分应科学合理地制定失信与守信的范围，不能为了惩戒而惩戒。

三、地方信用立法可创新内容

从中央层面上来看，鼓励地方信用立法在涉及具体实施措施模式、方式、方法、途径等方面，根据地方目的和实际情况进行创制性规定，主要以信用上位法为基础，以创建服务型政府为目的，遵循行政执法原则，在地方信用立法上进行合理合法、可行性的创新，进而在不久被吸收引进中央层面的制度设计之中。

第一，信用信息管理方式可创新。具体的信用信息管理包括信用信息征集、披露、使用、监管方面，以贯彻行政执法的基本原则为前提，在信用上位法的基础上，进行有利于民的创新。如《全面推进依法行政实施纲要》（国发

〔2004〕10号）明确提到行政机关实施行政管理应高效便民。① 面对信用信息庞大，部门沟通不及时，信用评定往往与被征信主体信用状况不同步。面对征信主体管理信用信息效率偏低的问题，《上虞市企业信用信息管理办法（试行)》第五章规定了“信用提示”，即针对企业的不同行为表现，企业信息监管系统会自动向行政监管部门分别发出关注提示、协助提示、限制提示。借助大数据和多部门的信用信息共享的确有利于更好地管理企业信用秩序。笔者认为该创新制度还可以更完善，同样根据《全面推进依法行政实施纲要》保障行政相对人知情权的行政执法原则②，即企业信息监管系统在提示行政部门的同时应当提示被征信企业，这样能更好了解自己的信用状况，配合行政机关的管理，及时根据信用状况的提示调整企业自身的行为，争取提升信用状况。

第二，信息主体权益保障途径可创新。前文提到信用信息异议和投诉是基本要素“信息主体权益保护”的主要保护途径，也是地方信用立法对上位法《征信业管理条例》的贯彻。该部分内容本身是对私权利的保护，有利于民的，通过对私主体基本权利的绝对保障来限制公权力的蔓延，与“最小权力政府”“将权力关进笼子里”的中央精神相一致。因此地方信用立法在保护信息主体权益部分可以朝有利于民的方向创新性规定，如除了遵循《征信业管理条例》中异议和投诉两种救济途径外，增加信用信息验证这种救济途径，并将其前置于异议和投诉。信用信息验证指企业如果对征信机构的信用信息有异议可以申请验证，征信机构在一定的时间内进行核查，如涉及真实性的问题还需原信息提供给原单位进行核实。对企业提出的验证申请，征信机构都应该出具验证报告，被征信主体不认可验证报告的，可以提出异议。也就是说将信用信息验证作为异议的前置环节，这样制度设计对被征信主体来说，优点在于减少对信用信息是否真实出错的争议，当信用信息管理部门收到信用信息验证申请时，应无理由进行核对并回复验证报告，因此减少征信机构和被征信对象

① 《国务院关于印发全面推进依法行政实施纲要的通知》（国发〔2004〕10号）第5条：“依法行政的基本要求。高效便民。行政机关实施行政管理，应当遵守法定时限，积极履行法定职责，提高办事效率，提供优质服务，方便公民、法人和其他组织。”

② 《国务院关于印发全面推进依法行政实施纲要的通知》（国发〔2004〕10号）第5条：“依法行政的基本要求。程序正当。行政机关实施行政管理，除涉及国家秘密和依法受到保护的商业秘密、个人隐私的外，应当公开，注意听取公民、法人和其他组织的意见；要严格遵循法定程序，依法保障行政管理相对人、利害关系人的知情权、参与权和救济权。行政机关工作人员履行职责，与行政管理相对人存在利害关系时，应当回避。”

的因信息录用问题发生冲突。相较于异议和投诉，信用信息验证是一种较为温和地处理信用信息有误的方式，一方面未影响企业继续选择异议和诉讼途径进行救济，相反增加了一种征信错误的救济途径，对被征信主体来说属于扩大权益，地方信用立法创设信用信息验证的救济途径不违反《立法法》等上位法的规定，属于可创新的内容。实践中如《吉林省企业信用信息管理办法》和《辽宁省企业信用信息征集发布使用办法》专门章节规定了“企业信用信息验证”。

第三，征信模式可创新。我国地方信用立法政府主导具有普遍性，不少学者提出了传统政府主导模式的弊端，认为政府本应是被征信的对象之一，不宜做信用的裁判员，以及政府过分主导会干预市场的正常运行，也会滋生权力寻租。① 因此政府推动、市场化运营这种具有创新性的模式有存在的必要。以上海地方信用立法为代表，在内容上《上海市社会信用条例》不仅对信用信息管理的基本要素做了规定，其更是分别在第五章和第六章规定“规范和促进信用服务行业发展”和“社会信用环境建设”，如第39条②创新性地提出支持信用服务机构积极参与国际合作，增强信用服务机构的国际影响力。以及第42条③顺应当前大数据的发展趋势，提出鼓励开发具有自主知识产权的信用产品。这些法条起到引导和鼓励市场征信机构发展的作用，在之前传统地方信用立法中是不存在的。此模式不仅考虑了政府部门对信用信息的管理，还为市场信用信息发展提供自由上升空间，是面向未来的，随着大数据、区块链、人工智能的发展，此种模式规范角度偏市场性，内容具有宏观倡导性，留给市场更大的发展空间，更有利于科技与法律的结合，更好服务和管理信用社会。

四、地方信用立法不应涉及的内容

第一，信用基本制度与框架、基本权利与义务规制、基本责任制度设置等基础规范属信用基本法及信用相关专门法的范畴，不应具有地方特性，应通过中央立法进行统一。目前信用基本法及相关专门法未出台，作为地方信用立法

---

① 何玲丽：《信用立法之法理分析》，载《理论月刊》2013年第4期。

② 《上海市社会信用条例》第39条：“市人民政府有关部门应当制定相关政策，规范和支持信用服务机构发展，支持信用服务机构积极参与国际合作，增强信用服务机构的国际影响力。”

③ 《上海市社会信用条例》第42条：“本市支持信用服务机构利用大数据等技术开发具有自主知识产权的信用产品，开拓用信领域，满足社会应用和行政应用需求。”

上位法的《征信业管理条例》规定并不全面，各地率先将基本内容制定于地方性法规、规章中，解决当务之急。本应由上位法制定的内容由地方立法来解决，无论是从立法技术还说是从立法权限上来说都是不合理不科学的，有违《立法法》对法律制定的严格安排，甚者扰乱法律秩序。如《深圳市公共信用信息管理办法》专设章节规定“信用信息目录”，这实质是划定信用信息的范围，对该地方信用信息管理和激励惩戒管理起到引导作用。笔者认为，此规定存在不妥，从地方信用立法来看，信用信息目录具有引领的作用，意味着信用信息管理的具体环节不能超出此范围，否则同一部法内出现前后无法衔接，内容混乱现象。因此信用系信息目录实质划定地方信用管理的权限范围，如果有地方自设目录，则地方即做规则的制定者又做裁判员，是明显不合理的。从中央信用立法来看，此部分内容本应由中央立法规范，中央立法具有统领全国的作用。而信用信息目录属于信用领域起始性规定，包括信用范围划定和标准等级等规定，唯有上位法将其统一，在基础性问题上不存在争议，地方展开信用信息征集、披露、使用、监管，以及失信惩戒、守信激励才不存在权力和权利的冲突，管理秩序不出现混乱局面，地域上不存在“信用阻塞”，全国各地最终才能实现信用目的统一协调。纵观全国，信用基本制度与框架、基本权利与义务规制、基本责任制度设置等基础问题具有地方特性，带来了很大的不便。如《吉林省企业信用联合奖惩实施办法（试行）》第6条①将企业信用分为A、B、C、D四个等级，《福建省用人单位工资支付行为守信激励和失信惩戒暂行规定》第5条针对用人单位工资支付行为信用等级划分为守信、一般失信和严重失信三个等级，《吉林省建筑业企业信用综合评价办法》第7条将建筑业企业信用评价等级分为优良、合格、不合格三个等级。以上不同的信用评级规定在整体上很难进行横向比较，因而无法适应高度自由、无区域化的市场经济。另外与其他与信用相关的法律法规无法有效衔接，如《行政许可法》，其

---

① 《吉林省企业信用联合奖惩实施办法（试行）》第6条：“省信用信息数据交换平台的企业信用档案按照A、B、C、D进行分类。（一）A类，表示该企业有优良信誉信息记录，且无不良行为信息记录；（二）B类，表示该企业无优良信誉信息记录，且无不良行为信息记录；（三）C类，表示该企业有二条（含）以内不良行为信息记录；（四）D类，表示该企业有三条（含）以上不良行为信息记录或有造成严重社会影响的失信行为信息记录。”

第12条①规定特殊信誉可作为行政许可的依据，如果信用范围、信用等级评定等规定地域化，则将增加行政许可管理的难度。信用信息管理宏观上的规定需要统筹全部、多维度深思熟虑、长远分析等，中央专门立法，有专业的立法主体、成熟精准的立法技术、科学合理全面的社会考察团队等，更加适合信用基本制度与框架、基本权利与义务规制、基本责任制度设置等基础内容的制定。

第二，地方信用立法不得与宪法、法律、行政法规相抵触。尤其地方信用立法不能与信用相关的法律如民法、行政法、刑法中有关信用的规定发生冲突。首先，规范行政机关行为的行政法。其核心原则是法无授权即禁止。地方信用立法在制定行政机关执法的内容，不能违背此原则。比如失信惩戒方面的地方信用立法，是行政机关以公权力对失信主体的行政惩罚。制定此类地方信用立法应考虑特定行政事项与信用状况之间的关联性，排除不相关因素的干扰，否则将有违合理行政原则。② 还需考虑行政法上的比例原则，惩戒与失信程度和后果正相关，成一定比例，不能理所应当地认为失信者应被从重限制、约束或被处罚，如果过分提高惩罚力度以加大对失信行为的威慑力，势必导致过分限制公民权利，背离了《行政处罚法》上的比例原则。另外《行政处罚法》第4条③还规定了行政处罚遵循公正、公开的原则。其次，保护公民权益的民法。地方信用立法在“信息主体权益保护”方面规定的信息主体私权利的保护，不应与民法上规定私权利范围发生冲突，不能创设权利也不得削减权利。最后，以国家强制力惩戒失信犯罪主体的刑法。其规定特定失信行为必须达到一定犯罪情形才属失信犯罪，地方信用立法“法律责任”部分在引用刑罚时，犯罪情节和量刑规定都必须严格遵守《刑法》的规定。综上，地方信用立法应与信用相关的法律充分沟通协调，制止在强制性规定上突破上位法。

第三，地方信用立法禁止干预市场经济自由发展。地方信用立法禁止干预市场经济自由发展，主要体现在消极立法和积极立法两个方面。在规定企业信用信息征集、披露、使用时，应明确企业信用信息征集范围与市场主体商业秘

---

① 《行政许可法》第12条：“提供公众服务并且直接关系公共利益的职业、行业，需要确定具备特殊信誉、特殊条件或者特殊技能等资格、资质的事项可以设定行政许可。”

② 沈毅龙：《论失信的行政联合惩戒及其法律控制》，载《法学家》2019年第7期。

③ 《行政处罚法》第4条：“行政处罚遵循公正、公开的原则。设定和实施行政处罚必须以事实为依据，与违法行为的事实、性质、情节以及社会危害程度相当。对违法行为给予行政处罚的规定必须公布；未经公布的，不得作为行政处罚的依据。”

密的界限，积极立法，绝对保护商业秘密，防止被泄露，造成难以挽回的损失。在行政惩戒，限制失信企业权利的管理上，侧重消极立法，不干涉市场经济自由支配机制。首先，在企业信用信息征集中，包括知识产权在内的商业秘密信息应同个人隐私一样被严格保护，不得强制要求征集。我国《征信业管理条例》第3条①明确表示商业秘密、个人隐私不得侵犯，也反映了商业秘密与个人隐私应同样被绝对保护。在实践中，商业秘密与个人信息对于法人和自然人的重要性难分伯仲，都是立足市场和社会的关键。然而我国在商业秘密保护上尚有不足，对征信、披露、使用信用立法本应积极保护商业秘密，应明确区分商业秘密与一般企业的信用信息，但从我国地方信用立法现状来看，普遍存在消极立法，仅将保护商业秘密作为一项原则规定在总则部分，在信用信息征集等具体的信用信息管理环节上鲜有规定，如《吉林省企业信用信息管理办法》第6条②、《上虞市③企业信用信息管理办法（试行）》第5条④、《成都市企业信用信息管理办法》第7条等地方信用立法，除了总则部分规定了保护商业秘密，具体信用信息事务管理部分都未制定具体的保护事项和补救事项，换而言之保护商业秘密其实并没有落到实处。部分地方虽在具体信用信息管理事务上强调了商业秘密的保护，但仅是信息披露、公布上保护商业秘密，并没有在征集环节明确将商业秘密区别于企业其他信用信息，禁止对其进行征集，进行源头上的保护，以至在后面环节有泄漏商业秘密的风险。如《苏州市企业信用信息管理办法》第24条⑤，在披露环节保护商业秘密，《山西省行

① 《征信业管理条例》第3条："从事征信业务及相关活动，应当遵守法律法规，诚实守信，不得危害国家秘密，不得侵犯商业秘密和个人隐私。"

② 《吉林省企业信用信息管理办法》第6条："企业信用信息的征集、验证、发布和使用，应当合法、公正、准确、及时。依法保护国家利益、社会公共利益和企业合法权益。不得妨害公共安全和社会秩序。禁止泄露企业商业秘密。"

③ 《成都市企业信用信息管理办法》第7条："（工作原则）企业信用信息的征集、发布活动，应当遵循合法、公正、客观、独立、准确、及时的原则，依法维护国家利益、社会利益和企业合法权益，保护国家秘密、商业秘密和个人隐私。"

④ 《上虞市企业信用信息管理办法（试行）》第5条："企业信用信息的征集、披露、使用、管理，应遵循以下原则：（一）坚持客观、公正、准确、效能的原则。（二）遵守国家法律、法规和规章，有利于保护国家秘密，商业秘密和个人隐私的原则。"

⑤ 《苏州市企业信用信息管理办法》第24条："披露企业信用信息应当符合法律、法规、规章的规定，对属于国家秘密、商业秘密、个人隐私以及法律、法规、规章规定不得公开的其他内容，不得披露。"

政机关归集和公布企业信用信息管理办法》第18条[①]，在公布环节保护商业秘密。却都未在征信环节明确区分商业秘密，禁止征集。相反在保护个人隐私上，地方信用立法制定了比保护商业秘密严格的规定，在征信环节进行了积极立法，如《江苏省个人信用征信管理暂行办法》第11条[②]列举了禁止采集的个人信息。以上说明了地方信用立法在对企业商业秘密保护上存在规定不足的现象，一旦没有明确商业秘密与企业一般信用信息的界限，那么就会存在干涉的可能，无法保障企业应当被保护的私权利。当今社会，市场经济竞争愈发激烈，商业秘密不仅是企业的竞争核心，是当地经济发展的动力，更是国家对外贸易的明信片，近几年的国际话语权较量的背后都是知识产权等商业秘密的比拼。笔者认为在对企业信用信息管理的地方信用立法中，信用信息征集、披露、使用、监管环节，应明确了商业秘密的范围，禁止信用信息管理的过程中征集商业秘密相关的信息，保障企业应享有的权益。目前我国存在地方信用立法率先意识到了此问题，在征集环节明确商业秘密范围，防止信用信息管理干涉，如《浙江省企业信用信息征集和发布管理办法》第15条[③]规定了商业秘密的范围，以便在信用信息管理过程中与一般企业信用信息区分开来，加以保护措施，更好地保护市场主体利益，不干预市场经济自身的发展，这对信用立法来说起到很好的引导作用。在行政惩戒，限制被征信主体权利的管理上，应侧重消极立法，禁止干涉市场经济，应严格遵循“法无授权即禁止”原则。联合惩戒应在规范联动惩戒的部门，不应过分扩大联合惩戒的范围，禁止联动市场对失信主体惩戒，否则就有间接操纵市场的嫌疑。目前我国地方信用立法中存在政府以失信惩戒间接干涉市场的规定，如规定保险机构可以不予失信主

① 《山西省行政机关归集和公布企业信用信息管理办法》第18条：“企业信用信息通过信用山西网站向社会公布。公布企业信用信息应当符合法律、法规、规章的规定，对属于个人隐私、涉及企业商业秘密以及法律、法规、规章明确规定不得公开的其他内容，提交信息的行政机关应当采取保密措施，不得公布和披露。”

② 《江苏省个人信用征信管理暂行办法》第11条：“禁止采集下列个人信息，但本人自愿提供的除外：（一）民族、种族、宗教信仰、政治信仰；（二）身体形态、基因、血型、疾病和病史等可能影响被征信人正常生活的信息；（三）其他与个人信用无关或者法律、法规禁止采集的个人信息。”

③ 《浙江省企业信用信息征集和发布管理办法》第15条：“商业秘密是指不为公众所知悉、能为权利人带来经济利益、具有实用性并经权利人采取保密措施的技术信息和经营信息，包括设计、程序、产品配方、制作工艺、制作方法、管理诀窍、客户名单、货源情况、产销策略、招投标中的标底及标书内容等信息。”

体办理除法定强制保险外的商业保险业务，商业保险完全属于市场自由交易的内容，联合商业保险机构限制失信主体购买商业保险的惩戒方式属间接干预市场经济。与此类似的还有《湖北省企业失信行为联合惩戒办法（试行）》第22条①，以银行贷款率和保险报废标准来惩戒严重失信企业，《吉林省企业信用联合奖惩实施办法（试行）》第19条②规定对信用档案D类企业采取限制企业首次公开募股、上市公司配股、发行债券、资产重组等方式来进行惩戒。在联动惩戒上应规范联动的范围，征信管理部门禁止联动市场主体，对失信主体市场行为进行限制。否则将以牺牲市场自由换取信用管理的效率，并造成失信政府的形象，得不偿失。

第四，地方信用立法禁止重复行政惩罚。地方信用立法禁止将已经执行的行政处罚行为作为失信惩戒的考量因素。比如企业的失信与守信认定，其应当围绕市场活动来认定，将行政惩罚作为失信考量因素，再次进行失信惩戒，属于明显的重复行政惩罚。另也有借失信联合惩戒之名来行管理之便的规定，有如此规定的地方信用立法将成为行政管理的工具，既是对私权利的过分剥夺也是公权力的滥用。如将“在政府采购、招标中受到行政处罚”“未通过各级行政机关依法进行的专项检查、周期性检验的”“未及时到各级行政机关办理验证（报送年度报告）、换证、备案、注销、变更的”等一系列被征信主体已受行政处罚的行为或违反行政管理的行为规定为失信行为，加之惩戒，就有变相惩戒或重复惩戒之嫌。部分学者认为即便是部门之间的联合惩戒也应当考虑联动的合法性、关联性、比例性、程序可控性。③

五、结语

《社会信用体系建设规划纲要（2014—2020年）》明确到2020年基本建立

① 《湖北省企业失信行为联合惩戒办法（试行）》第22条：“对严重失信行为的企业除包含对较重失信行为采取的惩戒措施外，还应当采取以下惩戒措施：（六）鼓励银行机构按照贷款风险成本差别定价的原则，提高贷款利率或拒绝贷款，鼓励保险经营机构提高保费标准；”

② 《吉林省企业信用联合奖惩实施办法（试行）》第19条：“各级行政机关按照职能分工，对信用档案D类企业除采取本办法第18条所列的惩戒性措施外，还可依法采取以下惩戒性措施：（二）企业首次公开募股、上市公司配股、发行债券、资产重组等方面予以限制。”

③ 沈毅龙：《论失信的行政联合惩戒及其法律控制》，载《法学家》2019年第4期。

社会信用基础性法律法规和标准体系。中央信用立法以及信用相关的专门法律即将出台。届时，地方信用立法将紧紧围绕中央信用立法的精神和规定，包括信用基本制度与框架、基本权利与义务规制、基本责任制度设置等基础规范，以及不与宪法、与信用相关的法律、行政法规发生冲突，根据地方需解决的信用问题和地方目的进行地方信用立法，其边际与本文所讨论不会存在明显出入，大体包括基本要素、地方可创新内容、地方不应涉及的内容。希望本文能为地方信用立法合法合理科学制定有提供思路。

反不正当竞争地方立法疑难问题及其立法建议

——以湖南省反不正当竞争地方立法问题为例*

黄　婷**

摘要：反不正当竞争法自颁布施行至今，其立法体系形式上已相对完善，但仍有必要优化：一方面，处于该立法体系中的上位法《反不正当竞争法》部分条款可操作性有待进一步增强；另一方面，处于该立法体系中的下位法反不正当竞争地方立在部分地区尚未制定，影响并阻碍反不正当竞争法律适用效果。在遵循基本地方立法规范前提下因地制宜制定反不正当竞争地方立法确有必要。湖南省反不正当竞争法律适用在统一执法权界定、相关管辖权划分、某些具体行为认定、处罚标准自由裁量等问题上仍存在适用困境，亟须通过制定反不正当竞争地方立法增强其可操作性以适应地方治理现实需求。具体而言，其制定共涉及立法规范包含18个方面共计30多个具体问题，其中涉及相对方存在的问题和解决问题的措施有7个方面，涉及管理方存在的问题及解决问题的措施有11个方面。

关键词：反不正当竞争；地方立法；立法规范

党的十九届四中全会提出："要坚持和完善社会主义基本经济制度，推动经济高质量发展。加快完善社会主义市场经济体制。"这一目标的实现，离不开社会主

＊［基金项目］：国家社科基金重点项目"公平竞争审查标准优化研究"（17AFX022）、湖南省哲学社会科学基金一般项目"市场决定背景下公平竞争审查制度效能评估及政策优化研究"（18YBA462）；此文收录于2018年湖南省立法研究会论文集，后刊登于《湖南大学学报（社会科学版）》2020年第2期。

＊＊　黄婷，湖南大学法学流动站博士后，中共湖南省委党校湖南行政学院法学教研部副教授。

义市场经济法律制度的保驾护航，因为“市场经济是一部复杂而精良的机器，它通过价格和市场体系来协调个人和企业的各种经济活动”①，而市场这部复杂而精良的机器高质量运行，有赖于社会主义市场经济法律制度尤其是保障市场公平竞争的竞争政策有效规制。作为竞争政策之一的《反不正当竞争法》正是基于这一目的颁布施行的。自1993年《反不正当竞争法》颁布施行后，北京、上海、重庆、四川、广东等30个省、市先后出台了反不正当竞争地方立法——《××省反不正当竞争条例》或《××省实施〈中华人民共和国反不正当竞争法〉办法》。然部分地区（如湖南省）一直未有制定反不正当竞争地方立法。2017年，《反不正当竞争法》迎来了施行24年以来的首修，并于2018年1月1日正式施行；2019年4月23日，《反不正当竞争法》由第十三届全国人大常委会第十次会议进行了再次修订。至2020年，《反不正当竞争法》首修后已然施行2年有余且国家机构改革落地并高效有序运行之际②，依据立法技术规范，无论是已经制定反不正当竞争地方立法的省市就旧法进行修订完善，抑或是尚未制定反不正当竞争地方立法的地区根据地方治理实际需求，科学拟定反不正当竞争地方立法规划并明确相应立法技术规范，都可谓是恰逢其时。

一、我国反不正当竞争立法体系基本构成及立法不足

（一）我国反不正当竞争立法体系基本构成

我国反不正当竞争立法体系可以概括为“上位法为核心+部门规章详细约束+下位法为补充”的反不正当竞争立法体系。具体包含以下五大部分：一是我国反不正当竞争法律适用的主要依据，施行24年后首修的《反不正当竞争法》。二是其他与不正当竞争内容相关的法律，如《消费者权益保护法》《商标法》《广告法》《招投标法》《网络安全法》《药品管理法》等。《药品

① ［美］保罗·萨缪尔森，威廉·诺德豪斯：《萨缪尔森谈效率、公平与混合经济》，萧琛主译，商务印书馆2012年版，第68页。

② 2018年3月13日，根据国务院总理李克强提请第十三届全国人民代表大会第一次会议审议的国务院机构改革方案的议案，组建国家市场监督管理总局。将国家工商行政管理总局的职责，国家质量监督检验检疫总局的职责，国家食品药品监督管理总局的职责，国家发展和改革委员会的价格监督检查与反垄断执法职责，商务部的经营者集中反垄断执法以及国务院反垄断委员会办公室等职责整合，组建国家市场监督管理总局，作为国务院直属机构。

管理法》（2019年）第88条①对医药领域商业贿赂行为予以规制，《广告法》（2015年）第4条②对虚假宣传行为立法规制。三是国家市场监督管理总局发布的若干配套规定及答复，它以部门规章或者回函的方式就反不正当竞争执法等方面疑难问题做的进一步补充和解释（如表1所示。四是最高人民法院关于反不正当竞争法律适用的司法解释或回函（如表2所示）。五是各地依据反不正当竞争国家立法，结合反不正当竞争地方治理需求制定的反不正当竞争地方立法。至2017年全国已经有近30个省市制定了反不正当竞争地方立法（如表3所示）（其中成都市于2013年废止《成都市反不正当竞争条例》，除贵州、宁夏、海南三地未曾就反不正当竞争地方立法进行再次修订外，其余27个城市在反不正当法施行的20年间经过数次修订完善）。

表1　国家工商总局制定的行政规章或回函汇总表

序号	颁发部门	名称	生效时间
行政规章			
1	工商总局	国家工商总局关于禁止有奖销售活动中不正当竞争行为的若干规定	1993. 12. 24
2	工商总局	关于禁止公用企业限制竞争行为的若干规定	1993. 12. 24
3	工商总局	关于禁止仿冒知名商品特有的名称、包装、装潢的不正当竞争行为的若干规定	1995. 07. 06
4	工商总局	关于禁止侵犯商业秘密行为的若干规定	1995. 11. 23
5	工商总局	关于禁止商业贿赂行为的暂行规定	1996. 11. 15
6	工商总局	关于禁止串通招标投标行为的暂行规定	1998. 01. 06
回函（由于篇幅原因未能详列，迄今共115份回函）			
1	工商总局	关于抽奖式有奖销售认定及国家工商行政管理局对《反不正当竞争法》具体应用解释权问题的答复	1998. 10. 14
2	工商总局	关于信用合作社限定贷款人购买其指定经营者的商品的行为定性处理问题的答复	1997. 07. 07
3	工商总局	关于中保财产保险有限公司宁夏分公司在玻璃碎险理赔中指定使用福耀玻璃是否构成不正当竞争行为问题的答复	1999. 06. 30
4	工商总局	关于电信局对不从该局购买手机入网者多收入网费的行为是否构成不正当竞争行为问题的答复	1999. 07. 27

① 《药品管理法》（2019年）第88条：“禁止药品上市许可持有人、药品生产企业、药品经营企业和医疗机构在药品购销中给予、收受回扣或者其他不正当利益。”

② 《广告法》（2015年）第4条：“广告不得含有虚假或者引人误解的内容，不得欺骗、误导消费者。广告主应当对广告内容的真实性负责。”

表 2　最高人民法院制定的反不正当竞争相关司法解释及回函汇总表

序号	颁发部门	名称	生效时间
1	最高人民法院	最高人民法院关于审理不正当竞争民事案件应用法律若干问题的解释	2007. 02. 01
2	最高人民法院	最高人民法院关于审理涉及保险公司不正当竞争行为的行政处罚案件时如何确定行政主体问题的复函	2003. 12. 10

表 3　全国各地反不正当竞争地反立法表

（按修订时间由近到远顺序排列）

序号	省份	名称	生效时间
1	广州市	《广东省实施〈中华人民共和国反不正当竞争法〉办法 》	2014. 9. 25
2	成都市	《成都市不正当竞争条例》（废止）	2013. 12. 09
3	四川省	《四川省反不正当竞争条例 》1995 年通过，2012 年第 2 次修订	2012. 07. 27
4	天津市	《天津市实施〈中华人民共和国反不正当竞争法〉办法 》1997 年通过，2012 年 5 月 9 日第 2 次修订实施	2012. 05. 09
5	云南省	《云南省反不正当竞争条例》1999 年通过，2012 年第 2 次修订	2012. 03. 31
6	福建省	《福建省实施〈中华人民共和国反不正当竞争法〉办法 》1996 年通过，2012 年修订实施	2012. 03. 29
7	广西壮族自治区	《广西壮族自治区反不正当竞争条例》1996 年通过，2012 年修订	2012. 03. 23
8	山东省	《山东省实施〈中华人民共和国反不正当竞争法〉办法 》1996 年通过，2012 年修订	2012. 01. 23
9	江苏省	《江苏省实施〈中华人民共和国反不正当竞争法〉办法 》1995 年通过，2012 年修订	2012. 01. 12
10	安徽省	《安徽省反不正当竞争条例》1997 年通过，2011 年第 2 次修订	2011. 11. 29
11	上海市	《上海市反不正当竞争条例》1995 年通过，2011 年修订	2011. 12. 22
12	黑龙江省	《黑龙江省反不正当竞争条例》1998 年通过，2011 年修订	2011. 12. 08

续表

序号	省份	名称	生效时间
13	厦门	《厦门经济特区反不正当竞争条例》1997 年通过，2011 年修订	2011. 12. 07
14	陕西省	《陕西省反不正当竞争条例》1996 年通过，2011 年修订	2011. 12. 01
15	江西省	《江西省反不正当竞争条例》1998 年通过，2011 年修订	2011. 12. 01
16	河北省	《河北省反不正当竞争条例》1998 年通过，2011 年第 2 次修订	2011. 11. 26
17	浙江省	《浙江省反不正当竞争条例》2000 年通过，2011 年修订	2011. 11. 25
18	辽宁省	《辽宁省实施〈中华人民共和国反不正当竞争法〉的规定 》1996 年通过，2011 年修订	2011. 11. 24
19	河南省	《河南省但不正当竞争条例》1994 年通过，2010 年修订	2010. 07. 30
20	重庆市	《重庆市反不正当竞争条例》1998 年通过，2010 年修订	2010. 07. 30
21	西安市	《西安市实施〈中华人民共和国反不正当竞争法〉办法》	1999. 4. 14
22	深圳市	《深圳经济特区实施〈中华人民共和国反不正当竞争法〉规定》	1997. 12. 17
23	吉林省	《吉林省反不正当竞争条例》1996 年通过，1997 年修订	1997. 11. 14
24	贵州省	《贵州省反不正当竞争条例》	1997. 03. 27
25	宁夏回族自治区	《宁夏回族自治区反不正当竞争条例》	1996. 10. 17
26	海南经济特区	《海南经济特区反不正当竞争条例》	1993. 12. 28
27	北京市	《北京市反不正当竞争条例》	1994. 7. 22
28	武汉市	《武汉市制止不正当竞争行为试行办法》	1985. 11. 29
29	山西省	《山西省反不正当竞争条例》	1996. 9. 23
30	湖北省	《湖北省反不正当竞争条例》	1998. 9. 25

（二）反不正当竞争立法体系中存在的不足

尽管我国反不正当竞争立法体系从结构上已经相对完善，但反不正当竞争法律适用仍存在不少困境，引发这一困境的主要原因在于反不正当竞争立法体系中作为主要依据的上位法在修订后由于立法技术的有限性导致其仍存在一定的不足，如一般条款欠完善、部分条款可操作性差、法律责任不完备、仍存在立法空白四个问题。

第一，反不正当竞争一般条款仍存在法律适用司法性不强问题。《反不正当竞争法》第2条的一般性基本原则性条款是“法的价值基本体现，在效力上贯穿立法、执法、守法活动的全过程，并在功能上具有补救性，即通过基本原则的解释和运用使成文法局限得以克服”。① 但其“毕竟只是一种原则性规定，只是提供一般性的指引，其具体适用具有很大的裁量性，而缺乏更为具体的判定标准”。② 根据数据显示，截至2012年6月，共得到2865个案例，在这些案件中，适用《反不正当竞争法》第2条认定不正当竞争行为的案件仅为828个，占29%。③修订后的《反不正当竞争法》第2条弥补了原1993年第2条第2款④存在的表述不完备、缺少内涵和外延以及在执法中不能作为行为认定依据的不足，在第2条第1款增加了“遵守法律”四字，这也意味着除了违反诚信或商业道德的不正当竞争行为依然存在外，必然会新诞生大量所谓的“违法”（反不正当竞争法以外其他相关）行为⑤，一定程度上增强了反不正当竞争行政执法和司法审判的可操作性。尽管如此，根据国际立法经验及我国司法实践数据显示，一般性条款法律适用仍存在法律援引依据不足的困境，条文中“违反法律”的界定过于宽泛且存在法条竞合及管辖竞合的困境，这无疑降低了一般条款在反不正当竞争执法与司法适用中的可援引性，与其作为价值条款具有行为指导功效的精神相违背。

第二，反不正当竞争仍存在部分条款可操作性不强问题。以“虚假宣传”立法规定为例，尽管立法对行为类型虚假宣传做了修订，但修订后的虚假宣传

---

① 江帆：《经济法的价值理念和基本原则》，载《现代法学》2005年第5期。

② 孔祥俊：《反不正当竞争法的司法创新和发展——为〈反不正当竞争法〉施行20周年而作（上）》，载《知识产权》2013年第11期。

③ 周樨平：《反不正当竞争法一般条款行政实施研究——以裁量权的建构为中心》，载《现代法学》2015年第1期。

④ 《反不正当竞争法》（1993年）第2条第2款 本法所称的不正当竞争，是指经营者违反本法规定，损害其他经营者的合法权益，扰乱社会经济秩序的行为。

⑤ 郑友德，王活涛：《新修订反不正当竞争法的顶层设计与实施中的疑难问题探讨》，载《知识产权》2018年第1期。

的界定还可以再准确些①，《反不正当竞争法》第 8 条②没有就如何界定“虚假宣传和引人误解的宣传”做进一步区分并通过类型化方式列举。“虚假宣传和引人误解的宣传”中的“虚假宣传”的目的在于造成他人误解也即“引人误解”，法律禁止的是引人误解的虚假宣传，而对于没有引起他人误解的虚假宣传在该条的前半部分并没有作出规定。故而，引人误解的虚假宣传应该考虑做进一步界定，即明确不足以引起他人误解的虚假宣传是否在此类行为规制范畴内。

第三，反不正当竞争仍存在法律责任不完备问题。这一问题主要表现在修订后的《反不正当竞争法》中责任部分仍然过于突出行政责任，强调行政强制作用，而对民事责任和刑事责任方面规定笼统而宽泛。如《反不正当竞争法》第 27 条规定优先承担民事责任，但在民事责任与行政责任之间，如何优先承担民事责任却没有明确；此外，私力救济作为反不正当竞争纠纷解决的重要补充方式，也没有在新修订的《反不正当竞争法》中的得到很好的体现。事实上，就立法目的而言，反不正当竞争要实现的是对经济秩序有序规制，这一效果的实现，理应建立在民事赔偿、行政处罚、刑事约束三位一体法律规制模式基础上。

第四，反不正当竞争部分条款难以涵盖所有行为类型。以《反不正当竞争法》第 12 条为例，虽然新增的该条款已经将旧法中没有规定的互联网反不正当竞争行为进行立法规制，但随着经济飞速发展，各种新型经济要素层出不穷，第 12 条规定的四种行为模式仅仅是互联网环境下某一个时空阶段的阶段性行为模式，是对当前互联网不正当竞争行为的类型化描述和共性列举，代表的是一定时期内互联网不正当竞争的主要行为类型。事实上，鉴于互联网更新速度以及互联网运行模式飞快，很可能这些立法规定在产生的同时就面临着其已经或者不久即将不能对互联网反不正当竞争新的行为类型进行立法规制。如“猎豹浏览器屏蔽优酷网视频广告案”③ 中的屏蔽行为模式。

---

① 孔详俊：《对修订〈反不正当竞争法的若干建议〉》，载《竞争法律与政策评论》2017 年第 2 期。

② 《反不正当竞争法》(2017 年) 第 8 条：“经营者不得对其商品的性能、功能、质量、销售状况、用户评价、曾获荣誉等作虚假或者引人误解的商业宣传，欺骗、误导消费者。经营者不得通过组织虚假交易等方式，帮助其他经营者进行虚假或者引人误解的商业宣传。”

③ 孔祥俊：《论反不正当竞争的基本范式》，载《法学家》2018 年第 1 期。

二、上位法不足引发的湖南省反不正当竞争地方治理的现实困境

湖南省在过去的26年里一直未就反不正当竞争制定地方立法，反不正当竞争地方治理主要以上位法及与之有关的行政规章①及司法解释②为依据，这对于一个经济发展仍处于全国中等偏上水平、各类企业竞争力有限、遭遇不正当竞争抵御能力不强的省份——湖南省而言是有一定的阻碍效应的，因为无序、恶性的竞争行为，无疑会对湖南省未来经济发展带来一定法人阻碍。具体表现在以下几个方面：第一，一般性条款规定不明导致的反不正当竞争地方治理统一执法权不明问题；第二，部分条款可操作性不强导致的反不正当竞争地方治理管辖权边界不清晰问题；第三，部分条款难以涵盖所有行为类型导致的反不正当竞争地方治理个别具体行为类型可操作性不强问题；第四，法律责任不完备导致的反不正当竞争地方治理处罚金额自由裁量权宽泛化问题。

（一）反不正当竞争地方治理统一执法权不明问题

根据现行《中华人民共和国反不正当竞争法》第4条关于执法权的规定，我国反不正当竞争执法权归属于法律授权的相关职能部门，其既包含市场监督管理局在内的行政管理部门，也包含其他与之相关的职能部门，即在执法过程中，除市场监督管理局行政部门以外，其他法律规定与之相关部门，如质检、物价、卫生、建设、文化、银监等也可以对不正当竞争行为行使监督权。统一执法权的缺失一定程度上分解了市场监督管理局反不正当竞争统一执法职责和职权，从而导致不同行业的不正当竞争认定、处罚规则不尽一致，致使市场竞争规则的公平性受损。以2007年“中国银行尚志支行不服尚志市工商局工商行政处罚”（2007）尚行初字第9号一案为例，关于虚假宣传的不正当竞争行为的处罚权归属银监部门还是工商部门问题向黑龙江省高级人民法院的回函：“商业银行的虚假宣传行为属于《中华人民共和国商业银行法》第74条第3

① 为增强《反不正当竞争法》的可操作性，国家工商行政管理总局依据职责，制定了一系列《反不正当竞争法》配套规章。分别是《关于禁止有奖销售活动中不正当竞争行为的若干规定》（1993年）、《关于禁止公用企业限制竞争行为的若干规定》（1993年）、《关于禁止仿冒知名商品特有的名称、包装、装潢的不正当竞争行为的若干规定》（1995年）、《关于禁止侵犯商业秘密行为的若干规定》（1995年）、《关于禁止商业贿赂行为的暂行规定》（1996年）、《关于禁止串通招标投标行为的暂行规定》（1998年）。

② 如最高人民法院制定的《最高人民法院关于审理不正当竞争民事案件应用法律若干问题的解释》（2007年）。

项规定采用其他不正当手段。对商业银行采用虚假宣传手段吸收存款的不正当竞争行为的监督管理职权，应由银行业监督管理机构行使。”尽管我国是成文法国家，司法判例及最高人民法院的指导性回函并不成为司法审判中的依据，但该案的回函一定程度上就银行业反不正当竞争行为的执法权归属问题做了一个指导性的界定，给出了指导意见。此外，类似案件还有2003年12月10日，最高人民法院向湖南省高级人民法院作出的“关于审理涉及保险公司不正当竞争行为的行政处罚案件时如何确定行政主体问题的复函”，该回函明确了“该案应当以中国保险监督管理委员会作为有权进行调查、处罚的主体”。

（二）反不正当竞争地方治理管辖权边界不清晰问题

反不正当竞争管辖权边界不清晰问题主要体现在地域管辖与特定管辖两方面。

第一，地域管辖困境。地域管辖困境主要体现在互联网新型不正当竞争行为的管辖权归属方面。近几年来，随着网络的虚拟性、高技术性、开放性、跨国性、高速发展性，使得网络不正当竞争的形式和特点也不断翻新。尤其是互联网新型限制竞争行为管辖权的认定，如域名注册所在地、利益相关受侵害人所在地两种管辖范围，管辖权围绕域名服务器所在地市场监督管理局还是以利益相关人所在市场监督管理局存在争议。以湖南省工商局就“益市工商案字〔2006〕第21号行政处罚”就管辖权认定案件为例①，湖南省工商局（现市场监督管理局）作出复议认为，根据《国家工商总局关于加强广告执法办案协调工作的指导意见（试行）》，“对报纸、电视、广播、杂志、互联网站等大众传播媒介的广告违法案件，由违法行为发生地（即媒介广告经营登记所在

---

① 该案基本案情如下：烟台某生物工程有限公司通过烟台国际经贸信息中心注册了公司的网站并在该网站上对公司的产品进行宣传。2006年5月，湖南省某市工商行政管理局（现市场监督管理局）向公司送达了听证告知书，称公司在公司网站上的产品介绍对商品的性能用途做引人误解的虚假宣传，拟对公司进行行政处罚，公司如要求陈述、申辩或举行听证，请在收到此通知之日起三日内提出。公司对此没有理会，2006年6月，xx市工商行政管理局作出了益市工商案字（2006）第21号处罚决定书，责令停止违法行为，消除影响，处罚款50000元。公司收到处罚决定书后认为湖南省某市工商行政管理局对该案没有管辖权，向湖南省工商行政管理局（现市场监督管理局）提出行政复议。湖南省工商局（现市场监督管理局）作出复议认为根据《国家工商总局关于加强广告执法办案协调工作的指导意见（试行）》第2条：“对报纸、电视、广播、杂志、互联网站等大众传播媒介的广告违法案件，由违法行为发生地（即媒介广告经营登记所在地）县级以上工商行政管理机关管辖，实行分级管理的，适用级别管辖”。

地）县级以上工商行政管理机关管辖，实行分级管理的，适用级别管辖”。

第二，特定管辖困境。特定管辖困境主要体现在如电力、医疗等特殊行业反不正当竞争管辖权问题。如电信行业、保险行业、银行业、串通投标等反不正当竞争案件管辖权的认定，需分别以各自职能范畴确定管辖权归属。以电信行业为例，《电信条例》第 72 条赋予了国务院信息产业主管部门或者省、自治区、直辖市电信管理机构拥有对行业内不正当竞争行为管辖权。而电信签订的排除限制竞争协议同时也隶属反不正当竞争法所规制范围，归属市场监督管理局管辖，由此而引发特定管辖权竞合；以网络领域管辖权为例，《网络安全法》（2016 年）第 27 条①、第 59 条②、第 63 条③规定相关部门拥有管辖权，公安机关拥有就从事危害网络安全活动、提供专门从事危害网络安全活动的程序、工具等事宜的处罚权，这一规定是就相同或相似内容规定的治安管理处罚，是财产罚、行为罚和人身罚，职权机关为公安机关。同时，《反不正当竞争法》第 14 条赋予的是行政处罚权，是财产罚和行为罚，职权机关为市场监督局。显而易见，不同的行为认定，其处罚结果大相径庭。

（三）反不正当竞争地方治理中个别不正当竞争行为可操作性不强问题

个别行为类型可操作性不强问题主要体现在两个方面，一是新增的互联网反不正当竞争行为类型；二是虚假宣传问题。《中华人民共和国反不正当竞争法》第 6 条至第 12 条规定了反不正当竞争 7 种行为模式，其中第 12 条系新增内容，是就网络反不正当竞争行为的规定。由于互联网反不正当竞争行为模式

---

① 《网络安全法》（2016 年）第 27 条：“任何个人和组织不得从事非法侵入他人网络、干扰他人网络正常功能、窃取网络数据等危害网络安全的活动；不得提供专门用于从事侵入网络、干扰网络正常功能及防护措施、窃取网络数据等危害网络安全活动的程序、工具；明知他人从事危害网络安全的活动的，不得为其提供技术支持、广告推广、支付结算等帮助。”

② 《网络安全法》（2016 年）第 59 条：“网络运营者不履行本法第 21 条、第 25 条规定的网络安全保护义务的，由有关主管部门责令改正，给予警告；拒不改正或者导致危害网络安全等后果的，处一万元以上十万元以下罚款，对直接负责的主管人员处五千元以上五万元以下罚款。”

③ 《网络安全法》（2016 年）第 63 条：“违反本法第 27 条规定，从事危害网络安全的活动，或者提供专门用于从事危害网络安全活动的程序、工具，或者为他人从事危害网络安全的活动提供技术支持、广告推广、支付结算等帮助，尚不构成犯罪的，由公安机关没收违法所得，处五日以下拘留，可以并处五万元以上五十万元以下罚款；情节较重的，处五日以上十五日以下拘留，可以并处十万元以上一百万元以下罚款。”

更新程度远远超前于立法规定，因此在反不正当竞争法律适用中，往往会因新的行为类型立法规制的缺失而加大法律适用的准确性，可操作性不强；《反不正当竞争法》第 8 条虚假宣传类型界定为“商品的性能、功能、质量、销售状况、用户评价、曾获荣誉等作虚假或者引人误解的商业宣传”几类，尚未涵盖所有虚假宣传行为类型，如制作成分、用途、生产者、有效期、产地、专利号、使用方法、产地、制造者、制造地、加工者、加工地等项目以及“亏本销售”模式。

（四）反不正当竞争地方治理处罚自由裁量权泛化问题

《反不正当竞争法》第 19 条至第 32 条规定了市场监督管理局作为监督检查部门的处罚权。根据情节轻重处罚标准各异，有五万以上二十五万以下、有十万以上三百万以下、二十万以上一百万以下、一百万以上二百万以下、十万以上五十万以下、五十万以上三百万以下等自由裁量的空间。如第 19 条①处罚金额的自由裁量空间为“十万元至三百万元之间”，对处罚金额法律责任的合理裁量是监督检查部门行使处罚权公正与否的基本衡量标准。由于经济发展的差异性，不同省、市、县域的经济发展水平存在差异，故而同种类型反不正当竞争违法行为的处罚标准在不同地区必然有一定的区别。湖南省整体经济水平仍处于全国中上等水平，中小型实体经济企业居多。反不正当竞争高额的处罚金额有可能导致部分中小型企业停产停业，阻碍中小企业实体经济的发展。故而，反不正当竞争地方治理如何既与上位法相一致，促进市场经济有序竞争，又结合湖南省当地经济发展需要，保护中小型企业良性发展，则需要合理考虑处罚标准的裁量权界限。

三、现有立法体系下反不正当竞争地方立法应遵循的基本立法规范

反不正当竞争地方立法的制定，是弥补反不正当竞争国家立法空白，适应各地反不正当竞争地方治理需求的有效方式，它既是解决反不正当竞争地方治理特殊需求的有效办法，也是培育地方市场、改善地方投资环境、保护区域经济、促进经济发展的有效途径，既要体现其在法律位阶与效力上与上位法

① 《反不正当竞争法》第 19 条：“经营者违反本法第七条规定贿赂他人的，由监督检查部门没收违法所得，处十万元以上三百万元以下的罚款。情节严重的，吊销营业执照。”

《反不正当竞争法》的从属性，又要满足反不正当竞争地方治理的实际需求，具有可操作性和地方特色。反不正当竞争地方立法应当遵循以下几个基本立法规范：

一是明确基本原则。反不正当竞争地方立法的制定，要与党的十九大会议精神一致，以完善宪法为核心的中国特色社会主义法律体系、建设中国特色社会主义法治体系为基本目标，坚持民主立法，以立法质量为重点，以问题为导向，既要体现法律位阶与效力上的从属性，又要体现当地实际情况与特点，具有实际可操作性。

二是明确制定时间。反不正当竞争地方立法的制定应考虑在《反不正当竞争法》施行后 1 ~3 年内完成。

三是明确制定机构。反不正当竞争地方立法由当地政府法制机构、人大常委会法工委、市场监督管理局等相关部门共同参与，形成共识，合力重视并做到上下沟通。

四是明确基本框架。可以采取与《反不正当竞争法》结构一致模式，整体结构共计五部分，第一部分为总则，包含反不正当竞争地方立法的立法目的、法价值取向、基本行为准则、内涵与外延等基本内容；第二部分为不正当竞争行为，在《反不正当竞争法》所列的几种行为模式基础之上，对可操性不强的部分行为模式做进一步细化；第三部分为监督检查，对《反不正当竞争法》中关于执法权限不明部分做进一步明确；第四部分为法律责任，就权利救济的几种方式做进一步细化；第五部分为附则部分，注明湖南省地方立法生效的时间等内容。此外，也可以考虑法律责任与行为类型同条模式，仅列明与上位法相区别条款，增强可操作性。

四、湖南省反不正当竞争地方立法需要遵循的立法规范建议

根据地方立法规范，有直接上位法依据的宜制定实施性立法，即湖南省反不正当竞争地方立法可拟为：《湖南省实施〈反不正当竞争法〉办法》，其涉及的立法规范及需要解决的问题包含一般条款、不正当竞争行为条款、行为调查与法律责任条款三个部分，涉及反不正当竞争地方立法共计 18 个方面 30 多个具体问题。其中涉及相对方存在的问题和解决问题的措施有 7 个方面，涉及管理方存在的问题及解决问题的措施有 11 个方面，具体包含如下内容：第一，反不正当竞争的整体性、系统性与地方经济差异性问题；第二，反不正当竞争执法体制问题；第三，仿冒混淆行为模式细化问题；第四，商业贿赂行为方式

细化问题；第五，虚假宣传行为方式细化问题；第六，侵犯商业秘密行为模式及构成要件细化问题；第七，有奖销售高于五万元奖金部分的给付与否问题；第八，商业诋毁构成要件补充及行为模式细化问题；第九，利用网络技术进行的不正当竞争行为主观要件及行为模式细化问题；第十，查封、扣押财物的边界问题；第十一，行政强制行为的层级协调与责任承担问题；第十二，违法经营额和违法所得额的核定问题；第十三，罚款幅度的合理裁量问题；第十四，社会信用统一代码法律责任问题；第十五，对主动消除或者减轻法定情形依法从轻、减轻处罚法定情形如何细化问题；第十六，优先承担民事责任问题；第十七，对拒绝、阻碍调查责令改正并处罚后是否继续查处反不正当行为问题；第十八，其他未尽问题，如是否制定设立奖励机制，设立公平竞争专家咨询委员会等问题。

（一）《湖南省实施〈中华人民共和国反不正当竞争法〉办法》（建议稿）中一般条款需要解决的问题及立法建议

《反不正当竞争法》总则部分蕴含着立法目的、法的价值取向、调整范围等原则性内容。《湖南省实施〈中华人民共和国反不正当竞争法〉办法》（建议稿）在一般条款中需要解决的主要问题包含反不正当竞争的整体性、系统性与地方经济差异性问题以及反不正当竞争统一执法权等内容。

第一，反不正当竞争的整体性、系统性与地方经济差异性问题。该问题主要涉及《反不正当竞争法》总则部分第 1 条、第 2 条。《反不正当竞争法》第 1 条至第 5 条规定了反不正当竞争法适用的原则性条款，但由于地区经济差异性，上位法的地方适用各有差异。故而，反不正当竞争地方立法需要解决反不正当竞争法整体性、系统性与地方经济差异性问题，拟解决办法如下：一是拟在《湖南省实施〈中华人民共和国反不正当竞争法〉办法》（建议稿）第 1 条明确“结合本省实际”，明确适用范围为“湖南省”；二是拟在《湖南省实施〈中华人民共和国反不正当竞争法〉办法》（建议稿）第 1 条、第 2 条之外增加一条为第 3 条，明确湖南省反不正当竞争地方立法的基本目的旨在保护消费者、经营者的基本权益。

第二，反不正当竞争统一执法权问题。该问题主要涉及《反不正当竞争的法》第 3 条、第 4 条、第 5 条相关内容。修订后的《反不正当竞争法》赋予“县级以上人民政府履行工商行政管理职责的部门”——市场监督局“查处”职能，较之 1993 年的《反不正当竞争法》管辖范围、执行方式都更为具有强制力和执行力，但同时也规定，“法律法规规定由其他部门查处的依照其规定”，这一规定给反不正当竞争执法带来了管辖竞合问题，也即反不正当竞争违法行为查处主体市场监督总局与法律规定的其他有管辖权的职能部门管辖竞合。故而，《湖南省实施〈中华人民共和国反不正当竞争法〉办法》（建议稿）可考虑在第 4 条增加两款内容，拟为：“市、区、县（含县级市、区）人民政府市场监督管理部门对不正当竞争行为进行查处；法律、行政法规规定由其他部门查处的，依照其规定。其他行政管理部门应当在各自职权范围内，支持、配合市场监督管理部门依法履行监督检查职能。省一级人民政府建立反不正当竞争工作协调机制，负责处理反不正当竞争争议事宜”。在第 5 条增加两款内容，拟为：“其他行政管理部门应当在各自职权范围内，支持、配合市场监督管理部门依法履行监督检查职能。”通过地方立法规定其他部门对市场监管总局执行支持、配合的职能，从而确保其相对统一的执法权，减少甚至避免管辖竞合问题。

（二）《湖南省实施〈中华人民共和国反不正当竞争法〉办法》（建议稿）中不正当竞争具体行为条款需要解决的问题及立法建议

第一，仿冒混淆问题。该问题主要涉及《反不正当竞争法》总则部分第 6 条第 1 款关于“擅自使用”及“有一定影响”的范畴界定问题。《反不正当竞争法》第 6 条规定的“有一定影响”前置条件与 1993 年《反不正当竞争法》第 5 条第 2 款“知名商品”前置条件一致，在实际操作中存在难以界定的操作困难；此外，《反不正当竞争法》中“有一定影响”意味着将《反不正当竞争法》中不具备“有一定影响”的商业标识排除在反不正当竞争保护之外。故而，《湖南省实施〈中华人民共和国反不正当竞争法〉办法》（建议稿）可采取对“有一定影响”进一步细化，明确“有一定影响”类型，如“有一定影响”是指使用经国家认定的驰名商标或者著名商标的商品；为相关消费者所共知、具有一定市场占有率和较高知名度等。

第二，商业贿赂问题。该问题涉及《反不正当竞争法》第 7 条内容。具体内容涉及有以下几个方面：一是关于第三方收受回扣或者佣金不如实入账能否认定为商业贿赂。《反不正当竞争法》第 7 条第 3 款对未能如实入账是否认定其为商业贿赂问题作出明确规定，故而《湖南省实施〈中华人民共和国反不正当竞争法〉办法》（建议稿）应对该部分进一步明确，在条例中增加一句，拟为：“对于未如实入账且数额较大的视为商业贿赂”；二是关于竞争优势界定问题。《湖南省实施〈中华人民共和国反不正当竞争法〉办法》可以就相对优势和绝对优势问题进一步细化，条文内容拟为“ 本款所称‘竞争优势’

为相对优势。（1）交易一方在资金、技术、市场准入、销售渠道、原材料采购等方面处于优势地位；（2）相对人是否因为该经营者的品牌知名度、长期合同关系、稀缺物资，或者必要设备等产生依赖”。

第三，虚假宣传问题。该问题涉及《反不正当竞争法》第 8 条内容。根源在于上位法关于虚假宣传行为模式界定过于宽泛，缺乏反不正当竞争地方治理可操作性。解决该问题的办法为对虚假宣传的具体行为模式在《反不正当竞争法》第 8 条的基础上进一步细化。解决办法为：一是细化第 1 款相关内容，对构成要件的种类进一步补充，扩大其涵盖范围，条文内容拟为：“经营者不得对其商品的性能、功能、质量、制作成分、用途、生产者、有效期、产地、专利号、使用方法、产地、制造者、制造地等作虚假或者引人误解的商业宣传，欺骗、误导消费者”；二是细化第 2 款相关内容并就行业协会或者企业组织乱评比、乱发牌气行为以及以评奖为手段进行虚假宣传作出相关规定。明确规定行业协会或者企业组织假借各种名义乱评比、乱发牌气行为属于虚假宣传范畴。

第四，侵犯商业秘密问题。该问题主要涉及《反不正当竞争法》第 9 条内容。具体包含以下内容：一是《反不正当竞争法》第 9 条中关于侵犯商业秘密的行为模式存在涵盖外延不全的问题。条款中未将“利诱”要件作为侵犯商业秘密的构成要件之一。《与贸易有关的知识产权协定》是我国《反不正当竞争法》的立法基本框架，根据《与贸易有关的知识产权协定》（TRIPS）第 9 条对商业秘密的界定，包含“利诱”行为模式，建议湖南省反不正当竞争地方立法建议在第 9 条第 1 款增补“利诱 ”这种侵犯商业秘密模式；二是《反不正当竞争法》第 9 条第 2 款关于商业秘密的界定过于原则化导致反不正当竞争地方治理而言缺乏可操作性问题。地方反不正当竞争立法宜对该款进行细化，可以考量是否增加“技术信息和经营信息、实验数据、设计方案”等要件内容为商业秘密的范畴。

第五，有奖销售问题。该问题涉及《反不正当竞争法》第 10 条和第 22 条法律责任部分内容。具体而言，第 10 条第 1 款第 3 项明确规定向社会承诺超过五万元奖金的抽奖行为属于违反正当竞争的范畴且明确规定该违法行为法律责任承担方式。问题的关键在于该违法行为查处后，明确已经向社会承诺的超过五元的抽奖奖金，查处后是否需要兑现。这一问题的解决考虑以下方式：即在法律规定范畴内五万元部分查处后仍需要兑现，超出五万元的部分法律不予支持。条文内容拟为：“前款所称超过五万元奖金部分，查处后，超出部分的给付行为不予支持。”

第六，商业诋毁问题。该问题主要涉及《反不正当竞争法》第 11 条内容以及其与第 8 条的衔接问题。该问题重点在于解决没有竞争关系的第三方进行诋毁的法律适用及法律规制问题。依据《WIPO 反不正当竞争示范条款》第 5 款规定，其法律适用不以是否存在竞争关系为限，因为消费者协会或者新闻媒介也可能从事违背公平竞争原则的行为，故而，该条应该体现地方特色，将其扩展补充为非竞争关系范畴。第一种解决方式，拟增加虚假宣传构成要件，将“不合理陈述”列入构成商业诋毁的要件之一；第二种解决方式，拟增加一条对竞争对手范畴的界定，明确本条的法律适用包含但不限于竞争对手，条文内容拟为：“本条所称竞争对手的商业信誉、商业声誉的诋毁包含但不限于竞争对手。”

第七，利用网络技术进行的不正当竞争行为。该问题主要涉及《反不正当竞争法》第 12 条相关内容。主要包含以下两方面内容：一是行为类型增加问题。主要解决的问题为“新型竞争行为是否构成不正当竞争问题”，如“广告贴片的屏蔽行为”，可以考虑拟增加“屏蔽”行为模式；二是条文中第 3 款主观要件完善的问题。湖南省反不正当竞争地方立法可以考虑是否在《反不正当竞争法》第 12 条第 3 款主观要件“恶意”基础之上增加“故意”。以微信支付与支付宝的不兼容问题为例，该不兼容问题是否存在恶意，该案例就包含了不存在恶意但存在故意竞争阻碍公平竞争的可能。

第八，关于《反不正当竞争法》第 12 条第 4 款兜底性条款是否细化问题。《湖南省实施〈中华人民共和国反不正当竞争法〉办法》（建议稿）建议对第 4 款不做细化，因为该条文中规定的关于第 4 款的“其他破坏行为”条款为互联网新型反不正当竞争行为的兜底性条款，具有原则性和兜底性，不宜细化。

（三）《湖南省实施〈中华人民共和国反不正当竞争法〉办法》（建议稿）行为调查与法律责任需要解决的问题及立法建议

第一，查封、扣押财物的边界问题。该问题主要涉及《反不正当竞争法》法律条文第二章第 13 条第 4 款相关内容。该款明确规定：“查封、扣押与涉嫌不正当竞争行为有关的财物”这一规定“有关的财务”过于宽泛，可操作性不强。相比较我国关于查处、扣押财产的其他法律皆明确规定“有证据证明涉嫌某某行为的财务”，的相关界定，《反不正当竞争法》第 13 条第 4 款的规定界定不清晰。建议《湖南省实施〈中华人民共和国反不正当竞争法〉办法》

（建议稿）第4款“有关的财务”在法律适用中不宜做宽泛处理，拟在本条增加一款，拟为：“前款所称‘有关的财务’为已经有证据证明涉嫌不正当竞争行为的财务。”

第二，行政强制行为的层级协调与责任承担问题。该问题主要涉及《反不正当竞争法》第13条第5项后增加两款及第一章第4条管辖权问题。根据《反不正当竞争法》规定，反不正当竞争违法行为由“县级以上人民政府履行工商行政管理职责的部门”查处，故县级检查监督管理部门无查处权，不能直接出具查处文书去直接查封、扣押或者查询银行账户，因此面临如何协调层级间管辖权问题。对于该问题的解决，可以考虑将法律责任的承担分为实体与程序两个方面，由出具文书的部门承担法律适用对错的实体责任，由具体负责执行的部门承担执行的程序责任。

第三，违法经营额和违法所得额的核定问题。该问题主要涉及《反不正当竞争法》第18条。该条文仅宽泛提出违法经营额的处罚办法，但在处罚中并没有考量成本计算问题，故而建议《湖南省实施〈中华人民共和国反不正当竞争法〉办法》（建议稿）可就如何计算经营违法所得的成本问题做进一步细化，明确处罚金额应包含成本并在参考其他省份做法的基础上作出合理的成本计算方法。

第四，罚款幅度合理裁量边界问题。该问题主要涉及《反不正当竞争法》第19条至第24条。如第19条规定了“十万元以上三百万元以下”的罚款自由裁量范围。罚款金额如何与湖南省经济发展相适应，从而更利于地方经济发展的需求是亟须解决的问题。湖南省反不正当竞争地方立法应当考虑本省经济发展的实际情况，合理界定反不正当竞争处罚执行中的自由裁量权边界问题。关于该问题，可以基于以下办法解决，建议在《湖南省实施〈中华人民共和国反不正当竞争法〉办法》（建议稿）相应条文之上增加一条，条文内容拟为：“前款所含处罚标准应与本省经济发展水平相适宜。”

第五，社会信用统一代码法律责任问题。该问题主要涉及《反不正当竞争法》第18条第2款。该问题涉及统一社会代码的法律责任及法律效力问题。该规定在反不正当竞争执法中存在着可操作性不强的困境，因此，湖南省反不正当竞争地方立法可以考虑在《湖南省实施〈中华人民共和国反不正当竞争法〉办法》（建议稿）相应条款中关于统一社会代码法律责任承担条文的基础之上，就如何界定和适用问题增加一款，条文内容拟为：“统一社会代码与企业名称等同效力”。

第六，对主动消除或者减轻法定情形依法从轻、减轻处罚问题。该问题主要涉及《反不正当竞争法》第25条、第26条。主要涉及两方面，一是如何认定哪些行为属于主动消除或者减轻法定情形依法从轻、减轻处罚的范畴；二是重复轻微违法改正后的处理问题。前者如何认定问题，对主动消除或者减轻法定情形依法从轻、减轻处罚的法定情形做进一步细化，条文内容拟为："（一）尚未被监测、抽查、投诉、举报等途径发现违法嫌疑的告，当事人自行停止行为、纠正违法情形；（二）已经被监测、抽查、投诉、举报等途径发现违法嫌疑的竞争行为，但在监督检查部门调查取证过程中，尚未作出处理决定之前，自行停止不正当竞争行为、纠正违法情形的；（三）当事人辅之以积极的态度及行动去处理不正当竞争行为引发的纠纷，或在相应范围内以发布致歉信、店堂公告、声明等形式消除危害后果的。"后者多处轻微违规违法、改正后再次轻微违法在一定期限内的叠加处理方式问题的解决，考虑对轻微违法不予处罚。

第七，优先承担民事责任问题。该问题主要涉及《反不正当竞争法》第27条。《反不正当竞争法》第27条明确了民事责任的绝对优先原则，体现了对个体权利的尊重。民事责任优先原则效力来源于《民法总则》第87条赋予的基本权利。但在条文中应当明确关于民事责任优先承担应该以责任确定时间为准，可以考虑本条增加一款，拟为："优先承担民事责任以责任确定时间为准。"

第八，拒绝、阻碍调查问题。该问题主要涉及《反不正当竞争法》第28条。问题关键在于对拒绝调查做了行政处罚后，是否还需要就不正当竞争行为继续进行调查。湖南省反不正当竞争地方立法可以考虑单列一条，明确责令改正后，可继续就不正当竞争行为内容进行查处。条文内容拟为："监督检查部门责令改正后，市场监督管理总局可以继续就不正当竞争违法进行查处。"

（四）其他未尽问题

该部分问题主要涉及《反不正当竞争法》中其他疑难问题，如是否设立奖励机制，是否参照反垄断设立国务院咨询专家组的办法设立"湖南省人民政府公平竞争专家咨询委员会"。对于以上问题，前者可以在《湖南省实施〈中华人民共和国反不正当竞争法〉办法》（建议稿）第一章第6条增加奖励部分内容，拟为："对检举、揭发属实和协助查处不正当竞争行为有功的，给予适当奖励并为其保密"；后者可以考虑在《湖南省实施〈中华人民共和国反不正当竞争法〉办法》（建议稿）第三章"对涉嫌不正当竞争行为的调查"

部分第 19 条增加“设立公平竞争专家咨询委员会”内容。

五、结语

地方立法权是省、自治区、直辖市、所有设区的市的人民代表大会及其常务委员会根据本行政区域的具体情况和实际需要在不同宪法、法律、行政法规相抵触的前提下可以制定地方性法规的权力，其目的在于实现科学立法。反不正当竞争地方立法弥补了反不正当竞争国家立法部分条款可操作性不强的困境，凸显了反不正当竞争地方治理特色，解决了反不正当竞争地方治理的困境，对推动区域经济发展、培育良性区域经济模式、保护和促进当地中小企业不无裨益。湖南省反不正当竞争地方治理具有本省的特殊性，故而，湖南省反不正当竞争地方立法的制定不能盲目跟从，既要保持与《反不正当竞争法》在效力和属性上的一致性，又要借鉴其他地区反不正当竞争地方立法经验，结合湖南省经济发展实际情况来制定。这对于提升湖南省地方立法质量、降低地方立法成本和风险、促进地方政府竞争、推动制度创新大有裨益。时值《反不正当竞争法》首修后施行未足 3 年且国家强化竞争政策基础地位大环境下，更加需要强化反不正当竞争法的可操作性，此时制定《湖南省实施〈中华人民共和国反不正当竞争法〉办法》可以说正逢其时。本文仅就破解反不正当竞争地方立法困境给出粗浅的论证和建议，可谓抛砖引玉，关于该问题的研究，还有待有志之士就此问题做进一步深入的研究论证。

加强地方立法，推动商事调解*

戴勇坚　李　倩**

摘要： 随着我国多元化纠纷解决机制的健全，厦门等地的地方性法规对商事调解等多元化纠纷解决方式进行了诸多探索，并确定了商事调解的相关地位、原则等。虽然目前地方立法中关于商事调解的规定较少，但其对推动商事调解的市场发展、组织建设、人才培养，以及商事调解的统一立法都有积极的意义。

关键词： 地方立法；商事调解；多元化

一、商事调解的概述

调解是指在中立第三人的协调下，双方当事人自愿谈判沟通的过程。调解是替代性纠纷解决方式之一，相对诉讼等纠纷解决方式，调解具有自愿性、私密性和便捷性的特点。商事调解，是指平等主体之间根据协议或自愿协商，将各方因商事交易产生的纠纷，提交专门的商事调解机构进行调解的行为和过程。

近些年，最高人民法院等部门陆续发文肯定、鼓励和推动商事调解的发展。如2009年7月24日，最高人民法院印发《关于建立健全诉讼与非诉讼相衔接的矛盾纠纷解决机制的若干意见》的通知（法发〔2009〕45号）中就明确"建立健全诉讼与非诉讼相衔接的矛盾纠纷解决机制的主要任务是：充分发挥审判权的规范、引导和监督作用，完善诉讼与仲裁、行政调处、人民调

---

* 此文收录于2019年湖南省立法研究会论文集。

** 戴勇坚，上海建纬（长沙）律师事务所主任；李倩，上海建纬（长沙）律师事务所合伙人律师。

解、商事调解、行业调解以及其他非诉讼纠纷解决方式之间的衔接机制，推动各种纠纷解决机制的组织和程序制度建设，促使非诉讼纠纷解决方式更加便捷、灵活、高效，为矛盾纠纷解决机制的繁荣发展提供司法保障”。又如2012年4月10日，最高人民法院印发《关于扩大诉讼与非诉讼相衔接的矛盾纠纷解决机制改革试点总体方案》的通知中载明，“与具有调解职能的组织建立相对固定的诉调对接关系。试点法院支持商事调解组织、行业调解组织或者其他具有调解职能的组织开展调解工作，协助其完善组织建设，制定相关管理制度，建立定期沟通联络机制，发挥其在诉调对接平台中的作用。”而2015年2月4日最高人民法院发布的《最高人民法院关于全面深化人民法院改革的意见》（法发〔2015〕3号）、2016年6月28日最高人民法院发布的《最高人民法院关于人民法院进一步深化多元化纠纷解决机制改革的意见》（法发〔2016〕14号）、2016年6月28日最高人民法院发布的《最高人民法院关于人民法院特邀调解的规定》（法释〔2016〕14号）、2017年9月30日最高人民法院和司法部共同发布的《最高人民法院、司法部关于开展律师调解试点工作的意见》（司发通〔2017〕105号）、2019年01月14日最高人民法院与中华全国工商业联合会发布的《关于发挥商会调解优势、推进民营经济领域纠纷多元化解机制建设的意见》（法〔2019〕11号）等规定中，均有涉及鼓励商事调解、健全商事调解机制、加强商事调解与其他多元化纠纷解决方式衔接等的内容。

我国当前社会正处于转型期和战略机遇期，商事贸易领域矛盾突发，调解对于商事纠纷的妥善处理具有重要的现实意义。而商事调解作为调解机制重要组成部分，以其高效便捷性、高度意思自治性、严格的保密性，使得其在冲突解决等方面有着不可替代的优势。随着我国加入《联合国关于调解所产生的国际和解协议公约》（以下简称《新加坡调解公约》），商事调解将发挥越来越重要的作用。

二、地方立法对商事调解的探索

根据《立法法》第72条第2款规定，“设区的市的人民代表大会及其常务委员会根据本市的具体情况和实际需要，在不同宪法、法律、行政法规和本省、自治区的地方性法规相抵触的前提下，可以对城乡建设与管理、环境保护、历史文化保护等方面的事项制定地方性法规……”目前，已经有一些省市相继出台地方性法规以促进商事调解等多元化纠纷解决机制的发展。

2015 年 4 月 2 日，《厦门经济特区多元化纠纷解决机制促进条例》正式出台，这是中国首部促进多元化纠纷解决机制的地方性法规，也是地方立法以及多元化纠纷解决机制发展的里程碑。随着多元化纠纷解决机制的不断推进，2016 年 7 月 22 日，中国第一部省级多元化纠纷解决机制地方性法规——《山东省多元化解纠纷促进条例》正式出台。2017 年 10 月、11 月，黑龙江省、福建省两个省的多元化解纠纷条例《黑龙江省社会矛盾纠纷多元化解条例》与《福建省多元化解纠纷条例》相继出台。2018 年 11 月 26 日，《安徽省多元化解纠纷促进条例》正式发文，并于 2019 年 1 月 1 日施行（如表 1）。

表 1　各地出台的多元化纠纷解决促进条例

序号	名称	发文机关	施行时间
01	厦门经济特区多元化纠纷解决机制促进条例	厦门市人大及其常委会	2015 年 5 月 1 日
02	山东省多元化解纠纷促进条例	山东省人大	2016 年 10 月 1 日
03	黑龙江省社会矛盾纠纷多元化解条例	黑龙江省人大及其常委会	2018 年 1 月 1 日
04	福建省多元化解纠纷条例	福建省人大及其常委会	2018 年 1 月 1 日
05	安徽省多元化解纠纷促进条例	安徽省人大及其常委会	2019 年 1 月 1 日

在各地出台的多元化纠纷解决促进条例中，对商事调解进行了诸多肯定性和探索性的规定，具体可以分为以下几类。

（一）确定商事调解是多元化纠纷解决机制的重要组成部分

《厦门经济特区多元化纠纷解决机制促进条例》第 9 条规定“当事人可以自主选择下列途径解决纠纷：（一）协商和解；（二）人民调解、行业调解、商事调解以及其他具有调解职能的组织和个人调解；（三）行政调解、行政指导、行政裁决、行政复议以及行政机关处理纠纷的其他方式；（四）仲裁；（五）诉讼；（六）法律、行政法规规定或者当事人认可的其他方式”。这里将商事调解与其他调解方式以及诉讼、仲裁等规定为并行的多元化纠纷解决方式。

（二）确定商事调解有偿服务的原则

《厦门经济特区多元化纠纷解决机制促进条例》第 54 条规定“商会、商事仲裁机构或者专业机构可以依法设立商事调解组织，提供有偿的商事纠纷解决服务。商事调解组织应当制定机构章程、调解规则”。第 64 条第 2 款规定“商事调解组织调解纠纷，可以选择按照争议标的金额或者调解时间收取调解费，在受理案件前应当告知当事人。具体收费标准经市价格主管部门核准后向社会公开”。条例中确定了商事调解有偿服务的原则以及明确了商事调解的收费权。《福建省多元化解纠纷条例》中也有类似规定。

（三）确定商事调解的服务领域

《福建省多元化解纠纷条例》第25条规定“鼓励商会、行业协会、民办非企业单位或者具有相应资质的专业机构设立商事调解组织，在投资、期货证券、保险、房地产、工程承包、技术转让、知识产权、国际贸易等领域开展商事纠纷化解服务”。这些规定，明确了商事调解可在投资、期货证券等领域为当事人提供商事调解服务。

（四）明确了商事调解协议的司法确认程序和公证申请程序

《黑龙江省社会矛盾纠纷多元化解条例》第41条规定“经过行政机关、公证机构、人民调解组织、商事调解组织、行业调解组织调解达成的调解协议，当事人可以共同向有管辖权的人民法院申请确认其效力。调解协议具有给付内容的，当事人可以向公证机构申请办理保管、提存或者共同向公证机构申请办理具有强制执行效力的债权文书公证”。根据这一述规定，经商事调解后达成的协议，当事人可向法院申请确认其效力，具有给付内容的还可以向公证机构申请办理文书公证。

（五）确定了商事调解协议司法确认程序不收费原则

《黑龙江省社会矛盾纠纷多元化解条例》第49条规定“人民法院对行政机关、公证机构、人民调解组织、商事调解组织、行业调解组织等调解达成的调解协议进行司法确认，不得收取任何费用”。根据这一规定，经商事调解组织调解达成的协议申请司法确认的，人民法院不得收取任何费用。

（六）提供了商事调解的参考程序

《安徽省多元化解纠纷促进条例》第29条规定“行业调解、商事调解、律师调解等调解活动，可以参照人民调解程序开展”。根据这一规定，给予商事调解程序上的参考，即按照人民调解的程序开展。

三、加强地方立法，推动商事调解

厦门、福建等地相继出台促进条例，旨在通过地方性法规来推动多元化纠纷解决机制的建立健全。但是各地受制于地方立法权限的制约，对各类多元化纠纷解决方式，特别是商事调解的探索存在一定局限，并不能完全解决商事调解等机制的建立问题。那如何通过地方立法推动商事调解呢？笔者认为主要可以从以下几个方面开展。

（一）通过地方立法，推动商事调解的市场发展

通过地方立法对商事调解相关制度的探索，以推动公众对商事调解的了解、推动相关部门对商事调解的关注，推动商事调解的公信力。《厦门经济特区多元化纠纷解决机制促进条例》第4条规定，“社会治安综合治理部门会同司法行政部门，推进多元化纠纷解决机制的建立和完善，制定发展规划，指导、推动工作开展。人民法院、人民检察院、政府法制机构以及其他有关职能部门应当在各自职责范围内负责多元化纠纷解决机制的相关工作。”这实际上是地方立法对商事调解等多元化纠纷解决机制的机构保障。同时，各地出台的条例中还将商事调解与其他调解方式以及诉讼、仲裁等争议解决方式规定为平行的纠纷解决方式，并明确了商事调解协议的司法确认程序和公证申请程序等，这些规定都明确了商事调解系多元化纠纷解决方式中的重要组成部分，经商事调解后达成的协议可经一定程序得以效力确认。这些规定都进一步肯定了商事调解的地位、公信力，给予商事调解有利的机构保障，让公众更好地认识到商事调解的重要性，从而选择商事调解这一便捷的纠纷解决方式，最终推动商事调解的市场发展。在未来，随着地方立法对商事调解的更多探索，商事调解也将越来越受到大众的青睐。

（二）通过地方立法，推动商事调解的组织建设

《山东省多元化解纠纷促进条例》第44条规定“行业主管部门应当指导、支持成立本领域的行业性调解组织。鼓励有条件的商会、行业协会、民办非企业单位、民事商事仲裁机构等设立商事调解组织”。《厦门经济特区多元化纠纷解决机制促进条例》第64条规定“商事调解组织调解纠纷，可以选择按照争议标的金额或者调解时间收取调解费”。通过这些地方立法，引导和鼓励有条件的机构设立商事调解组织，通过确认商事调解有偿服务原则，让商事调解组织能更好地进行市场化运营，以确保商事调解组织的良性长久地发展。

（三）通过地方立法，推动商事调解的人才培养

2010年发布的《人民调解法》中对人民调解员的选聘上基本上无具体要求，这样的要求，对于商事调解，特别是将来可能出现的大量的国际商事调解，显然是不够的。为此，各地方立法进行了很多探索性规定，如“鼓励高等院校或者职业教育学校开设多元化解纠纷培训课程，培养专业化的调解人才。鼓励社会力量开办调解人员培训机构，成立调解工作志愿者队伍，为化解纠纷提供人才储备”。又如“各级人民法院应当对本行政区域内的纠纷化解组织的培训工作提供专业指导，对具体问题的法律适用提出指导意见”。这些规

定虽然并未进一步明确调解员的选聘条件，但是通过系列规定，必然将推动调解员的专业化培训，吸引高素质人才参与到商事调解工作中，从而为专业调解员人才队伍的培养奠定基础。

（四）通过地方立法，推动商事调解的统一立法

目前，地方立法在机构管理、组织建设、人才培养等进行了很多探索，但是想要正在建立健全商事调解制度还有赖于商事调解的统一立法。虽然目前仅有五省出台多元纠纷解决机制促进条例，但这些条例对商事调解的统一立法仍具有广泛的借鉴意义。通过分析地方立法，笔者认为，要制定商事调解的统一立法，至少应规范如下几个方面的问题：

1. 确定商事调解的基本原则

在已有的地方立法中，因其规定中还涉及诉讼、仲裁等其他多元化解纠纷解决方式，因此对于商事调解的原则并未有专门的规定，但是从已有的地方条例中可以看出，基本原则是整个多元化纠纷解决机制促进条例的基石，因此商事调解立法中也应首先明确基本原则。我国的商事调解基本原则应至少包括三个原则，即自愿原则、合法原则、保密原则。

自愿原则，即充分尊重当事人意思自治，这里不仅包括当时对是否达成调解或和解协议的自治，也包括当事人选择商事调解的自治。合法原则，即保障商事调解的启动、商事调解的过程以及商事调解的结果都是在合法的范围内的。保密原则是指，在商事调解过程中，当事人的相关信息非经允许，不得为其他人知晓。自愿、合法与保密原则应作为商事调解基本原则中不可或缺的部分，只有严格遵循这三项原则，才能真正发挥商事调解高效、便捷、私密的优势。

2. 确定商事调解的受理范围

从现有的商事调解的规定来看，并未有明确规定商事调解的受理范围的条款。但是就目前的地方立法来看，其中涉及的调解方式就包括人民调解、行政调解、律师调解、行业调解等，如果不区分各类调解的受理范围，将导致各类调解模糊不清，从而导致调解不能发挥其应有的功效。商事调解应区别于人民调解、行政调解等，其受理范围应限于相关商事纠纷，而对于税收、海关等行政事项以及婚姻、邻里等家事邻里纠纷应排除在外。对于商事调解受理范围的确定，还应考虑将国际商事调解等以合适的方式纳入受理范围，以与我国新加入的《新加坡调解公约》相关条款相衔接。

3. 确定商事调解的管理部门

各地的地方立法中规定了专门的部门统一指导多元化纠纷解决的相关工作，这一点也是商事调解立法中可以借鉴的。虽然商事调解组织是相对独立且自主运行的组织，但是目前我国商事调解市场尚处于起步阶段，商事调解组织设立较为混乱，因此需要设置专门部门引导、推动、监督商事调解的发展。设置商事调解专门的管理部门并不意味着约束商事调解的市场化运作，而是通过专门部门的引导，制定相应商事调解相关流程的统一标准，对商事调解中出现的泄露商业秘密、触犯合法原则的相关组织和人员给予一定程度的惩处或取消其商事调解的资格，以保障中国商事调解的良性发展。

4. 确定商事调解组织与商事调解员的认证机制

我国目前尚未有对商事调解组织和商事调解员的统一标准，因此导致各地商事调解组织的名字混乱，调解员素质参差不齐，甚至出现商事调解与人民调解等混为一体的现象。鉴于此，在商事调解统一立法中确定商事调解组织与商事调解员的认证机制就尤为重要了。通过设置统一的标准和要求，通过专门机构对商事调解组织与商事调解员进行认证，从而提高各组织和各调解员的专业素养，从而推动商事调解向高效化、专业化、国际化发展。

5. 确定商事调解的可执行性

地方立法中已经确定了通过商事调解达成的协议可以向人民法院申请确认其效力，协议中具有给付内容的，还可以向公证机构申请办理保管、提存或者向公证机构申请办理具有强制执行效力的债权文书公证。这些地方立法都应在商事调解统一立法中予以体现，除此之外，商事调解立法中还应注意与《新加坡调解公约》的相关内容相衔接，一方面确保我国的司法主权不受侵犯，另一方面要保证各商事纠纷争议主体的合法权益得到保障。

随着我国多元化纠纷解决机制的不断完善，调解等非诉纠纷解决方式将逐渐成为冲突的主要化解手段，而商事调解以其高效、便捷、保密等特点也必然受到更多国内外商事主体的青睐。目前，厦门等地已经通过地方条例对商事调解等进行了诸多探索，如确定了商事调解的基础地位、司法确认程序以及有偿服务原则等。虽然地方立法所涉及的广度和深度尚有所限制，但是亦是我国多元化纠纷解决机制发展道路上绚丽的一笔，其不仅推动了商事调解的市场发展，还推动了商事调解的组织建设和人才培养，更为重要的是为商事调解的统一立法以及与《新加坡调解公约》的衔接提供了可行的立法思路和可借鉴的经验。加强地方立法，通过地方立法探索商事调解的运行模式，推动商事调解的中国化发展与统一立法，最终实现多元化纠纷解决机制的建立和健全。

乡村振兴战略下农村人居环境治理的地方立法研究与思考

——以株洲市为例*

刘晓晟**

摘要：《中共中央国务院关于实施乡村振兴战略的意见》（即2018年中央一号文件）于2018年2月24日发布，这是党中央、国务院全面贯彻党的十九大精神，为乡村振兴方略定方向、寻思路的顶层设计，是新时代下实现我国乡村全面振兴的必行之路。改善农村人居环境，建设美丽宜居乡村，是实施乡村振兴战略的一项重要任务。中央、省、市均出台了推进农村人居环境整治三年行动的文件，取得了一定成效，也有很多问题尚需解决。本文选取株洲市为调研城市，以该市推进农村人居环境整治的举措及所存在问题为研究对象，提出问题及不足，从而从地方立法层面提出有关于深入推进农村人居环境治理工作的合理化建议，并对株洲农村人居环境治理的立法必要性和可行性进行分析，对章节布局框架以及制度构建提出对策。

关键词：乡村振兴；农村人居环境；立法框架；制度构建

重农固本，是安民之基。对于14亿人口的大国来说，乡村振兴是一篇大文章。中国要强，农业必须强；中国要美，农村必须美；中国要富，农民必须富。农村人居环境是乡村振兴的基础，改善农村的人居环境是贯彻实施乡村振兴战略的重要任务。按照乡村振兴战略确立的目标，到2050年要实现乡村全面振兴，农业强、农村美、农民富。做好农村环境治理工作是实现乡村振兴战

* 此文收录于2020年湖南省立法研究会论文集。

** 刘晓晟，株洲市人大常委会法工委科长。

略的第一步，也是最重要的一步。开展相关法规的研究制定工作，把行之有效的农村人居环境治理政策法定化，充分发挥立法的保障和推动作用，以此来推动农村生态环境建设工作，并为提高城乡物质与精神文明奠定良好的基础。

一、株洲市农村人居环境治理的现状分析

近年来，株洲市认真落实中央、省委、市委关于实施乡村振兴战略和农村人居环境整治三年行动计划总体部署，精心谋划、攻坚克难、强力推进，农村人居环境整治工作取得明显成效。截至2020年9月，全市100%的村实现长效保洁并开展了村庄清洁行动，90%的非正规垃圾堆放点实现有效整治，全市已建成建制镇污水处理厂23个，在建8个，全市累计改（新）建农村户用卫生厕所54622户。

（一）株洲市农村人居环境治理经验及有效机制

1. "四治一改"整治机制。治垃圾：各县市区不断加强垃圾收转处置基础设施建设，着力推行保洁员制度，积极探索建立农村垃圾收运处置体系。全市1014个村配备卫生保洁员12543人，全面实行常态化保洁，建成乡镇生活垃圾转运站50座，基本完成较大规模的非正规垃圾堆放点和漂浮垃圾的整治工作。治污水：加快推进了乡镇污水处理设施建设，农村污水治理得到有效改善。目前，全市68个乡镇建成污水处理厂24个，建成100个小型分散式污水处理设施。治厕所：按照"四统一"要求，推进农村厕所治理，2018年以来共建成59.59万个"卫生厕所"，全面完成省里下达的"卫生厕所"改厕任务。治村容村貌：各县市区突出以整治"四类房"和建设"四好"农村路为重点，加强薄弱环节整治工作，开展扮靓村庄行动。截至目前，全市共拆除"四类房"874平方米，全面完成了1830公里的"四好"农村公路建设任务，村容村貌得到很大改善。改陋习：实施乡风文明创建工程，充分发挥农村基层党组织作用，推动乡村治理体制机制创新，将农村人居环境整治和移风易俗纳入村规民约，开展"文明家庭""五好家庭""最美庭院"等创建活动，培育文明乡风，不断激发群众参与环境整治的内在动力。

2. 示范引领机制。全市坚持将农村人居环境整治与脱贫攻坚、乡村振兴、美丽乡村建设工作统筹推进，实施"千村整治、百村示范"创建工程，建立示范带动、分步实施、分类指导的推进机制，加强"多规合一"村镇规划管理，开展美丽乡村典型示范，加快特色小镇建设，实行村庄净化、绿化、亮化和美化，示范创建工作亮点纷呈，农村面貌变化显著：全市县域乡村规划和实

用性规划编制率达 100 %，村庄规划管理体系基本健全；全市共建成全国文明村 8 个、全国美丽乡村 3 个、省级美丽乡村 44 个、市级美丽乡村 65 个、县级美丽乡村 102 个；重点培育特色小镇 20 个，为“产业兴旺、生态宜居、乡风文明、治理有效、生活富裕”的乡村振兴宏伟蓝图增添亮丽的风景，农村群众的幸福感明显增强。

3. 公众参与机制。积极引入社会资金，华夏基金 2 亿元的农村污水治理项目落户株洲，市地产集团参与农村人居环境整治“百村示范”土地开发项目，市级 6 个平台公司对口扶持 14 个村的人居环境创建。充分发挥农民群众主体作用，全市建立垃圾付费制度的行政村比例达到 66%。

4. 考评激励机制。逐步建立联席调度、督查检查、奖优罚劣、工作约谈等工作机制，坚持“以考促治、科学评价、以奖代补”的评估推进机制，将农村人居环境整治结果运用与绩效考核结果挂钩。通过政策红利引导群众积极参与农村人居环境整治。市县对在四类房整治中“自愿拆除房屋、实施土地复垦、建设集中居民点”给予资金奖励，“增减挂钩节余指标流转收入 80% 支持村级人居环境治理”，对“改厕”农户给予 500 ~ 1500 元不等的补贴。

（二）存在的主要问题

1. 村民缺乏环保意识。目前农村中许多群众受到传统理念的影响，所采用的生活方式仍然是以前那套自给自足、自产自销的生活理念，多数村民有着乱扔垃圾的不良习惯，长此以往会使村内的垃圾堆积逐渐增多，并造成严重的环境污染。另外村民在处理垃圾时多数都是采用的焚烧方式，也会造成环境污染。最后由于村民受教育程度普遍不高，没有较强的环境保护意识，并且对于新的环保理念和无污染理念接受程度较低，“等靠要”思想仍然存在，参与的主动性和积极性不高。

2. 多元投入机制尚未形成。目前，中央、省专项资金非常有限，市、县市区、乡镇财政普遍紧张，对农村人居环境整治专项配套资金少，统筹整合各类涉农资金存在较大的现实困难。打捞河湖垃圾、后续的公路养护、污水处理设施运营管理、垃圾收集转运处置及保洁人员工资等，都缺乏持续的资金保障。据调研，尚有 6000 万元缺口需要县区乡村筹集，基层反映难度大。农村人居环境整治实施项目大多具有公益性，投资大、利润小、投资回报周期长，社会组织及企业、金融、农户等社会资金投入积极性不高、参与度较低，农村污染治理的市场化机制尚未建立，导致多数农村环保工程面临推动难、落实难的尴尬境地。

3. 垃圾治理机制滞后。株洲市逐步推行垃圾分类处理，但绝大部分农村居民缺乏垃圾分类处理常识和专业技术指导，垃圾分类和资源化利用意识不强，多数地区缺乏对有毒有害废弃物进行分类收集和无害化处理技术及处理设施，垃圾回收体系还不完善。部分建好的农村生活污水处理设施运行不正常，未能发挥应有的治污效应，生活垃圾处理在线监测和动态管理机制也没有建立。

4. 长效管理机制不健全。农村人居环境整治工作涉及部门较多，由于部门之间工作联动不够紧密，协作配合不够到位，在统筹推进中存在“各唱各的调、各吹各的号”的现象，尚未真正形成强大工作合力。如农村污水治理，生态环境部门牵头整个农村污水治理工作和具体负责农村分散式污水处理，住建部门负责城镇污水厂建设职责，农业农村部门参与协调，实际工作中各自为政，各管一段，缺少治理的协同性、有效性和连续性。农村生活垃圾治理，涉及“投放、收集、转运、处理”四个环节，农业农村部门具体负责指导第一个环节“分类投放”，城管和住建部门负责指导第二、三、四个环节“分类收集、分类转运、分类处理”。而在实际推进过程中，各县市区特别是城区乡镇将垃圾分类和运输处理这项工作全部推到农业农村部门，导致工作脱节、指导缺位，乡镇无所适从。

二、株洲市农村人居环境治理的立法必要性及可行性分析

地方立法具有空间大、灵活性大、针对性强、集合性强的特点。党中央关于乡村振兴战略和环境保护有关法律法规很多，需要结合株洲市的实际，需要进行梳理集合，使之适应加强株洲农村人居环境治理工作的需要，解决好法治通达群众、通达基层的“最后一公里”问题。

（一）必要性分析

1. 实施乡村振兴战略的有效抓手。乡村振兴，生态宜居是关键。加强农村环境整治，加快推行乡村绿色发展方式，不仅改善了广大农民群众居住和出行的环境，为乡村振兴战略实施提供了保障。株洲市以法治规范和推动农村环境治理，结合株洲实际来具体化，都需要地方性法规发挥应有的作用。改善农村人居环境，补齐农村建设这块突出短板，切实解决农村发展不平衡不充分问题，才能为株洲实施乡村振兴打下坚实基础。

2. 贯彻落实习近平生态文明思想的重要举措。改善农村人居环境是习近平生态文明思想的生动实践。尽管株洲农村人居环境已经有很大改善，但是脏

乱差的现象仍然存在，资源化利用率还要大大提升，垃圾治理机制还不健全，村庄环境还有待改善。通过立法多渠道打通“绿水青山”向“金山银山”的转化路径，多形式构建人与自然和谐共生的乡村发展新格局，促进株洲市农村绿色发展，尤显重要。

3. 构建长效机制的必然要求。习近平总书记在湖南考察时强调“要持续改善生态环境质量，落实生态环境保护责任制，坚决打好蓝天、碧水、净土保卫战。要加强农业面源污染治理，推进农村人居环境整治”。开展农村人居环境治理立法，有利于把中央、省、市关于农村人居环境治理的重大决策部署，转化为法律规范，确保战略部署得到落实，构建长效机制，确保不松懈、不变调、不走样，持之以恒、久久为功促进乡村振兴。

4. 践行以人民为中心的立法价值导向的内在要求。株洲市农村人居环境治理立法，能够更好地把实现好、维护好、发展好农民群众的福祉作为根本出发点，不断提高农民群众生活质量和健康水平。立法引领农村人居环境治理，聚焦村民最关注的问题，充分发挥村民智慧，有利于构建人与自然和谐共生的乡村发展新格局，实现百姓富、生态美的统一，是惠及广大农民群众的好事，具有重大的现实意义。

（二）可行性分析

1. 乡村振兴促进法的制定及中央、省、市政策提供了指引。2017 年 10 月 18 日，习近平总书记在十九大报告中指出，实施乡村振兴战略。2018 年 2 月 4 日，中共中央国务院印发关于实施乡村振兴战略的意见，出台《农村人居环境整治三年行动方案》，株洲市印发《株洲市农村人居环境整治三年行动实施方案（2018—2020 年）》。2020 年 6 月 18 日十三届全国人大常委会第十九次会议审议了《中华人民共和国乡村振兴促进法（草案）》，为加快推进乡村振兴提供法治保障。乡村振兴促进法的制定以及对于开展农村人居环境治理方面的立法研究与制定，有着指导意义。

2. 株洲市现有地方性法规为构建农村环境保护法规体系奠定了基础。2016 年株洲市为实现乡村振兴战略，在全省率先聚焦“有新房、无新村”，制定《株洲市农村村庄规划建设管理条例》，2017 年 3 月 1 日起施行。该条例针对株洲市农村村庄规划建设管理方面调研发现的问题，提出村庄整治、安全保障、特色培育、文化养成等关键词，制定了 27 条具体规定。2019 年制定《株洲市畜禽养殖污染防治条例》，作为湖南省首部专门针对畜禽养殖污染防治方面的地方性法规，坚决贯彻习近平生态文明思想，打好污染防治攻坚战，促进农业面源污染的有效治理。

3. 已有成功经验为农村人居环境治理立法提供了制度样本。自 2018 年起，株洲市在抓好农村人居环境整治工作各项“规定动作”的基础上，探索实践，创新发展，积累了成功经验，如“四治一改”整治机制、示范引领机制、公众参与机制、考评激励机制等，为农村人居环境治理的自主性立法提供了制度样本。

三、株洲市农村人居环境治理的立法对策及建议

《农村人居环境整治三年行动方案》提出，要研究推进农村人居环境建设立法工作，明确农村人居环境改善基本要求、政府责任和村民义务。鼓励各地区结合实际，制定农村垃圾治理条例、乡村清洁条例等地方性法规规章和规范性文件。

（一）株洲市农村人居环境治理的立法定位

很多地方出台了乡村清洁条例，如湖南邵阳，综合考虑株洲市实际，建议定位为《株洲市农村人居环境治理条例》。聚焦改善农村人居环境，坚持“小切口”立法，内容既包含环境保护法律法规等上位法细化性内容，还包含结合株洲市实际的独特性内容和探索性内容。

（二）株洲市农村人居环境治理的章节布局及框架

建议共六章，基本框架为总则、农村生活垃圾治理、厕所粪污治理、农村生活污水治理、村容村貌治理、法律责任。主要内容包含建立健全符合株洲农村实际、方式多样的生活垃圾收运处置体系。结合株洲市实际，将厕所粪污、畜禽养殖废弃物一并处理并资源化利用。积极推广低成本、低能耗、易维护、高效率的污水处理技术，鼓励采用生态处理工艺。整治公共空间和庭院环境，推进村庄绿化，建设绿色生态村庄，落实村民责任。明确地方党委和政府以及有关部门、运行管理单位责任，基本建立有制度、有标准、有队伍、有经费、有督查的村庄人居环境管护长效机制。

（三）株洲市农村人居环境治理条例的制度构建

1. 构建责任落实制度。明确县乡村的职责，将考核评价制度写入法条，明确农村人居环境考核评价结果运用。建立协同制度，明确牵头部门统筹协调、职能部门分工协作的制度，定期召开联席会议听取情况、分析问题、研究对策、制定措施，凝聚部门合力。明确村民主体责任，将农村环境卫生、古树名木保护等要求纳入村规民约，明确农民维护公共环境责任，庭院内部、房前

屋后环境整治由农户自己负责；村内公共空间整治以村民自治组织或村集体经济组织为主，主要由农民投工投劳解决，鼓励农民和村集体经济组织全程参与农村环境整治规划、建设、运营、管理。

2. 构建多元投入制度。将“政府主导、分级负担、集体补充、村民参与、社会支持、多元筹集”的投入机制写入法条。激励乡镇进一步盘活现有资源，出台扶持政策，积极引导社会资金投资农业农村，发展壮大村级集体经济。鼓励采取政府购买服务或者与社会资本合作等方式，引导社会资本参与农村环境综合整治。鼓励实行专业化、市场化管护机制，通过政府投入、村民参与、市场运营，对农村垃圾清运保洁、污水处理厂管护、道路养护等实行长效管护。建立垃圾付费制度。

3. 构建分类治理制度。建立示范带动、分步实施、分类指导的推进机制，对生活垃圾整治予以规范，推动城乡生活垃圾终端无害化处理全覆盖。规范垃圾分类处理机制，引导群众进行垃圾分类，提高垃圾减量化、资源化利用。鼓励乡镇污水处理厂建设和技改升级，因地制宜、分类实施农村生活污水治理。对农村黑臭水体整治予以规范。坚持户改厕为主、建公厕为辅，建立重点区域优先改、整合资源集中改、农村旱厕整村改逐步推动制度。对“空心房”整治、危旧房改造和清洁美化庭院等提升村容村貌的措施予以规范。

《湖南省湘江新区条例》立法有关问题研究*

李　敏　马　海**

摘要： 湖南湘江新区立法是切实落实推进国家区域发展总体战略的具体举措，本文从《湖南湘江新区条例》应当解决的包括明确新区管辖范围和管委会主体身份、突出新区高质量和可持续发展的时代主题等在内的主要问题，提出了需要处理的几组关系做了有益的研究。

关键词： 国家级新区；立法；高质量发展

国家级新区，是由国务院批准设立，承担国家重大发展和改革开放战略任务的综合功能区。2015 年 4 月 25 日，国务院印发《关于同意设立湖南湘江新区的批复》，同意设立湖南湘江新区。高质量建设湖南湘江新区，是实施国家区域发展总体战略和长江经济带重大国家战略的重要举措，对于促进中部地区崛起、推进长江经济带建设、加快内陆地区开放发展具有重要意义。2022 年 4 月，省委、省政府印发《关于实施强省会战略支持长沙市高质量发展的若干意见》，提出要加快推进湘江新区管理条例等地方性法规的出台，依法赋予湘江新区市级和省级部分经济管理权限。为贯彻落实省委、省政府决策部署，抓紧研究部署起草《湖南省湘江新区条例》（以下简称《条例》），是当前的一项重要立法任务，本文拟就《条例》立法有关问题做相应研究和探讨。

一、《条例》立法应当把握的原则

（一）湘江新区立法应当突出一个“新”意

新区立法要有创新性，要在新区管理体制机制创新、产业发展创新、对外

* 此文收录于 2022 年湖南省立法研究会论文集。

** 李敏，湖南省人大法制委立法一处副处长；马海，湖南湘江新区管委会干部。

开放创新、规划建设创新、社会治理创新、生态环保创新、用人选人创新等方面进行大胆探索。在《条例》创新点的把握上，可着重突出湘江新区作为先行先试的平台特征，重点推进湘江新区深化改革开放，加快培育现代产业体系，打造“强省会”战略的核心支撑和重要增长点。如在科技金融领域，需引导应用最新的资本引流方式；在知识产权管理领域，需鼓励尝试尚在探索阶段的新方式方法；在对外合作领域，需借助 RCEP 贸易协定、“一带一路”以及中非合作论坛永久落户长沙等契机，重点发展内陆地区对外贸易；而在城市治理领域，则需深化基层治理创新，突出智慧城市、海绵城市建设的发展。

（二）湘江新区立法应当强调一个“湘”味

新区立法要有特色性，要根据湖南省、长沙市以及湘江新区所辖区域的经济社会发展实际、传统优势和区位特征，在管理体制、产业发展、科技创新、开放合作、用人机制等方面体现湖南人“敢为天下先”的精神品质以及“实事求是”的精神内涵。可借鉴其他新区立法中的有益做法，结合湖南实际，研究出更加具有湘江新区本地特征，特别是在产业促进和科技创新引领方面，结合当前基础和规划目标，突出长板、补齐短板，努力将《条例》打造成一部既具有鲜明湖南特色、又务实管用的新区立法。

（三）湘江新区立法应当打造一个“强”区

新区立法要有示范性，建设新区、做强新区，是贯彻落实省委、省政府“强省会”战略的突出表现，是率先闯出高质量发展新路子的关键力量，湘江新区应当是长沙市、湖南省的排头兵、模范生。因此，针对新区制定的相关举措，理应对省内各市州都具有一定的示范性。如新区范围内可实行统一编制规划、统一实施监管，统一制定综合配套改革政策，统一进行产业布局和项目准入，统一土地储备与管理，统一组织重大基础设施建设。再如，新区应当打造一支专业化、市场化、国际化的管理团队，逐步推行领导班子任期制、干部职工聘任制、工资绩效薪酬制；允许新区管委会创新绩效考核机制，自主制定绩效薪酬管理办法。法律责任方面，新区可推行生态环境损害赔偿和企业环境风险评级等制度，构建以绿色发展为导向的生态文明建设评价考核体系，对破坏生态环境的行为实施“零容忍”等，这些都将对省内其他地区起到较好的示范作用。

（四）湘江新区立法应当实现一个“同”步

新区立法要有协同性，要实现协同发展，提升区域经济社会整体的联动功能，将支撑作用发挥得更加明显。具体而言，要注重以下几方面的协同：

1. 注重新区范围内的协同。要加强新区与长沙高新区、岳麓山大学科技城的联动，推动湘江新区内直管、托管、统筹三区协同发展，共同助力长株潭都市圈建设。2. 注重新区与湖南省内其他区域如湖南自贸试验区的协同。在新区加快发展、规范建设的同时，与省内其他区域协同发展，形成战略利益共同体。3. 注重新区与省外区域的协同。要高质量发展好湘江新区，还应当要跳出湖南来看湘江新区。作为国家在中部地区设立的第一个国家级新区，湘江新区应当主动对接长江经济带发展、粤港澳大湾区建设、长三角一体化发展，在国家战略中找准发展的切入点，打造新增长极，为新区、为省会、为全省发展多引资源、多做贡献。

二、《条例》立法应当解决的主要问题

（一）明确新区管辖范围和管委会主体身份

湘江新区前身为2008年6月成立的长沙大河西先导区，根据国务院批复文件，湘江新区范围包括长沙市岳麓区、望城区和宁乡县部分区域，面积490平方公里。根据优化后的新区规划，目前的新区规划面积已超过1200平方公里，涉及长沙、岳阳、湘潭三市，具体涵盖岳麓区全境，望城区、宁乡市部分街镇及九华片区、湘阴片区。为科学界定湘江新区的管辖范围，建议《条例》草案借鉴《天津滨海新区条例》，将新区管辖范围表述为“本条例所称湘江新区，是指国务院批准设立的湖南湘江新区。本省纳入湘江新区总体规划的其他区域适用本条例的相关规定”。

在主体身份方面，根据国家发改委关于湘江新区总体方案以及省委省政府有关文件，已明确湘江新区管委会为省人民政府的派出机构（由长沙市人民政府代管），在新区范围内行使新区规划实施、经济发展、项目建设、土地管理等经济社会管理职能，履行市级和省级部分经济管理权限。关于新区管委会的主体身份，外省立法均做了明确，如《黑龙江省哈尔滨新区条例》规定新区管委会“是省人民政府的派出机构，由哈尔滨市人民政府代管，履行哈尔滨市级管理职能和依法下放到新区的省级部分管理职能”。《山东省青岛西海岸新区条例》也规定新区管委会“是青岛市人民政府的派出机构，负责西海岸新区的管理工作”，“省人民政府、青岛市人民政府应当将西海岸新区管委会履行职能所需要的省级、市级相关行政管理权限依法授权给西海岸新区管委会”。因此，建议《条例》草案理顺职责，明晰定位，对管委会的主体身份做以下规定：“湘江新区管理委员会是省人民政府的派出机构，实行省级计划单

列管理，并由长沙市人民政府代管。新区管委会依据相关法律法规和省人民政府授权依法行使市级和省级部分经济管理权限。”

（二）明确新区与有关行政区、经济功能区合署办公

目前，在国家级新区的运行大概有三种管理体制：第一种是以上海浦东新区、天津滨海新区为代表的政府型；第二种是以宁波舟山群岛新区、青岛西海岸新区为代表的区政合一型；第三种是湘江新区与其他多数新区采取的管委会型。根据国家发改委关于湘江新区总体方案，新区任务之一就是“探索行政区与功能区融合发展的体制机制，根据需要赋予新区市级和部分省级经济社会管理权限。着力整合区域内各类行政资源，进一步理顺内部行政管理体制，努力破解制约发展的体制机制障碍”。笔者认为，管委会型的国家级新区发展到一定的成熟阶段，其管理体制将逐渐发展成区政合一型；区政合一型的国家级新区发展到一定的成熟阶段后，其管理体制将逐渐发展成一级政府实体。可以预见，湘江新区若干年后将逐步演化成为一级政府实体，但当前立法不可揠苗助长。先从管委会型往区政合一型方向探索，将新区管委会与辖区内有关行政区政府实行合署办公，搞“一套人马、多块牌子”，是最有可行性的选择。如能将湘江新区与有关行政区顺利实现区政合一，则能够充分调动新区和行政区“两区”的资源，平衡“两区”的发展利益，有利于在重大的组织目标上达成共识、实现共赢，形成协同管理、精简高效、权责一致的管理模式。如《山东省青岛西海岸新区条例》管理体制就可资借鉴，其规定“西海岸新区管委会设置的工作机构与黄岛区人民政府工作部门合署”，并分别指明“西海岸新区管委会应当建立综合协调机制，协调解决西海岸新区范围内经济社会管理事项；西海岸新区内的社会管理和公共服务等事项，由当地人民政府负责”。因此，建议省委省政府对湘江新区与辖区内的主要行政区（岳麓区）区政合一加强调研，尽快出台相关体制创新的决定，以便在立法中对新区与行政区合署办公作出明确规定。

在湘江新区范围内，除有岳麓区这样的行政区以外，还存在着长沙高新区、岳麓山大学科技城等直属长沙市的经济功能区。同一区域存在多个功能相似的机构，显然是分散了宝贵的人力资源和编制资源，成了“俄罗斯套娃”。因此，有必要对新区与辖区内各经济功能区合署办公或“多区规一”问题进行研究。外省立法中，《青岛西海岸新区条例》就规定“西海岸新区管委会按照权限对西海岸新区内各经济功能区进行管理或者协调”，“西海岸新区内各经济功能区需要由西海岸管委会全域统筹的事项，应当接受西海岸新区管委会

的统一管理”。《黑龙江哈尔滨新区条例》也明确“中国（黑龙江）自由贸易试验区哈尔滨片区管委会与新区管委会合署办公”。建议《条例》草案根据党中央、省委关于规范开发区管理机构、促进开发区创新发展的决策部署，对湘江新区内有关功能区的管理机构、职能定位、内设机构、所属事业单位以及市直部门的派出机构进行重新规范，着力破解掣肘新区发展的有关管理体制机制问题。

（三）突出新区高质量、可持续发展的时代主题

国家关于湘江新区的定位非常明确，就是建设高端制造研发转化基地和创新创意产业集聚区、产城融合城乡一体新型城镇化示范区、全国“两型”社会建设引领区和长江经济带内陆开发高地。面对复杂的发展环境和疫情的起起伏伏，湘江新区心无旁骛抓发展，全力打造“三区一高地”，主要经济指标增速始终保持全省领先。“十三五”期间，湘江新区GDP年均增长9.1%，2021年，经济总量进居全国国家级新区第6位。为使湘江新区奋力挺进国家级新区“第一方阵”，《条例》起草应当赋予湘江新区新使命，鞭策新区以“闯、创、干”的精神迈出高质量发展的新路子，在贯彻落实中央、省、市决策部署上彰显更大担当。外省立法中，《河北雄安新区条例》围绕高质量发展主题，从推进供给侧结构性改革，构建现代产业体系，推进高质量发展入手，对重点承接北京非首都功能疏解，重点发展的高端高新产业、金融领域发展、产业空间布局、加强科技创新能力和体系建设、现代农业产业体系、人才战略等方面进行了系统性的指引。建议《条例》草案明确湘江新区管委会按照“多规合一”的要求科学编制总体规划，合理安排空间布局，重点发展具有新区地域特征的工程机械、新材料、电子信息等支柱产业，新能源与节能环保、绿色食品精深加工等特色产业，加快发展智能汽车、生命科学、人工智能、增材制造、航空航天等新兴产业，前瞻布局前沿材料、氢能与储能、类脑智能、深海深空深地等未来产业。同时，《条例》草案还应当在地方金融支持、科技成果转化、对外开放合作、营商环境优化、绿色低碳宜居等方面，结合新区实际情况因地制宜作出规定，填补有关上位法落地“最后一公里”的空白。

（四）在新区用人机制、保障措施上敢于有所突破

人才是发展的第一动力。当前，国内各城市和国家级新区对于人才的争夺是全方位的竞争，特别是沿海发达地方在全球范围广招人才，以各种优厚的经济待遇、创业支持、金融补贴、住房保障、医疗条件、教育资源各方面加强对人才的虹吸力。作为身处内陆中部省份的国家级新区，必须深切认识到人才对

地方经济社会发展起的决定性作用。如《河北雄安新区条例》就明确新区“构建灵活高效的用人制度，按照规定享有统筹使用人力资源的自主权”。《黑龙江哈尔滨新区条例》规定“机构设置、人员聘用、薪酬机制由自贸区片区管委会确定。自贸区片区管理局可以从境外、国外选聘高级管理人员”，新区“管理人员、工作人员实行全员聘任，不受身份限制。其工作岗位、工资待遇按职责、绩效核定，可高于同职级公务员工资待遇的1.5倍以上，退休后社保待遇不低于同职级公务员标准。具体办法由新区管委会制定”。面对新区改革发展的各项重任，《条例》起草应当将人才战略作为重中之重，要把实施人才强区专项行动、优化人才工作机制以及全方位培养人才、全方位引进人才、全方位用好人才、全方位服务人才的经验做法上升入法，争取写几条大胆突破又切实可行的干货出来，为落实“强省会”战略提供坚强的人才支撑。

此外，对新区进行立法，其根本目的就是让相关支撑政策法治化，更具有保制度障。对于“保障措施”这一板块，一些新区在立法中做了重点安排。如《山东省青岛西海岸新区条例》的“保障措施”一章就有12条之多，并在相关条文中多次出现“优先”字样，规定“省和青岛市人民政府应当在重大产业规划和生产力布局方面优先支持西海岸新区发展，优先安排西海岸新区承接承担符合新区发展规划的改革试点任务和重大产业项目”，“鼓励和支持国内外且总部、区域总部、采购中心、研发中心、财务管理中心和结算中心等总部经济项目优先在西海岸新区落户”。《黑龙江省哈尔滨新区条例》规定“省人民政府应当将新区建设用地指标实行单列，利用城乡建设用地增减挂钩政策解决新区建设用地指标不足问题，增减挂钩周转指标优先向新区倾斜，并在全省范围内对新区建设占用耕地指标实行易地占补平衡”。因此，《条例》起草时，可以明确省人民政府和长沙市人民政府在制定有关政策措施时，应当在重大产业项目布局、基础设施建设、生态环境保护、公共服务配套以及相关专项资金投入等方面对湘江新区给予优先安排，推动资金、项目、技术、人才、信息等要素和资源向新区集聚。

三、《条例》立法还需处理好以下关系

（一）严守地方立法权限，维护国家法治统一

维护国家法治统一是严肃的政治问题，在《条例》立法过程中务必把握好地方立法权限，处理好《条例》与地方组织法等法律的关系。应当注意，新区与有关行政区顺利实行区政合一、合署办公，即便是“一套人马”运作，

也会保留“多块牌子”，要注意各块“牌子”之间不能互相替代。如新区管委会作为省政府的派出机构，其本身不是一级政府，除了授权以外，不能直接代位行使法律赋予行政区人民政府的管理职权。同时，建议《条例》对区政合一、合署办公后的行政机关与人大、两院等国家机关的关系以及行政复议、行政诉讼关系进行研究，争取做到不与上位法相抵触、相冲突。

（二）增强立法协同性，与省内其他法规做好衔接

在《条例》起草过程中，需广泛收集和研究目前本省已出台的与新区经济社会发展建设相关的地方性法规，与近年来出台的《湖南省先进制造业促进条例》《中国（湖南）自由贸易试验区条例》《长株潭国家自主创新示范区条例》《湖南省高新技术发展条例》《湖南省湘江保护条例》《湖南省地方金融监督管理条例》等法规规定加强衔接；对管理体制改革涉及的长沙市地方性法规如《长沙高新技术产业开发区条例》《岳麓山风景名胜区保护条例》也要同步进行研究，提出立法修法的建议。此外，还需关注《湖南省知识产权保护和促进条例》等正在起草的地方性法规，做好与相关领域的互补互促。

（三）参考外省新区立法文本，取长补短博采众长

目前，我国国家级新区已获批 19 家，已出台条例的有哈尔滨新区、雄安新区、滨海新区、西海岸新区、南沙新区等。在《条例》起草过程中，既要注重收集整理同类型新区的条例文本，要收集国务院批复方案、发改委的总体方案等政策文件，研究各自的特色。必要时，可携条例草案赴已立法或者正在立法的外省新区进行调研，研究其在框架结构、制度设计、创新路径、保障措施、法律责任等方面的经验做法，为《条例》起草提供更多的参考。

（四）坚持“小而精”框架结构，不搞“鸿篇巨著”

已出台的相关新区立法的框架结构，一般来说包括“总则、管理体制、规划与土地利用、产业促进、开放合作、社会治理、生态保护、政务服务、政策及法治、附则”等章，可谓包罗万象。虽然《条例》定位为指导湘江新区经济社会发展建设的一部综合性地方性法规，其涉及的领域较广，但在布局《条例》整体框架结构时，要根据近年来地方立法力倡“小切口、小快灵”的新动向，坚持好问题导向，聚焦解决关键核心问题。建议《条例》立法不贪大求全，不搞“鸿篇巨著”，不期望通过一部《条例》就能指引新区所有领域发展事宜。建议《条例》以新区管理体制机制问题为突破口，提纲挈领、简明扼要地作出制度安排。

强湖南，关键在于“强省会”；“强省会”，关键在于强新区。2022 年是

党的二十大会议召开之年，做好《条例》立法工作的意义十分重大。期待《条例》能顺利出台，以良法善治为湘江新区先行试探、改革创新、开发开放提供有力法治保障；期待在《条例》的引领推动下，将湘江新区早日建设成为我省高质量发展的引领区、改革开放的新高地、城市建设的新标杆。

论地方公共文化服务立法：类型、体例与原则*

周刚志　王振宇**

摘要：地方公共文化服务立法包括“综合立法”和“专门立法”两种类型。我国地方公共文化服务立法的立法体例，多承袭上位法而设置专章。但是，“设置专章”主要视立法条款是否繁复而定，并非地方立法必须遵守的规则。立法技术上，法条的陈列不仅需要将相近的条款置于相邻位置，更要使“总则”“法律责任”或者相应部分的条款能够“统辖”“引领”所有其他条款。地方公共文化服务立法应当遵循“不抵触原则”“不重复原则”“辅助性原则”。

关键词：公共文化服务；地方立法；立法类型；立法体例；立法原则

在域外法上，“公共文化”往往被视为一种政府广泛干预文化活动的公共政策。① 但是在公共管理学学者看来，“公共文化服务”不过是“公共服务”的一种类型，它包括“保障性公共服务”与“发展性公共服务”两种类型。② 然则，作为一种“公共服务”，“公共文化服务”并非都是提供“既无排他性又无消费中的竞争性”的所谓“公共物品”；③ 事实上，很多“公共文化服务”都有“消费中的竞争性”。“公共文化服务”是“政府基于公共利益的需

---

* 此文收录于2020年湖南省立法研究会论文集，后以题目《论地方公共文化服务立法：类型、体例与技术准则》刊登于《邵阳学院学报（社会科学版）》2021年第3期。

** 周刚志，中南大学法学院教授，中国文化法研究中心执行主任，湖南省人大立法咨询专家；王振宇，中南大学法学院硕士研究生。

① ［美］凯文·马尔卡希：《公共文化、文化认同与文化政策：比较的视角》，何道宽译，商务印书馆2017年版，第7－9页。

② 陈振明等：《公共服务导论》，北京大学出版社2011年版，第53页、第77页。

③ ［美］曼昆：《经济学原理（微观经济学分册）》，梁小民，梁砾译，北京大学出版社2012年版，第223页。

要，通过直接或间接的方式满足社会公众基本生存和发展需要的职责和功能”，为“满足公民共同生活和发展的基本需求”而提供的服务。① 自2011年《中共中央关于深化文化体制改革推动社会主义文化大发展大繁荣若干重大问题的决定》提出要“加强文化基础设施建设，完善公共文化服务网络，让群众广泛享有免费或优惠的基本公共文化服务”以后，我国各地就已经开始启动公共文化服务地方立法，譬如2011年《广东省公共文化服务促进条例》、2012年《上海市社区公共文化服务规定》，等等。

党的十八届三中全会提出要“促进基本公共文化服务标准化、均等化，实现基本公共文化服务标准体系制度法律化”以后，十八届四中全会更是明确提出要“建立健全文化法律制度，制定公共文化服务保障法”，我国公共文化服务立法自此进入“快车道”。2016年《公共文化服务保障法》和2017年《公共图书馆法》的制定，不仅为我国地方公共文化服务立法提供了“范本”，也注入了新的动力。当前我国的地方公共文化服务立法，主要包括地方人大常委会制定的地方性法规和地方人民政府制定的地方政府规章两种形式，其在内容上则可以分为以《广东省公共文化服务促进条例》为典型的“地方公共文化服务综合立法”，以《广州市博物馆规定》为范例的“地方公共文化服务专门立法”。在后文中，我们将主要依据前述“类型化方法”，对我国现存的地方公共文化服务立法进行法理分析。

一、地方公共文化服务的综合立法

（一）地方人大的公共文化服务综合立法

第一，地方人大的公共文化服务立法现状。在2016年《公共文化服务保障法》出台之前，三个省、直辖市已经制定了保障公共文化服务的地方性法规。其中，2011年9月29日广东省第十一届人民代表大会常务委员会第二十八次会议通过的《广东省公共文化服务促进条例》是全国第一部关于公共文化服务体系建设的综合性地方法规，提供了加强公共文化服务体系建设立法的一种整体思路，具有较强的示范意义。随后，上海市第十三届人民代表大会常务委员会第三十七次会议于2012年11月21日通过了《上海市社区公共文化服务规定》。江苏省人大常委会主任于2015年12月4日颁布了《江苏省公共

① 上海金融学院城市财政与公共管理研究所编：《政府购买公共服务：理论、实务与评价》，中国财政经济出版社2015年版，第6页。

文化服务促进条例》，这也是十八大之后第一部关于公共文化服务体系建设的省级地方性法规，主要从公共文化的服务供给、设施建设、社会参与、政策保障、法律责任等方面进行了规定和细化。《公共文化服务保障法》制定之后，陆续有九个省、直辖市制定了公共文化服务保障的地方性法规，分别有：浙江省人大常委会于 2017 年 11 月 30 日通过的《浙江省公共文化服务保障条例》；天津市人大常委会于 2018 年 9 月 29 日通过的《天津市公共文化服务保障与促进条例》；湖北省人大常委会于 2018 年 11 月 19 日颁布的《湖北省公共文化服务保障条例》；陕西省人大常委会于 2019 年 3 月 29 日颁布的《陕西省公共文化保障条例》；2020 年，贵州省人大常委会于 2020 年 6 月 3 日发布的《贵州省公共文化服务保障条例》，并已于 2020 年 9 月 1 日起正式实施；重庆市人大常委会于 2020 年 6 月 5 日发布了《重庆市实施〈中华人民共和国公共文化服务保障法〉办法》，并于 2020 年 8 月 1 日起正式施行。安徽省人大常委会于 2020 年 7 月 2 日发布的《安徽省公共文化服务保障条例》，并于 2020 年 9 月 1 日起正式实施；湖南省人大常委会于 2020 年 7 月 30 日发布的《湖南省实施〈中华人民共和国公共文化服务保障法〉办法》，并已于 2020 年 9 月 1 日起施行；上海市人大常委会于 2020 年 10 月 27 日发布了《上海市公共文化服务保障与促进条例》，并于 2021 年 1 月 1 日起正式实施。除此之外，北京、福建等多个省、自治区、直辖市也正在推进或开展公共文化保障立法工作。总体来看，目前地方公共服务保障的综合性立法进程还是处于滞后的阶段，只有少数省、自治区、直辖市人大常委会制定了相关的地方性法规，使得统筹规范地方公共文化服务工作，衔接政府部门与各类公共文化服务主体在公共文化设施建设等公共文化服务保障事项上缺乏必要的规范指引，各地应在《公共文化服务保障法》制定的基础上，根据地区公共文化服务保障的实际需求制定地方性法规，以满足各类公共文化服务主体及人们应享受的文化权利。

第二，地方人大公共文化服务综合立法的体例。在我国法学界，学者所谓"立法体例"，一般是指立法内容的"分"与"合"，以及法律文本的编、章、节等结构、内容的安排。譬如，"民商合一"还是"民商分立"，历来是民法学者对于民事立法体例的重要争点之一。① 吴汉东教授亦认为，我国知识产权制度宜在民法典中做原则规定，但同时保留民事特别法的体例。② 由此可见，

① 李建伟：《民商合一立法体例的中国模式》，载《社会科学研究》2018 年第 3 期。

② 吴汉东：《知识产权立法体例与民法典编纂》，载《中国法学》2003 年第 1 期。

“立法体例”主要是指法典编章结构等“立法形式”范畴。“立法体例”的选择，体现了立法者对立法理念、立法内容的理性把握，主要属于立法技术范畴。广东省、江苏省、天津市、湖北省、陕西省、重庆市、安徽省、贵州省以及《上海公共文化服务保障与促进条例》的立法体例采用的是“总则—分则—附则”结构，浙江省、湖南省、上海市的公共文化服务立法未设专章。

我国台湾地区民法学者苏永钦曾经概括出民法典规范构建的六项形式规则，此即：“积木规则”“蜂窝规则”“星系规则”“串联规制”“序列规则”“标兵规则”。[①] 整体而言，法条的陈列不仅需要将相近的条款置于相邻位置，形成“蜂窝”“星系”“串联”“序列”效应，更要使“总则”“法律责任”或者相应部分的条款能够“统辖”中间所有条款（“积木”效应）或者“引领”后面的所有条款（“标兵”效应）。我国地方公共文化服务立法的体例主要分为两种，“设章”或者“不设章”，整体而言承袭上位法分章者居多。其实，分设章节的主要目的是概括并确定相关条款的内容及厘清立法的条款性质。因此，是否分设章节主要看这部立法的条文之繁复程度而定。我国《公共文化服务保障法》的基本框架是“总则—分则—保障措施”，在内容处理上则遵循了“先设施建设后服务提供”的逻辑，体现了较为成熟的立法技术。不管是否“设章”，地方公共文化服务立法均应遵循上位法的这一整体框架和制度逻辑，但是在公共文化服务设施建设等方面则应当做更为具体细致的规定，譬如侧重规定“基层公共文化服务设施建设”等内容。

（二）地方政府的公共文化服务综合立法

地方政府的公共文化服务的综合性立法主要是制定地方政府规章，地方政府把公共文化发展的规律落实为相关的规章和办法，能够把地方公共文化服务方法措施的实践经验上升为相关的法律措施，是为公共文化服务发展提供有力的制度安排。尤其在公共文化设施建设和公共文化职能部门统筹协调等方面，地方政府发挥着重要的作用。目前，关于地方公共文化服务的地方政府规章制定数量较少，只有江苏省、苏州市和威海市三个省市制定了公共文化服务的地方规章。在《公共文化服务保障法》通过前，苏州市政府已于 2015 年 10 月 19 日通过了《苏州市公共文化服务办法》，也采用了“总则—分则—附则”的立法体例，主要从公共文化服务提供、公共文化设施建设、公共文化服务社会参与和公共文化服务保障四个方面对苏州市公共文化服务建设进行了规范。

① 苏永钦：《寻找新民法》，北京大学出版社 2012 年版，第 84－90 页。

2012年1月4日通过的《江苏省农村公共文化服务管理办法》采用了类似的立法体例，主要从服务机构、服务设施、服务规范和奖惩四个方面对公共文化服务做了规定。而2016年12月23日通过的《威海市公共文化服务办法》仅有25条，未设专章，主要规定了公共文化服务的原则、公共文化服务提供和公共文化设施建设等几个方面的内容。

二、地方公共文化服务的专门立法

公共文化服务的“专门立法”，主要是指针对公共文化服务体系范围内的专门设施或者特定服务类型，制定法律、法规、规章予以规范，它以《公共图书馆法》为典型，与公共文化服务综合立法形成“相互补充”“相互支持”的“对应关系”，譬如《公共文化体育设施条例》《博物馆条例》《乡镇综合文化站管理办法》《博物馆管理办法》，等等。苏永钦教授在论及民事特别法时提出：“民法典外的特别法，多半有其公共政策的考虑，此一政策工具的性格使其不适合放在普通法的民法典内，其中有成规范丛集者，而与相关的公法、程序法相混合。”① 地方公共文化服务的专门立法不仅可能是国家公共文化服务专门立法和地方公共文化服务综合立法的“卫星法”，也可能属于“公共文化服务法”与“文化遗产保护法”的“交叉法”（如博物馆立法和图书馆立法）。因此，地方公共文化服务专门立法需要解决好两个问题：其一是妥善设置相关条款，与国家公共文化服务专门立法形成“国家立法”与“地方立法”的“实施性立法”关系；其二是合理设置具体条款，与地方公共文化服务综合立法形成“综合立法”与“专门立法”的“补充性立法”关系。

（一）地方人大的公共文化服务专门立法

目前，我国地方人大制定的公共文化服务专门立法主要集中于博物馆立法和图书馆立法两大类。其中，地方博物馆立法两部，是于2017年6月30日通过的《广州市博物馆规定》和于2020年7月31日颁布的《太原市博物馆促进条例》。地方图书馆立法7部，分别是《北京市图书馆条例》《广州市公共图书馆条例》《湖北省公共图书馆条例》《内蒙古自治区公共图书馆管理条例》《深圳经济特区公共图书馆条例（2019修正）》《四川省公共图书馆条例》《贵州省公共图书馆条例》。由此我们可以看出，目前我国地方人大的公共文化服务立法的数量、范围都是有待加强的，只有北京、广州、湖北、深圳、四川、

① 苏永钦：《寻找新民法》，北京大学出版社2012年版，第79－80页。

内蒙古、贵州、太原市等少数省、自治区、直辖市及地级市进行了相关的立法，但是大部分省市地方的人大都没有对公共文化服务的专门立法。我国地方人大加快文化立法，需要以《公共文化服务保障法》为依据继续加快地方公共文化服务的专门立法。

（二）地方政府的公共文化服务专门立法

以公共文化设施为对象的专门立法是地方公共文化服务立法的重要立法模式，图书馆、博物馆、文化馆、文化体育设施的立法较为成熟。早在 1996 年就制定了《上海市公共图书馆管理办法》，此外还有山东、河南、浙江、贵州、东莞、乌鲁木齐六个省、地级市制定了关于图书馆的地方规章。此外，有关文化馆的相关立法数量居其次位，共有《上海市公共文化馆管理办法（2015 修正）》和《浙江省文化馆管理办法》两部地方政府规章。关于文化体育和博物馆领域的立法有《湖南省实施〈公共文化体育设施条例〉办法》和《哈尔滨市秋林和博物馆广场地区管理办法》。基于此，我们可以发现，目前公共文化服务的地方政府规章的专门立法中，图书馆立法占据了相当比重，足见公共图书馆在地方公共文化服务体系中的重要地位与作用。从整体来看，地方政府的公共文化设施专门立法还有待加强。

三、地方公共文化服务立法的法律原则

（一）不抵触原则

我国《立法法》第 72 条、第 73 条明确规定了地方立法的“不抵触原则”，此即：地方立法不得与宪法、法律和行政法规等上位法相抵触。但是，“不抵触原则”是对法条实质内容而非表述形式的要求，并非所有的法条内容差异都构成“不抵触原则”的违反。从地方违法立法的实际情形来看，地方立法违反“不抵触原则”主要有如下“越权立法”和“减损立法”两种类型。兹对“减损立法”做一个初步介绍。地方立法中有一种在内容上减损上位法效果的立法行为，我们可以称之为“减损立法”。譬如，2017 年 6 月，中共中央办公厅、国务院办公厅发出《甘肃祁连山国家级自然保护区生态环境问题的通报》，明确指出，《甘肃祁连山国家级自然保护区管理条例》历经三次修正，部分规定始终与《中华人民共和国自然保护区条例》不一致，将国家规定“禁止在自然保护区内进行砍伐、放牧、狩猎、捕捞、采药、开垦、烧荒、开矿、采石、挖沙”10 类活动，缩减为“禁止进行狩猎、垦荒、烧荒”3 类活动，而这 3 类都是近年来发生频次少、基本已得到控制的事项，其他 7 类

恰恰是近年来频繁发生且对生态环境破坏明显的事项。2013 年 5 月修订的《甘肃省矿产资源勘查开采审批管理办法》，违法允许在国家级自然保护区实验区进行矿产开采。《甘肃省煤炭行业化解过剩产能实现脱困发展实施方案》违规将保护区内 11 处煤矿予以保留。张掖市在设定全市党政领导干部绩效考核时，把 2015 年和 2016 年环境资源类指标分值分别设为 9 分和 8 分，低于 2013 年和 2014 年 11 分的水平。① 此后，全国人大法工委对专门规定自然保护区的 49 部地方性法规集中进行专项审查研究，并致函各省、自治区、直辖市人大常委会，要求对涉及自然保护区、环境保护和生态文明建设的地方性法规进行全面自查和清理，杜绝故意放水、降低标准、管控不严等问题。截至 2017 年 12 月，已有 30 个省、自治区、直辖市人大常委会书面反馈清理情况和处理意见，包括设区的市、自治州、自治县在内，总共已修改、废止相关地方性法规 35 部，拟修改、废止 680 部。② 甘肃祁连山自然保护区存在的突出问题及其深刻教训，说明我国省市地方立法的合宪性、合法性状况还有待建立更为健全的审查制度、纠错制度。可以设想，全国人大常委会亦将继续采用专项审查监督等方式，每年确定一个或几个主要领域，对各省市及设区的市的地方性法规，予以严格的合宪性审查，以督促各级人大及其常委会、各级人民政府切实履行宪法职责，全面、合理实施宪法规范。

地方性法规不是国家法律和行政法规的简单重复，而是地方人大创造性地转化和落实国家法律和行政法规规定的内容。因此，国家法律和行政法规中有关行政管理的措施，当然不能有所减损，尤其是不能以“名为实施性条款实为减损性规定”等方式减损相关法律职权或者规避相关法律职责。

（二）不重复原则

《立法法》第 73 条第 4 款规定：“制定地方性法规，对上位法已经明确规定的内容，一般不作重复性规定”，此即《立法法》上的“不重复原则”。鉴于“不抵触原则”乃是《立法法》规定的重要原则之一，“不重复原则”更

---

① 新华社：《中共中央办公厅、国务院办公厅就甘肃祁连山国家级自然保护区生态环境问题发出通报》，引自人民网，http://politics.people.com.cn/n1/2017/0720/c1001-29418759.html，2020 年 3 月 5 日访问。

② 沈春耀：《全国人民代表大会常务委员会法制工作委员会关于十二届全国人大以来暨 2017 年备案审查工作情况的报告——2017 年 12 月 24 日在第十二届全国人民代表大会常务委员会第三十一次会议上》，转引自中国人大网，http://www.npc.gov.cn/npc/xinwen/2017-12/27/content_2035723.htm，2020 年 3 月 5 日访问。

多地偏重于立法内容的调整、立法条款的设计等相关内容。尤其是当党的政策和国家法律调整、修改以后，地方性法规的“不重复原则”不应扩展及条款修改内容。因此，我们认为以下两种情形不属于“重复立法”：其一，依据党中央相关政策调整的决定，根据全国人大常委会的相关修法决定，适时修改地方性法规不属于“重复立法”；其二，吸取地方法制实践的教训，根据党中央和全国人大常委会的相关指示，适时修改地方性法规不属于“重复立法”。

此外，地方公共文化服务立法以具体的实施性条款补充和发展上位法规范者，不属于“重复立法”。《公共文化服务保障法》规定：“国务院和地方各级人民政府应当根据公共文化服务的事权和支出责任，将公共文化服务经费纳入本级预算，安排公共文化服务所需资金。”而湖南省的省情是各市州对于公共文化服务经费的投入很不平衡。《湖南省实施〈中华人民共和国公共文化服务保障法〉办法》结合湖南地区实际，对上位法作出了更加细化的规定，譬如，“实施办法”第7条第1款规定：“新建住宅区的，城市、县人民政府城市规划主管部门应当将公共文化服务设施建设纳入控制性详细规划，并在规划条件中确定配套建设公共文化设施内容。建设单位应当按照规划条件、国家和本省地方标准建设公共文化设施。城市、县人民政府城市规划主管部门对建设工程是否符合规划条件予以核实；未经核实或者经核实不符合规划条件的，建设单位不得组织竣工验收。”这一条款是借鉴了永州市等地通过编制规划、监督规划实施来保障公共文化设施建设等经验，同时也明确了社区公共文化服务设施建设的责任主体，属于典型的具体实施型条款，也有效避免了“重复立法”。

（三）辅助性原则

公法上的“辅助性原则”，主要是指个人义务和社会救助义务的优先性与国家义务的补充性，其成为正式的法律原则，早期体现为欧盟《马斯特里赫特条约》的相关条款。《行政许可法》第13条规定：“本法第12条所列事项，通过下列方式能够予以规范的，可以不设行政许可：（一）公民、法人或者其他组织能够自主决定的；（二）市场竞争机制能够有效调节的；（三）行业组织或者中介机构能够自律管理的；（四）行政机关采用事后监督等其他行政管理方式能够解决的。”这一条款是“辅助性原则”之内涵于我国法律中的实体化标志。

在域外学者看来，辅助性原则旨在区分联邦和州的给付方面的责任，强调地方的自我管理；个人对其生计的自我责任在第一优位，相对地，国家的照顾责任则只是备位性的，只有在个人的生计“常态”发生欠缺时才可以介入，其目的也只限于使个人回到自助的状态。[①] 然则，“公共文化活动”本身具有强烈的“公共属性”，而非单纯的个人文化生活问题。因此，公共文化服务立法的“辅助性原则”，不能套用域外“福利行政”“给付行政”中“辅助性原则”的法理内涵。我国《公共文化服务保障法》上的“辅助性原则”，主要体现为第 42 条、第 43 条等条款的内容，此即：“国家鼓励和支持公民、法人和其他组织通过兴办实体、资助项目、赞助活动、提供设施、捐赠产品等方式，参与提供公共文化服务”；“国家倡导和鼓励公民、法人和其他组织参与文化志愿服务”；等等。同样，地方公共文化服务立法亦应当遵循这一原则，地方政府应当鼓励和支持社会力量参与公共文化服务设施建设和服务提供，但是此种“倡导性条款”不能取代地方政府保障公共文化服务供给的法定职责。

① 蔡维音：《社会福利制度之基础理念及结构》，载《月旦法学杂志》1997 年第 28 期。

新时代中小企业营商环境法治化发展问题及对策研究*

程子豪　蒋海松**

摘要：法治是最好的营商环境。营商环境包含了市场主体的准入、退出与经营以及在这个过程中所涉及的一系列因素与条件，涵盖了政治、经济、法律等各个方面，其核心是对于政府权力的规范和对市场活力的保障。营商环境是一个国家和地区的重要软实力，也是核心竞争力。当下中小企业的营商环境仍然存在着法律法规制度体系不健全、行政执法不公、司法效率不高、契约精神缺乏等体制机制方面的困境。许多中小企业仍面临政府行政权力过度干预、行政审批程序烦琐、不同所有制企业遭受非公平公正竞争、产权保护不力等问题。对此，应当坚持问题导向、实事求是等原则，健全完备法律规章制度体系，推动法律法规有效落实，加强对企业产权保护，激发市场创新活力，营造“重合同，守信用”的营商法律文化氛围，推进营商环境的法治化建设。

关键词：营商环境；法治化；中小企业；交易成本

党的十八大以来，以习近平同志为核心的党中央高度重视优化法治化营商环境工作。习近平总书记强调，法治是最好的营商环境。这一重要论断为优化营商环境、推动中国经济实现高质量发展指明了方向。《中共中央关于全面深化改革若干重大问题的决定》提出要“推进国内贸易流通体制改革，建设法治化营商环境”。优化营商环境，平等公正保护各类投资者合法权益，让各种

---

* 基金项目：2022年度国家社科基金一般项目“习近平法治思想中的传统法文化观研究”（编号22BFX004）；此文收录于2020年湖南省立法研究会论文集。

** 程子豪，湖南大学法学院硕士研究生；蒋海松，法学博士，湖南大学法学院副教授，湖南省十三届人大常委会立法工作咨询专家。

市场主体真切感受到公平正义，也是落实习近平法治思想、推进法治中国建设的内在要求。

随着我国的特色社会主义建设进入新时代，我国的经济社会发展也进入一个新的时期，经济结构不断优化，从注重经济增速、增量逐渐向注重经济发展的质量转变。经济的高质量发展正逐渐成为中国特色社会主义新时代的重要标志。在这一国家经济转型发展的重要历史时期，高质量的经济发展样态需要优质的营商环境，优质良好的营商环境为现代化的经济发展提供了肥沃的土壤，同时也为经济发展的高效率、高质量提供重要保障。

营商环境并不是一个全新概念。在国际上，不同的经济体以及地区对营商环境的打造有着各自的模式与路径。而随着国际经济贸易竞争的不断加剧，世界各经济体也愈发重视不断改善自己管辖区域内的营商环境。营商环境的好坏直接影响到某一地区的商业信誉与商业吸引力，该地区的本土经营者也会受到本地整体营商环境的影响，牵涉到的因素有整体的经济发展质量、就业、政府财政等。优良的营商环境是一个国家或地区经济文化软实力的重要体现，也是世界上每个国家和地区综合国力或者综合竞争力的重要方面。中小企业在国内市场占比很大，为经济增长提供了充足的动力。中小企业法治化营商环境构建具有独特的意义。我们要针对性梳理认清中小企业法治化营商环境法治化所存在的问题，探索出路，提供对策。

一、中小企业发展现状

新时代的中国经济发展离不开中小企业。据统计，我国中小企业注册登记的数量已占全国企业总数的99%，其所贡献的工业产值已占据全国工业总产值的60%，利税缴纳占全国总量的40%，解决了全国75%以上的城镇就业，由此来看，中小企业已是我国经济发展的中坚力量。① 中小企业为城市的经济增长提供了充足的动力，尤其是工业类中小企业竞争力强、门类齐全，覆盖了多个制造行业，形成了结构合理并具有较强国际竞争力的产业配套体系，成为各市发展制造业、完善产业链的重要力量。

江苏省是中小型企业经济得到充分发展的典型，根据江苏省相关部门的官方统计，2017 年之前，江苏全省的中小型企业的总数已经达到 248.2 万家，同比增长 22.3%。当中同比增长了 6.6% 的工业型企业达到 55.3 万家，初具

① 谢方峰：《中小企业发展的问题与对策研究》，载《市场论坛》2011 年第 1 期。

规模的已经达46367家，居全国首位。在本次官方统计中，民营中小企业对省内经济发展的贡献较大，其对工业增长的贡献率达到80%以上，拉动工业增长近6个百分点。民营中小企业所缴纳税额占据全省江苏省内纳税总额的近60%，相关行业的从业人数增长11.6%，占全部行业从业新增人数的80%。民营企业中的工业型企业数量具有相当的规模，贡献了相当数量的工业产值，其主营业务收入与利润额都有较大幅度的增加，对经济发展起到十分重要的作用。

中小企业在我国数量庞大，规模精简，富有创新活力。其为我国在新时期的经济转型中作出了重要贡献。中小企业的繁荣不断促进经济的增长、财政税收的增加、就业情形的改善以及科技创新的发展。党中央、国务院对于中小企业的发展也给予高度重视，通过政策鼓励与引导新时代中小企业的健康稳定发展。

二、我国营商环境现状概述

市场经济是法治化建设发展的必要经济基础，也是国家法治建设发展的主要动力。市场经济也离不开营商环境法治化建设，优良的营商环境会进一步促进经济的健康发展。二者相辅相成。自改革开放以来，我国日益重视在经济发展中的法治建设，不断完善经济制度与法律制度的构建，经济发展几十年来处于一个健康优良的态势。近年来，改善优化营商环境日益受到党中央与国务院的重视，保障营商环境健康发展的法律法规相继出台并不断完善。

在营商环境不断得到优化的同时，其中存在的差距与问题同样需要得到重视。历年《全球营商环境报告》（由世界银行发布）显示，作为世界第二大经济体，我国的营商环境不甚理想，相较于发达经济体存在不小的差距，与部分发展中国家相比，我们也并不占优势。具体表现在营商环境相关法规制度以及法规的科学性、执行力等方面存在问题。

（一）营商法律制度体系不完善

市场经济的建设需要良好的法治环境，其本质上是法治经济。现代化的市场经济发展规划需要政府通过法律法规以及相关的制度来规范市场的秩序，进而保障市场主体的合法权益。西方的法治建设开始得较早，《法国民法典》是西方立法的标杆与典范，世界上很多国家都效仿之，逐步建立起了早期的民商事法律规范体系，为西方早期资本主义市场经济的发展提供了保障。民商事法律规范用于调整市民社会的经济活动，它的逐步完善有利于经济的健康稳定发展。20 世纪 90 年代初，社会主义市场经济体制在我国逐步得到建立，发展到今天，我国的市场经济获得持续、高质量的发展离不开社会主义市场经济法律规范体系的确立与完善。经过近三十年的发展，社会主义市场经济法律体系得到了成熟的发展，但也暴露出了很多发展中不可避免的问题。首先，法律法规的整体规划缺乏科学性，法律法规存在杂糅烦冗的问题，部分法律的立法目标不够明确，立法规划的科学性、全局性和长远性并不理想。其次，便是一些领域的立法滞后于经济科技文化社会的发展，并不能满足当前社会发展的需要，又或是存在扩张立法的问题，使一些法律虽立但基本没有任何的实际价值，这些问题的存在都无法使得营商环境法治化的目的得到改善。我国的基本经济制度是公有制为主体，多种所有制经济共同发展，这就说明不同类型的经济发展模式，其对法律的需求程度是存在差异的，这对于国家所立法律来说是提出了不同程度的要求，这就对我国建立一套完备的法律法规问题带来了挑战。最终是由于立法工作的细节还是没有足够顾及，使得存在不少相互冲突和抵触的法律，因此怎么样协调好法律的适用也是十分关键和必要的。

（二）政府权力的限制与约束不足

习近平总书记曾说过要把权力关进制度的笼子，所以在任何时候都不能过度放纵权力，政府权力不加限制必然会影响社会经济的发展。而当前我国市场经济面临的一些问题就是政府的“手”伸得过长，从而导致政府的政策方针影响了市场经济的健康发展。这些政策大多数情况下并不能有效地指导经济运行，反而可能带来干扰，让一些企业不能很好地制订企业发展规划，也使企业经营者和投资者对未来缺乏一个明晰的预期，对市场缺乏足够的安全感。想让市场能够健康有效的运行，就必须通过科学合理的法律制度来限制政府的行政权力，约束政府对于市场经济运行的干涉。单纯的民商事法律制度并不能限制政府的干涉，而是需要经济法律制度以及行政法律制度的双管齐下来进行规制。当然除了限制权力的干涉，科学合理的法律制度同样可以规制企业间的不正当竞争行为，企业间的许多不正当行为亦与政府有着复杂的牵连，这就涉及了贪污腐败的相关问题，也从侧面再次说明企业间想要保证公平公正的竞争就必须约束政府的行政权力，特别是与市场运行相关的权力。

（三）执法不公及趋利化现象严重

地区经济的健康可持续发展是与政府依法行政息息相关的。一个能够做到“良法善治”的政府一定是一个阳光下的且具有责任感和使命感的政府，一个法治化程度极高的政府也一定是能够积极推动本地区经济健康发展的政府。每一个市场主体都认为政府法治化的水平与市场主体健康发展之间有着直接而不可分割的关系，因此，市场经济的可持续发展需要政府依法行政，推进法治政府的建设。我国营商环境的法治化建设需要由法治化的政府来主导，政府法治化也存在着这样或那样的问题：其一，行政执法还不能做到规范公正。企业在运营与发展过程中，理应遵纪守法，受到政府相关部门的监督与管理，企业自觉遵守行业法律法规也是自身长远发展必不可少的一环，但是政府的监督部门在现实执法的过程当中却并没有真正做到公平公正，一些固有的理念依然存在于执法人员的思想中，轻视法律法规、随意加重处罚等现象依然存在。少数行政执法人员还会设置较高的行政审批门槛，重复性执法，故意刁难企业经营者等。其二，选择性执法的问题广泛存在，这对发展的伤害还是比较大的。因为法律法规体系尚不健全，不同法律法规之间尚且出现自相矛盾的现象，这就给予来执法主体很大的执法“自由空间”，这也进一步造成了通过法律法规的漏洞来敛财这种严重现象的出现，这类执法人员针对不同的市场主体，违反合理合法与诚实信用原则作出选择性适用法律和选择执法。这严重有违政府依法行政的初衷。

（四）不同所有制经济的市场待遇存在公平性差异

《国务院关于鼓励支持和引导个体私营等非公有制经济发展的若干意见》于2005年正式出台，其对“非公有制经济是社会主义市场经济的重要组成部分”这一概念进行了着重强调，非公有制经济与公有制经济拥有相同的国民经济地位并可公平参与市场竞争与要素分配。但在实际的经济市场运行中，非公有制经济遭遇区别对待的不公平现象屡有发生，而这种现象在中小企业中更甚。近年来我国出台了多份降低市场准入门槛的政策性文件，但非公有制企业在进入市场的过程中依然遇到不少的阻碍与限制，特别是在一些行业中存在的诸多行业潜规则与隐性限制。由此可见此类政策性文件的落地实施情况并不理想。[①] 在贵重资源、融资贷款的获取以及享受国家优惠政策、产权财产保障等方面，非公有制企业大都会受到不公平的对待。在市场主体之间发生竞争时，我国政府的一些干预、限制措施并不合理，价格管制、烦琐的审批手续、过高的准入门槛以及对于公有制性质的企业的偏袒等。政府法律规范与相关制度的不合理管控将会对健康的竞争环境造成一定程度的损害，因此，建设法治化的

---

① 侯立军：《江苏民营企业可持续发展研究》，东南大学出版社2010年版，第11－12页。

市场环境就需要政府加快转变政府职能，发挥主观能动性破除长久以来阻碍市场健康发展的一系列壁垒与制度，还市场一个公平的竞争环境。①

（五）企业产权的保护力度不足

为企业提供有效的产权保护机制是企业稳定发展的重要基础。我国在最近几年产权保护制度的完善方面有着很大的进步，但依然无法完全满足现代化市场经济发展的需要。主要问题还是较为明显的：现有立法对不同所有制企业产权保护存在着较大的差异，国家仍然更加注重对公有制经济主体的产权保护，也就是说，公有制经济主体由国家强制力作为后盾；但非公有制企业，特别是一些中小企业的产权并没有得到足够的关注和保护。在企业发展乏力甚至面临危机的情况下，如何能够稳定住企业经营者和投资者的信心，加强企业产权的保护极为重要。而在知识产权方面，特别是高新技术企业，对于知识产权的保护是十分重要的。在过去，我国的企业普遍缺乏知识产权的保护意识，这也就导致了我国企业在吃了亏以后才逐渐重视知识产权的保护。因此，在国内并没有一套十分健全完备的知识产权保护机制，法律法规也相对匮乏，这就暴露出了企业发展中对于知识产权同样保护不足的问题。

（六）契约精神仍然缺乏②

市场经济起源于西方，法治亦起源于西方，而契约精神是法治与市场经济共同的产物。随着我国法治建设以及市场经济的发展，企业之间签订合同是很平常的一件事，但企业间就合同遵守方面仍然存在一系列问题。无论是我国国内企业之间的合同签订，还是国内与国外企业之间交易而产生的合同，我国企业在遵守合同这方面，似乎总是被诟病缺乏“契约精神”。我国是注重人情关系的国家，关系合约普遍存在。合约的形式受市场范围的限制：当市场范围足够小时，关系型合约也就愈发重要，正式合约的重要性反而有所下降；反之则会出现不同的情形。③ 在现代化的市场经济环境中，“重合同，守信用”是崇尚“契约精神”的表现，也是交易能够顺利进行的基本要求，但在我国，人情关系似乎更加让人信赖，这种关系使得契约的地位被削弱，有时签合同甚至

① 顾功耘：《政府与市场关系的重构——全面深化改革背景下的经济法治》，北京大学出版社 2015 年版，第 22－24 页。

② 袁莉：《新时代营商环境法治化建设研究：现状评估与优化路径》，载《学习与探索》2018 年第 11 期。

③ 王永钦：《大转型：互联的关系型合约理论与中国奇迹》，格致出版社、上海三联书店、上海人民出版社，2009 年版，第 100 页。

只是走个形式。人情与权力在某些时候是可以左右交易的进行。这些不利因素会阻碍整个营商环境的健康，也是对于营商环境法治化建设的一种阻碍。对法律法规制度体系和现代市场经济体制都是一种破坏。

三、优化中小企业法治化营商环境的对策

随着经济全球化的发展与国际市场的竞争加剧，有效地深化对外开放十分必要。我国也逐渐深度参与到经济全球化而产生的竞争中来，市场经济的活力对于参与竞争来说同样十分重要，这也就要求我国要加强市场的法治化、规范化建设。我国应当抓住这样一个历史机遇，在参与竞争中不断地优化自己的市场运行的环境，改善当前营商环境法治化的状况，并且在恪守国际贸易法律法规的前提下，完善健全自己的商事法律法规体系。在新形势下，不能让营商环境法治化程度低成为我国经济发展的短板。上文提到的契约精神的匮乏，知识产权保护力度不足等一系列问题都需要走营商环境法治化这条路才能得到根本解决。

（一）推动建设现代市场体系与市场化营商环境

营造一个优良的营商环境，良好的市场环境是根本，处理好政府与市场的关系是关键要义，行政干预要得到有效的限制，政府要进一步做好简政放权的工作。简化市场准入的程序，让市场对资源配置的决定性作用得到更好的发挥。只有充分释放市场活力，使营商环境有健康活泼之氛围。

1. 精简许可，破除壁垒

全国统一的市场准入负面清单制度得以建立并逐步完善，负面清单以外的行业、领域、业务等各方面的市场主体都可进入相关市场参与公平竞争。同时，负面清单的内容不是一成不变的，而是一种动态调整的机制，通过市场主体的不断改进，使得负面清单的事项不断缩减。① 对于具有一定垄断属性的行业，应该有的放矢地开放具有竞争性质的业务。此外，还需进一步放宽准入条件，使得优质的外商资本与民营资本更好更容易地进入国内市场，并进一步简化企业经营许可相关的许可审批事项，并对相关许可审批制度进行相应改革。依照法律法规，针对不同的企业与审批事项进行改革优化，不再让公司企业为了审批许可花费大量的成本。从而逐渐破解“准入不准营”等突出问题。

---

① 卢均晓：《营造市场化、法治化、便利化、国际化营商环境》，载《旗帜论坛》2018 年第 11 期。

2. 建立高效的公平竞争审查机制

从中央到地方都要建立起高效的公平竞争审查机制，审查范围包括企业的规章、各类规范性文件以及企业所实施的其他措施。对于不公平竞争现象应当鼓励投诉与举报并建立相应的机制，同时，应当进一步废除妨碍市场统一与公平竞争的一系列规章制度，并不断加大力度和提高精准度。最终让市场竞争回归到产品本身，让整个营商环境法治化能够以公平合理为基础。

3. 以公平公正原则为起点

平等原则是建设法治化营商环境所理应遵守的原则，其要求各类市场主体在参与市场竞争时机会平等、权利平等、规则平等。而在政府资金的使用、招标投标、土地供应与使用、税收优惠等方面需要保障对不同市场主体的公平待遇，从而达到不断解决对民营企业的歧视和不平等待遇问题，对于各类市场主体的经营自主权与企业经营者个人的财产安全应当依据相关法律法规得到保护。

（二）建立科学完备的社会主义市场经济法律体系

建立健全科学完备的富有中国特色的社会主义市场经济法律体系是实现营商环境法治化的充分必要条件，它可以让政府与市场主体都可以在一套规范化的制度体系与规则下运行，可以让问题暴露得明显而解决问题也可以变得更加科学高效。因此，首先，在当今国外新形势、国内新常态这样一个大局之下，我国的中小企业发展应当顺应规律，主动靠近并与世界贸易规则所接轨，让市场运行更加符合世界经济发展之大势，对现有的法律法规作出科学的修订与完善，从而达到让法律规范来规范企业的市场行为。其次，要坚持实事求是的价值导向，立足于中国国情，把握好经济发展的客观规律，使得所制定的法律法规符合社会发展的实际需求。遵守社会主义市场经济的发展规律，制定和完善高质量的法律法规，并且要吸收和借鉴营商环境法治化建设较好国家的先进法律规范，许做好法律移植工作。再次，是要在完善立法的过程中，做到民主科学立法，要深入了解我国中小企业当前营商环境法治化的现状，理解中小企业发展与营商环境法治化建设之间的联系，这就要求我们做到广泛听取各方意见，适时地举行听证会与论证会等。而以上工作的最终目标是完善我国的社会主义市场经济法律法规体系。

（三）推动生效法律制度有效落实

党的十八届四中全会以来，党中央更加重视法律的实施，并针对法律的实施提出了更高的要求并作出了具体的部署，这一导向对我国全面推进依法治国，建设社会主义法治国家具有重要的现实意义。在营商环境的法治化建设方面，落实法律的实施需要做好以下几点：第一，要做好实践调研与科学论证的工作，从而做好先进的法规制度设计，将可操作性与实践成本考虑在其中。第二，要做到有法必依、执法必严。据官方统计显示，我国七成以上的法律是通过行政主体的执法活动来落地实现的。因此，行政主体务必要树立法治理念，始终坚持有法必依、执法必严，这将直接影响到法治营商环境的建设效果。第三，对法律法规实施的体制机制进行优化，减少法律实施的漏洞，给予阻碍法律法规实施的行为以严厉惩处，切实做到法律面前人人平等，使得法律的权威性与严肃性得到保障。第四，要建立健全法律实施监督问责机制，不断优化法律实施环境，使得法律法规的效用得到更好的发挥。

（四）建立有效法律救济机制

当下中小企业营商环境不理想有很大一部分原因就是缺乏良善有效的法律救济机制，在企业利益受损时无法及时止损，从而可能导致更大程度的利益损害。因此为了营造优良的、法治化的营商环境，不仅要建立健全完备的法律规范体系，还要根据瞬息万变的市场样态，以及企业间交易交流所可能产生的矛盾纠纷作出预判，利用法律法规为企业设立不同方式的救济途径。建立健全的社会主义市场经济体系的矛盾预警机制、利益表达机制、协商沟通机制、救济救助机制十分必要，完善的机制使得市场主体的合法诉求得以通过更加科学合理的渠道更好地得以反映，同时，其合理合法的权益也通过以上机制得到更好的保障。①

（五）营造积极的营商法律文化

一项法律制度的实施需要得到公民的普遍认同，并且在实施后达到预期的目标就必然要使社会公众在价值观念上对于这种制度产生认同。营商环境法治化建设与营商法律文化建设息息相关，我国的营商环境法治化建设需要主动与中华优秀传统文化相融合，逐渐在社会公众之中形成一种营商环境法治化建设的价值认同感。② 同时，需进一步加强法治宣传，传播法治文化，弘扬法治精神。特别是基层的宣传工作，不断增强群众法治意识，帮助公众树立遵纪守法、诚实守信、公正公平的法律意识观念，树立正确的权利义务观，从而形成

---

① 黄进，蒋立山：《中国特色社会主义法治体系研究》，中国政法大学出版社 2017 年版，第 155 – 157 页。

② 姜明安：《法治国家》，社会科学文献出版社 2015 年版，第 180 页。

良好的法治化精神文化氛围，最终在一个良好的社会环境之中推动营造良善的营商法律文化环境。除此之外，也要让中小企业的管理者、经营者们更加重视“重合同，守信用”对于整个营商环境健康发展的重要性。因为营商环境法治化的推动，各企业才是真正的主力军，所以企业间的信用征信制度必须首先建立起来，各企业也要重视公平竞争、诚实守信等相关企业文化的建立，不断提升企业的自律性，不断培养企业间、经营者之间对于契约精神的重视，这些是营造积极的营商法律文化工作的着重发力点。

（六）加强对企业产权的保护

建设法治化的营商环境亦要注重对于企业产权的保护。大中小企业、各种所有制的市场主体都有相同的市场地位，其合法权益与自身财产有权得到保护。世界上的发达经济体对于企业产权的保护都是十分重视的，这也是全球贸易能维系的重要基础之一，它有利于促成健康的贸易关系，科学合理的贸易关系有利于经济的持续健康发展。所以说，确认企业产权是营商环境法治化建设的前提条件与基础。从另外一个层面来说，加强对于产权的保护可以让投资者对于所投资的企业更加有信心，也让企业经营者能够更好地明晰企业的定位和未来的发展前景，这对投资者与经营者来说是一个共赢的局面，有利于企业的健康发展，也有利于促进整个市场经济的稳定和可持续发展。而面对目前企业产权保护所存在的困局，应当清理废除那些不利于产权保护的法律法规等，依法平等保护各种类型企业的产权，特别是要进一步加大对于中小企业自主经营权和实体财产支配权的保护。在这其中，对于知识产权的保护应当尤为重视，应当充分发挥公、检、法、司对于知识产权保护工作的主导作用，要加大力度打击侵犯知识产权的行为。就目前国内的行业生态来说，知识产权保护工作是不太好做的，一是侵权的成本较低且应对措施过于单一，二是知识产权的保护工作各地方之间存在壁垒。因此，应当重视问题症结所在，妥善解决企业知识产权遭受侵犯的问题。也只有保护好各类企业主体的产权，特别是在市场中占绝大部分的中小企业的产权，才能营造一个具有安全感的、稳定的营商环境，这样才能更好地推行法治化。

四、结语

营商环境是一个国家和地区的重要软实力，也是核心竞争力。营商环境如空气、阳光和水，是企业生存和发展的基础。① 在百年未有之大变局这一新时代背景之下，一个健康的营商环境对经济的可持续发展而言至关重要。增强经济发展的竞争力，推进全面深化改革，保证高质量的发展就必须要营造一个良好的营商环境。而对于市场大多数的中小企业而言，尤为迫切。营造良好的营商环境，必须将法治观念贯彻到位，使之深入人心。健全营商法规章，为建设法治化营商环境提供制度支撑，将保障营商主体的运营纳入制度化、规范化和法治化轨道。深化简政放权改革，为打造法治化营商环境提供政务支撑，继续维护公平有序竞争，为打造法治化营商环境提供市场支撑。

① 李赞，刘学谦：《新时代建设良好营商环境的着力点》，载《智库理论与实践》2019 年第 6 期。

中部五省中小企业促进地方立法对比研究*

吴秋菊　李　敏**

摘要：中小企业数量占我国企业总量的99%以上，是企业中数量最大、最具创新活力的群体。2017年《中小企业促进法》修订以来，全国已有较多省、自治区、直辖市先后出台了实施办法。通过对中部五省中小企业地方立法进行对比研究，将有助于促进地方立法理论与立法实践相结合，为提高地方立法质量，优化本省中小企业营商环境提供智力支持。

关键词：中小企业；地方立法；营商环境；促进型立法

改革开放四十年来，中国终于甩掉了一穷二白这顶帽子，经济社会发生了翻天覆地的变化，取得的成就令世界为之瞩目。在这场历史罕见、波澜壮阔、气壮山河的造富浪潮中，以中小企业为代表的市场经济筚路蓝缕、坚韧不拔、披荆斩棘，书写了宏伟壮丽的历史画卷。2017年9月，为进一步保障中小企业公平参与市场竞争，支持中小企业创业创新，维护中小企业合法权益，第十二届全国人大常委会第二十九次会议高票通过了新修订的《中小企业促进法》。在法律框架上，《中小企业促进法》由原来的7章扩展为10章，条文由45条增加为61条，修订的幅度较大，几乎涉及该法的每一处条文。针对地方公共服务体系尚未普遍建立、专业化服务机构发展滞后以及一些地方和单位对中小企业合法权益重视程度不够等突出问题，《中小企业促进法》在厘清地方管理体制、加大地方资金支持力度、优化地方融资环境、改善地方的创业创新环境、加强地方企业服务和权益保护等方面作出了崭新的制度设计。

《中小企业促进法》实施两年以来，一些省、自治区、直辖市人大常委会

---

* 此文收录于2020年湖南省立法研究会论文集。

** 吴秋菊，湖南省人大常委会法工委主任；李敏，湖南省人大法制委立法一处副处长。

及时对中小企业促进地方性法规做了修订。本文拟对湖南、湖北、江西、安徽、山西等中部五省（习惯上中部有六省，但河南的法规尚未修订）中小企业促进地方性法规进行对比研究，以期对促进地方中小企业发展以及相关地方性法规的完善有所启示。

一、中部五省中小企业促进地方立法比较

中小企业促进工作涉及方方面面，只有政府、社会、市场、企业多方贯彻落实，并通过地方性法规、政策等推动实施，方能在一定程度上帮助解决中小企业的发展困境。《中小企业促进法》修订前后，恰逢中美贸易摩擦升级、新冠肺炎疫情肆虐等情况，全国企业景气指数（2010—2020 年 BCI 指数）总体呈下滑趋势，中小企业生存处境比较艰难。因此，2019—2020 年，中部五省不约而同将中小企业促进立法纳入了本省立法计划的盘子。为简便叙述，以下对五省的法规名称均用省名指代。

从时间来看，安徽一马当先，2019 年 5 月就较早地通过了修订；湖南、湖北、江西、山西齐头并进，均为 2020 年下半年修订出台。从名称来看，湖南、湖北为实施办法，江西、安徽、山西均为条例；从体例结构和条文数量来看，湖南、山西采用小而精的立法模式，未分章节，条文数量只有 36 条和 28 条，而湖北、江西、安徽基本遵循《中小企业保进法》的章节设置，分为总则、资金支持（财税支持、融资促进）、创业扶持、创新支持（创新发展）、市场开拓、服务措施、权益保护（营商环境）、监督检查（法律责任）和附则，共 9 到 10 章不等，条文数量也与上位法接近，分别有 59 条、63 条、65 条。

（一）总则规定

《中小企业促进法》在总则中对立法目的、中小企业定义及划分标准、促进中小企业发展战略、原则和方针、中小企业守法义务、各级政府及相关部门的责任等做了新的规定，五省法规大多数对上述规定做了进一步明确和重申。

1. 关于中小企业定义。《中小企业促进法》修订前，对中小企业的定义较简单，只从生产经营规模角度来区分中小企业。修订后，对其重新进行了定义，明确中小企业包括中型、小型和微型企业，具体划分标准由工信部会同有关部门根据企业从业人员、营业收入、资产总额等指标并结合行业特点制定，报国务院批准。2011 年 6 月，工信部会同国家统计局、国家发改委、财政部已联合制定了《中小企业划型标准规定》。考虑到上位法有定义，国家有标

准，因此湖南实施办法没有对中小企业再进行定义。湖北、江西、安徽、山西还是本着“油多不坏菜”的经验，对中小企业进行了定义，但内容较上位法没有细化。

2. 关于政府部门职责。国务院负责中小企业促进工作综合管理的部门已明确为工信部。根据《中小企业促进法》第5条规定，各地方应当对负责中小企业促进工作综合管理的部门自行进行明确。五省法规中，湖南对中小企业促进相关部门的职责规定最为具体，部门之间的权责比较清晰；其余四省在部门职责规定上还有进一步完善的空间。

湖南明确全省工信部门责中小企业促进工作综合管理，江西与之保持一致；湖北、安徽只在省级层面明确了经信部门负责中小企业促进工作综合管理，而对设区的市级和县级未予明确，这一做法对各设区的市、县赋予了较大的自主权，但有可能造成省、市、县三级主管部门不一致、政出多门的情况；山西笼统地将主管部门表述为“县级以上人民政府负责中小企业促进工作综合管理的部门”，仅从条文上理解无法得知该部门是何部门，着实令人费解。

此外，湖南还对其他负有中小企业促进职责的部门如发展和改革、财政、人力资源和社会保障、自然资源、生态环境、农业农村、商务、市场监督管理等部门进行了列举，规定其在各自职责范围内负责中小企业促进工作。针对修订草案中多次出现“有关国家机关”和“有关部门”的表述，湖南立法部门在修订过程中，多次召开座谈会征求政府部门、金融机构、专家学者、企业代表、基层立法联系点以及社会各界的意见，对凡能在法规中明确到具体部门的，均进行了明确。其余四省在总则或者总则性规定对涉及中小企业促进工作的其他部门未进行列举，对总则外条文中的“有关部门”也多未作出明确。

3. 关于统计监测制度。中小企业统计监测制度是《中小企业促进法》修订时新增的内容。赋予统计部门这一职责，是为了便于政府掌握中小企业生产经营状况，及时作出决策。五省对统计监测制度均有规定。湖南、湖北、安徽设了两款规定，相比《中小企业促进法》有所细化。即首先在制度层面提出要求，规定省人民政府统计主管部门会同有关部门建立健全中小企业统计监测制度；然后在执行层面提出要求，规定县级以上人民政府统计主管部门加强对中小企业具体负责开展统计调查和监测分析，定期发布信息等。江西、山西未要求分级建立统计监测制度，统一规定由县级以上人民政府统计主管部门加强对中小企业的统计调查和监测分析。山西还对统计主管部门“每年发布上一年度中小企业发展报告”做了规定，感觉是对“定期发布有关信息”的规定稍做了细化。但笔者认为，统计部门虽然有数据方面的优势，但其在宏观调控的把握上、在各部门之间的综合协调上，存在一定的短板。在实践中，地方年度中小企业发展报告多由政府或者负责中小企业促进工作综合管理的部门（工信部门）编制，如《2019年湖南省中小企业发展报告》便由省促进中小企业发展工作领导小组办公室（省工信厅）编制和发布。

（二）财税支持和融资促进

“财税支持”和“融资促进”均属于《中小企业促进法》原有第二章“资金支持”的内容，《中小企业促进法》修订时将其拆分为两章，分别予以充实和完善。五省也据此形成了自己的规定。

1. 关于中小企业发展专项资金。《中小企业促进法》对于地方的中小企业发展专项资金未做强制要求，各地可以根据本地实际，在遵循财政资金基本管理要求的情况下，自主安排资金规模，确定支持范围，突出使用重点，体现政策导向。在实践中，中部五省省级政府都在财政预算中或多或少地对中小企业发展专项资金做了安排，并出台了发展专项资金使用和管理的规范性文件。如2015年，湖南省财政厅、省经信委联合制定了《湖南省中小企业发展专项资金管理办法》（湘财企〔2015〕8号文件），明确了专项资金的来源和用途。五省法规也都分别结合本省实际，对中小企业发展专项资金做了规定，明确了资金的使用原则和投入方向。

湖南、安徽、山西规定省、设区的市、县人民政府应当在本级预算中安排中小企业发展专项资金；而湖北、江西只规定省级应当设立中小企业发展专项资金，对设区的市和县只做原则性的规定，力度稍弱。湖南的情况，一是中小企业发展专项资金总体规模较小，目前仅有1.75亿元左右，其贡献和作用与全省中小企业数量严重不相匹配；二是原实施办法中就已规定“县级以上人民政府应当在本级财政预算中设立扶持中小企业发展的专项资金，并随着财政经常性收入的增长而逐年增加”。因此，为保持制度的延续性，进一步加强财政资金支持中小企业的力度，湖南规定省、设区的市、县三级政府“应当安排中小企业发展专项资金，并逐步扩大资金规模”，是比较符合本省实际情况的。

值得一提的是，湖北、安徽还特别要求在省级预算中单独设立中小企业科目，以保障财政资金的稳定提供。这一规定“简约而不简单”。因为，能否在立法中明确设立中小企业科目，既是该省财政对中小企业支持重视力度的体现，也是该省财政经济综合实力的体现。如2019年，经湖北省政府常务会议决定，每年增加2000万元用于支持中小企业发展；安徽《省中小企业（民营经济）发展专项资金实施细则》规定单个企业“最高可叠加享受3个称号类奖补”“最高奖补不超过1000万元”，而湖南同类文件规定“申报企业只能选择其中一种支持方式，单户企业支持额度原则上不超过100万元”。湖北、安徽敢在中小企业身上“一掷千金”，不是“财大气粗”，而是大手笔有大智慧，深悟“没有梧桐树引不来金凤凰”的道理。

此外，向小型微型企业倾斜，是《中小企业促进法》规定中小企业发展专项资金使用的一项重要原则。除江西、安徽外，其余三省均对小型微型企业倾斜做了重申和强调，湖北还规定中小企业发展专项资金用于小型微型企业的资金比例不低于三分之一，对政府支持企业发展的其他相关专项资金，也提出了用于中小企业的资金比例原则上不低于三分之一的原则。显得更有底气，操作性相对更强一点。湖南在修订时也曾考虑对发展专项资金向中小企业或者小微企业倾斜的比例明确一道杠杠，但政府部门的同志坚持认为该规定在我省难有操作性，一旦明确了具体比例，则每年在资金使用及后续审计过程中恐将面临诸多问题，可能结果反不利于专项资金目的的实现。因此，是否需要明确倾斜比例，立法部门可以在法规的实施中继续予以关注。

2. 关于中小企业发展基金。2015年，国务院印发了《关于国家中小企业发展基金设立方案的批复》，决定设立总规模为600亿元的国家中小企业发展基金，其中中央财政出资150亿元，另有民企、国企、金融机构、地方政府共同参与。《中小企业促进法》修订时，将这一做法上升为法律制度，但对地方未做强制性要求。其立法意图，应该是出于赋予地方更大自主权的考虑，笔者理解：地方可以设立基金，也可以不设。设立中小企业发展基金的，应当明确有关设立和使用的基本原则，并遵循国务院有关基金管理办法；没有设立该基金的，地方也可以按照有关政策规定，申请国家或者上一级政府设立的中小企业发展基金支持。五省根据本省实际，对基金均有相应规定。

湖北、江西、安徽、山西四省规定省级应当设立中小企业发展基金，设区的市、县可以根据实际情况来设立。相比之下，湖南只对省、市、县三级做了“可以设立”的原则要求，虽然这一规定稍显保守，但也符合上位法的要求，比政府修订草案的规定还是有所完善。据湖南省工信厅中小企业处同志提供的情况，一直以来，湖南省从省、设区的市到县均未设立专门的中小企业发展基金。在起草环节，起草单位就是否设立发展基金专门征求了财政等相关部门的意见，最后综合各方面意见，修订草案倾向于在省级不设发展基金，设区的市、县级人民政府可以根据实际情况设立。修订草案之所以选择性地对省级中小企业发展基金有所忽视，自然有政府财力有限等原因的考虑，但从放眼长远、布局将来考虑，对于发展基金的态度自然是多比少好，有比没有好。因为设立地方中小企业发展基金，既是政府行为，也是市场行为，通过市场化的办法运作基金，可以用较少的财政资金撬动更多的社会资金。据此，湖南对这一规定做了修改，省、市、县人民政府均可以根据实际情况设立中小企业发展基金。此外，湖南还要求已有的省级财政支持产业发展的其他政策性基金或者投资基金，着重引导和带动社会资金支持初创期、科技型、高成长中小企业，也算是“西墙未立、东墙可拆”，弥补了全省未设立中小企业发展基金这一遗憾。

3. 关于税费优惠政策。《中小企业促进法》关于税费政策有两条内容，主要是从减轻小微企业负担的角度做的规定。考虑到税收、行政事业性收费多涉及中央事权，相关的法律法规也有具体规定，因此五省法规均只做了原则性规定。相比而言，湖南的规定虽然比较精炼，但比较有针对性和操作性。在实践中，即便国家出台了很多税费优惠政策，但由于政府服务一时难以全部到位，很多中小企业对优惠政策并不知晓，即便知晓也不太理解，即便知晓和理解，又担心部门“踢皮球”而难以享受政策红利。对此，湖南针对性地规定县级以上人民政府工信、发展和改革、财政、税务等部门按照各自职责，通过跨部门的政策信息互联网发布平台向社会公布促进中小企业发展的税费优惠政策，并就适用范围、对象、程序等事项予以阐释，指导和帮助中小企业减轻税费负担。通过督促政府主动提升服务，简化征管程序，提高办事效率，力争让国家出台的每一项税费优惠政策普惠广大中小企业。

4. 关于企业融资。常言道“中小企业融资难，难于上青天，融资贵，为伊消得人憔悴”，笔者身边听到的也是常常以抱怨居多。在2020年的调研中，笔者也听到另外的一种声音，有企业人士称中小企业融资难融资贵实为一道伪命题。“有市场前景、诚信经营的企业何愁融不到资？好企业，银行、风投都一窝蜂地主动上门给你服务。贷款的话，利息也很低，参股的话，那就连利息都省了！”其实，事情远没那么简单，中小企业的融资问题是一个复杂的系统工程，涉及多方面、多机制的协调配合。融资难与融资贵就如同跷跷板的两端，不可能一蹴而就、一劳永逸同时解决，只能小心维持其合理平衡。如果不尊重市场规律、一厢情愿地闭门造车，肯定会上演“按下葫芦浮起瓢”的立法尴尬。《中小企业促进法》关于融资促进规定了11条内容，占了该法18%左右的条文，篇幅较为合理。虽然对金融方面的监管主要是中央事权，但中部五省法规仍根据上位法和结合本地方实际，对中小企业融资促进做了规定。

关于融资促进，湖南有8条规定，湖北有7条，江西有6条，安徽有8条，山西有6条。其中，湖南、山西的规定占了法规全文20%以上的篇幅，体现了对中小企业融资问题的重视。五省的内容大同小异，主要有政银企融资对接、银行机构扶持措施、直接融资支持、担保机构支持、应收账款融资、保险机构支持等规定。值得一提的是，湖南、湖北、江西、安徽对各类金融机构的扶持规定了较多措施，并对本省设立的地方银行和农村中小金融机构应当积极为中小企业提供服务做了规定。上述四省中，湖北、江西、安徽三省关于各类金融机构用的都是“鼓励”或是“支持”的表述，只有湖南用的是“应当”，对企业扶持的态度更为强烈。此外，湖南还要求工信主管部门与金融监督管理部门联合建立和完善中小企业产融合作白名单机制，引导金融机构差异化支持中小企业融资，鼓励金融机构针对本省特色产业、特色产品创新金融产品，满足进出口企业金融服务的规定，具有一定的地方特色。

山西对金融机构的规定很少，可能是出于上位法已有规定、尽量与之不重复、保持条文精炼的考虑。但其剑走偏锋，在第14条第2款规定“中小企业以应收账款申请担保融资，需要在应收账款融资服务平台确认债权债务关系的，应收账款的付款方应当自中小企业提出确权请求之日起30日内予以确认”。该规定源自国务院新出台的《保障中小企业款项支付条例》第14条规定，湖南省在修订过程中也曾考虑借鉴该规定以增强法规的刚性，后考虑国务院条例是全国通行的，如果地方没有细化则能不抄尽量不抄。但是，山西的规定将30日内的确认主体由国务院条例规定的“机关、事业单位和大型企业”泛化为“应收账款的付款方”。此“变造”应斟酌，中小企业作为供应链中的一环，通常也是应收账款的往来双方，如非经过充分调研论证，听取中小企业的意见，这种“刀刃向内”的“自我革命”精神并不可取。如江西就对该内容也做了规定，但其对付款方的要求仍为“机关、事业单位和大型企业”，就与国务院条例很好地保持了一致。

（四）创业创新和市场开拓

《中小企业促进法》和五省部分法规虽设了“创业扶持”“创新支持”“市场开拓”三章内容，但多为鼓励、倡导性规定。本节不一一分析，仅侧重对五省法规上述规定中带有共性或者较有特色的内容做对比。

1. 关于用地支持。场地贵、缺用地是中小企业创业难的一个重要制约因素。一方面是土地资源稀缺，另一方面有的地方由于经济转型、企业改制等原因又留下许多空置厂房，政府完全可以在供给侧方面做好“挖潜增效”这篇文章。近年来，国家也出台了许多政策，通过建设和创办小型微型企业创业基地、孵化基地，利用闲置的商业用房、工业厂房、企业库房和物流设施等，为创业者提供了一大批低成本生产经营场所。《中小企业促进法》将上述行之有效的做法纳入了法律修订中，五省法规也对支持孵化基地建设、政府以弹性出让方式供应土地做了规范。其中，湖南、江西侧重于政府主动作为，强调政府应当在土地要素保障、资金补贴、税费优惠等方面对孵化基地等创业载体予以扶持；湖北、安徽则侧重于市场积极培育，鼓励高校、科研机构投资建设创业载体、孵化基地，便于创业项目、科技成果就近孵化、转化。山西的规定较为原则，规定“县级以上人民政府应当依托小型微型企业创业基地、重点产业集聚区、各类园区，为中小企业提供低成本、便利化生产经营场所，为创业人员提供信息咨询、创业辅导、创新支持、人员培训、市场营销、投资融资、管理咨询等服务”。笔者认为，企业创业创新和成长应当充分发挥市场在资源配置中的决定性作用，法的调整应当侧重于政府提供公平的创业环境、人才环境、竞争环境。如将这一规定的主语由政府变为小型微型企业创业基地、重点产业集聚区、各类园区，则更为精准。

2. 关于产学研合作。民法典、科技成果转化法、科技进步法等法律关于产学研合作、科技成果转化有专门规定，《中小企业促进法》主要从开放实验设施、科技人员到中小企业兼职、挂职、参与项目合作方面做了规定，其目的是通过资源的共享、合作，力争从科技的源头帮助中小企业提高创新能力。五省法规中，湖北、江西、安徽对产学研合作的设备共享、人才交流均有规定，与《中小企业促进法》一脉相承；湖南、山西对高等学院、科研机构科技人员参与产学研合作做了重点规定，但湖南比山西的规定更全面，其参照人社部《关于支持和鼓励事业单位专业技术人员创新创业的指导意见》对兼职、挂职、参与项目合作、在职或者离岗创办中小企业并保留待遇均有提及。考虑到湖南省科技成果转化法实施办法、科技进步条例、高新技术发展条例、长株潭国家自主创新示范区条例等地方性法规对产学研合作已有较多内容，故湖南在与上位法和同位阶法规做好衔接的同时，又适当突出了“科技以人为本”的重点。

3. 关于创新方向。中小企业点多面广，涉及各行各业，《中小企业促进法》对鼓励创新的方向不便统一规定。五省中，湖南、湖北、江西分别结合本省实际，对本省一些优势产业做了规定，突出了对中小企业的差异化支持。如湖南结合习近平总书记2020年9月来湖南考察时指出的“要着力打造国家重要先进制造业高地、具有核心竞争力的科技创新高地、内陆地区改革开放高地”的重要讲话精神和省委全会决议内容，提出“支持中小企业进入先进制造业领域，参与核心技术创新”；“武汉光谷”闻名遐迩，湖北第27条便规定县级以上人民政府及其有关部门应当“应用互联网、云计算、大数据和人工智能等现代技术手段，推广协同研发、无人生产、远程运维、在线服务等新模式和新业态，提升智能制造、绿色制造、精益制造和服务型制造能力”；江西不甘人后，其第31条规定“鼓励中小企业在研发设计、生产制造、运营管理、市场开拓等环节，加强应用物联网、工业互联网、大数据、人工智能、虚拟现实（VR）、区块链等新一代信息技术”。三省虽然都是方向性、鼓励性的规定，但能从文字中看出立法工作者努力挖掘纵深、尽量突出特色的用心。安徽、山西则未设此规定。

4. 关于军民融合和政府采购。2018年，电影《红海行动》热映，唱出了“无论何时何地，中国政府和军队永远都是你最强大的后盾”的主旋律，此感悟完全可用在中小企业的市场开拓上。军队采购和政府采购同属于公共采购的范畴，都是使用“公家钱”购买物资、工程和服务的行为，也是市场上两个最大的单一客户，上位法对军民融合和政府采购均做了规定。

党的十八大以来，党中央、国务院将军民融合深度发展上升到国家战略。为积极引导中小企业参与军民融合发展，《中小企业促进法》第34条积极支持中小企业参与国防科研和生产活动做了规定。江西、安徽对“县级以上人民政府应当促进军民融合发展”的内容做了规定，江西除对政府提出要求外，对军民融合主管部门“应当为中小企业参与军民融合提供需求发布、政策咨询、资质办理、产品展示等服务”也做了规定。湖南、湖北、山西则没有规定，湖南在审议时曾有常委会组成人员提出，湖南省是军工大省，建议增加军民融合的内容。立法部门带着问题开展了相关调研，多数意见是上位法已有规定，国家和湖南也出台了较多军民融合的相关政策，如省政府有《省人民政府关于推进军民融合产业发展的意见》，财政厅、工信厅有《湖南省军民融合产业发展专项资金管理办法》，正推动军民融合“湖南力量”加速往深度前进；再者，当前世界局势波云诡谲，百年未有之大变局，军民融合工作还是较为敏感，为避免国际贸易摩擦对中小企业竞争造成不利，湖南省也可考虑不做规定。经综合考虑，湖南对军民融合没有规定。

《中小企业促进法》第 40 条是关于政府采购促进中小企业发展的规定，是该法为数不多的一条重要“干货”，如“向中小企业预留的采购份额应当占本部门年度政府采购项目预算总额的百分之三十以上；其中，预留给小型微型企业的比例不低于百分之六十”便十分具体，针对性强，便于落实。五省法规中，湖南、湖北、江西、安徽根据上位法对政府采购信息公开、中小企业预留的比例均做了规定。其中，湖南规定对于非专门面向中小企业的项目，小型微型企业产品的价格给予百分之六至百分之十的扣除，用扣除后的价格参与评审，更加照顾小微企业；湖北规定对中小企业参加政府采购不得实行差别待遇或者歧视待遇，更加突出自由竞争，二省各有特色；江西将《中小企业促进法》规定抄了一半，安徽则属于照单全收，均创新不多；山西还是保持“惜字如金”的风格，将《中小企业促进法》的 4 款规定 1 款带过。

（五）服务措施和权益保护

针对实践中中小企业反映的公共服务机制不健全、自身权益得不到有效保护、企业负担重、维权难等突出问题，《中小企业促进法》第七章、第八章、第九章规定了中小企业的服务措施、权益保护、监督检查等内容，强调建立健全社会化的中小企业公共服务体系，在监管和执法中注重保护中小企业及其出资人的财产权和其他合法权益。本节主要对五省法规中的服务机构、行业组织、政府服务有关规定做对比分析。

1. 关于中小企业公共服务机构。目前，各省级地方基本设立了事业单位性质或者政府购买服务性质的中小企业公共服务平台，为区域和市场提供信息咨询、技术创新、质量检测、法规标准等服务，他们与有众多市场化经营的社会服务机构一起，是中小企业促进工作链条中不可或缺的一环。《中小企业促进法》第 44 条是关于中小企业公共服务机构的规定，其落脚点是强调机构的公益性属性。

五省的规定各有亮点，湖南重“实事求是”，要求地方“应当根据实际需要来设立或者以购买服务的方式确立公共服务机构”；湖北重“部门主管”，要求省经信部门“建立全省统一的中小企业公共服务平台”；江西、安徽重

“服务内容”，要求各类服务机构“为中小企业提供创业培训与辅导、知识产权保护、管理咨询、信息咨询、信用服务、市场营销、项目开发、投资融资、财会税务、产权交易、技术支持、人才引进、对外合作、展览展销、法律咨询、质量标准、检验检测等服务”；山西重“综合职能”，要求“省人民政府应当建立全省统一的中小企业综合服务平台，统一受理中小企业的政务咨询、投诉举报，并为中小企业提供政策推送、指导等服务”。

2. 关于行业组织。《中小企业促进法》第 34 条、第 49 条、第 51 条、第 55 条对行业组织做了较全面的规定，如支持行业组织参与标准的制定，应当公布联系方式受理中小企业的投诉、举报，依法维护会员的合法权益，反映会员诉求，加强自律管理，提供有关服务等，并严禁行业组织依靠代行政府职能或者利用行政资源擅自设立收费项目、提高收费标准。

五省中，湖南主要从行业协会、商会等社会组织加强内部管理、提高能力建设、引导企业规范健康发展的角度做了原则性的规范，强调行业自律、不得有垄断、强迫行为；湖北、安徽的规定较为全面，与《中小企业促进法》内容基本保持一致，湖北还特地在加强融资担保行业协会建设、发挥中小企业行业协会在推动中小企业对外经济合作与交流的作用方面提出了要求；江西、山西规定最少，如江西对支持行业组织参与标准制定做了重申，山西只对行业协会商会等社会组织做了原则规定。

3. 关于政府服务。法治是最好的营商环境。《中小企业促进法》第八章、第九章有 8 条另加 1 款内容全部是修订时新增的，如要求政府部门建立听取中小企业意见和建议的渠道，不得违约拖欠中小企业款，不得乱收费、乱罚款、乱摊派，开展依法行政、随机抽查、合并执法，着重营造公平、开放、透明、便捷的中小企业经营环境，也对相关国家工作人员的违法行为规定了法律责任。以上规定如能落实到位，对中小企业健康发展将是极大的促进。五省中，只有山西做了一条机关不得拖欠企业账款的规定，着实有些简约，这里不做赘述；而湖南、湖北、安徽、江西的条文内容比较丰富，规定可圈可点。

湖南的做法是重点突出“新鲜”和“管用”，不强调面面俱到。在审议时，湖南对草案与有关与上位法有重复、无细化的几条规定做了大刀阔斧式的删除，同时借鉴了国家新出台的《优化营商环境条例》《保障中小企业款项支付条例》等法规和政策内容，将省人大常委会《关于依法促进和保障民营经济高质量发展的决议》的内容和国家、本省有关政策吸收入法。此外，根据湖南实际情况并借鉴了上海条例，规定了县级以上人民政府应当每年向同级人大常委会报告本行政区域中小企业发展的基本情况、中小企业促进工作协调机制的建立以及运作情况、扶持中小企业发展的政策及其实施情况、支持中小企业发展的资金和基金的使用情况、中小企业发展存在的问题和对策等，同时要求人大常委会也要加强对本行政区域内中小企业发展工作的监督，这是湖南的一个亮点。

湖北是新冠肺炎疫情的重灾区，当地中小企业受的冲击尤其严重，结合实际将疫情防控期间支持中小企业的政策吸收入法，是湖北的一大亮点。湖北第51条规定“县级以上人民政府应当建立中小企业应急援助机制，发生自然灾害、公共卫生事件等突发事件或者其他影响中小企业生产经营的重大事件时，及时出台稳定就业、融资纾困、房租减免、资金支持等方面的政策措施，帮助企业恢复正常的生产经营活动”。

江西的特色是强调国家机关的全面支持，规定并不局限于政府。其第52条、第53条规定“县级以上人民政府及有关部门和监察委员会、人民法院、人民检察院应当采取有效措施，营造有利于促进中小企业发展的法治化营商环境；严格把握法律政策界限，禁止以刑事案件名义插手中小企业民事纠纷、经济纠纷，保障涉案中小企业和人员合法的财产和人身权益”。此外，五省中只有江西以法律责任专章规定的立法模式，集中规定了政府及有关部门工作人员的法律责任，体例更具“法模法样”。

安徽的特色是容错机制。在促进中小企业发展的实际工作中，企业类型五花八门，现实情况复杂多样，调动各级人民政府和其他国家机关促进中小企业发展的积极性显然是一个大问题。安徽修订后，专门新增了3条内容，在第59条、第60条、第61条规定了促进中小企业发展的容错机制，对给予容错的对象、范围和条件作出规定，对予以容错的主要内容作出规定，对容错权的救济和保护作出规定。

对于容错机制，湖南对金融机构和中小企业的容错机制也有提到，但未制度化。下一步完善时，可以考虑将容错机制作为重点修订内容，一是对国家机关及其工作人员要有容错规定，消除其“不敢为、不想为、不能为”的顾虑；二是对金融机构及其工作人员要有容错机制，加强对中小企业授信尽职免责工作，在整个中小企业的不良贷款的比重没有超过容忍度的情况下，不要单笔对经办人员“秋后算账”；三是对中小企业也要建立容错机制，要坚持以发展眼光客观看待改革开放以来中小企业经营不规范的问题，对中小企业首次、轻微违法违规行为要给予适当宽容，在执法监督中要注重严格保护中小企业和企业经营者合法人身和财产权益，真正把中小企业当作“自己人”。

二、中部五省中小企业促进地方立法评析

在上位法规定和精神的指导下，各省地方性法规与之共同搭建起我国中小企业促进的法律框架。但龙生九子，各有所长，五省法规是否均较好地坚持了“不抵触、有特色、可操作”的立法原则，其实施性、特色性、科学性究竟如何？本节拟从以上三个方面对五省法规进行评析。

（一）实施性评价

五省法规的很多规定是从鼓励、支持、服务、保障等方面强调政府为中小企业提供宽松的营商环境，大多数条文未形成对中小企业法律上的请求权，其主要原因还是在于立法的定位。如五省法规名称与上位法一样，均带有“促进”二字，是典型的促进型立法（学界有时也称之为“软法”或“抽象法”），其主要作用在于表明地方鼓励中小企业的态度，并政策性地宣示政府职责和中小企业享有的权利。因此，大可不必纠结其内容“鼓励”“支持”“根据实际情况”等抽象语言较多，而对政府及其部门具体行政管理的内容规定较少。但法的生命在于执行，纸上的法条只有通过执行才能在实际生活中发生效力。即便是促进型立法，也总要有几条明确具体的“干货”，否则就失去了立法的意义。

邓小平同志有一句名言，“不管黑猫白猫，能捉老鼠的就是好猫”。对于中小企业促进法规，不论其体例是否长篇大幅，内容是否高大上，只要能满足本省实际需要，促进本地中小企业健康发展的立法，就可以说是一部“良法”。以湖南2019年的数据为例，一是中小企业生产平稳增长，工业增加值方面，中型企业增长5.6%，小型企业增长10.4%，非公有制经济增长10%，全省规下工业按可比价计算同比增长8.2%；二是中小企业发展后劲增强，全省固定资产投资增长10.1%，其中全省民间投资同比增长18.3%，增速比全部投资高8.2个百分点；三是市场主体发展总体稳定，全省新注册登记企业20.35万户，同比增长14.99%。此外，湖南在中小企业促进工作的环境优化、融资支持、财税扶持、创新发展、服务保障等方面也取得了新的发展。总体来看，中部五省通过有力有序地推进对上位法和地方性法规的实施工作，中小企业发展的整体氛围良好，积极成效显著。

（二）特色性评析

国家立法一般就全国范围内具有普遍性的问题制定规范，不可能面面俱

到。面对各地特殊情况，地方可以在法定原则、范围之内，根据本地方的经济、文化和社会发展的实际情况，因地制宜制定法规，保证国家立法在本地方得到贯彻实施。中国地大物博、幅员辽阔，政治、经济、文化和社会发展很不均衡，各地的法规按理说可以做到风情万种、特色各异的。但特色不足，恰恰是当前地方立法最大的问题之一，五省中小企业促进立法亦是如此。

中部五省经济社会发展程度虽然在人均 GDP 方面相差得不多，但在地域上，有偏南的、有偏北的；在经济总量上，湖北是山西的 2.7 倍、江西的 1.9 倍；在产业发展上，湖南有“动力谷”，湖北有“光谷”，江西有“瓷都”，安徽有“芯屏器合”（指芯片、平板显示，装备制造及工业机器人、人工智能和制造业融合产业），山西有“扬煤吐气 ”，都有自己的优势产业，各省之间还是有较大差异的。五省法规的一些规定如江西第 42 条“鼓励中小企业利用各类电子商务平台，开展电商推广、直播带货等线上销售，开拓国内国际市场，扩大中小企业网络销售份额”以及本文前述的一些规定虽然有一定特色，但不是本省的独有特色，如果把湖北法规拿在湖南省实施，把湖南法规借给山西使用，相互把地名换一下，也不会有大的违和感。

（三）科学性评析

中小企业促进立法最重要、最难的地方之一在于理顺政府和市场的关系，也是立法是否科学的关键。强调发挥市场在资源配置中的决定性作用，而不是全部作用，政府也应当坚持有所为、有所不为。一方面，政府应当着力提高中小企业促进的宏观调控和科学管理水平；另一方面政府也要在市场失灵领域和时间段做好间接或者直接干预（尽量少用和不用）的准备，并引导社会力量支持中小企业发展。

五省的一些规定能较好地处理了政府与市场的关系，具有前瞻性和科学性。如湖南明确建立社会化的中小企业信用体系、融资体系、公共服务体系，用市场化的方式运作中小企业发展基金，发挥行业协会、商会作用，政府开展公平竞争审查、落实“一件事一次办”政务服务改革等；湖北第 21 条规定“创业初期尚不具备或者不需要实体办公条件的创业创新企业，可以利用众创空间内的集中登记地作为住所申办登记”等；安徽第 24 条“农村集体经济组织兴办的中小企业，或者以农民集体所有建设用地使用权入股、联营等形式与其他单位或者个人共同创办的中小企业，可以依法取得农民集体所有建设用地使用权”等，就比较接地气，可以较好地回应一些现实问题。

五省法规中也有一些值得斟酌的地方，如前文提到山西第 14 条将应收账款融资平台30日内确认的主体由国务院条例规定的“机关、事业单位和大型企业”泛化为“应收账款的付款方”，似乎存在“帽子戴大”的问题；还有山西第21条提出政府采购促进中小企业发展政策向专业化、精细化、特色化、新颖化中小企业倾斜，似又存在“鞋子穿小”的问题。另外，五省法规均或多或少带有一定的部门色彩，如对工业企业关注较多，对农林牧渔、服务业企业关注较少；对政府部门规定较多，对市场手段规范不足。

三、从中小企业促进立法的完善谈地方立法的启示

从全国人大常委会和一些地方人大开展的中小企业促进法律法规执法检查情况来看，一些影响中小企业发展的突出问题仍然存在，其中既有老难题的困扰，也有新问题的挑战；既有立法的问题，但绝大多数的是执行和落实的问题。还有的问题已经超出了立法、执法的范畴，如中部五省为什么出不了马云、马化腾、任正非这样的企业家和阿里巴巴、腾讯、华为这样的大的企业？显然，这是中小企业整个生态系统的问题，是“水有多大鱼有多大”的问题。在法言法，笔者提出以下几点建议，供实务部门和从事立法研究的同志参考。

（一）地方实施性立法要尽量贴近本地实际需求，不为立法而立法

法规的实施性、制度设计的可操作性是衡量一部法规质量高低的重要标准。《中小企业促进法》作为一部促进性立法，部分规定较为原则，地方是有一定细化空间的。如第17条规定的“地区性中小银行应当积极为其所在地的小型微型企业提供金融服务，促进实体经济发展”，地方就可以对地方设立的中小银行提供服务的具体措施、考核规定予以细化；在解决中小企业拖欠账款问题方面，地方也可不必简单重复或者模仿上位法“国家机关、事业单位和大型企业不得违约拖欠中小企业的货物、工程、服务款项”的表述，可以把对拒绝或者迟延支付中小企业款项的机关、事业单位所采取必要的限制措施作出详细而明确的规定，尽可能地增强地方性法规的操作性。

但是，五省法规中尚有许多规定是对《中小企业促进法》的重复内容。当然，有部分属于必要重复，还有部分则是简单照抄照搬。《中小企业促进法》是在全国适用的法律，地方即便不搞实施性立法，不影响法律的执行和促进工作的开展。如确实对上位法没有太多细化的内容，仅仅搞“花瓶式”“应景式”“宣誓式”等意义不大的实施性立法，就有些浪费立法资源了。因此，地方立法要有一个共识，就是不必有了上位法，地方一定要出台实施性立法；出台实施性立法，其重点也要在于结合本地实际情况和实际需要对上位法

较为原则的规定具体化，真正符合《立法法》第73条“对上位法已经明确规定的内容，一般不作重复性规定”的要求，尽量突出地方特色。

（二）地方实施性立法要因地制宜规定适用范围，不盲目追求上下衔接一致

《中小企业促进法》修订过程中，曾有全国人大常委会委员和专家提出，其适用范围过于宽泛，影响了法律的实施效果，建议将适用对象调整为小微企业，将法律名称修改为小微企业促进法。虽然最后这一意见最后没有被采纳，但根据意见，该法还是将不少促进政策作出向小微企业倾斜的调整。但其落实效果究竟怎么样呢？来看一组国家统计局数据：2018年末我国共有中小微企业法人单位1807万家，占全部企业的99.8%。其中，中型企业23.9万家，占比1.3%；小型企业239.2万家，占比13.2 %；微型企业1543.9万家，占比85.3%。上位法虽名为《中小企业促进法》，看似能“利益均沾”促进到99.8%的企业，但实际情况可能是那仅占1.3%的中型企业受益更多。因为在“政绩”这根指挥棒的调度下，地方在面对企业促进工作时本来就往往倾向于“抓大企放中小企”，在面对中小企业时又肯定常常侧重于“重强企轻弱企”或者“重中型企业轻小微企业”。通过层层选择性落实之后，中小企业促进法可能就只成了“中型企业促进法”，而占98.5%的小微企业都成了“陪太子读书”的角色。

不可否认，国有企业、大中型企业是国家的脊梁、民族的骄傲，但正如“少年强则中国强”一样，只有小微企业做强的那一天，才能算中国企业都真正强起来了。日本目前有400万家左右的企业，公司人数超过1000人的企业不到0.01%，其中有不少是只有不到10个人的小微企业，但正因为很多小微企业坚持了小而美，走了自己独特的道路，才能逐步发展壮大成为全世界一流的企业。这一点我们应当向日本学习，对小微企业予以重点关注和保护。而我国的现实情况是，小微企业虽然点多面广，但平均生命周期只有3年左右，是中小企业生存和发展存在的最大短板。如国家立法一时半会儿难以改变适用范围，地方倒是完全可以先行先试。但遗憾的是，几乎全国的省级地方性法规的名称和适用范围均按照上位法指向了中小企业，为什么地方就不敢于第一个吃螃蟹，立一个小微企业促进条例或者小企业（微型企业）促进条例呢？

近年来，“小切口、大纵深”的做法逐步成为地方人大立法工作一个新风尚。如2018年出台的《长沙市养犬条例》只针对城市养犬，2019年出台的《北京市小规模食品生产经营管理规定》只针对小食杂店、食品摊贩的食品安

全，就这类单一问题专门作出具体规范，既简洁明了，又积极回应了社会关切，体现了立法的功力和水平。可见，地方的实施性立法在名称上不必一律与上位法保持一致，可以搞实施办法，也可以出台条例甚至若干规定；在体例结构和章节内容上，也不必盲目追求与法律、行政法规配套衔接，可以小而精、有几条写几条；在适用范围上，更应当坚持因地制宜、特色为先，在地方立法的权限内就本行政区域内的重点问题作出具体规定。

（三）地方立法应当进一步解放思想，提高对促进型立法的认识

促进型立法作为一种新的立法模式，在国家和地方立法实践中逐渐发展。如国家层面，已出台了《中小企业促进法》《民办教育促进法》《循环经济促进法》《清洁生产促进法》《电影产业促进法》，正在制定的还有《乡村振兴促进法》《文化产业促进法》《基本医疗卫生与健康促进法》等法律；地方层面，也有不少省市出台了文明行为促进条例、高等教育促进条例、自主创新促进条例等法规。但是，也有部分同志对促进型立法持不同意见，认为促进型立法的必要性不大、操作性不强、权威性不够，该观念最大的误读就是将立法等同于政策，认为有了政策就可以不需要立法。其实，立法比政策更具有稳定性、可执行性和权威性。对此，有立法权的地方应当进一步解放思想，提高对促进型立法的认识。其理由如下：一是促进型立法与一方经济发展状况有紧密联系。有学者曾专门做过研究，通过北大法宝检索标题中“促进”一词，筛选出现行有效的地方法规共 422 部。其中，东部地区有 215 部，占到各地方立法总数的一半以上，中部地区有 110 部，西部地区有 97 部。显而易见，越是经济发达的地区，越是思想解放，立法类型也丰富多样。马克思主义政治经济学原理告诉我们，经济基础决定上层建筑，上层建筑反作用于经济基础。湖南省作为中部省份，也应当解放思想，要认识到加强促进型立法工作，是有利于促进湖南经济社会的发展进步的。

二是国家治理体系和治理能力的现代化，离不开促进型立法。党的十八届四中全会提出了“全面依法治国”的总目标，党的十九届四中全会又提出“坚持和完善中国特色社会主义制度、推进国家治理体系和治理能力现代化”。其关键，就是要将过去的半依法治国半依政策治国转变为全面依法治国。虽然当前促进型立法与某些政策规定还有一定重复，出现了立法与政策并肩同行的情况，但这是促进型立法作为新生事物成长的必经之路，我们应当以发展的眼光进行看待。总有一天，促进型立法模式成熟之后，其作用、影响、权威将远远超出政策。

邓小平同志“思想更解放一点，胆子更大一点，步子更快一点”的话语言犹在耳；新时代改革开放再出发的今天，更需解放思想，崇尚创新、支持探索。当前，改革已进入了深水区，对于一些复杂的社会问题，一味地使用“硬法”（管理型立法）加以规制效果并不良好，而采用“软硬结合”的立法模式，更有利于取得更好的社会效果。因此，地方加强促进型立法，是有机结合法治体系建设与执政能力建设，推动地方治理体系和治理能力的现代化的一条必经之路。

湖南省中小企业融资问题及立法对策*

戴美华　张芳芳**

摘要：中小企业在促进湖南省经济发展过程中发挥着重要作用，基于中小企业自身特点、原因，长期以来，不管在内部融资还是外部融资方面，湖南省中小企业都存在融资难的问题。从法律角度来看，湖南省中小企业融资立法、担保制度及信用制度不健全是阻碍中小企业融资的重要原因。为此，本文从这三点原因出发，阐述造成湖南省中小企业融资难的法律原因，并以其他省份有益经验为借鉴，提出完善相应制度的立法建议。

关键词：融资难；中小企业；立法建议；外部融资

一、湖南省中小企业融资现状

湖南省中小企业存在规模优势小、固定资产少、抵押物不足、信用等级低的固有特点。在融资方面，相较于大型企业，其融资金额小，但频率高、时间急，这些都一定程度上导致了中小企业融资难的现状。结合湖南省具体情况来说，湖南省中小企业的融资现状主要体现在以下方面：

（一）内部融资方面

内部融资是从中小企业单位内部获取所需资金，内部融资对中小企业初期发展具有非常重要的作用，是其初期形成和发展的主要资金来源。据统计，湖南省中小企业内部自身积累占据中小企业流动资金来源的绝大部分比例，外部融资如民间借贷、银行贷款、商业借用等仅占小部分，反映了湖南省中小企业

---

* 此文收录于2020年湖南省立法研究会论文集。

** 戴美华，上海建纬（长沙）律师事务所合伙人；张芳芳，上海建纬（长沙）律师事务所律师助理。

融资渠道比较单一。而且，随着中小企业的逐步壮大发展，其资金需求日益增加，仅靠内部融资途径已经无法满足其需求，这种自我滚动式发展也不能适应时代和市场的发展。

（二）外部融资的直接融资方面

外部融资包括两类，一是直接融资，二是间接融资。直接融资是指在证券市场发行股票或债券以获取资金的方式。在股权融资方面，无论是主板市场还是创业板市场，对欲上市融资的企业都有严格限制，如上海证券交易所关于企业首次公开发行股票并上市主要条件包括主体资格、规范运行和财务指标。中小企业通过股权融资难度大、成本高、风险大，难以筹得资金。在债券融资方面，许多大型企业都被挡在债券融资的门外，中小企业进行债券融资的难度就更加困难，实践中虽然创造性推出了中小企业集合债券这一融资创新模式，但截至 2017 年末，中国在债券市场仅成功发行 20 只集合债，体现出这一模式“叫好不叫座”的现象，在入门、担保、程序等方面仍然存在问题。

（三）外部融资的间接融资方面

长期以来，湖南省中小企业过度依赖间接融资中的银行贷款进行融资。然而，银行基于自身信贷安全的考虑，更倾向于将资金贷给规模大、抵押物充足、信用好的大型企业，只有极少部分的银行贷款流向中小企业。而且中小企业如果采取从银行进行贷款的方式，还会存在门槛高、费用高、利率高、手续复杂等问题，这更进一步提高了中小企业融资成本，形成了阻碍湖南中小企业通过银行贷款等方式进行间接融资的障碍，不利于湖南中小企业的融资发展。

二、湖南省中小企业融资问题法律分析

（一）专门性融资法律制度不健全

2006 年，湖南省实施《中小企业促进法》办法（以下简称“2006 年实施办法”），针对中小企业融资问题，2006 年实施办法规定，要加大中小企业信贷支持力度，同时规定政府资助的中小企业机构，应当提供包括融资服务在内的多种服务。2020 年湖南省实施《中小企业促进法》办法修订草案·征求意见稿（以下简称“2020 年修订草案”）发布，修订草案·征求意见稿中有关中小企业融资的条款涉及直接融资、融资担保、金融机构支持等方面，与 2006 年实施办法对比，此次修订案对中小企业融资问题规定更加全面，是对全国性的《中小企业促进法》的更进一步细化规定，也是对现实中中小企业融资难问题的积极回应。作为一部省级地方性法规，其能在全省范围内发生普

遍性的效力，对中小企业、金融机构及政府部门等行为具有指引作用，因此，不可避免，其条文也就有原则性、抽象性的特点，缺乏可操作性，需要制定详细的细化措施予以落实。

在此之前，湖南省政府及各地都出台了相应的规范性文件，如《湖南省人民政府关于进一步支持中小企业融资的意见》《益阳市人民政府关于进一步做好中小企业融资工作的意见》《株洲市人民政府关于加强和改善金融服务支持中小企业发展的实施意见》等，涉及中小企业信贷、中小企业融资促进、中小企业融资担保体系完善和风险补偿、中小企业融资激励及中小企业融资环境改善等方面，这些规范性文件是对上位法的进一步细化规定，具有更加切实可操作的措施，但是其出台时间早，某些条文已不适应现实需求，需及时更新。

（二）担保制度不健全

我国从1999年开始试点开展中小企业信用担保业务，为完善湖南省中小企业担保制度，湖南省2006年实施办法就明确规定支持建设中小企业信用担保体系，要求省、市、县级三级人民政府设立中小企业信用担保机构。此后，湖南省各级人民政府都出台了一系列意见，为行政区域内中小企业信用担保体系建设提供政策和法规指引。这些政府规章、规范性文件出台时间早，其意义在于为早期省、市、县三级信用担保体系建设提供了基本的政策法规保障和指引，有的措施已经在实际中落到实处，如湖南省已形成以政府主导出资为主，覆盖省、市、县三级的信用担保机构，湖南省的信用担保已初具规模，有的措施却已经不能适应实际的需求，以传统的银担模式为例，这种担保模式在扶持中小企业中，承担起了缓解了中小企业融资难的重任，但这种担保机构、中小企业、银行三方合作模式在实践中也产生了诸多的问题，如银企信息不对称、银担关系不和谐等。

目前，我国各地都设立有政府性融资担保机构和商业性担保机构，2018年又从国家层面设立了国家融资担保基金，其主要与各地融资担保机构合作，以增强各地政府性融资担保机构业务拓展能力和抗风险能力。国家和地方政府性融资担保机构具有支持中小企业发展的政策功能作用，针对我国目前融资担保行业存在的诸多问题，2019年国务院办公厅发布《关于有效发挥政府性融资担保基金作用　切实支持小微企业和“三农”发展的指导意见》，以规范政府性担保机构业务发展。尽管湖南省也正在逐步加强政府性融资担保机构建设，不断完善全省政府性融资担保体系，但湖南省融资担保行业仍然存在不足之处，如担保能力不足、风险补偿机制不完善等。

（三）信用制度不健全

与其他省份相比，湖南省很早就已开始建设社会信用体系，2005 年，湖南省制定了《湖南省社会信用体系建设规划》和《湖南省信用信息管理办法》，并以“库—网—平台”为基础，建成了全省性地信用信息系统，创造性的建设了具有湖南特色的社会信用体系。尽管湖南省社会信用体系建设取得了良好的成效，但湖南省中小企业与银行之间信息不对称问题、信用贷款难问题仍未得到良好解决，其原因在于湖南省针对中小企业信用体系建设方面仍有待加强。

在信用制度方面，2006 年实施办法规定，金融机构应当加大对中小企业的信贷支持，政府部门应当完善相关信用制度和中小企业信用档案数据库。2010《关于加强信用信息工作促进中小企业健康发展的意见》规定建立中小企业信用档案数据库并完善相关制度，加大对信用状况良好的中小企业信贷支持力度等，省内其他地方人民政府也有关于信用制度的规定，如益阳市人民政府《关于进一步做好中小企业融资工作的意见》从中小企业自身角度出发，规定提高企业信用水平，建立财务制度，注重企业信用文化建设等。2020 年修订草案第 4 条规定，推进中小企业信用体系建设，同时引导中小企业诚信经营。

中小企业信用体系建设是湖南省信用体系建设重要组成部分和核心内容，一方面，信用信息的不完善将导致银行无从获取中小企业完整有效的信用信息；另一方面，大部分中小企业信用等级不高，基于信贷安全的考虑，银行等金融机构不愿意向中小企业进行资金输入。湖南省急需利用全省社会信用体系，着力推动中小企业信用体系建设，利用互联网和大数据完善中小企业信用信息，同时创新多种方式提高中小企业信用等级。

三、湖南省中小企业融资问题立法对策

（一）完善专门性融资法律制度

从我国其他省份中小企业融资立法来看，《中小企业促进法》于 2017 年增加融资促进一章后，经济发达省份如北京、上海、深圳、广东，内地省份如内蒙古紧随其后，都在《促进中小企业发展条例》当中专章规定了融资促进，囊括中小企业融资支持、融资担保、信用建设等方面，湖南省 2020 年修订草案虽未以专章的形式对中小企业融资进行规定，但是其内容也覆盖了金融机构

支持、融资担保和信用建设等方面。由此可见，已修订或准备修订发展条例的省份都对中小企业融资问题给予了足够的重视。

湖南省实施《中小企业促进法》办法修订在即，征求意见稿也予以发布，在吸收以往实践经验、借鉴其他省份优秀经验的基础上，笔者对实施办法的具体细化提出以下三点建议：

第一，明确规定按照国家要求推动普惠金融发展，并增加推动普惠金融数字化转型条款，普惠金融能够促进金融资源公平有效配置，对扶持湖南省小型微型企业具有重要作用，而加强普惠金融与科技的深度融合，有利于普惠金融的加快发展和产品创新。如国内首个普惠金融示范城市宁波市，积极探索运用信息技术促进普惠金融发展，逐步走出了具有宁波特色的数字化普惠金融发展之路，并建成了全新的宁波市普惠金融信用信息服务平台。

第二，在直接融资方面，明确规定推动湖南省区域性股权市场建设，完善科技创新专板中小企业挂牌条件、融资支持和咨询辅导等制度，还可以借鉴北京、上海设立专精特新版，推动湖南省中小企业向专业化、精细化、特色化和新颖化方向发展，根据专精特新企业特点，提供挂牌展示、托管交易、投融资服务、培训辅导等服务。

第三，在保险方面，增加支持保险机构开展贷款保证和信用保险业务条款，鼓励保险机构创新开发中小企业保险产品，如亳州中支推行的“532”贷款保证保险产品，同时完善政府、银行和保险合作机制，分散风险，帮助中小企业融资。

（二）完善担保制度

第一，明确发展政银担融资担保，创新融资担保模式。为破解中小企业信用不足以及担保不足问题，外部担保便成了为中小企业外部增信的重要途径。我国以往的外部担保方式都属于银担合作模式，由担保机构独承担100%的责任风险，但在担保机构失去担保能力后，风险实际上最终还是由银行承担，导致在三方主体合作时产生诸多问题，这也是银担合作模式的弊端所在。为此，安徽省积极探索创新，推出了新型政银担融资担保模式，这对未来湖南省融资担保模式发展创新具有重要借鉴意义。所谓安徽“4321”新型政银担合作模式，涉及市县担保机构、省担保集团、银行和地方政府四方主体，在风险分担方面即由四者按4：3：2：1的比例共担，改变了以往仅有担保机构承担风险的风险分担模式，加入了省担保集团和地方政府共担风险，使担保风险得到了控制，担保效率得到了提升，大大加强了各方的信心，是一种可持续发展的担保模式，因此，此担保模式已成为样板在全国各地推广开来。

第二，强化政府性融资担保。在全面创新改革试验中，上海市设立了中小微企业政策性融资担保基金，成效显著。如担保基金与各政府部门、合作银行，合作开发出多种专项政策性担保产品，担保产品不断丰富。此外，担保基金与各区政府及相关部门展开试点合作，如“市区联动政策性融资担保业务合作”试点，扩大了政策性担保服务覆盖范围；上海市《促进中小企业发展条例》规定，政府性融资担保机构放大担保倍数原则上高于5倍，担保代偿率达到5%，这进一步放大了政府性融资担保基金的担保作用。上海中小微企业政策性融资担保基金以“政策性主导、专业化运作、基金式管理”为原则，将金融资源引导回归到支持实体经济的本源，对有效缓解中小微企业融资困难，促进中小微企业发展具有巨大意义。

（三）完善信用制度

建设有针对性的中小企业信用体系，是为了全面反映和展示中小企业信用状况，缓解政银企信息不对称问题，从长远来看，是有利于中小企业的长远发展和降低中小企业融资成本的。笔者认为，借鉴其他省份有益中小企业信用体系建设经验，将大大推动湖南省中小企业信用体系进程。

甘肃省积极探索创新推出了征信—育信—用信的完整中小企业信用体系建设链条，改变了以往不连贯的制度建设、政府主导和企业内部规范的信用体系建设思路。在征信方面，甘肃人民银行兰州中心支行2017年出台《甘肃省中小企业信用体系建设实施方案》（以下简称《方案》），从建立信用信息共享机制、完善信用评价体系、健全政策支持体系、加强企业信用宣传和培育、构建守信激励和失信惩戒机制五个方面入手，推动形成良好的中小企业征信机制。目前，甘肃省以现有甘肃股权交易中心平台资源为基础，全新升级上线了甘肃省中小微企业信用信息服务平台。在育信方面，2017年，人民银行兰州中心支行加快了中小企业信用培育，探索建设了面向全省的中小企业信用“培育池”，经过培育符合银行授信条件的企业，给予优先推荐给金融机构等支持。此外，通过创建中小企业信用体系试验区，推出了金融生态环境综合评价、信用档案、诚信“红黑榜”联合发布机制、鼓励金融机构支持试验区建设等创新方式。在用信方面，推动“银税互动”，创新信贷产品。甘肃多家金融机构通过推出多种银税互动产品、纯信用贷款、“纳税信用+抵押+担保”等形式，满足了中小企业有针对性融资需求，实现了“企业有发展、银行有效益、纳税更诚信”的三方共赢，有效帮助中小企业解决了融资难问题。

四、结语

笔者认为，中小企业在促进湖南省经济进步发展中发挥着重要的作用，而中小企业先天的特点和湖南省目前尚不完善的法律制度是造成中小企业融资难的重要原因，从中小企业自身特点出发，完善中小企业融资立法、担保制度及信用制度都是切实可行的法律举措，是为缓解中小企业融资难问题提供坚实的法律基础，希望未来随着法律制度的完善，湖南省中小企业融资发展能够得到更好的保障。

善治须用良法：生物多样性保护地方专门立法论略*

张巨保　贾韶琦**

摘　要： 地方立法是国家立法的补充，生物多样性是生物与其环境形成的生态复合体，其主要包括生态系统、物种和基因三个基本层次。生物多样性保护地方专门立法要坚持正确价值理念和实践方向，坚持保护优先，创新可持续利用机制。获取与惠益分享制度是地方专门立法应当着重考虑的要素，其中知识产权、获取与惠益分享协议、病毒主权等因素更是重中之重。生物多样性保护地方专门立法应强化可操作性，加强生物多样性保护与法律责任的衔接、构建生物多样性保护多元化激励机制、推动大数据和云计算在生物多样性领域的应用。

关键词： 生物多样性；获取与惠益分享；病毒主权；大数据

在《生物多样性公约》第十五次缔约方大会领导人峰会上，习近平主席发表了主旨讲话，深刻阐释了保护生物多样性、共建地球生命共同体的重大意义。可以预见的是在这次大会之后，各地方将会加快出台本地关于生物多样性保护的相关法规，地方立法作为国家立法的补充，很多时候承担的是先行者的角色，目前在国家层面我国还没有出台一部系统完整的生物多样性保护专门法律，关于生物多样性保护是否应当独立成法，是成为一部独立的法典还是作为单独的一编而成为将来环境法典的一部分，目前还有待商榷。我国现已出台两

---

* 此文收录于2022年湖南省立法研究会论文集，后获评2022年第12届湖南省社会科学界学术年会优秀论文二等奖。

** 张巨保，湖南工商大学法学院，硕士在读；贾韶琦，湖南工商大学法学院，讲师，博士。

部地方性生物多样性保护条例，本文通过对现有的两部生物多样性保护条例进行比较分析，从中提取关注度高的、有争议的问题进行系统研究，以期为下一步地方立法提供参考。

一、生物多样性是生物与其环境形成的生态复合体

由于语言文化的差异，国内外对于生物多样性的概念存在不同的认识，在研究生物多样性保护的过程中，明晰生物多样性的概念，是生物多样性保护地方立法的首要要求。目前，《生物多样性公约》（Convention on Biological Diversity，CBD）将生物多样性定义为："所有来源的活的生物体中的变异性，这些来源除其他外包括陆地、海洋和其他水生生态系统及其所构成的生态综合体；包括物种内、物种之间和生态系统的多样性。"这一概念表明在一定时间和空间内，凡是有生命的、现存的植物、动物、微生物和它们的生存环境有规律形成的整个生态系统都是生物多样性，生物多样性是一个生态学术语，换到法律概念中，可将其解释为自然界中凡是现有的能够被人类所识别的一切生命对象。

《中华人民共和国生物多样性保护行动计划》（2011—2030 年）（简称《计划》）中将生物多样性定义为："地球上所有的生物（植物、动物和微生物）及其所构成的综合体。"① 这一概念虽简单明了，但是却不免过于宽泛、笼统，"综合体"所包含的具体内容并不易于识别。学者马克平研究员在其发表的文章中谈道："生物多样性包括所有植物、动物、微生物物种以及所有的生态系统及其形成的生态过程。"② 从我国现有的两部地方立法，也可看出二者对生物多样性概念的不同之处。

《云南省生物多样性保护条例》（简称《云南条例》）第 2 条第 2 款规定"本条例所称的生物多样性，是指生物（动物、植物、微生物）与环境形成的

---

① 张风春，张文国：《"生物多样性"释义（上）：生物多样性的概念及现状》，载《环境保护》2010 年第 9 期。

② 马克平：《试论生物多样性的概念》，载《生物多样性》1993 年第 1 期。

生态复合体①以及与此相关的各种生态过程②的总和，包含生态系统、物种和基因三个层次。”《湘西土家族苗族自治州生物多样性保护条例》（简称《湘西条例》）第2条第2款规定“本条例所称生物多样性，是指动物、植物、微生物及其所拥有的遗传基因以及它们与其生存环境形成的复杂的生态系统，包含生态系统、物种和基因三个基本层次”。从中可以看出，《湘西条例》将生物所包含的对象表述为“动物、植物、微生物及其所拥有的遗传基因”四种，然而“遗传基因”相对而言与前三种对象存在交叉重复关系，遗传基因也称为遗传因子，是决定生物遗传特征，具有复杂结构的化学物质，它具有存储、传递遗传信息和复制细胞的作用。一般而言，所有的生物都具有遗传的特性，遗传基因应当是动物、植物、微生物三者都具有的内涵，没有必要将其作为单独一个对象进行讨论，不应当将其与其他三者并列，把遗传基因与动物、植物和微生物并列为生物多样性的第四个具体调整对象容易引发个体的冲突。

目前，国际上公认的生物多样性包括三个基本层次，即生态系统、物种和基因。虽然也有的学者谈到还应该包括景观，但是对于景观是否属于生物多样性的新层次，目前还没有官方文本进行确认。一方面，从云南省和湘西土家族苗族自治州的地方立法可以看出，二者对于生物多样性的基础概念表述虽有所差异，但是对于其所包含的生态系统、物种和基因三个基本层次的认识却是一致的，并没有包含景观。另一方面，从研究内容和研究方法上，景观多样性与生态系统、物种、基因三者之间均有不同，它虽然影响着生物多样性的时空分布与格局组成，但其属于景观生态学的范畴，与生物多样性所包含的三个基本层次有所差别。因此，将景观作为生物多样性的第四个层级并不合适。

综上，关于生物多样性的概念表述，结合《生物多样性公约》及《计划》③，文章遵循《云南条例》对生物多样性的法律表达：“生物多样性，是指生物（动物、植物、微生物）与环境形成的生态复合体以及与此相关的各

---

① 生态复合体（ecological complex），最早由邓肯于1959年提出，他认为生态系统可以看作是由四个关联变量所组成的功能相互依赖的生态复合体，这四个关联变量就是人口（Population）、组织（Organization）、环境（Environment）、技术（Technology），简称POET生态复合体。

② 生态过程，是指生态系统中维持生命的物质循环和能量转换过程。

③ 《中国生物多样性保护战略与行动计划》（2011—2030年）指出：“生物多样性是生物（动物、植物、微生物）与环境形成的生态复合体以及与此相关的各种生态过程的总和，包括生态系统、物种和基因三个层次。”

种生态过程的总和，包含生态系统、物种和基因三个层次。”反映到具体条文上，生物多样性条例的保护对象主要是自然界中的生物及其环境，打击对象主要是破坏生物多样性的行为，其目的旨在促进人与自然和谐共生。

二、地方专门立法要坚持正确价值理念和实践方向

生物多样性保护离不开法律的保障，地方立法机关在进行生物多样性保护专门立法的过程中应当坚持正确的价值理念和实践方向，要坚持保护优先，创新可持续利用机制。

（一）地方专门立法要坚持保护优先

在《计划》中，“保护优先”是生物多样性保护战略中的一项基本原则，其要求“在经济社会发展中优先考虑生物多样性保护，采取积极措施，对重要生态系统、生物物种及遗传资源实施有效保护，保障生态安全”。近日，中共中央办公厅、国务院办公厅印发了《关于进一步加强生物多样性保护的意见》（简称《意见》），其进一步将“尊重自然，保护优先”作为一项工作原则确定下来，为我国生物多样性的下一步工作指明了方向。

其实，中华民族自古以来就推崇人与自然的和谐共生，从“山林非时不升斤斧，以成草木之长”的生态律令到“采菊东篱下，悠然见南山”的田园情怀；从“我见青山多妩媚，料青山见我应如是”的情感共鸣到“知者乐水，仁者乐山”的哲学境界，绵延5000多年的中华文明孕育着厚重的生态文化，流淌着尊重自然，敬畏自然，热爱自然的精神血脉。因此，我国的经济发展决不能走先污染后治理的西方老路，而应当尊重自然，顺应自然，保护自然，坚持保护优先。

1. 摒弃将生物视作人类行为的客体论，应当将生物视作与人在生命层次上是平等的，在生态意义上是同等的。① 《管子》有言：“天时不祥，则有水旱；地道不宜，则有饥馑；人道不顺，则有祸乱。”从中可看出，人与自然关系失调时，对人类自身也将造成严重破坏。② 因此，我们在进行地方专门立法时，要强化责任意识，同时也要破除西方传统“人类中心主义”的法治思想，

---

① 贾韶琦：《论习近平生态文明思想的历史渊源与当代价值》，载《大连干部学刊》2021年第5期。

② 蔡春玲，汤荣光：《人类中心主义的哲学阈限及其价值重构》，载《南通大学学报（社会科学版）》2018年第6期。

摒弃过去的客体论，站在人与自然和谐共生的角度进行立法，强化生物忧患意识，平等对待生物，摒弃人类自身优越性，将生物视为与人类和睦相处的朋友，而不是可利用的工具。

2. 严守生态保护红线，持续优化以就地保护为主、迁地保护和离体保存为辅的生物多样性保护空间格局。统筹推进山水林田湖草沙冰一体化保护和修复，在生态脆弱地区和生态复杂地区采取更加严格的环境监管标准。以云南省为例，2020 年以来云南省持续开展生物多样性保护优先区域本底调查和珍稀濒危物种的拯救、保护、恢复和利用工作，开展专项“绿盾 2020”监督活动，“十三五”以来，其实施极小种群野生植物拯救保护项目 120 多个，建成保护小区 30 个，迁地和迁地基地（园）13 个，物种回归基地 5 个，实施和颁布了《云南省国家公园管理条例》，探索国家公园新型保护方案。一系列措施的实施，使得云南的生物多样性保护工作始终走在前列。总之，地方专门立法要坚持保护优先，树立正确的生物多样性保护理念，抓好地方落实，摒弃人类中心主义，从本地实际出发，尊重地方传统，发挥主观能动性，积极投身生物多样性保护行列。

（二）地方专门立法要创新可持续利用机制

我们所提到的“轻利用”，绝不等同于“不利于”，而应当是在保护生物多样性前提下的安全利用，可持续利用，且重在可持续。根据《生物多样性公约》规定，“‘持续利用’是指使用生物多样性组成部分的方式和速度不会导致生物多样性的长期衰落，从而保持其满足今世后代的需要和期望的潜力。”我国目前仅有的两部生物多样性保护地方专门立法，《云南条例》和《湘西条例》均将“持续利用”作为其基本原则确定下来①，但关于如何具体促进可持续利用，两部地方立法均无明确表达。怎样在利用中突出可持续，地方立法可从以下两方面进行创新：

1. 建立健全生态产品价值实现机制，中共中央办公厅、国务院办公厅《关于建立健全生态产品价值实现机制的意见》中谈到“充分发挥市场在资源配置中的决定性作用，推动生态产品价值有效转化”。生物多样性的价值可分为直接价值和间接价值两类，直接价值是指能够被人类直接加以利用的价值，

① 在《湘西土家族苗族自治州生物多样性保护条例》中，可持续利用是指“依照可持续方式开发利用生物遗传资源以及相关传统知识，并产生经济产品和生态服务，包括生物遗传基因表达和自然代谢衍生的生物化学化合物”。

譬如将生物作为资源（如食物、能源、木材等）以满足人类基本生活所需，或将收获的野生生物作为商品进行交换从而产生的价值，或满足人们娱乐、观赏、科研等需要的价值，直接价值可以通过GDP进行体现。间接价值并不体现在GDP中，但是它却时时刻刻影响着人类的生活，如稳定水文、调节气候、保护土壤、净化环境等。健全生态产品价值实现机制，最主要的就是实现其直接价值，因此我们可以通过建立生态产品调查监测机制，以便更好地进行自然资源确权登记及开展生态产品信息普查工作；也要建立生态产品价值评价机制，通过建立生态产品价值评价体系，制定生态产品价值核算规范；设立生态产品交易中心，定期举办生态产品推介博览会，线上云交易、云招商等行为促进生态产品资源方与投资方、供给方与需求方高效对接。同时，也要通过抖音、快手、微博、公众号等新媒体，加大生态产品宣传力度，提升社会大众对生态产品的认识，扩大经营范围和拓展营商渠道。①

2. 提高地方立法的立法技术，地方立法作为国家立法的补充，是我国法律体系的重要组成部分，其具有对本行政区域内社会经济发展现状进行规制的重要功能，生物多样性保护作为地方政府重要职责之一，制定专门的地方性条例有其必要性，鉴于我国目前尚无一部统一的全国性生物多样性保护条例，在进行地方立法时，因无上位法作为参照，因此，更加凸显出地方法治水平及立法技术。如何促进生物多样性的可持续利用，避免因当代人的利益而损害后代人的利益，地方立法机关在进行立法时应当具有前瞻性，对可能导致损害生物多样性的行为进行规制预防，具体到地方立法，则应在遵循《生物多样性公约》的要求下对具体措施进行细化，使《生物多样性公约》的规定在本地具有可操作性。② 同时，无论是法律的结构安排还是文字表述，都应体现出“地方特色”，使其与上位法不重复、不抵触。在罗列出具体细则时，应当充分结

① 中共中央办公厅：《国务院办公厅关于建立健全生态产品价值实现机制的意见》，载《水利建设与管理》2021年第5期。

② 《生物多样性公约》第10条规定：“每一缔约国应尽可能并酌情：(a) 在国家决策过程中考虑到生物资源的保护和持续利用；(b) 采取有关利用生物资源的措施，以避免或尽量减少对生物多样性的不利影响；(c) 保护并鼓励那些按照传统文化惯例而且符合保护或持续利用要求的生物资源习惯使用方式；(d) 在生物多样性已减少的退化地区支助地方居民规划和实施补救行动；(e) 鼓励其政府当局和私营部门合作制定生物资源持续利用的方法。”第11条鼓励措施规定：“每一缔约国应尽可能并酌情采取对保护和持续利用生物多样性组成部分起鼓励作用的经济和社会措施。”

合《生物多样性公约》的内容，譬如，鼓励民族特色地区对本民族特色资源进行符合保护或持续利用要求的生物资源习惯使用方式，使乡村振兴与生物多样性保护相结合，通过开展生态养殖、生态旅游、生态绿色产品产业化等方式促进当地生物资源向经济价值转化。

三、获取与惠益分享制度是地方专门立法应当着重考虑的要素

生物遗传资源获取与惠益分享（Access and benefit - sharing，ABS）制度，是指“生物遗传资源和生物遗传资源相关传统知识提供方、使用方、管理方等相关主体对于与生物技术和生物遗传资源相关的利益，应当依据生物安全国际法及国内相关立法公平公正地全面共享的一整套措施”。① 它包括两个方面，即资源的获取以及对资源进行开发所得惠益进行公平公正的分享。ABS 制度是地方专门立法应当着重考虑的要素，与人民群众利益息息相关。

（一）ABS 制度在国际法上的发展及我国政策法规中的体现

迄今为止，系统规定 ABS 制度的国际法律主要包括《生物多样性公约》、《生物安全国际法》、《关于遗传资源的获取及以公平和公正方式分享因此种资源的利用而产生的惠益的波恩准则》（简称《波恩准则》）、《获取遗传资源和公正公平分享其利用所产生惠益的名古屋议定书》（简称《名古屋议定书》）等。ABS 制度最早是用于解决发达国家和发展中国家公平公正地分享利用生物遗传资源产生的惠益问题②，解决一些生物公司所谓的“生物剽窃”行为。③

---

① 王灿发，于文轩：《生物安全国际法导论》，中国政法大学出版社 2006 年版，第 142 页。

② 《生物多样性公约》第 19 条第 2 款对惠益的规定为：“每一缔约国应采取一切可行措施，以赞助和促进那些提供遗传资源的缔约国，特别是其中的发展中国家，在公平的基础上，优先取得基于其提供资源的生物技术所产生成果和惠益。此种取得应按共同商定的条件进行。”我国生态环境部 2017 年 3 月发布的《生物遗传资源获取与惠益分享管理条例》（草案）规定：“本条例所称‘惠益’，是指获取和利用生物遗传资源所产生的货币或非货币收益。”

③ 《论“生物剽窃”行为的规制方法》所谓“生物剽窃”，一般是指发达国家的跨国公司、研究机构以及其他有关生物产业的机构凭借其生物技术上的优势，未经资源拥有国及土著和地方社区的许可和同意并在缺乏补偿和利益分享的情况下，利用这些国家丰富的遗传资源和相关传统知识，在物种、粮食和医药等领域进行研究和用于商业开发，进而利用西方现行的知识产权法律体系主张财产权，完全不考虑资源提供国/者的利益而独自获利的行为。

对于ABS制度，我国《计划》在战略任务中同样对其进行了规定①，同时在生物多样性保护“优先领域与行动”上也进行了阐述。② 将ABS制度引入我国生物多样性保护地方专门立法，具有明显的进步意义。《计划》中，惠益分享被确定为生物多样性保护战略的四项基本原则之一，其谈道：“推动建立生物遗传资源及相关传统知识的获取与惠益共享制度，公平、公正分享其产生的经济效益。”通过比对《云南条例》与《湘西条例》，二者对于惠益分享的概念表述虽略有不同，但总体上依旧遵循了《生物多样性公约》及《计划》对惠益共享的相关规定，突出强调公平公正的分享生物遗传资源以及相关传统知识所产生的惠益。③

（二）ABS制度在地方专门立法中存在的不足

ABS制度是把双刃剑，《云南条例》主要规定在第34条④，《湘西条例》

---

① 《中华人民共和国生物多样性保护行动计划》（2011—2030年）战略任务：“6. 推进生物遗传资源及相关传统知识惠益共享。借鉴国际先进经验，开展试点示范，加强生物遗传资源价值评估与管理制度研究，抢救性保护和传承相关传统知识，完善传统知识保护制度，探索建立生物遗传资源及传统知识获取与惠益共享制度，协调生物遗传资源及相关传统知识保护、开发和利用的利益关系，确保各方利益。”

② 《中华人民共和国生物多样性保护行动计划》（2011—2030年）优先领域六：促进生物遗传资源及相关传统知识的合理利用与惠益共享，行动21：“建立生物遗传资源及相关传统知识保护、获取和惠益共享的制度和机制。（1）制定有关生物遗传资源及相关传统知识获取与惠益共享的政策和制度。（2）完善专利申请中生物遗传资源来源披露制度，建立获取生物遗传资源及相关传统知识的“共同商定条件”和“事先知情同意”程序，保障生物物种出入境查验的有效性。（3）建立生物遗传资源获取与惠益共享的管理机制、管理机构及技术支撑体系，建立相关的信息交换机制。”

③ 《云南省生物多样性保护条例》第39条规定“惠益分享，是指公正和公平分享利用生物遗传资源等生物多样性组成部分而产生的惠益”。《湘西条例》第26条规定“本条例所称惠益分享，是指生物遗传资源以及相关传统知识的提供者与使用者遵循事先知情同意原则和共同商定原则，公平公正地分享因利用生物遗传资源以及相关传统知识所产生的惠益”。

④ 《云南省生物多样性保护条例》第34条：“县级以上人民政府应当建立健全生物遗传资源及相关传统知识的获取与惠益分享制度，公平、公正分享其产生的经济效益。研究建立生物多样性保护与减贫相结合的激励机制，促进地方政府及基层群众参与分享生物多样性惠益。”

主要规定在第 23 条第 1 款、第 2 款。[①] 总体上来看，ABS 制度在地方专门立法中存在的问题主要有以下几个方面：

第一，ABS 制度与知识产权保护相分离。在现有的法律规范中，知识产权制度缺乏对生物多样性保护的关注，生物多样性的保护并没有充分发挥知识产权条款在 ABS 制度中的作用。生物多样性保护与知识产权具有较大的关联性，目前，生物资源主要分布在发展中国家，而生物技术的应用则主要集中在发达国家。发达国家往往凭借其先进的技术在发展中国家获取生物资源，并研发出新产品，进而通过申请专利等知识产权手段获得保护，当提供该资源的发展中国家想要应用该技术时，往往会因为知识产权的存在而受到阻碍，反而需要向技术提供者付出高昂的费用，这与公平公正的惠益分享制度明显不符。

第二，对 ABS 制度的主体缺乏后续监管。ABS 制度旨在通过分配有关法律主体在开发利用生物遗传资源过程中所作贡献而获得的惠益，实现惠益的公平合理分享。[②] 两部地方性法规在对 ABS 进行规定时，并没有谈到参与惠益的各相关法律主体在生物遗传资源及相关传统知识获取后的监管环节，也没有明确相关主体权利与义务，这就促使生物遗传资源及相关传统知识的利用所产生的资金及技术难以形成有效惠益，使其难以反哺于生物遗传资源及相关传统知识的保护。

第三，对获取与惠益分享协议的内容没有明确。合同虽然是基于双方自愿而签订，但是考虑到获取与惠益分享协议的特殊性，地方性条例在对生物多样性保护进行立法时，对获取与惠益分享协议相关内容进行范本式的规定还是有其必要。目前，两部地方性法规均未提及惠益分享协议应当包括哪些条款、签订的方式、各方的权利和义务、以何种形式进行、是否需要政府审批、违约后的惩罚机制等。

第四，病毒主权及其惠益共享缺乏规定。目前，新型冠状病毒肆虐全球，

---

① 《湘西土家族苗族自治州生物多样性保护条例》第 23 条第 1 款："州人民政府应当建立健全生物遗传资源及相关传统知识的获取与惠益分享制度，公平、公正分享其产生的利益。"第 2 款："任何单位和个人在获取本行政区域内生物遗传资源以及相关传统知识时，应事先征得相关单位和生物遗传资源以及相关传统知识权利人同意，并签署获取与惠益分享协议，确保生物遗传资源以及相关传统知识权利人和合作开发方之间能够公平公正地分享利益，协议应当报州生态环境主管部门备案。"

② 牟桐，于文轩：《我国生物遗传资源惠益分享法律机制的优化路径》，载《生态与农村环境学报》2021 年第 9 期。

明确病毒主权有其必要性。“病毒主权”最初由印度尼西亚提出，其主要是由于病毒利益共享模式不公所引发的发展中国家对本国病毒样本主权的宣示。在国际社会中，发展中国家免费向世界卫生组织提供病毒样本，但往往难以获得与之付出成正比的回报，主要表现在疫苗和抗病毒药物方面。发达国家往往借助其技术优势通过发明抗病毒药物及疫苗后转身又对发展中国家进行高价销售，而样本提供国往往无力负担其高昂价格。① 在现有的两部地方性法规中，“病毒主权”作为一个相对较新的概念并没有被写入条例当中。

（三）ABS 制度在地方专门立法中的运用设想

法律不仅要具有现实性，还应当具有前瞻性。因此，其他还未立法或正在立法的地方人民政府在即将到来的立法中应该对 ABS 制度作出系统性规定，既要保证公平、公正的分享其产生的惠益，同时也应当弥补该制度在实施过程中所产生的一些不足。

1. 加强生物多样性保护与知识产权衔接。众所周知，知识产权是激励创新的工具，目前，在现有的两部地方生物多样性保护条例中，关于生物多样性保护与知识产权的衔接问题虽有规定，但规定并不足以保护生物多样性。如《云南条例》第 33 条第 2 款“鼓励涉及生物多样性利用的民族传统知识、技能依法申请专利、商标、地理标志产品保护……”生物资源所涉知识产权绝非此限，还存在大量的借助生物资源而开发的新技术及植物新品种，对于该类产品能否授予专利，给予知识产权保护，在实际应用中尚存争议。目前，根据《生物多样性公约》，各国普遍主张对本国境内生物资源享有主权利益。对于依靠生物资源创造的生物技术是否应当授予专利或其他知识产权内容，地方在进行专门立法时应当予以确认，同时，做好生物多样性保护与《专利法》的衔接。在强化生物多样性保护与知识产权衔接问题上，还应完善获取生物遗传资源及相关传统知识的“共同商定条件”和“事先知情同意”程序，以保障生物资源提供国的知识产权利益。

2. 完善 ABS 制度后续监管。ABS 制度关系到不同法律主体之间的利益分配，现有的两部地方法规均对惠益分享的“事先知情同意”进行了规定，但是对生物遗传资源及相关传统知识获取后的利用环节缺乏监管，这就导致遗传资源及相关传统知识的部分使用者在利用生物遗传资源及相关传统知识时出现

---

① 翟珮玉，叶子燕：《病毒主权及其惠益共享问题研究》，载《中国卫生法制》2021 年第 5 期。

滥用的情况，不仅不能够实现真正的惠益，还将损害生物遗传资源及相关传统知识权利人（所有权人和原始提供人）的利益。因此，我们有必要完善 ABS 制度后续监管，确立“全方位监管原则”，将监管涵盖“政府—使用人—权利人”等所有参与惠益主体，各级人民政府可以设立专门的部门对生物遗传资源及相关传统知识的利用进行不定期检查，检查内容包括但不限于使用者的利用进程、收益明细、财务状况。同时也可以确立“使用者主动报告义务”，使用者应当在生物遗传资源及相关传统知识利用过程中，及利用结束后主动向主管部门和所有权人报告自己的利用情况。最后，地方专门立法也应当赋予生物遗传资源及相关传统知识权利人对使用人的监督权，使其通过全方位的监督，促使遗传资源及相关传统知识的后续利用在合法合规的途径中进行，以实现真正意义上的公平、公正。

3. 细化获取与惠益分享协议。惠益分享的目的是促进利益相关主体的利益平衡，以保证国家生物多样性安全及公平公正，它的惠益主要是通过惠益分享协议来完成的，目前我国现存的两部地方法规，对惠益分享协议均已提及，但是规定却并不具体，要想实现惠益的公平公正，协议的内容至关重要，合同法上的协议一般是按照意思自治原则进行设立，但是理想的意思自治应当是建立在双方法律地位平等，双方实力相当的基础之上，由于生物多样性保护的特殊性，以及生物遗传资源的特殊性，目前这一基础是难以实现的。因此，这就需要我们依靠其他力量对其进行矫正，地方立法在 ABS 制度进行规定时，可适度对其进行限制性监管，通过对协议的内容、主体、双方权利义务、惠益分配方式等进行制约与监督，有关部门可以制定获取与惠益分享协议模板为相关主体提供参考，相关主体在进行获取与惠益分享时可以直接选择已有的范本进行使用。

4. 明确“病毒主权”问题。全球首个《共享流感病毒以及获得疫苗和其它利益的大流行性流感防范框架》对病毒主权问题予以了回应，虽在原则部分对国家享有生物资源的主权权利给予了肯定。但基于病毒的特殊性，病毒主权主张明显存在不合理的一面，以新型冠状病毒为例，在一个联通的“地球村”里，没有任何一个国家可以独善其身，基于其传播性，病毒很难被限定在某一域，主张病毒主权，进而拒绝向世卫组织提供病毒样本，从而影响全球人类健康，明显与全人类公共利益不符。因此，在地方进行生物多样性保护专门立法时，我们应当考虑“病毒主权”问题，明确国家享有对生物资源的国家主权，但是在涉及全人类福祉的病毒方面，应当设定弹性条款，既要肯定

“病毒主权”属于国家，也应当积极参与国际交流与合作，涉及全人类福祉的病毒，应当主动向世卫组织提供样本，对于与人类福祉无涉的病毒，则应当坚持主权原则，视情况决定是否向世卫组织提供样本。

四、生物多样性保护地方专门立法应强化可操作性

立法不仅应当具有权威性，还应当可操作、易操作、实操作。具体而言，生物多样性保护地方专门立法须加强以下方面的考量：

（一）加强生物多样性保护与法律责任的衔接

法律责任是“法律”与“责任”的合成概念。《布莱克法律词典》解释说：法律责任是指“因某种行为而产生的受惩罚的义务及对引起的损害予以赔偿或用别的方法予以补偿的义务”。① 凯尔森认为：“法律责任是与法律义务相关的概念。”② 我国目前较为普遍的观点认为：“法律责任是由特定法律事实引起的对损害予以补偿、强制履行或接受惩罚的特殊义务，亦即由于违反第一性义务而引起的第二性义务。”③ 某个人是否应当承担相应法律责任，取决于其是否存在违法行为或违约行为，是否造成损害结果，同时还取决于其主观有无过错。在法律实践中，法律责任主要有民事法律责任、行政法律责任、刑事法律责任及违宪责任之分，而生物多样性保护地方立法则重在细化生物多样性保护行政责任条款。

就目前而言，生物多样性保护违法犯罪行为尚存，如违规输出生物遗传资源，擅自引入外来物种，扩散、放生或者丢弃外来入侵物种，以及部分商家和个人受到利益的驱使，偷猎偷盗行为屡屡发生，野味餐馆、野味特色农家乐、野生动物制品在市场上还有一定的立足之地。《云南条例》虽然规定了违反该条例的法律责任专章，但总体上过于笼统，如对于管理人员基于何种情形应当给予何种处分，《云南条例》并没有细化。同时，对于个人违法行为《云南条例》虽然规定有行政处罚举措，但通篇仅规定了两种违法类型，即“擅自引入外来物种的以及扩散、放生或者丢弃外来入侵物种的”，鉴于生物多样性保护的特殊性，生物多样性保护违法的类型绝非两种即可概括。根据中国新闻网

① Black’s Law Dictionary, 5th Edition, West Publishing Co., 1983, p. 1197.

② ［奥］凯尔森：《法与国家的一般理论》，沈宗灵译，中国大百科全书出版社1996年版，第73页。

③ 张文显：《法理学》，高等教育出版社2018年版，第155－156页。

发布的最新消息，仅2020年云南省就查处了涉野生动物案件7524件，收缴野生动物3.9×104头（只）、制品8869件、猎具9500件。①

同样，《湘西条例》对法律责任的规定也存在不足，全文27条，仅有1条即第24条②规定有具体违反生物多样性保护行为的责任举措。通篇仅规定了“违规输出生物遗传资源”这一种具体违法类型，并且仅体现了行政责任，对于民事责任和刑事责任的规定衔接问题并没有涉及。生物多样性保护与法律责任的衔接在地方专门立法中十分必要，我们既不能简单追究法律责任配置的严格化，也不能使不同种类法律责任配置缺乏统筹考虑，法律责任的首要目的是保障权利，法律责任设定不足必然有其劣势，但设定过严也会导致矫枉过正。③

由此我们可以看出，生物多样性保护地方立法在法律责任环节还有待进一步加强，地方立法机关在制定相应法规时，应当充分考虑法律责任对生物多样性保护的影响，在设定法律责任时，应当根据《立法法》赋予的责任权限范围，对生物多样性保护中各种违法行为所应当承担的法律责任进行规定，明确生物多样性保护中的行政责任、民事责任、刑事责任，统筹考虑三者之间的配置问题。关于行政责任的设定，可以考虑从以下三个方面进行，即行政处分、行政处罚以及按日计罚；关于民事责任的设定，则主要考虑通过侵权赔偿的方式进行财产救济，衔接《民法典》中的环境污染和生态破坏责任；关于刑事责任的设定，一般在构成犯罪的违法行为之后或者“法律责任”专章最后规定：“构成犯罪的，依法追究刑事责任”以衔接刑法的适用，即采取兜底性或者类推性的转制规定模式。④

（二）构建生物多样性保护多元化激励机制

一个好的激励机制能够有效地促进生物多样性保护，在生物多样性保护地方专门立法中，有必要引入激励法学相关理论，我国现有的两部生物多样性保护地方专门立法对激励机制均有所提及，但总体上缺乏体系。如《云南条例》

---

① 杨宽，巩合德：《云南省生物多样性保护路径研究》，载《西部林业科学》2021年第5期。

② 《湘西土家族苗族自治州生物多样性保护条例》第24条规定：“违规输出生物遗传资源的，由市场监督管理主管部门追究相关责任人员和单位的责任，并向社会公开查处情况。有关主管部门及其工作人员不履行职责的，依照法律规定承担责任。”

③ 刘锐：《严而有度：法律责任的妥善配置》，载《行政管理改革》2018年第3期。

④ 徐向华，王晓妹：《法律责任条文设定模式的选择》，载《法学》2009年第12期。

只规定了第6条①、第34条。② 褒奖和激励并非不言自明，尚需具体举措加以落实。《湘西条例》同样如此，其只规定了“建立生物多样性保护与减少贫困相结合的激励机制”。激励法学在生物多样性保护领域应当具体如何应用，以实现真正的良法善治，尚须具体讨论。

任何一种单一的激励方式都不足以使生物多样性获得足够的保护，激励方式的多样化是生物多样性保护的重要基础。我们应该树立整体思维，依靠多方力量，构建多元化的生物多样性保护激励机制，以回应《生物多样性公约》第8条的要求③，实现生物多样性保护的目标。关于激励机制的构建，在借鉴国外有益经验的基础上，应当结合我国具体实际及各地方特色，从两方面进行着手，即财政性激励措施和非财政性激励措施。④

1. 财政性激励措施，目前，国际上关于财政性激励措施主要包括直接付费、反向激励、税收减免等。具体到我国，地方政府可以设立专项基金，对参与生物多样性保护的个人和组织进行奖励，通过直接付费的方式向修复生态环境的主体进行补偿，这些资金主要来源于财政拨款，同时也可以鼓励企业和个人参与基金的发起，作为回报，政府可以将参与基金发起的企业和个人列为“生物多样性保护先进单位/个人”，在进行生物多样性相关产业开发时予以优先考虑。也可以采取反向激励措施，通过建立生物遗传资源利用失信名单制度，对不守信用的主体，剥夺参与生态产品的开发和利用机会，相反，对于一直以来信誉良好的主体，则可以在生态产品开发和利用中予以政策支持。至于税收减免，由于其属于《立法法》第8条所规定的税收基本制度，因此只能由法律进行规定，地方立法无权进行规定，但国家可以从整体层面，规定对积极参与生物多样性保护的主体采取相关类型税种减免政策，只要其收益相当比例用于该主体的生物多样性保护行动就可以向政府提出豁免申请。

---

① 《云南省生物多样性保护条例》第6条规定：“县级以上人民政府应当支持生物多样性保护科学技术研究、合理开发和可持续利用，建立完善生物产业科学、有序发展的激励机制。”

② 《云南省生物多样性保护条例》第34条规定：“研究建立生物多样性保护与减贫相结合的激励机制。”

③ 《生物多样性公约》第8条规定：“每一缔约国应尽可能并酌情采取对保护和持续利用生物多样性组成部分起鼓励作用的经济和社会措施。”

④ 韩君芳，田信桥，马兰兰：《国际立法中的湿地恢复激励机制及启示》，载《世界林业研究》2017年第3期。

2. 非财政性激励措施，主要包括宣传教育激励、独占使用激励、生物银行①等。结合《意见》，地方立法可添加政府加强宣传教育的条款，加强生物多样性保护相关法律法规、科学知识、典型案例、重大项目成果进校园、进社区，鼓励新闻媒体和网络平台积极参与生物多样性保护公益宣传，推动生物多样性博物馆建设，推出一批具有鲜明教育警示意义和激励作用的陈列展览，面向地方各级党政干部加大教育培训力度，以引导各级组织及群众自觉主动参与生物多样性保护。② 关于独占使用激励，具体到我国，可以采取将部分生物资源授权给有资质的社会主体，使其成为资源的使用者也成为资源的管理者，在一定的领域内独占使用相应的生物资源，政府只需不定期对其进行检查，以评判其对生物多样性的利用是否符合预期。

目前，国外所推行的社区共管模式为我国现阶段生物多样性保护也提供了思路，与此相对应的是我国社会参与机制的积极倡导，为维护原住民的利益，可以借鉴社区共管模式对当地居民进行激励，使其参与到自然保护区的建设之中，设置如护林员、生物安全员的岗位为其提供就业机会，从而使其实现从生物多样性破坏者向生物多样性保护者的角色转变。同时，政府可以通过购买服务等方式吸纳其他社会主体参与到生物多样性保护当中，强化信息公开，畅通举报渠道，对破坏生物多样性的行为进行坚决打击。

（三）推动大数据和云计算在生物多样性领域的应用

信息技术的发展深刻影响着生物多样性的保护，大数据技术的成熟使生物多样性保护更具可能。一般情况下，传统的数据库很难对庞杂的生物多样性数据进行专业化处理，常用的数据处理工具和技术也难以应对大数据的发展。③将大数据与云计算深度结合，可以快速获取和处理所需信息，为生物多样性数据提供技术支持，以迎合生物多样性保护的现实需要。

从之前的“互联网＋”，到如今的大数据与云计算，现代科技的发展，使得生物多样性保护方式越趋多元。“互联网＋”给生物多样性保护和可持续利用带来新机遇，协调了多部门、多领域的深度融合，实现了信息资源的交流互

---

① 杨阳，张超，李保国：《生物银行支撑全球生物多样性研究与保护的实践与探索》，载《生物多样性》2021 年第 10 期。

② 中共中央办公厅，国务院办公厅印发《关于进一步加强生物多样性保护的意见》：“九、全面推动生物多样性保护公众参与”。

③ 张风春：《国家治理体系和治理能力现代化总目标下的生物多样性保护对策》，载《环境与可持续发展》2020 年第 2 期。

通。“互联网 +” 本身就有推动创新及联通一切的功能，它能够使新理念、新技术、新的运营模式迅速得到推广，使得在生物多样性领域公众参与国际合作更加成为现实可能。以互联网为载体，大数据、云计算为工具，海量的生物多样性资源和信息能够实现最快的交流与融合，进而形成一种立体式、全方位的信息交流平台，更好地促进生物多样性的保护。

利用大数据资源进行生物多样性保护在高速发展的今天具有重要意义，目前全球生物多样性信息网络（GBIF）等全球大型数据库包括 10 亿多条物种分布信息①，我国自 2003 年开始建立国家标本资源共享平台。截至目前，全国范围内共成立了包括贵州、陕西、北京、上海、湖南 5 家新型大数据交易所。随着大数据时代的到来，生物资源成为一种可视的直观价值。因此，地方在进行专门立法时，应当考虑科技对生物多样性的影响，推动大数据和云计算在生物多样性保护领域的运用，既要肯定大数据对生物多样性保护的作用，制定专门条款对数据应用进行规范，也要避免陷入“数据伦理”② 的陷阱之中，以致损害公共利益。既要“促进遥感、地理、气象、国民经济、环境等跨领域的数据融合，驱动大数据时代生物多样性研究的发展与合作”，也要“促进信息的深度挖掘和有效利用，整合多元异构数据资源”③，以便更好地为地方政府制定生物多样性保护相关政策提供数据支撑。

五、关于制定湖南省生物多样性保护条例建议

2021 年 9 月 30 日，《湖南省生物多样性白皮书》正式发布。该白皮书是湖南省首部生物多样性白皮书，也是全国第二部省级层面的白皮书。白皮书从多个层面展现了湖南省自 2005 年以来的生物多样性保护成果，是一部非常及时且具有现实意义的白皮书，对于湖南省生物多样性保护工作起到了很好的促进作用，同时也对于《湖南省生物多样性保护条例》的制定起到了积极的引导作用。

---

① 张文娟：《高效利用大数据资源 促进生物多样性保护》，载《中国农村科技》2019 年第 4 期。

② 数据伦理是指在收集、管理或使用数据时，为保护公民自由、最大限度地降低个人和社会的数据使用风险、实现公共利益最大化等目的，进行适当判断和问责的依据。

③ 张文娟：《高效利用大数据资源 促进生物多样性保护》，载《中国农村科技》2019 年第 4 期。

（一）立法的必要性

第一，解决湖南省生物多样性保护的现实问题。湖南省地理环境多样，生物种类多，气候条件适宜，在生物多样性保护方面具有极其重要的价值地位，在全世界同纬度地带中属于最有价值的生态功能区域。首先，其省内森林覆盖率远超国际和国内平均水平，有多处世界自然基金会确立的生物多样性优先保护区，例如洞庭湖淡水生态区是世界自然保护联盟首批认定的全球 23 处绿色保护地之一，也是全球八条重要的候鸟栖息地和迁徙通道之一。其次，湖南省的野生动植物资源极为丰富，其中脊椎动物 1045 种，国家重点保护野生动物 179 种，维管束植物 6186 种，国家重点保护野生植物 160 种，全国极度濒危野生动物或极小种群野生植物多种。最后，湖南省作为我国长江经济带重要一环，其生态安全屏障作用日益凸显，良好的生态环境将为湖南的长期发展带来更多的获益条件。因此，加快制定湖南省生物多样性护条例是十分必要的，是顺应社会发展的，是促进湖南省生物多样性保护的必由之路。

第二，推动湖南省生物多样性保护工作法治化。从生物多样性保护的复杂性、专业性以及生态系统的整体性来看，制定一部专门的生物多样性保护条例是十分必要的。自 2019 年全国第一部地方生物多样性保护条例《云南条例》实施以来，云南省生物多样性保护工作成效显著，获得国内外一致好评。为促进省内生物多样性保护工作的开展，湘西土家族苗族自治州于 2020 年 10 月出台全国首部地市级生物多样性保护地方性法规。随着我省“三高四新”战略的推进，生物多样性保护日趋受到关注，其本身所具有的复杂性与专业性，以及保护生态与发展经济之间的冲突日益严重，然而我省至今未出台相关保护条例，这与湖南省在我国生物多样性保护中所具有的重要地位不相符，在顶层设计上已滞后于生物多样性保护的现实需要。2021 年 9 月 30 日，《湖南省生物多样性白皮书》正式发布，为《湖南省生物多样性保护条例》的制定带来了曙光。为加强省内生物多样性保护，衔接生物多样性保护大背景下的国家立法，出台符合湖南省实际需要的生物多样性保护条例有其必要性。

（二）立法的合法性

第一，法律赋予我省立法权限。《立法法》第 72 条规定：“省、自治区、直辖市的人民代表大会及其常务委员会根据本行政区域的具体情况和实际需要，在不同宪法、法律、行政法规相抵触的前提下，可以制定地方性法规。”现有法律明确规定，省人大及常委会有权根据本行政区域内的具体情况和实际需要制定地方性法规，因此制定《湖南省生物多样性保护条例》有法可依。

第二，制定生物多样性保护条例有上位法可依。目前能够为生物多样性保护提供法律依据的主要有《环境保护法》《环评法》《海洋环境保护法》等环境保护类法律，《森林法》《草原法》《渔业法》《畜牧法》《野生动物保护法》等自然资源保护类法律，以及《农业转基因生物安全管理条例》《自然保护区条例》《野生植物保护条例》等多部行政法规和部门规章。① 能够为条例的内容及其效力提供充足的上位法依据。

（三）立法的合理性

第一，地方治理能力现代化要求将有效政策措施上升为法规。自 2021 年 10 月《意见》印发以来，湖南省积极出台配套文件《湖南省关于进一步加强生物多样性保护的实施意见（草稿）》。近年来，湖南省委省政府深入贯彻习近平生态文明思想，坚定不移走生态优先，绿色发展之路，严守“一江一湖三山四水”生态安全屏障，从法律法规、机制体制、划定重点区域、开展调查评估、推进国际合作等方面多管齐下，构建生物多样性保护体系，为保护生物多样性打下了坚实的基础。生物多样性保护的进一步深化有赖于法治化，因此需要将现行分散的政策措施法制化，制作一部专门的生物多样性保护条例，重点围绕生物多样性保护和监管制度、生物遗传资源获取与惠益分享、生物多样性相关传统知识保护、外来入侵物种名录和管理办法等重点领域，借鉴外地先进经验，结合我省特色，用法规的形式凝练出生物多样性保护的“湖南经验”。

第二，实施生物多样性保护需要于法有据。湖南省高度重视生物多样性保护工作，实施了一系列生物多样性保护措施，并取得系列成果，如：平江县在全省率先成立陆生野生动物收容救护站，石门县创建成国家级种质资源保护区，洞庭湖湿地修复清理迹地及洲滩、岸线，拆除矮围、清退欧美黑杨等。这些措施的实施使当地的生物多样性保护取得了一定的成果，但要实现持续的有效管理目标，仅遵照相关政策或抽象的上位法规定是不够的，必须于法有据，尤其是需要一部专门的地方性法规以确保可操作性。

（四）立法的可行性

第一，湖南省积累了相当的制度基础和管理经验。根据《湖南省生物多样性白皮书》显示，目前，湖南国家级湿地公园、国家石漠化公园、湿地保

① 刘彤彤：《整体系统观：中国生物多样性立法保护的应然逻辑》，载《理论月刊》2021 年第 10 期。

护率、林业良种使用率、国家级森林公园、国家级风景名胜区数量均居全国第一位。无论从物种多样性、遗传多样性还是生态系统多样性来看，湖南都是全世界同纬度地带最有价值的生态功能区。这些数据充分显示了湖南省得天独厚的“先天条件”，且湘西土家族苗族自治州出台了全国第一部地市级生物多样性保护条例——《湘西条例》，其实施以来，在生物多样性保护领域发挥了重要作用，为湖南省出台《湖南省生物多样性保护条例》奠定了良好的制度基础，积累了相当的管理经验。

第二，湖南省具备优良的立法能力。湖南省已先后出台《浏阳河管理条例》《湖南省渔业条例》《湖南省大气污染防治条例》《湖南省野生动植物资源保护条例》《湘西土家族苗族自治州生物多样性保护条例》，正在制定《湖南省洞庭湖保护条例（草案）》《湖南省环境保护条例（修订草案　二审修改稿）》等多部与生物多样性保护相关的地方性法规，已形成较为完备的立法能力体系，同时拥有众多高端的复合型专业人才，足以完成《湖南省生物多样性保护条例》的制定。

六、结语

“大道不孤，天下一家”，中国积极做全球生态文明建设的参与者、贡献者、引领者，从推动《巴黎协定》生效实施，到设立气候变化南南合作基金、昆明生物多样性基金，从发起建立“一带一路”绿色发展国际联盟到制定2030年前实现碳达峰，2060年前实现碳中和的远景规划，中国切实履行同世界各国开展生态环保的交流合作，形成了多层次、多渠道、多领域的联动局面。推动生物多样性保护地方专门立法，既是加快完善生物多样性保护政策法规的基本要求，也是构建人与自然和谐共生的生态文明的基本要求。我们要“驰而不息，久久为功”，让青山常在，让绿水长流，让生物永续，通过生物多样性保护地方专门立法，使生物多样性保护网络实实在在的得以构建。

关于立法促进湖南省先进硬质材料产业高质量发展的思考

——以株洲市硬质合金产业为视角*

唐建志**

摘要：“十四五”时期，湖南省将把聚力打造先进制造业高地作为实施“三高四新”战略的重要任务，引导各类要素协同向打造先进制造业高地集聚。先进硬质材料作为工业的“牙齿”，广泛应用于采掘、建筑、化工、机床、汽车、高铁、航空航天、海工装备、汽车制造、核电站和国防军工等领域。近年来，湖南省先进硬质材料产业发展迅速，形成了以长沙、株洲为中心，常德、益阳、岳阳、衡阳、郴州、娄底为辐射区的产业集聚态势，以及从原材料生产、合金材料制备加工到器件及装备应用得较为完备的产业链条，具备较好的产业链基础条件。但是，先进硬质材料产业链在创新成果本省落地转化、产业链协同发展、高端产品供给、创新体系建设、新产品推广应用等方面还存在较大的提升空间，需要发挥立法的引领和推动作用来解决发展中的痛点难点问题。本文以株洲市先进硬质材料产业发展为视角，从产业发展的现状出发，深入分析产业发展中存在的问题，最后从地方立法的角度提出对策。

关键词：先进硬质材料；产业发展；地方立法

株洲市第十三次党代会明确提出，未来五年甚至更长一段时间要全力培育制造名城、建设幸福株洲。先进硬质材料产业是株洲的传统优势产业，作为现代工业的“牙齿”，该产业对打造先进制造业高地具有基础支撑作用。

---

* 此文收录于2022年湖南省立法研究会论文集。

** 唐建志，株洲市人大法制委、常委会法工委立法科科长。

一、株洲市先进硬质材料产业发展现状

（一）产业发展态势持续向好

经过多年的发展，株洲已成为全国最大的硬质合金生产地，产量位居全国第一。2017 年到 2020 年，株洲市硬质合金年产量保持在 1.2 万吨以上，占全国的比重连续保持在 35% 以上。2020 年，株洲市硬质合金产量 16800 吨，约占 41%。现有规上企业 93 家，其中注册资本 1000 万人民币以上的企业 33 家，产值过亿的企业 13 家，位居全国第一。另有高新技术企业 56 家，上市企业 3 家，瞪羚企业 3 家。2020 年全国硬质合金产量超过千吨的企业有 11 家，株洲占 4 家。产品种类齐全，包括切削刀片、矿用合金、耐磨零件、钢结硬质合金等近 10 万个品种，广泛应用于钢铁、汽车、航空航天、轨道交通等领域。产品结构持续优化，2020 年生产高端产品数控刀片 20249 万片，与上年同比增长 28.8%，加上株洲科力特、株洲博欧等全年生产数控刀片约 22590 万片，同比增长 29.1%，数控刀片生产总量占全国生产量的 75%，PCB 微钻棒材 3.611 亿支，同比增长 165%，球齿类合金全年约 1993 吨，同比增长 13.7%。

（二）产业盈利能力明显增强

株洲市硬质合金产业链 2020 年销售收入 249 亿元，其中工业企业为 147 亿元，创历史新高。生产经营业绩创历史新高。企业方面，以华锐精密和欧科亿为例，因产品性能不断提升，产能逐步释放，同时，受下游汽车、通用机械、模具、工程机械等行业发展态势较好，带动刀具需求增加等因素的影响，企业盈利能力明显增强。华锐精密 2020 年年报显示，企业 2020 年营业总收入 3.12 亿元，同比增长 20.57%，实现净利润 8900.49 万元，同比增长 23.94%。三季度财报显示，2021 年前三个季度营业总收入为 3.59 亿元，同比增长 62.68%。实现净利润 1.22 亿元，同比增长 98.32%。欧科亿 2020 年年报显示，企业 2020 年营业总收入 7.02 亿元，同比增长 16.45%，实现净利润 1.07 亿元，同比增长 21.5%。三季度财报显示，2021 年前三个季度营业总收入为 7.58 亿元，同比增长 53.18%。实现净利润 1.7 亿元，同比增长 119.01%。

（三）产业创新能力不断提升

拥有硬质合金国家重点实验室等国家级技术载体 4 个，省部级技术载体 21 个。拥有 20 余名教授级专家、工程技术人员 3000 余名。依托株硬集团硬质材料研发中心、钻石切削刀具研发中心和国家级分析测试中心，建设硬质合金国家重点实验室。实验室承担了各类国家级科研任务 61 项，在切削刀具、

钻掘工具、IT精密工具、耐磨材料领域关键技术方面实现了重大突破，取得了多项达到国际先进水平的重大标志性成果，先后获得国家科技进步一、二等奖，技术发明二等奖各1项，在装备制造业、国家重大工程发挥了“小材料、大支撑”的重要作用，是目前湖南省唯一的国家“优秀类企业国家重点实验室”。创办了在国内硬质合金及超硬材料领域具有较大影响力与权威性的专业技术期刊《硬质合金》。行业协会数据显示，株洲市硬质合金行业主要的新产品贡献率为42.92%，新产品总销售收入占国内行业主要企业新产品总销售收入的36.1%。

（四）产业市场空间广阔

硬质合金作为切削刀具广泛应用于汽车制造业、航空航天等领域。据统计，世界切削刀具需求中，通用机械和汽车制造各约占35%，航空航天约占10%左右。主要表现在以下几方面：1. 汽车制造需求平稳增长。汽车生产中最重要的工装之一是工具模具，硬质合金耐磨零件则是工具模组的重要组成部件。目前，我国汽车总产量从2008年961.5万辆增加到2020年的2522.5万辆，对工具模具的需求提升将直接带动硬质合金产业发展。2. 制造业数字化转型带动数控机床需求上升。疫情后，制造业持续复苏，同时数控机床更新换代周期已至，硬质合金相较于高速钢具有更高的硬度和耐磨性，在数控机床中应用最多，两方面需求叠加，推动机床行业景气度上升，带动硬质刀具消费提升。3. 新兴市场需求旺盛。PCB（印刷电路板）作为新一代信息产业中的基础性硬件，采用硬质合金棒材加工而成的PCB钻头是PCB机械钻孔最常用的加工工具。随着5G、汽车电子等应用普及，全球PCB产值将持续快速增长。根据Prismark预测，2022年全球PCB产值有望达到688亿美元。同时，全球PCB产业持续向中国转移，我国的PCB产业发展将会更加迅猛，将带动高端硬质合金需求进一步爆发。随着大国贸易摩擦加剧，国内产品进口替代需求迫切，国产硬质合金产品研发替代空间较大。

二、先进硬质材料产业高质量发展面临的主要问题

与发达国家相比，株洲市硬质合金产业存在着高端产品供给不足、核心技术受制于人，整体利润率低等问题。

（一）供应链受制于人

主要表现在：1. 原材料供应受限。株洲市硬质合金产业呈椭圆形结构，两头小，中间大的现象。受钨资源分布及集中经营的影响，株洲市离原材料产

地较远，上游环节碳化钨粉末产品作为支撑中游环节的重要原材料，株洲市对外省依存度高达60%以上。原材料供应端受制于人的后果一方面导致企业运费成本增加，影响盈利能力，株洲市企业在与其他原材料产地企业竞争时处于劣势。另一方面，碳化钨、钴属于稀有、不可再生金属，随着中下游环节需求的增加和矿资源的减少，原材料涨价已是必然。如2019年下半年钨原料触底反弹，从2019年9月份11万元/吨上涨至2021年8月份的17万元/吨，价格涨幅约55%，原料价格持续上涨，导致硬质合金产业生产成本大幅提升，对企业盈利水平产生比较大的影响。2. 部分环节的设备供应受限。压制、研磨、涂层等关键环节生产设备国内供应不能，多数需要从国外进口。如在涂层工序中用到的电动压机、机械手，研磨工序中用到的精密双端面磨床、数控周边磨床，需从欧洲、日韩进口。根据华锐精密和欧科亿招股书，其主要生产设备投资较大，年产能单位投资额约4元/片，占产品单价的70%，除烧结炉实现国产，压机、磨床、PVD涂层炉、CVD涂层炉等主要设备仍需要从德国、瑞士、日本等国进口。3. 产品本土配套率不高。体现在株洲的轨道交通、航空航天、新能源汽车等企业所需产品大部分来自于外省市或者国外而本地企业生产的产品又多销售外地甚至国外，没有形成有效的区域循环。

（二）创新链急需突破

调查显示，株洲市硬质合金产品多为低端无品质管控产品和中端通用泛用性产品，高性能超细合金、高精度高性能研磨涂层刀片、精密硬质合金数控刀具等高附加值的产品产量较少。且产品线较为单一，无法为客户提供整体解决方案。特别是近年来，纳米材料、纳米结构涂层、镀膜涂层技术等在硬质合金刀具和工具中的逐步应用，对其主要原材料碳化钨的粉末形貌、化学纯度、粉末粒度等提出了更高的技术标准和要求。调研组走访株洲辉锐增材时了解到，目前，国内的增材粉末在硬度和致密度方面达不到技术要求，需要国外采购。如果国内的增材粉末能够达到要求，金属增材打印行业的平均成本大概要下降至少20%。同时，基础材料方面的差距也是制约硬质合金产业发展的一个重要因素，使用同样的配料，同样的生产工艺，同样的设备，生产出来的产品在密度分布以及硬度方面就是和国外的有差距。而国外的硬质合金巨头企业为了保持竞争优势、维护市场地位，在产品迭代上，始终保持领先国内同类产品3个左右的代差。为了蚕食中国市场，山特维克、肯纳等公司利用技术领先的优势，纷纷在中国设立生产基地，抢占国内高端市场。因此，我们需要加快技术攻关，突破一批关键技术，加快产业转型升级步伐。

（三）人才链支撑不够

人才链的主要问题有：1. 人才引进措施有待完善。株洲市存在兑现引进高层次人才补贴不及时的现象，新引进博士享受株洲市人才补贴政策从补贴申请到落实时隔1年以上。2. 企业人才的职称评定不通畅。因职称评定改革还未完全推进落实，职称评定条件处于新旧要求更替阶段，企业专业人才在职称评定时递交资料受阻，给人才引进间接带来不利影响。此外，人才落户政策覆盖不够全面。当前人才政策主要是针对单身人才，对已婚人才激励力度不够，引进难度大。3. 株洲职教人才外流明显。株洲职业教育大学城培养的专业人才大量流失到长沙和沿海地区，在株洲本地企业就业的很少。根据2019年职教城毕业生就业数据统计，整个职教城株洲市内就业率为22.21%，湖南有色金属职业技术学院株洲市内就业率仅有15.8%。职教人才外流原因有：株洲职教城开设有“就业协议班”，主要为外地生源，按照协议规定，毕业生须返回生源地企业就业。同时，长沙和沿海发达城市在人才政策、薪酬待遇、生活配套等方面更具优势，很多毕业生更倾向于发达城市就业，株洲本地很难留住人才。对于留株就业的毕业生，一旦积累了工作经验，选择前往发达城市谋求发展。此外，90和00后年轻群体就业观念更具个性化和主动性，愿意去车间当蓝领的人越来越少，部分特殊工作岗位更是无人问津，造成硬质合金企业产线工人招聘困难，离职率偏高。

（四）政策链作用发挥不明显

产业发展中，政府角色的核心在于通过制定和实施产业发展政策，激发各个市场主体的主动性。为了大力促进硬质合金产业发展，株洲市制定了一系列的政策，形成了比较完整的政策链。如《荷塘区科技创新券实施办法》，对集群内企业在株洲先进硬质材料检测中心的检测费用进行补贴，最高补贴20%。《长株潭先进硬质材料产业园招商优惠政策》，从地价（七折）、税收、标厂租赁、新增设备、公司上市、教育、人才、产权分割、其他等九个方面对链内企业进行扶持。还有《株洲市轨道交通、先进硬质材料、陶瓷产业质量提升三年（2021—2023年）行动方案》等，这些政策的出台和实施，对于促进技术创新、提高产品质量，推动株洲市硬质合金产业发展发挥了重要作用，但从政策实施的效果来看，还是没有发挥理想中的作用。具体而言，体现在两个方面：1. 政策的知晓度不高，因为没有专门的硬质合金产业政策发布网站或者公众号，大部分政策在网上找不到，政府机关工作人员和相关企业对政策了解不深、不透，更加谈不上去用这些政策，发挥其应有价值。2. 部分政策的操作性不强，比如一些政策还是很笼统地表述为“大力弘扬”“加强……合作”等，但具体采取什么样的措施，没有明确，缺乏可操作性，难以落实。

三、以高质量立法推动先进硬质材料产业高质量发展

习近平总书记指出，立法主动适应改革需要，积极发挥引导、推动、规范、保障改革的作用。“三高四新”战略定位和使命任务、“培育制造名城”目标，对株洲市硬质合金产业是一个重大利好，如何抓住这个难得的发展机会，做好新材料产业“聚集、裂变、创新、升级、品牌”文章，发挥立法的引导、推动、规范、保障改革的作用。

（一）通过立法推动科学管理体制的形成

1. 通过立法明确市、县（市）区人民政府的职责，比如加强领导、建立统筹协调机制，编制产业发展规划等。从而形成全市一盘棋的格局。2. 明确各部门的职责，如工信局作为产业主管部门应当承担的职责。发展和改革部门应当承担的职责。其他如商务局、产业园区、产业链办公室等相关部门和单位应当承担的职责，从而形成合力。3. 明确硬质合金产业的概念，确定内涵和外延，以框定条例的适用范围。

（二）通过立法推动产业链与创新链深度融合

1. 明确产业主管部门应当尽快梳理硬质合金产业关键环节的“卡脖子”技术和重大产业技术创新需求，摸清底子。2. 聚焦“卡脖子”技术开展重点攻关，构建“揭榜挂帅”机制和平台，设立保障基金、揭榜险，精准且低成本解决企业发展技术瓶颈。3. 政府牵头，协调各企业共同成立先进硬质合金材料研究所，将各个企业研发能力集中起来，共同进行研发。同时以研究所为核心，形成错落有致、相互补充的产品格局，避免同质化竞争。4. 支持新产品推广应用，筛选一批硬质材料领域首台套重大技术装备、首批次重点新材料产品予以重点奖励，鼓励扶持企业加快新产品、新装备研发应用。

（三）通过立法推动产业链与人才链深度融合

1. 要将幸福株洲建设入法条，进一步增强城市对人才的吸引力。给人才的发展创造良好条件，满足其职业发展、文化生活、个人与家庭生活的需要，让人才有尊严、有自由、有幸福的生活。2. 规定人社部门认真梳理硬质合金产业近一阶段和未来一阶段的人才需求，由市工信局牵头，会同相关部门、企业、湖南工业大学、株洲职教城等共同制定硬质合金人才引进和培养年度计划和五年规划。鼓励企业制定人才培养年度计划和五年规划。3. 推进校企深度

合作，实行订单式人才培养模式。由学校与企业共同签订培养协议，企业积极参与人才培养方案的制定，并派专业人员到学校授课，提供实训设备和场地，企业的技术人员带学生到企业顶岗实习，符合条件的学生毕业后直接到该企业就业。

（四）通过立法推动产业链与金融链深度融合

1. 建立重点硬质材料企业与金融机构定期沟通对接机制，引导金融机构信贷资金加大对重点项目、企业的支持力度，为硬质合金企业转型升级和技术创新提供个性化的金融服务。2. 设立产业发展基金。按照“政府引导、科学决策、市场运作、规范管理”的原则，采取政银合作的模式，发挥财政资金的撬动功能，加大对硬质合金重大科研项目、重大装备研发的资金支持。3. 积极争取国家、省财政对株洲市硬质合金产业进行资金支持，设立专项资金注资。

制定先进硬质材料产业促进条例，围绕管理体制、产业生态、交易市场、人才保障、科技支撑、金融支持、产品质量提升等核心问题，提出具有针对性的解决方案，并通过法定程序上升为地方性法规，必将发挥地方立法为经济社会发展保驾护航的作用，促进产业发展。

平台灵活就业者职业伤害保障的路径选择与制度构建*

张颖超　金昱茜**

摘要： 平台经济的繁荣带来了用工非标准化的浪潮，以外卖骑手、网约车司机为典型的平台灵活就业者数量快速增加。与此同时，灵活用工的特点也加重了劳动关系认定的难度以及传统工伤保障制度适用的障碍。在我国工伤保险与劳动关系捆绑的制度设计下，大部分灵活就业人员无法参保，导致其游离在缺乏职业伤害保护的灰色地带。高职业伤害风险与低程度法律保护的矛盾反映出当前我国法律的滞后和缺位，因此立法调整成为必然趋势。结合目前我国平台经济发展的实际需要，针对平台灵活就业者职业伤害保障问题单独立法是现阶段更为适合的选择。在具体制度设计方面，应当以《工伤保险条例》为参照，根据平台用工的特点以及我国各地区的试点情况，就参保范围、工伤认定、保障待遇等问题作出相应的调整和完善，以建立起与平台用工相适应的独立职业伤害保险制度。

关键词： 平台经济；灵活就业人员；职业伤害保险；权益保障

一、问题的提出

根据国家信息中心分享经济研究中心发布的《中国共享经济发展报告(2021)》数据显示，共享经济参与者约8亿人，其中服务提供者约有8400万

---

* 此文收录于2022年湖南省立法研究会论文集。

** 张颖超，湖南大学法学院，法律硕士；金昱茜，湖南大学法学院，助理教授。

人，平台企业员工数约 631 万人，已经成为吸纳就业的蓄水池。① 平台经济的不断发展促生了越来越多元的用工形式，外卖配送员、网约车司机等平台灵活就业者作为典型的新就业形态，就业方式、工作特点与传统劳动者迥然不同。由于这一群体出现的时间并不长，因此对其身份的认定一直处于争议中而未有定论。在工伤保险与劳动关系捆绑的制度设计之下，大多数灵活就业人员无法被纳入工伤保险的覆盖范围。2020 年北京义联劳动法援助与研究中心发布的《新业态从业者劳动权益保护——北京地区网约配送员职业伤害调查报告》表明，相比工资收入，平台灵活就业者对职业伤害保障问题更为忧虑和不满。② 在实践当中，网约车司机、外卖骑手等灵活就业者常常需要承担较高的职业伤害风险，却没有任何的保护或只有保障程度低的商业保险作为保护。即便个别的灵活就业者通过诉讼得到了司法保护，但这一保护往往是不全面的、滞后的。这一现状显示出目前法律保护的缺位，若不及时解决，不仅会使平台从业者成为职业伤害风险的最终承担主体，陷入低保障的社会风险陷阱，也会为平台的可持续发展埋下隐患。因此，为这一群体探寻工伤保障的法律路径具有紧迫性和现实意义。

二、现有法律框架下平台灵活就业者的职业伤害保护困境

（一）法律身份不明带来的工伤保险进入障碍

目前我国的劳动法律规范仍建立在大工业时代传统单位制生产关系之上③，对就业者采用劳动者与非劳动者的二分法分类。前者对用人单位存在从属性，主要包括人身从属性和经济从属性，而后者与合同相对方之间则以平等性为特征。劳动者的从属性特征构成国家干预、倾斜保护的理论根据，因此非劳动者无法享受各类社会保障。而随着社会变化发展及多元化用工模式产生，传统的身份认定二元框架陷入了当代应用困境。就平台灵活就业者而言，其有

① 国家信息中心：《中国共享经济发展报告（2021）》，载国家发改委网，https：//www. ndrc. gov. cn/xxgk/jd/wsdwhfz/202102/t20210222_ 1267536. html？code = &state = 123，2022 年 4 月 10 日访问。

② 北京义联社会工作事务所：《新业态从业人员劳动权益保护 2020 年度调研报告（一）》，载北京义联劳动法援助与研究中心官方网站，http：//www. yilianlabor. cn/yanjiu/2021/1909. html，2022 年 4 月 10 日访问。

③ 汪雁：《关于共享经济平台网约工劳动权益保障的研究》，载《中国劳动关系学院学报》2019 年第 6 期。

权选择是否工作、在何处工作以及工作的方式，对平台的人格从属性较弱。但从经济从属性的角度进行考量，可以发现灵活就业者提供的服务往往属于平台业务的重要组成部分，这一点是对经济从属性的有力印证。并且据调查，大部分灵活就业者每天的工作时间都在10小时以上，除基本休息时间外，几乎所有的时间都服务于平台，完全能够满足收入主要来自雇主的要求。① 可以看出，灵活就业者兼具从属劳动与独立劳动的要素，呈现出弱人格从属性强经济从属性的特征，不足以使其被纳入劳动关系的保护范畴，又并非“真正”的独立承包人，在现行的劳动二元框架之下难以找到其合理的身份定位。而工伤保险制度与劳动关系捆绑，非劳动法意义上的劳动者便无权享受工伤保险，这就造成了一系列保障制度的进入障碍。

（二）传统工伤保障方式与平台灵活就业者工作特点的冲突

考虑到灵活就业者的独特的工作方式，即便工伤保险的进入障碍能够被消除，也会存在诸多制度适用上的障碍。首先，灵活就业者工作任务具有独立性，一个订单做完则完，不像传统劳动者所从事的工作具有连续性，并且灵活就业者可以在多个平台之间接单，因此没有一个明确的“用人单位”。而根据《工伤保险条例》的规定，发生工伤时，用人单位需要支付停工留薪期的工资福利、补助金、护理费等保障待遇。这使得工伤保险待遇对平台灵活就业者的可适用性大大降低。其次，在“三工原则”的严格限制下，灵活就业者个性化的工作方式会造成工伤认定的难题。多数灵活就业者在平台所接的订单都需要“上门服务”，工作时间和地点不固定，工作没有连续性，一次工作任务与下一次工作任务之间存在间隔。不像典型劳动关系中的劳动者，需要在雇主提供的工作场所内严格遵守上下班时间，导致这一群体工作时间与私人时间混杂、工作行为与生活行为难以界分。而按照工伤保险制度的规定，需要同时具备“工作时间”“工作地点”“工作原因”这三个要件才能够被认定为工伤，灵活就业者的个性化工作方式必然会导致工伤取证难和认定难的问题。再次，现行的工伤保险制度将待遇的支付标准与职工的月平均工资挂钩，且多为一次性支付。但由于灵活就业者工作流动性较强，难以与同一平台保持长期用工关系，工资水平不稳定，按照这一支付标准难以达到工伤保险康复保障的目的。一次性支付待遇以结束工伤治疗关系的做法也背离了工伤保险的初衷，常常致

① 娄宇：《平台经济从业者社会保险法律制度构建》，载《法学研究》2020年第2期。

使旧伤复发的从业者由于一次性补助金的不足而陷入无力治疗的窘境。①

三、平台灵活就业者职业伤害保护的法理基础

（一）公民基本权利理论要求工伤保险保障逻辑的非身份性

工伤保险制度保障的是劳动过程当中可能出现的工作伤害风险，而不是保障劳动关系或者劳动者的身份。即便不存在劳动关系，职业伤害的风险也客观存在，平台灵活就业人员在这种福利需求方面与普通劳动者并无二致。从公民基本权利理论来看，社会保险制度涉及作为基本权利的生命权和健康权在劳动法领域的辐射效力。② 该理论认为，基于公共福利的原因，基本权利对私人法律关系的形成具有约束力，并且依此从对私人意愿的控制中可以抽象出基本权利的私法内涵。根据公民基本权利理论，可以认为工伤保险是生命权、健康权在劳动保障领域的制度转化。而公民基本权利的特征之一为适用主体的平等性，因此即便是未建立劳动关系的灵活就业者，在受到职业伤害风险威胁的情况下，也应当享有健康权、生命权等基本权利。

（二）公共保障原则指引下的弱势方保障法律补强

工伤保障以劳动关系作为参保基础，而劳动关系只是具备强烈的经济从属性和人格从属性的一种劳务提供方式，这种从属性使得劳动者在法律关系中处于弱势地位，导致其受到侵害时自力救济的不足，国家干预能起到调节不平等法律关系、保护弱者的作用。因此工伤保障并非保障劳动关系本身，而是保障居于从属性地位的弱势主体，从这个逻辑上来说，即使没有建立劳动关系，处于从属性地位且面临着工作伤害风险的从业人员也需要这样的基本保障。而正如上文所述平台工人享有一定程度的工作自主权，但其在经济上处于明显的弱势地位，与平台之间力量不平衡的实质并未产生较大的变化，这一部分从属性特征决定了其自力救济的无力，理应受到法律一定程度上的倾斜保护，以矫正从业者与平台之间的实质不对等地位。

---

① 李坤刚：《“互联网+”背景下灵活就业者的工伤保险问题研究》，载《法学评论》2019年第3期。

② 娄宇：《平台经济从业者社会保险法律制度构建》，载《法学研究》2020年第2期。

四、平台灵活就业者职业伤害保障的法律路径选择

（一）立法调整成为平台灵活就业者权益保障的必然选择

平台灵活就业者的自我雇用和生产资料的自我提供，成就平台轻资产运营及迅速扩张的同时，也带来了从业者法律身份认定及权益保障的双重难题。① 传统保障制度的立法逻辑已经无法适应平台经济发展的需要，伊莎贝尔·道格林《平台经济与劳动立法国际趋势》一书中指出“目前的劳动法无法应对平台工作所带来的挑战”。② 与此同时，法律保护的缺位也使得灵活就业者职业伤害案件的裁判呈现出碎片化、缺乏可预测性的特征。并且，通过诉讼获得的司法救济往往是个别的、事后的，难以为平台灵活就业者提供普遍的、全过程的职业安全保护。因此立法调整成为许多国家探索平台工人劳动权益保障新方案的有益尝试，例如意大利通过立法规定了平台企业的义务，包括需要负责骑手工作中的事故及职业疾病的保险、骑手享有最低工时报酬的权利等。③

值得关注的是，我国人社部等八部门在 2021 年 7 月 16 日发布了《关于维护新就业形态劳动者劳动保障权益的指导意见》（人社部发〔2021〕56 号）（以下简称《意见》）。《意见》的出台显示出相关部门希望解决灵活就业人员劳动权益保护这一问题的明确态度，但《意见》并不具有强制性，往往只是起到引导的作用，平台灵活就业者的权益难以得到保障落实。这也更加反映出立法的必要性，将“倡导”转化为平台工人的法定权利和现实权利，有效避免无法可依的不利局面。

（二）在灵活与保障之间：针对平台从业者职业伤害保障进行专门立法

社会保障的缺失是目前平台灵活就业者面临的最急迫问题，短期来看，可将职业伤害保障作为平台从业者权益保障的突破口。④ 目前国内外关于平台灵活就业人员职业伤害保险的立法研究主要有两种取向：第一种是将从业者直接

---

① 焦娟：《平台新型从业者劳动权益保障的立法建议》，载《法治论坛》2021 年第 2 期。

② ［法］伊莎贝尔·道格林，［比］克里斯多夫·德格里斯，［比］菲利普·波谢：《平台经济与劳动立法国际趋势》，涂伟译，中国工人出版社 2020 年版，第 127 页。

③ 罗智敏：《算法歧视的司法审查——意大利户户送有限责任公司算法歧视案评析》，载《交大法学》2021 年第 2 期。

④ 涂伟：《新就业形态下劳动权益保护的主要国际趋势及对我国劳动立法改革的启示》，载《中国劳动》2021 年第 1 期。

纳入现行的工伤保险体系中进行统筹管理；另一种则是创设独立的职业伤害保险制度，将其视为与现行工伤保险制度平行的制度体系。①

将平台灵活就业人员纳入现行工伤保险制度能够使平台就业者与传统的劳动者享受同样的待遇，但是这一做法的不足之处也是显而易见的。首先面临的问题就是平台灵活就业者的身份质疑，对此，尽管有一部分学者提出可以适当调整劳动关系的认定标准，将平台灵活就业者纳入工伤保险制度当中，但劳动关系的认定不仅是平台工人是否受到劳动法保护的问题，也是平台经济的利益分配问题，更关系到平台经济的可持续发展。② 面对如此庞大的就业群体，如果要求平台能够像保护传统的劳动者一样给予保障，那么势必会大大增加平台的用工成本，让共享经济失去了发展优势。此外，即便能够通过法律修订实现劳动关系和工伤保险的“脱钩”，但正如上文所述，基于平台灵活就业者的工作特点与传统劳动者存在较大差异，针对标准用工模式制定的《工伤保险条例》在适用时也会存在工伤认定困难、缴费主体不明等诸多问题。

相比将从业者直接纳入现行的工伤保险制度中，建立单独的职业伤害保险能够以其更好的灵活性给予平台灵活就业者基本的职业伤害保护。美国学者Orly Lobel教授指出，监管不应阻碍创新，应该意识到劳动力市场是高度异质的，直接将平台工人认定为雇员并不能使所有工人获益。③因此，根据平台用工的特点给予适当的保护十分重要。从社会权利的视角来看，建立基于劳动者身份的统一社会保障制度是我国社会保障体系建设的最终目标，但结合目前我国平台经济发展的实际需要，创设职业伤害保障制度可能是现阶段更为适合的选择。与其纠结于平台灵活就业者的身份认定问题，不如将重点放到具体权益的保障上来。域外发达国家对新业态从业人员职业伤害的保障路径多遵循类似的思路，即针对新型用工模式下的从业人员制定单独的职业伤害保障制度。这一思路也为我国政策制定者所深知，人社部在“社建字〔2019〕225号”答复中指出构建“与现行工保险制度基本理念相似、运行模式有别的职业伤害

---

① 岳经纶，刘洋：《“劳”无所依：平台经济从业者劳动权益保障缺位的多重逻辑及其治理》，载《武汉科技大学学报》2021年第5期。

② 王全兴，王茜：《我国“网约工”的劳动关系认定及权益保护》，载《法学》2018年第4期。

③ 谢增毅：《平台用工劳动权益保护的立法进路》，载《中外法学》2022年第1期。

保障制度”具有重要意义。① 事实上，在我国非典型劳动的发展历史中不乏针对某类就业群体的某项劳动权益进行特别立法的做法，例如《保障农民工工资支付条例》《劳务派遣暂行规定》等法律法规已作出有益尝试，这也为平台灵活就业者职业伤害保障特别立法提供了值得借鉴的经验。②

综上，笔者认为现阶段不宜将平台灵活就业者纳入工伤保险制度，而是应该从平台用工的特点出发，建立与之相适应的专门性职业伤害保障制度。

五、各地方灵活就业者职业伤害保障试点情况分析

通过规范性法律体系规制新业态职业伤害保险制度的具体运行过程，明确职业伤害保险法律关系中多方主体的权利与义务，是保障新业态职业伤害保险制度顺利实施的根基。③ 针对灵活就业人员的职业伤害保障问题，我国多个地区已经制定了相关的政策文件，展开试点工作。如表 1 所示，本文选取了太仓、南通、吴江、广东四地的规范性文件，试从适用范围、保障情形、经办模式等方面进行比较，以期从中获取平台灵活就业者职业伤害保险制度设计的宝贵经验。总的来说，广东省和南通市的制度设计基本以《工伤保险条例》的规定为参照，而吴江区和太仓市的制度较为独立，在《工伤保险条例》的基础上进行了创新，更具开放性。

表 1　各地试点情况分析

地区	太仓	南通	吴江	广东
文件名称	《灵活就业人员职业伤害保险暂行办法》（2014）	《灵活就业人员工作伤害保险暂行办法》（2015）	《灵活就业人员职业伤害保险办法（试行）》（2018）	《关于单位从业的超过法定退休年龄劳动者等特定人员参加工伤保险的办法（试行）》（2020）

① 苏炜杰：《我国新业态从业人员职业伤害保险制度：模式选择与构建思路》，载《中国人力资源开发》2021 年第 3 期。

② 林嘉：《新就业形态劳动法律调整探究》，载《中国劳动研究》2021 年第 0 期。

③ 苏炜杰：《我国新业态从业人员职业伤害保险制度：模式选择与构建思路》，载《中国人力资源开发》2021 年第 3 期。

续表

地区	太仓	南通	吴江	广东
参保范围（四地均以未与用人单位建立劳动关系为参保前提）	参加本市社会保险并正常缴纳保险费的灵活就业人员	凡在市区提供劳务的灵活就业人员	所有灵活就业人员	所有通过互联网平台注册并接单，提供网约车、外卖或者快递等劳务的新业态从业人员
保障情形	1. 在工作场所及职业岗位上因工作原因受伤的； 2. 因履行工作职责受到意外伤害的； 3. 在抢险救灾等维护国家利益、公共利益中受伤的； 4. 在工作场所及职业岗位上突发疾病，致完全丧失劳动能力的	按照《工伤保险条例》第 14 条第 1、2、3、5 款的规定执行	在职业岗位上，因工作原因受到突发的、非本意的、非疾病的事故伤害，造成身故、残疾、受伤的	按照《工伤保险条例》《广东省工伤保险条例》有关规定执行

续表

地区	太仓	南通	吴江	广东
保障待遇	1. 医疗费用由医疗保险基金按照工伤保险相关规定标准结报； 2. 社会保险补贴。伤残等级为 1－4 级的，享受全额补贴；5－6 级的，享受 80% 的补贴； 3. 基本生活补助。伤残等级为 1－4 级的，按照城乡居民低保标准发放职业伤害基本生活补助；伤残等级为 5－10 级的，一次性发放生活补助； 4. 安装辅助器具； 5. 职业伤害死亡的，按照城镇企业职工养老保险或居民养老保险规定享受相应的丧葬费、抚恤金待遇	按照《工伤保险条例》的规定执行，将生活护理费、伤残津贴等按月支付改为一次性支付	1. 职业伤害医疗费：由医疗保险报销后，余额部分在职业伤害保险中按标准赔付，每一参保年度以 3 万元为限； 2. 职业伤害伤残补助金：按伤残等级支付一定数额的补助金，与月工资水平无关； 3. 职业伤害伤残津贴：按伤残等级支付一定数额的伤残津贴，与月工资水平无关； 4. 职业伤害生活自理障碍补助金：生活完全不能自理为 4 万元，生活大部分不能自理为 2.5 万元、生活部分不能自理为 1 万元； 5. 职业伤害身故补助金：为一次性支付 40 万元	1. 1－4 级伤残人员，按规定享受基本养老保险待遇的，停发其伤残津贴；基本养老保险待遇低于伤残津贴的，由工伤保险基金补足差额； 2. 5－10 级伤残人员：支付一次性伤残补助金； 3. 同时符合领取工伤保险丧葬补助金、供养亲属抚恤金待遇和基本养老保险丧葬补助金、抚恤金待遇条件的，由工伤人员近亲属选择领取工伤保险或基本养老保险其中一种；

（一）参保范围

就参保资格来看，各地文件均排除了灵活就业者与平台建立劳动关系这一情形下的适用，且均为自愿参保。太仓市对参保对象附加了特殊要求，必须为已经参加了养老保险或者医疗保险的人员才可自愿参保工伤保险。这无形中提高了灵活就业人员参加职业伤害保险的门槛。并且养老保险、医疗保险对户籍有所限制，而外卖骑手、网约车司机等灵活就业人员常常在各个城市之间流转，以此作为参加职业伤害保险的前提与这一群体所具有的“流动性”产生了冲突，限制了参保的范围。相比较而言，吴江区、南通市、广东省对参保对象则更具包容性，所有灵活就业人员均可单独参保。

（二）保障情形

就保障的情形来看，广东省规定完全按照《工伤保险条例》执行，南通市则选取了《工伤保险条例》第 14 条的第 1、2、3、5 款，排除了患职业病、在上下班途中受到机动车事故伤害这两种工伤类型的适用，限缩了工伤认定的范围。太仓市则是在参照《工伤保险条例》第 14 条与第 15 条的基础之上，自行设定了四种保障情形。吴江区则将工伤情形概括为“在从事的职业岗位上，因工作原因受到突发的、非本意的、非疾病的事故伤害，造成身故、残疾、受伤的”，对工伤认定的限制较少，对工作方式灵活的新业态从业人员而言更有利。

（三）待遇水平

就保障待遇水平来看，南通市和广东省基本参照《工伤保险条例》执行。吴江区创新了生活自理障碍补助金，有利于灵活就业者的工伤康复。并且南通市与吴江市一样，考虑到了不同类型的灵活就业人员收入差距较大且收入不稳定的问题，将待遇水平与灵活就业人员月工资水平脱钩，直接按照伤残等级划分补偿标准并一次性支付，让灵活就业人员能够及时获得补助。但从长远角度来看，将一次性补助与定期补助相结合的形式才能更好地保障从业者获得持续的补偿，能够有效应对后期的医疗和康复，避免因病返贫。① 太仓市保障水平较高，但对受到工伤而死亡的人员无补助，是按照居民养老保险或城镇企业职工养老保险的规定享受相应的抚恤金和丧葬费待遇。

（四）小结

总体而言，吴江区的制度模式具有更高的开放性和创新性，更加能够适应网约配送员等灵活就业人员的需求。但包括吴江区在内的各个地区试点都普遍面临着没有上位法的支持，参保人数较少、制度推行力度不够以及基金负担较重等问题。② 需要进行进一步有针对性的探索和完善。

---

① 苏炜杰：《我国新业态从业人员职业伤害保险制度：模式选择与构建思路》，载《中国人力资源开发》2021 年第 3 期。

② 翁仁木：《平台从业人员职业伤害保障制度研究》，载《中国劳动》2019 年第 10 期。

六、关于具体制度设计的立法建议

以典型用工模式下的工伤保险制度为基础，并参考太仓、南通、吴江、广东等地的试点经验，笔者结合平台灵活就业人员的工作特点，对职业伤害保险制度具体设计的难点问题提出以下一些构想。

（一）关于参保范围的问题

就参保主体的范围而言，应当注意与《工伤保险条例》的衔接，排除与平台建立劳动关系的从业者参保，在实践操作中更要识别隐蔽雇佣问题。此外，可参考其他国家的做法，将经济从属性进行量化来区分强制参保主体与自愿参保主体。① 笔者认为，判断经济从属性的重要标准在于收入是否主要来源于雇主，而劳动时间通常与收入呈正相关，因此劳动时间在一定程度上影响经济从属性的强弱，可以通过劳动时间来量化经济从属性，从而界分强制参保与自愿参保。这一做法在我国已有实践，根据《劳动合同法》第68条规定：非全日制用工是指在同一用人单位平均每日工作不超过4小时，每周工作时间累计不超过24小时的用工形式。该规定即表明我国通过劳动时间的长短来界分非全日制与全日制用工。就工伤保险而言，全日制劳动者工作时间较长，与用人单位建立了稳定的劳动关系，存在较强的经济从属性，因而成为工伤保险的强制参保群体，而非全日制工作时间较短，导致经济从属性较弱，因而只能自愿参保。② 有学者认为确定职业伤害保险的参保资格也可以借鉴这一做法和标准，即每日工作超过4小时，每周工作时间累计超过24小时的灵活就业者需要强制参保，其余经济从属性较弱的平台灵活就业者则可以自愿参保。相较于各地试点均采取自愿参保的做法，笔者认为将强制参保与自愿参保相结合的做法更有利于该制度的推行和普及，以改善试点地区参保人数不足的弊端，也能避免一刀切强制参保导致平台负担过重。

（二）关于工伤认定的问题

就保障的范围而言，笔者认为，可以参考南通市的规定，对于《工伤保险条例》中所规定的工伤范围进行一定限缩，取消视同工伤的情形。但无需

---

① 例如西班牙确立了“经济依赖性自雇佣劳动者”，要求收入中至少有75%依赖于委托人，即可获得一定程度的倾斜保护；德国规定从一位委托人那里获得的收入超过所有收入的50%，该就业者即具有经济依赖性。

② 娄宇：《平台经济从业者社会保险法律制度构建》，载《法学研究》2020年第2期。

删除“在上下班途中，受到非本人主要责任的交通事故或者城市轨道交通、客运轮渡、火车事故伤害”这一项。实际上，在2015年《南通市灵活用工人员工伤实施办法》调整之前，上下班途中的伤害是包含在工伤认定范围内的，缩减工伤认定的范围是为了减少工伤保险基金的支付压力，改善收不抵支的状况。但在费率不变的情况下，降低待遇后该制度的推行效果一直不甚理想。①而在本文强制参保与自愿参保相结合的模式设计之下，用人单位在强制参保的情形中支付了护理费、补助金等费用，缓解了工伤保险基金运行的压力。通勤伤害是造成工伤的重要因素之一，在减少了待遇支付压力的情况下，有必要将《工伤保险条例》第14条第6项也纳入工伤的情形之中。

就工伤认定的程序而言，笔者认为由于平台灵活就业者工作方式具有个性化、灵活的特点，因此不应当设置过多形式上的限制，避免提高工伤认定的难度。灵活就业者可以参照《工伤保险条例》的要求填写《工作伤害确认申请表》，并尽可能地提供接单记录、执法部门记录等能够证明工伤的相关材料。至于工伤认定条件放宽导致的虚假申报的问题，可以通过加大惩罚力度来进行一定程度的预防。

（三）关于用人单位承担费用的问题

根据《工伤保险条例》的规定，用人单位需要为劳动者缴纳工伤保险费，并在发生工伤时支付护理费、补助金、停工留薪期间的工资福利等费用。按照本文量化经济从属性的思路，达到经济从属性标准的这部分灵活就业者应当由平台企业支付包括特别职业伤害保险费在内的这部分费用。而经济从属性较弱且自愿参保的平台灵活就业者则自行缴纳职业伤害保险费，并通过职业伤害保险基金支付发生职业伤害后的护理费等费用。在支付标准上可以适当降低，以减轻基金的负担。需要注意的是，关于保险费的投保周期，应当以按月或按季缴纳代替传统工伤保险的按年缴纳，避免投保衔接不顺畅，在一定程度上能够适应灵活就业者流动性较强的特点。

（四）关于保障待遇的问题

平台灵活就业者职业伤害保险制度最初的待遇范围应避免过于宽泛，重点应当放在保障基本医疗的需求上，将有限的保险资金集中在法益衡量上较为优先的项目。可借鉴太仓、吴江的做法，从平台灵活就业人员迫切需要的职业伤

① 翁仁木：《平台从业人员职业伤害保障制度研究》，载《中国劳动》2019年第10期。

害医疗待遇、伤残待遇等保障项目入手，在有效解决医疗需求后再积极落实预防、康复目标，最后追求对从业者及其家人合理生活水平的救济。①

就待遇支付的标准而言，现行的工伤保险制度多将保障项目的支付标准与职工的工资水平挂钩，但考虑到灵活就业人员工资水平不稳定的特点，试点地区大多对此作出了变通，例如吴江区职业伤害伤残补助金和伤残津贴支付的标准与伤残等级挂钩，伤残等级越高支付的标准越高。因此平台灵活就业者职业伤害保险可参照此做法，依照伤残等级设置对应支付标准，以适应灵活就业者收入差异大且不稳定的现状。在待遇支付方式上，应当将一次性支付与定期支付相结合，保障旧伤复发的从业者能够获得持续性的待遇补偿，避免因病返贫。

七、结语

平台经济的蓬勃发展，彰显了用工模式多元化的趋势势不可当。在大工厂时代背景下制定的劳动权益保障体系难以为平台灵活从业者提供足够保护。当下，亟需破除以劳动关系认定作为获得社会保障权益前提的传统救济思路，转向以权益保障为核心目标。针对平台灵活就业者职业伤害风险突出的现状，适时启动职业伤害保护特别立法作为权益保障的突破口，并对具体制度设计进行相应创新改革，以适应平台用工的特点，助力平台用工步入法治轨道，保障平台灵活就业者的合法权益。

① 苏炜杰：《我国新业态从业人员职业伤害保险制度：模式选择与构建思路》，载《中国人力资源开发》2021年第3期。

2015—2022 年湖南省立法理论研讨会论文目录

（共368篇）

2015 年论文目录（34）

1. 设区的市如何应对行使地方立法权

   王汉连　湖南省立法研究会会长

2. 浅谈我省民族自治地方立法中的几个问题

   邓　智　湖南省人大常委会法工委备案审查处主任科员

3. 地方立法问题研究

   朱元清　郴州市人大内司委副主任委员

4. 设区的市履行地方立法权的几点思考

   刘晓晟　株洲市人大常委会法工委立法科科长

5. 谱写湖南无线电管理的法治新篇章——《湖南省无线电管理条例》解读

   刘智权　湖南省经信委法规处主任科员

6. 设区的市立法起草模式初探

   李　丹　湖南省人大法制委一处主任科员

7. 立法后评估的实践与反思——以长沙市地方规章立法后评估为视角

   李　沫　中南大学法学院副教授

   蒋建湘　中南大学法学院教授

8. 浅议人民有序参与地方人大立法

   李　倩　上海建纬（长沙）律师事务所律师

   熊　宇　上海建纬（长沙）律师事务所律师

9. 强化财政监督，促进财政管理——小议《湖南省财政监督条例》修订的必要性

   李　娟　湖南省财政厅法规处主任科员

   王旭初　湖南省财政厅财政监督局主任科员

10. 地方立法“方言化”初探
    李文波　株洲市人大常委会法工委主任
11. 设区的市立法权：起源、缺陷及规范化
    李诗林　长沙市政府法制办副主任科员
12. 省级人大常委会对设区的市立法的确定权
    李咸武　湖南省立法研究会会员
13. 公共服务立法科学化：问题及其辨析
    杨清望　中南大学法学院副教授、法学博士、管理学博士后
14. 关于发挥立法的引领和推动作用的探讨——湖南湘江保护立法实证分析
    肖迪明　湖南省人大常委会法工委主任
    丁虹波　湖南省人大法制委办公室副主任
15. 谈谈立法权的纵向划分
    吴秋菊　湖南省人大法制委副主任委员、湖南省人大常委会法工委副主任
16. 环境风险防范地方立法评估研究——以强化政府环境责任为重点
    陈海嵩　中南大学法学院副教授、法学博士
17. 我国地方人大常委会规范性文件备案审查的制度缺陷及其完善
    林小红　衡阳市人大内司委备案审查科科长
18. 浅议地方人大常委会对报备“问题文件”纠错机制的路径选择
    林小红　衡阳市人大内司委备案审查科科长
19. 关于发挥地方人大立法主导作用的几点认识
    罗　伟　湘潭市人大常委会法工委主任
20. 关于新形势下做好地方立法工作的若干思考
    罗建国　怀化市人大内司委副主任委员
21. 学习贯彻十八届四中全会精神发挥地方立法引领和推动作用的思考
    罗瑛瑷　湖南省人大常委会法工委备案审查处副处长
22. 市级人大立法权限疑义与思考
    周　伟　长沙市人大法制委主任委员
    武玉霞　长沙市人大法制委办公室副主任科员
23. 设区的市之立法权限初探
    周刚志　中南大学法学院教授、博士生导师

24. 认真学习贯彻十八大精神科学设置法律规范
胡雪清　湖南省人大法制委一处处长
25. 预防腐败地方立法实证考察与制度构想——以湖南、广东为例
贺志军　湖南商学院廉政法治研究所所长、硕士生导师，中南财经政法大学博士后研究人员
马晓云　湖南商学院法学院院长助理
26. 新中国地方立法权：历史、歧视及矫正——以 2015 年《立法法》修改为中心的论证
倪洪涛　湘潭大学法学院教授、博士生导师、法学博士
27. 浅析“三严三实”对地方立法工作的指导意义
卿晓英　湖南省人大法制委二处处长
28. 加强党对地方立法工作的领导
曹跃斌　湖南省卫生计生委法制处处长
晏萌蕾　湖南省卫生计生委法制处科员
29. 关于设区的市制定地方性法规几个具体问题的思考
董高群　常德市人大常委会法工委主任
30. 依法赋予设区的市地方立法权问题的研究
曾　峰　常德市人大常委会法工委综合科负责人
31. 关于设区的市行使地方立法权三个问题的思考
游克湘　湖南省人大常委会法工委备案处处长
32. 新形势下对我国地方立法的再认识
廖江华　湖南省人大法制委二处主任科员
33. 浅议地方人大立法队伍的专业化建设
谭　芳　常德市人大内司委司法监督科负责人
34. 地方性法规在司法诉讼中的冲突适用——以一件刑事案件的司法审判实践展开
谭　鹏　湖南省人大常委会法工委社会立法处主任科员

2016 年论文目录（43）

1. 浅谈地方立法中的“不抵触”
邓　智　湖南省人大常委会法工委备案审查处
2. 论有限立法——写在设区的市行使地方立法权之初

刘　政　常德市人大法制委（常委会法工委）工作人员

3. 小议地方立法后评估成果应用

李　倩　上海建纬（长沙）律师事务所律师

4. 浅析影响地方立法科学化的几个因素

李　煜　湘潭大学 2015 级研究生

5. 浅析村庄建设的法治缺陷与地方立法突破

李文波　株洲市人大法制委主任委员、常委会法工委主任

6. 论政府规章的困境与应对

李诗林　长沙市政府法制办法规处副主任科员

7. 关于地方立法研究

李媛媛　张家界市武陵源区人民政府法制办公室

8. 2015 年《立法法》修改后的立法权结构及其解析

李勤通　湖南大学法学院助理教授

9. “第三方”参与立法的实践思考

杨建明　湖南中楚立法咨询服务中心

曾玉琦　湖南中楚立法咨询服务中心

10. 问题与对策：设区的市行使立法权探析

肖迪明　湖南省人大常委会法工委主任

11. 地方立法主体扩容后对立法重复的重新审视

吴玉姣　湘潭大学法学院博士

12. 公众参与地方立法存在的问题及对策——以郴州市地方立法为例

何青松　湖南省郴州市人大法制委主任委员

邓银星　湖南省郴州市人大法制委办公室主任

13. 地方立法法定审议存在的问题与思考

何学智　湘西自治州人大法制委主任委员、常委会法工委主任

14. 通过立法促进地方治理：立场、进路与程序

汪全军　湖南大学法学院助理教授

15. 论我国地方税收立法权的权力来源和立法主体——基于《环境保护税法（征求意见稿）》的思考

宋槿篱　湖南大学副教授、硕士生导师

16. 税收法定视野下对授权立法的审视与思考

宋槿篱　湖南大学副教授、硕士生导师

17. 完善消费者权益保护制度的立法探讨
    张文兵　湖南省工商行政管理局法规处副处长
    王　妙　湖南省工商行政管理局法规处主任科员
18. 实施性立法的几个技术问题——省人大常委会7件实施性法规分析
    张建华　原湖南省人民政府法制办公室副主任
19. 论我国人大代表间接选举机构制度的立法完善
    陆　强　湖南师范大学法学院讲师
20. 浅谈地方立法设定行政处罚的必要性——兼与全国人大常委会法工委行政法室副主任童卫东商榷
    陈建新　娄底市人大法制委主任委员、人大党委会法工委主任
    谢剑波　娄底市人大常委会科员
21. 关于提高长沙市政府立法公众参与度的实践及思考
    陈剑文　长沙市人民政府法制办公室
    杨建辉　长沙市人民政府法制办公室
    侯娴君　长沙市人民政府法制办公室
22. 关于地方人大立法主导作用的思考
    林小红　衡阳市人大城环资委委员
23. 关于省、自治区和设区的市立法权限分配的几点认识
    罗　伟　湘潭市人大法制委主任委员
24. 关于设区的市法规立项的几点思考
    周　伟　长沙市人大法制委主任委员
    武玉霞　长沙市人大法制委副主任科员
25. 刍议协作立法运用——以制定《湘西土家族苗族自治州酉水河保护条例》为例
    周华斌　湘西州人大常委会法工委
26. 关于设区的市避免立法重复问题的思考
    周爱民　怀化市人大常委会法工委备案审查科科长
27. 新形势下做好地方立法工作的几点思考
    胡振华　湘潭市人大常委会法工委备案审查科科长
28. 关于市州政府规章备案审查有关问题的思考和探讨
    贺德文　怀化市人大法制委立法科科长
29. 试论地方立法权扩容后的困境与规制

袁文勇　怀化市人大常委会法工委立法科副主任科员

30. 立法原则体系的学术之维——中国语境下的反思与重构

高　中　湖南大学法学院副教授

廖　卓　湖南大学法学院讲师

31. 浅谈地方立法精细化——以湖南省株洲市地方立法实践为例

唐建志　株洲市人大常委会法工委科员

32. 自然保护区立法保护实践与思考

唐清峰　湘西自治州人大常委会法工委综合科科长

33. 我国地方立法权限配置缺陷及解决方法探析

龚保华　湖南省永州市人民政府法制办公室立法科科长

34. 找准自治州人大及其常委会行使民族立法权和地方立法权的定位

彭家银　湘西土家族苗族自治州人大法制委副主任委员、常委会法工委副主任

35. 关于设区的市制定地方性法规权限的把握

董高群　常德市人大法制委主任委员、常委会法工委主任

36. 设区的市行使地方立法权应当着力处理五大关系

曾　峰　常德市人大法制委

37. 地方立法急需“松梆”

谢　勇　湖南省人大常委会副主任

38. 对我国当前法治阶段的认识——兼谈地方立法在我国法治进程中的作用

廖江华　湖南省人大常委会法工委

39. 人民政协参与立法协商机制初探

谭　鹏　湖南省人大常委会法工委社会立法处

40. 设区的市提升立法质量的路径

滕晓丹　湖南省诉讼法研究会理事、张家界市人大常委会法工委备审科原副科长

席灵芝　永州市人大常委会法工委综合科科员

41. 文化如水　育警无声浅析公安文化使民警“快乐工作、幸福生活”的重要意义

戴其水　中国法治文化湖南工作室主任

42. 加快推进湖南全民阅读立法

戴美华　上海建纬（长沙）律师事务所合伙人
陈美玉　中南大学法学院学生
43. 刑法修改与刑法解释的冲突与消解
瞿　目　湘潭大学法学院研究生
黄明儒　湘潭大学法学院教授博士生导师法治湖南建设与区域社会治理协同创新中心平台研究人员

2017 年论文目录（85）

1. 坚持党对立法工作的领导　提高地方立法质量——经办《湖南省大气污染防治条例》的所思所想
丁虹波　湖南省人大法制委二处副处长
2. 如何准确把握自主性立法与实施性立法
王汉连　湖南省立法研究会会长
3. 关于立法项目论证的粗浅思考
毛志亮　湖南省人大民侨委办公室主任
4. 浅谈规范性文件审查工作机制的完善
邓　智　湖南省人大常委会法工委备案审查处
5. 地方立法提升城市文明水平——以株洲市地方立法实践为例
邓尚文　株洲市人大常委会副主任
6. 如何发挥人大代表在地方立法中的作用
付根德　邵阳市双清区人大法制委主任委员、人大常委会内司工委主任
7. 从行政执法角度浅谈如何加强和改进设区的市的政府立法
兰卫平　永州市人民政府法制办公室党组书记、主任
宋　芬　永州市人民政府法制办公室监督检查科科长
8. 浅析如何拓展地方立法调研的深度和广度
朱志军　湖南省武冈市人大常委会法律委员会主任委员
9. 关于发挥县级人大法制委员会作用的几点思考
朱俊秋　新化县人大法制委副主任委员
10. 坚持党的领导提高地方立法质量——对当好地方立法人的几点认识
危　凯　湖南省人大法制委办公室调研员
11. 发挥专长依法履职——县级人大法制委如何开展工作之我见

刘　哲　娄星区人大法制委主任委员
12. 县级人大常委会如何参与地方立法工作的点滴思考
刘　晋　郴州市人大法制委副主任委员、常委会法工委副主任
13. 提升地方立法质量应把好六道“关卡”
刘　琛　湘潭市人大常委会法工委立法科副科长
14. 提高地方立法质量的几点思考
刘　衡　常宁市人大法制委副主任委员
15. 设区的市立法创新路径探究
刘晓晟　株洲市人大法制委、常委会法工委立法科科长
16. 县级人大法制委员会的工作状态及思考
阳新民　衡南县人大法制委员会主任委员
17. 审查设区的市立法的维度思考——以常德市河湖保护立法为视角
李　丹　湖南省人大常委会法工委审查指导处副处长
18. 提高地方立法质量的几点看法
李　阳　衡阳市人大法制委
19. 浅谈地方立法队伍建设
李　敏　湖南省人大法制委立法一处主任科员
20. 县级人大法制委如何履职
李　颖　涟源市人大法制委副主任委员
21. 把握三层重点　提升立法质量
李　磊　岳阳市人大法制委立法科副科长
22. 试论设区的市“网格化”立法
李文波　株洲市人大法制委主任委员、常委会法工委主任
23. 许可对人大代表采取强制措施的思考
李永忠　嘉禾县人大法制委主任委员
24. 关于县级人大法制委参与地方立法之探究
李亚杰　津市市人大法制委副主任委员
25. 浅议县级人大法制委的主要职责
李国林　冷水江市人大法制委主任委员
26. 成本效益分析：新时期提升立法质量的新路径
李诗林　长沙市政府法制办
27. 发挥法制委员会在征集立法项目中作用几点思考

李柏林　洞口县人大法制委主任委员、人大常委会内司工委主任
尹玮玮　洞口县人大常委会内司工委副主任
28. 对县级人民政府规范性文件程序性事项进行备案审查的探讨
杨　明　泸溪县人大法制委主任委员
29. 试论地方立法质量的提升
杨建明　湖南省律师协会行政法专业委员会主任、湖南中楚律师事务所主任、湖南中楚地方立法咨询服务中心主任、中楚政府法律服务专业律师团队首席律师
尹浩铭　湖南中楚律师事务所执业律师
30. 国家公园呼唤立法保障——以湖南南山国家公园立法为视野
杨洪涛　邵阳市人大常委会法工委立法科科长
31. 用问题导向牵引地方立法工作
杨洪涛　邵阳市人大常委会法工委立法科科长
32. 浅谈如何加强地方政府立法工作
肖云友　衡阳市人大法制委
33. 设区的市地方立法趋同化探讨
吴玉姣　湘潭大学法学院博士
34. 央地分权制衡视角下《立法法》的完善
吴玉姣　湘潭大学法学院博士
35. 县级人大法制委应当如何开展工作
何元吉　道县人大法制委主任委员、人大常委会法工委主任
36. 浅谈提升县级人大法制委履职水平首先应加强法治保障和队伍“四员”能力建设
何昌金　保靖县人大法制委主任委员
37. 县级人大法制委工作有效运转的几点思考
何荣辉　衡阳县三湖派出所教导员、衡阳县法制委兼职委员
38. 辨识五个关系，提高地方立法质量
汪亚平　岳阳市岳阳楼区人大法制委主任委员
39. 县级人大法制委员会工作职责之思考
宋少峰　衡山县人大法制委主任委员兼人大常委会法工委主任
40. 县级人大法制委应当如何开展工作
张亚琴　郴州市北湖区人大法制委副主任委员、北湖区人大常委会内

司工委副主任
41. 设区的市城乡建设与管理事项范围的确定
陆　强　湖南师范大学国家治理与现代立法研究中心副主任、讲师
42. 浅谈设区的市地方性法规审查批准制度的完善
陈建新　娄底市人大法制委主任委员、法工委主任
谭　瑟　娄底市人大常委会法工委科员
43. 浅谈县级人大法制委应当如何开展工作
陈梅桂　安乡县人大法制委副主任委员
44. 关于县级人大法制委建设的探索与思考
陈群华　津市市人大法制委主任委员
45. 浅析县级人大法制委如何开展工作
武陵区人大法制委
46. 关于地方立法活动的思考
范瑞华　汝城县人大法制委员会
47. 论地方性法规中行政法律责任的设定——以我省地方性法规中行政法律责任设定的实际情况为研究蓝本
罗　华　湖南省人大法制委社会立法处主任科员
48. 关于我国公众参与地方立法的思考
罗冬明　桃源县人大法制委副主任委员
49. 做好地方立法工作需要“四力”
罗纤纤　岳阳市人大常委会法工委综合科副科长
50. 浅谈地方立法通言路
罗青云　新邵县人大法制委备案审查室主任
51. 地方人大常委会以强化合法性审查推进合宪性审查工作
罗瑛瑗　湖南省人大常委会法工委备案审查处副处长
52. 坚持党对立法监督工作的领导　努力做好备案审查工作
罗瑛瑗　湖南省人大常委会法工委备案审查处副处长
53. 省级人大常委会批准市级地方性法规的权力属性探析
周　伟　长沙市人大法制委主任委员
54. 桂阳法治建设的实践探索
周　华　桂阳县人大法制委主任委员
55. 浅论地方性法规审查批准制度的规制

周汉清　娄底市人大法制委副主任委员、常委会法工委副主任

56. 关于加强县级人大专委会建设问题的思考

周爱民　怀化市人大常委会法工委备案审查科科长

57. 关于地方人大专门委员会参与立法过程中若干问题的思考

赵开勤　邵阳市人大城环委主任委员

刘　誉　邵阳市人大城环委科员

58. 常委会审议法规草案浅探

胡雪清　湖南省人大常委会法工委副主任

59. 把握立法新要求　迈向良法善治新时代

钟　实　湖南省人大法制委主任委员

60. 提高设区的市地方立法质量若干问题思考

禹志加　邵阳市人大常委会秘书长、办公室主任

61. 设区的市地方立法几个常见问题

袁文勇　怀化市人大常委会法工委

62. 浅谈地方立法质量的提高

袁志强　炎陵县人大常委会办公室干部

63. 浅谈设区的市的地方立法权的界限

夏宇宏　邵阳市人大法制委主任委员、邵阳市人大常委会法工委主任

黎建琛　邵阳市人大常委会法工委立法科科员

64. 完善公众参与，推进民主立法

徐金云　湖南省人大法制委办公室副主任科员

65. 做好县级人大法制委工作要在“四个方面”下功夫

郭小明　资兴市人大法制委员会主任委员

66. 设区的市如何实现“特色立法”

唐建志　株洲市人大常委会法工委备案审查科副科长

67. 做好地方立法工作的几点思考

梁肇洪　湖南省人大法制委副主任委员、常委会法工委主任

68. 加强人才队伍建设提高地方立法质量

彭佩春　炎陵县人大法制委

69. 浅谈规范性文件备案审查工作的实践与思考

彭佩春　炎陵县人大法制委

70. 关于地方立法实践中征求意见的采纳情况反馈机制的思考

彭家银　湘西自治州人大法制委副主任委员

71. 关于地方人大立法权限的几点思考和建议

喻世生　石门人大法制委员会委员

72. 在新的起点上努力做好备案审查工作

游克湘　湖南省人大法制委一处处长

73. 从民事司法实践角度看地方立法的“可执行性”

游慧艳　湖南省人大法制委一处干部

74. 对设区的市地方性法规审查的认知分析

谢　学　湖南省人大常委会法工委审查指导处处长

75. 破解地方立法理论困境的探索

谢　勇　全国人大监察和司法委员会委员

76. 试述地方人大常委会对同级政府组成局作出的重大决定的撤销权

谢德红　邵东县人大常委会规范性文件备案审查室主任

77. 坚持党对立法工作的领导　提高立法工作质量

廖　幸　湖南省人大法制委员会办公室主任

78. 浅谈对立法后评估的一些认识

廖江华　湖南省人大环资委监督处副处长

79. 构建“党委领导、人大主导、政府依托、各方参与”科学立法工作格局的湖南模式

谭　鹏　湖南省人大法制委办公室副主任

80. 关于加强和改进政府立法的思考

熊　磊　怀化市人民政府法制和经济研究室党组成员、副主任

81.《立法法》修改背景下“区域立法”修改形式研究——以湖南省为例

滕晓丹　张家界市人大常委会法工委备案审查科副科长

82. 关于做好县级人大法制委工作的思考

澧县人大法制委员会

83. 科学界定重大事项范围　依法行使好重大事项决定权——对人大常委会讨论决定重大事项立法的比较和思考

戴少一　湖南省人大常委会法工委副主任

84. 法治环境下公安工作改革创新的思考

戴其水　中国法治文化办公室

85. 关于扩大有序参与提高地方立法质量的几点思考

2018 年论文目录（69）

1. 论地方立法实务人才培养专业化的初步探索
   万　川　湘潭大学法学院本科生
2. 《长沙市城市管理条例》立法的困境及相关思考——以《湖南省城市综合管理条例》为研究视角
   王　芳　长沙市政府法制办
3. 论设区的市立法能力提升路径—以常德、益阳、张家界三市为例
   王　睿　湘潭大学法学院本科生
4. 委托第三方起草法律法规规章草案问题的探讨
   王汉连　湖南省立法研究会会长
5. 基本权国家保护义务的疏释与展开——理论溯源、规范实践与本土化建构
   王进文　中南大学法学院副教授、法学博士
6. 对我国土地利用总体规划地方立法的评析——以《湖南省土地利用总体规划条例》为例
   田　珍　湘潭大学法学院研究生
7. 关于反家庭暴力的地方立法思考
   宁　婷　湘潭大学法学院法律硕士
8. 浅析网络暴力的危害和立法防治
   刘　昆　娄底市人大常委会法工委综合科副科长
9. 地方立法要充分重视立法前期工作
   刘　哲　娄星区人大法制委主任委员
10. 浅析入宪对设区的市地方立法权的影响
    刘　晋　郴州市人大法制委副主任委员、常委会法工委副主任
11. 精准立项是设区的市提高立法质量的前提
    刘　琛　湘潭市人大常委会法工委立法科副科长
12. 设区的市人大在主导地方立法工作的实践和思考
    刘　衡　常宁市人大法制委副主任委员
13. 多重逻辑下的制度变迁：十八大以来广东地方立法实践的回顾与展望
    刘云甫　广东外语外贸大学马克思主义学院副教授
    刘　浩　广东省司法厅行政法制处主任科员
14. 株洲市特色立法之实践探索——以《株洲市工业遗产保护条例》为例

刘晓晟　株洲市人大法制委、常委会法工委立法科科长
15. 关于完善我国法律解释问题的思考
闫　惠　湘潭大学法学院研究生
16. 省级与设区的市对相同事项立法的比较分析
李　丹　湖南省人大常委会法工委审查指导处副处长
17. 社会主义核心价值观入法入规的逻辑必然
李　锦　湘潭大学法学院副教授、法学博士、研究员
李志颖　湘潭大学法学院研究生
18. 地方立法之鉴与困——以涟源市为例
李　颖　涟源市人大法制委副主任委员
19. 论地方立法法律责任与行为规范的同条
李文波　株洲市人大法制委主任委员
20. 发挥县级人大优势　积极参与地方立法工作
李永忠　嘉禾县人大法制委主任委员
21. 浅谈地方立法如何体现服务乡村振兴战略
李华全　宜章县人大法制委主任委员
22. 新形势下基层规范性文件备案审查工作的困与思——以桂东县人大常委会为例
李红玉　桂东县人大法制委主任委员
23. 对设区的市立法中几个问题的思考
李肖同　娄底市人大常委会法工委
24. 怀化地方立法的困惑及对策——2016—2018 年两年立法实践的回顾与思考
李纯光　怀化市人大法制委副主任委员、常委会法工委副主任
25. 县级人大常委会参与地方立法的现况及途径
李国林　冷水江市人大常委会法制委
康登峰　冷水江市人大常委会法制委
26. 新形势下如何加强立法听证工作的思考
李诗林　湖南省民政厅
27. 我国设区的市地方立法热的冷思考
杨文玢　中南大学法学院研究生
李　沫　中南大学法学院副教授

28. 委托立法的实践与思考
 肖雅娟　邵阳市人大常委会法工委
29. 地方联合立法新说
 吴玉姣　湘潭大学法学院博士
30. 关于地方人大主导立法工作的思考
 吴秋菊　湖南省人大常委会法工委
 卿晓英　湖南省人大常委会法工委
 李　敏　湖南省人大常委会法工委
31. 县级人大法制委如何参与地方立法的思考
 何元吉　道县人大法制委主任委员、常委会法工委主任
32. 浅谈县级人大常委会规范性文件备案审查工作——由一起“红头文件”事件引起的思考
 何文才　道县人大常委会委员、财经委副主任委员
33. 从行政程序法看地方立法的经验和挑战
 宋　芬　永州市人民政府法制办公室监督检查科科长
34. 我国民法典编纂背景下知识产权法的法典化
 张一帆　湘潭大学法学院研究生
35. 从《郴州历史文化名城名镇名村保护条例》立法实践看如何进一步做好地方立法工作
 张亚琴　郴州市北湖区人大法制委副主任委员兼内司工委副主任
36. 谈自然保护区“一区一法”的必要性——以湖南壶瓶山国家级自然保护区为例
 张国珍　石门县人民代表大会法制委员会
 周常平　石门县人民代表大会法制委员会
 朱勇辉　石门县人民代表大会法制委员会
 康祖杰　石门县人民代表大会法制委员会
37. 地方立法中共性问题的规范表述——以 8 件省地方性法规为例
 张建华　原湖南省政府法制办副主任
38. 无立法权县级人大常委会参与地方立法的经验与挑战
 陈春生　汝城县人大常委会委员、人大法制委委员、人大常委会内司工委副主任
39. 浅谈如何推动新时代地方立法工作高质量发展

欧介中　凤凰县人大法制委主任委员

40. 党内法规的双重特性

欧爱民　湘潭大学法学院教授、博士生导师，法治湖南建设与区域社会治理协同创新中心首席专家、武汉大学党内法规研究中心研究员

41. “党的领导”法治化的复合模式及其实施路径

欧爱民　湘潭大学法学院教授、博士生导师，法治湖南建设与区域社会治理协同创新中心首席专家、武汉大学党内法规研究中心研究员

向嘉晨　湘潭大学法学院

42. 党内法规法定概念的评述与重构

欧爱民　湘潭大学法学院教授、博士生导师，法治湖南建设与区域社会治理协同创新中心首席专家、武汉大学党内法规研究中心研究员

李　丹　湘潭大学法学院

43. “法眼”与“众眼”的辩证思考

罗文华　新化县人大法制委主任委员

44. 新时代地方立法工作的思考

周　伟　长沙市人大法制委主任委员、常委会法工委主任

武玉霞　长沙市人大法制委备案审查处处长

45. 基层立法联系点在立法中的作用及发展方向

周　华　桂阳县人大法制委主任委员

彭光文　桂阳县人大法制委副主任委员

46. 论地方文化立法：理念、原则与程序

周刚志　中南大学法学院教授、博士生导师

罗　睿　中南大学法学院研究生

47. 加强地方立法工作的几点思考

周华斌　湘西州人大常委会法工委

48. 健全三项机制　落实四个责任　着力提高立法质量——以株洲市立法工作实践为视角

赵卫民　株洲市人大常委会法工委副主任

49. 以湖南省《实施〈中华人民共和国农业技术推广法〉办法》立法评析

赵青原　湘潭大学法学院研究生

50. 论党内法规清理的功能、困境与完善

赵筱芳　湘潭大学法学院研究生
51. 完善地方立法机制之我见
胡志英　衡阳市石鼓区人大法制委主任委员
52. 论我国地方立法中的公众参与
姜素红　中南林业科技大学政法学院教授、硕士生导师
常桂锄　中南林业科技大学研究生
53. 试论地方立法后的“蝴蝶效应”——邵阳市首部地方性法规立法后工作的思考与研究
夏宇宏　邵阳市人大常委会法工委
杨洪涛　湖南省邵阳市人大常委会法工委立法科科长
54. 地方性法规废改模式之探索——以长沙市立法实践为例
顾男飞　湘潭大学法学院
55. 设区的市地方立法权行使的调查与思考——以县级人大常委会的积极主动参与为完善路径
高　岚　津市市人民法院研究室副主任
陈群华　津市市人大法制委主任委员
56. 基层立法联系点工作的实践与思考
高　峰　衡阳县人大法制委主任委员
57. 打赢蓝天保卫战完善湖南省非道路移动机械污染防治立法的建议
唐双娥　湖南大学法学院副教授
58. 守信联合激励与失信联合惩戒的地方立法思考
唐建志　株洲市人大常委会法工委备案审查科副科长
59. 反不正当竞争地方立法疑难问题及其立法建议——以湖南省反不正当竞争地方立法问题为例
黄　婷　中共湖南省委党校、湖南行政学院副教授、法学博士
60. 我国环境污染强制责任保险的立法选择
彭中遥　武汉大学法学院博士
61. 设区的市立法能力建设效果的考察与反思——以永州市、郴州市为例
葛秋影　湘潭大学法学院本科生
62. 地方立法的实证分析——以《常德市城乡生活垃圾管理条例》为例
董高群　常德市人大法制委　常委会法工委
方建春　常德市人大法制委　常委会法工委

胡　政　常德市人大法制委　常委会法工委
曾　峰　常德市人大法制委　常委会法工委
刘　政　常德市人大法制委　常委会法工委
罗　伟　常德市人大法制委　常委会法工委

63. 新发展理念下推动地方立法的路径分析
曾　峰　常德市人大法制委

64. 地方人大立法听证制度浅探——以《湖南物业管理条例（草案）》立法听证会为例
游慧艳　湖南省人大法制委一处

65. 设区的市地方立法特色缺失成因及其对策
谢剑波　娄底市人大常委会法工委立法科副科长

66. 关于人大常委会监督司法机关实施法律的思考
谢德红　邵东县人大常委会规范性文件备案审查室主任

67. 正确理解和适用我国的试验性立法
黎　娟　中南大学法学院

68. 论地方传统民俗节日的立法保护
薛天涵　中南大学法学院
杨清望　中南大学法学院副教授、博士生

69. 地方立法重复问题及对策
戴　维　中南大学法学院

2019 年论文目录（49）

1. 立法逻辑思维的探讨——新时代背景下立法人逻辑思维能力的提升
王汉连　湖南省立法研究会会长

2. 基本权利国家保护义务中的“不足禁止”问题及其解决之道——学说溯源、德国经验与本土化建构
王进文　中南大学法学院副教授

3. 设区的市地方立法的特色性调查与思考——以充分发挥县级人大常委会作用为手段突出地方立法特色
王晓雪　津市人大法制委科员

4. 从部门到民间：委托第三方立法起草的问题探究
尹华容　湘潭大学法学院副教授、中国社会科学院法学所博士后流动

站研究人员

陈清银　湘潭大学法学院在读研究生

5. 城市生活垃圾减量化的地方性法规规制体系构建

成书彦　上海建纬（长沙）律师事务所律师

6. 充分发挥党外代表人士作用、提高设区的市地方立法质量

刘　晋　中共郴州市委统战部副部长

7. 谈谈人大代表在地方立法中的地位和作用

刘松山　长沙市雨花区人大法制委主任委员

8. 浅谈设区的市地方立法存在的问题及对策

刘建清　郴州市宜章县人大监察和司法委委员、县司法局干部

韩冠群　郴州市宜章县人大监察和司法委主任委员

9. 设区的市地方立法权的再认识

李　丹　湖南省人大常委会法工委审查指导处副处长

吴秋菊　湖南省人大法制委副主任委员、湖南省人大常委会法工委主任

10. 浅论地方性法规立法后评估的意义和作用

李　伟　湘潭市人大常委会法工委立法科科长

11. 地方立法权面临的机遇与困难研究

李　坚　衡阳市司法局立法科科长

伍小凤　衡阳市司法局立法科科员

12. 不做地方立法的“旭日阳刚”

李　敏　湖南省人大法制委立法一处副处长

13. 繁荣地方立法研究　服务地方立法实践

李　敏　湖南省人大法制委立法一处副处长

14. 试析我省地方立法后评估的现状、问题与对策——以《湖南省〈城市居民委员会组织法〉实施办法》立法后评估为例

李　锦　法学博士，湘潭大学法学院副教授、湘潭大学地方立法研究中心秘书长、研究员

张　菁　湘潭大学法学院研究生

15. 浅议我省地方性法规清理的主要问题与对策——以184件省级地方性法规清理为中心

李　锦　法学博士，湘潭大学法学院副教授，湘潭大学地方立法研究

中心秘书长、研究员
李志颖　湘潭大学法学院研究生
伍晋贤　湘潭大学法学院研究生
张　菁　湘潭大学法学院研究生
刘普霞　湘潭大学法学院研究生
肖隆淙　湘潭大学法学院研究生
张　淞　湘潭大学法学院研究生
王年茹　湘潭大学法学院研究生
刘　雷　湘潭大学法学院研究生
赵　玲　湘潭大学法学院研究生

16. 论地方立法的监察撬动
李文波　湖南省株洲市人大法制委主任委员、常委会法工委主任

17. 浅谈县级人大参与地方立法工作的路径
李永忠　嘉禾县人大法制委主任委员

18. 设区的市地方立法整合辖区民族立法资源的实施路径——以湖南省怀化市和贵州省铜仁市为考察对象
李纯光　湖南省怀化市人大法制委副主任委员、常委会法工委副主任

19. 设区的市公众参与立法的困境与对策
李荣光　中南大学法学院博士研究生

20. 论规范性文件构成模式及其运用对备案审查范围的意义
杨　明　泸溪县人大监察和司法委

21. 地方信用立法的边际
肖思慧　湘潭大学法学院研究生
吴　勇　法学博士，湘潭大学法学院教授、博士生导师

22. 立法法理学：立法学的可能理论进路
吴玉姣　法学博士，福建江夏学院法学院讲师、福建省地方立法咨询与创新研究中心研究员

23. 关于我省县市区人大常委会规范性文件备案审查工作的调研报告
吴秋菊　湖南省人大法制委副主任委员、湖南省人大常委会法工委主任
徐金云　湖南省人大法制委

24. 地方立法四十年的实践与思考——以湘西自治州地方立法为例

何学智　湘西自治州人大法制委主任委员、常委会法工委主任
25. 科学立法评估的指标体系
汪全军　法学博士，湖南大学法学院助理教授
26. 法律体系完善背景下医疗卫生行政执法领域法律制度的立改废释——从医疗卫生行政执法角度提出完善的建议
宋　芬　永州市司法局行政执法协调监督科科长
27. 关于生活垃圾分类管理立法几个问题的思考
张建华　原湖南省政府法制办副主任
28. 论如何提高关联部门参与地方立法的积极性
陈　雄　湖南工业大学法学院院长、教授
詹日旺　湖南工业大学法学院研究生
29. 衡阳市委托第三方立法的实践与思考
陈　婷　衡阳市委党校法律教研室主任、副教授
肖新平　衡阳市人大法制委副主任委员、常委会法工委副主任
30. 设区的市地方立法若干问题刍议
陈忠华　郴州市司法局局长
周鸿霖　中级经济师、郴州市司法局立法科科员
31. 地方促进型立法的产生、发展及启示
陈倩欣　湖南师范大学研究生
肖巧平　湖南师范大学教授
32. 委托第三方立法应当注意和把握的问题——以湘潭市委托第三方立法为例
罗　伟　湘潭市人大法制委主任委员、市人大常委会法工委主任
33. 法治让“山水洲城”更美好——长沙市地方立法回眸
周　伟　长沙市人大法制委主任委员 、长沙市人大常委会法工委主任
武玉霞　长沙市人大法制委备案审查处处长
34. 地方立法的完善与思考
周华斌　湘西自治州人大常委会法工委备案审查科长
35. 合目的性的审查分层：我国地方性法规审查基准的实践及其逻辑
周宇骏　法学博士，湖南大学法学院助理教授
36. 论地方立法中的公众参与——以长沙市政府立法工作实践为视角
周德喜　长沙市司法局立法处副处长

37. 感悟地方立法能力建设的“四痛”——关于设区的市地方立法能力建设现状的调查与思考

赵为济　明盟湖南省委副主委、湖南省人大常委会委员、湖南省人大法制委委员、邵阳市人大常委会副主任

杨洪涛　邵阳市人大常委会法工委立法科科长

38. 浅谈人大代表在地方立法中的地位与作用

胡爱华　常宁市人大监察和司法委副主任委员

39. 湘潭市地方政府立法的完善与思考

贺星庚　局党组成员、副局长

向　华　综合科科员

40. 加强县级人大规范性文件备案审查工作须解决七大突出问题——以 L 县为例

秦鹏飞　常德市澧县人大法制委主任委员

41. 综合行政执法体制改革的探索与实践——以耒阳市为例

卿晓英　湖南省人大办公厅宣传处处长

42. 浅析地方立法量化论证的实现路径—— 以《株洲市畜禽养殖污染防治条例》立法实践为例

唐建志　株洲市人大常委会法工委备案审查科科长

43. 我国行政立法的公众参与程序研究

黄开堂　法学博士，中国政法大学疑难案件研究中心研究员、中国营商环境与企业法治工作委员会主任

44. 关于提高地方人大立法质量增强执法监督实效的思考

黄景湖　永兴县人大监察和司法委主任委员

45. 地方立法将乡镇人民政府明确为执法主体的实践思考——以我省首个乡村房屋建设管理条例立法为例

蒋洪波　永州市人大法制委副主任委员、常委会法工委副主任

46. 立法后评估刍议

程师思　上海建纬（长沙）律师事务所律师

47. 设区的市制定地方性法规与省级政府制定规章的关系探讨

廖桂元　衡阳市人大法制委主任委员、常委会法工委主任

谷　阳　衡阳市人大常委会法工委干部

48. 论立法与时间规则的良性互动

黎　娟　中南大学法学院讲师、荷兰蒂尔堡大学法学博士
49. 加强地方立法推动商事调解
戴勇坚　上海建纬（长沙）律师事务所主任
李　倩　上海建纬（长沙）律师事务所合伙人律师

2020 年论文目录（44）

1. 推进城乡一体化 是乡村振兴的根本途经
王汉连　湖南省立法研究会会长
2. 构建亲清政商关系 为企业发展打造更好的营商环境
王汉连　湖南省立法研究会会长
3. 对乡村振兴战略下农村宅基地法律制度的思考
王译萱　桃源县人大监察和司法委、法制委副主任委员
饶玉霞　桃源县农经站纪检员
4. 乡村振兴的法制保障问题研究
王俞皓　湖南工商大学学生
5. 乡村振兴背景下民间规范与地方立法的融合之路——以县级人大常委会的功能发挥为完善路径
王晓雪　津市市人大法制委科员
6. 农村建筑工人劳动权益保护研究
刘　伟　湖南工商大学法学与公共管理学院硕士研究生
7. 乡村振兴战略下农村人居环境治理的地方立法研究与思考——以株洲市为例
刘晓晟　株洲市人大法制委立法科科长
8. “乡村振兴”背景下农民专业合作社发展的生产要素环境优化
孙长坪　湖南商务职业技术学院
9. 实施乡村振兴战略应当重视“六个拓展”——学习十九大报告体会
严德荣　湖南省农业农村厅副厅级巡视员
10. 实现小农户与现代农业融合的思考
严德荣　湖南省农业农村厅副厅级巡视员
11. 浅析乡村振兴下基层民主建设的问题
苏　红　湖南工商大学研究生
12. 现行立法体制下省、市两级立法项目科学统筹的思考——基于湖南省

地方性法规的分析
李　丹　湖南省人大常委会法工委审查指导处副处长
罗　华　湖南省人大常委会法工委备案审查处副处长
13. 中小企业融资问题法律对策研究
李　伟　湘潭市人大常委会法工委备案审查科长
14. 浅谈乡村振兴促进地方立法的“天时地利人和”
李　敏　湖南省人大常委会法工委立法一处副处长
15. 建设美丽乡村　推进全域旅游——来自嘉禾县乡村建设的调查和思考
李永忠　嘉禾县人大监察和司法委
16. 发挥立法规范引领作用　助推益阳高质量发展
吴　荣　益阳市司法局立法科长
卢　文　益阳市司法局立法科
17. 乡村振兴战略背景下的农村公共法律服务体系建设
吴玉姣　法学博士、福建江夏学院法学院讲师
18. 中部五省中小企业促进地方立法对比研究
吴秋菊　湖南省人大常委会法工委主任
李　敏　湖南省人大常委会法工委立法一处副处长
19. 网络购物平台协议管辖条款之困境及其出路
何　浩　中南大学法学院硕士研究生
20. 用法治的力量促进农村移风易俗
何文才　道县人大常委会委员、财经委副主任委员
21. 中小企业知识产权质押融资的法律困境与突破
何亚伟　湖南通程律师事务所创始合伙人
22. 政务信息共享制度建设的立法应用对策
余伟生　湖南工商大学研究生
23. 立法工作者人才培养机制研究
汪全军　法学博士，湖南大学法学院助理教授
24. 乡村振兴需要法治助力——建议制定乡村振兴条例
张建华　原省政府法制办公室党组成员、副主任
25. 民营企业单位行贿“谋取不正当利益”之要件——以 141 份刑事判决书为切入点
张雪靖　湖南工商大学研究生

26. 坚持“三性”原则　推动地方立法规范设置
陈伟华　株洲市人大法制委、常委会法工委综合科科长
27. 论地方公共文化服务立法：类型、体例与原则
周刚志　中南大学法学院教授、中国文化法研究中心执行主任、湖南省人大立法咨询专家
王振宇　中南大学法学院研究生
28. 立法议论的秩序化：我国立法舆论引导工作中的公共议题控制机制研究
周宇骏　法学博士，湖南大学法学院助理教授
29. 统筹谋划　一体推进　用法治力量防范和化解乱占耕地建房乱象
胡栋梁　湖南省人大法制委办公室
谭　鹏　湖南省人大法制委办公室副主任
30. 新时代乡村振兴立法工作探析
贺星庚　湘潭市司法局副局长
向　华　湘潭市司法局办公室副主任
31. 浅谈省级地方性法规与市州地方性法规的适用问题——兼与立法网法律咨询部商榷
贺德文　怀化市人大法制委副主任委员
32. 我国雨水管理立法的美国镜鉴
贾韶琦　湖南工商大学法学与公共管理学院讲师
刘林琳　湘潭大学法学院研究生
33. 论行政主体不当得利返还请求权的司法实现——基于相对人重复领取征地拆迁补偿款案件的反思
翁斐琦　中南大学法学院研究生
34. 地方环境立法中设立禁止性规范的思考——兼谈《湘江保护条例》第49条第2款的修改
唐双娥　湖南大学法学院副教授
35. 对振兴农村经济可持续发展的立法路径思考
唐叶军　永州市人大常委会法工委备案审查科科长
36. 如何在立法工作中嵌入备案审查工作
唐建志　株洲市人大常委会法工委备案审查科科长
37. 浅谈民营企业权益保障与法律风险防控

黄开堂　法学博士，中国政法大学疑难案件研究中心研究员、中国营商环境与企业法治工作委员会主任

38. 关于规范性文件备案审查中的几个理论和实践问题

董高群　常德市人大法制委主任委员、常委会法工委主任

39. 新时代中小企业营商环境法治化发展问题及对策研究

程子豪　湖南大学法学院研究生

蒋海松　法学博士，湖南大学副教授、湖南省人大立法咨询专家

40. 关于乡村振兴与脱贫攻坚工作体制有效衔接的思考

舒美华　湖南省司法厅法制研究中心主任

41. 中小企业受疫情影响面临的困境及对策建议——以湖南省为例说明

游慧艳　湖南省人大常委会法工委立法一处主任科员

42. 中小型企业的公司治理结构制度及其完善

赖德斌　湖南工商大学法学与公共管理学院研究生

43. 地方立法档案规范化初探

谭　鹏　湖南省人大法制委办公室副主任

44. 湖南省中小企业融资问题及立法对策

戴美华　上海建纬（长沙）律师事务所合伙人、知识产权部部长

张芳芳　上海建纬（长沙）律师事务所律师助理

2022 年论文目录（44）

1. 协同立法的思考

王汉连　湖南省立法研究会会长

2. 乡村振兴背景下的宅基地资格权法律内涵探析

王俞皓　湖南工商大学学生

3. 论大数据时代下的住房保障制度立法创新

兰力波　湖南通程律师事务所主任

陈金磊　湖南通程律师事务所实习律师

4. 乡村振兴背景下农村基层调解制度研究

邢媛媛　湖南工商大学研究生

5. 中国（湖南）自由贸易试验区知识产权地方立法的初步设想

吕佩琦　上海建纬（长沙）律师事务所实习律师

6. 后疫情时代我国城乡社区服务体系建设的立法保障探究

刘　威　常宁市人民法院综合办公室副主任、四级法官助理现借调常宁市人大常委会

7. 地方立法科学立项问题探究

汤能干　湖南省人大法制委办公室干部

8. 农村公路地方立法有关问题及对策研究

许立军　邵阳市交通运输局路政管理科科长

9. 关于提高农业农村立法质量的实践与思考

严德荣　湖南省农业农村厅原副巡视员、中国农业农村法治研究会副会长

10. 以法治思维助力区域协调发展——湖南省区域协同立法实践

李　丹　湖南省人大常委会法工委审查指导处副处长

11. 关于优化湖南营商环境立法保障研究

李　伟　湘潭市人大常委会法工委备案审查科科长

12. 关于长株潭一体化协同立法的一些思考

李　伟　湘潭市人大常委会法工委备案审查科科长

13. 打造“潇湘之翼”——对湖南通用航空立法的思考

李　敏　湖南省人大法制委

14. 《湖南省湘江新区条例》立法有关问题研究

李　敏　湖南省人大法制委

马　海　长沙高新区管委会

15. “三高四新”战略下设区的市立法应对

李文波　株洲市人大法制委主任委员、常委会法工委主任、机关党组成员、经济师

16. 地方立法工作专班实务初探——以长沙市地方立法为例

杨建辉　长沙市人大法制委主任委员、常委会法工委主任

17. 我省区域协同立法的实践与思考

吴荣益　阳市司法局立法科科长

18. 县级人大及其常委会参与地方立法的思考

何元吉　道县人大常委会三级调研员

19. 乡村振兴背景下人民调解制度的改革与展望

何媛媛　湖南工商大学法学院研究生

20. 农村基础设施有效供给法律保障研究

沈　信　岳阳市君山区良心堡镇常务副镇长
21. 学前教育的政府职责研究——基于 23 部地方立法的文本分析
张　瑜　湖南大学法学院研究生
22. 自愿安乐死合法性问题探究
张　键　湖南大学法学院研究生
23. 善治须用良法：生物多样性保护地方专门立法论略
张巨保　湖南工商大学法学院在读
贾韶琦　湖南工商大学讲师，博士
24. 关于通用航空地方立法的思考
张建华　原湖南省政府法制办副主任
25. 《立法法》中监察立法权条款之创设研究
张晨宇　湖南大学法学院研究生
26. 平台灵活就业者职业伤害保障的路径选择与制度构建
张颖超　湖南大学法学院研究生
金昱茜　湖南大学法学院助理教授
27. 人工智能背景下自动驾驶机动车的侵权责任研究
陈飞燕　湖南大学法学院研究生
28. 浅论地方立法权限的横向划分
罗　华　湖南省人大常委会法工委备案审查处副处长
29. “未来法治”视域下人大会议召开方式创新的规范空间与制度探索
周宇骏　湖南大学法学院助理教授
30. 推进湖南槟榔地方立法工作迫在眉睫
贺星庚　湘潭市司法局副局长、副教授
31. 设区的市地方立法谦抑性探析
袁文勇　怀化市人大常委会法工委综合科科长、一级主任科员
32. 关于立法促进我省先进硬质材料产业高质量发展的思考——以株洲市硬质合金产业为视角
唐建志　株洲市人大法制委、常委会法工委立法科科长
33. 以立法成效为善治“奠基”
唐耀平　邵阳市政协经科委主任
34. 设区的市人大常委会提升地方性法规治理效能的途径刍议——基于邵阳市人大常委会的实证分析

唐耀平　邵阳市人大法制委主任委员、常委会法工委主任

35. 我国立法审议程序的价值分析

黄思宇　湖南大学法学院博士

36. 疫情冲击下湖南外向型企业发展的问题与对策研究

龚志军　湖南工商大学法学院副教授，法学博士

37. 新就业形态网约工劳动权益保护的社会保险法应对

梁国强　长沙理工大学法学院研究生

38. 公共场所应立法禁烟的思考

彭　文　湖南省网络作家协会会员

39. 农村集体经济促进和管理立法，助推湘西乡村振兴行稳致远

彭向军　湘西州人大常委会法工委秘书科副科长

40. 加强地方立法，促进乡村振兴——从乡村振兴促进法维度谈地方在乡村振兴领域的立法空间和方向

彭家银　湘西州人大常委会法工委副主任

41. 我国继续教育立法的困境与优化路径

韩　敬　长沙学院法学院副教授，法学博士后

42. 自贸区法治化营商环境建设路径研究——以“三高四新”战略视域下长沙片区为例

程子豪　湖南大学法学院研究生

胡芷晴　湖南大学法学院研究生

43. 论地方立法的“供给侧结构性改革”

谭　鹏　湖南省人大法制委办公室主任

44. 协同立法实践路径探析——以邵阳、娄底、益阳三市开展资江保护协同立法为例

张尚庚　邵阳市人大法制委主任委员、人大常委会法工委主任

杨洪涛　邵阳市人大常委会法工委立法科科长、四级调研员

后　记

《新时代地方立法的理论与实践探索》一书的顺利出版，得到了湖南省人民代表大会常务委员会和湖南省人民政府领导的重视，得到了湖南省人民代表大会法制委员会、常务委员会法规工作委员会的支持，得到了湖南省民政厅、公安厅、司法厅和湖南省社会科学界联合会的关心和指导，也得到了湖南省立法研究会副会长单位的鼎力相助。本书凝聚了全体会员的智慧和心血，在此表示衷心谢意！

本书由湘潭大学地方立法研究中心负责论文筛选、查重和编排工作，上海建纬（长沙）律师事务所、湖南经纬地方立法咨询服务中心负责论文题录编排和部分论文提要收集、整理及论文编辑出版前期工作。湘潭大学法学院副教授李锦，博士生游慧艳、汤能干、胡江涛、朱甚璋、李五志和上海建纬（长沙）律师事务所律师李倩、龙佳嫔、李建民等参与本书的具体编辑、校对等工作，在此一并表示感谢。

本书由湘潭大学出版社出版。上海建纬（长沙）律师事务所和湖南经纬地方立法咨询服务中心提供赞助，特别鸣谢！

编者

2022 年 10 月

湖南省立法研究会简介

党的十八大以来，以习近平同志为核心的党中央提出一系列全面依法治国的新理念新思想新战略，为新形势下的立法工作指明了方向，立法工作从此迈入了新时代。为适应新时代地方立法的新形势新任务新要求，2015 年 2 月，湖南省立法研究会在湖南省人大常委会法工委的倡议下，由省民政厅注册登记成为具有法人资格的群众性、非营利性的全省性学术团体。研究会成员来自全省人大系统、政府及其部门、高等院校、律师界、企业界。现有会员 284 名，理事 54 名，正副会长 11 名。

立法研究会成立以来，始终坚持习近平同志中国特色的社会主义法治思想，坚持与时俱进、解放思想、实事求是、理论联系实际，积极开展各项业务。

一、组织地方立法理论研究。立法研究会先后在中南大学、湖南大学、湖南师范大学、湘潭大学、上海建纬（长沙）律师事务所、中联重科股份有限公司和湖南工商大学成功举办六次全省规模较大、人数较多、主题鲜明、内容扎实的地方立法理论研讨会。其间，会员撰写了近 400 篇研究论文，为地方立法工作者提供了有效的交流平台，激活了地方立法理论研究氛围。

二、接受委托开展立法后评估。受长沙市人大法制委员会的委托，立法研究会对《长沙市机动车排气污染防治条例》《长沙市灰汤地热资源保护条例》《长沙市轨道交通管理条例》三部地方性法规分别进行了立法后评估。评估人员由过去一个机构评估的单一主体方式，变为实务界、理论界、律师界等多个主体参与评估方式进行。通过收集文档资料、听取相关业务主管部门情况介绍、问卷调查、调研座谈和专家论证等环节，最终形成评估结论。实践证明，这种评估的组织结构和方式效果很好，得到了委托方的充分肯定。

三、接受委托起草法规规章草案。立法研究会接受委托起草的地方性法规主要有《湖南省实施〈中华人民共和国慈善法〉办法（草案）》《湖南省实施〈中华人民共和国反家庭暴力法〉办法（草案）》等。研究会作为接受委托方组织起草法规、规章草案，大胆尝试和实际探索第三方起草法案，为相关工作部门缓解了立法机构人手不足和立法经验欠缺的压力。

四、承担重大课题研究。设区的市被授予立法权后，立法权如何科学配置，是急需要解决的一个问题。立法研究会承担了省社科联“立法权配置”的课题研究任务，为地方党委加强对立法工作领导提供决策思路和建议，还承担了《加强地方党委对立法工作领导的思考》的课题研究，其中《立法权配置与运行实证研究》一书已公开出版发行。